KB167825

HANGIL
GREAT BOOKS
138

중국사유

마르셀 그라네 지음 | 유병태 옮김

한길사

HANGIL
GREAT BOOKS
138

Marcel Granet
La pensée chinoise

Translated by Ryu Beung-Tae

Published by Hangilsa Publishing co., Ltd., Korea, 2015

중국사유

사유에 깃든 문명

유병태 인제대 중국학부 교수

마르셀 그라네(Marcel Granet, 1884~1940)의 『중국사유』(*La pensée chinoise*)는 1934년 르네상스 뒤 리브르(Renaissance du Livre) 출판사가 기획한 총서 『인류의 발전』(*L'Evolution de L'humanité*)의 제4권으로 발간되었다. 이 총서는 프랑스의 역사철학자이자 아날학파의 주도자 앙리 베르(Henri Berr, 1863~1964)의 기획 아래 주관되어 『인류의 발전』이라는 그 제명이 암시하는 대로, 20세기 초엽 대륙과 동서 분열로 좌초 직전에 이르게 된 세계문명에 대한 성찰을 기함으로써 상이한 문명 집단간의 상호이해와 공존 가능성을 도모하고자 했다. 그리하여 이 총서의 제1, 2, 3권은 이성적 사유를 정신의 공동토대로 삼고 있는 지중해 문명의 사회적 기원과 특징들을 논구했으며, 이어 제4권에 해당하는 이 책 『중국사유』는 서구의 외부인, 극동문명 특히 중국문명에 대한 연구를 꾀하고 있다. 따라서 이 책은 총서의 취지에 따라, 『중국사유』라는 제명에도 불구하고 연구 대상으로서 중국사유를 그 외연을 넓혀 중국문명의 여러 요소들과의 관련성 속에서 방대하게 다루게 된다.

그러므로 우리는 이 책을 한 권의 사상사로서 대하기보다는 일종의 문명사적 저술로 읽어야 할 것이다. 구성 면에서 이 책은 제1부 「사유의 표현」(언어, 문자와 글, 문체), 제2부 「주개념」(시간과 공간, 음양, 수, 도道), 제3부 「세계체계」(미시세계와 거시세계), 제4부 「교파와 학파」로 이루어져 있다. 이에 기존의 사상사 관련 저술들이 그 주류로 다루는 유파와 학파에 따른 중국사상의 논의는 제4부에 국한한 채 대부분의 지면을 문명의 요소들에 관한 연구에 할애했다. 이는 그라네로서는 한 문명의 사상이나 역사를 다루기 위해서는 사상 자체의 연구에 앞서 그 사상을 가능하게 했던 문명적 환경과 문맥에 대한 논의가 충분히 선행되어야 한다는 인식에 따른 것으로 보인다.

그리하여 그라네는 이 책에서 특정한 한 사상이나 그 유파가 어떠어떠했는지에 대한 규명보다는 그러한 사상들이 출현하기 이전에 일찍부터 중국문명에 줄곧 자리해오면서 그러한 사상들의 공통토대가 되어왔던, 그라네 자신의 용어인 이른바 '익명의 전통'을 규명하는 것을 급선무로 삼았다. 이러한 점에서 이 책은 저자가 이전과 이후에 보여주었던 중국문명에 관한 저술들인 『중국고대의 자매혼인제』(*La Polygnie Sororale et le Sororat dans la Chine fèodale, ètude sur les formes anciennes de la polygamie Chinoise*, 1920), 『중국인의 종교』(*La religion des Chinois*, 1922), 『중국고대의 춤과 전설』(*Danses et Légendes de la Chine ancienne*, 1926), 『중국문명―공적생활과 사적생활』(*La Civilisation Chinoise―La vie Publique et la vie privèe*, 1929), 『중국고대의 혼인제도와 종족관계』(*Catègories matrimoniales et la relations de proximitée dans la Chine ancienne*, 1939), 『중국문명』(*La Civilisation chinoise*, 1929)과 연장선상에 있으며, 나아가 이 책에서는 그가 이전의 저술들에서 풍속과 민속사적·문학사적 입장에서 지속해왔던 중국문명에 관한 연구를 좀더 포괄하는 방식으로 크게 중국의 문자와 언어, 수, 사상의 주개념들을 통해 중국사유의 동향과 특징들을 살펴보는 것이다.

이 책에서 그라네는 중국사유는 서구의 사유와 변별되는 세 가지 특징을 지닌다고 본다. 첫째, 중국사유는 순수한 인식을 추구하기보다는 문화를, 과학보다는 지혜의 추구를 궁극으로 삼는다. 둘째, 중국사유는 인간과 우주의 연계를 도모함으로써 인간과 사회, 사회와 자연을 분리하지 않는다. 셋째, 중국사유는 우주의 삶을 지배하는 유일한 질서는 어떠한 법칙에 의해 추상적으로 드러나는 것이 아니라 문명의 구성요소인 인간과 자연, 사회와 우주의 내밀한 협조에 의해 구체적으로 실현된다. 따라서 중국사유는 이성적 추론에 입각한 서구의 인식론적 비평체계를 벗어난다는 것이다.

이러한 중국사유의 특징을 규명하는 과정에서 중국어는 중국사유를 특징짓는 표현수단의 가장 기본적인 요소로서 제일 먼저 고찰된다. 중국어는 구체적인 의미가 풍부한 단음절 언어로서 명확한 표현체가 아니라 감성을 전달하고 파급하는 데 효율성을 갖춘 뭇 '음성적 표상'들이 넘쳐나는 언어로서 무엇보다도 강력한 실행력을 동반한다. 다시 말해, 중국어는 개념의 기술, 생각의 분석, 학설의 추론적인 표현보다는 타인에게 행동을 암시하고 타인의 마음을 바꾸고 설득하려는 저의를 전달할 목적으로 만들어진 언어다. 말은 행동 그 자체이며, "이름을 안다는 것은 존재를 소유하고 사물을 창조하는 것이다." 요컨대 중국어는 순수한 기호로는 가 닿을 수 없는 일종의 마력적인 힘을 지닌 상징이며, 그러한 효율성은 형상체로서 문자와 단어를 통해 줄곧 그 신선함을 잃지 않고 보존해오고 있는 것이다. 이러한 언어와 문자에서 생성되는 문학들, 예를 들어 시인과 역사가와 철학가들의 묘사와 서술들 역시 논리와 독창성을 추구하기보다는 성어(成語)와 금언(金言)과 상투적인 제재들을 중심으로 만들어진다. 왜냐하면 이 성어와 금언과 상투적인 제재들은 과거로부터 줄곧 환기력을 보존해옴에 따라 암시만으로도 충분한 효율성을 가진 공동의 자산으로 여겨졌기 때문이다.

따라서 중국문학은 일종의 모자이크 양식과 유사한 조립문학으로 규정된다. 그라네는 이러한 문학에서 운율의 중요성을 지목한다. 운율은 독자성을 유지하는 가운데 연속되는 일련의 단어들과 표현들 속에서 일종의 쉼표 같은 것으로, 구문의 의미를 언외(言外)의 영역으로 확장하는 기능을 수행한다. 중국사유는 이 운율을 통해 명료한 기호들의 직접적인 전달이 갖는 한계를 넘어 은밀하게 정신에서 정신으로 조형적으로 파급되는 것이다. 장자(莊子)는 이러한 운율의 심오한 운용을 통해 중국사상가들 중 가장 덜 난해하면서도 가장 심오한 사상을 꽃피운 대가로서 자리하게 된다.

제2부에서 그라네는 어떠한 주개념들이 중국사유를 주도하는 동인으로서 작용하는지, 또한 어떠한 주개념들이 중국사유를 형성해주는 범주로서의 기능을 갖고 있는지를 규명한다. 음양(陰陽)과 도(道)를 비롯한 중국의 주개념들은 추상적 범주로서 기능하는 서구의 수, 시간과 공간 및 원인과 종류의 개념과는 비교할 수 없는 구체적이고도 종합적이며 효율적인 개념으로서 사회활동과 사회조직의 원칙으로 제공된다.

시·공간에서 중국인들은 시간과 공간을 결코 분리하지 않는다. 아울러 중국인들은 시간과 공간을 추상적인 개념이나 획일적인 인식이 적용 가능한 균일한 대상이 아니라 행동상의 목적이나 특수한 효율성에 따라 분류에 관계되는, 일종의 위치와 기회가 부여된 다양하고도 구체적인 집단들의 집합체로 인식했다. 아울러 구체적인 한 집단으로서의 시공은 각기 십간(十干)과 십이지(十二支)에 의해 상징성을 부여받으며 우주의 골간과 고리를 형성한다. 음양은 밝음(明)과 어둠(幽), 움직임(動)과 멈춤(靜), 강함(剛)과 약함(柔), 감(往)과 옴(來) 등 구체적인 두 양상들의 대조를 통해 드러나는 우주의 이원적 특성을 대표적으로 상징하는 한 쌍의 으뜸적인 표상으로서 중국인들이 사물들을 분류하는 데 지배적인 범주로서 작용한다. 아울러 이 음양은 지고(至高)의 범주인 도에 의해 통섭됨으로써 이원론적 대립에서 조응(和)으로 나아간다. 도(道)는 충만한 활력으로 우주의 삶을 총괄하는 총체적 범주이자 질서와 조정의 권능으로서의 성스러움과 구별되지 않는 지혜와도 같다.

수(數)는 중국사유의 기본적인 태도와 정교한 심리를 보여준다. 중국인들은 수의 상징적 가치와 그 효용성을 추구할 뿐, 수의 양적 개념에는 무감하다. 그들에게 수의 용도는 현실 세계를 측량하는 데 있지 아니하며, 현실의 구조를 규명하고, 구체적인 시공에 적합한 기하학적 적용에 사용된다. 아울러 중국인들은 수의 배치를 통해 우주의 요소들과 그 관계를 재현함으로써 우주를 인식하고 정비한다. 중국사유는 바로 이러한 공동의 토대, 즉 익명의 전통 위에서 그 동향과 특질이 규정된다.

기원전 5~3세기 봉건체제에서 제국체제로 가는 과도기에 중국은 도덕적·사회적 위기를 맞게 된다. 이 기간에 전제군주들은 자신들의 권위에 정당성을 기하고자 함에 따라 학파와 교파는 불어나게 되었다. 그럼에도 익명의 전통, 특히 공통개념에는 변함이 없었다. 이 시기 학파들이 내세운 이론들은 진정한 의미에서의 이론이기보다는 일종의 지혜에 관련된 다양한 기술(技術), 즉 지략에 불과했다. 그라네는 이 기술들을 크게 세 갈래, 즉 통치술(統治術)과 공익술(公益術)과 장생술(長生術)로 나눈다. 이들 중에는 더러는 궤변에 능통한 정치가와 외교가들, 더러는 논리학에 의거하는 행정가와 법률가들, 더러는 추상적인 사변가들도 있었으나 모두 일시적인 성공이나 국지적인 영향력에 그치고 말았다.

그러나 공자(孔子)만은 지속적이고도 큰 영향을 미쳤다. 오직 공익 문제에 전념했던 그는 극히 인간적이고 풍부한 감성의 소유자로서 허식과 절대적인 규범에 반대한 것으로 보인다. 그는 수양을 통해 인격적으로 모범이 되는 자들, 즉 군자들이 생활에서 보여주는 우애에 입각한 처세술만이 유익하다고 보았다. 따라서 그는 천자에서 만민에 이르기까지 모든 자들은 자기수양을 통해 자신을 깨우치고 타인을 이해함으로써 성인(聖人)이 될 수 있도록 노력해야 한다고 내세웠다. 공자의 인본주의는 범주화된 지식과 교리적이거나 허황된 사변들과 첨예하게 대립한다. 그러나 그의 사상 또한 그의 권위가 증대해감에 따라 변질되기에 이르렀고 독창성도 퇴색되어갔다.

묵자(墨子)는 공자와 마찬가지로 공익의 추구와 미풍양속을 선양했으며, 봉건시대 농촌사회의 상부상조에 대한 의무감을 일깨우고자 했다. 그러나 그는 사회적 의무를 가장 엄격한 극기를 통한 고행과 연결함으로써 대중적 지지기반을 잃고 만다. 노자(老子)와 장자로 대표되는 방술가(方術家) 또는 장생가(長生家)들은 공자와 묵자와는 전혀 다른 길을 걷는다. 그들은 의례를 칭양하는 윤리주의나 고행을 옹호하는 과격주의에 반한 채, 왕성한 생명력과 완전한 자유를 구가할 수 있는 선(仙)의 경지를 내세웠다. 장생술은 우주적인 삶에 부합하는 요법으로 활력을 얻어 영생을 구가하는 기술이다. 그 기술은 아이들과 동식물들에게서 단순하게 삶을 즐기는 생활요법을 배움으로써 생명력을 신장시키는 데 있다. 그리하여 성인(聖人)에 도달하게 되면 더 이상 가늠할 수도, 범할 수도 없는 자로서, 완전히 자생적인 생명력 자체이자 우주의 생동하는 숨결에 혼용된 숨결 자체가 된다. 공자는 공익을 위해 인간관계를 중시하는 반면 도가의 성인은 오직 자신의 힘으로 자신을 위해 삶을 영위할 따름이다. 성인은 오직 세계의 망각을 통해 세계를 구한다. 성인의 영생과 더불어 자연은 영속한다. 공자의 적통으로 자부하는 맹자(孟子)는 문사(文士)의 전형을 정착시킨 최초의 문사로서 백성들의 운명에 관심을 기울여 통치의 원칙을 선정(善政)에 두었으며, 군주를 계몽시키는 것을 현자의 임무로 삼았다. 순자(荀子)는 법가와 도가의 세례를 입고 있으나 스스로 공자의 적통임을 자임했다. 그는 문명이 인간의 자연성을 완성한 현자의 발명품이라고 인식했으며, 참되고 선한 세상은 이 문명의 표현이자 이성의 표현인 예(禮)와 의(義)의 실천 속에 도래한다고 보았다.

　한대(漢代)는 성립과 더불어 과거(過去)에 입각한 제도 정착을 기하고자 했다. 이에 동중서(董仲舒)를 중심으로 역사에 입각한 통치이론이 등장했다. 그리하여 공자의 이론을 신성화하는 반면 이단의 이론을 근절하고자 했으며, 옛 문헌들에서 통치행위의 정당성을 찾는 데 묶이고 말았다. 따라서 관료는 문사의 몫이 되었고, 문사들은 교리의 전파자로 남게 됨에 따라 공자의 인문주의와 실증주의적인 사상을 저버린 또 하나의 교리주의가 하나의 '정통'으로 자리 잡게 된 것이다. 그럼에도 중국인들은 이러한 가운데서도 한결같이 단순한 인식이 아닌 문화 추구와 함께 현자들에게서 '자유로운 명상을 도와주는 제재들'을 찾고자 했다. 중국의 현자들은 그들의 정통사상들 가운데 특히 도가의 자연주의나 공자의 인본주의를 더욱 선호했다. 그들은 하나같이 화해 정신을 바탕으로 하는 유가와 도가의 가르침을 지침으로 완벽한 지혜, 완전한 자기통제, 개인적으로나 집단적으로나 협동하는 삶을 이상으로 삼고 있다. 그리하여 중국문명은 우리가 알고 있는 문명들 중에서 가장 일찍 성숙기에 도달한 문명을 가장 오랫동안 지속해오고 있는 것이다.

이상 이 책의 내용을 간추려 살펴보았다. 중국사유를 크게 언어와 문자와 주요개념이라는 3대 요소로 종합적으로 보려는 시각은 그 시도에서부터 무모함이 전제될 수밖에 없는 탓에, 학자로서의 지적 엄밀성과 통찰력을 요구할 뿐만 아니라 과감한 용기와 불굴의 투지가 동반되어야 할 것이다. 아울러 이 3대 요소를 전제로 하기 이전의 준비 작업으로서 다양한 측면에서 연구가 선행되어야 할 것이다. 따라서 이 연구서가 불가피하게 때로는 국부적일 수도, 때로는 단정적일 수도, 때로는 철학적 인식이 다소 결핍된 측면도 있을 수도 있겠으나, 적어도 한 문명을 포괄하려는 시도에서만큼은, 또한 그러한 시도가 임의적 해석보다는 신화, 민속, 역사, 철학적 사료와 문헌에 충실하려는 실증적 입장을 시종일관 견지해나간다는 점에서는 찬사를 아끼지 않을 수 없을 것이다.

그라네는 앙리 마스페로(Henri Maspero, 1883~1945)와 폴 펠리오(Paul Pelliot, 1878~1945)와 더불어 현대중국학의 기초를 세운 에두아르 샤반(Éduards Chavannes, 1865~1918)의 제자이며, 현대 사회학의 아버지로 불리는 에밀 뒤르켐(Emile Durkheim, 1858~1917)의 제자로서 지난 세기 초 프랑스에서 중국학의 기초를 다진 학자들 가운데 하나다. 특히 그라네는 당시 중국에 대한 연구가 주로 사상사적 측면에 국한되어 중국 본연의 사유를 서양의 철학적 개념에 입각하여 재해석하고 판단하고 규정하려는 자의적 접근방식을 배제하는 한편, 사회학과 민속학과 인류학 측면에서, 그의 표현에 따르면 그 '신선한 생명력'을 아직까지 견지하고 있는 중국문명의 유구한 역사성에 대해 물음을 제기했다. 마찬가지로 이 책에서 그의 탐구는 기원조차 알 수 없는 어떤 사유방식이 2,000년 이상이 지난 오늘날까지도 줄곧 역사의 흐름을 관장하면서 아직까지 현대의 동양세계를 지배하고 있다는 점에 대한 경이로움을 간직한 채 그 이유를 찾아간다. 아울러 그는 서구 철학사는 지배적인 개념들이 전복되고 부정되는 과정을 겪어왔음에도 동양문명권에서의 핵심사상은 오로지 추종하고 숭배되어야 하는 대상으로만 인식되어왔다는 사실에 특히 주목하며, 이러한 사실을 단순히 사상 자체에 국한시켜 탐구하기보다는 문자를 비롯한 수의 영역에까지 적용해 탐구를 기하고 있다.

아울러 이 책은 바로 그러한 점에서 당시 유행한 서양의 문화비교학자들이 중국의 '외부시점'에서 적잖이 범해왔던 오류들에서 벗어났다. 당시 비교 문화의 이름으로 범해지는 가장 큰 오류는 비교될 수 없는 것을 비교함으로써 비교 연구 자체를 유명무실한 것으로 만들 뿐만 아니라 비교 대상인 상이한 두 문화를 왜곡하는 데 있다 할 것이다. 이를테면 인도유럽어의 알파벳을 기준으로 하여 중국의 표상문자에 접근할 수 있는 어떠한 방법도 가능하지 않다. 알파벳 문자가 개념을 수용하는 데 적합하다는 기준으로 중국의 표상문자를 바라보는 '시점'으로는 중국의 문자에는 그러한 개념을 수용할 수 있는 기능 자체가 부재하다는 사실만을 들추어내는 데 그치고 말 것이다. 이렇듯 한편의 문화에 있는 것이 다른 편의 문화에 없다는 것을 확인하는 것은 일종의 이분법에 옭매인 편협한 '시점'의 산물일 뿐, 연구대상을 이해하는 데는 하등의 도움이 되지 않는다.

이에 반해 그라네의 책은 가장 기본적인 언어와 문자에서뿐만 아니라 수와 주개념 연구에서 결코 서양의 기준에 따라 접근을 꾀하는 것이 아니라, 그 연구 대상을 최대한 중국의 '내부시점', 즉 중국문명의 형성 요체인 풍습, 사유방식, 제례, 의식, 정치구조, 사회조직 내에서 한정적으로 적용시켜 다룬다는 데 그 특징이 있다. 이를테면 중국문자 고유의 특성은 그 문자의 기원에서부터 문자를 통한 사유의 정립, 사유의 정립을 통한 정치이론의 확립, 정치이론의 확립을 통한 사회조직의 기반 완성, 사회조직 기반 완성을 통한 역사성의 구축과 일상생활의 기틀을 마련하는 데 이르기까지, 하나의 전체적인 조망 아래서만 문자 자체의 특성이 고찰될 수 있을 따름이다. 심지어 문자에 내재하는 하나의 특성만을 고려하는 경우도 중국의 주요 개념들을 이해하는 것이 필요해지는 것이다.

개념 문제만 하더라도 서구사회를 지배했던 개념으로는 동양사회를 지배했던 개념을 이해할 수 없다. 왜냐하면 그 개념이 궁극적으로 지향하는 바에서는 어떠한 유사성을 발견할 수 있다고 할지라도, 사유전개에서 그 작용방식은 다를 수밖에 없기 때문이다. 따라서 서구식 철학방식, 이를테면 철학적 용어들을 도입하여 동양의 사유방식을 기술하는 것은 표기문자로 표상문자에 접근하는 것과 전혀 다를 바 없다. 그라네는 이러한 문제를 완전히 인식하고 있었던 것으로 보인다. 따라서 그는 두 문명 중 하나를 분석하는 데도 서양철학에서 주개념으로 등장하는 존재, 실체, 힘 등의 개념들에 비추어 동양사상의 개념들을 인식하려 드는 자의적인 해석보다는, 이해 불가능한 개념으로 받아들이면서 사유에 내재하는 불가피한 한계인식을 그대로 보여준다.

우리는 이 책에서 그의 폭넓은 연구와 방대한 자료에 대한 탐구에도 불구하고 도처에서 그가 겪는 진정한 학자로서의 한계를 접하게 된다. 사실 이러한 한계는 한 서구학자로서의 한계일 뿐만 아니라 무엇보다 동양학자의 한계이기도 할 것이다. 아직껏 도(道)라는 개념의 기원뿐만 아니라 음양사상의 기원 역시 규명된 적이 없고 또 그러한 규명작업을 시도하는 것 역시 끝없는 논란의 대상이 되고 있을 따름인 것이다. 우리가 도(道)라는 개념을 이해하는 데 항상 어떠한 규정적인 정의를 내릴 수 없는 까닭은 일찍이 이 개념을 전하던 이른바 고전들, 이를테면 노자나 장자에서도 그것에 대한 정의가 없기 때문이다. 이렇듯 벌써 도(道)라는 개념 하나만 보아도 우리의 한계인식을 보여주는 불확실하고도 미정의 개념으로 다가오는 것이다.

그러나 중요한 것은 그라네가 이 저서의 집필을 밀고 나갈 수 있었던 것과 마찬가지로, 그러한 개념의 미정 상태가 단순히 우리에게 사유의 한계를 규정하는 것에 그치는 것이 아니라 하나의 열린 개념으로서 우리 사유를 끊임없이 자극한다는 것이다. 따라서 동양사상의 주개념은 사유를 통제하고 구속하고 폐쇄적인 교리로 흐르기보다는 마치 하나의 화두처럼, 즉 세계로 열린 하나의 창문처럼 정신에 다가오는 것이라 할 것이다. 따라서 이러한 열린 공간으로서 동양사상의 주개념들이 보여주는 이러한 특성은 마치 중국문자 자체가 하나의 개념이기보다는 하나의 이름으로서, 또한 하나의 이름인 까닭에 하나의 실재에 대한 생각을 자극하는 계기로 주어지는 것과도 같다. 이러한 종합적인 열린 공간으로서, 중국문명의 요체를 이루는 문자, 수, 주개념들에 대해 그라네는 학자로서 열린 시각, 즉 미지의 문명에 대한 끊임없는 물음으로 접근한다. 물론, 그러한 물음이 방향성을 지니는 것은 바로 물음 자체가 하나의 미지의 것에 대한 열림이기 때문이다.

통상적으로 동양학자는 동양에 대한 이해가 부족하고 서양학자는 서양에 대한 이해가 부족하다. 자신이 속한 문명권에 대한 인식과 이해 부족은 마치 그곳에 머물러 있기 때문에 잘 알고 있다는 착각에 빠져 있기 때문일 것이다. 그리고 자기 자신이 속해 있는 문명에 대한 인식은 크게 두 가지 형태로 나타나게 마련이다. 하나는 그 문명에 대한 긍정적 자세이며 또 하나는 부정적 자세다. 그런데 한 문명을 일구는 사유라면, 내적으로 부정적 요소와 긍정적 요소를 함께 지니고 있게 마련이다. 다만 부정적인 요소가 강조되는 경우는 바로 문명의 기본 틀인 사유 자체가 하나의 제도화로 정착하면서 정신을 통제하고 구속하는 강제력을 발휘하기 때문이다. 서양에서 형이상학에 대한 부정적 태도는 형이상학 자체가 이러한 강권적 체제로 전락한 데서 비롯한 것이다. 마찬가지로 서구학자들이 형이상학의 주개념들인 존재, 실체 등의 개념에 부정적인 자세를 보이는 것 역시 바로 그 개념들이 강제력을 발휘하면서부터 야기되는 역사의 불행 때문일 것이다. 불가지함을 전제로 내세우는 서구의 형이상학은 바로 그 불가지함을 이유로 수많은 맹신적 · 자의적 해석들을 유발했던 것이다.

그런데 불가지한 것은 바로 그 자체로는 본래 열린 공간이다. 불가지한 것은 다만 인식의 한계를 규정할 따름이므로 무한한 물음의 공간을 펼쳐 보이는 것이다. 불가지한 것을 하나의 자의적인 해석을 통해 규정하는 것은 그러한 물음의 공간을 닫아버리는 제도에 의해 초래되는 것이다. 제도화되어버린 형이상학은 더 이상 물음의 공간이 아니다. 서구인들이 동양철학의 주개념인 도라는 개념에서 열린 공간을 보면서도, 서구 내적으로 갖추고 있었던 열린 공간을 보지 못하는 것도 바로 이러한 연유에서다. 요컨대 자체의 긍정적인 측면인 사유 가능성을 보지 못하는 탓에 결국 다른 곳에서 그 가능성을 찾는 것이다. 동양학에 관심을 보이는 서구학자들이 더러는 이국취향, 또 더러는 적극적인 탐구 열정을 보이는 이유는 바로 이 때문이라 하겠다. 반면, 서구 학자들과는 달리 동양의 학자들은 그 자체의 문명이 지니고 있는 본래의 긍정성에만 지나치게 집착함으로써 일종의 고전화된 사상들을 숭상하는 데 그치고 마는 경우가 허다하다.

비교연구가 우리에게 도움이 될 수 있는 것은 문명마다 그 기본 틀을 형성하는 사유야말로 긍정성과 부정성을 서로 교환하고 있다는 것을 보여주기 때문이다. 동양의 도(道)라는 개념의 긍정성은 서구의 형이상학의 긍정성과도 유사하며, 마찬가지로 서구의 형이상학이 왜곡된 형태는 도(道)라는 사상이 왜곡된 형태와 유사하다. 문명의 기본사상은 이렇듯 긍정적인 측면에도 불구하고 국가의 통치수단으로 전락되는 과정에서 틀림없이 왜곡의 역사를 낳게 마련이다.

이상 살펴보았듯이 이 책은 문명사에 관련된 저술이다. 기본적으로 문명사라고 하는 것은 단순히 하나의 역사적 사료들을 통한 고증에 앞서 연구자로서의 문명관이 선행되어야 할 것이다. 다른 문명에 관한 연구는 그 문명 자체가 겪었던 역사적 과정에 대한 실증적이든 사회사적이든 어떤 방식의 고찰이든 이전에 문명 그 자체에 대한, 즉 문명의 기원에 대한 성찰이 요구된다. 그라네는 바로 이러한 성찰의 과정으로서 이 책을 시대적으로 한대(漢代) 이전에 국한하는 것이다. 따라서 그는 한 문명의 긍정성 또는 부정성 여부를 판단하기보다는 문명 정착시기에 문명의 역사적 가능성을 보고자 했을 것이다. 아마도 이러한 그라네의 자세는 오늘날 동서양을 막론하고 고전에 대한 좀더 깊은 이해와 연구가 필요한 이유를 깨우쳐주는 경종이기도 하다. 이 책의 번역이 굳이 의의를 지닐 수 있는 것도 바로 이 점에 있다 하겠다.

중국사유

일러두기

1. 이 책은 Marcel Granet, *La pensée chinoise*(Albin Michel S.A., 1988 et 1999)를 번역한 것이다.

2. 주에 실린 참조원문은 원서에는 없으나 옮긴이가 독자들을 위해 첨가했다.

3. 지은이가 원서에 이탤릭체로 강조한 부분은 고딕체로 표기했다.

4. 본문과 주에 있는 괄호 안 물음표 표시(?)는 저자가 불확실한 내용을 표시한 것으로 원서의 표기를 토대로 한 것이다. 예를 들어 이 책의 34쪽 각주 15).

서론

　나는 이전에 중국인의 공적인 삶과 사적인 삶을 관장하는 태도와 행동체계를 분석하면서 중국문명을 개관했다. 이제 나는 이 선행된 분석들의 좀더 구체적인 시도로서, 중국의 정신생활을 주도하는 신념·개념·상징체계를 살펴보려고 한다. 나는 이 책이 나의 근저(近著)인 『중국문명』(La Civilisation Chinoise)을 위한 한 권의 보완서로 읽혔으면 한다.[1]

　나는 『중국문명』을 출간하면서, 당시의 나로서는 고대중국개론서에 해당하는 한 권의 저서를 쓸 수 있는 아무런 방도가 없음을 토로한 적이 있다. 『중국문명』이 그러했듯이, 이 책 역시 이 같은 결핍감 속에서 써야만 했다. 이 책이 한 권의 중국문학개론서나 중국철학개론서를 의도

---

1) 중국원문에 대한 각주는 먼저 저술명과 해당 장(章)을 표기한 다음에 행했다. 레그(Legge)나 쿠브레르(Couvreur)에 의한 중국고전번역을 참조할 경우 고전의 통상적인 서명(書名)을 제시한 후 서명의 약자인 L 또는 C를 추가로 명기했다. 그리고 사마천(司馬遷)의 『사기』(史記)를 참조할 경우, 서명의 약자인 SMT를 표기한 다음, 해당 역문을 제시하지 않을 때에는 그 장만을 표기한 반면, 역문을 제공할 경우에는 샤반(Chavannes)의 역서에 따라 해당 권수와 쪽의 번호를 적어 넣었다.

나는 내 첫 번째 책 『중국문명』에서처럼 이 책에서도 연구대상을 한대(漢代) 이전의 고대에 국한시켰다. 정통수리의 지배는 진(秦)제국의 출범과 더불어 시작되었으며, 중국사유방식의 주된 특징들은 이때부터 정립되기 시작했다. 이 책의 참고문헌으로는 첫 번째 저술인 『중국문명』에서 활용된 것들을 그대로 취하면서 최근의 몇몇 저작들과 전문서들을 추가했다.

하는 것이었다면, 나는 그 집필을 주저했을 것이다.

이러한 부류의 제명을 취해도 무방할 책들은 이미 많이 나와 있는 편이다. 굳이 경전의 분류나 학설의 계보에 관심 있는 독자라면 중국철학사에 관련된 이러한 부류의 훌륭한 저서들을 참고하면 유익할 것이다.[2] 그러나 나로서는 이러한 책들이나 현행의 자료목록들이 더 이상 철학이론사를 상세히 재구성하는 일을 미룰 수 없을 만큼 충분한 자료로 인정된다고 할지라도, 중국사유의 전반을 관류하는 기본규칙들을 탐문하려는 취지는 변하지 않을 것이다. 무엇보다 먼저 우리는 다음 사실을 상기해야 할 것이다. 중국사유를 지배하는 제도적 토대나 그 구성조직의 연구에 적합한 자료가 많기는 하지만, 결코 우리는 이 자료들을 통해 중국 이외의 다른 나라에서 기술될 수 있었던 철학사에 상응하는 한 권의 철학사를 구성할 수 없다는 사실을 말이다.

* * *

고대의 중국은 철학보다는 일종의 지혜를 갖추고 있었다. 지혜는 상이한 성격의 다양한 저술들로 표현되지만 교리 형식을 띠는 경우는 드물다.

그러나 이 지혜의 유산들은 고대의 것으로 보이는 약간의 저술들로 전해지고 있을 뿐만 아니라, 저술들 또한 전승과정이 막연하고 내용은

---

2) Gilles, *History of chinese literature*; Grube, *Geschichte der chinesischen Literatur*; Mayers, *Chinese reader's manual*; Liang Chi-chao(양계초梁啓超), *History of Chinese political thought*(L.T. Chen 번역); Le P. Wieger, *Histoire des croyances religieuses et des opinions philosophiques en Chine, depuis l'origine jusqu'à nos jours*; Tucci, *Storia della filosofia cinese antica*; Forke, *Geschichte der alten chinesischen Philosophie*; Suzuki, *A brief history of early chinese philosophy*; Hackmann, *Chinesische Philosophie*; Hu Shih(호적胡適), *The development of logical method in ancient China*; Maspero, *La Chine antique*.

불확실하며 언어는 생경하다. 더욱이 그것들에 대한 해석들은 후대 학파들의 편향적이고 교리적인 주해에 의거하고 있을 뿐이다.

더욱이 우리의 중국고대사에 관한 지식은 거의 확실치가 않다.

공자나 묵자, 장자처럼 우리에게 친숙한 사상가들조차도 우리는 그들이 어떤 인물이었는지를 어렵사리 짐작만 할 수 있을 뿐이다. 그들의 전기(傳記)에 관한 유익하거나 구체적인 정보는 거의 없다고 해도 무방하다. 우리가 알고 있는 것은 때로 논란의 대상이 되기도 하는 연대에 한정될 뿐이며, 이 연대들마저도 사료가 남아 있지 않은 시기에 속할 뿐이다. 어떤 '저자들', 이를테면 장자나 열자(列子)의 경우는 약간의 전설조차 남아 있지 않다.

가르침에 관한 직접적인 자료가 될 법한 어떠한 것도 전래되지 않는다. 그리하여 가르침의 저본인 대부분의 고전들은 공자가 편찬했다는 것이 정설로 통용되게 되었다. 이러한 정설을 옹호하지 않거나 학파의 이해관계를 벗어난 일부 주해가들은 『논어』(論語)만을 공자의 것으로 인정할 따름이다. 더욱이 이 문집이 정작 그 첫 제자들의 저술이었는지조차 석연치 않다. 어쨌든 후대에 편찬되었을 이 책은 지금 우리에게는 없다. 그의 사후 500여 년이 지나서야 개찬되었다는 판본만이 전해질 따름이다.[3]

진본에 가장 근접하는 최적 판본들의 편목들을 인정하는 데 주해가들의 의견은 일치한다. 그러나 이러한 일치도 선별작업에 임하는 경우에는 뭇 이견들로 산분되고 만다. 장자는 중국 저술가들 가운데 가장 강골한 문체를 남긴 무척이나 독창적인 사상가다. 어떤 주해가는 『설검편』(設劍篇)은 그 기법과 문체로 보아 장자의 것임을 확신하나 『도척편』(盜跖篇)에 대해서는 그렇지가 않다. 반면, 어떤 주해가는 『도척편』은 인정하되 『설검편』은 배제한다.[4] 『한비자』(韓非子)는 전기(傳記)가 가장 잘

3) Sseu-Ma Ts'ien, *Mémoires historiques*(SMT), V, 441쪽 이하.
4) Maspero, *La Chine antique*, 490쪽, 489쪽 각주 1)의 마지막 부분.

알려진 작가의 저서에 속한다. 진(秦)제국 성립 직전에 집수된 이 저서는 그 초기의 전승과정은 크게 문제될 것이 없다. 그럼에도 오늘날 한 서지학의 대가는 이 책의 55편 가운데 고작 7편만을 한비자의 것으로 꼽을 정도다. 그럼에도 그는 한비자의 학설을 논할 때면, 배제했던 편목들에 주의를 기울인다.[5]

저술의 연대설정과 독창성에 관한 연구가 많지만 대부분 "이 책이 완성된 전반적인 시기는 기원전 3세기 후반으로 **짐작되나**, 그 전부를 한비자가 쓴 것은 아니다. 장자나 묵자 그리고 **당시의 뭇** 철학자들이 그러하듯, **많은** 부분은 한비자의 문하에 의한 것이다. 한비자의 것과 그 문하의 것을 가름하기는 어렵다"[6]는 모호하고도 실망스런 결론에 그치고 만다.

기원전 4세기 이후부터 학파(家)들의 역할, 즉 학파간의 논쟁은 중요한 비중을 차지하게 되었다. 가장 격렬했던 논쟁은 한 스승 아래에 있는 제자들 사이에서 벌어졌다. 『장자』에 따르면, 묵자의 제자들이 그러했고[7] 공자의 제자들 또한 그러했다.[8] 그럼에도 중요한 것은, 한대(漢代)로 접어들기까지 묵자와 공자의 제자들은 학설에 관한 한, 유묵(儒墨)이라는 공동의 이름 아래 줄곧 동도(同徒)로서 인식되었다는 점이다. 이 이름이 양립되어 사용되는 일은 거의 드물었다. 학파간 논쟁은 권위에 따른 반목을 노정할 뿐 학설상 대립을 뜻하지는 않았다.

여기서 우리는 가(家)라는 단어를 편의상 학파로 옮기고는 있으나 중국인은 이 단어에 상당히 포괄적인 의미를 부여한다는 사실에 유의할 필요가 있다. 중국인은 이 단어를 한편으로는 각종의 기술, 즉 수학·천문학·점술·의술 등 대가들마다 보유하고 있는 일체의 비법[9]들을, 다

---

5) 앞의 책, 552쪽의 각주 1).
6) 같은 책, 552쪽. 강조는 저자.
7) Wieger, *Les Pères du système taoïste*, 501쪽.
8) 『예기』(禮記, *Li ki*), Le Pére S. Couvreur, I, 133, 153, 164, 175, 212, 216쪽 (앞에서 밝혔듯이 이하 저자명 Le Pére S. Couvreur는 C로 표기한다).
9) 아래의 도식은 이 사실에 대한 분명한 예증이 될 것이다. 이 도식은, 제반 (철학 또는 기술) 학파나 학설의 관계를 규명하기 위해 최근 중국에서 행해진 가장 창

른 한편으로는 각양의 처신술, 즉 뭇 현자들이 저마다 권장하는 생활요령들을 지칭하는 데 사용한다. 자신의 행동을 다스릴 수 있는 모종의 태도를 습득함으로써 구현되는 이 방식들은 교리체계와는 무관하게 모종의 인생관과 세계관을 반영하고 있다.

마치 학파들이 이론교육에 주목적이 있었던 양, 학파들을 대립관계로 보는 관점은 비교적 후대에 와서야 생긴 것이다. 이러한 관점은 암기를 도울 목적이 아니었다면, 아마도 실용적인 요구에서 나왔을 것이다. 사실 모든 분류의 전범이 되는 학파에 따른 저술과 저자의 분류방식은『한서』(漢書)의『예문지』(藝文志)에 그 기원을 두고 있다. 이『예문지』는 도서관학적 저술로서, 그 분류방식은 일종의 목록식에 지나지 않는다. 이 책의 저자는 소장된 경전들을 범주에 따라 유별(類別)한 다음, 각 범주에 해당하는 학파나 교파의 가르침에 학술상의 독창성을 부여했다.

우리가 다루려는 학파나 저자들이 주목되는 까닭은 무엇보다 그 학설

의적인 논고에 해당하는 허지산(許地山)의 글(*Yenching Journal*, 1927, 12월호, 259쪽)에 실린 도식을 다소 축약한 것이다. 허지산은 특히 도가학설의 기원을 제시하는 데 주안을 두었다. 그의 도식의 결함이라면 법가(法家)와 명가(名家) 등을 간과했다는 점이다.

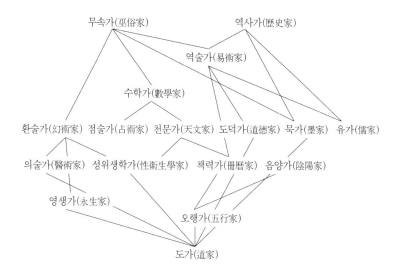

상의 이유 때문일 것이다. 그러나 우리는 이 학설들의 세부내용과 그들 간의 관계를 제시하려 할 때면 적지 않은 모험을 감수해야만 한다. 왜냐하면 특히 중국의 경우 '철학용어'에 대한 연구는 특이한 난제들을 야기하기 때문이다.

후술하겠지만, 중국어는 그 체계상 개념을 표현하는 데 적합하지 않은 것 같다. 중국어는 사유를 특징짓는 추상적 기호보다는 구체적 암시가 풍부한 상징을 선호한다. 상징은 규정된 의미보다는 묘연함에서 배어나오는 효과를 추구한다. 이러한 특성은 분석보다는 생각 전체의 참여를 유도하며, 단순히 어떤 판단에 준한 명확한 확인보다는 행동의 총체적 전환을 도모한다. 따라서 우리는 독창적인 한 문명의 반영이자 많은 가치판단을 지닌 이 **상징체계를** (사고방식의 다양성을 감안하지 않은 채 섣불리 동일화시켜) 서구철학자들의——관습적이긴 마찬가지나 비개인적이고 객관적인 정확성을 추구하는——용어로 번역하려는 타성에서 벗어나야 할 것이다. 그렇지 않으면, 여전히 우리는 (유가의 특징이라 할) 인(仁)을 'altruisme'(이타성)으로,[10] 또 (묵가의 태도를 가리키는) 겸애(兼愛)를 'amour universel'(보편애)[11]로 옮기는 돌이킬 수 없는 시대착오를 답습할 것이다. 최악의 경우, 우리는 규정된 관념보다는 효능성의 추구를 이상으로 삼는 이 철학의 심성과는 철저하게 배리될 수도 있을 것이다. 여전히 'substances'(실체)와 'forces'(힘)의 구분을 중국인에게 적용하는 것처럼 말이다.

반면, 우리는 중국현자들이 '이론'의 개념화에 적합한 어휘들을 체계화했다고 가정한다 하더라도, 현재로서는 학설사를 재구성하려는 모든 시도는 새로운 난관에 부딪칠 것이다. 무엇보다 우리는 고문을 읽으려면 경전에 실려 있는 주해에 의존해야만 한다. 가장 오래전에 주해들이

---

10) Wieger, *Histoire des croyances religieuses et des opinions philosophique en Chine, depuis l'origine jusqu'à nos jours*, 133, 134쪽; Maspero, *La Chine antique*, 464쪽.
11) Maspero, 같은 책, 473쪽.

작성된 것은 시기적으로 기원후다. 즉 이 주해들은 중국이 정통유가의 도정을 본격적으로 밟게 되었던 한대 사상운동이 발흥한 이후에 쓰인 것들이다. 게다가 이 주해들은 관료로서의 명리와 출세를 보장해주는 과거시험 응시자들에게 요구된 이른바 '정확한 해석'을 부여하고 있다. 그러기에 모든 독자들, 특히 중국 독자들은 경전을 읽으면서 자유로울 수 없다. 심지어 주해가 교육, 윤리, 정치의 요구로 점철된 해석체계라는 것을 아는 독자라도 주해의 도움을 구할 수밖에 없다. 오직 주해를 통해서만 고문의 경전 속으로 이입될 수 있다. 지금 주석을 극복하려는 일은 중국의 문체론과 문헌학 관련 교본의 도움을 받을 수 없는 상태에서 행해질 수밖에 없다. 게다가 이 같은 작업은 극심한 불확실성 속에서 전개되어야 한다. 왜냐하면 주해의 모든 세부를 주도하는 정통정신은 언제나 두 경향 속에 오락가락하기 때문이다. 그 하나는 상반되는 해석들 각각에 부동의 가치를 부여하려는 논쟁적인 경향이고, 다른 하나는 확고한 규정화를 한사코 거부하는 타협적인 경향이다. 아무튼 정통문구들 속에서 사유의 실상을 세밀하게 파악한다는 것은 여간한 일이 아니다. '이론들'의 순수한 복원과 그 상호관계를 사상적으로 규정하기 위해서는 언제나 예측이 빗나가지 않는다는 행운을 전제해야만 한다. 하물며 이 이론들의 실제적 관계를 역사적으로 재구성하기 위해 우리가 기대해야 하는 행운이란……

중국고대사의 큰 흐름에 대한 전문가들의 견해는 지금으로서는 일치되는 것이 없다.

사실 우리는 중국전통의 교리적인 성격, 특히 문학사에 관련된 전통의 교리적인 성격에 너무 무지했던 탓으로, 무모하게 '학설'사를 논할 수밖에 없었다. 실제 우리는 극소수에 한정되어 전해지는 소장 경전들에 극진하리만큼 중요성을 부여하고 있다. 오직 보존되고 있다는 이유만으로 이들이 고전이 되었다는 점을 의식하지 못한 채 말이다. 전통적으로 이 경전들을 (시기적으로 대우大禹—주공周公—공자孔子라는) 근사한 단계를 거치는 상당한 세기 동안의 산물로 규정함에 따라 우리는 으레 역사적 작품은 이렇게 쓰여야 한다는 듯 당연시하면서, 중국개념들의 추이나 학설들의 성쇠를 논하는 데 아무런 불편도 느끼지 않았다.

그렇다고 고대의 산물인 이 경전들 대부분이 단기간(기원전 5~3세기)에 걸쳐 형성되었다고 주장하는 오늘날의 비평가들의 환상이 고수될 수 있을까? 이를 부정하는 데에는 이 시기야말로 전반적으로 불투명한 중국전사(中國全史)에 걸쳐 볼 때에도 가장 모호한 시기였음을 상기하면 될 것이다. 이 시기는 역사적으로 유익한 자료가 가장 부박하게 주어졌으며, 이 사료들마저도 신빙성이 희박하다. 따라서 우리가 이 사실들을 종합한다 할지라도 얻을 수 있는 소득은 기껏 추상적이고 불확실한 연대기에 그칠 것이다.

그럼에도 심지어 기원전 5~3세기를 '역사소설'과 문학의 기만시대로 보는 자들마저도 '이론들'의 연대기 작성이야말로 기본적이고도 신뢰할 수 있는 유일한 일로 믿는다. 그러면서 그들은 이 일에서도 여전히 경전을 대상으로 적용했던 분류방식에 의존할 뿐이다. 왜냐하면 그들은 한 사상의 발상시기를 규정하려는 유혹을 떨쳐내지 못할뿐더러, 사상의 '창시자'들을 미지로 남겨두는 것을 용인할 수 없기 때문이다. 이를테면 그들은 기원전 5세기에 완성되어 그 세기 말에는 모든 철학자에게 대거 수용된 음양의 '철학이론'을 『계사』(繫辭)라는 작은 논고를 유일한 저술로 남길 뿐인 '형이상학파'(음양가陰陽家)의 산물로 본다.[12] 그러나 그들의 주장을 받쳐줄 근거는 오직 음양의 철학논고들 중 『계사』가 가장 오래된 것이라는 믿음 말고는 없다. 철학은 사실의 역사와 자료의 역사를 구별하지 않을 수도 있겠지만, 사료 외적인 것의 연대를 설정하려는 역사라면, 부재를 증거의 빌미로 삼아서는 안 됨을 상기해야 할 것이다. 역사가는 단지 증거의 부재만을 확인할 수 있을 따름이다. 설사 알려진 한 시대의 철학사를 엄정한 실증을 통해 기술하는 경우라 할지라도, 심지어는 기록된 사료들이 거의 완벽한 통일성을 갖춘 경우라 할지라

---

12) 앞의 책, 48쪽.

도, 기록된 사실들의 철저한 검토만으로 어떠한 사상의 절대적인 기원을 설정할 수 있다고 믿는 자는 아무도 없을 것이다. 과연 우리는 실증 사료가 거의 남아 있지 않은 이 공연한 증거의 빈곤을 이용하여 가장 오래된 실증으로 확신된다고 여겨지는 어떤 것에 연대를 설정하려 들고 또한 그것으로 최초의 발상과 기원을 거침없이 논해도 무방한 것일까?

특히 문학비평가들이 터무니없는 숱한 억측에 빠져 있는 것이 사실이라면, 이는 그들이 출발점으로 삼는 모든 전제들의 규명에 소홀하기 때문이다. 우리는 단순히 공자 이전이나 기원전 5세기 초까지 중국철학은 '유아기'[13]를 탈피하지 못했다는 전제에 따라, 기원전 5세기 말의 모든 사상가들에게 공통된 개념(예를 들면 음양개념)은 바로 이 한 세기 동안 형성되었다고 한결같이 믿는다(그 이전 사상가들에 관한 자료는 우리에게 없다). 비록 사실에 서 있다고는 하나 이러한 판단은 하나의 견해를 자료상에 그대로 환위시킨 것에 불과하다. 흔히 공자 이전까지 '형이상학'의 저술은 쓰인 적이 없다고들 한다. 굳이 그렇다면 그렇다고 묵인해두기로 하자. 그뿐만 아니라 심지어 이 시기 이전에는 형이상학에 관한 어떤 기록도 없었다는 주장까지도 덮어두기로 하자. 그러나 분명 공자 이전 시기에 구술에 의한 가르침마저 없었다고 할 수는 없을 것이다. 기원전 5~3세기의 경전들은 처음에는 구술로 전해졌다. 사실 이것마저 부정하는 자는 아무도 없다. 그러나 유실되지 않았던 소량의 글들이 생산되기 이전에 구술교육은 정말 아무런 사상도 어떠한 '이론'도 '발명'해내지 못했을까? 보존된 자료의 저자를 곧 특정한 학설의 창시자로 규정하는 데 열심인 역사기술은 이러한 물음을 부정하는 답변처럼 보인다. 그러나 내가 볼 때, 이런 식의 답변은 비평의 자유라는 외양 아래 중국정통사관을 암묵적으로 좇고 있는 것과 같아 보인다. 전통에 따라 우리는 기원전 5~3세기는 혼란기였으며 (완전히 꾸며진 생각에 따라) 이러한 혼란이 철학적 성찰을 '발화(發花)시키는 데' 교량이 되었다

---

13) 앞의 책, 468쪽.

고 본다. 반면 우리는 혼란기인 전국(戰國)시대 이전까지의 중국인은 오로지 안정된 정치체제에 순응하면서 수동적으로 일관했기에 전혀 '철학하지' 않았다고 못 박는다. 그러나 이러한 태도는 결국 정사(正史)의 전통만이 정당함을, 또 중국은 견고하게 정착된 문명 위에 고대통일국가를 세웠음을 인정하는 것과 같다.

나는 이러한 중국역사관에 동의할 수 없다. 그렇다고 그 대안으로 다른 역사관을 제시할 의향은 없다. 다만 나는 어떤 기록으로 알 수 있는 사상가들의 이론을 분석하는 일은 비록 그 이론이 그 자체의 기원에 관한 모든 가정을 벗어나는 것이라 할지라도, 익명의 전통에 속하는 사상들의 목록으로 보완되지 않을 때면, 극히 모호해지기 십상일 뿐만 아니라 자칫 그릇된 방향으로 호도될 수 있다는 점을 지적하고 싶을 뿐이다.

나의 이러한 언급들은 내가 어떠한 연유로 학설사의 형식으로 중국사유에 관한 글을 쓸 수 없었는지에 대한 해명이기도 하다. 나는 연대기적 배열을 한사코 피했으며, 전통적으로 논란이 되어왔던 세부사항들을 굳이 밝히려 하지 않았다. 예를 들어 나에게는 공자가 성선설의 옹호자인지 성악설의 옹호자인지를 판별할 수 있는 아무런 요령도 없다. 게다가 설사 내가 이러한 논쟁에 가세한다 한들 나로서는 이런저런 지혜의 대가들이나 서양선교사들이나 본토정치인들이 이러한 논쟁을 통해 꾀하려는 어떠한 소득도 얻지 못할 것이다. 무모한 논쟁의 와중에 심판에게 돌아오는 것이란 기껏 영리하다, 박학하다는 명성 말고는 없을 것이다. 단지 나는 여기서 가능한 한 가장 객관적으로 보이는 방법에 따라 중국의 몇몇 사상과 태도를 분석하려고 했을 뿐이다. 이것들을 면밀히 검토할 수 있는 시간을 얻고자 나는 그중에서도 가장 시사적인 몇 가지 점들만 살펴보려 했다.

* * *

이 책 4부의 제목은 **교파와 학파**다. 그 첫 세 장(章)은 **공통개념**, 즉 통넘으로서가 아니면 달리 고찰할 수도 없는, 또 그렇지 않으면 결코 유용한 고찰이 될 수도 없는 중국의 개념들을 살피는 데 할애되었다. 이 개념들은 중국인이 절대적 위상을 부여하는 정신적 경향들을 보여준다. 나는 편의상 중국사상의 특정 경향들을 노정하는 경전들에 힘입어——특정한 '저자'나 '학파'에 귀속될 수 없는 것이긴 하지만 그럼에도——연구가 **충분히** 가능한 개념들은 마지막 장에서 다루고자 했다. 이 마지막 장에서 다룬 개념들은 공통개념들에 비해 항구성과 깊이에서 다소 미급함을 보이지만, 각자의 상이한 역사적 궤적을 통해 중국사유의 전반적인 동향을 알려주는 데 그 의의가 있다고 할 수 있다.

교파와 학파의 논제 아래 나는 주요 사상가들과 경전에 관한 다소 근거 있는 약간의 가르침을 논했다. 그럼에도 나는 자칫 어떤 저술을 교리적으로 분석하여 그 가르침이 특정한 작가의 것으로 귀속될 수 있는 위험을 경계했다.

고대중국의 대가들은 '박학성'(博學性)과 '전지성'(專知性)을 겸병했다.[14] 그들은 일체를 논하는 데 능했으나 아무도 자신들의 가르침들을 체계화하지 않았다. 오직 자신들의 '학파'가 표방하는 비법의 효능성을 선양하는 데 전념했던 것이다.

나는 결코 각 학파들이 환대했던 사상들을 열거하는 것으로 그 가르침들을 규정하려 하지 않았다. 사실 이러한 목록작성은 다양한 '학설들'간의 연관성을 밝히는 데 전혀 무력할 뿐이다. 이 저술들은 한결같이 과다하리만큼 잡다한 진술들로 전개된다. 작가는 자신의 견문을 과시하면서 어떤 이득을 꾀하는가 하면, 손쉬운 해결책으로서 논쟁을 인신공격으로 몰아가기도 한다. 중국인들은 극히 상이한 개념들에서 아무런 확신도 없이 빌려온 주제들을 병치시키는 데 그 누구보다 능숙했으며, 타인을 궁지에 몰아넣기 위해서라면 자신도 인정하지 않는 논지를 순전히 술책으로 사용하는 데에도 능란했다. 그러기에 나는 마치 도가(道家)

---

14) *SMT*(사마천), V, 414쪽.

인 양 논지를 펼치는 법가(法家)의 어떤 자가 도가의 신봉자일 것이라는 믿음에 빠지지 않도록 경계해야만 했다. 경쟁자의 가르침에서 취한 생각을 장식적으로나 변증법적으로 전용(轉用)한다는 사실은 그 자체만으로도 시사하는 바가 크다. 이 사실은 학설들간의 연관성을 직접적으로 알려주는 지표이기보다는 중국정신의 특성을 보여준다는 점에서 특히 중요하다. 이는 중국정신이 파벌정신에 얼마나 크게 좌우되었으며, 통합주의의 위력에 얼마나 크게 매료되었는지를 보여준다. 우리는 중국 사유 전반에 작용하는 이 지표를 항상 상기해두어야 한다. 반면 우리가 중국의 어떤 '학설'의 본질을 이해하고자 한다면, 그 신봉자들이 사유상의 절충을 모색하기 위한 어떠한 시도도 하지 않으면서도 피상적으로 환대하는 것처럼 보이는 어떤 개념에 현혹되어서는 안 될 것이다.

사실 왜곡을 가능한 한 줄일 수 있도록 우리가 명심할 것은 바로 중국의 학설들은 그 체계의 형성과정에서가 아니라, 핵심경구나 중심비법을 찾아냄으로써 규명된다는 점이다. 다음은 공자의 말로 전해진다. "분명 당신은 내가 많은 것을 배워 통달한 자로 생각할지 모르지만 〔……〕 그렇지는 않네. 전체를 포괄하는 데는 단 하나(의 원칙으)로 충분하네."[15] 이 전언(傳言)에서 우리는 중국정신의 또 다른 특질, 즉 모든 비법은 특이한 진수와 만능의 효력을 겸하지 않으면 유용할 수 없음을 확인하게 된다. 진정한 비법이기 위해서는 통합성(統合性)과 전일성(專一性)을 두루 갖추어야 한다. 따라서 대가들은 모두 지극히 특수한 (특정한 한

---

15) 『논어』(論語, *Louen Yu*), Legge, 159쪽(Legge는 이하 L로 표기한다) 레그 (Legge)는 '일이관지'(一以貫之)를 I seek a unity all-pervading으로 옮긴다. *SMT*, V, 367쪽. 샤반(Chavannes)은 이를, je n'ai que le seul principe qui fait tout comprendre(모든 것을 이해시켜주는 원칙은 나에게는 단 하나뿐이다)로 옮긴다. 운용된 글자들은 하나의 은유적 표현으로 자신의 생각을 알리고자 했던 공자(?)의 의도를 암시하고 있다. 단 하나(막대기나 끈)로도 사물 전체를 하나로 꿰기에 (모으고, 연결하고, 지탱하기에) 충분하다. (참조원 문: 子曰, "賜也, 女以予爲多學而識之者與?" 對曰, "然, 非與?" 曰, "非也, 予一 以貫之.")

현자의) 앎이면서 정의될 수 없는 어떤 효력(삶의 전반에 관한 통찰력)을 겸비한 앎을 선수하는 데 열심이었다. 한 학파나 교파 특유의 개념과 태도를 터득하려면, 우리는 신비주의의 교습생과도 같이 소정의 습득절차를 통해서만 드러나는 어떤 비결이나 중심단어를 찾아내야 한다.

물론 제자들은 그 비결이나 중심단어를 추론보다는 입문과 장기간의 수련을 거쳐 얻을 수 있다. 그러므로 전반적인 실습관행들을 파악하지 않은 채 단지 이론의 숙지만으로는 학설의 진수를 얻었다고 장담할 수 없다. 『도덕경』(道德經)이나 『역경』(易經)과 같은 유명한 고전들은 일련의 경구들로 쓰여 있다. 이 경구들은 축자적으로 읽을 경우, 무미건조하고 진부하기 이를 데 없는 공언(空言)처럼 보일 것이다. 그렇지만 이 저술들은 고금을 통틀어 줄곧 명상의 실행과 삶의 규율을 위한 지침이 되어왔다. 이 저술들이 다른 저술들과는 달리 극히 묘미로운 성격을 지니는 데에는 나름의 까닭이 있다. 우리는 이 저술들이 사유의 추론적 분석을 허용할 거라는 짐작만으로 이들을 이해 가능한 대상으로 다루고자 한다. 그러나 사실 이 저술들에 담긴 학설들을 이해하기 위해서는 우선 그 학설의 지침이자 실질적 표현인 제반 태도가 규명되지 않으면 안 된다.

다양한 수행체계의 의미를 되살리고, 우리 나름대로 '학설'들의 핵심 경구가 의미하는 정곡을 짚어내기 위해서는, 고대의 대가들이 한결같이 자신들의 비법에 부여했던 효능성이 어떤 유형의 것인지 파악해야 한다. 일찍이 지적되어온 것처럼, 중국의 지혜는 정치적 목적을 지닌다. 구체적으로, 모든 교파나 학파는 사회차원뿐만 아니라 우주차원으로 연장되는 **총체성** 속에서 인간의 삶과 활동을 **조율**하려고 했다. 대가들이 천명하는 지혜는 도덕과 정치의 차원을 넘어 어떤 문명에 대한 태도, 즉 문명을 **배양하는** 일종의 **비법**에 해당한다. 따라서 만일 우리가 중국사회사와 중국문명발전사에서 다양한 학파들이 각기 어떠한 위상을 누렸는지를 알게 된다면, 어떤 특수비법이나 특정태도가 어떠한 의미를 지녔는지를 밝혀낼 수도 있다.

따라서 비평작업은 그 기조를 사료상태나 연구현황으로 보아 극히 요행을 바랄 수밖에 없는 문헌학이나 순수역사학에 둘 것이 아니라 실증사회학에 두어야 할 것이다. 중국사회에 관한 연구가 얼마나 생소한 분야인지, 또 정설로 받아들일 만한 연구성과가 얼마나 드문지를 나는 누구보다 잘 알고 있다. 그럼에도 이러한 작업은 우리 연구를 이끌어갈 더욱 확실한 하나의 지표를 제공해줄 것이다. 즉——우리가 군이 그 '학설들'을 연구대상으로 삼을 수도 있는——여러 유파들이 출현한 시기는 봉건체제의 붕괴와 더불어 통일제국의 태동기였다는 점이다. 후술하겠지만, 이 평이한 사실이 묵자나 도가(道家)의 대가들의 태도를 좀더 소상하게 밝혀줄 해석학적 단서로 작용할 것이다.

다른 한편으로, 우리는 (가능하다면) '학설'들의 연대기적 규정보다는 봉건말기에서 여러 유파들이 차지했던 위상을 정립해야 한다. 따라서 나는 중국의 학파들을 연대별로 제시하는 대신, 각 학파 고유의 개념을 통해 표현되는 여러 태도들 가운데 시사하는 바가 가장 큰 것을 기술했다. 또 나는 이 개념을 유형별로 분류하여 그 태도가 제각기 특정한 전문영역에 속함을 강조했다. 이 태도는 제각기 다양한 종류의 집단의식을 드러내줄 뿐만 아니라, 사회가 새로운 순응주의로 접어들 때 중국사유가 얼마나 자극을 많이 받는지를 보여주고 있다. 이러한 시대상황은 전문가들의 영향력이 극력 호응될 수 있는 호기로 작용했으며, 이를 계기로 그들은 창조적인 사고력과 상상력을 진작시키면서 집단의식을 일거에 고쳐시켰던 것이다.

그 성쇠의 유사함으로 각별히 주목되는 두 '학설'이 있다. 하나는 이른바 도가의 학설이며, 다른 하나는 공자를 효시로 섬기는 유가의 학설이다. 나는 특히 '도가'의 연구에 치중했으며, 정통유가를 위해서는 장을 따로 할애했다.

두 학파 모두에는 파벌정신의 위력과 통합주의적 성향이 두드러지게 나타난다. 사실 이 둘은 모두 저마다 정통학설이 되려는 야망을 품고 있었다. 각기 자신들만이 보편성과 전일성을 갖춘 정통이라 자부했다. 그럼에도 이 둘은 하나의 교리나 체계에 따라 세계관을 확립하지 않았다. 이들은 합병과 절충을 통해 그 규모를 무한정 불려 나가는 일종의 확대 연방체를 형성했다. 물론 여러 사상들을 결집하는 면에서, (진제국의 경우에서 볼 수 있듯) 조직력과 구성력의 미흡함을 드러내긴 하지만, (진제국이 문명의 통일성을 토대로 삼듯이) 도가와 정통유가는 독특한 활력의 원천인 합병과 절충으로 자신들의 자양을 얻었다. 도가와 정통 유가는 (전자는 불가사의한 신비주의에 따른 일종의 자연주의를, 후자 는 현실적인 목표에 따른 사회중심적인 노선을 표방하여) 대립되는 입 장을 취하고는 있으나, 사실 이러한 대립은 표층적인 차이이며 둘의 심 층에는 '보편주의'[16]와 '인문주의'라는 두 경향이 동시에 자리하고 있다. 두 학설이 운명을 함께할 수밖에 없었던 점은, 그리고 역사적으로는 상 충하면서도 정신적으로는 서로 절충하고 있었던 점은 바로 상호공통적 인 이 두 경향으로 설명된다.

* * *

이러한 교파나 학파들에 의해 다각적으로 제시된 견해들은 중국사유 의 여러 부차적인 경향들을 알려준다. 중국사유의 기본경향들을 가늠하 기 위해서는 이 부차적인 경향들을 서로 대조해보는 것 말고도 그 중요 성에서 '철학서들' 못지않은 신화와 민속자료들을 면밀히 검토해야 한 다. 이 책의 제1·2·3부는 **공통개념**을 다루었다. 이를 다루면서 특정한 전문적 성찰이나 집성(集性)적 사유 성향 때문에 이 개념들이 띠게 되는 특정국면들을 출발점으로 삼는 것은 바람직하지 않다. 내가 이 개념들 을 연구의 출발점으로 삼은 이유는 바로 중국인의 사고방식을 아주 집 요하게 지배해온 제도의 토대가 이 개념들을 통해 파악된다고 보았기 때문이다.

---

16) De Groot, *Universismus*.

이러한 집요함은 바로 이 바탕 자체가 아주 오랜 고대에서 비롯됨을 의미할 뿐만 아니라, 설령 우리가 '공통개념'들을 정립한다고 해서 모든 교파나 학파의 활동에 선행하는 어떤 지혜가 밝혀지는 것이 아님을 시사하기도 한다. 제반 교파나 학파의 활동이 비교적 후대(기원전 5세기)에 다소 알려지기 시작했다고 한다면, 사유의 제도적 토대에 관한 참조자료들은 본질적으로 비시간적인 것들이다. 물론 이 비시간적이라는 말은 제도적 바탕이 불변이라거나, 그 제도의 변천에 관해 알 수 있는 것이 전혀 없다는 뜻은 아니다. 내가 어떻게 해서 중국사유의 추이에 관한 나름의 견해를 밝힐 수 있게 되었는지는 나중에 밝힐 것이다. 단지 여기서는 다음을 지적해두자. 즉 이 연구가 학파와 교파들을 논하면서 시작하지 않았던 것은 특정한 역사관에서라기보다는 편법상의 이유와 자료 상태와 특성 때문이었음을 말이다. 내 생각에는, 중국인이 채택한 사유의 기본규칙들을 학파들의 개념보다 훨씬 직접적이고도 분명히 밝혀주는 정신적 태도에 관한 전반적인 연구가 선행되지 않는 한, 각 학파의 고유한 태도를 파악하기는 쉽지 않을 것이다. 그러나 독자는 내가 우선 다루려고 하는 여러 개념들을, 우리가 알고 있는 초기학파들의 이론적 작업을 모든 점에서 선행하는 개념체계처럼 제시하지 않겠다는 사실을 상기했으면 한다.

나는 먼저 언어와 문체에 관한 약간의 지식을 제시했다. 이 책의 첫부분에서(제1부) 중국사유가 갖는 (입말이나 글말에 의한) 표현상의 특성을 강조한 것은 하찮은 일만은 아니었다. 제반 저술과 사상을 해설하고 비평하려면 표현상의 특성은 반드시 고려해야 한다. 특히 구어와 문언의 차이점에 관한 통념을 따르다보면, 문언은 고대 이래 정작 죽어버린 언어로 간주되든가 한갓 식자층의 언어로 취급되기 일쑤다. 그런데 중국어는 문자 방면에서 활어(活語)의 고유한 속성처럼 보이는 행동효과를 각별하게 추구하는 언어다. 이 사실로써 우리는 구술을 통한 교육이 오랫동안 중시되어온 이유를 짐작하게 되며, 수 세대에 걸쳐 문체의 표본으로 되었던 저술들이 형성되던 시대에도 문자가 공문서 외에는 거의 사용되지 않은 점을 납득하게 된다. 문자발명 시기가 적어도 기원전 2,000년 전으로 소급된다는 이유로, 중국문학의 기원을 아득한 과거에 두려는 시도들이 있었다. 그런 한편으로, 보존된 저술들에 부여한 기원이 상대적으로 후대라는 이유로 철학적 사유나 현학적인 사유는 뒤늦게 나왔다는 주장도 있게 되었다. 이 같은 모순적인 전제들 탓에 사상사는 실증을 벗어나고 말았으며, '학설'들의 시대설정 또한 무책임하게 시도되었다. 하지만 만일 중국 '철학자들'의 언어가 저술의 언어가 아니라 구술에 의한 실용적인 가르침의 전통에서 나온 언어임을 확인하게 된다면, 우리는 이러한 전제나 오류를 떨쳐버리고 좀더 착실한 연구도 가능하게 될 것이다.

언어와 문체에 관한 이러한 의견은 문학비평가나 순수언어학자로서의 지론도 아니며, 언어에 대한 소상한 기술이나 문체의 역사에 관한 개관을 권두에 소개하기 위한 것도 아니다. 이 책 제1부의 제목을 '**사유의 표현**'이라 한 것은 언어를 상징체계로 보았기 때문이며, 이 상징체계를 출발점으로 삼을 때 중국정신의 특정성향들을 그나마 효과적으로 알려줄 수 있다고 보았기 때문이다. 실제로 언어와 문체의 요소들을 따지다보면, 우리는 두 기본적인 사실을 알게 된다. 하나는, 중국인은 정신활동에 절제를 기하고자 사유표현에서 언어 면의 모든 기교를 피한다는 점이다. 그들은 어떠한 형태의 분석도 무시한다. 그들은 하나의 기호로서 의미를 지닐 뿐인 기호는 결코 사용하지 않는다. 그러기에 그들은 어휘와 표기, 율동과 경구 등 언어의 모든 요소가 **표상** 고유의 효능성을 또렷이 드러내줄 것을 기대했다. 중국인들은 말이든 글이든, 모든 표현은 곧 사유의 모습을 **보여주는** 것이기를 원했다. 즉 그들은 표현행위가 단순한 환기기능만이 아니라 구체적인 형상화를 통해 촉발시키고 실현시키는 어떤 것이기를 원했던 것이다. 다른 하나는, 중국인이 언어에서 그토록 완벽한 효능성을 기하는 까닭은 바로 언어를 광범위한 태도체계——즉 우주, 나아가 인간의 모든 것에 작용하는 문명의 활동양상을 다양하게 보여주는 태도체계——에서 분립시키지 않았기 때문이라는 점이다.

중국사상가들의 우주관은 전반적으로 일치한다. 그들의 우주관은 과다한 학설들로 넘쳐나는 듯 보이지만, 사실 모두 신화적 사유에 직결되어 있다. 현자는 학자의 지식을 빌리지 않는다. 우리가 중국의 과학사유의 발달에 관해 거의 무지한 이유가 바로 여기에 있다. 우리는 자료의 결락 속에 다음 가정들을 내세울 뿐이다. 이른바 중국인은 다리우스(Darius)나 알렉산드로스(Alexandros)의 정복 이후에야 '이방인들'을 통해 '원형(圓形)과 정방형(正方形)의 특성'[17]을 알게 되었으며, 컴퍼스와 직각자 및 해시계[18] 역시도 이방인들을 통해 뒤늦게 알게 되었다는 것이다. 그러나 나로서는 (중국인의 병거兵車와 활에 대한 비오Biot의 찬사를 상기한다면) 토착민들의 기술이 특정집단의 경우, 과학적인 성찰 자체의 노력으로 발전했음을 부인하기 힘들다.[19] 물론 이를 확증할 수 있는 것은 아니다. 더욱이 중국사상가들은 어떤 문제든 단지 칭송되는 고사와 전설과 신화의 주제만을 빌려와 자신들의 생각을 입증하려 했다. 중국사상사의 특기할 점은 철학적 앎이 과학에서부터 독자성을 견지한다는 점이다. 이 연구에서 이러한 기정사실을 숙지해두는 것은 지식을 목록화하여 (어떤 확실함에 이르리라는 희망이 없음에도) 과학정신의 진보를 제시하려는 어떠한 시도보다 한결 중요하다. 과학정신의 진보가 어떠했든, 옛 중국사유는 그로부터 별반 영향을 받지 않았다.

그러기에 나는 (제3부에서) 중국사상의 세계체계를 다루면서 중국인이 과학의 제반 분야에서 성취했던 성과들을 제시하지도 않았으며, 또 그러한 성과들에 따라 과학이 어떻게 분류되었는지도 말하지 않았다. 나로서는 중국인이 순수인식이나 지식습득의 추구와는 무관하게 특정 기술(技術)들을 증진시켰던 기본정신이 무엇인가를 살펴보는 데 주력

---

17) Maspero, 앞의 책, 620쪽.
18) 같은 책, 616~620쪽.
19) 이 점에 대해 우리는 레이(A. Rey)의 *La Science orientale*, 351, 352쪽을 참조할 수 있다. 그러나 나는 고대 중국의 과학적 사유의 가능성에 관한 레이의 낙관론에 수긍할 수 없다.

했을 뿐이다. 따라서 나는 이 기술들이 실용적인 목적에서 지향했던 체계들과 이 체계들의 원칙들을 규명하고자 했다. 물론 실용지식들의 습득과정을 규명하는 일은 중요할 수도 있다. 하지만 나는 가능한 한, 동일한 원천에서 유래하는 하나의 앎에 관한 신화적 문구나 교리적 문구를 변별하는 데 유념하면서 실용지식의 예증들을 제시하는 것으로 만족했다. 지식의 열거는 내 관심사가 아니다. 따라서 나는 가급적 깊이 있는 예증을 제시하기 위해 신화적 사유를 빌리고자 했다. 그러나 고대의 앎에 영속적인 권위를 부여하고 싶어 하는 현학적인 문구들이나 비교적 후대에 나온 문구들을 간과하지는 않았다. 고대의 앎은 (제4부에서 다룰) 교파와 학파들이 사유의 노력을 통해 도달했던 교조철학의 기조를 이룬다. 따라서 나는 중국인이 구상했던 세계체계는 제3부의 몫으로 했다. 더욱이 체계의 핵심사상을 끌어내는 일은 사전에 (제2부에서) 중국사유의 주개념을 분석하여 체계의 기층을 천착함으로써 다소 무난하게 진행할 수 있었다. 중국인의 우주관은 소우주론에 서 있으며, 이 이론은 중국사유가 시도한 최초의 분류체계와도 밀접하게 관계된다. 이 이론은 지극히 뿌리 깊은 믿음, 즉 인간과 자연은 분립된 두 세계의 존재가 아니라 하나의 단일한 사회를 형성한다는 믿음에 기초한다. 이는 곧 인간의 태도를 조율하는 여러 기술들의 원리이기도 하다. 우주질서는 인간의 능동적인 참여와 문명화를 위한 여러 실행들을 통해 구현된다. 중국인은 세계의 지식탐구를 목적하는 과학 대신 총체적인 질서수립에 충분한, 삶의 효율적인 예법을 구상했던 것이다.

질서 또는 총체는 중국사유의 최고범주다. 기본적으로 이 범주는 구체적인 표상인 도(道)를 상징으로 삼는다. 나는 먼저 언어요소들을 검토하면서, 중국인들이 자신들의 표상들에 일종의 현실적인 효율성, 즉 형상으로서의 권위를 부여하고 있음을 확인했고, 이어 정신의 구체적인 범주들을 살펴보았다. 가장 종합적이라는 점에서 주목되는 몇몇 표상들은 우리로서는 총체성이란 이름으로 특징지을 수밖에 없을 어떤 생명력과 조직력을 보여준다. 중국사유가 이러한 표상들에 지고한 기능을 부여한다는 것은 곧 논리와 실제를 구분하지 않았음을 보여주는 분명한 증거이기도 하다. 중국사유는 외연논리와 수량물리가 가능하게 해주는 정신의 명석함에는 실로 무심했다. 중국사유는 수·공간·시간을 결코 추상적인 개념으로 다루지 않았기에 부류·실체·운동력 등 서구범주에 해당하는 추상적 범주들의 설정을 필요로 하지 않았다. 도개념은 운동력과 실체의 개념을 넘어서며, 음양은 도와는 달리 운동력·실체·부류를 범주의 구별 없이 포괄한다. 왜냐하면 음양의 표상들은 우주질서의 상반된 양상들을 분류하고 활성화하기 때문이다. 즉 도와 음양은 세계의 삶과 정신활동을 관장하는 율동적 질서를 종합적으로 상기시키며 전체적으로 유발시킨다. 중국사유는 전적으로 질서·총체·율동 등의 상관개념들에 주도된다.

이 개념들의 긴밀한 연계성, 더욱이 중국인이 이 개념들에 부여하는 지고한 효능성은 중국범주들이 갖는 사회적 기원을 밝혀주기에 충분하다. 이 기원은 주개념들의 내용을 분석하면서 자연스럽게 드러난다. 중국 고유의 공간개념이든 시간·수·오행·도·음양개념이든, 그 내용은 개념을 활용하는 사상가나 전문가들의 고유한 관점을 통해 해명될 수 있는 것은 아니다. 물론 이 개념들을 해석하는데, 시공의 적시적소를 알려주는 풍수지리를 비롯하여 역법(曆法)·음악·건축·무술(巫術)·역술 등의 전문지식 분야에서 개념들이 어떻게 운용되었는지를 참조하는 것도 유익할 것이다. 하지만 주개념들을 중국사회구조와 관련하여 규명하려는 노력 없이는 철저한 이해나 정확하고 완벽한 해석은 기대될 수 없다. 따라서 나는 이 개념들을 가리키는 용어들이 처음으로 언급된 '철학' 논고의 추정되는 연대에 준해 개념들의 연대를 세우기보다는, 개념들이 특정한 사회맥락 속에서 나왔다는 점에 입각하여 그 형성시기와 순서를 규명하려 했다. 중국인이 범주기능을 부여하는 개념들은 기본적으로 사회조직을 밑받침하는 제반 원칙들에 기대고 있다. 즉 이 개념들은 중국사유의 제도적 토대를 비춰준다. (나중에 시간과 공간과 수의 개념을 다루면서 확인하겠지만) 개념들의 분석은 결국 사회형태학연구와 관련된다. 하지만 이러한 핵심개념들 모두 역사적으로 동일한 시기에 정립된 것은 아니다. 따라서 이 개념들은 그것들이 대두한 당시의 상황들을 짚어볼 수 있는 여러 특징을 지닌다. 음양이 하나의 짝을 이루어 그 율동적 흐름 속에 우주질서를 관장한다는 음양개념의 내용은 이 개념 자체가 하나의 운행원칙만으로도 상보적 두 집단으로 양분된 사회활동을 조절하기에 충분했던 특정한 역사시기의 산물임을 알려준다. 반면, 도는 좀더 후대의 개념이라고 할 수 있다. 이 개념은 사회구조가 한결 복잡해진 시대에서만, 그리고 세계질서의 유일한 수호자인 군주의 권위가 만민의 공인을 얻어 추앙되는 집단에서만 성립될 수 있는 개념이다. 왜냐하면 사회전반에 동력을 불어넣을 수 있는 중앙의 유일권력에 대한 생각은 오직 이러한 시대와 집단에서만 가능하기 때문이다.

중국사회사에서 이미 그 위상과 역할이 알려진 제반 집단들과의 문맥 속에서 개념들을 분류한다는 것은 곧 사상사를 개관하는 것이자 연대를 설정하는 것이다. 이러한 연대설정이 수치로 표기될 수 없다면 구체적인 정확성과는 아주 거리가 먼 것이 되고 말 것이다. 그럼에도 나는 최소한의 개연적인 연대설정이나 이름조차 거명하지 않았으니 마치 이 개념에 대한 군중유래설과 유사한 논리를 펼치는 격이 되고 말았다. 이에 대한 일부 학자들의 편잔이 없지는 않겠지만 사실 나도 별도리가 없었다. 나는 '점술학파'는 물론, 다른 어떠한 명칭도 사용하지 않았다. 왜냐하면 이러한 명칭은 우리의 연구에 편의를 제공할지는 몰라도, 기실 그 정확성이란 극히 허구에 불과하기 때문이다.

내가 명명을 기피한 까닭은 나름의 신중함 때문일 뿐, 흔히 개념이란 여러 개인에 의해 창출된다는 엄연한 사실을 몰라서가 아니다. 그럼에도 나는 주개념들의 내용은 중국사회구조를 통해 규명될 수 있음을, 또한 이 개념들의 변천은 바로 사회변천과 밀접한 것임을 제시할 수 있었다. 물론 평행선상에 있는 이 두 변천의 능동적인 증인이었던 인물들의 기명과 그 연대들을 부여할 방도가 없는 것은 유감스러운 일이다. 그러나 중요한 것은 그러한 평행관계를 확실히 제시하는 데 있다. 중국사유와 사회조직의 핵심원칙들을 인식했던 현자들의 재능이 어떠했든, 그 원칙들에 대한 설명은 그들의 재능보다는 사회체제의 역사에서 찾아야 할 것이다.

중국사회체제사의 두드러진 특징은 어디에도 찾아볼 수 없는 연속성에 있다. 학파 여부를 떠나 모든 중국철학자는 오랜 지혜의 전통에서 비롯된 범국가적 상징체계는 필시 그 적합성과 효능성을 지니고 있다고 철저히 믿었다. 상징체계에 대한 중국인의 믿음은 이성(理性)에 대한 서구인의 믿음에 비견된다.

이성은 중국개념들과는 완전히 다른, 일체의 중심개념들을 형성하는 틀과도 같다. 후술하겠지만, 중국개념들은 일종의 '원시적 분류'와 연관지어도 무방할 분류체계에 결부된다. 따라서 우리가 중국인들이 중시하는 상징들을 문자 그대로 해석하는 경우, 그들의 정신은 '신비적'이고 '전 논리적'(前論理的)인 것으로 규정될 소지가 많다.

그렇지만 인간사유의 산물들을 마치 기이하고 특이한 것으로 다루는 것은 모든 실증적 탐구의 원천과 인문정신을 버리는 것과 다르지 않다. 이러한 편견의 부당성은 주개념들이 분석되면서 확연히 드러난다. 왜냐하면 사유의 이러한 영속적인 틀은, 장기간 지속된 것만으로 족히 그 가치를 입증받는 사회체제의 틀을 그대로 따른 것이기 때문이다. 다시 말해 사유와 행동의 규칙들은 사물의 본질에 부응해야 했다.[20] 물론 중국의 지혜가 스스로 순수교조철학으로 변질되는 것을 방치했던 것도 사실이다. 진제국 창건 이래, 정통유가의 지배가 지속됨에 따라 현학적 사유의 주된 관심사는 옛 앎을 암기위주로 분류하는 데 있었다. 그로부터 실험정신은 사라지게 되었다. 그렇지만 비록 교리적이긴 하나 이러한 앎은 제반 체험에서 유래한 것이다. 왜냐하면 바로 체험에서 분류개념이 비롯할 뿐만 아니라, 모든 체제는 그 효율성을 입증함으로써 가치를 지닌다는 생각 또한 이 체험들에서 나오기 때문이다. 인간의 모든 산물이

---

20) Durkheim, *Les formes élémentaires de la vie religieuse*, 633쪽 이하.

그러하듯, 정신안배의 전거(典據)가 되었던 사회안배도 다소 임의적이 기는 하나 이 체험들을 실천적으로 적용하기 위한 끈질긴 노력에 의한 다. 모든 중국범주들은 체험을 조직화하기 위한 장기간에 걸친 시도의 산물이다. 따라서 중국범주들이 모든 점에서 잘못 설정되었다는 선입견 은 경솔한 태도의 소치다. 그 범주들이 서구 고유의 중심개념들과는 상 반되게 보일 뿐만 아니라 모든 추상화를 거부한다는 점에서 서구인들은 놀랄 것이다. 그러나 중국인들은 구체적인 상징들을 선호하는 그들의 취향에 완벽하게 부응하는 위계논리와 효능논리를 끌어낼 줄 알았다. 그리고 비록 중국인들이 시간과 공간과 수에 추상적인 실체성을 부여하 기를 거부하면서 수량물리를 기피하는 반면, 순간적인 것이나 기이한 것 의 추구에 머물고 있다 할지라도(유익한 결과가 없었던 것도 아니다), ——자연 가운데 오직 인간만이 신비의 세계를 이룬다는 어떠한 신학적 편견이 없었던——그들은 실증정신에 입각하여 모든 지혜를 세우는 데 특별한 어려움을 느끼지 않았다. 중국사유의 주된 원칙이 되는 여러 개 념들에 대한 믿음은 이런저런 가르침의 유행에서가 아니라 장기간 체험 된 사회실행체계의 효능성에서 나온다. 이러한 인식이야말로 중국사유 에 대한 우리의 이해를 더욱 공정하게 해줄 것이다.[21]

---

21) 나는 이 글을 통해 기존의 사회학적 접근과는 여러 면에서 다른 한 가지 사실 을 (새로운 사실은 아니지만) 밝혀두려 한다. 즉 '사회학 이론들'을 빌려 중국 의 실상을 규명하거나, 역으로 중국의 실상을 빌려 '사회학 이론들'을 예증하 려는 접근은 나와는 무관하다는 점이다. 이른바 이론이나 특히 사회학 이론에 대해 나는 전혀 모른다. 사실 사회학자들의 등장과 더불어 제시되었던 연구의 주된 목적은 여러 사실을 찾아내는 데 있지 않았던가? 나는 약간의 사실들을 언급한 적이 있었으나 주목을 받지는 못했다. 그들의 연구의 원칙은 뒤르켐 (Durkheim)과 모스(Mauss)가 펴낸『원시적 분류체계』(les classifications primitives)에 관한 논고 속에 제시되어 있음을 알려두고자 한다. 아울러 이 논고에서 중국과 관련된 부분은 비록 소수 전문가들에 한해서만 인용될 따름 이지만(Forker,『논형』(論衡, Lun-Heng), Selected Essays of the philosopher Wang Ch'ung(MSOS, 1911), t, II, 442쪽을 참조할 것) 중국학 연구에서 획 기적인 것이 아닐 수 없다. 또 내가 중국의 범주를 분석하면서 줄곧 염두에 두

　나는 사회체제와 병행하여 중국문명을 규정하는 사유체계를 밝히려 했다. 자료가 제한되고 훼손된 탓으로, 나의 분석들은 그 행보가 굼뜰 수밖에 없었으며, 또 그 분석들은 분리된 논고의 형식으로 제시될 수밖에 없었다. 나는 내 해석대상이었던 '학설'과 행동규범을 특징짓는 구조와 운동을 보여주기에 적합하게끔 내 글들을 분류했다. 중국사유체계를 이끈 사상들에 따르면, 인간사유는 단순한 지식습득이 아닌 문명화를 위한 활동에 그 기능이 있었다. 사유의 역할은 효율적이면서 총체적인 질서를 점진적으로 자리 잡아주는 데 있었다. 그러기에 하나의 태도와 일치하지 않는 개념은 없으며, 하나의 삶의 지침과 일치되지 않는 학설은 없다. 중국인의 사유체계를 근본적으로 규정한다는 것은 곧 중국인의 태도 전반을 특징짓는 것과도 같다. 따라서 내가 이 책의 결론으로 제시하는 것은 앞서의 책에도 적용할 수 있다. 이 책의 제목이 지나친 야심을 가진 것은 아니지만, 나는 이 책의 목적을 '중국풍습의 정신'을 살펴보는 데 있었다는 점을 결어로서 말해두고자 한다. 나는 결론에서 중국문명의 독창성이 유래하는 신념들 가운데 가장 주목할 만한 것들을 보여주려 했다. 물론 이러한 요약은 체험의 요약에 불과하다. 아울러 독자들의 양해를 구하고 싶다. 이 같은 잠정적 결론들 속에서조차 혹여 무언가를 체계화하려는 성향이 엿보였다면, 이는 나로서는 한 체제의 정신을 규명해야 할 필요가 절실했기 때문이었음을 말이다.[22]

　　있던 것은 오직 중국의 실상에만 의거하여 어떤 정확한 해석을 끌어내는 것이었다. 이러한 분석은 뒤르켐이 방대한 연구 끝에 그의 저술 『초보적 형태』 (Formes élémentaires), 630쪽에서 극력 주장한 총체성의 범주의 우위성을 규명해준다는 점에서 정확한 분석이라고 생각한다.

22) 참고문헌들은 가능한 한 서양어로 된 번역문과 저술에 의존했다. 이 참고문헌들은 문맥을 이해하는 데 도움이 되었으나, 대부분 새로운 번역을 제시해야만 했다.

제1부 사유의 표현

"말 자체가 명령·서원·기도·의례처럼
하나의 행동 자체로 간주되는 말의 절대적인 힘,
바로 이것이 중국어가 다른 모든 것을
포기하면서도 간직하고자 노력했던 것이다."

제1부의 두 장은 중국의 언어, 문자, 문체, 운율을 살펴보는 데 목적을 두었다. 통상적으로 우리는 언어를 사고전달을 기하기 위해 특별히 구성된 하나의 상징체계로 여긴다. 그러나 중국인은 언어기법을 여타 신호방식이나 행동방식과 분리해서 생각하지 않는다. 중국인에게 언어 기법은 각 개인을 사회와 우주에 의해 형성되는 문명체계 속에 자리 잡아주는 일체의 기술들과 불가분한 것으로 간주되었다. 다양한 기술들이 가장 중시하는 것은 적합한 행동과 처신이다. 입말이나 글말에서도 중국인은 (음성이나 다른 표현수단들을) 간명하게 양식화함으로써 어떤 행동을 취해야 할지를 언질하려고 한다. 중국사상가들이 의도했던 것도 이와 다르지 않다. 그들은 관념이나 이론 또는 교리의 공식화에 적합하기보다는 행동지침으로서 더욱 강력한 힘을 발휘하기에 적합한 전통적인 상징체계만으로도 충분히 만족했던 것이다.

제1장 언어와 문자

중국어는 문화의 도구로서 극동 전역을 아우르는 대문명어로 자리 잡았다. 더욱이 중국어는 가장 다채롭고 풍성한 문학의 형성수단이 되어 왔다. 중국어는 단음절어에 속하며, 표기상으로는 상형문자다.

1. 소리에 의한 표상

오늘날 지식으로는, 단지 6세기에서 현대에 이르는 시기에 한해서만 중국어의 음성과 형태의 변천을 추적할 수 있을 뿐이다.[1] 우리의 관심 대상인 그 이전 시대의 발음과 구어에 관한 자료들은 미흡한 정보만 알려줄 뿐이다.

전문가들에 따르면, 중국어는 한장어(漢藏語, 중국-티베트어)군에 속한다. 이 어족에 속한 언어들은 모두 단음절 성향을 보인다. '한장공통어'(漢藏共通語)는 과연 단음절어였을까? "만일 단음절어라는 용어가 모든 단어들이 단 한 음절만 있는 언어를 지칭하는 것이라면" 한장어에 대한 그러한 지칭은 '부정확하다'는 이견이 제시되기도 한다.[2] 원래의 어근을 파악하는 일은 지금으로는 가능할 것 같지 않다. 그렇지만 다음

---

1) Przyluski, *Le sino-tibétain*(in Langues du monde), 1924, 374쪽; Karlgren, *Études sur la phonologie chinoise*과 *Sound and symbol in China*; Maspero, *Le dialecte de Tch'angngan sous les T'ang*, BEFEO, 1920.
2) Przyluski, 같은 책, 363쪽.

견해도 타당할 듯하다. 즉 고대의 "많은 단어는 오늘날의 것들보다 더 길었으며, 또 어근 외에도 하나 또는 그 이상의 접사(接辭)나 심지어 어미(語尾)를 지니기도 했으나, 시대의 추이와 함께 점차 축약되었다."[3] 칼그렌(Karlgren)은 고대중국인이 주격과 목적격에 따라 인칭대명사를 달리했음도 밝히려 했다.[4] 그런데 그가 참고하는 문헌들은 분명 기원전 8~5세기 이후의 것이다. 따라서 우리로서는 봉건시대 중국인은 굴절 (격변화나 동사변화) 언어를 말했다고 짐작할 수 있다.

또 고대중국어는 현대중국어보다는 음성이 빈약하지 않았다. 어두와 어미의 자음 수가 더 많았으며, 모음 또한 여러 이중삼중 모음을 가지기도 했다. 각 단어는 하나의 성조를 지녔고, 그 고저는 첫 자음의 유성과 무성의 여부에 따라 변했다. 반면 억양은 끝 자음에 좌우되었다. 성조는 고저 4개씩 모두 8개였으며, 성조를 통해 동음이의어 식별이 가능했다.[5] 한 단어를 낮은 성조에서 높은 성조로, 또는 그 반대로 발음하면, 어의가 바뀌기도 했다. 아마도 우리는 이를 통해 고대중국어의 파생방식을 짐작할 수 있을 것이다.

우리가 복원한 것으로 여기지만 그 중요성을 거의 알 수가 없는 많은 파생방식들이 고대중국어의 옛 상태를 보여주는지, 아니면 이 파생방식들이——일찍이 중단되었던——언어발달을 알 수 있는 단서로서 주어지는지는 전혀 장담할 수 없다.

아무튼 중국 상고대(上古代)[6]의 구어는 극히 빈약한 음성과 극히 제한된 형태의 언어였을 것이다.

원래 중국어가 단음절이었던 것은 아니다. 그렇지만 어떤 언어보다도

---

3) 앞의 책, 362쪽.
4) Karlgren, *Le protochinois, langue flexionnelle*, *JA*, 1920. 칼그렌의 논증은 이론(異論)의 여지가 많은 중국고전들에 대한 분류를 그대로 수용했다. 반면, 우리가 버만어에서 찾아낼 수 있었던 유사성들은 그가 주장하는 이론을 뒷받침해 주는 것 같다.
5) Maspero, *La Chine antique*, 18, 19쪽.
6) 기원전 5~5세기까지.

중국어는 단음절 성향이 강했던 것은 인정해야 할 것 같다. 중국인이 접사를 사용한 것은 사실이나, 그 역할은 극히 제한되어 화자가 파생을 의식할 여지는 거의 없었다.

화자는 단음절로 축약되어 유연성과 유려함이 결여된, 독자적인 어근과도 같은 단어들을 사용해야 했다.

고대중국에서 여러 지방어를 식별해주는 방언들이 얼마나 다양했는지는 알 수 없다.

『시경』(詩經) 첫 부분인 지방민요집(국풍國風)에서 동일한 언어가 사용되는 점으로 우리가 규명할 수 있는 것은 거의 없다. 그 민요들은 이 선집 편찬 당시 수정되었을 것이기 때문이다. 그럼에도 고대봉건연맹체의 모든 신민은 동일한 고유어를 사용한다는 의식을 가졌을 것으로 보인다.

봉국(封國)들의 잦은 회합이 상이한 봉건귀족들 사이에 공동어를 발전시키는 유리한 계기가 되었을 것이다. 봉건귀족들은 이 공동어를 유일하게 적격한 언어로 여겼다. 한동안 포로생활 끝에 귀환한 후난성(湖南省)의 위후(衛侯)는 그의 정복자인 안후이성(安徽省) 오국(吳國)의 어투를 즐겨 모방했다. 이에 사람들은 탄식하며 이른바, "위군(衛君)은 운명을 피치 못하리! 야만인들의 땅에서 죽는 것과 무엇이 다르랴? 그는 그들의 포로였건만, 그들의 어투로 즐겨 말하다니! 정말이지 그는 그들에게 묶여 있네!"[7]

우리는 중국어가 봉건시대 출범 때부터 문명어로 자리했음을 인정해야 할 것이다.[8]

---

7) 『좌전』(左傳, Tso tchouan), C, III, 682쪽. 자신의 궁전을 외국의 건축양식으로 짓게 한 군주도 이와 똑같은 불운에 처하리라는 예언을 듣게 된다(같은 책, II, 565쪽; 졸저, Civilisation chinoise, 270쪽). 각자의 인격과 운명은 자신이 사용하는 어투와 선호하는 건축물(또는 의례나 가무)에 따라 좌우된다. 기타 모든 상징체계는 언어가 갖는 효능성을 동일하게 지닌다. 즉 이 모든 것은 어떤 문명의 질서를 시사하고 있다. (참조원문: 衛侯歸, 效夷言. 子之尙幼, 曰, "君必不免, 其死於夷乎! 執焉而又說其言, 從之固矣.")

중국어는 독창적 문화의 하나의 도구이자, 여러 걸출한 자질로 문명어가 되기에 충분했다. 그렇지만 이 자질들은 정확한 사고전달을 위해 선택된 언어의 자질들과는 많이 다르다.

지나치게 짧고 어음이 빈곤하여 종종 구별조차 힘든 단어들은 그 형태의 뚜렷한 변화 없이도 명사, 동사, 형용사의 구분 없이 사용될 수 있었다.[9] 각기 여러 용도를 지니면서도 특히 구두상의 휴지(休止) 역할을 했던 조사(助詞)들은 문장의 의미를 전하는 데에도 도움이 되었다. 그러나 사고를 명확히 표현하기 위해서는 엄격한 구성이 필요했다. 따라서 글말에서, 각 단어의 통사기능은 통상 위치의 규칙을 엄격하게 적용함으로써 결정되었다. 하지만 입말에서, 어순은 감정의 흐름에 좌우되었다. 이러한 어순은 하나의 감정적 총체를 구성하는 다양한 요소들 각각이 감성이나 효과 면에서 지니는 비중의 정도를 부각시킬 따름이었다.

중국어는 사고의 추상적 표현에는 그리 적합한 언어는 아니었다. 하지만 중국어가 문명어로서 밟아온 족적은 경이롭기 그지없다.

중국어는 감정을 충동시키고 마음을 감동시키는 데 놀라운 힘을 지닌다. 중국어는 투박하면서도 섬세하고, 극히 구체적이면서도 효과적인 작용력을 갖춘 언어로, 교활한 여러 저의가 충돌하는 설전을 통해 형성된 것으로 보인다.

사고의 명료한 표현은 그다지 중요한 것이 아니다. 중국인은 무엇보다 자신의 의도가 은연중이지만 그러나 반드시 전달되기를 바랐다.──출정에 앞서 병사 갑이 적진의 친구인 을에게 범람한 물살로 진창이 된 평원을 가로질러 탈주할 것을 신중히 권고하면서, 그 경우 자신이 도움을 줄 수 있음을 알리려고 한다. 그럼에도 그는 을에게 단지 "자네, 밀누룩을 가지고 있는가?"라고 말할 뿐이다. [이를 알아채지 못한 듯] 친

---

8) 중국어는 통일되고 고정된 형상적 표기방식을 갖춤으로써 점차 문명어로서 흥성할 수 있게 되었다. 그렇다고 중국문자가 봉건시대에 이미 완전히 통일되었다고 볼 수는 없다. 중국어는 처음에는 구어(口語)로서 문명어였다.

9) 이 경우 성조는 다양하게 변화했다.

구가 "아닐세"라고 대답한다. 이에 갑은 을에게 "산(나무) 누룩을 가지고 있는가?"라고 다시 묻자 을은 또다시 "아닐세"라고 응답한다. 〔갑이 누룩이란 단어를 강조함에도 을은 여전히 알아차리지 못한다. 아니면 모르는 척한다(누룩은 습기의 해악을 막는 데 묘약이다). 아마도 을은 더 명확한 충고를, 또 자신에게 도움을 줄 것이라는 확약을 받고 싶었는지도 모른다.〕이에 갑은 〔여전히 핵심단어는 피하는 반면 그 단어(누룩)를 강력하게 암시하면서〕다시 "황하의 물고기는 배가 아프다네. 자네는 어떤 처방을 내리겠는가?"라고 말한다. 이에 〔마침내 작정한〕친구 을은, "물 없는 우물을 보게나. 자네가 물고기를 거기서 건져낼 것일세"라고 응수한다. 마침내 을이 전투가 한창일 때 진흙구덩이에 은신하니, 위험이 가신 후 갑이 그곳에서 을을 구한다. 이렇듯 권고자는 스스로 그 발설을 자제했던 한 단어에 온통 주의를 집중하는 것이다. 이를테면 "물을 생각하게나! 물을 조심하게나! 물을 이용하게나! 홍수를 틈타 용의주도하게 도망치게나!"라고 그 단어에 완벽한 명령의 의미를 복합적으로 줄 수 있었음에도 말이다.

언어는 무엇보다도 행동을 끌어내는 데 목적이 있었다. 언어는 행동을 분명히 알리기보다는 행동을 이끌어내려고 했다. "표현은 말에 효력을 부여한다."[10] 거래나 설전에 관련된 이 고사의 표현은 명확한 개념이나 정연한 추론과는 전혀 무관하다. 상대보다 우위를 원하거나 친구나 손님의 행동에 압력을 가할 때면, 하나의 단어나 말을 여러 문구 속에 반복 주입시켜 생각을 완전히 사로잡는 것으로 족하다.

중국단어는 관념을 가리키기 위한 기호와는 무관하며, 추상성과 일반성이 최대한 명확하게 규정되어야 하는 개념과도 부합하지 않는다. 단어는 먼저 개별형상들 가운데 가장 역동적인 형상을 보여주면서, 그 형상들이 형성하는 하나의 미묘한 복합체를 상기시킨다.

단순히 '늙은이' 자체를 뜻하는 단어는 없다. 반면, 노경의 여러 면면

---

10) *Tso tchouan*, C, II, 437~439쪽. (참조원문: 文以足言.)

들을 그려 보이는 용어들이 많다. 이를테면 당장 충분한 섭양이 필요한 자들의 모습(기耆), 가까스로 숨을 쉬지 않으면 안 되는 자들의 모습(고考) 등이 그것이다. 이러한 구체적 연상들은 모두 다른 구체적인 모습들을 떠올려준다. 즉 노약해서 육식을 해야만 하는 자들의 생활방식에 관련된 세부사항들인 군역이 면제된 자, 더 이상 기영회(耆英會)에 가지 않아도 되는 자, 임박한 그의 죽음에 대비하여 사람들이 1년 동안 장례 비품을 준비해야 하는 자, 국도(國都)가 아니라면 모든 도심에서 지팡이를 짚고 보행해도 무방한 자 등이다. 이것들은 바로 기(耆)라는 단어가 상기시켜주는 여러 형상 가운데 일부에 해당한다. 이 단어는 전체적으로 아주 특별한 개념, 즉 예순에서 일흔에 달한 노인의 개념에 해당한다. 일흔이면 진정 늙은이로서, 노(老)로 칭해져도 된다. 단어는 노경의 삶을 특징짓는 한 시기를 상기시킨다. 이 단어는 '늙다'라는 관념과는 일치하지 않는다. 단어는 결코 하나의 추상적인 관념 속에 용해되지 않는 일련의 형상들을 떠올린다. 연상의 물결이 멈추지 않는 한, 이 형상들은 생의 활동기간이 다한 자들의 다양한 범주를 특징짓는 양상들 전체를 포괄할 것이다. 이 형상들은 최대한 그 규모를 확장한다 해도 여전히 한 특징적인 형상의 지배를 받을 것이다. 이를테면 은퇴생활로 들어서는 모습이나, 자신의 수장에게 하직을 고하는 의례(儀禮) 동작이 그것이다. 이렇듯 노(老)라는 단어는 대부분의 단어들처럼 명사성으로 운용될 때에도 어떤 생동한 의미를 지닌다. 이 단어는 끊임없이 행동을 상기시키면서 기본적으로 동사에 해당한다(스스로 늙은이라고 말하고, 늙은이라고 말해지고, 은퇴하고).

중국의 단어는 하나의 개념에 부응하지 않는다. 마찬가지로 하나의 단순한 기호도 아니며, 문법이나 통사의 기교를 통해서 생명을 부여받는 추상적 기호도 아니다. 그것은 불변의 단음절 형식과 중성적 양상 속에 작용을 미치는 데 필요한 모든 힘을 지니고 있다. 단어는 작용력의 소리로 된 조응물이며, 또한 작용력의 표상이다.

단순한 기호가 아니라 소리표상으로 간주되는 단어의 이러한 작용력은 중첩해 사용되어 묘사조동사를 형성하는 몇몇 용어들 속에서 돋보인다.

묘사조동사는 고대시의 중요한 특징이다. 묘사조동사는 시대를 불문하고 중국 시에서 중요한 역할을 하며 산문에서도 운용된다.[11] 시인이 조동사 요요(喓喓, yao yao)와 적적(趯趯, ti ti)으로 한 쌍의 메뚜기가 벌이는 유희를 묘사하는 것은 (많은 주해가들 역시 이 점을 강조한다) 단순히 표현의 생동감을 얻기 위함이 아니다. 시인은 메뚜기들의 천성적 동작을 통해 표상되는 규범들을, 나아가 메뚜기들의 동작을 재현하는 묘사조동사들이 소리로 표상하는 규범들을 청중들이 준수하라고 권유하고 지시하고 싶은 것이다. 이 규범들은 매우 특별하기는 하나 행동을 이끌기에 충분하다. 우리는, 시인이 이 소리표상인 요요와 적적이 그 자체의 직접적인 효과인 작용력만으로 삶의 모든 규범(남녀유별, 가례家禮 등)을 비롯한 갖가지 준수사항(친족이나 동향인 간의 금혼禁婚, 농번기가 끝난 이후부터의 신혼살림 등)들을 존중할 것을 권고하고 있음을 의식하게 된다.[12] 조동사 숙(肅, xiu)은 들기러기 짝들의 특이한 날갯짓 소리를 묘사한다. 조동사 옹(雝, yong)은 수기러기의 부름에 암기러기가 응할 때의 소리를 옮긴 것이다. 오늘날에도 여전히 이러한 소리회화(繪畫)를 상기하는 것만으로 (이를 위해서는 깃발에 해당 글자를 써넣는 것만으로도 족하다. 왜냐하면 소리표상은 자연표상과도 같은 것이며, 또 문자표상은 소리표상을 대신하기 때문이다) 신부가 암기러기의 미덕에 단박에 감화된 나머지 (물론 이 경우의 깃발은 그 적소適所로서 지정된 신혼행렬의 선두에 위치해야 한다), 장차 신부는 결코 신랑에 앞서는 일 없이 뒤를 좇아 그의 모든 지시를 따르면서 음전한 언행으로 그에게

---

11) 졸저, *Quelques particularités de la langue et de la pensée chinoises* (Revue philosophique, 1920), 114쪽 이하; *Fêtes et chansons anciennes de la Chine*, 93쪽 이하; 고대의 자전(字典)인 『광아』(廣雅)는 이 묘사조동사에 한 장 전체를 할애했다.

12) 졸저, *Fêtes et chansons anciennes de la Chine*, 117쪽 이하.

조응할 것이라고 믿는다.[13] 가장 현학적인 수사학을 빌려 정숙 · 순종 · 겸손의 미덕을 극력으로 주창한들 이에 미칠 만한 효과는 얻지 못할 것이다.

어떤 묘사조동사들은 의성어와 흡사하다. 그 대부분은 소리회화이나 사실적인 의미에서의 회화는 아니다. 두견새나 수탉의 울음을 묘사하는 처처(淒淒)는 엄혹한 북풍도 상기시킨다.[14] 어음(語音)은 아주 빈약하고 단어는 극히 풍부한 중국어에는 단음절로 된 수많은 동음이의어가 넘쳐난다. 각기 독특하면서도 규정되지 않은 동일한 암시력을 지닌 두 동음이의어는 가장 상이한 방향으로 연상을 유발할 수 있다. 중국인이 단어마다 분명하게 개별화된 양상을 부여할 필요성이나, 단어의 의미와 기능을 명료하게 해줄 수단을 강구할 필요를 느꼈으리라 추정할 수 있는 어떠한 단서도 어휘나 문법상으로는 찾을 수 없다. 그리하여 우리는 종종 어떤 단어들에서는 일종의 모방음악을 만날 수 있을 것이라는 기대도 하게 된다. 하지만 발음하는 그 자체가 곧 구속력을 지닐 만큼 강한 연상력을 불러오는 단어들의 힘은 이러한 음악성에서 나오는 것이 아니다. 각각의 단어에 일종의 효능성과 명령적 의미가 내재되는 것은 바로 말에 대한 전반적인 태도에 기인한다. 중국인들은 명료한 표현수단, 즉 기호로서의 가치를 지닐 뿐 그 자체로는 무감각한 표현수단을 강구하지 않았다. 그들에게 중요한 것은 자신들의 언어가 각 단어를 통해 말은 곧 행동임을 상기시켜준다는 점이다.

생명과 운명을 뜻하는 중국어 ming(명命)은 소리 또는 문자로 만물을 지칭할 때 쓰는 ming(명名)과 전혀 구별되지 않는다. 두 존재의 이름이 혼돈을 불러일으킬 정도로 닮았다 한들 그다지 문제되진 않는다.

---

13) 졸저, *Quelques particularités de la langue et de la pensée chinoises*, 118쪽 이하.

14) 같은 책, 119쪽; 졸저, *Fêtes et chansons anciennes de la Chine*, 41쪽;『시경』(詩經, *Che king*), C, 189쪽. (참조원문: 風雨淒淒, 雞鳴喈喈『鄭風 · 風雨』// 秋日淒淒, 百卉具腓『小雅 · 谷風之什 · 四月』.)

왜냐하면 이 이름들 각각은 개별적 본질을 총체적으로 표현하기 때문이다. 여기서 우리가 이름이 개별적 본질을 표현한다고 말하는 것으로는 충분하지 않다. 정확히 말한다면, 이름은 개인의 본질을 호명하고, 개인의 본질을 현실로 불러낸다. 따라서 이름을 아는 것, 단어를 말하는 것은 곧 존재를 취하는 것이자 사물을 창조하는 것이다. 모든 짐승은 자신들을 명명할 줄 아는 자의 지배를 받는다. 나는 한 쌍의 청춘남녀 이름을 말할 줄 안다. 그러면 이내 청춘남녀, 암꿩과 수꿩은 그들의 본질에 부응하는 형태를 띠게 마련이며, 그 형태는 나를 그들보다 우위에 있게 한다. 만일 내가 "호랑이들!" 하면, 나는 병졸로서 호랑이를 두는 것이다. 또 나는 결코 불경한 자가 되고 싶지 않기에 마차를 세우고 되돌아간다. 왜냐하면 나는 다행히 다음 동리의 이름이 '학대받은 어머니'임을 알았기 때문이다. 또 나는 제물을 바칠 때면 적절한 용어를 사용한다. 그러면 신들은 이내 내 제물을 받아들인다. 그러기에 제물은 완전무결한 것이 된다. 또 나는 신붓감 물색에 필요한 문구를 정확히 알고 있다. 그래서 그녀는 내 것이 된다. 그뿐만 아니라 내가 내뱉는 저주는 곧 하나의 구체적인 힘이다. 그래서 내 저주는 상대방을 엄습하고 마력을 발하면서 그가 현실을 인정하게끔 만든다. 또 나는 왕가세손임에도 거마시종(車馬侍從)으로 될 수도 있다. 왜냐하면 사람들이 나를 '마부'라고 불렀기 때문이다. 또 내 이름은 우(禹)다. 나는 우의 봉토를 지배할 권리가 있다. 군주의 뜻인들 내 봉토를 앗을 수는 없다. 나는 소유물을 탈취당할 수 없다. 왜냐하면 나는 그 표상을 보유하기 때문이다. 또 나는 영주를 죽였다. 하지만 아무도 "살인이야!"라고 말할 용기가 없으면, 나는 아무 죄도 저지르지 않았다. 나의 영지가 패망하는 데에는, 내가 전혀 온당치 못한 무엄한 표현으로 나를 지칭하는 것으로 족하다. 왜냐하면 그러한 언사는 나를 비롯해 아국(我國)의 멸망을 초래하기 때문이다. 숨결의 마력과 예법의 효력은 화술(話術)의 힘을 빌려 고취되고 절정에 달한다. 하나의 명칭을 부여하는 것은 곧 하나의 지위, 하나의 운명, 하나의 표상을 부여하는 것이다. 말하고, 명명하고, 지칭하는 행위는 관념적인 묘사와 분류기능에 머물지 않는다. 명칭은 규정짓고 감염시키고, 운명을 유발하고, 현실을 발생시킨다. 바로 말은 표상된 현실로서 현상을 통섭(統攝)한다.

고대어휘에는 현대문법가들에 의해 '허사'(虛辭) 또는 '죽은 말'로 불리는, 더 이상 통용되지 않는 다수의 단어가 포함되어 있다. 그러나 아직도 많은 단어가 '살아 있다.' 내구성이 강한 이 단어들은 어떠한 동작이나 상태(어떤 부류의 현상)를 표현하든, 개별적 본질이기에 충분한 어떤 것을 촉발한다. 한결같이 고유명사적 성격이 강한 이 단어들은 호칭, 특히 개별적인 호칭으로서의 가치를 지닌다. 바로 이러한 까닭으로 어음의 빈곤과는 기이할 만큼 대조적으로 무수한 단어들이 넘쳐난다. peng(붕崩) · hong(훙薨) · si(사死) · zou(주走)로 발음되는 다양한 의미의 단어들이 많이 있다. 반면, 음성적으로 확실히 구별되어 듣기에도 선명하면서 죽음에 대한 일반적 · 추상적 · 중성적 개념을 의미하는 표현은 없다. 중국인은 고인(故人)을 판단하고 평가하지 않는 한, 또 (단 하나의 단음절어로) 의례와 사회전반의 질서를 상기시키지 않는 한, '죽음'에 대한 단어를 제시할 수 없다. 붕(崩) · 훙(薨) · 사(死) · 주(走) 등으로 말함에 따라 고인은 각기 천자로서, 영주로서, 대부나 평민으로서 죽음을 맞게 되는 것이다(장례 역시 고인에 대한 평어評語에 걸맞게 치러질 것이다). 부당한 평가를 내려 평자(評者) 스스로 실추되지 않는 한 (표상을 잘못 부여하는 자는 자신이 오히려 표상의 힘에 당하기 때문에), 단 한 단어의 힘으로 고인의 운명이 결정되고 저승의 삶이 확정되며, 그 가족의 위상이 분류된다. 중국인의 삶은 예법 위에 서 있다. 따라서 어휘는 각 상황에 적합하고 효과적인 의례용어를 데려오면서 무한정 불어나게 되었다. 이처럼 엄청난 수량의 어휘들은 결코 어떤 명료함을 추구하는 목록을 만들지는 않는다. 중국어휘들은 개별적이면서도 효능성을 지닌 방대한 가치판단의 모음집을 이루며 일종의 상징체계를 만들어낸다. 이 상징들은 각기 작용력을 갖춘 표상으로서, 예법에 규정된 질서를 실현할 수 있게끔 사용되어야 한다.

풍부한 어휘 덕분에 고대중국어는 결코 알아보기 쉽거나 개개의 개념을 지적하는 무수한 기호들과는 다른, 풍부한 소리표상으로 된 일종의 모음집을 이룬다. 이 표상들에게 뚜렷한 개별성이나 구체적인 형용(形容)이나 그 양태의 동이(同異)를 부여하는 것은 그다지 중요하지 않다. 각 표상들은 대화자들의 관심을 일정 방향으로 이끌어갈 상황——그리고 모방적 표현——에 따라 특유의 암시력을 전적으로 발휘할 수 있다. 중국어는 풍부한 음성의 유지와 확대보다는 형태의 발전을 중시했다. 중국어는 명료성을 지상목표로 여기지 않았기에 사고표현에 적합한 언어가 되지 못했던 것 같다. 오히려 중국어는 구체적인 의미가 풍부한 언어이고자 했으며, 특히 하나의 표상처럼 느껴지는 각 단어들이 그 고유의 감염력과 작용력을 감퇴시키지 않기를 바랐던 것 같다.

2. 문자에 의한 표상

중국인은 입말에서 지적인 요구보다는 효율성을 추구했다. 중국문자가 줄곧 표상문자로서 존속할 수 있었던 것도 바로 이러한 정신성향에 기인한다.

중국문자는 하나의 단어마다 하나의 특정글자가 주어지기에 흔히 표의문자로 간주된다. 글자는 꽤나 복잡하다. 글자는 필기구의 구체적인 동선(動線)에 해당될 뿐 그 자체로는 의미가 없는 일정수의 획들로 구성된다. 획들이 몇 개로 착종되어 작은 형상을 이룬다. 단지 기본 획들로만 분해될 수 있는 이 형상들은 상징 또는 상(象)으로 규정된다. 어떤 형상에서는 사물(木)의 양상을 읽어낼 수 있으며, 또 다른 형상에서는 관념(出)을 떠올릴 수도 있다. 그러나 이러한 유형의 문자는 그리 많지 않다. 그 대부분은 이른바 복합문자라고 하는 것들로 되어 있다. 복합문자는 둘 이상의 요소들(상象이나 상징들)이 합성되어 하나의 의미(衣＋刀＝初)를 가리키는 문자를 일컫는다. 따라서 이 문자는 (서구적 의미에서) 표의문자와 같다고 할 수 있다.[15] 대개의 경우, 하나의 문자는 표기상 분석을 해보면 두 부분으로 나눌 수 있다. 한 부분 (간단한 부분)은 의미를 가리키는 어근으로 규정되는가 하면, (다소 복잡하게 보이는) 다른 한 부분은 어음을 규정해주는 요소로 간주된다. 음성복합체(形聲文字)로 불리는 이 글자들은 (서구의 의미에서 볼 때) 표의문자는 아니다. 이 글자들은 우선 (어근에 의해) 대상의 범주를 상기시킨 후 (음으로써) 대상을 명시하면서 한 단어를 환기시킨다. 즉 지시된 범주 속에는 대개 그 발음에 해당하는 단어 (또는 단어들 가운데 하나)가 있다(裡는 衣〔어근〕+里〔音, li로 발음되는 이 기호는 마을을 의미한다〕).

라이프니츠는 "중국문자들 〔……〕 대부분은 기본적인 글자들을 중심으로 조합된 것들이라면, 조합된 글자들은 분석적인 사고와 관련될 것이다"라고 지적했다.[16] 중국인의 문자발명이 마치 대수학의 발명처럼 기본개념을 나타내기 위한 선택된 기호들로 조합되었으리라는 견해가 얼마나 잘못된 것인지는 대개의 글자들이 음성복합체임을 확인하는 것으로 충분하다.

중국문자의 장점은 지적 차원과는 전혀 다른 실용적인 차원에서 찾아야 한다. 독자는 작가가 쓴 어떤 것을 동일한 의미를 지니나 자신으로서는 전혀 달리 발음할 수도 있는 단어들을 생각하면서 자기 나름대로 읽는 까닭에, 이 문자는 다른 방언——또는 지방어——의 화자들도 사용할 수 있었다. 시간에 따른 발음의 변화에서 자유로운 이 문자는 전통문화의 요체로서 놀라운 기능을 구가했다. 또 문자는 지역마다 다른 발음이 허용되는 것과는 무관한 채 문명어로서 명실상부했음에 그 주된 우월성이 있다.

중국문자는 중국문명의 파급에 지대한 역할을 했다. 중국문자가 결코 표음문자로 대체되지 않았던 것도 이러한 일면에 기인한다. 아울러 중국문자가 보존될 수 있었던 또 한 이유는 중국어의 단음절성향이 크게

---

15) 이 경우 구성 요소들 중 하나는 그 단독으로 어근으로 규정된다.

16) Leibniz, Dutens출판사, V, 488쪽 참조.

약화되지 않음에 따라 표기상 어근을 형상화하는 것만으로 충분했기 때문이다. 즉 전혀 굴절을 표기할 필요가 없었다. 반면 상형문자 사용습관이 중국어를 다양한 파생방식을 운용하는 언어로 발달시키는 데 방해요인이 되었을 것이라는 추정도 할 수 있다.

파생방식들을 인정하는 언어에서는 파생에 대한 의식이 사유를 분석으로 이끈다. 라이프니츠의 생각과는 반대로, 중국문자는 이러한 부류의 분석과는 전혀 어울리지 않는다. 우리가 굳이 어근이라 일컫는 획들의 조합은 결코 기본개념을 상징하는 글자가 아니다. 예컨대 이러한 어근들 중 하나는 송곳니를, 다른 하나는 앞니를 나타낸다고 주장하지만 치아에 대한 '일반적' 관념에 맞아떨어지는 어근은 없다. 사실, 이러한 어근들은 객관성을 지향하는 분류를 용이하게 하기보다는, 자전의 편리한 열람과 문자습득을 좀더 쉽게 해주는 항목들에 가깝다.

진시황(秦始皇)[17]은 진의 통용공식문자 사용을 제국 전역에 강행하기 위해 재상 이사(李斯)에게 3,000글자가 수록된 자전을 편찬하게 하여 모든 기록에서 이 글자들의 사용을 의무화했다. '백가'(百家)에 내린 분서(焚書)는 아마도 진에게 멸망당한 육국서체(六國書體)들의 보존을 막기 위함이었을 것이다. 아울러 소전(小篆), 즉 고대유일통용 자형(字形)이었던 대전(大篆)을 학자들을 통해 단순하게 변형시킨 소위 현대문자(今文)가 제국의 관료체제 정착과 더불어 선호되었다.[18] 한대(漢代) 학자들은 수고(手稿)들을 고문자로 재생 복구하여 고전들을 복원해낼 수 있었을 뿐만 아니라[19] 이를 다시 현대문자로 옮기려 했다. 이러한 요구에서 자전편찬작업이 착수되었고, 100년경에는 마침내 『설문』(說文)이

---

17) 졸저, *Civilisation chinoise*, 119, 120쪽.
18) Mestre, *Quelques résultats d'une comparaiso entre les caractères chinois modernes et les siao-tchouan*; Laloy, *La musique chinoise*; Grube, *Die Religion der alten Chinesen*; Karlgren, *Sound and symbol in China*; Karlgren, *Philology and ancient China*.
19) 졸저, 같은 책, 61~63쪽.

라는 대자전이 나오게 되었다. 저자는 단어의 의미요소와 발음요소를 분리하여 설명하는 데 주력했다. 그는 의미요소들 중 540개의 표기기호를 항목으로 삼아 연구대상인 1만 남짓의 글자를 전부 분류했다. 수적으로 축소된 이 항목들에서 오늘날 우리가 자전을 통해——서구의 음성사전의 첫 글자들과 동일한 방식으로——한 단어를 찾게 해주는 어근들이 나온 것이다. 이 부수들은 글자의 **열쇠**와도 같지만, 그렇다고 글자의 어간으로 생각하면 안 된다. 그럼에도 『설문』은 문자발달은 일률적이었다는 인식과 병행하여 『설문』의 분석이 다른 유형의 문자 상징방식에도 적용된다는 설법에 힘을 얻어 어원설명체계로서의 신뢰를 확보하게 되었다. 그런가 하면 한편에서는, **글자들이 일군의 원형들의 조합물**이라는 착상에서 그 원형들에 따른 **글자풀이**가 행해졌다. 심지어 이 원형들은 본래 사생화(寫生畵)와도 같으므로 복합문자는 그림퍼즐 방식으로 풀 수 있다는 주장이 통용되기도 했다.

문자의 그림퍼즐식 해법은 역사적으로 훨씬 고대에 기원을 둔다. 승전비 건립을 독촉 받은 한 승장(勝將, 기원전 596년)이 자신의 급선무는 칼을 칼집에 거두어들이는 일이라면서 다음과 같이 예증한다. "무(武)는 곧 창(과戈, 창의 형상)을 멈춰 세우다(지止, 발의 형상)이니라."[20] 이 일화를 통해 우리는 그림 퍼즐식 해법의 실제적인 효능성을 확인할 수 있다. 중국인은 문자의 내면에 투영된 일종의 **체험**을 빌려 행동이나 행동동기인 판단을 정당화했다.

이러한 체험은 제반 정황들과 극히 타당하여 무궁한 효능성과 지혜를 제공할 수 있었다. 전통적으로 문자는 최초의 군주였던 황제(黃帝)의 한 재상이 땅에 새겨진 새의 족적을 살펴 만들었다 한다. 그런가 하면, 괘상(卦象)의 기원을 점술이나 결승(結繩)에 두듯이, (한 통치체계의 의미를 지녔던) 문자체계의 기원 역시 매듭이나 **부절**(符節)의 사용에도 둔

---

20) *Tso tchouan*, C, III, 635쪽. 흔히들 문자를 이용한 점술의 기원을 이 책에 둔다. 문자와 점괘의 연관성은 이 책 『좌전』(左傳)에서 처음으로 시사된다. (참조원문: 夫文, 止戈爲武.)

다. 부절은 부적으로서의 가치를 지녔다(부절은 여전히 부적을 지칭하는 데 사용된다). 문자기호는(이러한 전통으로 입증되듯) 마력적인 상징물과 구별되지 않았으며, 사람들이 문자를 사용하면서부터 그 완벽한 효능성을 입증할 수 있었다. 문자가 발명되자 귀신들이 탄식하여 달아남에 따라[21] 인간은 귀신을 능가하게 되었다.

통치자의 기본책무는 신민에게 자연의 순화를 가능하게 하는 표상을 제공하는 것이었다. 왜냐하면 이 표상들은 각 사물들의 개별성과 세계 안에서의 위치와 위상을 알려주기 때문이다. 황제가 중국문명의 개창자로 칭송되는 이유는 '백성들이 유익한 자원들을 깨닫도록' 각 사물마다 정확한 명칭(정명正名)을 부여한 사려 때문이다. '정확한 명칭부여'는 통치자의 으뜸과제다. 군주로서의 임무는 사물과 행동 모두에 질서를 부여하는 것이다. 그러기에 군주는 사물에 행동을 부합시켜 호칭(명命, 단어의 발음)과 표기기호(명名, 문자)를 규정하여 소기의 임무를 달성했다.[22]

최초의 군주였던 황제는 사회질서확립을 통치의 시작으로 삼았다. 그는 씨족마다 씨족의 덕목을 유별하는 이름을 부여했으며, 이를 피리를 불어 달성했다고 한다. 주지하듯, 세가(世家)들의 덕목들은 동식물을 모티프로 한 가무로 표현되었다. 아마도 가문의 옛 이름들은 음악적 경구로서 의미를 지녔던 것 같다. 이 음악적 경구는 소리표상뿐만 아니라——다시 하나의 문장(紋章)으로 표기됨에 따라——문자표상으로서 가무와 동일한 효력을 가지고 있었다. 하지만 인간은 자연과 분립된 세계를 이루지 않기에, 씨족을 규정하려는 자의 준수사항들은 그가 각 사물

---

21) 『여씨춘추』(呂氏春秋, *Lu che tch'ouen ts'ieou*), 17, II. 『좌전』, 「서문」. 소리 또는 그림에 의한 기호와 마찬가지로, 끈과 구멍들은 현실을 포착하는 데 사용된다.

22) *Li ki*, C, II, 269쪽. 우리는 차후(451쪽 이하) 정명론(正名論)의 철학적 양상을 살펴볼 것이다. 이 이론의 주창자들에게 명명(命名)은 분류하는 것이고 판단하는 것이다. 그것은 바로 미덕이나 악덕을 부여하는 권능이다.

에 하나의 기호를 안배할 때에도 준수되어야 한다. 모든 통치의 기본과 제는 존재 전반의 조화로운 배치에 있다. 이 과제는 구두(口頭)와 문자로 된 경구들, 즉 표상들을 분배하면서 성취되었다. 통치의 주된 책무는 명명(命名)체계의 감독에 있었다. 언어와 표기상의 모든 부당한 호칭은 군주의 부덕을 의미한다. 그러므로 군주는 시각표상이나 청각표상이 왕조의 수호신에 부합하는 상징체계를 정확하게 준수하고 있는지를 규찰하고자 9년마다[23] 한 차례 심의회를 열었다. 이 심의회는 말과 문자를 심의대상으로 하기에 문사들과 맹인악사들로 구성되었다.[24]

각기 강력한 상징들로서 동일한 용어(명名, ming)로 지칭되는 문자 기호와 소리기호는 서로 불가분하다. 이 불가분성을 통해 우리는 '음성 복합체'들이 그 형상만이 고려되는 '표의문자' 못지않게 **현실을 잘 반영** 함을 알 수 있다. 주목할 사실은 바로 이 복합체의 **음성부분은** 대부분 안정된 요소라는 점이다. 반면, 어근은 불안정하며 종종 소멸되기도 한다. 따라서 이 어근은 부차적인 요소이며 단지 명시하는 역할을 기능으로 할 뿐이다. 일반적으로 '어근'은 (개념들의 분류가 아닌) 기호들의 기술적(記述的) 배열을 쉽게 해주는 극히 기능적인 용도로 쓰일 뿐이다. 반면 '음성적'인 요소인 일군의 획들은 그 자체로 하나의 완전한 상징을 이루며, 또 어근보다는 바로 음성적인 것이 우리가 어간이라 칭하는 것에 훨씬 더 부합한다. 표기기호는 우리가 표상으로서 가치를 부여하는 소리기호와 불가분한 까닭에, 곧 그 자체는 하나의 적합한 형상, 즉 하나의 효율적인 호칭으로 간주된다.

이러한 정신성향으로 문자는 엄밀한 의미의 표의문자일 필요는 없으

---

23) 또 공직의 분배(아마도 토지 분배 역시)는 9년 주기로 행해졌다. 마찬가지로 관료들은 9년마다 재임용되었다.

24) 『주례』(周禮, *Tcheou li*), Biot, *Le Tcheou li ou les Rites des Tcheou*, II, t, II, 120쪽. 개인의 이름은 악사(樂士)가 동관(銅管)을 이용하여 출생 시 아이의 목소리 특성을 결정한 후 지었다. 아이가 어떤 동물의 목소리를 지닐 경우, 그 동물의 본성을 지니고 있다고 보았다.

나 형상적이지 않을 수 없으며, 따라서 말은 문자와 운명을 같이하면서 문자에 얽매이게 되었나. 중국어 발전사상 줄곧 문자가 중시되었다는 점과 말의 힘이(부적에 의해 배가되는 마력처럼) 표기의 힘에 의존하게 된 것은 바로 이러한 연유에서다. 발음된 말과 기록된 기호는――서로 함께 있든 분리되어 있든 언제나 공조를 꾀하는――표상적 상응물들로서, 그것들이 지적하거나 유발하는 현실과 정확하게 부합한다. 따라서 문명질서가 지속되는 한, 발음된 말과 기록된 기호와 현실은 동일한 효능성을 지닌다.

문명질서는 넓은 의미의 상징체계와 구별되지 않는다. 그러기에 (입말과 글말에서) 정확성을 추구하는 언어관과 문명관과 기호의 **어원적** 의미에 대한 의식, 이 셋은 완벽하게(실질적으로)일치한다.

표현방식에 대한 중국인의 태도를 엿보게 해주는 이러한 관점과 이론은 그렇다고 소리상징이 노래의 사실기법에 속한다거나, 표기상징이 묘사의 사실기법에 속함을 말하는 것은 아니다.

공자는 개의 형상기호인 견(犬)은 하나의 완벽한 소묘라고 천명했다.[25] 이 기호와 함께 공자가 확신하는 것은 하나의 묘사는 굳이 대상의 모든 특성을 재현하지 않아도 적절할 수 있다는 점이다. 묘사의 적절성은 바로 어떤 유형의 행동이나 관계를 특징짓거나 함축하는 하나의 태도를 간명하게 드러내는 데 있다. 이는 형상관념에도 공히 적용된다. 친구나 우정의 관념은 맞잡은 두 손을 도상화한 단순글자인 우(友)로 형상된다. 씨족간의 결속을 다지는 협약(혼약, 군사동맹, 제휴)은 손바닥으로 맺어졌다. 문자기호는 먼저 일련의 **양식화된 여러 동작**을 상기시키면서 일반적인 가치를 지닌 한 관념을 지시한다. 이 점에서 추위를 연상시키는 형상들을 차례로 보여주는 복합글자인 한(寒)은 특히 시사적이다. 한은 사람, 짚단, 집을 떠올려주는 기본적인 여러 기호로 되어 있다. 전체적으로 이 글자는 긴 겨울 생활이 **시작되는 모습**을 보여준다. 마을로

---

25) Wieger, *Caractères*(Rudiments, V, 12), 364쪽.

돌아온 농부들은 농번기와 우기 내내 방치해둔 누옥의 토담과 초가지붕을 짚단으로 메우는 일로 겨울을 시작했다.

문자표상은 양식화된 동작을 간직(하고자)하며 또한 의례적 의미의 동작을 형상화(하려고)하기에 정확한 상기력을 지닌다. 그뿐만 아니라 문자표상은 일련의 상(象)의 흐름을 촉발하여 개념의 어원적 재구성을 가능하게 한다.

개념이 이러한 재구성을 통해 기호와 동등한 권위를 부여받는 것은 (엄밀한 의미에서) 학자들이 말하는 어원학과는 무관하다. 오히려 이러한 재구성은 고문자가(古文字家)들의 다양한 견해를 통해 확인되고 있다. 이들은 개인적으로나 학파에 따라 상호조합에 의해 글자를 형성하는 요소들을 각자 나름으로 분리하고 정의하고 재결합한다. 각자의 생각에 따라 또는 임의적인 필요에 따라 퍼즐의 의미를 찾아내는 것이다. zhang(증가하다, 성장하다) 또는 chang(길다, 우두머리)으로 발음되는 장(長)이라는 글자에서 어떤 학자들은 꼬챙이로 말아 올려야 할 만큼 긴 머리카락을 떠올리는가 하면, 어떤 학자들은 즉각 말(馬) 머리를 한 인물을 떠올리기도 한다.[26] 그런데 우리는 두 설명이 연관성이 있다는 사실을 평이한 암시를 통해 확인해볼 수 있다. 의미와 어원에서 드러나는 이러한 이중성은 두 종류의 고대무용이 갖는 상호유사성으로 설명할 수 있다. 하나는 머리를 풀어헤치고 돌면서 추는 수장(또 그 여인들)의 춤이며, 다른 하나는 마상(馬上)의 기병들이 머리카락과 갈기를 휘날리며 원형의 대열을 이루는 춤이다. 사람들은 머리를 풀어헤친 기병들이 초목의 신령을 포위함으로써 그를 사로잡을 것이라 여겼으며, 아울러 (문자표상이 의례상의 춤에 못지않은 권능을 지님에 따라) 휘날리는 머리카락만으로도 초목의 신령을 자유자재로 조종할 수 있다고 믿었던 것으로 한 고사는 전한다.[27] 수장은 춤을 추면서 자연에 대한 지배력을

---

26) 앞의 책, 322쪽; Mester, *Quelques résultats d'une comparaiso entre les caractéres chinois modernes et les siao-tchouan*, 8쪽.

27) 졸저, *Danses et légendes de la Chine ancienne*, 364, 365쪽.

분출시켜야 했기에, 춤이 절정에 이르면 긴 머리카락을 휘날리면서 신성한 기운을 뿜어내었다. 그리하여 그는 수장의 권능을 갖추면서 초목과 가축을 번성하게 키울 수 있었다. 상형문자는 어원적 의미를 그 자체에 간직하고자 했다. 그러나 상형문자가 원래의 의미를 지니고 있는지 여부는 중요하지 않다. 즉, 어원적 재구성이 상상적인 것인지 정확한 것인지는 그리 중요하지 않다. 본질적인 것은 문자가 주는 느낌 그 자체, 즉 개념들이 진정한 표상과 결부되어 있다는 느낌 그 자체다.

상형문자의 주된 장점은 문자기호나 단어가 단순의미작용에만 그치는 것이 아니라 어떤 작용력과 실제적인 힘을 지닌다는 느낌을 부여한다는 데 있다.

중국어는 여러 파생방식으로 새롭게 어휘를 얻거나 음성을 풍부하게 만들기보다는 문자를 통해 어휘를 늘리는 데 더욱 민감했다. 기호는 조합으로 형성되었다는 인식이 수용되고 기호를 의미요소들로 분해할 수 있게 되면서 글자의 창안가능성도 무한하게 되었다. 정해진 발음이 나는 새로운 용어를 하나 얻는 데에는, 기존문자들 가운데서 같거나 유사한 발음이 나는 문자를 하나의 선택된 어근과 조합하면 되었다. 따라서 문자창안은 파생방식을 운용했으나, 무수한 동음이의어의 번식을 재촉했으며 개념들 사이의 실질적인 동류관계를 모호하게 만들고 말았다. 새 글자들은 (모든 **음성복합체**와 마찬가지로) 각기 하나의 현실을 구체적으로 형상화할 수 있었다. 구체적인 것을 추구하는 성향은 예법에 대한 집념과 맞물리면서 엄청난 문자기호를 살포시켰다.

서기 485년 황제의 칙령에 따라 1,000여 개의 새 용어들이 만들어져 자전에 첨가되었다.[28] 이는 곧 국군(國君)은 범국가적 상징체계의 주역이라는 생각이 변치 않았음을 말할 뿐만 아니라, 문자기호들이 전체적으로는 어떤 문명질서와 분리될 수 없는 것으로, 개별적으로는 표상고유의 효능성을 지닌다는 생각이 일관했음을 말해준다.

---

28) *SMT*, V, 380쪽.

이러한 역사적 실례는 대규모 어휘번식이라고 할 수는 없지만, 적어도 고대에 문자번식이 있었음을 알려주기에 충분하다. 고대에도 문자번식이 있었음은 분명한 사실이다. 예로부터 문필가의 기예, 특히 시인의 기예는 문자기호들을 얼마나 풍요롭게 활용하는지에 달려 있었다. 이 같은 사실은 문자체계가 언어발달에 미친 지배적인 역할을 말해준다. 따라서 시는 낭송되는 가운데 말에 의한 기억과 함께 문자에 의한 기억을 건드림으로써 눈에게 말했다고 추정할 수도 있다. 우리는 이러한 방식을 재현해내기가 쉽지 않다. 하지만 이러한 방식은 분명 하나의 결정적인 결과를 낳았음이 분명하다. 즉 이 같은 방식에 힘입어 단어는 결코 단순한 기호로 전락하지 않았던 것이다.

상형문자는 대부분 단어들이 일종의 신선하고 생동감 있는 언어로서의 특성을 지니면서, 완벽하고도 구체적인 표현력을 유지할 수 있게 해주었다. 중국정신의 저변에 깊이 배어 있는 성향에 따른 채택이라고는 장담할 수 없지만, 어쨌든 그러한 성향으로 보존되어온 상형문자는 어휘가 추상적인 기호로 전락하지 않도록 해주었다. 상형문자는 정신운동에 인색하지 않은 사유에 적합한 것으로 보인다.

제2장 문체

중국문체에 관련된 자료는 수적인 면에서 언어에 관한 자료에도 미치지 못할 만큼 미흡한 실정이다. 글쓰기 수법이 중국에서 구체적인 '연구'의 대상으로 지목된 적은 없다. 서구 중국학학자들 역시 문체를 연구할 때 사적인 평가의 수준은 뛰어넘지만 그들도 대개는 경전들의 연대나 출처를 밝혀내는 데 한정되어 있다.[1] 게다가 그들은 단순히 문헌학에 의거한 통상적인 방법으로 소기의 목표를 이룰 수 있으리라 믿으면서 문체연구로는 거의 나아가지 않는다. 이는 중국문학사야말로 완전히 다시 쓰여야 한다는 말과 다르지 않다. 서구에서조차 중국문학사는 중국의 기존의 정설이 내세우는 여러 전제를 벗어나지 못하고 있다. 중국 산문이 문사들의 필법과 점술가들의 역술(易術)에서 파생되었다는 설법이 꽤나 빈번히 피력되는 경우가 그 예라 하겠다.[2] 이 설법은 실록이나 문서의 문체는 문사들에 의해 그 원칙이 정해졌으며, 철학적·예술적 문체는 점술가들에게서 비롯되었다는 것이다. 아울러 문체의 특징으로서 전자가 단순명료한 건조체이고, 후자는 모호할 정도로 간략하다는 식의 주장에 그친다. 이 같은 일반 논지들은 문사들과 점술가들이 상반된 집단을 형성하면서 각기 나름의 학파를 형성했다는 것에 대한 증거

---

1) 칼그렌이 『좌전의 진정성과 본질에 관해』(*On the authenticity and nature of the Tso chuan*)에서 보여주는 참신하면서도 흥미로운 시도의 주된 목적도 이와 같다.
2) Maspero, *La Chine antique*, 422쪽 이하 참조.

제시를 불필요하게 만든다. 그렇지만 제반 사실들은 이러한 설법과는 완전히 상반된 주장을 할 수 있게 해준다. 하지만 교리 앞에서 이러한 사실들이 무슨 상관 있으랴. 여전히 역사학파의 대부인 공자의 사상이 환술가(幻術家)나 점술가들에게 받은 영향은 극히 미미했을 뿐이라는 편견에 사로잡혀 있는데 말이다. 아직도 저술과 인물들의 분류지침이 되고 있는 교리적 편견들을 벗어나지 않는 한, 한 사실에 입각한 중국문체의 실증적인 연구는 가능하지 않을 것이다. 고대 저술들은 (어떠한 학파에 속하는 것이든)[3] 운문으로 된 구절을 많이 포함하고 있다. 그러나 이 구절들은 문맥과 거의 구별되지 않은 까닭에, 그 시적 성격이 오랜 세월이 지난 후에야 비평가들에게 파악된 경우도 허다하다. 여기서 우리는 몇 가지 이유로 중국산문의 구술방식이 고대시(古代詩)에 운용되던 구술방식과 거의 다르지 않다고 추정해볼 수 있다. (거의 신성시될 정도로 또는 사어死語로 간주될 정도로 통속어와 구별되는 문언을 사용하는데서 권위를 갖는 현학적 산문의 전범인) 고대산문이 전적으로 문사나 현자들의 산물만은 아니라고 추정한다면 분명 이단적으로 취급되기에 충분한 하나의 견해를 내세울 수 있을 것이다.[4] 그리고 우리가 고대산문이나 의고산문(擬古散文)이 그 구술방식의 근원으로 삼고 있는 시는 현학적인 시가 아니라 오직 종교적인 시라는 점을 덧붙인다면, 이는 한층 전복적인 공격이 될 것이다. 후술하겠지만, 이러한 추정들이 중국문체의 가장 두드러진 특징들을 알려줄 것이다.

입말이나 글말에서 중국인들은 기존의 정형화된 문구들을 사용해 획일적으로 표현한다. 그들은 여러 경구(警句)들을 율동적으로 엮어가면서 자신들의 이야기를 구성한다. 운율은 전개에 권위를 부여하며, 경구는 문장에 권위를 부여한다. 단어로서의 가치는 그 작용력에 있듯이, 전

---

3) 점술서인 『역경』(易經)과 실록인 『서경』(書經)뿐만 아니라 『노자』(老子)와 『좌전』(左傳) 및 『사기』(史記)에도 운문의 구절들이 있다.
4) 민주주의적 감성에서 백화를 제창한 현대중국비평가들은 고대문학에서 백화가 차지하는 중요성을 제시하면서 그들의 주장을 뒷받침했다.

개와 문장 역시 그 무엇보다도 행동효과를 추구한다.

1. 경구

중국문학은 일종의 조립문학이다. 가장 독창적인 작가들도 예증이나 설명 또는 이야기나 묘사가 필요할 때면, 공동의 자산에서 끌어온 진부한 고사와 상투적인 표현들을 사용한다. 자산이 그다지 풍부한 것도 아니다. 게다가 이 자산을 경신하려는 시도도 거의 없었다. 꾸준히 선호되었던 제재들은 대부분 중국의 가장 오래되고 가장 즉흥적인 시들 가운데 거듭 나타나고 있다.

고대시의 상당수는 『시경』(詩經)을 통해 보존되어왔다.[5] 더 이전의 작품이라고 할 만한 어떠한 것도 우리에게 전승되고 있지 않다. 『시경』에 수록된 시들은 전부 기원전 5세기 이전의 것들임이 분명하다. 전통설을 따른다면, 이 시들은 공자가 선별한 것들이다. 공자는 가장 순수한 지혜에서 영감을 받은 시들만을 선집에 수록했을 것이다. 그의 선집에서 이 시들은 모두 네 부(部)로 나뉘어 소개된다. 이 시들은 모두 이른바 정형시에 속한다. 대개 4음(네 음절)을 정격(定格)으로 삼아 구성된 시행들은 큰 변화가 없는 운(韻)들을 조합하여 하나의 단(段)을 형성한다. 이 선집의 마지막 세 부는 때로는 짧은 시들을, 때로는 상당히 긴 시들을 수록하고 있다. 제1부인 『국풍』(國風)의 시들은 대부분 세 단(일반적으로 12행)으로만 되어 있다. 각 부에 관계없이 모든 시들은 구성과 운율방식에서 현격한 차이를 보이지 않는다. 그리고 유가들은 이 시들이 갖는 영감의 통일성을 역설한다. 『국풍』의 모든 시는 널리 알려진 역사적 기념일에 즈음하여 작송되었을 것이며, 군주들에게 행동의 지침을 제시하고 군주의 행동을 양속(良俗)에 부합시키는 데 그 목적을 두고 있다는 점에서 한결같이 정치적 이해와 동시에 의례적 가치를 지닌다.[6]

---

5) 졸저, *Fêtes et chansons anciennes de la Chine*, 「서문」.

이러한 전통설은 이 선집의 모든 시에 공통되는 종교적 성향을 명백히 밝혀준다는 데 그 의의가 있다. 이 시들의 핵심은 바로 종교성에 있는 것이다. 이러한 성격은 그 자체만으로 이 시들이 보존되어온 이유를, 또 이 시들이 중국역사에서 활용되어온 이유를 설명해준다. 『시경』이 가장 소중한 고전으로 간주되어온 까닭은 바로 의례에 관련된 행동원칙을 그 어떠한 예서(禮書)들보다 더 잘 보여주기 때문이다. 그런데 오늘날 서구 비평에서 통용되는 여러 견해는 극히 단순하다. 보통 서구학자들은 종교적 의미를 이 선집의 후반부에 해당하는 몇몇 '송'(頌)들에서만 찾는다. 그러면서 그들은 진부하기 이를 데 없는 이러한 '송'들의 시적 가치가 '그리 높지 않다'고 단정해버린다.[7] 그리고 자신들이 기꺼이 '애가'(哀歌)나 '풍자'(諷刺)로 부르고 싶어 하는 시들에만 가치를 두려고 한다. 왜냐하면 그러한 시들은 그들에게 아주 세속적인 영감을 느끼게 해주기 때문이다. 중국학자들과 마찬가지로, 그들은 『국풍』의 시들을 상황시(狀況詩)로만 간주하면서, 그 시들이 의례적 측면에서 지니는 의의를 도외시한다. 그럼에도 그들은 이 시들을 리트(Lieder)나 '모방속시'(模倣俗詩)로 규정함으로써 자신들은 다행히도 중국학자들의 통념에서 벗어났다고 자위하는 것처럼 보인다.[8] 이러한 통념을 맹신하지 않는 경우라면, 우리는 옛 요소들로 되어 있으나 대부분 수정이 가해진 이 시들의 의미를 한 편 한 편 규정하려는 의도는 버려야 할 것이다. 그보다는 만일 우리가 이 옛 요소들에 주의를 기울이면서 그 제재들 전부를 살펴본다면,[9] 몇 가지 중요한 사실들이 분명하게 드러날 것이다. 우선 중요한 사실은 바로 중국고대의 시는 유형상 경구시(警句詩)에 속한다는 점이다. 왜냐하면 고대 시는 잠언 속에 깃들어 있는 지혜와 권위를 즐겨

---

6) 앞의 책, 18쪽 이하, 78쪽 이하.

7) Maspero, *La Chine antique*, 429쪽.

8) Grube, *Geschichte der chinesischen Literatur*, 46쪽; Maspero, 같은 책, 430쪽.

9) 졸저, *La Chine antique*, 27쪽 이하, 31쪽.

차용하기 때문이다.

고대 시는 참신한 표현, 새로운 조합, 독창적인 은유에는 별반 관심을 보이지 않는다. 그러기에 매양 동일한 시상(詩想)들이 계속해서 반복되며, 이 시상들 또한 아주 유사한 영감에 속하는 것들로서 극소수의 전범에서 따온 것들이다. 이를테면 "살구가 떨어지네!"(표유매摽有梅), "꾀꼬리가 노래하네!"(유명창경有鳴倉庚), "들기러기들이 이구동성으로 소리치네!"(옹옹명안雝雝鳴雁), "서로 응답하며, 사슴들이 외치네!"(유유녹명呦呦鹿鳴) 등이 그렇다. 이러한 시상들은 시간이 지남에 따라 시들게 마련인 새로운 표현에 대한 취향에서 비롯한 것들이 아니다. 이것들은 곧 달력의 금언(金言)들로서 그 대다수는 중국인들이 보존하고 있는 농촌의 달력에서 찾아볼 수 있는 것들이다.[10] 이 금언들은 특히 봄과 가을에 관계되는 말들이다. 주지하듯, 이 계절에는 대규모 축제들이 있었으며, 그 전통은 아시아 여러 지역에서도 유전되어왔다. 이 축제들은 만물의 운명을 좌우할 수 있는 인간과 자연의 화합을 경신하는 데 그 목적이 있음에 만물은 일제히 이 축제에 동참한다. 축제는 노래와 춤으로 진행된다. 봄 이슬 머금은 꽃잎이 반짝일 때나 무르익은 과실과 마른 잎사귀들이 가을바람에 서리 내린 땅 위로 떨어질 때면, 암수의 메뚜기, 사슴, 기러기 들이 서로 쫓고 부르는 소리 속에 들녘의 선남선녀들은 목소리와 몸짓을 뒤섞은 채 시(詩)로 화답하는 가무의 대열을 이룬다. 사람과 사물, 식물과 동물들이 마치 동일한 목적을 지향하듯 행동은 구별되지 않는다. 모두에 적용되는 하나의 질서를 함께 따르려는 일념 아래 모두 하나가 되어 서로에게 신호를 보내거나 여러 지침에 응하는 듯 보인다.[11] 바로 이러한 신호와 지침들이 시행(詩行)에 담겨 시적 제재나 달력의 금언으로서 운용되는 것이다. 축제 때마다 모든 참여자들은 선조들이 그러했듯이 자연과 공조를 기한다. 그리하여 예로부터 변함없이

---

10) 졸저, *Civilisation chinoise*, 187쪽.
11) 같은 책, 187쪽.

똑같은 의례의 풍경들이 똑같은 시상들을 모두에게 불러일으킬 수밖에 없었던 것이다. 저마다 똑같은 시상들을 새롭게 하면서 즉흥적으로 표현하며, 또 모두 선조들이 그 권능함을 입증한 문구들을 자발적으로 되찾을 때면, 이내 공동의 작업에 효율적인 협조를 기하고 있다고 믿었던 것이다. 이러한 전통적 즉흥을 통해 고무될 수 있는 제재는[12] 참신한 발견이면서 복원된 전고(典故)로서 경구의 형식으로 지속되면서 자유로이 다시 창안되었고 또 그 완벽한 적절함으로 선호되었다. 즉 제재로서의 요건은 그것이 적합한 신호라는 데 있는 것이다. 왜냐하면 사람들이 서로 노래로 화답하며 전통적 앎과 창의력을 견주는 동안 제재는 축제 속의 자연이 되풀이하고 창안해내는 신호와 적절하게 어울려야 하기 때문이다. 제재 속에는 오랜 세월 동안 그 완벽함을 위해 동원해야 했던 모든 창조적 재능이 담겨 있을 뿐만 아니라 효능성이 가득 담겨 있는바, 제재는 마치 표상과도 같은 것이다.[13]

『국풍』의 시들은 달력의 금언들로 이루어짐으로써 중국전통에 의해 확인된 경구의 힘을 보존할 수 있었을 뿐만 아니라 '리트'로 상찬(賞讚)되기에 손색없는 고아한 자유와 신선한 풍채(風采)를 보존할 수 있었다. 이러한 금언들 속에는 모든 의식(儀式)의 본의이기도 한 필연성과 모든 놀이의 동력인 자발성의 원리가 담겨 있다. 달력의 금언들은 완전한 효능성과 끊임없이 경신되는 놀이와 의식의 젊음을 함께 지니고 있는 것이다. 결코 이 금언들은, 규정되고 추상적인 의미로 그치고 마는 진부한 은유의 성격을 띠지 않는다. 이것들은 곧 친화력이 넘치고 연상력을 분

---

12) 오늘날에도 여전히 우리는 이러한 전통적 영감과 자유로운 창의력의 혼성물을 접할 수 있다. 1922년 2월 통킹에서 거행된 안남(安南) 축제에서 주인공들은 『시경』에서 차용한 대구들을 노래한 후 번갈아 가며 즉흥곡을 불렀다.

13) 동물을 소재로 하는 표상적인 춤들에 관해서는 *Civilisation chinoise*을 참조하라. 화관무(花冠舞)의 중요성은 간과되어서는 안 된다. 궁중전통 속에서 가장 잘 보존된 춤들 가운데 하나는 꽃과 가지의 동태를 재현하고 있다. 『회남자』(淮南子, *Houai nan tseu*, 제19훈)는 한 무희에 대해 다음처럼 묘사했다. "그녀의 몸은 마치 바람결에 실린 가을 붓꽃." (참조원문: 身若秋葯被風.)

출하면서도 상징적 다능성을 지닌, 요컨대 생동력으로 넘쳐나는 표상들이라 할 것이다. 이 표상들은 인간에게 자연의 조력자로서 취해야 하는 모든 행동들을 모종의 원초적인 몸짓을 통해 부단히 지시하고자 하며, 또한 이 표상들은 자연에게는 단 하나의 기호로서, 자연이 전통적으로 수행해왔던 의무 전반을 끊임없이 상기시켜준다. 봄날의 축제 때, 춤을 추며 치마를 걷어올린 채 강을 건너는 젊은이들은 이런 시를 노래한다. "제수(濟水)물 흥건히도 불어오르네, 꿩꿩 암꿩이 우네!"[14] 봄에 강물이 불어오른다는 제재에 사랑을 찾는다는 제재가 노래 속에서 서로 응답하는 것이 마치 회음처럼 반향하는 듯하다. 그런데 축제의 현장에서 상호 연대적인 이 두 신호는 서로를 실제적으로 유발시켜 젊은 쌍들의 춤과 노래가 둘 중 하나를 표상하게 되면 둘은 모두 일시에 즉응(卽應)하게 된다. 즉 이 노래와 춤은 암꿩에게 짝짓게도 하고 또 강물을 적기(適期)에 불어오르게도 하면서 봄날의 모든 신호들을 출현시킨다. 또 다른 시의 경우, 가죽으로 된 예물로 쓰이기 위해 희생당하는 암사슴, 가을이 되어 신접살림을 시작할 때 이 예물을 받쳐주는 개밀로 된 하얀 침구, 겨울이 당도하면서 음(陰)의 영향에 고무된 총각들의 구애, 양(陽)의 부름에 따라야 했던 그 봄날에 대한 처녀들의 회념, 이 모든 제재들은 서로 부름과 동시에 그에 즉응하는 무수한 제재들을 환기시키기도 한다. 따라서 이 제재들은 단(段)을 이루는 가운데 모든 감정들을 암시하면서, 바로 절기에 따른 축제에서의 놀이와 의식(儀式)이 불가분한 것임을 확인시켜주는 모든 행동들을 유도하는 것이다. 하지만 놀이와 의식, 인간의 몸짓과 자연의 조응 사이의 필연적이며 자발적인 유대를 보여주고자 한다면, "들판에 죽은 노루, 하얀 띠 풀로 덮어줬지요. 아가씨 봄님을 그리워하기에, 미쁜 젊은이가 유혹했지요!"[15]라고 노래하는 대신, '봄을 품다', 즉 회춘(懷春)이라는 단 두 단어의 제재를 상기하는 것으로 충

---

14) 졸저, *Fêtes et chansons anciennes de la Chine*, 102쪽. (참조원문: 有瀰濟盈, 有鷕雉鳴.)

15) 같은 책, 123쪽. (참조원문: 野有死麕, 白茅包之. 有女懷春, 吉士誘之.)

분해진다. 그러기에 어떤 시인이 '봄'이라는 단 한 마디 말을 적소에 운용한다면, 그는 사랑의 번민 속에서 교차되는 모든 것들과 그에 따른 일련의 의례적인 심상들까지도 암시할 수 있는 것이다. 이렇듯 시인은 듣는 이들에게 자연의 뜻과 선조들의 관습에 완전히 일치감을 느끼게 함으로써 그들이 어떤 역동적인 감정을, 말하자면 하나의 서원(誓願)이나 질서의 의미를 부여해야 할 정도의 역동적인 감정을 느끼리라 기대했을 것이다. 따라서 우리는 왜 중국어에서는 단어가 문구와 마찬가지로 단순한 기호가 아니라 하나의 표상인지를, 또한 정확한 단어는 명료하고 구분된 의미를 지닌 용어가 아니라 호소력과 구속력을 지닌 표현인지를 알게 되는 것이다. 단어는 분리되는 경우에도 여전히 신호와 표상으로서 권능을 통해 상기되는 경구 속의 가장 역동적인 말로 나타난다. 단어는 질서, 기도, 놀이, 의식 등의 시적 제재가 지닌 모든 덕목들(지시에 부응하도록 하는 힘, 소망에 깃든 순박한 경건함, 놀이의 영적인 매력, 의식의 합당한 권능)을 그 자체로 응집하는 것이다.

『국풍』의 어떤 시들은 그 전승양상에 비추어, 옛 농촌축제에서 불렸던 즉흥가요들과 극히 흡사하다. 그러나 대다수 시들은 손질된 민가들이거나 또는 여러 전고로 구성된 것들로서 다소 현학적으로 보인다. 이 시들을 궁정시로 보는 전통을 거부할 이유는 전혀 없다. 오히려 이러한 전통에 입각한 상세한 설명보다 더 시사적인 것도 없다. 중국인은 지혜로운 시인들이나 충성스러운 신하(이 둘은 서로 다를 바 없다)에 의해 시연(詩聯)들로 재구성된 시적 제재와 달력의 경구가 교화의 힘을 지녔음을 극히 당연시한다.[16] 이미 관례화된 모든 비유는 우화적 경구로서 자연의 질서를 일깨우며, 운명을 예시하고 나아가 운명을 유발한다는 것이다. 이를테면 봄 강물이 불어오를 즈음, 수컷을 부르며 노래하는 암꿩은 왕비 이강(夷姜)을——그녀의 이름을 거명하지 않고도, 그녀에게 충고하거나 저주를 퍼붓는 식으로——연상하게 할 수 있다. 위(衛)나라

---

16) 앞의 책, 78쪽 이하, 140쪽 이하, 235쪽 이하.

선공(宣公, 기원전 718~699년)의 아들의 부인이었다가, 훗날 자신의 시아버지와 결혼한 이 여인은 참담한 최후를 맞이할 수밖에 없는 운명이었다. 실제로 그녀는 선공의 총애를 자기 아들의 미혼처(未婚妻)에게 빼앗기자 스스로 절명하고 말았다. 구애의 제재는 모든 자연의 생태 및 인간의 규범과 불가분한 것이다. 특히 이 경우 (그리고 군이 표현할 필요조차 없는 의도에 따라), 노래하는 암꿩은 이강에게 그녀가 인륜을 어기며 선공과 맺은 부당한 결혼에 대한 응분의 대가를 감수해야 함을 언질하고 있다.[17] 시인은 기존의 은유를 빌려 구체적인 저주를 보낼 수 있을 뿐만 아니라 그러한 특정죄인에게 자신의 운명에 얽매이게 하는 힘을 갖는다. 이렇듯, 상황에 따른 사용에도 불구하고 시적 제재는 그 호소력을 잃지 않는다. 제재가 원래의 의미에서 완전히 벗어나는 경우에도 역시 마찬가지다. 처음에 위(衛)의 선공의 장자와 혼약을 맺은 왕비는 나중에 다시 선공의 비(妃)가 되었으며, 그러고는 계모로서 자신의 첫 번째 약혼자를 살해한 것이다. 그녀는 뒤늦게나마 자신의 불행한 약혼자의 동생과 혼인을 맺음으로써 상황을 수습해야만 했다. 그래서 그녀에게 그릇되지 않게 짝을 맺도록 유도하고자 한 시인은 그녀에게 이렇게 노래했다. "메추라기들 쌍쌍이 가고——까치들은 짝지어 가네!"(순지 분분鶉之奔奔, 작지강강鵲之彊彊) 이 시행들은 (기원전 545년) 한 외교 연석에서 노래를 겨루는 가운데 인용되었다. 이러한 겨루기에서 외교관들은 시연이든 제재든 아무것도 창안하지 않는다. 그들은 상황에 따라 밝혀지는 하나의 저의를 통해 단지 경구에 우회적인 의미를 부여하는 것으로 만족한다. 그럼으로써 그들은 상대방의 의향을 유도하고 또 상대방에게 결정을 내리지 않을 수 없도록 한다고 자부한다. 야심에 찬 어떤 인물이 타국의 한 재상을 의중에 두고, "메추라기들은 쌍쌍이들 가고——까치들은 짝지어 가네!"를 노래할 때면, 구애에 관한 제재는 잠재적인 의미전환에 따라 국군(國君)의 결혼을 부추기는 것이 아니라 공모자

---

17) 앞의 책, 101쪽 이하: 졸저, *Civilisation chinoise*, 369쪽.

와 암암리에 결탁할 것을 교사하는 것이 된다.[18] 시적 제재는 권위의 말을 한다는 그 사실만으로도 곧 모든 것을 말할 수 있는 것이다. 작가들이 한결같이 잠언을 빌려 말하려는 이유는 그들의 생각이 공통된 것이기 때문이 아니라, 바로 자신들의 생각을 돋보이게 하는 합당하면서도 가장 교묘한 방식은 바로 입증된 문구 속에 자신의 생각을 흘려넣는 데 있기 때문이며, 또 결과적으로 자신의 생각은 그 문구의 신빙성을 차용할 수 있기 때문이다. 전고는 상황에 따라 다르게 한없이 적용될 수 있는 일종의 중립적이면서도 구체적인 잠재력을 지니고 있다. 가장 특이하게 적용되는 경우에도 행동으로 유도하는 실질적인 힘을 잃지 않은 채 말이다.

　관례적인 표현들은 행동으로 유도하는 강력한 암시력을 지니면서도 그 묘사력에서도 독특한 생동감을 지니고 있다. 『시경』에는 서구인들의 취향에서 볼 때 마치 작은 한 폭의 '꽤나 핍진(逼眞)한 그림'과도 같은 '서술체의 구절' 하나가 있다. 바로 주연(酒宴)이 벌어지는 자리에서 '술이 취한 채 다툼을 벌이고 있는 조신(朝臣)들'의 모습을 묘사한 글이다.[19] 이 조신들은 그들의 조상인 선왕(先王)들을 추념하는 연회에서 선왕들의 영혼에 사로잡힌 채 선왕들을 도와 의무적으로 통음(痛飮)해야 하는 일종의 조역들이다. 모두 전통의 규정에 따라 광기에 휩싸인 채 난장판을 만든다.──저마다 "항아리와 단지를 뒤엎고"〔제기祭器는 신성화를 위한 통음난무에 사용한 후에는 필히 부숴야 하기에],[20] "비틀대며 쉬지 않고 춤을 추면서"〔황홀경에 침취되어 무거운 성령을 걸머지려는 자들은 이처럼 비틀거려야 하기에],[21] "서로 교대로 몸을 일으켜"〔영혼

18) 졸저, *Fêtes et chansons anciennes de la Chine*, 36쪽; 졸저, *Civilisation chinoise*, 321, 369쪽. 『詩經』, 「鶉之奔奔」을 참조할 것.

19) Maspero, *La Chine antique*, 430쪽.

20) 제기(祭器)의 파괴에 대해서는 *Li ki*, C, II, 218쪽을 참조할 것. (참조원문: 子皆杖, 不以卽位, 大夫士哭殯, 則杖 哭柩, 卽輯杖 棄杖者, 斷而棄之於隱者.)

21) 흐로트(De Groot)는 신들린 이들을 특징짓는 동작들을 훌륭하게 묘사해 보인다(*Fêtes d'Émouy*, 289쪽).

의 순환을 추구하는 제식에서는 교대로 춤을 추는 것이 필수적이기에),[22] "관모(冠帽)는 기울어 금방이라도 떨어질 듯"〔극히 핍진한 묘사를 보여주는 이 표현은 의례적 의미를 밀도 있게 그려냈다. 즉 난장의 연회에서 가장 중요한 의식은 바로 참가자들이 서로의 모자를 잡아채 벗기는 데 있었다. 왜냐하면 참가자들이 맨 정신으로 돌아와 연회를 끝내기 직전에 윤무(輪舞)가 행해지는데, 바로 이 윤무에서 머리카락들은 '팽팽한 깃발처럼' 펄럭여야 했기 때문이다.〕, "쉼 없는 소용돌이로 춤을 추면서."〔이 윤무는 마치 회오리바람에 빨려들기라도 하듯 몸을 펼치고 머리를 뒤로 젖힌 채 취야 하는 춤으로, 여기서는 한 묘사조동사로 표현된다. 이 조동사는 그 자체로 황홀경의 춤을 상기시키는 하나의 제재가 되어 산문과 운문으로 다시 표현된다.〕 만일 어떤 서구비평가가 이 '생생한' 묘사를 '극히 진부한', '철저히 종교적인' 송(頌)의 시구들과 상반된 것으로 본다면, 이는 바로 취기(醉氣) 못지않게 제례적 의의를 갖는 것은 오직 춤뿐이며, 어떠한 행동도 취중의 춤만큼이나 경건한 의미를 담고 있지 않다는 사실을, 그리고 황홀경의 전초전으로서의 춤은 모든 춤 가운데 가장 세밀하게 규정된 것이라는 사실을 간과했기 때문이다. 이렇듯 광란의 춤을 묘사하는 데에도 작가는 좀더 규제된 의식을 대상으로 할 때와 동일한 태도를 견지할 뿐 과다한 기상에 젖어드는 것을 경계했다. 장엄한 의식에는 한 명의 제관(祭官)이 의전에 관한 모든 세목을 감독하며, 또 한 명의 사관이 후대에 경고를 남기고자 몸가짐에서 사소한 실수까지 모조리 기록했다. 마찬가지로 신성한 연례(宴禮)에서도 역시 의무적으로 한 명의 사관과 한 명의 제관이 참석했던바, 그들의 임무는 취중의 질서를 바로잡고자 잘못 취하거나 황홀한 취기 속에 제멋대로 비틀거리거나 극히 미미한 세부를 망라하는 조목들의 위반자들을 불경자로 기록해두는 것이었다.[23] 참가자들이 올바른 몸가짐으로 의식

---

22) 『초사』(楚辭, Tch'ou tseu), 2(예혼禮魂, Li houen).
23) 『시경』(Che King), L, 395쪽, 399쪽의 각주.

을 완벽하게 치를 동안, 시인은 한 폭의 '그림'을 그리기 위해서가 아니라 하나의 전범을 남기기 위해 (관례를 따르는 데 전심을 기울이며) 유일하게 적합한 문구인 전통적인 문구들을 사용하여 성심껏 그 장면들을 묘사하는 데 전력했던 것이다. 우리로서는 시인의 묘사를 핍진한 묘사라고 생각할 수도 있다. 하지만 시인의 묘사는 오로지 효율적이기를 바랄 따름이다.

경구의 효율성은 신성한 의례현장에서 낭송되었던 시들 본래의 목표이기도 하다. 따라서 (그 제재가 종교시에서 수없이 반복되었던) 『시경』의 '송'(頌)들을 진부하다고 폄하는 것은 그것들에 대한 몰이해일 뿐이다. 『시경』의 송들은 생동한 묘사와 다양한 질감에서 여느 시들 못지않은 풍부함을 지니고 있다. 관례에 따르면, 젊은 귀족에게 성년으로서 자격을 부여하고자 할 때면, 관용구가 지니는 이른바 실현시키는 힘을 빌려 그에게 '눈썹이 길어지고', '두발이 노래지는' 노년에 이를 수 있기를 기원한다. (그러한 연령에 이르는 것을 가능하게 한다.)[24] 이것은 아주 구체적인 서원으로서 무한한 반향을 불러일으킨다. 이러한 서원은 표명될 때마다 불가사의한 감흥을 불러일으킨다. 예를 들면 한 시인은 송(宋)의 군주[25]를 축수(祝壽)하고자 동일한 전고를 사용했다. 노래지는 머릿결과 긴 눈썹, 이 제재는 공익의 효율성을 고스란히 담고 있을 뿐만 아니라 시의 서정적 비약을 가능하게 하는 비개인적인 풍도(風度)를 보여준다. 게다가 이 제재는 (여러 주해가 이를 입증하듯) 극히 내밀한 감정의 토로로서 가장 확고한 의도 속에 개별화된 하나의 서원을 표현하는 데에도 사용할 수 있는 것이다. 기도와 명령과 서원이 지나치게 개별화되는 것은 적절치 않다. 왜냐하면 기도와 명령과 서원은 명시성의 측면에서 얻었다고 여겨진 바를 효율성의 측면에서 잃을 수도 있기

---

24) 『의례』(儀禮, *Yi li*), Steele, *I Li, or the Book of Etiquette and Cermonial*, t. II, 14, 15쪽. 옮긴이는 이러한 표현들을 소상하게 해독하지는 못했다. (참조 원문: 綏我眉壽, 黃耇無疆.)(『商頌』, 「烈祖」).

25) *Che King*, C, 461쪽.

때문이다. 반면, 구체적인 암시력이 무한한 상투적인 문구는 그 은밀한 영향력을 통해 단지 분석적인 용어들로는 불가능한 욕망의 가장 미묘한 질감들을 시사해준다. 대부분의 주해들이 입증하듯이, 『시경』의 시들 가운데 가장 미묘한 생각을 전하는 시일수록 풍부한 잠언으로 쓰인다. 이러한 규칙은 모든 시대, 모든 유형의 작품에 적용되는 것이다. 기정화된 표현들이 풍부한 시일수록 시에 대한 상찬은 더해지게 마련이다. 모든 시에서 관용구들은 중국서정이 절정에 달하는 신비주의적 명상 속에서 가장 빈번히 나타난다.[26] 전고의 밀도는 단지 전통적인 앎에 대한 시인의 이해력을 가늠하는 데 그치지 않는다. 그 밀도는 높으면 높을수록 더욱 깊은 사유를 일컫는 징표다.

고대서정의 즉흥형식을 통해 우리는 시적 금언이 지닌 표상으로서의 가치뿐만 아니라 그 암시력과 묘사력을 이해할 수 있다. 특기해야 할 사실은 바로 전고는 시에 못지않게 산문에서도, 그리고 통속어 못지않게 현학적인 문체에서도 중요한 역할을 한다는 점이다. 사가들의 임무는 각각의 사실들을 기록하는 데 있다. 그들은 이름과 연대에 의거하여 사건들을 위치시킨다. 이때 사가들은 이름과 연대, 장소를 부여하기 위해 여러 관례적인 형식들을 사용한다. 관례적인 형식들은 그 자체만으로도 일종의 경구를 포함하고 있다. 이는 곧 이야기를 시작하기에 앞서 사가는 애초에 이에 대한 판단을 앞세우고 있음을 말해주는 것이다. 다시 말해 그의 이야기는 기존의 문구들로 표현됨으로써 이론의 여지가 없는 일련의 판단에 불과하게 되는 것이다. 공자는 이러한 상용구들의 사용에 능통한 대가였기에 '의식이 무엇인가를, 공정함이 무엇인가를' 보여줄 수 있었다고 한다. 사마천(司馬遷)을 빌려 말하면, 이것이 바로 여러 관용구의 사용에 능통한 사가로서 이상적인 모습이다.[27] 사마천 역시 이러한 문구 사용에 탁월한 대가였다. 그는 『사기』의 한 단락에서 노

---

26) 이 신비주의적 명상들은 후술하게 될 부(賦)의 장르에 속한다.

27) *SMT*, Introduction, 59쪽. 공자의 책 『춘추』는 진정한 군주의 규범으로 일컬어진다.

(魯) 왕후가 그녀의 연적에게 어떻게 복수했는지를 서구인들로서는 '한 장의 사진과도 같이 놀랄 만큼 핍진하게' 기술했던 것이다.[28] 민속을 소재로 하는 이 서술이 상투적인 표현들에 전적으로 도움을 얻고 있음은 어렵지 않게 확인할 수 있다. 이러한 경우는 거의 예외 없이 무척이나 일반적이기에 중국실록을 신중하게 읽는 독자라면 언제나 이런저런 의구심을 떨쳐버리지 못할 것이다. 작가는 독특한 개별적 사실들을 소개하고자 하는 것인지, 아니면 각각의 행동에 대한 적절성 여부를 가르치고자 하는 것인지 말이다. 또 의례용어로 기록된 이러한 기술들이 단순히 문체론자의 관점만으로도 설명될 수 있을지, 또는 사서(史書)는 단지 일련의 의례적인 사건들의 이야기에 불과한 것인지 말이다. 그러나 우리는 군이 양자택일적 선택을 강구할 필요는 없다. 왜냐하면 기존의 관용구에 의지하려는 취향은 기실 순응주의적 윤리에 대한 일반적인 동의를 말해주는 일면에 불과하기 때문이다. 잠언형식의 언어는 자신의 이상을 항상 전형적인 영웅들을 닮는 데 두었던 인물들에 대한 육체적·정신적 초상을 그려 보이는 것을 가능하게 한다. 더욱이 인물의 행동이 의식(儀式)의 여러 형식들에 부합하는 경우라면 이러한 표현방식을 통해 사건에 대한 정확한 기술도 가능하게 된다. 전기(傳記)가 중국의 사서(史書)에서 가장 교훈적이고 사실적인 부분으로 평가되는 것은 극히 당연하다 할 것이다. 대부분의 전기들이 조상을 추념하는 제사(祭詞)에서 파생된 것임은 의심할 여지가 없다.[29] 어쨌든 확실한 것은, 전기는 전고가 풍부할수록 성공적인 작품으로 보인다는 점이다. 가장 칭송받는 역사기술들 가운데 하나인 사마천의 관자(管子)에 대한 전기는 한 편의 '중국식기술', 즉 잠언들의 모자이크에 지나지 않는다. 전기에서 우리는 역사서술의 본질적인 의미를 분명하게 알 수 있다. 즉 전기는 태도를 가르친다. 이러한 점에서 우리는 잠언을 가장 탁월하게 운용했던 저술가

---

28) 앞의 책, 161쪽과 t. II, 410쪽; 졸저, *Civilisation chinoise*, 55, 56쪽.
29) 이 후자에 관해서는 졸저, *Civilisation chinoise*, 450쪽.

들은 바로 철학자들이었으리라 쉽게 짐작할 수 있다. 그렇지만 우리는 잠언 사용이 정통유가의 신봉자들만이 아니라 언외(言外)의 표현을 추구하는 신비주의 대가들에게도 필수적이었다는 점에 주목해야 할 것이다. 그들은 어떤 황홀경의 체험을 단지 개인적 차원에서 말하지만 그 체험에 대한 가장 순간적인 느낌들을 여러 금언(金言)에 힘입어 기술했다. 노자와 장자 역시 자신들의 신비주의적 심경을 옮기는 데——앞서 내가 그 무한한 암시력과 잠언적 성격을 강조했던 묘사조동사들과 아주 유사한——전통적인 관용구들을 사용했다.

사가와 마찬가지로 중국철학자들 역시 소화(小話)를 들려주는 이야기꾼들이다. 모든 유형의 저술들을 통해 우리는 똑같은 일화들이 식상할 정도로 반복되고 있음을 보게 된다. 특히 중국의 저술을 처음 대하는 서구독자라면 거의 어김없이 이미 읽은 듯한 것을 읽고 있다는 느낌을 지울 수 없을 것이다. 물론 일화들은 배열이나 문체의 세부에서 차이를 보이기도 하며, 동일한 제재나 풍경, 시간, 장소, 인물에 변화를 보이기도 하지만 대개의 경우 기존의 것을 반복하는 것에 불과하며, 형식 또한 거의 고정되어 있다. 비평가들은 이를 차용, 즉 전고라고 통칭한다. 비평가들은 『장자』와 『열자』(列子)가 보여주는 일군의 공통된 일화들은 두 작품의 공통성 때문이라고 역설하지만,[30] 동일한 표현 소재의 사용이 학설이나 사유의 공통성을 입증한다고는 할 수 없을 것이다. 같은 말로 이야기된 같은 일화도 아주 다양한 견해들을 옹호하는 데 사용될 수 있다. 궁핍해진 사육사가 원숭이들의 식사량을 줄일 수밖에 없게 되자, 화가 난 원숭이들은 땅콩 네 개로 된 저녁식사와 땅콩 세 개로 줄어든 아침식사는 거부하면서도, 아침에 땅콩을 네 개 주고 저녁에 땅콩을 세 개 주자 흡족해했다는 고사에서, 『열자』는 인간의 오만함을 질타하면서 인간과 동물의 깊은 유사성을 명쾌하게 보여주고 싶어 했다. 『장자』에서도 이 우화는 조금도 바뀌지 않았으나 또 다른 논지를 위해 사용되었다.

---

30) Maspero, *La Chine antique*, 489, 491쪽.

즉 모든 판단은 주관적이나 그럼에도 이는 다행스러운 일이라는 논지다. 왜냐하면 모순에까지 미칠 수 있는 판단들의 가변성을 운용만 잘한다면, 우리는 원숭이를 길들일 수 있을 뿐만 아니라 인간을 다스릴 수 있는 방법도 구할 수 있기 때문이다.[31] 작가들은 자신들의 생각을 전통에 의거하여 각색한다. 하지만 전통적인 소화가 삽입되어 있는 전개들의 의도가 서로 다른 것만으로도, 하나의 소화는 각각 상이한 사유운동을 유발하기에 충분하다. 상투적인 일화들은 가장 독창적인 작가들에게는 글의 원천이 될 수 있다. 우화가 널리 선호된 것은 바로 그것이 제공하는 중립적인 힘 때문이었다. 단순한 문구나 단어처럼, 우화의 중립적인 힘은 우화가 외견상 평범해 보일수록 더욱 강하게 작용한다. 사실, 작가에게 중요한 것은 우화를 빌려 여러 생각을 일일이 표현하는 것이 아니라 우화의 권위를 빌려 전개 전반에 걸쳐 권위를 부여하는 데 있다. 우화의 효능성은 사유를 요소별로 규정하는 데 있는 것이 아니라 사유가 전체 차원에서 신망을 얻게 하는 데 있다. 우화는 어떤 암시를 받아들일 수 있는 정신자세를 마련해준다. 우화는 논리적 순서에 따라 사전에 확정된 생각들을 정신에 주입하려 하지 않는다. 상상을 주어진 방향 속에 일방적으로 주도해가는 것이 전개의 일반적인 진행인 반면, 우화는 상상을 발동시키기도 하고, 순응하게도 한다. 독자의 수고를 조금이라도 덜어주려는 배려 없이, 또 독자에게 도피할 수 있는 최소한의 여지도 주지 않은 채, 생각은 작가에서 독자에게로, 더 적절히 말하면 스승에게서 제자에게로, 군주에게서 신하에게로 (이전되기보다는) 퍼져나간다. 독자는 세부와 체계의 분석적인 검토를 경유함으로써 생각의 수용을 종용받는 것이 아니다. 독자는 하나의 종합적인 암시에 휩싸인 채 일거에 개념체계 전체에 사로잡히게 된다.

각각의 소화가 불변의 용어들로 표현될수록 더욱 큰 호응을 누리게 되었음에도 생각에 권위를 부여하는 일화들은 다양해지기는커녕 그 수

---

31) Wieger, *Les Pères du système taoïste*, 103, 219쪽.

가 줄어들었다. 우리가 주지하듯, 생각을 알리기보다는 생각을 일깨워 주는 것이 교파의 가르침에서뿐만 아니라 궁중생활에서도 훨씬 유리했던 것이다. 이러한 집단에서 중요한 것은 언질을 통해 의사를 소통하는 것, 재기(才氣)를 신장시키고 직관을 발달시키는 일이다. 게다가 상호 의사소통에서 문구들을 동반하는 몸짓이나 단어들을 부각하는 기법을 통해 가장 정확한 암시들은 가장 중립적인 문구 속에서도 교묘하게 진의를 알리는 것이다. 하지만 더 중요한 사실은, 바로 기술문학(記述文學)이 도식화된 소화들의 제한된 원천에 만족하고 있었으며, 또 그것들을 수적으로 줄이고자 했으며, 나아가 각각의 소화들을 불변하는 하나의 단순한 금언으로 축소하고자 했다는 점이다.[32] 이를테면 한 발(一足)로 춤을 추는 기(夔)는 그 **홀로서도**(一足) 거침없는 동작으로 궁중의 신성한 춤판에 활력을 불어넣었다는 일화를 세세히 이야기하기보다는, 어떤 정황에서는 기일족이라고만 쓰거나 아니면 기라는 이름만을 상기시키는 데 그치고자 했다. 그럼에도 이 암시는 다음 두 의미를 시사해주기에 충분했다. 즉 한편으로는 국사(國事)를 효율적으로 다스리는 데에는 적임인 한 재상만으로도 족하다는 점을, 다른 한편으로는 **외족동물**이라 할지라도 몸놀림에서는 천족(千足)의 동물에 못지않다는 점을 말이다. 그리고 전체 전개가 어떤 생각을 일깨우는가에 따라 이 두 의미 중 하나가 받아들여졌다. 즉 한편으로는 자연 그대로의 다양한 상태들은 서로 동등하므로 효능성은 자연성의 보전만으로도 얻어진다는 생각, 이와 반대로 다른 한편으로는 역할에 철저하게 부합하는 것만이 효능성의 진정한 원칙이라는 생각이 그것이다.[33] 이 두 생각은 모두 그 힘을 의례적 풍습에 관련된 하나의 동일한 신화적 제재에서 얻는다. 외발 춤은 군주

---

32) 시인들과 철학가들과 마찬가지로 중국조각가와 화가들은 (그들 역시 가르치고자 했다) 많은 소재들을 필요로 하지 않았다. 그들이 다루는 소재들은 판에 박힌 일화나 신화적 제재로 짜 맞춰진 고사 속에서 전설화되어 흔히 등장하는 것들이다.

33) 졸저, *Danses et légendes de la Chine ancienne*, 505, 509쪽.

의 주된 소임 가운데 하나다. 자연을 비옥하게 해야 할 책무가 있는 군주는 춤을 추면서 수액(樹液)의 상승을 유발한다.[34] 이렇듯, 의례적 풍습의 체계에 관련된 신화적 복합체의 권위는 온전히 그리고 복합적으로 전고에 담겨 있다.

이처럼 신화적 도식, 문학적 제재, 단어 그 자체는 몸짓의 직접 도움 없이 기술문학에 사용될 때에도 표상들의 다능적 조형성을 신선하게 보존할 수 있었다. 다양하고, 힘차고, 세련된 이 문학은 추론형식에는 별반 개의치 않는다. 가장 현학적인 산문은 가장 오래된 고대 시와 동일한 이상을 간직하고 있다. 산문은 가장 권위 있게 말하는 상징들을 선호한다. 상징들이 명료하고 구별된 개념들을 거의 상기시키지 못한다 하더라도 그리 중요하지 않다. 중요한 것은 바로 상징은 강한 암시력을 통해 동의를 유도한다는 점이다. 기술된 말은 (문자표상의 도움으로) 무엇보다도 살아 있는 말의 충만한 효능성을 보전하고자 한다. 왜냐하면 기술된 말은 어떤 의례적인 몸짓이 동반하게 마련인 노래의 권능을 보전하는 데 전념하기 때문이다.

2. 운율

몸짓과 운율은 묘사조동사와 더불어 중국인 화자가 운용할 수 있는 주요한 행동수단이다. 운율은 시뿐만 아니라 산문에서도 중요하다. 문맥을 이어주고 이해를 돕는 것이 바로 운율이다.

단어들은 각기 일종의 어근을 지니고 있기에 함께 연용되면서도 형태상 어떠한 변화나 인접단어와의 접촉에 따른 두드러진 변화 없이 단순하게 병치될 뿐이다. 또 전통적인 표현을 그대로 답습하는 소화들은 상

---

34) 한 발로만 뛰어다니는 왕에 관한 민속은 안남(安南)과 캄보디아에서는 19세기까지 유지되어왔다. 왕은 (농경을 시작하면서 군주는 땅을 세속화하기 위한 작업으로서) 고랑을 낸 후 나무에 기대어 (오른발을 왼쪽 무릎에 올려놓고는) 한 발만으로 서 있어야 했다.

호관계를 표식할 필요 없이 작품 속에서 연속된다. 마찬가지로 하나의 문장을 이루며 나열되는 상투문구들 역시 서로 아무런 영향을 미치지 않고 동일한 위상에서 연용된다. 형태상 손댈 수도 없고 구성상 서로 분리된 말의 요소들은 각기 독립성을 고수하는 듯이 보인다. 문장의 구성요소인 옛 문구들은 각기 단어 몇 개로 되어 있을 뿐이며, 단어들은 오직 그 위치에 의해서만 각각의 역할과 상호 관계가 결정된다. 그런데 위치의 규칙이 모든 경우에 적용되는 것은 아니기에 단어들의 통사적 기능은 일단 문구의 의미가 파악될 때에만 비로소 이해되는 것이다. 옛 문구의 의미는 단지 총체적으로만 파악될 수 있을 따름이다. 더욱이 그것도 옛 문구가 간략할 경우에만 가능하다. 한편, 한 문장에 상당수의 간략한 경구들이 한데 모여 있는 경우도 허다하다. 이 경우 경구들은 단지 연용되어 있을 따름이며, 간혹 쉼표 기능을 하는 용어들에 의해 분리되기도 한다. 이 용어들은 다양한 연결방식과 관계방식을 지시하기보다는 사유의 다양한 휴지형태를 가리킨다. 고정된 형태의 옛 문구들은 이러한 용어들에 의해 연결되기보다는 분리된 채 연속되는 까닭에, 완전한 문장이라기보다는 부사성(副詞性) 관용구에 더욱 가깝다. 기술된 중국어는 (단지 목독目讀하는 경우라면) 대개 여러 관용구들 중 특정한 하나의 관용구가 지배적인 것으로 부각되어 식별되는 경우는 없다. 더욱이 여러 관용구 사이의 다양한 종속관계 역시 명료하게 드러나지 않는다. 따라서 이해 가능한 독서가 되려면, 목소리가 문장의 움직임을 끊고 맺어주어야만 한다.

　이것이 곧 고래에서부터 스승이 읊으면 제자들이 제창하는, 일종의 가락에 따른 암송방식으로 가르침이 행해졌던 이유다. 제자들은 '작가의 문장을 의미에 따라 끊는' 훈련을 받았다.[35] 이러한 학습은 거의 작가마다 새로이 반복되었으며, 문법적 · 논리적 분석에 비견될 수 있는 모든 훈습들과는 상관없이 단지 가락에 따른 암송방식으로만 거듭되었

---

35) *Li Ki*, C, II, 30, 34쪽.

다.[36] 따라서 의미를 이해하는 데 중요한 것은 쉼표를 터득하는 일이다. 아주 일찍부터 중국인은 독서의 편의를 위해 쉼표가 찍힌 책들을 발간하는 데 심혈을 기울였다. 사실, 중국인들은 문장의 끝을 식별하는 데 거의 어려움이 없는 언어를 사용하는 민족이 그러한 책의 출간을 필요로 했던 것보다 훨씬 오래전부터 이러한 작업에 모든 정력과 노력을 바쳐야 했다. 근년만 해도 여전히 중국인들은 그들의 인쇄재능을 이용하여 **구두점이 없는** 책에서 중요한 구절들과 주목해야 할 단어들을 **표식하는** 기호들을 발명하는 데 열심이었다(호화장본에서는 여러 색으로 된 기호들이 사용되기도 한다). 이 같은 구두점의 운용은 특기할 만하다. 이것은 독서라는 정신 훈련이 독자의 고충을 덜어주기보다는 오히려 독자가 진력하게 함으로써 그 결과, 좀더 자발적으로 찬사나 동의를 표하게 하는 데 중요성이 있다는 점을 시사한다. 비의(秘義)적 강론이나 단순한 장광설에서도 화자의 주된 관심은 중립적인 호소력으로 메워진 여러 옛 문구들의 덩어리 속에 의중을 담은 하나의 문구나 한마디 말을 넌지시 던지는 데 있다. 둔감한 자는 이러한 문구나 말의 정곡과 저의를 감지하지 못할 것이나, 아마 화자는 영민한 자들을 상대로 어떤 적절한 몸짓이나 어투로 자신의 저의와 정곡을 알리고자 할 것이다. 마찬가지로 작가와 주석가, 편찬자들 역시 중심단어들과 주요 표현들을 표식하는 데 상호 일치된 견해를 보인 경우라면, 사유의 세부적 동향과 내밀한 전개를 알려주고자 하지 않을 것이다. 따라서 하나의 옛 문구나 말을 통해 자신에게 들려오는 강력하고도 순간적인 신호에 예리하게 주의를 기울이는 독자들만이, 즉 입문에 임하는 신봉자와도 같은 노력을 통해 문장에 내재된 운율의 진수를 체득할 수 있는 독자들만이 사유의 풍부한 내용을 파악할 수 있을 것이다.

　중국어로 작문하기 위해서는 (이 언어는 다양하고 명확한 통사운용에

---

36) 뒤에서 우리는 묵가가 논리학을 가르치기는 했지만 설교자들로 구성된 한 교파였음을 살펴볼 것이다(제4부 제1장). 묵가는 또한 수사학을 가르쳤던 것 같다. 이 점은 중국교육사에서 하나의 예외적인 사실이다.

의거한 적이 결코 없었기에) 운율의 힘에 도움을 청하는 수밖에 없다. 자기표현은 잠언뿐만 아니라 기정화된 운율에 대한 충분한 활용능력을 쌓아가는 학습과정을 거친 후에야 비로소 가능해진다.

중국저술들은 여러 형식들로 분류되는데, 중국비평가들은 이 형식들을 확연히 구분된 것으로 간주한다. 분류의 근거는 바로 (규정된 도덕적 태도와 불가분한 것으로 보이는) 영감의 유형이며 또한 운율체계다. 운율체계는 하나의 태도체계처럼 준수되어야 하는 것으로, 세계와 삶을 바라보는 모종의 방식과도 일치하는 듯하다. 가령, 애절한 명상처럼 소개되는 고대의 모든 부(賦)는 신비주의적 내면의 토로를 그 주된 성향으로 한다. 이러한 유형의 영감은 운율적으로는 절(節)마다 휴지의 지점에서 내쉬어야만 하는 일종의 영탄으로 표현된다. 부 특유의 운율은 분명 여타 다른 규칙들로도 특징지을 수 있다. 그런데 어느 누구도 이 다른 규칙들을 규정할 필요를 느끼지 않았던 것은 바로 부의 작법은 규칙들의 세목을 습득함으로써 얻어지는 것이 아니라 운율의 본질을 파악하는 훈련을 통해서 얻어지기 때문이다. 운율의 본질은 정신활동의 특정한 방식을 시사하는 것으로서 논리적인 방식으로 전해질 수 있는 것이 아니다. 특정언어의 이해도, 언어의 의미도, 특정운율의 이해도, 운율의 의미도 수사학강의를 통해 항목별로 가르쳐질 수 있는 것이 아니다. 경구의 정신과 운율의 정신은 말을 수식하고 다양화하는 것을 목적으로 하지 않는다. 이 두 정신은 곧 전통적 앎과도 구별되지 않는 영감의 힘과 다르지 않다.

고대서정시가 유래된 배경을 알게 된다면, 우리는 문학수업의 이러한 특성들뿐만 아니라 운율의 중요성 그리고 특정운율들이 성행한 이유를 쉽게 이해하게 될 것이다.『국풍』에 있는 몇 수의 노래는 수정된 상태이지만 그 배경들에 관한 상당한 지식을 제공한다. 이 노래들의 시적 경구들은 전통의 즉흥시작(卽興詩作)으로 만들어진 것들이다. 이 즉흥시작은 젊은이들이 성년의식을 치르는 가운데 거쳐야 하는 앎에 대한 중요한 시험에 해당한다. 성년의식은 절기의 축제 때 거행된다. 이때 선남선녀들은 노래를 겨루고자 합창단을 결성하여 서로 마주하면서 노래를 교호한다. 이러한 교호에 따른 각각의 답송들은 주로 2행의 시구 또는 적게는 1행의 시구로 형성된다. 2행의 시구가 한 번 교환되면 하나의 절이 성립된다. 이를 잇는 그다음의 절들은 첫 절에 등장한 상반된 두 제재의 경미한 변형에 불과하다.[37] 통상 이 제재들 중에서 하나는 자연이 보내는 신호를 옮기며, 다른 하나는 사람들이 이 자연의 신호에 응하는 동작들을 묘사한다. 화답을 통해 분명해지는 것은 사회와 자연에 의해 마련된 축제의 모든 참가자끼리의 상호연대감이다. 제재들은 (인간에 관련되든, 자연에 관련되든) 상호대칭 방식으로 조응하면서 표상으로서의 의미를 얻는다. 제재들은 서로 부르고 자극하며 고무시킨다. 경구에 내재하는 운율은 경구의 효능성을 구성하는 요소들 가운데 하나다. 왜냐하면 한 쌍의 대구에 의해 환기되는 현실들간의 표상적 등가는 이 경구들의 운율상의 유사성에 의해 더욱 확연해지기 때문이다.

그런데 운율상의 유사성은 또한 표상들의 힘을 강화하는 효력이 있다. 이 유사성에 의해 표상들간의 친화성과 표상들의 환기력은 배가된다. 춘분기의 회합이 파해 갈 무렵, 남성과 여성의 원칙이자 계절의 순환원칙이기도 한 음과 양이 서로 대립하면서 마주 겨루고자 서로 부를 때면, 음과 양의 결연을 준비하는 감동의 신호들은 세계 속에서 한껏 발현된다. 이토록 많은 신호들은 서로 마주한 합창단들이 교대로 보내는 시행들로 다시 취해진다. 합창단들은 이 신호들을 이용함으로써 여러 쌍들의 송가를 짓는다. 짝을 이루는 이 영가들은 서로의 뜻과 바람을 하나로 맺어준다.[38] 점토로 빚어진 작은 북소리에 가무단이 굉음의 우레 소리와 격동하는 물소리를 환기하면서 제자리걸음하듯 나아가는 행렬을 이루어 서서히 의례의 풍경을 두루 거치거나 아니면 신성한 둔덕 위

---

37) 졸저, *Fêtes et chansons anciennes de la Chine*, 224쪽 이하.
38) 이러한 유형의 원문이 전해진다. 전통적으로 이 탄원문에 주술적 소송문으로서의 의미를 부여한다. 사법상의 논박들은 속담들을 율동적으로 이어가는 방식으로 진행되었다.

에서 쉼 없이 뜀박질을 계속할 때면, 이내 상반된 두 힘은 서로 결합해 우주에 생기를 불어넣으며, 춘분기의 그들의 결합을 절도 속에 경축한다. 노래 속에서 제재는 때로는 제자리걸음하듯 완만한 행보로 행렬을 이루며 서로 연계되고, 때로는 동일한 제재가 단지 약간의 변화만 보이면서 마치 다시 솟아오르는 후렴처럼 계속 반복된다. 경구들이 반복되든 축적되든, 하나의 동일한 두드림의 효과가 경구 본래의 효능성에 덧붙여지면서 합창은 절도를 갖추게 된다.[39]

중국작가들은 (현학적 산문의 이상인 고문체의 특징이기도 한) 어떤 확고하고도 안정된 균형감각을 불러일으킴으로써 고상함과 설득력을 얻고자 하는 모든 형식의 글뿐만 아니라 심지어 산문을 쓸 때조차도, 간략한 경구들이 운율의 유사성에 따라 상호 엄격한 균형과 연계하는 구성방식을 취한다. 그들은 때로는 과도한 반복에 구애됨이 없이 간략한 경구들을 중첩시키기도, 때로는 작품주제가 되는 (서구의 글에서는 주요명제에 해당되는) 중심문구를 하나의 후렴처럼 반복하기도 한다. 또 그들은 주제와 관계되는 문구들을 교묘히 병행해 주제를 대체하는 방식을 취하기도 한다. 이 경우, 다양한 제재들의 전개는 작가의 생각을 분산하기보다는 오히려 촉진함으로써 더욱 강한 설득력을 갖게 한다.

다른 언어에서는 구문이 맡고 있는 기능을 중국산문에서는 운율이 맡고 있다. 중국산문에서 선호되는 여러 운율은 합창 시(詩)에서 파생된 것들이다. 그렇지만 중국산문에서는 시가 갖는 본래의 운율보다 더 단속적인, 오히려 더 자유로운 운율이 이따금 사용되기도 한다. 부(賦)의 단속적인 시구들과 숨 가쁜 시절(詩節)들은 『시경』 속의 규칙적인 시행이나 시절들과는 상반된 양상을 보여준다. 『시경』에서 우리는 춤 전반에서 서서히 드러나는 장엄함과 합창의 잔잔한 균정감(均整感)을 접할 수 있는 반면, 부의 시구와 시절들은 전혀 다른 유형의 춤과 음악성을 보여준다. 초창기의 부들 가운데 몇 편은 종교적이기보다는 영적인 제

---

39) 졸저, *Fêtes et chansons anciennes de la Chine*, 235, 266, 267쪽.

례에서 낭송되었다.[40] 영령들에게 후손들의 넋을 사로잡으러 오도록 하는 데 그 목적이 있었던 조상에 대한 제례와는 달리, 소위 **초혼제**(招魂祭)의 목적은 혼의 중개로 어떤 정기(精氣)의 세계를 접하는 데 있었다. 즉 넘치는 생명력과 개인적인 힘과 마력을 얻는 데 목적이 있었다. 초혼제의 주된 의식은 수장들의 부인들 또는 무녀들에 의한 이른바 여인들의 춤이었다. 향내 물씬한 나신의 여인들은 혼들을 유혹하여 사로잡고는, 손에 꽃을 든 채 교대로 원을 그리며 돌다가 더 이상 신을 품고 있을 수 없는 탈진상태에 이르게 되어 동공이 풀린 채 땅에 쓰러지는 순간, 서로에게 혼과 꽃을 전달한 것이다. 그러는 동안, 날카로운 비파 소리와 피리 소리에 뒤섞여 가벼운 북소리가 웅웅대는 폐쇄된 실내를 진동하면, 빼곡하게 자리 잡은 참관자들은 '공포의 바람'이 자신들을 스치고 있음을 느끼면서 울려오는 초자연의 목소리를 들었던 것이다. 이 매혹적인 광무(狂舞)는 여느 춤들 못지않게 질서정연하게 진행된다. 하지만 광적인 외침과 꺼져가는 한숨을 번갈아가며 숨 가쁘게 전개되는 초혼은 바로 기정화된 문구들이 서로 충돌하는, 신비주의적 영탄에 고유한 단속적인 운율의 소란스러운 다성악(多聲樂)을 들려주는 것이다.

　이러한 운율은 부(賦)의 고유한 특징이다. 하지만 짐작건대 이 운율은 신비주의 작가들에게 익히 알려져 있었기에, 변화와 격동이 더 심한 그들의 산문에 영향을 미치지 않을 수 없었을 것이다. 실제로 그들의 산문은 중국어에서 서구식 구문의 어감에 해당되는 운율감을 풍부히 담고 있다. 운율감은 이야기를 구성하는 데 사용된다. 또 운율의 어감을 통해 경구들 역시 독특한 공명을 얻는다. 경구들은 이 공명에 따라 특정한 정신활동세계에 놓이게 되는데, 이러한 공명에 의해 바로 어떤 영감에서 경구들이 사용되는지가 규정됨과 동시에 경구들은 특수한 효과를 얻게 된다.

---

40) 가장 특징적인 부로 (초사楚辭에서는) '원유'(遠遊)와 '초혼'(招魂)을 들 수 있다.

중국작가를 이해하기 위해서는 사유의 열쇠가 되는, 즉 말을 알리고 전해주는 수단인 운율의 비밀을 파악하지 않으면 안 된다. 운율의 효력을 운용할 줄 모르는 어떠한 작가도 자신의 생각을 완전하게 전달할 수 없다. 이 점에서 어느 누구도 장자(莊子)의 역량에 미칠 수는 없었다. 그래서 장자는 중국사상가들 가운데 가장 덜 난해한 사상가처럼 보인다. 그럼에도 장자는 가장 심오하고 가장 면밀한 사상가임이 틀림없다. 강직하고도 유려한 그의 운율은 아주 구체적인 인식의 자유로움을 반영하고 있는 듯하다. 이로 미루어, 중국사유는 일정 정도의 경지에 이르게 되면 이내 그 표현에서 전적으로 시적이며 음악성을 갖게 된다는 점을 유추할 수도 있다. 중국사유는 그 전달에서 명료하고 구별된 기호들에 의거하지 않는다. 중국사유는 조형적으로, 즉 은밀하게 전달된다. 중국사유는 언어상의 여러 기법을 통해 추론적 방식으로 세부적으로 전달되는 것이 아니라 운율과 상징의 효력을 통해 전체적으로, 그리고 유추된 운동들끼리 짝을 맺어주는 것처럼, 정신에서 정신으로 전달되는 것이다. 이렇듯, 가장 깊은 사유를 꽃피운 학파들은 무언의 가르침을 구체적이고도 진정한, 이상적인 가르침으로 삼을 수 있었다.[41]

* * *

중국어는 표기상의 용이함이나 음성상의 풍부함도 지니지 않을 뿐만 아니라 추상적인 표현수단을 창안하거나 통사적 장치를 갖추는 데에도 골몰하지 않았다. 그럼에도 중국어는 하나의 강력한 문명어로서 장대한

---

41) 무언의 가르침에 대해서는 이 책, 485, 486, 545쪽을 참조할 것. 여기서는 미소를 보임으로써 새로운 문하생을 인정하던 관습과 학설들의 관계를 주시하자. 아버지는 아이에게 하나의 이름을, 즉 하나의 인격과 영혼을 부여할 때면 미소를 보임으로써 아이를 친자식으로 인정했다고 한다. 이로 미루어 우리는 표현의 기술과 이론이 숨결의 마력과 관련됨을 알 수 있다. 단어와 문구와 율동은 상징임과 동시에 사물이다.

문학 언어들 가운데 하나가 될 수 있었다. 중국어는 제반 단어와 경구에 철저하게 구체성을 띤 표상적인 의미를 부여해왔다. 중국어는 사유표현을 조직하는 기능을 오로지 운율에 부여했던 것이다. 중국어는 사유가 기계적으로나 경제적으로 표현됨으로써 야기될 수도 있는 정신의 척박성을 벗어나는 것이 그 주된 관심사였던 것처럼, 중국어는 사유의 표현에서 확연한 개별화와 연계화에 편리한 장치들, 즉 추상적 기호들과 문법적인 기법들을 사용하려 하지 않았다. 적절하고 구체적이며 종합적인 표현을 선호하는 중국어는 형식적으로 명시화하는 것을 집요하게 거부한다. 말 자체가 명령·서원·기도·의례처럼 하나의 행동 자체로 간주되는 말의 절대적인 힘, 바로 이것이 중국어가 다른 모든 것을 포기하면서도 간직하고자 노력했던 것이다. 중국어는 구성 자체가 개념을 주지하고, 생각을 분석하고, 학설을 추론적으로 제시하는 데 목적이 있는 것은 아닌 것 같다. 전적으로 중국어는 감정적 태도를 전하여 행동을 암시하고, 감복시키고, 개신하기 위해 형성된 언어다.

만일 우리가 중국어가 문명어임을, 다시 말해 가장 오랫동안 시험을 무난히 거쳐온 문화의 도구임을 간과하지 않는다면, 이 같은 특징들을 결코 하찮게 폄하하지는 않을 것이다.

제2부 주개념(主槪念)

"중국사유의 가장 큰 의의는 결코
인간과 자연을 분리하지 않았다는 점과
항상 사회성에 대한 생각 속에서
인간을 생각하려 했다는 점에 있다."

중국인의 경우, 특히 가르침을 주고자 하는 철학자의 경우, 자신의 생각을 세부적으로 전하고자 할 때는 오랜 역사 속에 존속해온 사실만으로도 족히 그 효율성이 인정되는 경구들에 의거한다. 모든 작가들의 사유에 질서를 부여하는 개념들은 광범한 효율성을 지니는 듯한 상징들을 통해 시사된다. 그러한 효율성을 지향하는 상징들은 모든 추상화를 거부하면서 종합적인 인식을 도모하는 데 그 주된 의의가 있는 주개념(主概念)들을 제시한다. 각각의 상징들은 하나의 범주로서 역할을 하지만 이 범주는 구체적인 것이다.

고대중국의 여느 현자의 경우도, 우리에게 수(數) · 시간 · 공간 · 원인 등에 관한 서구의 추상적 관념과도 같은 개념들에 의거할 필요성을 느꼈으리라고 짐작하게 해주는 것은 아무것도 없다. 반면, 모든 '학파'의 현자들은 한 쌍의 구체적인 상징(음陰 · 양陽)을 빌려 시간 · 공간 · 수를 종합적으로 고찰하면서 상호관계를 인식하게 해주는 율동을 감성적으로 전하고자 한다. 도(道)는 좀더 종합적인 개념의 표상으로서 서구의 원인개념과는 완연히 다를 뿐만 아니라 훨씬 광범한 개념이다. 하지만 내가 인정할 수 없는 설법은 바로 도라는 개념을 통해 우주의 질서를 관장하는 유일한 대원칙이 제시된다는 것이다.

반면 내가 인정하지 않을 수 없는 것은 바로 도라는 개념을 통해 이상적이며 역동적인 하나의 대질서가 전체성과 통일성의 측면에서 제시된다는 주장이다. 지고한 범주로서의 도와 부차적 범주로서의 음양은 곧 역동적인 표상들이다. 이 표상들은 세계질서와 정신질서를 동시에 관장한다. 어느 누구도 이 표상들에 대해 정의를 내리려고 하지 않는다. 반면, 모두 이 표상들에 대해 합리성과 다를 바 없는 효능성을 부여한다.

주개념들에 대한 중국인의 신뢰는 한결같다. 그럼에도 서구주석가들은 대부분 이 개념들을 어떤 교리적 사유의 산물처럼 보고 있다. 그들은 이 개념들을 현학적인, 따라서 추상적으로 정의되거나 규정될 수 있는 것으로 간주한다. 일반적으로 그들은 우선 서구철학자들의 개념어에서 이 개념들에 상응하는 것부터 찾아 나선다. 통상 그들은 개념들을 교리적 실체처럼 제시한 다음, 이 개념이 비합리적인 것 또는 무의미한 것이라는 결론에 머물고 만다. 그들의 관점에서 이 개념들은 실로 중국사유가 (완전히 수용되고 있는 유행어를 빌려 말하면) '전 논리적'(前論理的) 또는 '신화적' 정신임을 입증해주는 방증에 지나지 않는다.[1]

나는 이 개념들을 분석하기 위해 신화나 제례에 관련된 제재들을 빌려와야만 했다. 왜냐하면 나는 이 개념들의 독창성, 즉 종합성과 효능성의 근간에 충실할 수 있기를 바랐기 때문이다. 나는 이 개념들에 대한 규정이나 정의를 내리려고 하지는 않았다. 나는 이 개념들의 내용을 인식함으로써 다각적인 적용형태를 보여주고자 했다. 따라서 분석은 더욱 세밀하지 않으면 안 되었다. 설령 분석이 지루하게 보이거나 우회적일 수밖에 없다 하더라도 나로서는 어쩔 수 없었다. 왜냐하면 시간과 공간이 어떻게 인식되었는지 언급하지도 않은 채, 음양 개념의 역할을 제시하기는 거의 불가능했고 또 사유의 지고한 범주인 도 개념을 통해 물리와 논리에 대한 중국인의 고유한 태도를 분석하기에 앞서, 중국인이 특히 분류기능과 의례기능을 부여하는 수에 대한 그들의 생각을 살펴보아야 했기 때문이다. 이러한 점진적인 접근방식은 주제의 요구에 따른 것이다. 그리고 오직 이 방법을 통해서만 중국사유의 주개념들이 구체적

---

1) Hackman, *Chinesische Philosophie*, 35쪽.

임에도 범주로서의 의미를 지니고 있음을 실감할 수 있을 것이다. 왜냐하면 이 개념들은 그 구체성에도 불구하고 정신생활의 조직화와 정확한 인식에 필요한 하나의 원칙을 주입하거나 알려주기 때문이다.

제1장 시간과 공간

중국사유는 현학적이든 통속적이든, 단순한 경험론적 입장과는 다른 시간관과 공간관을 따른다. 중국의 시간관과 공간관은 개인적 경험을 형성하는 기간과 넓이에 대한 제반 느낌과는 구별된다. 시간관과 공간관은 비개인적인 것으로서 곧 범주로서의 권위를 갖는다. 하지만 중국인이 시간과 공간을 중립지대로 여기는 것은 아니다. 왜냐하면 그들은 시간과 공간에 추상적 개념들을 설정할 필요가 없기 때문이다.

어떤 철학자도 시간을 획일적인 운동에 따라 질적으로 유사한 순간들이 연속되는 단조로운 기간으로 이해하지 않았다. 또 어떠한 철학자도 공간을 동질적 요소들이 병립된 하나의 단순한 넓이나 또는 모든 부분들의 중첩이 가능한 하나의 넓이로 간주하지 않았다. 중국의 모든 철학자들은 시간에서는 일체의 절기와 시기, 즉 일체의 **시대**를, 공간에서는 기후와 방위의 복합체, 즉 지방이라는 복합체를 보고자 했다. 방위마다 넓이는 특수성, 즉 특정 기후나 특정 지대에 따른 속성을 갖는다. 마찬가지로 기간은 각각 성격이 다른 다양한 주기로 구분되며, 각 주기는 특정 절기나 특정 시대에 따른 속성을 갖는다. 그런데 공간상의 두 부분이 철저히 다를 수 있고 시간상의 두 부분 역시 철저히 다를 수 있는 반면, 각 주기는 특정 기후와 불가분하며, 각 방위는 특정 절기와 불가분하다. 시간상의 개별적 부분마다 공간상의 한 특정한 부분이 배당된다. 시간상의 한 부분과 공간상의 한 부분은 동일한 본질을 공유하는데, 이 본질은 두 차원 모두에서 **불가분한** 일군의 속성들에 의해 시사된다.

한 마리의 붉은 까마귀(朱烏)가 출현하여 주(周)나라의 덕을 알리니 새 시대 새 세계가 열리게 되었다. 붉은색은 (여타 표상들과 더불어) 주 제국과 그 시대를, 또한 여름과 남쪽을 표상한다.[1] 인(仁, 친화를 쌓아 가는 덕목)은 동쪽의 속성이다. 한 인류학자는 동쪽 지방의 풍습을 기술하는 대목에서 그곳 대다수 사람들의 어진 품성을 강조한 후, 그곳 출신으로 가장 유명했던 한 영웅의 최후를 서술하고 있다. 이 영웅은 뼈 하나 없이 순전히 근육으로만 형성되어 어떠한 경직성도 찾아볼 수 없는 무골호인이었다. 그는 너무 어진 자라는 이유만으로 죽음을 당한다. 근육은 간(肝)과 봄의 색깔인 청색이 그러하듯 동쪽에 해당한다. 그리고 봄은 자연이 동쪽의 덕에 해당하는 인(仁)을 발현하는 계절이다.[2] 서쪽에는 산도 많고 곱사등이도 많다. 추수기의 채롱이 가을을 연상시키듯, 곱사등이는 서쪽의 특성이다. 그리고 곱사등은 피부의 돌출이다. 피부는 허파에 속하며, 허파는 백색과 가을에 속한다. 그런데 피부를 말하는 자는 응당 가죽과 갑옷을, 즉 전쟁과 징벌을 말하게 마련이다. 그리하여 서쪽의 야만인들은 호전적인 자들로 폄하되어야 하고, 형의 집행이나 군사작전은 가을에 실시해야 할 일이며, 흰 털을 특징으로 하는 징벌의 귀신은 서쪽에 거처한다. 털은 피부와 관계되고, 백색은 서쪽과 가을을 알려주는 표상이면서 은대(殷代)를 표상한다. 은대는 바로 몸을 완전히 굽힌 채 걷는 걸음걸이와 가혹한 형벌을 가한 것으로 유명했던 성탕(成湯)이 열었던 시대로서 그의 통치방식에 의해 특징지어진 시대였다.[3]

이러한 예들만으로도 우리는 다음 사실을 알 수 있기에 충분하다. 즉 중국인은 규정되고 구별된 개념보다는 상관성이 풍부한 표상을 시간과 공간에 설정해야 했기에, 각기 독립적이며 중립적인 두 영역, 즉 하나의 추상적인 시간과 공간을 전혀 고려하지 않는다는 점이다. 오히려 중

---

1) 졸저, *Civilisation chinoise*, 222쪽.
2) 『후한서』(後漢書, *Hoeu Han chou*), 115쪽 ; 『회남자』(*Houai nan tseu*), 4쪽.
3) *Houai nan tseu*, 4 ; 『송서』(*Song Chou*), 27 ; 『국어』(*Kouo yu*), 8 ; 졸저,
   Danses et légendes de la Chine ancienne, 258쪽.

국인들로서는 표상들 간의 상호연대성에 입각하여 시간과 공간을 최대한 구체적으로 생각하는 것이 그들의 상징체계를 보호하는 데 도움이 되었던 것이다.

시간과 공간은 독립된 개념이나 독자적인 실체로 간주되지 않을 때 비로소 활동과 감성을 위한 영역이 될 수 있다. 차원을 달리하면서도 상호연대적인 시간과 공간은 함께 특징지어지고 함께 규정된다. 따라서 시간과 공간에 위치를 설정한다는 것은 그 자체로서 시간과 공간을 특정화하여 여러 특성들을 부여하는 것과 같다. 요컨대 시간에 관한 표상을 빌려 공간상의 행위가 가능한가 하면, 공간에 관한 표상을 빌려 시간상의 행위가 가능한 것이다. 나아가 우주의 특정한 양상들을 알려주는 복합적이며 상관적인 상징들을 빌려 시공상의 행위도 가능하다. 이를테면 한겨울에 비파를 연주하는 어느 악공이 여름을 상기시키고 싶으면, 능숙한 연주로 여러 음조들 가운데 여름과 붉은색과 남쪽의 표상에 해당되는 음조, 즉 치음(徵音)를 타면 되는 것이다.[4] 또 남성적인 힘인 양기(陽氣)를 모으고자 한다면, 몸을 남향으로 두어야 할 것이다. 이를테면 현명한 장수는 (어떤 길로 그의 군대를 지휘하든) 언제나 양기를 취할 줄 아는 자로서, 이를 위해 그는 단지 진두에 붉은 새가 그려진 깃발을 휘날리게 하면 되는 것이다.[5]

시간과 공간은 상호연대적인 복합표상들의 구체적인 작용을 떠나서 생각된 적도 없으며, 그것들을 특징짓는 표상들을 통한 시공상의 행위를 떠나서 생각된 적도 없다. 시(時)와 방(方) 이 두 단어를 주목해본다면, 시(時)는 시간상의 각 부분에, 방(方)은 공간상의 각 부분에 적용되며, 시간상의 부분과 공간상의 부분은 매번 특정한 양상 속에서 함께 고찰됨을 알 수 있다. 또 시(時)와 방(方)은 각기 공간이나 시간 그 자체에 대한 상기가 아니라, 시(時)는 상황과 (어떠한 활동에 호기인지 아닌지

---

[4] 『열자』(Lie tseu), Wieger, *Les pères du système taoïste*, 141쪽.
[5] 졸저, *Civilisation chinoise*, 292쪽.

의) 기회를, 방(方)은 방향과 (어떠한 경우에 적합한지 아닌지의) 위치를 상기시킨다. 이와 같이 시간과 공간은 규정하는 것이면서 규정되는 것인 복합적인 상징조건들을 형성함으로써 곧 위치와 기회의 결합체로 여겨져왔으며, 각기 구체적인 다양한 이 결합체들 전반이 곧 시간과 공간 그 자체로서 줄곧 이해되어왔던 것이다.

이 결합체들은 하나의 앎의 대상이다. 그러나 앎은 적용대상과 실용목적에 따라 시간과 공간에 관한 지식들과 구별된다. 예로부터 고대중국인에 대한 찬사는 무엇보다도 그들의 천문학에 기인한다. 그러나 오늘날의 통설에 따르면, 고대중국인은 이방인들에게서 뒤늦게 여러 기하학적 개념들을 처음 접하게 되었을 뿐만 아니라, 중국의 천문학이 보여주는 모든 정확성 또한 이방인들에게서 전수되었다는 것이다.[6] 나로서는 자료의 미진함을 절감할 수밖에 없는 상황에서 이에 대한 반론을 제기할 하등의 이유가 없다. 단지 나는 다음 두 가지 사실만을 지적하고자 한다. 그 하나는, 중국인의 기술(技術)이 기본적인 기하학에 토대를 두지 않았다면, 현재의 완벽한 수준에 도달하기는 매우 어려웠으리라는 점이다. 다른 하나는, 철학적 사변이 항상 그 출발점으로 삼아야 했거나 기꺼이 그러기를 원했던 앎은 제반 위치와 기회를 행동상의 목적에 따라, 그리고 각각의 독특한 효능성에 따라 분류하는 것을 목적으로 했다는 점이다. 현자들은 이러한 앎에 입각한 성찰을 통해 어떤 지고한 기술(技術)들을 찾아내고자 했다. 물리와 윤리를 대신하는 이 기술들은 우주와 사회의 안배를 목적으로 했다. 철학자들의 이러한 궁극적인 목표를 통해 우리는 시간과 공간에 관한 중국사유의 근본적인 성격을 엿볼 수 있다. 철학자들의 궁극적인 목표를 파생시킨 공동의 시각은 인간집단의 안배를 관장하던 원칙들을 반영할 따름이다. 따라서 공동시각에 관한 연구

---

6) 이 주제에 대해서는 다음 저술을 참조할 수 있다. Biot, *Astronomie chinoise*; D'Oldenberg, *Nakshatra und Sieou*; De Saussure, *Les Origines de l'astronomie chinoise*; Maspero, *La Chine antique*, 607쪽 이하; Rey, *La Science orientale*, 333쪽 이하.

는 곧 사회형태연구와도 다를 바 없다.

* * *

　시간의 고유한 효능성은 순환하는 데 있다. 시간은 이 순환성에 의해 원형(圓形)으로서의 특질을 지니게 됨으로써 공간의 일차적 특성인 정방형(正方形)과 상반된다. 원형과 정방형은 곧 시공상의 순수한 형태라 말할 수 있다. 이를테면 원형과 정방형을 조합한 타원형과 같은[7] 중간 형태는 제각기 시간과 공간의 특수한 상관작용을 상징할 뿐이다. 앞서 우리는 산과 곱사등의 볼록형은 가을의 특성을 나타내는 공간의 표상임을 살펴보았다. 이렇듯 모든 공간은 특정한 유형의 시간과 연계되어 이해된다. 하지만 공간은 원칙적으로 정방형이며, 그 모든 표면 또한 본디 정방형이다(그리하여 하나의 큰 횃불이 밝히고 있는 면적을 알려면 네 변 가운데 한 변의 길이를 아는 것으로 충분할 것이다).[8] 정방형의 대지는 다시 수많은 정방형으로 재분할된다. 나라의 성곽은 정방형이어야 하며, 나라 안의 여러 도성들 또한 정방형이어야 한다. 전답과 **야영지도 마찬가지다.**[9] 대지(坮地)의 각 변은 한 방위에 해당한다. 야영지와 건축물과 마찬가지로, 도시 또한 고유한 향방을 가져야 한다. 위치와 방위[방위와 위치를 뜻하는 단어 방方[10]은 정방형과 직각을 뜻하기도 한다]를 설정하는 일은 종교집회를 집행하는 수장의 소관이었다.[11] 공간의 분할과 안배에 관한 기술들(측량, 도시계획, 건축, 지정학)과 이 기술들을 가능하게 했을 기하학적 사변은[12] 범국가적인 종교적 풍습에 관련된다.

---

7)『춘추번로』(春秋繁露, *Tch'ouen ts'ieou fan lou*), 7.
8)『산해경』(山海經, *Chan hai king*), 12; 졸저, *Danses et légendes de la Chine ancienne*, 495쪽의 각주 2).
9) 졸저, *Civilisation chinoise*, 272쪽.
10) 글자 방(方)은 무술인(巫術人)을 뜻하는 방사(方士)라는 표현에 속하는 단어다.
11) 졸저, *Civilisation chinoise*, 265쪽.

실제로 신하들이 모일 때는 정방형을 이루었다. 통상적으로 대집회의 중심이었던 사직단(社稷壇)은 정방형의 둔덕이었다. 둔덕의 정상은 황색(黃色, 중앙을 뜻하는 색) 흙으로 덮여 있었으며, (4방위의) 네 변은 청(靑)·적(赤)·백(白)·흑색(黑色)의 흙으로 덮여 있었다. 이 신성한 정방형은 제국의 전체를 상징했다. 사직의 제단에서 한 덩이의 흙을 분양받은 자는 곧 하나의 영지를 분봉받은 셈이다. 서쪽 봉토의 경우는 서쪽 사면(斜面)의 백색의 흙을, 동쪽 봉토의 경우는 동쪽 사면의 청색의 흙을 분양받았다.[13] 그런데 만약 돌연 일식(日蝕)이 발생하여 이를 파괴의 위협으로 여긴 사람들이 불안에 빠지는 경우도 있을 것이다. 이럴 때면 제후들은 나라를 구하고자, 즉 기능을 상실한 공간(그리고 공간과 함께 상실된 시간)을 총체적으로 복구하고자 한데 집결하여 정방형을 이룬다. 이때 제후들이 자신과 자신의 봉토를 공간적으로 특징짓는 한 표상물을 들고 나온다면, 이러한 위협은 말끔히 청산된다. 동쪽에 도열하는 동쪽 제후들은 그 표상물로서 청색 옷을 입고 쇠뇌와 깃발을 들고 나온다.[14] 이와 같이 연맹집회가 열리는 성지(聖地)에 정확하게 배치된 표상들의 힘만으로도 공간은 그 모든 차원에서 (천체의 영역까지) 복구되는 것이다.

여기서 우리는 정방형의 대지와 공간에 대한 사상이 일체의 사회규정과도 관계됨을 알 수 있다. 그중 하나인 집회규정은 공간관을 형성하는 상징들의 세세한 의미들을 모든 구성원들에게 민감하게 주지시키는 데 결정적인 역할을 했을 것이다. 집회규정은 공간 본연의 특성을 시사하는 정방형에 대한 설명이다. 또 이 규정은 정방형으로서 공간이 내포하는 이질성에 대한 설명이기도 하다. 즉 공간의 다양성은 곧 사회결성체의 다양성을 의미하는데, 다양한 종류의 공간에 관련된 상징들은 다양

---

12) 이 책, 253쪽 이하에서 살펴볼 것이다.

13) Chavannes, 『태산』(泰山, Le T'ai chan), 451쪽 이하.

14) 졸저, *La religion des Chinois*, 55쪽; 졸저, *Danses et légendes de la Chine ancienne*, 233쪽.

한 사회집단들의 행위표상들과 일치한다. 하지만 다양한 공간들은 세계를 분할하는 여러 인간집단 각각의 속성에 해당하는 각각의 특수성에 의해서만 구별되는 것은 아니다. 각각의 특수성에 따른 차이뿐만 아니라 각각의 위상에 따른 차이 또한 있다.

공간이 무한정 일률적인 것은 아니다. 공간의 사면(四面) 너머로 일종의 강역(疆域)으로서 사해(四海)라 불리는 네 개의 어렴풋한 지역이 있다. 이곳에서는 네 부류의 야만인들이 거처한다. 각기 특정한 동물과 관련되는 이 야만인들은 모두 수성(獸性)을 지니고 있다. 중국인들은, 즉 인간들은 인간으로서 위상을 잃게 되면 이 변방에 거주하게 될 것이다. 자격이 박탈됨과 동시에 추방당한 자들은 일단 그곳으로 축출되는 즉시, 이 황량한 지대에서 살아가는 자들임을 말해주는 반수(半獸)의 모습을 지니게 된다.[15] 야만의 공간은 오직 불완전한 자들만을 수용한다. 이곳은 부식되어버린 공간, 즉 아득히 사라져가는 공간에 불과하다.

사회화된 공간만이 충만한 공간에 속한다. 세계의 안배를 관장하는 수장이 자신의 법령을 공포할 때면, 의식(儀式)에 소환된 야만의 족장들은 그 야만성과 우주의 흐릿한 저 먼 곳을 나타내 보이기 위해, 수장의 주위로 운집한 신하들로 형성되는 정방형 너머의 좀더 광활한 또 하나의 정방형을 형성했다. 사해의 야만인들은 신하들만이 들 수 있는 의례식장 바깥에 열립해야만 했다. 왜냐하면 오직 신하들만이 완성된 사회 구성원들이기 때문이다.[16]

공간상의 위계질서는 이와 같이 드러나고 확립된다. 공간은 오직 그 모든 속성들이 상호 연합하는 테두리 내에서만 전적으로 일률적이며 완전한 밀도를 가지는 것이다. 연맹집회가 열리는 신성한 장소는 총체적이자 완전한 공간이라 할 수 있는 하나의 폐쇄된 세계다. 그곳은 사회집단이 여러 분파의 표상들을 결집시킴으로써 자체의 다양성과 위계질서

---

15) 졸저, *Danses et légendes de la Chine ancienne*, 245쪽 이하, 257쪽 이하.

16) 같은 책, 249쪽; 졸저, *La religion des Chinois*, 52쪽; *Li ki*, C, I, 726쪽.

를 인정하는 곳이자 통일되고 복합적인 권능을 의식하는 곳이다.

오직 그곳에서만 연맹체는 스스로 통일성을 실감하게 되며, 오직 그곳의 공간에서만 응집성과 충만성과 일률성을 통해 하나의 통일체를 확인할 수 있다. 집결지로서 수도는 (공간을 탐사한 후) '천실'(天室)의 인접지역으로 확인된 위치, 즉 강들이 합류하고 여러 기후가 조우함으로써 세계의 중심으로 판명되는 위치에 자리 잡아야 한다.[17] 그리고 거리의 척도 역시 수도와 인접한 곳, 즉 '세계의 사방에서 공물이 수합될 수 있게끔 도로가 이(里)로 통일되어 있는' 바로 그곳에서만 균일할 따름이다.[18] 군주는 공간이 일률적으로 동질적인——하지만 이 동질성이 여러 특성들의 부재를 뜻하지 않는——순수한 공간지대에 거처한다. 공간은 결집되고 통일된 바로 이러한 장소에서 총체적으로 형성된다. 왜냐하면 그곳은 공간의 직능 전체를 수용하기 때문이다.

공간은 때로는 정방형의 중심에서 서로 그 끝을 맞물면서 합치되는 여러 구역들——각각 한 계절에 해당되는 개별화된 공간들——로 구성되기도 하고, 때로는 일렬로 연결된 여러 정방형들——말하자면, 영역상의 차이보다는 긴장관계에 따른 차이로 구별되는 **위계화된 공간들**——로 형성되기도 한다.[19] 정방형은 총 5개다. 군주의 영역은 중앙이며, 야만의 변방은 끝자리에 위치한다. 그사이에 위치하는 세 개의 정방형은 영지의 위치에 따른 거리상의 이유로 궁정으로 소환되는 빈도수가 조금씩 다른 제후들이 사는 곳이다. 제후들의 위상은 그들이 통솔하는 공간의 위상과 마찬가지로 군주와 접촉하는 빈도수를 통해 드러난다. 그들은 달마다, 철마다 또는 해마다 공간의 완전무결한 중앙인 왕도(王都)를 방문한다. 거기에서 그들은 군주에게서 **활성화를 위한 권한**을 위임받아

---

17) *SMT*, I, 242, 243쪽; Biot, *Le Tcheou li, ou les Rites des Tcheou*, I, 201쪽과 그 각주들.

18) *SMT*, I, 247쪽; 졸저, *Civilisation chinoise*, 281쪽. (참조원문: 四方入貢道里均.)

19) 졸저, *Danses et légendes de la Chine ancienne*, 231쪽 이하.

자신의 영지에 결속력을 불어넣는다.[20] 공간의 활성화를 위한 이 권한은 공간상 좀더 상부에 위치하는, 즉 중앙과 더 가까운 곳에 위치하는 구역에서 발휘될수록 자주 공존의 원천인 중앙을 찾아 새롭게 복원되어야 한다. 각 공간의 위상은 일종의 **주기적인** 창조를 통해 주어진다. 왜냐하면 공간 전반을 지탱하는 역량이라 할 수 있는 공존의 역량은 곧 지속의 역량에 달려 있기 때문이다. 즉 공간관은 시간관과 분리되지 않는다.

그뿐만 아니라 안배된 공간의 구역마다 특수성이 견지되기 위해서는 공간의 주기적인 복원이 필요하다. 군주는 4년 동안 각지의 제후들의 알현을 받은 후에는 친히 모든 봉토의 순행(巡行)에 나선다. 군주는 반드시 5년마다 제국을 순행해야 한다. 군주의 순행은 춘분에는 동쪽에서, 하지에는 남쪽에서, 한가을에는 서쪽 한가운데서, 한겨울에는 북쪽 한가운데서 진행될 수 있게끔 조정된다. 군주는 이 순행에서 네 번에 걸쳐 체류하며, 그때마다 각 방위에 해당하는 제후들의 알현을 받는다. 군주는 자신의 주위로 제국의 네 구역을 각각 차례로 소집하여, 처음에는 청색, 그다음에는 적·백·흑색의 순으로 의식을 집전한다. 왜냐하면 군주는 적시적소에서 우주의 네 부분 각각의 고유성을 공시하고 세워주는 표식을 확인해야 하기 때문이다.[21]

공간안배를 위한 군주의 노력은 장소를 시기에 일치시키는 데 있다. 하지만 군주의 순행목적은 무엇보다 제국을 주기적으로 재구성해야 하는 필요성에 있다. 5년 주기의 재구성을 통해 군주는 자신이 등극할 때 이룩한 통일성에 새로운 활력을 불어넣는다. 새 군주가 등극할 때마다 연계된 모습으로 제국을 구성하는 다섯 개의 정방형들은 완전무결한 공간으로서 일정 기간에 걸쳐 재창조되어야 하는 곳인 수도를 향해 집결한다. 그럴 때면 군주는 정방형인 수도의 모든 문을 열어 악인들을 세계의 네 변방으로 축출하는 한편, 사방의 내객들을 맞아들인다. 군주는 우

---

20) *Kouo yu*, 1, *SMT*, I, 251쪽 이하, 746쪽 이하; Biot, 앞의 책, 167, 276쪽.
21) *SMT*, I, 62쪽.

주의 먼 곳에 이르기까지 여러 공간들의 성격을 규정한다. 군주는 각 공간마다 그 위치에 부합하는 표상을 안배함으로써 모든 공간을 특정화할 뿐만 아니라 공간마다 위상을 나타내는 표식을 부여함으로써 모든 공간에 위계질서를 부여한다.[22)]

군주는 인간사회의 구성 집단들을 주기적으로 분류하고 안배함으로써만 공간의 질서를 **확립**하고 **지속**시킬 수 있다. 우리는 이를 봉건질서라고 규정할 수 있다. 실제로 이 질서는 봉건사회의 한 산물이기도 하다. 그리고 공간이 이질적인 구역들의 위계화된 연방으로서 일관되게 여겨졌던 것은 이 사회가 줄곧 봉건적 특성을 바탕으로 삼았기 때문이다. 봉건질서는 일종의 다양성의 통일을 그 특징으로 함에 따라 **모든** 곳에서 동일하게 적용되는 질서는 아니다. 또 이 질서가 언제나 불변의 질서인 것도 아니다. 공간이 사회화되지 않은 곳에는 하나의 텅 빈 공간만 있을 뿐이며, 또 공간의 통일성은 연방집회에 대한 기억이 흐려짐에 따라 점차 약화되게 마련이다.[23)] 사람들이 연방집회에서나 또는 그 집회가 주기적으로 열리는 성역 내에서만 세계에 어떤 통일성을 부여하게 되는 것은, 이때야말로 그들에게 **전체**이자 하나를 이루는 듯한 한 사회의 구성원으로서의 자부심이 다져지기 때문이다. 이렇듯 공간을 복합적이고 폐쇄적이며 불안정한 것으로 보는 공간관은, 시간을 회귀의 측면에서 한정적이며 순환적이고, 단속적이며 그 자체로 완결된——또 공간의 각 구역이 공간의 중앙으로 향하듯 제각기 시간의 원점으로 향하는——여러 시대로 보는 시간관과 병행한다.

* * *

시간에서 하나의 표준치를 찾으려 했던 중국철학자는 없었다. 그들은

---

22) *SMT*, I, 79, 62쪽; 졸저, *Danses et légendes de la Chine ancienne*, 249쪽 이하.
23) 결속력을 잃어버린 공간은 쇠락기의 왕조에 해당된다.

공간을 때로는 용해된 것, 때로는 응집된 것으로 보았다. 그래서 그들은 시간을 항상 균일한 것으로 이해하지 않았다. 중국인이 시간에 불연속성을 부여하는 것은 개인의 정신활동의 다양한 흐름 때문이 아니다. 이 불연속성은 무질서하지도 총체적이지도 않다. 중국인은 공간을 여러 지역으로 구분하듯이 시간 또한 여러 시기로 분할한다. 하지만 그들은 각각의 구성부분을 일군의 속성들로 규정한다.[24] 이러한 규정은 모든 정신에 수용된다. 즉 각 시간의 유형마다 그에 해당하는, 구체적임에도 비개인적인 개념이 하나씩 주어진다. 이러한 시간의 구체성은 바로 중국인이 1년의 계절과 하루 중의 시간마다 고유한 속성들을 부여하여 각각의 시기로 구별 짓는 것으로 쉽게 드러난다. 그렇다고 해서 중국인이 시간 자체를 일시(日時)나 천문시(天文時)와 구별하지 않는 것만으로 시간관을 형성했다고 속단해서는 안 된다. 계절은 중국인의 시간관에 여러 표상을 제공했을 뿐이다. 중국인이 굳이 계절로부터 표상을 얻고자 한 까닭은 바로 (공간을 닫힌 곳으로 상정함에 따라) 그들에게 시간은 순환하는 것이어서, 한 해를 보내면서 계절에 의한 한 주기의 이미지나 다양한 주기를 특징짓기에 적합한 여러 상징을 볼 수 있었기 때문이다.

중국인의 시간관은 의례체계에 대한 그들의 인식과 구별되지 않는다. 하지만 한 해 동안의 계절의 순환이 이 의례체계의 원형인 것은 아니다. 이 체계는 일체의 규약에 의해 구별되는, 즉 문명사의 한 시대를 특징짓는 독특한 생활방식에 의해 구별되는 역사의 한순간(왕조, 왕조의 각 통치기, 한 통치기의 각 시기)을 포괄한다. 이러한 관습체계 속에서 가장 주목되는 것은 시공간의 특수한 안배를 결정하는 여러 정령(政令)이다. 책력을 공포하는 것은 하나의 통치를 시작하기 위한 법령의 공포와도 같으며, 새 시대의 도래를 알리는 결정적인 의례다. 하지만 시간의 새 질서가 자리 잡기 전에 먼저 구질서가 폐지되어야 한다. 시간상의 각 단계는 창건에 따른 축출이 있음을 알려준다. 생애의 각 단계도 이와 마

---

24) 졸저, *Civilisation chinoise*, 27, 28, 48, 49쪽.

찬가지다.[25] 한 여자가 처녀에서 결혼한 신분으로 이행하기 위해서는, 또 한 사람이 삶에서 죽음으로 들기 위해서는, 또 신생아가 선조의 세계를 버리고 현생의 가족으로 영입되기 위해서는 작별 인사가 환영 축제에 선행되어야 한다. 탄생과 결혼과 죽음은 모두 새로운 시작을 알리는 의식이기에 일견 기점의 의미를 지니는 듯 보이나 사실은 중앙의 의미를 지닌다. 이러한 의례가 발산하는 효력은 마치 물결의 파장과도 같이 전개된다. 전후관계를 맺은 각자 사이의 기간이 각각의 준비기간이기도 한 이 일련의 의식은 마치 동심원을 그리는 일련의 파장의 정점과도 같은 것으로, 전체적으로 중앙과 동일한 효과를 불러일으킨다. 이렇듯 일체의 의식들은 율동적인 전파를 통해 체계적으로 조직된다. 몇몇 수식들을 통해 의식의 이러한 방식은 선명하게 표현된다. 의례체계를 전체단위로 표현하는 데에는 숫자 1이 사용된다. 왜냐하면 숫자 1은 총합을 표상하기 때문이다. 그런데 숫자 1은 분할될 수 있어야 하므로 이 전체단위는 10단위나 100단위로 생각된다. 따라서 10은 3+(2+2)+3으로, 100은 30+(20+20)+30으로 분할될 수 있다. 첫 숫자이자 마지막 숫자인 3 또는 30은 입구와 출구에 직접 맞닿아 있는 시간의 길이를 나타낸다. 7[=3+(2+2) 또는 (2+2)+3] 또는 70은 초기 또는 말기의 길이를 의미한다(50 또는 5는 초기 또는 말기의 중요한 시기를 의미한다). 이렇듯 전체단위를 중심으로 배분된 의례들의 기간은 대개의 경우, 시간의 주기성을 부여하는 숫자 3(=30), 5(=50), 7(=70)로 제시된다.[26] 그런데 의례상의 기간만이 주기적이며 전체단위로 표시될 수 있는 유일한 기간인 것은 아니다. 역사상의 기간 역시 이와 달리 형성되는 것이 아니다. 과거를 재구성하는 사관들은 사실들이 의례체계의 규칙적인 구성에 부합될 때 비로소 연대기적 진실에 도달했다는 확신을 가졌던 것 같다.

---

25) 시간의 제례적 용도에 대해서는 졸저, *Le dépôt de l'enfant sur le sol*, Revue, 1922, 34~46쪽을 참조할 것.
26) 같은 책, 35쪽.

순(舜)은 그의 나이 30에 요(堯)의 재상이 되었고, 나이 50에 이르러 주군(主君)의 퇴위로 그에게 이양된 권력을 행사하게 되었다. 즉위한 후에는, 그 역시도 그의 재상인 후계자에게 통수권을 이양해야 했다. 군주는 (국가관례상 지켜져온) 규칙에 따라 70의 나이에는 퇴위해야만 했다. 따라서 역사의 진행이 모든 점에서 전혀 오차가 없었던 것처럼 보이도록 사가들은 우리에게 이렇게 말해야 했던 것이다. 즉 요가 그러했듯이, 순 역시 나이 70에 통수권을 포기했으며, 그 후 그는 (아무런 관직 없이 삶의 초기에 보낸 세월이 30년이었듯이) 30년간 은퇴생활을 했다고 말이다. 왜냐하면 (100대 후손에까지 그의 은덕을 입게 한 완벽한 군주인) 순은 정확히 100년을 살았기 때문이다. 이렇게 해서 요지는 모두 말한 것과 다름없다. 왜냐하면 다른 모든 점에서는 지극히 규칙적인 경륜을 밟아온 순의 경우 그가 정확히 몇 살에 은퇴했는지는 제시되지 않지만, 적어도 요의 경우 정확히 몇 살에 퇴위했는지는 제시되었기 때문이다.[27] 하나의 통치는 그 자체가 하나의 완결된 기간인 까닭에 곧 의례체계와 동일한 주기조직을 갖추어야 한다는 것이 사가들의 확신이었던 것이다.

사가들이 순의 통치기를 하나의 의례체계 못지않은 완벽한 규칙성을 지닌 것으로 보았던 데는 그럴 만한 이유가 있다. 주지하듯 순은 새로운 시대를 열기에 충분하리만큼 많은 공덕을 쌓은 군주로 알려져 있다. 그는 먼저 추방의식을 시작으로 새 시대를 열고자 했다. 그는 해악의 무리, 즉 시효가 다한 왕조들의 해로운 잔재인 타락한 후예들을 세계의 오지로 축출했다. 만기에 달한 모든 질서는 형체 없는 세계의 끝인 양 아련히 저 먼 곳으로 완전히 사라져야 한다.[28] 신구의 두 영역 사이에는 깊은 단절이 있어야 한다. 확연한 단절 없이 두 시대가 병행되어서는 안 된다. 왜냐하면 두 시대는 곧 상호융화가 허용되지 않는 두 주기이기 때

---

27) 졸저, *Danses et légendes de la Chine ancienne*, 286쪽 이하.

28) 우주의 변방은 신화의 시대에 해당하는 일종의 활성화되지 않은 공간에 해당한다. 인간화되지 않은 이 세계는 역사의 시대 밖으로 밀려난 세계다.

문이다. 물론 하나의 주기가 만기에 이른다 해서 그것이 완전히 소멸되어야 하는 것은 아니다. 단지 효력을 다한 시간의 질서는 더 이상 현행의 질서를 감염시킬 수 없도록 격절되어야 하는 것으로 족하다.

중국의 왕조는 그 통치기의 특수성을 부여하는 책력을 공포하여 새로운 창건을 선포하는 즉시, 몰락한 왕손들의 봉토를 제국으로부터 분리하는 것을 잊지 않았다. 이 후예들은 **폐쇄된 지역** 내에 머물면서 끝나버린 역사의 한 **주기**를 알리는 제반 규칙들을 보존해야 할 의무가 있었다.[29] 그러므로 새 왕조는 패망한 왕조의 사직을 파괴하지 않고 다만 외벽을 쌓아 그 주위를 차단해 가두어놓는 것에 그쳤던 것이다.[30] 이 같은 '증인들'을 보존하는 것이 필요하다고 여긴 까닭은, 이들은 바로 문명의 전개상 운명의 반전(反轉)이 있으리라는 것을 예시해주면서 돌아올 운세에 대한 기억을, 즉 그 맹아를 보존하고 있는 자들이기 때문이다.

이와 유사한 관례는 조상숭배에서도 찾아볼 수 있다.[31] 제주(祭主)의 세대부터 사대조까지의 조상들만이 가문의 사당에 모셔질 수 있었다. 조상들의 위패는 동쪽을 향한 **정방형** 재실에 봉안되었다. 조상들의 유적을 보지하는 위패에는 그들의 이름도 새겨져야 했다. 가족 가운데 어느 누구도 재실의 위패에 안치되어 있는 조상의 이름을 가져서는 안 된다. 하지만 제주가 사망하여 새로운 조상이 된 이 제주의 위패를 안치해야 할 자리를 마련해야 할 때면, 이 고인의 삼대조의 이름이 기록된 위패를 거두어들임과 동시에 이 삼대조의 이름은 다시 가문의 한 아이의 이름으로 부여되었던 것이다. 가문의 질서를 관장하는 덕목 중의 하나가 이 아이와 더불어 다시 출현하는 것이다. 즉 4대에 걸쳐 제주의 권한이 계승되는 동안, 이 덕목은 가문의 사당의 후미진 구석방에 안치되어 새로운 탄생을 기다리면서, 일종의 준비기간을 보낸 셈이다.

---

29) 졸저, *Civilisation chinoise*, 413쪽.
30) Chavannes, 『태산』(*Le T'ai chan*), 462쪽.
31) 졸저, *Civilisation chinoise*, 345쪽; *Danses et légendes de la Chine ancienne*, 21쪽 이하.

마찬가지로, 중국인들은 국고정리운동(國故整理運動)을 통해 여러 왕조들이 제각기 다른 덕목으로 번성했고 순차적인 계승을 거쳐 통치했음을 고증하고 있다. 각기 한 시대를 특징짓는 5덕 가운데 한 덕목이 지배하는 동안, 언젠가 다시 출현하게 되어 있는 4덕은 회복을 위한 격리상태로 있게 됨에 따라 보존될 수 있었다. 군주의 5대 덕목의 주기적인 회귀설이 이론적으로 인정받았던 것은 기원전 4~3세기에 와서부터이며, 그때부터 이 학설은 전적으로 신뢰되었다. 왜냐하면 이 학설은 국가고대사 재구성작업에 참여했던 당시 사가들에게 지침이 되기에 충분한 준거를 제공했기 때문이다.[32] 학설의 기층을 이루는 생각들은 고대신화의 관련 자료들에서 찾을 수 있는 핵심적인 생각들이다. 순(舜)이 무효화된 덕목들을 우주의 변두리로 추방한 이유는 그 덕목들을 소멸시키기 위함이 아니라 그 자체가 스스로 혁신할 수 있도록 하기 위함이었다고 전해진다. 순 자신은 통치에 만전의 준비를 한 새로운 덕목이었기에 인간화된 공간의 중심에서 정방형 수도를 차지하게 된 반면, 잠정적으로 시효가 다해버린 4덕목은 순에 의해 추방되어 장기간에 걸친 속죄를 위해 공간의 4변방에서 살아야 했다.[33]

 각기 유한하나 그 자체로 완결성을 지니는 시대들로, 그리고 수적으로 한정된 시대들로 시간을 분할하는 이 시간관은 하나의 폐쇄된 세계를 분할된 구역들의 연방으로 제시하는 공간관과 일치한다. 이러한 시간관과 공간관은 모두 봉건사회질서에 토대를 둔다. 군주의 권위는 단지 위임받은 권위이기에 결코 절대 권력을 무한정 행사할 수 있는 지존의 존재는 아니다. 군주에게는 각자 자신의 통치순서를 대기하고 있는 동료들이 있다. 시간과 공간에 활력을 불어넣을 수 있는 권한은 한정된 기간으로서 그 회귀가 예정된 한 시대에 한해 부여될 따름이다. 왜냐하면 한 왕조나 한 군주의 권위는 봉건사회로서의 운명을 조율하는 질서

---

32) *SMT*, introduction, 143쪽 이하; 졸저, *Civilisation chinoise*, 20쪽. 이 책, 307쪽을 참조할 것.

33) 졸저, *Danses et légendes de la Chine ancienne*, 241쪽 참조.

를 따라야 했기 때문이다.

왕조 교체사는 사계절과 사방위와 동일한 표상으로 시사된다. 계절순환이 왕조교체사관에 **직접적으로** 영향을 미쳤던 것일까? 만일 우리가 중앙이 갖는 사유 면에서의 중요성을 감안한다면 이러한 전제는 받아들이기 어려울 것이다. 중앙사상이 시간관과 공간관에서 행하는 역할에는 아무런 차이가 없다. 중앙사상은 공간관에서는 연방사상과 일치하며, 시간관에서는 의례체계와 관계된다. 즉 한 시대를 특징짓기는 하지만 본래 한정적일 수밖에 없는 조율력에 근거하는 **의례체계**는 책력이 공표되고 연맹수도의 창건과 더불어 결정되는 일종의 힘의 진원지로부터 형성되는 것 같다. 기간마다 중앙이 있다는 생각이 오직 사회성만을 갖는 시간단위(한 시대)로부터 관습적으로 수용된 단위이기는 하지만, 제반 경험들과 밀접하게 관계된 시간단위(한 해)에로 적용되는 데에는 아무래도 임의적인 방편이 필요했을 것이다. 또 이러한 생각이 천체의 흐름에 의해 규정되는 기간에 적용되기 위해서는 사전에 시간관과 공간관의 연계가 필요했던 것이다.

앞서 살펴보았던 고대의 한 전통에 따르면,[34] 예전의 군주는 주기적으로, 그리고 시간을 공간의 특성에 정확하게 부합시켜가면서 동쪽을 기점으로 태양의 운행에 따라 제국을 순행했다. 군주는 5년마다 태양운행을 모방해야 했다. 군주는 5년 주기로 책력의 공포를 기념하면 향후 4년간은 수도에 체류할 수 있었다. 이렇듯 군주는 공간의 둘레를 편력한 후 공간의 중앙을 가리킴으로써 한 시대의 창건을 기념함과 동시에 계절의 순환을 규정했다. 하지만 군주는 순행기간에는 한 해의 중앙을 설정할 수 없었다.

또 다른 전통에 따르면,[35] **명당**(明堂)이 없는 수도는 수도로서의 자격이 없었다. **명당**은 군주만의 특권을 형성하는 곳이자 확고한 권력을 시

---

34) *SMT*, I, 58쪽 이하.
35) 졸저, *Danses et légendes de la Chine ancienne*, 116쪽 이하.

위하는 곳이다. 그곳은 곧 책력을 공포하는 집으로서 우주가 응집된 축소(縮所)로 간주되었다. 정방형인 대지를 본떠 정방형의 토대 위에 건립된 이 집은 하늘을 본떠 원형의 초가지붕으로 덮여 있었다. 매년 그리고 연중 내내, 군주는 이 지붕 밑을 출입한 것이다. 때와 부합되는 방위에 위치함으로써 군주는 1년의 매 계절과 매달을 순차적으로 열어갔다.

이를테면 군주가 봄의 두 번째 달인 중춘(仲春)에 청포(靑袍)를 입고 정동방(正東方)에 체류하는 것은 위치와 표상에서 한 치의 오차도 없이 바로 태양이 춘분기로 접어든 것과도 같은 것이다. 하지만 군주가 줄곧 주위만을 무한정 순행하는 것은 군주로서 중앙과 왕권의 상징을 보여주는 것을 단념하는 것과 같다. 따라서 군주는 여름의 세 번째 달인 계하(季夏)가 끝날 무렵, 각 기간들을 특정화하기 위한 그간의 작업을 중단했다. 이때 군주는 더 이상 태양의 운행을 따르지 않고 황포(黃袍)를 입은 뒤 군주의 자리인 **명당**의 중앙에 위치하여 공간에 활력을 불어넣었다. 아울러 시간 또한 그가 위치하는 순간부터 새로운 활력을 부여받는다. 이러한 방식으로 군주는 한 해의 중앙을 설정했던 것이다. 군주의 중앙정무가 가능하기 위해서는 말복을 알리는 여섯 번째 달과 입추가 시작되는 일곱 번째 달 사이에 단정할 수는 없지만 한 달로 추산되는 일종의 휴식기가 필요했다.[36] 군주는 단 한 번 휴식기를 가질 수 있었다. 이 기간은 열두 달과 네 계절과는 무관했으나 결코 무의미한 기간은 아니었다. 오히려 한 해의 동력은 이 기간에 응집되어 있으니 한 해 전체와 견줄 수 있는 기간이었다.

시간은 주기적으로 연속되는 왕조, 한 통치기, 5년 주기, 한 해 등 여러 유형의 시대들로 형성된다. 또 이 모든 시대들은 하나의 의례체계와 합치되어야 할 뿐만 아니라 시대마다 그리고 한 해마저도 하나의 중앙을 가지고 있다. 사실 의례, 지리, 공간, 시간상으로 하나의 체계는 공간상 중앙에 위치하는 어떤 지존의 위덕(威德)에 의해 보장받는다는 가정

36) 『월령』(月令, *Yue Ling*), *Li Ki*, C, 371쪽.

아래서만 효력을 지닌다. 이는 곧 위계질서에 대한 이상과 상대적인 안정을 구상할 수 있을 만큼 사회조직이 진보했음을 말한다. 중앙의 개념이 중시되었다는 점은 이러한 진보를 더욱 분명히 말해준다. 이 중앙개념은 단순히 초보적인 개념에 그치지 않고 축(軸)개념을 대체했다. 축개념의 역할은 동지와 하지에 인접한 날들이 특히 중시되던 봉건시대의 책력뿐만 아니라[37] 고대정신을 반영하는 여러 신화들 속에서 더욱 부각된다. 이 신화들은 시간과 공간을 하나의 위계질서로 여기는 사상이 단지 대립과 교대의 관점에만 입각했던 우주관과 사회관을 점차적으로 대체해갔음을 여러 측면에서 알려주고 있다.

요(堯)는 제국을 순행하지도, 또한 명당을 출입의 거점으로 삼지도 않았다. 그는 단지 4명의 역관(曆官)을 4극지로 파견하는 것으로 세계질서를 정립했다. 순(舜) 역시 4명의 인물을 4극지의 산정으로 추방하는 것으로 새 질서를 건립했다.──요가 추방한 4명은[38] 희(羲) 두 형제(둘째와 셋째)와 화(和) 두 형제(둘째와 셋째)였다. 희-화(羲-和)는 태양이다. 좀더 정확히, 희-화는 (각기 열흘을 단위로 하는 주기의 한 날에 해당하는) 총 10개인 태양의 어머니다. 희-화는 10이자 또한 1이다. 하지만 이 태양들의 어머니인 희-화는 (제준帝俊과) 결혼한 몸이기에 우선 한 쌍이다. 말하자면 희와 화는 한 쌍의 역관(曆官)들이다. 그런데 이 쌍은 사실 복합적이다. 원래 희와 화 형제는 각기 3명씩이었으나 그럼에도 계절과 방위를 배분받은 희와 화 형제는 모두 6명이 아니라 (각 형제의 둘째와 셋째인) 4명에 불과했다. 요컨대 요(堯)는 상반된 이 두 집단의 수장들을 잡아두려고 희 3형제의 맏형과 화 3형제의 맏형을 ──자신의 통제력이 가까이서 발휘되는 곳인──수도에 잔류시킨 것이다. 그리하여 요는 이 두 형과 함께 지엄한 3인조의 중앙권력을 형성했다. 만일 우리가 이 3인조를 1로 친다면, 하나의 중앙이 정방형의 가운

37) 앞의 책, 303, 402쪽.
38) 졸저, *Danses et légendes de la Chine ancienne*, 262쪽 이하.

데에 형성된다. 중앙의 고정된 태양처럼 군주의 위덕(威德)은 이 중앙에서 항구적으로 빛을 발하며 사방으로 나뉘어 세계의 4방위 각각에 부합되는 특수한 양상으로 발현되었다. 따라서 한 해는 네 **구역**으로 분할되며, 각 구역은 각 계절을 그 표상으로 갖게 된다. 이 빛나는 구역들은 마치 여러 공간들을 다스려야 하기에 분산될 수밖에 없는 태양-주군(主君)의 발현처럼 보였다. 하지만 태양의 진정한 가족 수는 4(또는 5)가 아니라 6이며, 마찬가지로 공간의 일차분할을 가리키는 것은 정방형의 분배가 아니라 집단간의 단순한 대립이다.

신화적으로 희와 화 형제들 외에 또 다른 태양의 아들들이 있다. 그들 역시 희와 화 두 형제들처럼 모두 여섯 명으로, 그들 중 셋은 어머니의 배에서 **왼쪽**(=동쪽)으로, 다른 셋은 **오른쪽**(=서쪽)으로 태어났다.[39] 한편, 순에게 추방되어[40] 사방에서 자신의 덕목을 경신하는 자들 역시 희 형제들과 화 형제들처럼 일단은 네 명인 것 같다. 하지만 그들 역시 삼인조로 한 쌍을 이룬다. 그중 한 삼인조는 삼묘(三苗)라고 불린다. 다른 한 삼인조는 두 명의 보조인물과 한 명의 강력한 중심인물로 구성된다. 곤(鯀)이라는 이름의 이 중심인물은 3족(足)의 거북으로 변신하여 극동(=왼쪽)으로 보내져, 새들의 산정인 우산(羽山)에 군림했다. 곤과 정면으로 마주한 극서(極西)(=오른쪽)의 산정에는 **삼신**(三身)의 올빼미로 변신한 삼묘가 군림했다. 그러나 삼묘는 시간을 어지럽힌 죄로, 어느 춤의 축제 동안 한 영웅에 의해 제압당했고,──그 자신 역시 깃털옷을 입고 춤을 추었던──이 영웅은 이 전공(戰功)에 힘입어 권좌를 얻는다.[41] 오직 무기력한 춤밖에 몰랐던 곤은 자신에 대항하여 제국의 패권을 다투었던 순(舜)의 희생양이 되었다.[42] 그리하여 통상 고대의 춤은 삼인조의 춤으로 전해진다.[43] 극히 시사적인 한 사례에 따르면, 새 시대

---

39) 앞의 책, 254쪽.
40) 같은 책, 241쪽 이하, 250쪽 이하, 257쪽 이하.
41) 같은 책, 243, 244, 248쪽.
42) 같은 책, 245, 248, 268쪽.

의 출범을 알리는 축제는 각각 양편으로 두 보조인물을 거느린 수장간의 대결의식(對決儀式)으로 거행되었다.[44] 이 한 쌍의 삼인조는 상보적인 두 집단을 대표하며, 교대로 권력을 행사하는 사회의 두 절반을 나타냈다.[45]

이 단순한 교대원칙은 참가자들 간의 정면대립을 암시해준다. 참가자들은 정방형을 형성하는 것과는 달리, 의례식장에서 축선의 양측으로 분리되어 두 진영을 이루었다. 시간과 공간을 중앙과의 연계 구역들로, 즉 중앙으로부터 지속력과 공존력을 부여받는 여러 구역으로 분할하는 시공관은 계절과 방위에서 각 시기와 구역을 특징짓는 표상들을 끌어올 수 있게 했다. 이러한 생각은 좀더 고대사상에서 나온다. 이 고대사상의 요소들은 단순히 개인적 느낌이나 자연의 관측에서가 아니라 전적으로 사회관습에서 파생되었다. 즉 이 요소들은 두 집단이 각별한 감동을 제공하는 상황에서 벌이는 대결의식에서 가져온 것들이다. 봉건정치의 필요성에 따라 각 시대와 공간 특유의 양상을 보여주는 덕목의 대표자들이 교대로 왕이 되었던 것에 앞서, 대결의식을 통해 상보적인 두 집단의 대표자가 차례로 권좌에 올랐던 것이다. 이렇듯 단순히 대결과 교대에 의한 두 시간의 율동구도가 사회조직을 관장했다. 이 율동구도는 또한 한 쌍의 시간관과 공간관을 관장했다.

이 단순한 율동구도는 사회생활을 주기적으로 복원해야 하는 필요에 따른 것이다. 공간은 때로는 충만한 영역으로, 때로는 어렴풋한 영역으로 형성된다. 사회생활이 부족한 공간은 충만함을 잃어가면서 날로 쇠하지만, 연방집회가 열리는 성역의 공간은 완전무결하게 보인다. 기간은 쇠퇴기와 전성기로 나뉘나 축제와 총회 때에 한해서는 총체적이 된다. 회(會)와 기(期), 이 두 단어는 모두 상황적 의미의 시간을 나타낸다. 기(期)는 특히 만날 기약이나 기한을, 회(會)는 시장, 잔치, 축제, 집회,

---

43) 앞의 책, 270쪽.
44) 같은 책, 271쪽; 졸저, *Civilisation chinoise*, 221쪽.
45) 졸저, *Civilisation chinoise*, 231쪽 이하.

사회에서의 회합을 의미한다. 시간은 이렇듯 공동생활에서 풍요로움을 얻어 획기적인 시점에 한해서만 진정으로 응축되고 충만하게 된다.

정교한 의례준칙을 따라 군주는 매년 한 번 **명당**의 중앙에——마치 그곳이 한 해의 중심축임을 알리는 듯——체류해야 했다. 이 같은 군주의 체류는 고대의 수장들이 자신의 영지 중 가장 오지를 택해 일정기간을 보내야 했던 은둔생활과 같다.[46] 여러 신화자료들은 이 은둔기간에 대해 일치하지 않는다. 은둔기간이 12일 동안 계속되었다는 설과 6일 만에 끝났다는 설이 있다. 그런데 6일 또는 12일간의 은둔생활은 6종류의 가축이나 12달의 표상인 12동물을 기리기 위한 기간임을 알려주는 여러 근거들이 있다.[47] 은둔기간의 일과는 제례를 올리고 여러 관찰을 통해[48] 가축의 번성과 풍년을 예측하는 데(더 정확히 말해, 여러 전조들을 통해 진단하는 데) 주어졌다. 이렇듯 한 해의 12달이 12일간에 걸쳐 예시된 것이다. 이 은둔기간은 1년 전체에 맞먹는 **응축된** 시간으로 각별히 중시되었다. 신화자료들이 이 기간의 길이에 차이를 보이는 까닭은 다음 두 사실로 설명할 수 있을 것이다. 즉 하나는 1년을 규정하는 두 현학적인 방식이 서로 경합하고 있었기 때문이며, 다른 하나는 태음력과 태양력이 혼재했던 한 책력이 있었기 때문이다. 태양년에서 1년은 366일이었던 반면 종교년은 360일로만 계산되었다. 그리고 음력 12달은 처음에는 모두 29일로 계산되었으나(하지만 매달 15일이 그 달의 중심인 망일望日로 간주되는 데에는 변함이 없었다), 차후 12달 중 6달이 30일로 계산되었다. 그리하여 음력 12달의 총기간(348 또는 354일)은 종교년에 비해 6(내지 12)일이, 태양년에 비해 12(내지 18)일이 모자랐다. 그 결과, 실생활에서는 5년 주기와 윤달이 채택되었다. 즉 5년 주기의 첫째, 둘째, 넷째 해에는 12달 354일이, 셋째와 다섯째 해에는 13달 384일이 적용되었다.[49] 하지만 종교관습은 여전히 연초의 첫 12일을 일종

---

46) 앞의 책, 223쪽 이하.
47) 졸저, *Danses et légendes de la Chine ancienne*, 305쪽 이하.
48) *SMT*, III, 400쪽.

의 독립된 날들로 인정했다.[50]

가장 긴 밤의 축제를 뜻하는 축제의 이름(동지冬至)은 이 독립된 독특한 날들과 관련되는 것 같다. 이 축제의 이름은 지(至)를 한 해의 축으로, 또 겨울(동冬)의 지(至)를 한 해의 기점으로 설정하면서 부여되었다. 하지만 중국에서 한 해의 시작은 원칙상 유동적이다. 그러기에 중국 왕조들은 각기 그 통치시기를 특징짓는 고유의 상징과 책력을 결정하기 위해 기점이 되는 월(月), 일(日), 시(時)를 고정시켜야만 했다. 특히 주목할 사실은 한 해의 시작은 항상 한절기(寒節氣) 내에서 유동했다는 점이다. 겨울축제가 원래 동지와 관계된 축제였던 것은 아니다. 겨울철 축제의 이름은 길어지는 밤을 의미할 수도 있었다. 그리고 이 축제가 추수와 관련된 축제의 특성을 보여준다는 점도 확실하다. 처음에는 상당히 오래 지속되었던 이 축제기간은 사실 실질적인 시기들인 동결기와 해빙기에 따라 결정되었다.[51] 시작과 종료식을 하는 이 축제는 겨울 내내 지속되어, 의례에 얽힌 많은 일화를 낳았다. 이 일화들은 시기적으로 여덟 번째 달과 둘째 달에 주어짐으로써[52] 한 해의 춘추분 축의 두 기점을 가리켰다. 따라서 연중의 의식들은 한편으로는 춘분과 추분을, 또 한편으로는 동지와 하지를 축으로 분배되었다. 그리하여 한 해를 4계절로 나누는 방식에 의거하는 의례체계는 공간을 4구역으로 분할하는 공간관과 부합하면서 시간에 율동을 제공했다. 하지만 우리는 교차하는 두 축에 따른 네 시기 가운데 한 시기는 종교적 의미가 거의 없다는 점에 주목해야 한다. 왜냐하면 이 시기는 휴식과 자숙의 시간인 여름철 휴가기에 지나지 않기 때문이다. 반면 겨울철의 휴가기는 중요한 의미를 지닌

---

49) *SMT*, I, 49쪽; *Yi king*, L, 365, 368쪽. $[5 \times 366 = (384 \times 2) + (354 \times 3) = 768 + 1062 = 1830]$

50) 또 하지와 동지 전후의 6일간도 이와 마찬가지였던 것으로 보인다. *SMT*, III, 320쪽 이하; 월령의 다섯 번째 달과 열한 번째 달.

51) 졸저, *Danses et légendes de la Chine ancienne*, 330쪽 이하, 470, 476쪽.

52) 또는 아홉 번째와 열 번째 달에.

다. 비록 그 기간이 6일 또는 12일에 불과할지라도 겨울철의 휴가기는 한 해 전체만큼이나 중시되었던 것 같다.

겨울철의 휴가기가 중시되었던 것은 농한기의 축제에서 발산된 모든 기운을 이 기간에 흡수해야 했기 때문이다.[53] 획기적인 모든 중요시점들이 바로 두 해 사이에, 두 농사철 사이의 농한기에 모여 있다. 이 기간에는 농사일로 흩어졌던 사람들이 마을과 고을로 다시 모여든다. 세속적이고 자기중심적이며, 단조롭고 무미했던 기간에 뒤이어 찾아오는 이 기간은 공동의 성취에 필요한 종교적 소망과 창조적 활동으로 충만하게 된다. 이렇듯 하나의 단순한 율동구도에 따라,──쇠퇴기와 전성기가 서로 상반관계에 있듯이──사회활동이 단지 잠재적으로만 유지될 뿐 분산되어야 했던 삶의 기간과 오로지 사회적 유대의 복원을 기하는 회합의 기간이 대립하는 것이다. 이 율동구도는 계절의 순환을 직접 그대로 모방한 것이 아니다. 이 구도가 농경중심의 사회생활을 지배하는 자연조건들에 의거하는 것처럼 보이는 것은 대지가 인간의 노동을 더 이상 허용하지 않는 계절이야말로 인간이 세속적이지 않은 관심사에 몰두하는 데 가장 용이한 시간으로 주어지기 때문이다. 자연은 신호를 보내며 기회를 부여한다. 하지만 그 신호를 감지하고 기회를 포착하려는 욕구의 원천은 사회적 삶이다. 하나의 사회는 스스로 재창조되지 않으면 지속될 수 없다. 중국인이 주기적으로 복원되지 않는 기간은 존속할 수 없다고 생각하게 된 것은 그들 스스로 주기적인 회합의 필요성을 느꼈기 때문이다. 인간집단의 소생을 위한 축제가 농한기마다 거행되었듯이, 중국인은 시간 역시 매년 갱신되어야 한다고 믿었다. 이로부터 한 해는 공전한다는 생각과 이 공전에 상응하는 것을 자연에서 찾으려는 관심과 각각의 사회현상을 자연현상이 제공하는 외부 신호와 결부하려는 욕구가 비롯했다. 그럼에도 원칙적으로 고대 농한기의 축제는 단지

---

53) 졸저, *Danses et légendes de la Chine ancienne*, 327쪽 이하; 졸저, *Civilisation chinoise*, 175쪽 이하, 223쪽 이하.

인간관계에 따른 욕구와 사회적 필요성만을 표현하고 있을 따름이다.[54] 이 축제 본연의 주목적이 계절의 순행이나 풍년의 기원보다는 사회집단을 영속시키는 데 있었음은 이를 말해준다.

자체의 영속을 위해 사회집단은 가능한 한 모든 힘을 동원하여 남김없이 소비시켰으며, 스스로도 완전히 소진되게 했다. 산 자와 죽은 자, 생물과 무생물, 온갖 소장품과 생산물들, 인간과 신들, 남자와 여자, 늙은이와 젊은이 모두 한데 뒤섞여 격렬하고도 활기찬 난장(亂場)을 이루었다. 이 총체적인 결속의 준비단계인 대결순서에서는 모든 것들, 특히 산 자와 죽은 자, 늙은이와 젊은이, 모든 과거와 미래를 정면으로 대치시켰다. 세대간의 연속성은 이러한 과정에서 확립되었으며, 시간 그 자체는 이 연속성에 힘입어 일종의 회춘(回春)과도 같은 복원을 기했다. 이러한 점에서 농한기의 축제는 새해의 시작과 풍년을 준비하려는 의도에서 거행되었으리라는 추측도 가능했다. 하지만 축제의 환희는 서서히 측근에서 측근으로, 그리고 한없이 반복되며 퍼져나가는 '만세, 만세' 하는 환호와 함께 끝을 맺었다.[55] 축제의 목적이 영속과 공존을 위해 권력을 위임받은 수장을 축성하는 데 있다면, 이 만세의 환호는 새로운 등극에 보내는 갈채이자 왕조의 번영을 위한 축원이자 새 시대의 서막을 알리는 선언이 될 것이다. 또 이 환호가 수장의 지칭에 사용된 경우라면, 수장의 만수무강을 비는 가없는 소망과 수장으로서 필요한 생명력을 모아주기 위한 것일 것이다.[56]

동지의 축제가 여전히 겨울철 농촌공동체의 회합과 구별되지 않았던 시대에 이 만세의 환호는 무엇보다도 성공적인 농사에 대한 한 종족의 자신감을 의미했다. 이렇듯 농한기의 회합이 진행되는 동안 뭇 현실들은 그간의 공허하고 무기력했던 날들의 흐름에서 벗어나 일거에 경신된다.

---

54) 졸저, *Fêtes et chansons anciennes de la Chine*, 178쪽 이하.

55) 졸저, *La religion des Chinois*, 16쪽; 졸저, *Civilisation chinoise*, 189쪽.

56) 졸저, *Civilisation chinoise*, 45, 228쪽. '만세'(萬歲)는 '천자'(天子)와 등가적인 표현이다. 이 두 표현은 군주를 지칭한다.

미래의 희망과 과거의 기억으로 넘쳐나는 이 기간은 공동생활을 통해 소망하는 바를 구현하려는 추진력이 도저하게 발현되는 기간이었다. 그리하여 과거와 미래의 모든 시간들은 (공간 전체와 더불어) 한 인간집단이 스스로 영구적이며 총체적인 **일체**로서 자각하게 되는 (신성한 장소에서의) 신성한 시기 속에 집결되는 듯했다.

* * *

사회활동이 거의 쉴 틈 없이 줄기차게 이행되는 문명에서 기간의 주된 성격은 연속성에 있는 것 같다. 고대중국인의 사회생활은 겨울농한기에 절정을 맞는 반면 세속적인 일들이 재개되어 사람들이 다시 분산될 때면 이내 소강상태로 돌아간다. 시간(그리고 공간) 역시 오직 집회와 축제의 시간(그리고 장소)에 한해 완전히 응축된다. 이렇게 충만한 공간의 번성기와 공허한 공간의 쇠퇴기는 교대했다. 사회감각을 주기적으로 복원해야 하는 필요에 따라, 중국인은 시간과 공간에 공통되는 하나의 율동구도를 생각했다. 분산시기와 응집시기의 상반성에 원칙을 두는 이 율동구도는 애초 대립과 교대라는 두 단순개념으로 표현되었으며, 시공관은 처음부터 시공의 특성들 사이에는 효능성이 차이가 있음을 전제하고 있었다.

한편, 시간과 공간은 사회화과정에서 충만해지는 것으로 생각되었다. 요컨대 주기적으로 재창조되어야 하는 시간과 공간은 하나의 중앙이 있기에 사회적 가능성을 지니는 것으로 인식되었다. 먼저 시간관이 공간관에 구도를 부여했으나, 바로 중앙개념으로 공간관은 시간관에 영향을 줄 수 있게 되었다. 공간도 시간처럼 상이한 가치의 여러 부분들로 나뉜다는 생각과 더불어 시간도 공간처럼 상이한 속성의 여러 부분들로 나뉜다는 생각이 대두된 것이다. 그리고 이러한 진보가 가능했던 것은, 공간관이 정면으로 대치하는 두 진영에 기조를 두기보다는, 두 진영을 분리하는 축선이 수장의 위치인 중앙으로 흡수됨에 따라 형성되는 정방형에 기초를 두고 있었기 때문이다. 수장을 중앙으로 하는 정방형의 배치는 사회구조가 좀더 복잡해지면서 생겨난 것이다. 더 이상 사회구조는 상호보완적인 두 집단이 차례로 지배하는 양분구조가 아니었다. 사회구조는 하나의 연방조직을 토대로 했다. 자신의 위덕(威德)으로 연맹체를 통솔하는 군주는 합류점에 위치하면서 다양성의 통일에 전념했던 것 같다. 연방축제가 거행되는 동안 이러한 다양성은 4방위의 네 구역의 분할로 나타났으며, 구역마다 해당 방위의 표상을 부여받았다. 이렇게 공간이 방위를 지닌 구역들로 분할되면서, 시간 역시 계절의 특성을 지닌 기간들로 분할된 것으로 보였던 것이다. 비록 연방체의 구성 집단들이 더 이상 상보적인 두 집단에게 적합한 율동에 따라 차례로 권력을 행하지 않았다 할지라도, 교대원칙은 봉건조직을 이끄는 지침으로서 지속되었다. 바로 이러한 까닭에서 시간은 주기에 따라 순환 계승되는 여러 시대로 형성되는 것처럼 인식되었다. 마찬가지로, 때로는 중앙사령탑에 위치하나 때로는 제국의 네 변방으로 추방되어 격리되는 군주의 5덕(德)에 관한 이론도 이러한 방식으로 설명된다. 하지만 공간이 4방위로 분할됨에 따라 시간은 5단계로 된 율동적 구도를 갖게 되며, 공간 역시 이 구도를 따라야 하는 것이다. 이렇듯 공간은 5개의 연이어진 정방형으로, 즉 중앙과의 결속정도 차이에 따라 위계화된 공간들로 분할되고 있다. 각 공간의 이러한 결속정도는 몇 년을 주기로 복원해야 하는지에 따라 결정되었다.

중국인은 시간과 공간을 획일적인 지대, 즉 추상적인 개념들을 설정할 수 있는 균일한 지대로 생각하지 않았다. 그들은 시간과 공간을 나란히 크게 5개 항목으로 분할하여, 그에 따라 기회와 위치의 다양성을 알려주는 여러 표상을 항목별로 분배했다. 이러한 시공관은 모든 기술(技術)의 기본 틀이 되었다. 즉 이 기본적인 틀은 전적으로 교리적인 것처럼 보이는 하나의 앎에 의거하는데, 중국인은 이 틀을 통해 효능적인 표상들을 사용함으로써 사회를 안배하고 사회의 안배에 따른 세계의 안배를 구현하고자 한 것이다. 한편으로, 중국인들은 시간과 공간을 두 독립된 개념이나 두 독자적 실체로 인식하지 않았다. 그들은 시간과 공간에서 제각기 하나의 구체적인 집단, 하나의 작용체와 다를 바 없는 여러 항목들로 된 하나의 **복합통일체**를 보았던 것이다. 중국인들은 항목들 간의 상관작용을 비일관적인 것으로 생각하지 않았다. 오히려 그들은 거기에는 하나의 질서원칙이 있다고 믿었으며, 이 원칙은 다름 아닌 율동적 구도는 효능성을 지닌다는 것이었다. 이 효능성은 사회조직 내에서 쉽게 확인되는 것으로, 특히 사유를 조직하는 데 적지 않은 영향을 미쳤다고 볼 수 있다. 이제 우리는 율동적 구도가 우주적 차원에서 갖는 효능성을 음양개념의 연구를 통해 천착해갈 것이다.

제2장 음양(陰陽)

우리에게 알려진 중국철학사 전반을 개관할 때,[1] 중국철학은 음양개
념에 의해 주도되고 있다. 이는 모든 주석가들도 인정하는 사실이다. 그
렇지만 주석가들은 대부분 통상 철학용어들에 표하는 그들의 경의심으
로 음양을 대하는 탓에, 이 표상 역시 오직 현학적인 사유로만 파악할
수 있다고 믿는다. 그들은 교리적 창작품들에나 적합할 것 같은 엄격한
의미를 음양에 부여하면서, 중국의 상징들을 서구철학자들의 확정된 언
어에서 빌려온 용어들로 섣불리 규정지으려 한다. 그러다보니 그들은
음양을 일률적으로 때로는 **힘**, 또 때로는 **실체**로 정의한다. 음양을 힘으
로 정의하는 것은 현대중국비평가들의 일반적인 견해로서, 이 고대표상
들을 현대물리학의 상징들과 결부시키고 싶어 하는 그들의 의도를 용이
하게 해준다.[2] 반면 서구 주해가들은 이러한 해석을 시대착오인 것으로
무시해버린다.[3] 그러면서 이 서구 주해가들은 ── 고대중국철학에서 실

---

1) (철학적 성찰을 보여주는 사료로서) 확연히 기원전 5세기 이전의 것으로 추정
될 수 있는 어떠한 사료도 우리에게 전해지지 않는다.

2) 『호적』(胡適, Hu Shih), *The development of logical method in ancient
China*와 (이에 이은) Tucci, *Storia della filosofia cinese antica*, 15쪽과
Suzuki, *A brief history of early chinese philosophy*, 15쪽.

3) Maspero, *La Chine antique*, 482, 483쪽. 또 다른 해석상의 관점으로 상당한
차이점을 보여주는 여러 견해에 대해서는 마스페로의 같은 책, 273쪽 이하를 참
조할 것. 또 Wieger, *Histoire des croyances religieuses et des opinions philo-
sophiques en Chine, depuis l'origine jusqu'à nos jours*, 127쪽도 참조할 것.

체와 힘을 구별할 수 있는 최소한의 가능성도 묻지 않으면서——음양을 실체라고 정의한다. 그들은 자신들의 논거에 따라 중국사유에 실체론적 이원성을 부여함으로써 도로부터 신의 섭리와도 같은 지고한 실재를 찾고자 한다.[4]

　이 모든 통념에서 벗어나기 위해서는, 고대에 음양이 사용된 용례에 대한 전반적인 검토가 필요하다. 물론 박학을 자랑하는 연대기의 나열을 피하고, 없는 것을 증거로 삼으려 드는 위험을 염두에 두면서 말이다. 중국전통은 음양개념의 기원을 역관(曆官)들에 둔다.[5] 사실 이 상징들은 기원전 3세기 이래 전승되는 한 책력을 통해 언급된다.[6] 한편, 음양이 최초의 형이상학적 개념으로 대두된 것은 역술가(易術家)들에 의한 것으로 간주한다. 실제 이 용어들은 역술(易術)을 다루는 한 소고에서 여러 차례에 걸쳐 등장한다. 이 소고는 줄곧 공자의 저술(기원전 5세기 초)로 알려져왔으나, 현재의 학설로는 기원전 4~3세기의 것으로 재고한다.[7] 그리고 이 음양은 음양조화(調)를 중심으로 이론을 체계화했던 악학가(樂學家)들과, 도가의 사유와 일맥을 이루는 기원전 4세기의 장자에 의해서 각별히 다루어진다.[8] 게다가 묵자의 짤막한 한 대목에서도 이 음양의 조화가 암시된다.[9] 공자의 학설과 마찬가지로 묵자의 학

4) Maspero, *La Chine antique*, 483쪽의 각주 1), 499쪽 이하.

5) *Ts'ien Han chou*, 30, 15[b]쪽.

6) 『월령』(*Li ki*, C, I, 330쪽 이하)은 세 판본, 즉 『여씨춘추』, 『회남자』, 『예기』를 통해 우리에게 전해진다.

7) 『계사』(繫辭)는 『역경』으로 칭해지는 고서의 부록이다(*Yi king*, L, 348쪽 이하). Legge, *Les Prolégomènes*, 26쪽 이하, 36쪽 이하; Maspero, *La Chine antique*, 480쪽을 참조할 것.

8) *SMT*, III, 301쪽 이하; Wieger, *Les Pères du système taoïste*, 321쪽.

9) 『묵자』(*Mö tseu*), 7; Forke, *Mö ti, des Socialethikers und seiner Schüler philosophische Werke*, 324쪽 참조. 마스페로는 『계사』의 저자들이 음양이론을 창시했다고 본다. 또 그는(『계사』가 묵자의 저서보다 후대의 것이라는 사실에 비추어) 이 구절이 진본의 한 장(章)에 속한 것임을 인정하면서도 가필된 것으로 본다.

설은 인문주의적 사유전통에 속한다. 그의 저서는 기원전 5세기 말의 것이다. 게다가 음양은 풍수지리지에도 등장하는데, 적어도 이 책은 성지(聖地)와 수도(首都)에 관한 대목에서만은 분명 종교적 원칙에 서 있다. 이 모든 점으로 미루어, 이 음양은 기원전 5~3세기 내내 극히 다방면의 이론들을 정립하기 위해 응용되었다. 이 같은 광범한 사용은 다방면의 기술과 이론을 낳았던 개념들이 이 상징을 통해 시사되었음을 말해준다.

이 점은 『시경』에서 음양 이 두 단어가 사용됨으로써 더욱 확실시된다. 통상 음양을 논할 때 『시경』은 거의 주목받지 못한다. 『시경』에서 이 단어는 대체로 철학적 성찰의 대상이 될 수 없는 통속적인 일면에 한정되어 사용된다. 하지만 음양의 용어와 개념상의 연구에서 『시경』은 가장 확실한 근거를 제공한다. 편집시기가 기원전 5세기 초 이후일 수 없는 이 선집은 그 첨삭을 감안하더라도 고대 자료들 중에서 가장 잘 이 용어의 원형을 보존하고 있다. 『시경』에서의 단어 음은 춥고 흐린 날[10]과 비 오는 하늘을 상기시키며,[11] 안(內)[12] 또는 여름의 어둡고 냉랭한 빙고(氷庫)를 가리킨다.[13] 단어 양은 양지[14]와 열기[15] 또는 춤에 몰아(沒我)된 무인(舞人)의 남성적 면모를 가리키고 있으며,[16] 태양의 열기가 오르기 시작하는 봄날,[17] 그리고 겨울철의 은거가 시작되는 열 번째 달을 지칭하기도 한다.[18] 단어 음과 양은 시간과 공간의 상반된 두 양상을 구체적으로 가리킨다. 그늘진 사면(斜面, 산의 북쪽 응달, 강의 남쪽)

---

10) *Che King*, C, 35쪽.
11) 같은 책, 39, 159, 254쪽.
12) 같은 책, 144쪽.
13) 같은 책, 165쪽.
14) 같은 책, 197쪽.
15) 같은 책, 161쪽.
16) 같은 책, 78쪽.
17) 같은 책, 161쪽.
18) 같은 책, 185, 190쪽; 졸저, *Civilisation chinoise*, 171쪽과 189쪽.

은 음으로, 수도에 적합한 장소[19]인 양지바른 사면(산의 남쪽 양달, 강의 북쪽)[20]은 양으로 칭해진다. 수도의 위치를 결정할 당시, 창건자는 먼저 성스럽게 몸을 장식한 후 장소를 물색하여 점술을 시행했다. 이러한 장소 답사를 '음양을 살펴보다' 또는 '음지와 양지를 살피다'라고 일컬었다.[21] 여기서 우리는 『시경』이 양의 달로 규정하는 열 번째 달은 의례상 건축을 시공하는 달임에 따라 그 장소의 결정시기 또한 이때였음을 주목할 필요가 있다. 그리고 봄이 시작되는 날들은 축조가 끝나 완공식을 올리는 날들로서, 양에 해당되는 시기였다.[22] 우리는 현존하는 증거들 가운데 가장 오래되고 확실한 이 증거들을 지나쳐서는 안 된다. 이들은 음양, 이 용어 속에 내포된 의미들을 구체적이고 풍부하게 알려준다. 두 상징은 다방면의 기술(技術)에 적용되었던 것 같다. 하지만 이 기술은 모두 의식(儀式)에 관련된 것들이자, 하나의 총괄적인 앎에 부속된 것들이었다. 이 앎은 우리가 시간관과 공간관을 분석해 그 중요성과 고대성을 감지할 수 있었던 앎이다. 앎은 위치와 기회를 종교적으로 활용하는 데 목적을 두었으며, 전반적인 의례체계와 풍수지리와 역법(曆法)을 관장했다.

---

19) *Che king*, C, 161쪽.
20) 같은 책, 349, 463쪽.
21) 같은 책, 362쪽; 졸저, *Civilisation chinoise*, 265쪽. 이러한 탐사를 언급하는 『시경』의 구절은 바로 중국에서 그토록 성행했던 풍수지리를 파생시킨 풍습의 고대성을 입증해주는 것이라 하겠다. 풍수지리의 목적은 물과 바람의 흐름을 고려하여 지리적 위치의 효능성을 규정하는 데 있다. 물과 바람의 흐름은 언제나 산들과 연관된다. 따라서 우리는 그 본래의 의미가 산의 북사면과 남사면을 지칭했던 것으로 보이는 음과 양이라는 이 용어들이 어떠한 중요성을 지녔던지 쉽게 짐작할 수 있다. 그리고 이 구절 속에서 경자(景字)는 음지와 양지의 탐사를 나타내는 말임을 주시하자. 이 단어는 바로 해시계를 의미하는 단어이며, 수도를 의미하는 글자 '京'도 표기와 발음상 연관성을 지닌다. (참조원문: 相其陰陽.)
22) 졸저, *Civilisation chinoise*, 265쪽.

점술에 속하는 일체의 기법들은 이 앎을 토대로 삼았다. 그러기에 음양을 알려주는 기술(記述)들 중 가장 고대의 것이 (유실되지 않은 유일한 복서ト書인)『역경』의 부록인『계사』에 실려 있음은(자료의 보존에는 우연이란 것이 작용한다는 점을 감안하더라도) 조금도 놀랄 일이 아니다.『계사』의 저자가 음양을 언급하면서도 그 정의를 내리지 않은 것 또한 전혀 이상한 일이 아니다.[23] 이 부록을 아무런 선입견 없이 읽는 것만으로도 우리는 이 익숙한 개념들이 암시적으로 기술되고 있음을 쉽게 알 수 있다. 게다가 음양이 단어로서 등장하는 유일한 경구는 이 상징들에 대한 저자의 생각을 알려주면서, 일종의 옛 문구이자 완전한 전고로서 활용되고 있다. 그런데 우리는 이 사실들에서 이 경구를 해석할 수 있는 유일한 가능성을 얻을 수 있다.

『계사』의 "일음일양위지도"(一陰一陽謂之道), 즉 "한(번은) 음, 한(번은) 양, 이것이 곧 도이다!"[24]라는 이 경구가 뜻하는 바의 전모에 관해서는 우리로서는 짐작을 좇을 수밖에 없다. 가장 축자적인 번역은 그 의미의 왜곡을 낳기 쉽다. 이에 대한 내 번역 역시 이미 편향성을 보이고 있다. 왜냐하면 내 번역은 다음과 같은 해석을 유도하고 있기 때문이다. "한때는 음, 한때는 양……" 점술에 경도된 저자였다면 시간의 관점에서 이러한 의미로 말했을지도 모른다. 하지만 경구 자체로만 보면 다음

---

23) Maspero, *La Chine antique*, 482쪽. 이 사실은『계사』의 저자를 음양 개념을 중심으로 하는『형이상학』의 창시자로 간주하는 주해가들에게는 정말 의아스러운 점일 것이며 또 그들로서는 당연히 지적했어야 할 사실이다. 반면, 그들은『계사』의 저자가 음과 양을 언급하지 않은 두 문장에서 실질적인 주제는 바로 이 두 용어라는 추정도 서슴지 않고 한다. 마스페로는 이 두 문장의 번역에서는 중국 원문에 포함되지 않은 글자 음과 양의 배제에 주의했으나 그의 논고『주석가들의 믿음에 관해』(*Sur la foi des glossateurs*)에서는 이 두 용어를 거리낌 없이 사용했다.

24)『역경』(*Yi king*), L, 335쪽.

처럼 읽힐 수도 있을 것이다. 즉 "한(쪽은) 음, 한(쪽은) 양……" 앞서 살펴본 시간관과 공간관의 상관성에 비추어 우리는 두 해석 모두 일면적 설명에 불과한 것으로 보아도 무방할 것이다. 한편 우리는 두 해석 모두 음과 양 그리고 도, 이 세 표상을 상관 짓는다는 점에서, 교대와 대립의 개념을 암시한다고 봐도 될 것이다. 하지만 이것만이 전부인 것은 아니다. 이를테면 축자적 번역마저도 이미 해석에 의거하고 있다. 왜냐하면 이 축자적 번역은 대문자나 소문자의 선택적인 사용 여부로도 그 의미가 달라지기 때문이다. 교대와 대립의 개념을 전하는 번역으로는 다음 두 경우가 가능하다.(陰, 陽, 道는 대문자에, 陰, 陽은 소문자에 해당한다.)

$$
\left.\begin{array}{l} \text{우선은 陰, 다음은 陽} \\ \\ \text{이쪽은 陰, 저쪽은 陽} \end{array}\right\} \text{이것이 곧 道이다!}
$$

또는

$$
\left.\begin{array}{l} \text{한때는 陰, 한때는 陽} \\ \\ \text{한쪽은 陰, 한쪽은 陽} \end{array}\right\} \text{이것이 곧 道이다!}
$$

교대하거나 대립하는 것은 실체들인가 힘들인가(정확히 말해 원칙들인가)? 아니면, 상반되고 교대하는 국면들이 관련된 것인가? 도의 의미를 섣불리 규정하면서 무언가를 결정하기는 불가능하다. 『계사』가 우리에게 알려주는 것은 기껏 도라는 이 단어가 역(易, 변이), 변(變, 주기적 변화), 통(通, 상호융통)과 관련된 하나의 개념을 시사한다는 점에 불과하다. 우리에게는 단지 하나의 길만이 주어질 뿐이다. 『계사』의 경구는 그 형식에 주목할 필요가 있다. 우리는 이 경구를 다른 유사형식의 문구들과 비교하고 대조함으로써 그 의미가 밝혀지기를 기대할 수 있다.

『계사』는 이와 유사한 형식의 두 문구를 보여준다. 이 책의 서두에는 자연운행과 점술조작의 정확한 조응관계를 알려주는 하나의 문구가 나온다. '한(번은) 추위, 한 (번은) 더위' 또는 '한(때는) 추위, 한(때는) 더위'(一寒一暑). 이 경구는 태양과 달의 공존을 상기시키는 경구(日月運行)에 이어 나온다. 그리고 이 경구 바로 뒤로는, 도는 건(乾)의 양상으로 남성을 형성하고 또 곤(坤)의 양상으로 여성을 형성한다는 문구인 '건도성남, 곤도성녀'(乾道成男, 坤道成女)가 후속된다.[25] 전통적으로 건과 곤은 〔점술의 기본상징들인 일련의 연속 획 또는 불연속 획으로〕 양과 음을 표기한다. 『계사』의 다른 곳에는, 여성의 상징인 곤은 닫힌 문과 동일시되는 반면〔여성은 몸을 숨기고 있으며 안으로 태아의 은신처를 이룬다〕, 남성의 상징인 건은 열린 문과 동일시된다. 〔남성은 스스로를 발산시켜 나온다. 남성은 생산하고 북돋우고 키운다(生). 남성은 외향적이다〕.[26] 이어 저자는 다음의 경구를 덧붙인다. "한(번은) 닫히고 한(번은) 열리니, 이것이 곧 변화(變)다! 끝없는 왕래는 곧 상호침투(通)다!"[27] 이러한 문구들의 비교와 대조를 통해, 우리는 음양개념이 율동을 기본관점으로 하는 모든 사상 전반에 운용됨을 알 수 있다. 아울러 우리는 두 상반된 양상을 보여주는 표상들은 모두 율동의 상징이 될 수 있다는 점도 짐작하게 된다.

이와 비슷한 경구는 『귀장』(歸藏)에도 보인다. 『귀장』은 이미 오랜 옛 적에 유실된 복서이지만,[28] 『역경』에 비해 고대의 종교전통에 좀더 밀접하게 관련되는 것 같다. 왜냐하면 이 『귀장』의 것으로 전승되는 몇 구절만으로도 풍성한 신화적 제재들을 다루고 있기 때문이다.[29] 희(羲)-

---

25) 앞의 책, 349쪽.

26) 이것이 제반 주해들이 수용하고 있는 전통적인 해석이다. 여기서 우리는 이러한 제시 속에 담겨 있는 성적 양상에 주목해야 할 것이다. 이 점은 차후 거론하자.

27) *Yi king*, L, 372쪽. (참조원문: 闔戶謂之坤, 闢戶謂之乾, 一闔一闢謂之變, 往來不窮謂之通.)

28) 전통에 따르면 『귀장』은 (송의 군주들과 그 후손들이 소장해왔던) 은대(殷代)의 점서로, 『역경』은 은(殷)을 계승한 주대(周代)의 점서로 간주된다.

화(和)에 관련된 두 구절이 전해진다. 한대(漢代)의 전통에 따르면,[30] 음양개념의 기원은 역관이던 희(羲)-화(和)에게 주어진다. 우리가 아는 것처럼, 희-화는 태양의 어머니 또는 태양 그 자체다. 이는 바로 운문체의 『귀장』에서 말해지는 희-화다. 『귀장』은 태양의 거처이자 군주의 거처는 볕바른(陽) 계곡에 솟아 있는 움푹 파인 뽕나무며, 희-화는 이 뽕나무를 "들거나 나면서 어둠이나 빛(晦明)을 만든다"고 묘사한다.[31] 또 『귀장』의 다른 구절은 이른바, "그가 승천하는 것을 보라. 한(때는) 빛, 한(때는) 어둠이니라(一明一晦). 이자가 바로 동녘의 계곡에서 나오는 희-화의 아들이니라!" 이 두 구절은 주목할 필요가 있다. 이 두 구절은 신화적 배경을 보여줄 뿐만 아니라, 어둠과 빛을 교대관계로 보는 관점 (닫힌 문과 열린 문, 출구와 입구)과 대립관계로 보는 관점이 밀접하게 상응함을 보여준다. 이렇듯 우리는 이 두 구절을 통해 시상(詩想) 가득한 상투적인 경구들을 마주하는 것이다.

위에서 우리가 인용한 전고들은 상호 등가적인 상징작용을 통해 서로 연동되고 있다는 점에서 주목된다. 경구 '일명일회'(一明一晦, 우선은 빛, 다음은 어둠!, 이쪽은 빛, 저쪽은 어둠!)는 ―― (음양, 이 단어들의 최초 의미를 잊지 않는다면 어쨌든) 형식과 의미에서 『계사』의 경구 '일음일양'(一陰一陽, 우선은 음지, 다음은 양지!, 이쪽은 응달, 저쪽은 양달!)과 극히 유사한 경구로서――『장자』의 한 구절에서도 그대로 운용된다. 『장자』에서 이 경구는 〔『계사』의 경구 '한(때의) 추위, 한(때의) 더위'의 위치처럼〕 태양과 달의 공존을 상기시키는 문구 가까이에 위치한다. 도가의 정통과는 전혀 무관한 이 구절에서 장자는 음양의 상

---

29) 『역경』에서 신화적 제재는 거의 찾아볼 수 없다. 공자를 섬겼던 도덕가들이 『역경』을 중시했던 것도, 또한 이 책이 그 후로도 보존될 수 있었던 것도 바로 이 점 때문이다.

30) *Ts'ien Han chou*, 30, 15^b쪽.

31) 졸저, *Danses et légendes de la Chine ancienne*, 253쪽. 양(陽)의 골짜기로 번역해도 무방할 것이다.

호관계를 명확히 묘사하고 싶어 한다.[32] 그는 다른 한 구절에서도 이 관계를 길게 묘사하면서,[33] 동일한 유형의 경구들을 연속적으로 나열한다. "한(때의) 충만, 한(때의) 쇠락…… 한(때의) 맑음, 한(때의) 탁함…… 한(때의) 삶, 한(때의) 죽음…… 한(때의) 침강, 한(때의) 융기……" 장자는 고대의 화음을 문학적으로 옮겨놓으려는 시도가 역력한, 극히 시적인 한 구절에서 이러한 경구들을 거듭 나열한다(장자는 고대화음에 관한 전적典籍을 참조했을지도 모른다). 희-화 신화와 관련되는 이 화음은 아침마다 태양들의 어머니가, 솟아오르는 태양들을 씻겨주는 성스러운 연못(咸池)을 노래하고 있다.[34]

장자의 이러한 부류의 시적 경구들 중 '일청일탁'(一淸一濁)은 특히 시사하는 바가 각별하다. 나는 이 경구를 "한때의 맑음, 한때의 탁함"으로 해석했다. 청(淸)은 맑음과 가벼움을, 탁(濁)은 흐림과 무거움을 상기시킨다. 이 상반된 두 용어는 발효음료의 맑은 부분과 그 아래에 쌓인 찌꺼기를 연상시킨다. 그리고 이 두 용어는 물질이나 실체의 상반된 두 양상을 상기시키는 데도 사용된다. 즉 탁(濁)은 둔탁한 소리와 낮고 장중한 음조를, 청(淸)은 청아한 소리와 날카롭고 높은 음조를 가리킨다.[35] 따라서 이 경구는 서로 구별되지 않는 다음의 두 의미로 읽혀야 한다. 즉 "이쪽은 가벼움——우선은 날카로움, 저쪽은 무거움——다음은 장중함"으로 말이다.

장자는 마음껏 전고를 활용하여 우주의 화음법을 빌려 만물의 구성을 밝히면서도, 물질과 율동을 구별하려는 생각은 아예 하지 않았던 것 같다.[36] 그는 힘이나 실체를 각기 대립하는 독자적인 요체로 다루지 않았

---

32) *Tchouang tseu*(莊子), Wieger, *Les pères du système taoïste*, 383쪽. (참조 원문: 一盛一衰〔……〕一淸一濁〔……〕一死一生〔……〕一僨一起……)

33) 같은 책, 321쪽.

34) 졸저, 앞의 책, 435쪽 이하.

35) 음료수의 양태가 물질(＝음식물)뿐만 아니라 율동의 연상에 사용됨을 상기하자. 이 책, 406쪽과 410쪽을 참조할 것.

36) 율동과 물질의 개념만이 구별되지 않는 것은 아니다.

다. 그는 어떠한 원칙에도 초월적 실재를 상정하지 않았다. 장자는 상호 대조적인 특정한 양상들을 불러오는 것에 그친다. 따라서 전고인 '일청일탁'(一淸一濁) 다음에는 요약의 의미를 지니는 또 다른 한 문구가 기술된다. 즉 음악적 은유가 내재된 "음양은 조화를 이룬다"[37]가 그것이다. 장자는 우주의 율동적 구성을 밝히는 몇몇 주요 대조양상들을 열거한 다음에 이 문구를 언급한다. 그리하여 장자는 우리에게 음양의 상반관계는 (아마 감흥을 불러일으키는 각별한 관계라는 점에서)[38] 있을 수 있는 모든 대조양상들을 불러오는 데 사용될 수 있으며, 바로 이로부터 모든 대조양상들을 그 자체로 요약하는 듯한 음양의 상반관계를 각각의 대조양상에서부터 재확인하려는 경향이 비롯했음을 알려주는 것이다. 음양의 상반관계는 두 실체, 두 힘, 두 원칙의 상반관계와는 전혀 무관하다. 이 관계는 어떠한 표상보다도 암시력이 풍부한 두 대표적인 표상들의 관계일 뿐이다. 음양은 그 자체만으로도, 다른 모든 표상들을 짝패로 상기시킬 수 있을 뿐만 아니라 심지어는 강력한 상기력으로 다른 표상들 사이의 짝짓기를 유발하기도 한다. 그리하여 우리는 음양에 한 쌍의 으뜸항목으로서의 권위와 위상을 부여하게 되며, 바로 이 권위에 따라 한 쌍으로서의 음양은 모든 상반관계의 토대이자 우주를 구성하는 대조양상들의 주재자인 조화, 즉 일체성과 협동성을 지니게 된다.[39]

우연의 일치인지 (그러나 이 우연의 일치는 곧 전고에 대한 지대한 신뢰도만이 아니라, 철학자들이 공동의 지혜에서 얼마나 많은 영감을 얻는지를 보여준다), 묵자 역시 음양을 명명하는 유일한 구절에서 이 조화를 언급했다. 음양지화(陰陽之和), 이 구절은 (누군가의 가필이 아니라

---

37) 글자 화(和)와 조(調)는 음악적 조화와 물질(음식물)적 조화 양상을 탕국의 양태로 연상시키고 있다. 졸저, *Civilisation chinoise*, 283쪽. (참조원문: 陰陽調和)

38) 이 점은 설명이 더 필요하므로, 이 책, 150쪽 이하에서 다룰 것이다.

39) 화조(和調 또는 거꾸로 調和)라는 표현은 "(음식물을 구성하는 기본적인 여러 맛을) 서로 어울리게 하면서 화합시킴"을 의미한다. 율동과 물질은 총괄적이며 비규정적인 어떤 직관의 대상이다.

면) 음양-상징을 언급하는 현존의 모든 철학문구들 가운데 가장 오래된 것이다.[40] 이 문구는 다른 여러 방면의 관심들에도 유익할 것이다. 묵자는 (그 역시 더위와 추위의 상반관계를 지목한 후) 하늘과 시간의 흐름을 음악적 은유를 빌려 언급한 주목할 만한 한 대목에서 음양을 거론한다. 여기서 눈여겨 보아야 할 사실은, 묵자가 음양조화의 원칙을 음양 그 자체에 두기보다는 사회질서에 두었다는 점이다. 율동에는 어떤 창시자가 있는 것이 아니라 단지 일종의 책임자인 통솔자만 있을 따름이며, 인간세계는 그 통솔에 따를 뿐이다. 우주율동을 조율하는 것은 군주만의 고유한 특권이다. 왜냐하면 사회가 군주에게 책임과 전권을 위임했기 때문이다. "성군(聖君)은 적절(適節)[41]한 때에 4계절이 임하게 하며, 음과 양, 비와 이슬을 조화롭게 한다."[42] 여기서 주요 상징인 음과 양은 비와 이슬과 동일한 차원에서 다루어진다. 이는 이 문구에서 가장 흥미로운 대목일 수 있다. 여기서 우리는 선행된 분석에서 암시되었던 것을 재확인하게 된다. 즉 음양은 표상작용을 통해 구체적인 양상들을 나타낸다는 점이다. 묵자가 특히 상기시키려 했던 것은 바로 이 두 표상이 원래의 의미에서 실제적으로 상기시키는 양상들이다. 다시 말해, 음

---

40) *Mö tseu*, 7.

41) 글자 절(節)은 '관절, 연접부위'를 의미하며 대나무 마디를 연상시킨다. 이 단어는 중국인들이 박자를 맞추는 데 (성왕聖王은 사계절을 규칙적으로 박동시킴으로써 음과 양을 조화롭게 했다) 사용한 악기와 계절의 흐름을 조율하기 위한 시간상의 분할을 지칭한다. 또 이 단어는 충절과 정조의 표상이자 율(律)의 표상이다. 율의 개념에 내포된 구체적인 여러 다양한 양상들은 모두 어떤 음악적 양상을 담고 있는데, 이러한 양상은 마디 수에 따라 음률화된 (대나무) 악기와 연관성이 있는 것으로 보인다.

42) 비와 이슬은 1년의 특정 절기들을 표상하는 시적 제재들을 제공한다. 비와 이슬은 서로 대립적이다. 비는 갖가지 여성적인 표상들과 관계되며, 이슬은 군주의 선정을 상기시킨다. 뒤에서 우리는 『홍범』(洪範)에 실려 있는 오행에 관한 열람표(*SMT*, IV, 228쪽)를 통해 양(陽)이 비에 대립하고 있음을 살펴볼 것이다. 더욱이 이 같은 제시를 통해 알 수 있는 것은, 첫째는 『홍범』의 편찬자들이 음양 '이론'을 알고 있었다는 점이며, 둘째는 그들에게 음과 양은 구체적인 범주들이었다는 점이다. (참조원문: 節四時調陰陽雨露也.)

양의 대립이 이처럼 이슬과 비의 대립과 나란히 열거될 때, 음양의 대립은 분명 음지와 양지가 갖는 두 양상의 상반관계를 알려주는 것이다. 우리는 왜 여타 다른 상반관계들 중에서도 유독 이 상반관계가 주된 항목으로서의 역할을 맡아야 하는 표상들을 제공하게 되었는지를 설명해야 할 것이다. 이를 위해 우리는, 하나의 음악적 질서에 의해 조율되는 듯한 장면이 음양의 대립을 통해 구성되고 있음을 상기해야 할 것이다. 무엇보다 중요한 것은 음양을 실체나 힘 또는 원칙으로서 인식하게 하는 것은 아무것도 없다는 점이다. 왜냐하면 음양은 실로 무한하고도 총체적으로 상기시키는 힘을 지닌 표상에 불과하기 때문이다.

음양 '이론'은 역관이나 점술가들보다는 오히려 음악가들에게 더욱 많은 도움을 구한다. 하지만 역관이나 점술가들과 마찬가지로 음악가들 역시 여러 신화들로 옮겨져[43] 공동사상이 된 하나의 세계관에서 출발한다. 이 공동사상은 우주와 그 모든 현상이 두 구체적인 양상간의 대조로써 특징된다는 인식에 기초한다. 이 대조를 (특정한 기술상의 관심에 따라) 기간의 관점에서 고찰하는 경우, (이를테면 풍수지리와는 변별되어 시기의 판독에 주력하는 역학易學의 경우처럼), 양상들의 대립으로부터 교대로의 이행을 생각하게 되며, 따라서 세계에는 상호교대와 상보적인 두 양상의 공조에 따른 총체적인 순환질서(도道, 변變, 통通)에 부응하지 않는 어떠한 현상도 없다는 생각이 비롯한다. 그런데 이러한 공조는 시간의 영역 못지않게 공간의 영역에서도 일어난다. 시간적 배열뿐만 아니라 공간적 배치 또한 교대사고를 이끌 수 있다. 즉 주기적인 진행과 마찬가지로 공간상의 병렬 또한 이러한 생각을 가능하게 할 수 있다. 상술했듯이, 시간은 구체적인 시간적 특성들의 지나친 외연에 의해서가 아니라 공간과 상응함으로써 여러 주기단위들로 분할되며, 그러기

---

43) 가장 흥미로운 신화는 희(羲)-화(和)의 관련 신화다. 통설에 의하면, 희(羲)형제들 중 맏형과 화(和)형제들 중 맏형은 군주의 분신과도 같았던 역관(曆官)들의 수장으로서 각각 음과 양을 담당했다고 한다. *SMT*, 43, 44쪽의 각주 1); 졸저, *Danses et légendes de la Chine ancienne*, 253쪽.

에 (통치기나 시대와 같은) 주기단위들은 한 해와는 확연히 구분된 것이다. 이로 미루어 우리는, 음양은 역관들이 사용한 표상으로서, 우주생성의 요체들로 간주되었으리라는 추측도 할 수 있는 반면, 음양은 원칙상 오직 시간만을 고려하는 사고체계에는 부합하지 않았으리라는 추측도 할 수 있다. 중국사유는 모든 분야에 공통된 사유든 전문분야에 국한된 사유든 시간관과 공간관을 결코 분리하지 않는다. 제반 현실들을 구성하는 양상들의 순환적인 대립을 표현하기 위해 채택된 용어들이 공간적 양상을 담고 있다는 사실은 이의 또 다른 입증과도 같다. 따라서 『계사』의 경구인 '일음일양'[44]은 점술가의 관점에서 '한 (때는) 음, 한 (때는) 양'이라는 문구로 오역 없이 해석될 수 있는 한편, '한 (쪽은) 음, 한 (쪽은) 양'[45]이라는 생각 또한 반영되어 있다. 그러기에 지나치게 국부적인 해석을 피할 수 있는 유일한 방법은 이 경구를 '한 (양상은) 음, 한 (양상은) 양'으로 읽는 것이며——이 대립이 구체적이면서 복합적인 모습을, 즉 빛의 양상에 어둠의 양상이 공조하는 모습을 일깨우고 있음을 잊지 않는 것이며——, 또한 이 상반된 양상들은——비단 연속되는 어둠의 시기(밤, 겨울)와 밝음의 시기(낮, 여름)를 생각할 때뿐만 아니라 음지에서 양지로 이행이 가능한 하나의 풍경 속 두 양상을 동시에 떠올릴 때에도 역시——언제나 교대하는 것 같은 느낌을 인정하는 것이다.

* * *

---

44) 여기서 우리가 음과 양 이 두 단어를 대문자로 표기하지 않은 것은 두 원칙간의 대립이 문제시되는 것이 아니라 두 양상의 대조가 문제되기 때문이다.

45) 점술에서 사용되는 상징들(『역경』易經에서 양효陽爻와 음효陰爻로 표기되는 상징들)에 관한 통설들 가운데 하나에 따르면, 점술가들이 사용했던 산가지들은 한 면은 볼록 튀어나와 있었고(양=남성=돌출한 모습) 다른 한 면은 움푹 파여 있었다고 한다(음=여성=움푹 파인 모습). 따라서 점술의 용어로 된 『계사』의 문구에 대한 가장 적절한 번역은, '한 (번은) 음(면), 한 (번은) 양(면)'일 것이다.

우리에게 분명한 것은 역관들이나 점술가들이 자신들이 고안해낸 실체에 임의적으로 음양이라는 용어를 부여하지는 않았을 것이라는 점이다. 이 용어는 무엇보다 먼저 하나의 모습을 떠올려준다. 그리고 이 모습은 상관적인 시간관과 공간관을 내포한다는 점에서 주목된다. 그렇지만 교대사고가 대립사고보다는(비록 약간이나마) 더욱 중시되었던 것으로 보인다. 우리는 이 사실을 간과해서는 안 될 것이다. 이는 음양, 이 두 상징이 기여했던 점들 중 하나를 알려준다. 즉 이 두 상징은 책력을 작성했던 현자들의 주된 원칙으로 사용되었다. 중국인들은 책력에서 하나의 지고한 법칙을 보았다.[46] 이 법칙은 인간의 관습 전반을 지배하는 규칙으로서, 자연의 제반 행태들을 관장하는 것처럼 보인다. 책력에서 음양은 계절의 율동원칙으로서 운용된다.——현자들이 음양에 이러한 역할을 줄 수 있었던 것은 이 표상들이 고대중국인들이 채택했던 생활방식의 율동형태를 상기시켜줄 수 있었기 때문이다.

장자는 음양의 조화를 언급하고 이어 다음 금언을 인용한다. "칩복(蟄伏)하던 동물들이 미동한다(蟄蟲始作)." 이 제재는 (『장자』의 이 구절에서처럼) 언제나 우레는 봄이면 깨어난다는 생각과 연결되며 거의 모든 수준의 책력에서 운용된다. 『월령』(月令)에 따르면, 태양년의 한 시점에 이르면 우레는 소리치고 칩복동물들은 땅에서 나오며(雷乃發聲, 始電, 蟄蟲咸動, 啓戶始出), 또 다른 한 시점이면 동물들이 칩복을 위해 땅속으로 깃듦과 동시에 우레는 소리를 거둔다(雷始收聲, 蟄蟲坏戶). 통설에 따르면, 이 두 시점은 춘분과 추분으로서, 음기와 양기가 정확히 균형을 이루어 바야흐로 한쪽으로 강화되거나 약화되기 시작하는 극적인 시점들이다. 실제로 천문에 바탕을 둔 정교한 책력인 『월령』에서 음양은 상반된 두 실체의 모습으로 나타난다. 즉 음은 파괴력 전체(겨울)에 해당되며, 양은 생동력 전체(여름)에 해당된다.[47] 하지만 태양의 흐름이 제

---

46) 졸저, *Civilisation chinoise*, 21, 27, 29, 31, 49, 52, 412쪽.
47) *Li ki*, C, 345, 348, 377, 382쪽.

공하는 지표에 따라 시간을 나눌 필요가 없었던 좀더 옛 책력들에서는 음양이 언급되지 않는다. 중국인에게 우선적인 관심의 초점이 되기에 충분했던 한 해의 순간들은 격언 그 자체만으로도 쉽게 알 수 있는 순간들이었다. 자연행태에 관련된 이러한 농촌격언들은 천문에 따른 어떤 정확한 지시 없이도 인간에게 할 일의 순서를 완벽하게 보여줄 수 있는 대상을 비롯하여, 사회활동을 관장하는 주요 규범들을 민감하게 환기시켜주는 대상에 관심을 두었다. 이를테면 동면동물들의 출몰은 각기 농한기의 시작과 끝을 알려주는 신호였다. 사람들 역시 자신들의 겨울 땅속에 칩거하면서 이 극적인 시기를 보냈다. 칩거기간은 추분에서 춘분까지의 기간보다 길지는 않았다. 그러기에 고대의 한 책력은 동물들이 동면에서 깨어나는 시점을 태양년의 끝에 위치시키는 것과는 반대로, 이 자연신호에 따라 정해진 순간에서 한 해를 시작했다.[48] 이 책력은 농촌격언들이 기록할 줄 알았던 여러 신호들(동물의 동작, 식물의 행태 등)에 의해 단계별 시기가 구체적으로 결정되었던 의례주기의 시점을 이 순간에 두었다. 고대책력이 법칙으로서 효력을 지녔던 까닭은 바로 격언들로 되어 있었기 때문이다. 고대책력이 천문술에 따른 여러 사항들을 가지게 된 것은 훗날의 일이다. 천문학을 활용하면서부터 역술은, 예전에는 사회활동을 조직하는 데 충분했던 것으로 생각된 농촌의 여러 경험들을 하늘의 지표들에 따라 안배해야만 했다.[49] 역술이 음양의 두 상징을 공개적으로 차용하게 된 것은 바로 이때부터다. 만일 음양개념들이 단순개념에 불과했거나 어떤 학설의 개념에 따른 인위적 산물에 한정되었더라면, 결코 격언에 담긴 지시사항과 천문술에 따른 지표 사이에 어떠한 상응관계도 설정할 수 없었을 것이다. 역술가들은 천문술이 자신들을 북돋우는 새로운 믿음에도 불구하고, 준수해야 할 자연의 신호들로 되어 있는 농촌의 시기별 기록들을 배제하지 않았다. 오히려

---

48) 하대(夏代)의 소책력(小冊曆), 『대대예기』(大戴禮記, *Ta Tai li ki*), 47쪽.

49) 졸저, *Fêtes et chansons anciennes de la Chine*, 53쪽 이하.

그들은 효율적인 분류원칙이 될 수 있었던 극히 구체적인 개념들을 바로 상징들의 유산 속에서 찾아내었다. 이 개념들이 차츰 교리적 원칙으로 변질될 여지는 있었지만 말이다.

음양은 책력의 소재들을 조직하는 틀로서 운용되었다. 왜냐하면 이 두 표상은 상반된 두 구체적인 양상들의 율동적 구성을 환기시키는 데 유달리 강력한 힘을 지녔기 때문이다. 실제로 책력에 사용된 제재들이 보여주는 현저한 특징은 그들이 음양과 같이 둘씩 짝을 맺고 있다는 점이다. 이를테면 칩충(蟄蟲)들은 그들의 은거지를 깃들거나 떠난다. 또 기러기 떼는 북으로 또는 남으로 날아간다. 주해가들의 지론에 따르면, 이처럼 상반된 격언들이 표현하는 왕(往)-래(來), 출(出)-입(入)[50]의 운동들은 태양의 운행주기를 따른 것으로, 번갈아 우위를 점하는 음양의 상관관계를 밝혀주기에 충분하다. 하지만 신화적 사유의 관점은 완전히 달랐다. 현자들은 이에 대한 좋은 예증들을 보여준다. 제비들은 태양의 흐름을 따라 이동하는 까닭에, 그 귀환과 이별 시기는 춘분과 추분을 정확히 가리킨다. 그런데 농촌책력은 우리에게 제비가 단지 이동에 한정되지 않음을 보여준다. 즉 가을이 되어 설치류(楔齒類), 곰, 표범 등 여러 동면동물들이 다시 땅속으로 들 때면, 제비는 바다 속으로 깃든다.[51] 신화의 내용은 더욱 상세하고 구체적이다. 제비는 겨울을 나는 동안에는 더 이상 제비이기를 멈춘 채 물속의 은거지로 깃들어 조개로 변신한다. 가장 정교한 책력들은 참새와 메추라기도 이와 유사한 생태학적 변화를 취하고 있음을 한결같이 알려준다. 화창한 날들이 다하면, 참새는 바다나 회하(淮河)에 잠수하여 추운 겨울 내내 그 속에서 굴로 변신하여 은신한다. 마찬가지로 메추라기는 두더지가 봄이 되어 변신한 것이다. 메추라기는 여름 내내 노래하고는 새 계절이 돌아올 때까지 두더지의 몸으로 땅속에 칩거한다.[52] 이렇듯 거주지의 변동은 새로운 생활방식을

---

50) 이 책, 133쪽을 참조할 것.
51) 『대대예기』(*Ta Tai li ki*), 47쪽.
52) 『월령』(月令)과 하력(夏曆).

낳으며, 생활방식의 변화는 양상에서의 실제적인 변화를 부추긴다. 그러나 이는 실체의 변동을 뜻하는 것은 아니다. 왜냐하면 이러한 변화는 기실 일종의 변이에 불과하기 때문이다. 이러한 변이들은 점술이 추구하는 변이와도 극히 흡사하다. 점술이 대상으로 하는 변이는 음 또는 양을 나타내는 표기상징들의 상호 대체로 얻어지는 교대에서 비롯한다. 책력의 경구들이 신호로서의 효력을 갖는 까닭 또한 유사변이들을 기록하고 있기 때문이다. 이를테면 사냥과 어획(漁獲)은 수달과 맹금들이, 일종의 제물로서 새나 물고기를 몰살하는 계절이 시작되기까지는 금지되었다. 맹금은 제물을 희생시키는 순간 곧 변이를 행한다. 그리하여 맹금은 사냥철이 끝난 이후부터는 산비둘기의 양상과 습성으로 살았다. 한편 사람의 편에서는, 표상의 변이를 일으키는 희생의 효과에 따라 맹금의 신호가 하늘에서 산비둘기의 신호를 대체하는 순간이 되어서야 비로소 사냥을 재개했다. 반대로, 여인들이 양잠을 행하기 위해서는, 먹이를 뒤쫓는 맹금의 울음소리가 아닌 산비둘기의 노랫소리가 뽕나무 위에서 들려와야 했다.[53] 동물들의 변이는 사회활동의 변동을 알리는 신호이자 표상인 것이다. 사회활동의 변동은 그 자체가 일종의 변이로서 거주지의 변경과 형태상의 변형을 동반하게 마련이다. 우리는 출(出)-입(入)에 대한 생각과 연관된 왕(往)-래(來)에 관한 제재가 『계사』에서 차지했던 중요한 역할을 알고 있으며, 또한 은둔과 칩거는 음을 표상으로 하는 반면, 양은 모든 능동적인 현상을 상징하고 있음을 알고 있다. 전통적으로 철학은 언제나 양에서는 왕성한 활동력의 상징을, 음에서는 발현되지 않은 잠재력의 표상을 찾아내었다. 이렇듯, 음양개념은 (철학적 사유가 이 개념에 우주생성의 요체로서 그 의미를 부여했던 시대보다 훨씬 이전에) 기왕의 상반된 의미의 경구들이나 동물들의 생활양식을 전하면서 인간 활동을 알려주는 경구들 속에, 즉 우주율동의 단계별 시기를 기록하고 있던——그리고 책력을 조직화하기 위해 채택된 상징

---

53) 앞의 책; 王制, *Li ki*, C, I, 283, 332, 340, 389쪽.

을 제공할 수 있었던——경구들 속에 이미 내포되어 있었던 것 같다.

역술가(曆術家)들은 농촌의 신호들을 한 해 전반에 걸쳐 안배했다. 그들은 다소 능란하게 이 신호들을 하나씩 태양년의 시기마다 차례로 배열했다. 이 같은 안배방식은 가장 오래된 책력에서는 나타나지 않는다.[54] 반면, 사람들이 생활유형과 거주지를 동시에 바꾸는 시기일수록 신호들은 많아지고 빈번하게 나타난다. 더욱이 이러한 고대책력들은, 농촌에 관한 수많은 제재들을 마치 주문을 외우듯 늘어놓는 희망의 노래들이나 감사의 의식(儀式)들과도 거의 구별되지 않는다. 이러한 송가들 중 하나가 우리에게 전송되고 있다. 우리는 이 송가가 농한기의 농민회합에서 애송되었음을 알고 있다. 지난 여러 해 동안 자연이 관대하게 베풀어주었던 모든 신호들을 사람들은 노래를 통해 반복했다. 자신들의 노래가 발휘하는 효력에 따라 자연이 향후 여러 해 동안 다시 그 신호들을 반복해주리라는 희망을 담아 노래했다.[55] 격언들을 노래로 열거하면서 얻게 되는 효능성은 노래하는 자들의 배치와 축제의 거행방식에 좌우되었다. 사실, 노래하는 자들의 배치와 축제의 거행방식은 오직 정교한 의례규칙을 통해 알려졌을 뿐이다. 의례규칙에 따르면, 참가자들은 동서남북으로 여러 조를 형성했다. 합창의 조장들은 시간과 공간을 형성하는 상반적이고 교대적인 양상들을 의미했다. 그들은 하늘과 땅, 태양과 달, 남쪽과 여름, 겨울과 북쪽, 봄과 동쪽, 서쪽과 가을을 의미했다. 노래경연이 끝나면 모든 참가자들은 개고기를 먹으면서 교감을 나누었다. 개고기는 양(陽)의 활동이 시작되는 출발점으로 간주되는 동쪽(동쪽은 곧 봄이기에)에서 삶아졌다.[56] 이에 대한 후대의 묘사나 해석에는 아마도 이론적으로 그럴듯하게 꾸미려는 많은 시도들이 가해졌을 것이다. 하지만 분명한 것은 **완성된** 음양사상이 축제의 절차를 관장했던

---

54) 졸저, *Fêtes et chansons anciennes de la Chine*, 54쪽.

55) *Che king*, C, 160쪽; 졸저, 같은 책, 56쪽; *Civilisation chinoise*, 191쪽.

56) 졸저, *Fêtes et chansons anciennes de la Chine*, 184쪽; *Li ki*, C, 652쪽 이하. 개는 양(陽)에 해당하는 동물이다.

것은 아니라는 점이다. 오히려 축제의 절차가 그 계기가 되었던 모종의 성찰작업을 통해 이 사상의 정립이 비로소 가능하게 되었다. 사람들이 동물의 습성을[57] 시구로 떠올리거나 몸짓으로 흉내 내었을 농한기의 집회는 지하의 한 안전한 장소에서 열렸다. 이를테면 이 집회는 명당에 관련된 전통이나 여러 신화(예를 들어 희羲-화和와 움푹 파인 뽕나무 신화)들이 그 기억을 간직하고 있는 일종의 공동의 집에서 열렸다. 동면동물들과 철새들은 그들의 겨울철의 서식에 적합한 은신처에 틀어박혀 느긋하게 생활을 했다. 또 사람들은 물과 땅을 동결시킨 얼음을 깨뜨릴 봄날이 오기를, 또한 어둠으로 팽배한 은신처의 얼음을 오히려 가두어버릴 그러한 봄날이 오기를 기다리며,[58] 어둠 속에서의 칩거생활을 감내하면서 자신들의 힘이 깨어날 소생의 그날을 준비했다. 이러한 실생활과 그에 따른 사람들의 의식(意識)은 사변적인 음양사상의 주류를 이루는 생각들 가운데 하나를 설명해준다. 철학자들의 지론에 따르면, 겨우내 양은 음에 농락당한 채 얼어붙은 지하의 샘 저변에서[59] 소생할 날을 기다리며 일종의 연례행사로서 시련을 겪는다. 그런 후 마침내 초봄이 되면 양은 발뒤꿈치로 땅을 박차고 나와 감옥에서 탈출한다. 그때 얼음은 절로 갈라지고 샘물도 풀린다.[60] 이렇듯 고대중국인들은 어떠한 형이상학 없이도 이러한 해방의 신호들을 들을 줄 알았다. 그들에게 해방의 신호는 제자리에서 발을 구르며 춤을 추는 꿩들의 소리를 듣는 것으로 충분했다. 그들은 꿩의 습성과 몸짓을 간과하지 않았을 뿐만 아니라

---

57) 졸저, 앞의 책, 181쪽; 졸저, *Danses et légendes de la Chine ancienne*, 305쪽 이하.

58) 졸저, *Civilisation chinoise*, 189쪽 이하, 281쪽.

59) 이곳은 사자(死者)들의 거처다(졸저, *La vie et la mort, croyances et doctrines de l'antiquité chinoise*, 15쪽 이하). 농한기는 사자(死者)들의 계절이다(cf. 졸저, *Danses et légendes de la Chine ancienne*, 321쪽 이하). 철학자들은 이 음의 계절을 죽음의 계절로, 양을 파괴력의 상징으로 삼고 있다.

60) 졸저, *La vie et la mort, croyances et doctrines de l'antiquité chinoise*, 15쪽 이하; *SMT*, III, 305쪽.

꿩의 깃털을 자신들의 몸에 두르고 꿩이 추는 춤을 배웠다. 왜냐하면 그들은 꿩들이 땅속의 뱀이나 물속의 굴의 양상으로 동절기를 보낸 끝에 마침내 소생의 첫 기운을 태동시키고 수액을 상승시키면서, 해빙의 채비를 갖추는 것으로 보았기 때문이다.[61] 극히 규칙적인 생활방식을 제시하고자 장자[62]는 '한 (양상은) 용, 한 (양상은) 뱀!'(一龍一蛇)의 경구를 제시한다. 누구도 우주를 지배하는 율동법칙에서 자유로울 수 없다. 현자라 함은 자유로운 활동과 복원을 위한 은거, 이 둘을 교대로 이행해야 하는 생활방식을 따를 줄 아는 자를 말한다. 이 생활방식은 주기적 복원의 필요성을 사회구성원칙으로 삼은 고대중국인들이 따랐던 방식이다. 바로 이 같은 생활방식을 신화는 용과 꿩에게 부여한다. 그러기에 꿩은 사람에게 행동신호를 보낼 수 있고, 용은 사람에게 지혜로운 충고를 줄 수 있다.——다음 사실 역시 주목하기에 충분할 것이다. 즉 장자가 중국의 모든 체험을 요약하는 데 지침으로 삼고 있는 문구는 바로 주기적 변이의 사상에서 빌려온 것으로,『계사』의 경구인 '한 (양상은) 음, 한 (양상은) 양'이 갖는 형식을 그대로 취한다는 점이다.

음양개념은 책력을 조직하는 데 사용될 수 있었다. 왜냐하면 이 개념은 책력을 형성했던 경구들과 마찬가지로 이중적인 형태에 상응하는 사회생활의 율동질서에 입각하기 때문이다. 이 이중형태는 신화영역에서는 형태의 교대로 나타난다. 자연신호들이 필요함에 따라 중국인들이 사물 전반에 부여했던 생활양식은 사회와 마찬가지로, 그 활력의 원천을 율동에 두었다. 이에 병행하여, 중국인은 인간에게 신호를 보내는 자연의 양상들과 사회생활이 생업과 거주지에서 지속적으로 띠게 되는 여러 대조양상들의 표상인 교대형태들을 일치시켜 생활양식을 규정했다. 이러한 신화적 기술(記述)들 전체를 통해 드러나듯, 우주는 순환방식으로 교대하는 일체의 상반양상들을 집결하여 형성된 것으로 간주되었다. 그러기

<hr>

61) 졸저, *Danses et légendes de la Chine ancienne*, 570쪽 이하; 하력(夏曆)의 10월.
62) *Tchouang tseu*, Le Wieger, *Les pères du système taoïste*, 369쪽.

에 세계질서 역시 상보적인 두 양상의 집체가 형성하는 상호작용에서 비롯한 것처럼 보였던 것이다. 나아가 음과 양을 일체의 상반된 두 양상의 주된 표상처럼 간주했던 것만으로도 현자들은 이러한 두 양상에 상반된 두 실체의 의미를 부여하게 되었던 것이다. 점술가들은 음양에서 모든 변이의 원칙을 찾아내었다. 역관들 역시 쉽게 음양을 계절의 순환과 태양의 운행주기를 낳는 우주생성의 두 원칙으로 삼았다. 이러한 기술(技術)적 용도에서도, 음양의 주된 표상의 사회적 기원과 구체적 의미는 명확하게 드러나고 있다. 잠재 중이거나 현동 중인, 비가시적이거나 가시적인 힘의 상징들로서 음양이 갖는 전통적인 대립구도는 햇빛 충만한 들판에서 소모되었다가 동절기 칩거생활의 어둠 속에서 다시금 복원되는 고대의 사회생활방식을 정확하게 상기시키고 있는 것이다.

* * *

교대양상들을 알려주는 많은 경구들은, 인간활동을 통솔하면서 우주의 생명을 관장하는 듯한 율동이 어떤 방식이나 주기로 이행되는지를 제시할 목적으로 선택되었다. 이 경구들은 언뜻 보면 시적 문구들처럼 보인다. 그렇다면 왜 중국인은 시(詩)에서 이러한 경구들을 빌려왔을까? 무슨 까닭으로 그토록 자주 음악적 은유를 빌려 계절의 순환을 표현하려 했을까? 아울러 어떠한 연유에서 음양을 여러 상반된 상징들의 주된 표상으로 인식했을까?

음과 양, 두 용어는 철학적 사유나 기술적(技術的) 사유에 운용되는 경우에조차 단순히 상반된 실체들을 지칭하는 데 그치지 않는다. 이 용어들은 대립관계를 이루는 두 부류의 상징들의 항목으로 사용된다. 음양을 효능적인 원칙들로 여기는 것은 곧 효율적인 항목들로 다루는 것과 다르지 않다. 따라서 음양은 한 쌍의 교대적인 **활동들**을 형성함과 동시에 교대적인 형태의 **양분된** 한 집단을 형성한다. 음양은 모든 분류의 토대다. 사실 중국인은 종(種)과 유(類)에 따른 분류를 도모하지 않았음에도 그들의 사유를 조직할 수 있었다. 그들은 수를 기조로 한 다양한 배분방식에 만족했으며, 일종의 권능을 지닌 단순한 이분법으로 분류체계를 확립했다. 그렇지만 (너무나 대조적으로) 중국어의 경우, (문법적 의미에서의) 유 개념은 어떠한 역할도 하지 않는 것 같다. 중국사유는 전적으로 성(性)의 범주를 따르고 있는 반면, 중국어에는 아예 유의 문법적인 범주마저도 있지 않다. 어떠한 단어도 남성이나 여성으로 규정될 수 없다. 그럼에도 모든 사물과 개념들은 음양으로 나뉜다.

전통적으로 중국철학은 음성적인 모든 것은 여성으로, 양성적인 모든 것은 남성으로 받아들인다. 이를테면 점술의 상징인 건(乾)과 곤(坤)은 남성과 여성의 대립으로 설정되어, 건은 양의 형상으로, 곤은 음의 형상으로 다루어진다. 음양의 성적인 표현은 점술가들에 의한 것만이 아니다. 『계사』는 혼인에 관계된 『역경』의 한 구절을 해석하기 위해, 경구 "암수는 서로 정기를 섞고 있으니, 만물은 이로부터 나온다"[63]를 인용한다. 상스러운 표현이 사용되었다는 것은 그 자체로 시사적이다. 물론 이 경우의 '만물'이나 '암수'는 오직 점술의 상징에만 관계되는 표현들임을 간과해서는 안 된다. 사실상 유가전통이 기울였던 주된 노력 가운데 하나는 음양의 성적인 대립에서 모든 통속적 의미를 제거하는 것이었다. 이 점에서 유가전통은 가히 성공적이었던 까닭에, 오랫동안 서구에서는 중국인들이 그들의 사상과 종교적인 관습 속에 최소한의 '관능성'도 배어들지 못하게 한 점을 격찬했다.[64] 따라서 오늘날의 주해가들

---

63) *Yi king*, L, 393쪽. '만물'(정확히 말해, 만 개의—모든—표상적 실재)이라는 표현은 64괘에 의해 형상화된 1만 1,520개의 음 또는 양의 실재를 지칭한다. (참조원문: 男女構精, 萬物化生.)

64) 이 점에 대해서는 흐로트(De Groot)가 단정적으로 제시한 사항들을 참조할 수 있다(*Fête d'Emouy*, 프랑스어 번역본 745쪽). 더욱 최초의 연구경향은 도처에서, 심지어는 문자 그 자체에까지 남근에 대한 표상을 찾는 데 중점을 두었다(예를 들면 Karlgren, *Some fecundity symbols in ancient China*, in "Bulletin of the Museum of Far Eastern antiquities," n°2, Stockholm, 1930). 중국문학에는 수많은 성적 제재가 등장한다. 하지만 중국인이 성(性)의 신격화를 도모했다고 볼 수는 없다. 어쨌든 중국인은 음을 여성의 원리로,

은 음양이 성의 범주로서 가졌던 중요성 때문에 성행했음을 지적하지 못하는 가운데 이 상징들을 거론하고 있다.[65]

성의 범주는 날로 증대하는 도덕적 허식에도 불구하고 지속적으로 철학적 사유를 주도해갔다. 이 범주는 일찍이 신화적 사유를 주도했다는 사실로 이러한 영향력을 발휘하게 되었던 것이다. 다시 말해, 중국신화의 전반을 관류하는 것은 **성혼사상**(聖婚思想)이다. 한편 의례주의자들은 모든 음성적인 것, 양성적인 것들(해와 달, 하늘과 땅, 물과 물)의 조화는 지나친 탐욕 못지않게 지나친 금욕 역시 피해야 하는 군주들의 성생활과 생활규범에 달렸음을 줄곧 역설해왔다. 세계의 번영이 그러하듯, 동식물의 번식도 규칙적인 성혼관습에서 비롯한다.[66] 처음에는 대중매인, 즉 '고매'(高禖)로 불리던 군주의 가장 주된 책무는 성축제를 관장하는 것이었다. 이 축제는 상반된 두 집단의 화합을 도모하기 위해 주기적으로 반복되었다. 축제에 모인 두 집단 가운데 한 패는 남성사회를, 다른 한 패는 여성사회를 대표했다. 왜냐하면 성의 대립은 중국사회조직의 핵심규범이었기 때문이다.[67] 성의 대립이 이 같은 규범으로서의 기능을 멈춘 적은 없었으며 성의 범주가 권위를 상실한 적도 없었다.

우리는 성 대립의 고대적 형태를 살펴봄으로써만 음양개념의 내용과 역할, 변천을 그 이름 자체로 이해할 수 있을 따름이다. 고대 중국의 남성과 여성은 경합관계에 있는 두 단체처럼 양립했다. 성별과 직능의 차이로 준수해야 할 금기의 벽이 남성과 여성을 분리시켰다. 농부들과 직녀들은 생활유형, 이해관계, 재산, 성향 등의 차이 때문에 경쟁적이면서도 연대적인 단체를 형성했다. 상보적인 두 집단은 서로 직무를 구분한 다음, 직능에 따른 **시간**과 **장소**를 나눔으로써 일을 분담했다. 각 집단에는 하나의 고유한 **생활양식**이 있었으며, 사회생활은 두 **생활양식**의 상관

양을 남성의 원리로 인식하면서 음과 양을 대립시키는 것을 삼갔다.

65) Maspero, *La Chine antique*, 480쪽 이하, 270쪽 이하.

66) 졸저, *Fêtes et chansons anciennes de la Chine*, 79쪽.

67) 졸저, *Civilisation chinoise*, 176쪽 이하.

작용에서 비롯했다.

　마을을 결코 떠나지 않았던 여자들은 이듬해 사용할 베를 짜면서 겨울을 보냈다. 반면 농부에게 겨울은 농한기에 해당했다. 남자들은 농사가 재개되기까지 휴식을 취했다. 음양은 이처럼 교대로 직무를 수행했던 것이다. 음은 겨울에 활동하며, 양은 더운 계절에 활동한다. 남녀는 각자의 직능을 통해 번갈아 풍요로움을 일구면서, 겨울의 시작과 끝 무렵에 상면하게 된다. 이러한 회합이 있을 때면 남녀 단체가 차례로, 즉 봄에는 직녀들이, 가을에는 농부들이 전면에 나서게 되는 기(期, 모임)와 회(會, 장터)가 열렸다. 현자들에 따르면, 음양도 마찬가지로 둘 중 하나가 그 주도력을 멈추거나 개시하기 전인 춘분과 추분에 서로 회합한다고 한다. 주지하듯 음양의 표상은 문(門)이다. 문은 성축제의 표상이기도 하다.[68] 봄이면 사람들은 마을의 출입문을 열고, 농부들은 여름 농사를 위해 들판으로 떠났다. 양은 문이 열린 모습을 불러오고 생식과 생산 그리고 발산하는 힘을 환기시킨다. 반면 겨울이면 마을의 출입문은 닫힌다. 겨울은 닫힌 문을 상징으로 하는 음의 계절이다. 양은 차가운 계절 내내 음에게 사방이 포위된 채 지하 은거지에 거처해야만 했다. 몇몇 사실에서 볼 때, 우리는 농한기 때 남자들이 모여들었던 공동의 집은 촌락의 중앙에서 인접한 개인가옥들에 둘러싸인 일종의 지하실이었을 것이며, 또 이 개인가옥들은 촌락생활의 초창기에는 여자 소유였을 것이다. 남자들은 자신의 기력을 되찾을 때면 다시 농부가 되어 태양을 받으며 들판 가운데서 활동했다. 그 반면 직녀들은 오로지 어두운 곳에서 일해야만 했다. 그녀들은 당도할 축제에 소용될 옷을 짜기 위해 줄곧 햇빛을 피해 있어야 했다.[69] 두 성은 상반된 생활규범에 순응했다. 그들의 영역은 안과 밖으로 나뉘었으며, 이는 각기 음과 양, 빛과 어둠의 두 영역이기도 했다. 이렇듯 성의 대립은 신화적으로도 음양의 대립으로

---

68) 『관자』(管子, Kouan tseu), 3; 졸저, Fêtes et chansons anciennes de la Chine, 132쪽.

69) 졸저, Civilisation chinoise, 373쪽.

표현된다.

상호대칭적인 이러한 대립은 봄과 가을의 성축제에서 함께 표출되었다. 이 축제는 강에 의해 성스러운 경계가 형성되는 계곡들에서 거행되었다. 그러나 경합관계에 있는 두 집단의 대표자들이 이 경계를 넘어 한데 어울리기 시작하면, 그때부터 환락의 절정인 집단성혼(集團聖婚)이 시작되었다. 먼저 축제는 상호대립하는 노래패들을 형성하는 것으로 시작되었다. 의례의 축 양편으로 도열한 두 합창단은 서로 마주하여 시구(詩句)로써 서로 도발했다. 만일 여자진영에서 상대진영에게서 남성적인 진면목(陽陽)을 발견하면서 고무되는 경우라면,[70] 이는 아마 땡볕에서 일하는 농부의 무리들이 양달에 있기 때문일 것이다. 양지는 남자들이, 음지는 여자들이 위치하는 곳이다. 축제의 한마당은 양지와 맞닿은 음지를, 합쳐지기 위해 대립하는 성적 집단들을, 즉 음양 전체를 하나의 파노라마처럼 펼쳐 보였던 것이다.[71]

"양이 부르면 음은 답하고", "소년이 부르면 소녀는 답한다."[72] 이 한 쌍의 문구는, 경쟁적인 두 단체의 경합을 조절할 뿐만 아니라 대립적인 두 상징의 관계를 통솔하는 상반적인 규범을 알려준다. 우리는 이 문구들에 사용된 용어들에 주목할 필요가 있다. 이 용어들은 성축제의 놀이나 의식(儀式)을 암시하는 것 외에 달리 설명될 수 없다. 흔히 양은 부르는 것이며 노래(唱)를 시작하는 것이라 한다. 축제에 참여한 소년들은 실제로 그렇게 했다고 한다. 반면 음(陰)은 화답으로 응하는 것이라고들 한다. 이 또한 축제에서 소녀들이 맡은 역할이기도 했다. 소년소녀들

---

70) *Che king*, C, 78쪽.

71) 졸저, *Fêtes et chansons anciennes de la Chine*, 224쪽 이하.

72) 같은 책, 43쪽. 이 두 문구는 환치가능하다. 즉 이 두 문구 모두 우주와 사회의 조율을 암시하기 위한 문구다. 양(陽)과 소년에게 주도권을 부여한 점은 부계 중심의 사회조직이 자리 잡게 되면서 남성이 우선되었음을 말해준다. 그런데 고대에서는 혼인상의 주도권이 여자에게 있었음을 알아두자. 음(陰)과 양(陽)의 활동이 교대함을 표현하는 고대의 문구가 '음의 양상'부터 먼저 말하고 있는 것도 이 때문이다. (참조원문: 陽偶而陰和//倡予和女.)

은 경합을 통해(競) 상호결합(和)을 도모했다. 음양 역시 결합하기 이전에 서로 경합을 벌이니, 이는 경쟁적인 두 단체의 대표자들이 봄과 가을에 서로 겨루는 것과도 같다. 상호대칭적인 이 두 결합을 지칭하는 용어인 화(和)는 경합자들 사이의 완벽한 일치를 나타내는 화답에도 적용된다. 또 이 용어는 음양의 협조에서 비롯하는 조화를 표현하기도 한다. 이로 미루어 우리는 왜 중국인이 음악적 은유를 빌려 음양의 율동적 경합관계를 상기시키려 했는지를 알 수 있게 된다. 음양개념은 그 이름이 말해주듯, 두 합창단이 음지와 양지에서 서로 마주하여 시구를 교호했던 집회현장에서 나왔다. 두 합창단은 창의력과 경구에 대한 앎을 서로 겨루면서 전통적인 즉흥방식으로 축제를 열어갔다. 책력의 제재가 된 시적 경구들은 대부분 이러한 가운데 고안된 것이다. 이 경구들은 계절이 바뀔 때 축제 속에 펼쳐지는 의례 모습들을 환기시킨다. 따라서 이 경구들은 표상과 신호로서의 의미를 지닌다. 이와 아울러 이 경구들의 기원은 그들을 두 상징인 음양에 근본적으로 결합시켜주는 연관관계를 설명해준다. 이 한 쌍의 상징이 책력을 정교하게 조직할 수 있었던 것은 이러한 근본적인 관계 덕분이다. 중국인은 계절을 두 으뜸항목인 음양 중 한 항목에 분류시킨 후, 계절마다 대련(對聯)으로 된 시적 경구들을 안배함으로써 하나의 시간관을 형성했다. 봄과 가을의 집회장면에 의해 차례로 제공되는 일체의 대조적인 표상들 가운데 가장 본질적이면서도 가장 가시적이며 가장 감동적인, 그러면서도 삶의 극적인 양상을 일거에 불러일으켰던 유일한 대립은 마치 빛과 어둠처럼 대치했던 합창단들의 대립이었다. 그러니 음양은 여타 모든 표상을 집약하고 불러내고 부추기는 한 쌍의 표상으로 여겨지기에 충분했다. 이와 더불어 음양은 여타 모든 교대양상의 분류를 책임지는 한 쌍의 효율적인 주항목이 되었을 뿐만 아니라 우주적 차원에서의 교대를 가능하게 하는 한 쌍의 효율적인 상징을 형성하게 되었다.

음양개념은 상보적인 두 집단, 즉 연대적이며 경쟁적인 두 무리가 서로 경합하고 소통하는 극적인 축제의 현장에서 태동되었다. 축제참가자들은 모든 인간집단을 포함하는 것과 같았으며, 자연의 만물 역시 실제의 것이든 가공의 것이든 일제히 이 축제에 등장했다. 이러한 풍습들이 하나로 결집되는 현장은 곧 공간 전체를 재현했으며, 시적 경구들을 통해 우주의 끊임없는 신호들을 상기시켰던 겨루기는 곧 시간 전체를 포괄했다. 이러한 **총체적 현장**은 바로 **신명이 넘쳐나는 세계**와도 같았다. 춤과 시가 겨루어지는 동안, 두 경쟁 상대는 서로 노래를 교호(交互)했다.[73] 대립관계의 여러 합창단들로 가득한 이 경연장은 얼핏 상반된 부류들의 상호대치적 공간처럼 보일지 모르지만, 상반되는 춤과 노래의 교호로 채워지는 이 경연의 시간은 두 경쟁 집단이나 이성들끼리 교합(交合)이 행해지는 시간이었다. 이것은 음양의 범주의 지배 아래, 시간과 공간이 맺고 있는 **율동적인 연관관계**뿐만 아니라 공간과 시간의 다양성을 설명해주는 것이기도 하다. 즉 시간과 공간은 각각 상호대립적으로 교대하는 기간이나 구역들로 안배되는 까닭에, 시간도 하나가 아닐 뿐만 아니라 공간 또한 하나가 아니다. 그러면서도 시간과 공간은 서로 분리되어 생각될 수 없다. 즉 시간과 공간은 하나의 불가분한 일체를 이룬다.[74] 바로 이러한 일체 속에 자연과 인간의 세계는 포일(包一)된다. 더 정확히 말해, 시간과 공간의 일체는, 생각할 수 있는 모든 실재를 대립상태의 두 진영으로 집결시키는 **총체적 사회**와도 일치한다. 성의 대립은 사회질서의 토대처럼 보였으며, 인간 활동의 계절별 안배에도 원칙으로서 작용했다. 마찬가지로, 음양의 대립도 우주질서의 토대처럼 보였다. 즉 중국인은 음양의 대립에서 자연의 산물을 율동적으로 분배하는 원칙을 보았다. 그러기에 우주의 **일체성**이 바로——음양이 서로 맺어지면서 성적으로 소통하는 동안에, 사람들이 제반 장소와 제반 기회, 제반 활동과 제반 직무, 제반 표상들을 일관되게 분배하면서 집단성혼을 거행하기 위해 하나의 대동질서를 복원하던——이 성스러운 순간만큼

---

73) 앞의 책, 92, 146쪽 이하, 261쪽 이하; 졸저, *Civilisation chinoise*, 186쪽.
74) 졸저, *Fêtes et chansons anciennes de la Chine*, 244쪽 이하.

그토록 완벽하고 총체적으로 느껴졌던 적은 없었다. 따라서 시간과 공간, 사회와 우주가 성의 범주에 따라 이항(二項)식 질서체계를 갖게 되었지만, 이는 조금도 이원론적 실체론에 근거하는 형이상학적 경향의 소산이 아니다.[75] 쌍의 개념에 소통의 개념이 결부되어 있으며, 총체의 개념이 양분의 질서를 통솔하고 있다. 음양의 대립은 원칙적으로 존재와 무, 선과 악의 대립 같은 하나의 절대적인 대립으로 이해되지 않는다. 사실 그렇게 이해된 적도 없었다.[76] 이 대립은 번갈아 직무를 수행하며 차례로 전면에 나서는 두 성의 집단처럼 상보적인, 즉 경쟁적이며 연대적인 두 집단의 상대적이며 순환적인 대립이다. 이러한 교대는 근본적으로 음양개념이 형성될 당시의 사회질서는 어떤 이상적 권위에 의존하는 것이 아니라 일종의 운행원칙에 의거했다는 사실에 그 토대를 두고 있다. 이 사실은 음양개념의 고대성을 결정적으로 보여주는 증거이기도 하다.[77] 이렇듯 음양이 어떤 원칙이나 실체로서 생각된 적은 없다. 우주질서를 복원하기 위해 음양은 춘추분마다 혼인을 맺어야 한다는 고대의 믿음은 하나의 남성원칙이 하나의 여성원칙과 맺어지는 것을 뜻하지는 않는다. 이 혼인은 곧 실질적인 혼인이다. 다만 이 실질성은 표상적일 따름이다. 자연계에서의 이 혼인은 봄가을마다 교감의 일체를 이루는 듯한 느낌을 인간집단 속에서 부활시키는 축제에 해당한다. 음양의 혼인은 농민들의 혼인처럼 집단혼인이다. 이러한 집단혼인은 무지개로 표상된다. 무지개는 하나의 표상 또는 하나의 신호다. 축제는 무지갯빛을 띤다. 무지개는 어둡고 밝은 상반된 색조들의 상호 껴안음이다.[78] 무지개의 어둡고 밝

---

75) 상반된 의미로는 Maspero, *La Chine antique*, 482쪽.
76) 교대의 개념은 중국인의 사상을 주도한다. 이를테면 아버지는 양이다. 아버지에 대해 음인 아들은 자신의 아들에 대해서는 양이다. 재상은 음에 해당하나 군주를 계승하여 군주의 칭호를 얻게 되면 양이 된다. 음은 죽음과 형벌(刑)의 원리이고, 양은 선정(善政, 德)의 원리라고 중국인들이 말하는 것은 바로 음이 재상의 덕목을, 양이 군주의 덕목을 표현함을 시사한다. 재상과 군주는 한 쌍을 형성한다. 졸저, *Danses et légendes de la Chine ancienne*, 117~421쪽.
77) 졸저, *Civilisation chinoise*, 183, 231쪽 이하.

은 색조들이 상이한 두 실체를 시사하지는 않는다. 이 색조들은 남성 집단과 여성 집단의 속성일 따름이다. 왜냐하면 어둠은 여성에, 밝음은 남성에 속하기 때문이다. 음양은 서로 겨룰 때뿐만 아니라, 맺어지기 위해 서로 껴안을 때마저도 두 **표상집단**의 **으뜸항목**으로 보아야 한다. 음양은 상반된 두 실상이 아니라 경쟁적인 두 집단이다. 그리고 음과 양은 각기 실상으로서의 집단 또는 힘으로서의 집단들이기보다는 **양상으로서** 그리고 직능으로서의 집단들이다. 정확히는, 음과 양은 사회조직의 두 **구성체**간에 분할된 **역할** 또는 속성 그 자체다.

* * *

음양은 순수한 논리적 요체로도, 단순한 우주생성의 원칙으로도 정의될 수 없다. 음양은 실체도, 힘도, 유(類)도 아니다. 음양은 이 모든 것을 구별하지 않고 포괄하는 것으로서 공통된 사유를 형성한다. 따라서 특정 분야의 어떠한 사유도 이 양상들 중 하나를 취하면서 다른 것을 배제하는 입장에서 음양을 고찰하지 않는다. 중국사유는 음양을 초월하거나 추상화하지 않는 것만큼 또한 실체화하지도 않는다. 전적으로 효능성을 추구하는 중국인의 사유는 조응과 대립의 논리 속에 형성된 상징세계를 떠나지 않았던바, 행동과 인식을 행할 때도 이 상징세계를 작동시키는 것으로 충분했다. 상징세계를 작동시킬 수 있기 위해서는 서로 당기거나 밀어내는 일련의 한 쌍의 상징을 알아야 한다. 성의 범주는 인간집단들의 안배에서 그 효능성을 발휘한다. 따라서 이 분류는 전체를 분류하는 원칙으로서 작용한다. 그러기에 사회를 형성하는 모든 대조적인 인간의 양상과 사물의 양상들은 남성 또는 여성에 속하는 두 상반된 집단으로 배열된다. 성적 대립과 소통의 상징으로서 음과 양은 마치 표상이나 신호처럼 서로 부르고 답하는 이 양상들의 겨루기-화합을 주도

---

78) 졸저, *Fêtes et chansons anciennes de la Chine*, 272쪽 이하.

하는 것처럼 보인다. 음양은 이 양상들을 각기 한 쌍씩 유발시키며, 또 그 자체로 한 쌍의 으뜸항목을 이룬다.

중국인은 종과 유에 따른 분류에는 무심한 편이었다. 중국인은 추상 적인 시간관과 공간관에 입각한 개념들, 즉 실재를 불러일으키지 않고 관념적으로 정의를 내리는 개념들을 빌려 생각하기를 꺼려한다. 그들은 정의된 개념들보다는 긴밀한 유사성을 지닌 상징들을 선호한다. 중국인 은 시간과 공간에서 독립적인 두 요체를 구별하기보다는 시간과 공간의 상관성에 비추어 그 표상들의 상호작용을 구체적으로 설정한다. 다시 말해, 그들은 사회현실에 순환적인 질서를 부여하는 음양을 사회현실과 분리시키지 않는다. 중국인이 성의 범주에 절대적인 지위를 부여한다는 사실은 곧 그들이 유의 범주를 경시하고 있음을 의미한다.[79] 유의 범주 는 개념들의 중립적 분류를 가능하게 하여 개념들 그 자체를 기간과 공 간과는 무관한 것으로 만든다. 반면, 성의 범주는 표상들의 분류를 가능 하게 하면서도 그 표상들의 구체적인 관계, 즉 각 표상들이 작용하는 시 간과 공간상에서 각 표상들이 차지하는 위치에 대한 시각을 갖게 한다. 그러기에 중국인의 시야에 우선적으로 들어오는 것은 교대법칙을 따르 면서 상호대립하는 표상들이며, 따라서 중국인은 표상들을 짝지어 분류 한다. 요컨대, 범주의 단위가 한 쌍인 오직 성의 범주만이 유일하게 지배 적인 범주로 자리 잡게 되었다. 바로 이 점에서 성의 범주는 수의 범주들 가운데 가장 우선시된다. 실제로, 불가분한 것으로서 쉽게 가늠할 수 없 는 하나의 총체가 시간과 공간상에서 취할 수 있는 가장 단순한 배치를 우리는 성의 범주를 통해 지적할 수 있다. 왜냐하면 인간집단의 총회 모 습은 총체의 가장 단순한 배치를 상기시켜주었기 때문이다. 사실, 만일 인간집단이 전적으로 동질적이라면, 통일체를 복원해야 할 어떠한 필요성도 없을 것이다.

겨루기를 통해 만인에게 스며들었던 조화로운 질서감으로 이항식 분

---

79) 단어의 논리적 의미에서.

류는 가히 어떠한 분류도 누릴 수 없는 종교적인 권위를 갖게 되었다. 물론 중국인이 이항식 분류가 지배하는 곳에서만 질서를 찾아야 했던 것은 아니다. 하지만 중국인의 다양한 분류방식의 원칙만은 변하지 않았다. 중국인의 모든 분류방식들 속에는 다소 복합적인 것으로 느껴졌던 하나의 **총체**에 대한 분석이 한결같이 내포되어 있다. 그리고 이 분석은 한결같이 어떤 형상에서 시작되었다. **율동적**이면서 **기하학적인** 이 모든 형상은 총체를 분할하는 **제반** 요소들이 시간과 공간상에서 안배되는 모습을 보여준다. 그러한 까닭에, 하나의 수-**표상**만을 통해서도 총체의 제반 요소 사이의 집합방식이 드러나며, 나아가 총체의 내면성도 드러나게 된다. 바로 이로부터 상호연관성을 지닌 수와 원소(五行) 개념의 중요성이 나온다.

제3장 수(數)

중국의 철학사변에서 양(量)의 개념은 거의 미미한 역할에 그친 반면, 수는 지대한 관심의 대상이었다.[1] 여러 특정 단체, 즉 측량사, 목수, 건축사, 대장장이, 음악가들의 대수학과 기하학 지식들이 어떠하든 간에,[2] 적어도 중국의 현자들에게 이 지식들은 결과가 불확실할 수도 있는 산출작업을 강구하는 데 사용되기보다는 오직 수의 취급을 용이하게

---

1) 샤반에 따르면, "피타고라스학파의 학설이 그랬듯이, 수 철학은 중국에서 찬연한 빛을 발했다." 이 '철학'의 찬연한 빛을 상정하기는 이 '철학'의 영향과 원칙을 규명하는 것보다는 분명 훨씬 쉬울 것이다. 우리로서는 몇 년 동안 조사작업을 했지만 기껏 수에 대한 중국인의 태도를 알려주는 몇 가지 점만을 제시할 수 있을 뿐이다. 더욱이 중국의 수 철학의 기원에 대한 가정이나 연구는 시기상조이기에 우리는 이 문제에 대한 언급은 피하고자 한다. 따라서 우리는 수에 대한 동서양의 사상을 비교·접근하기보다는 오직 중국사상만을 고찰하고자 한다. 수에 대한 중국인의 사상을 해석하는 데 우리가 근간으로 삼는 것은, 중국인이 중시했고 또 그 자체가 실제로 중요했다는 이유에서 선택된 다양한 주제(지리적 위치, 오행, 점술표상, 음률……)들이다. 우리는 실증작업을 통해 여러 사실의 역사적 순서를 찾아야 했을 뿐만 아니라 실증작업 과정을 제시해야 했다. 더욱이 우리에게 부과된 과제는 중국의 여러 개념을 표현하는 데 적절치 않은 서구어로 이 사실을 해석해야 한다는 것이었다. 이 장에서 우리가 지나칠 정도로 세세한 분석을 시도하고 또 이 장에 많은 양을 할애할 수밖에 없었던 것은 중국 사유의 근본 특성들 가운데 한 특성을 설명해야 했기 때문이다. 즉 중국인은 수-상징을 극히 중시했으며, 또 이러한 그들의 태도는 모든 양적 개념을 철저히 도외시하는 태도와 맞물려 있다.

2) 이 점에서는 레이(A. Rey)가 『동양학』(*Science orientale*), 389쪽 이하에서 제시하는 논고를 참조할 것.

해주는 경우에 한정되어 운용되었다. 모든 현자는 수를 표상과 동일시했으며, 다양한 조작에 따라 다각적인 효과를 얻을 수 있는 대상으로 삼았다.

예를 들어 인류의 배태기간이 열 달[3]임을 알게 된 한 철학자[4]는 자신의 지식을 앎의 전반에 결부시킨다. "하늘은 1, 땅은 2, 사람은 3에 해당하고, 3을 3번 하면 9이고, 9를 9번 하면 81이고 [=80과 1], 1은 태양을 다스리며, 태양의 수는 모두 [1(십 단위)=] 10이고, 태양은 사람을 다스린다. 따라서 사람은 임신 10개월 만에 태어난다"[5]고 역설했다. 이어 "[9×8은 (70과) 2인 까닭에] 2에 해당하는 달이 다스리는 말(馬)은 ——[2(+십 단위)=] 12태음월(太陰月)[6]에 준하여——12달의 배태기간이 필요하다. 그리고 (단순히 9를 7, 6, 5등으로 곱해 가면서)[7] 개는 [9×7=(60과) 3] 3달, 돼지는 [9×6=(50과) 4] 4달, 원숭이는 [9×5=(40과) 5] 5달, 사슴은 [9×4=(30과) 6] 6달, 호랑이는 [9×3=(20과) 7] 7달을 배태기로 취한다"고 했다. 이로 미루어 우리는 상징적인 등가에 의해 81은 10과, 72는 12와 결부되는 반면, 63이나 54는 3이나 4를 의미하며, (12 또는 72와 치환될 수 있는) 2는 달을 다스리고 땅에 해당되는 반면, (1이나 81과 치환될 수 있으며 9나 3과 등가인) 10은 태양을 다스리고 하늘에 해당됨을 알 수 있다.[8]

하나의 수-상징은 많은 실상과 표상들을 불러오며, 경우에 따라서는 그 등가물로 주어지는 여러 수들이 결부되기도 한다. 수는 중국인들이 간과하는 개별화된 양적 가치가 아니라 더욱 흥미로운 상징적 가치를 지닌

---

3) 중국인은 만기도 한 달로 간주했다.
4) 『회남자』(*Houai-nan tseu*), 4, Cf., *Ta Tai li ki*, 81쪽.
5) 날 수 계산에는 십간이 사용되고 있다. 신화적으로 10개의 태양이 있다.
6) 또 12개의 달이 있다.
7) 우리는 수가 일종의 연역적 추론을 가능하게 함을 알 수 있다.
8) 1(一)과 하늘(天)은 너무나 완벽한 등가를 이루는 까닭에 중국인들은 계사(系詞) 없이 천일(天一)이라 표기했다. 이는 여기서 우리가 (해당된다)라는 표현을 이처럼 괄호 안에 넣는 이유다.

다. 왜냐하면 상징가치는 조작재능에 어떠한 저항도 하지 않아, 수들을 일종의 연금술의 대상으로 만들 수 있었기 때문이다. 수들은 변이가 가능하다. 즉 수들은 그들의 주된 기능에서 파생되는 다각적인 효능성에 따라 **변이**할 수 있다. 무엇보다 먼저 수들은 **표상항목**으로서의 의미와 기능을 가진다.

수는 사물의 분류를 가능하게 한다. 하지만 이 경우의 분류는 단순한 순번부여나 수량의 양적인 규정과는 다른 방식으로 행해진다. 중국인은 단지 순서를 위한 순번의 부여나 양적 측면에서의 산출을 염두에 두지 않는다. 중국인은 특정집단의 **특성**이나 위계질서를 표현하는 데 수를 사용한다. 수는 **분류기능**과 이에 연관된 **의례기능**도 겸한다.

1. 수, 주기기호, 요소(오행)

수를 용도 면에서 기수, 서수, 분수로 구별하는 것[9]은 중국인의 주관심사가 아니다. 중국인이 분류의 용도로 수를 사용하는 것은 수를 통해 구체적인 위치설정과 형상화가 가능하기 때문이다. 수는 표상이다. 무엇보다도 중국인은 수에 진정한 묘사력을 부여한다.

* * *

수에 의한 묘사에서 중국인은 세 부류의 일련기호들을 지닌다. 첫째는 십간(干), 둘째는 십이지(支), 셋째는 십진수다. 중국인은 이 세 기호

---

9) 10단위의 순환기호는 십간(干)이라 불리며, 12단위의 순환기호는 십이지(支)라 불린다. 간과 지는 줄기와 가지처럼 대립관계를 이루지만, 간처럼 지 역시 수직으로 박혀 있는 막대를 지칭한다. 간과 지, 줄기와 가지는 모두 위치를 설정하고 표식하는 데 사용된다(기하학자들은 십간을 사용하여 기하학적 형상의 각도를 표식했다). 또 줄기와 가지는 크기 비교에 사용된다. 즉 지(支, 가지)는 재기, 셈하기, 수, 양을 의미하며, 여간(如干, 如=어떤, 干=줄기)이라는 표현은 수나 양의 크기를 의미한다.

를 구별하지 않고 통상 수라고 한다.

십간과 십이지라는 수들은 각기 어떤 상징으로서 형상화되며, 이 상징들은 보통 하나의 상(象)으로서 의미를 지닌다.

예를 들어 십간의 하나인 임(壬)은 사마천(司馬遷)에게 무거운 짐(任)을 연상시켰다.[10] 사마천은 여기서 세계의 밑바탕에 안기어 양육되는 만물을 보았다. 『설문』에서의 임(壬)은 무거운 짐을 품듯이 태아를 키우는 임산부의 모습으로 그려진다. 그런가 하면 『설문』은 십이지 중 하나인 진(辰)을 우레의 진동(震)으로 파악한다. 한편 사마천에게 진(辰)은 갓 임신한 만물의 암컷(蜄)으로 형상된다.[11] 그렇지만 임(壬)과 진(辰)에 대한 이러한 형상들은 상호 보완적이다. 왜냐하면 zhen으로 발음되는 또 다른 기호인 진(振)은 임신으로 고무된 여인과, 천둥에 경동(驚動)하는 땅을 구별 없이 상기시킬 수 있기 때문이다.[12]

이 형상들에 담겨 있는 의미들은 주목하기에 충분하다. 왜냐하면 이 형상들은 자연동태와 인간행태의 내밀한 일치성을 보여준다는 면에서 **책력의 신호들**로 사용될 수 있음을 알려주기 때문이다. 이 신호들은 으레 **지형지표**를 지니게 마련이다.

실제로 진(震)은 동남의 표상이자 봄의 셋째 달인 계춘(季春)의 표상이다. 춘분이 막 지날 무렵이면, 우레는 그 첫 울음을 터뜨려 땅을 흔들어 제치면서 겨우내 갇혀 있었던 지하에서 뛰쳐나온다. 이에 즈음하여 남자들은 땅을 일구는 능산적인 경작으로 땅을 고무시킨다. 반면 여자들은 막 품은 태아가 유실되지 않고 튼실하게 자랄 수 있도록 목설(木舌)이 두드리는 타종소리에 지침이 반복되어 전해질 때나, 천둥소리를 듣게 될 때면 즉시 은거지에 몸을 숨긴다.[13] 임(壬)은 정북(正北)의 표

---

10) *SMT*, III, 305쪽. 샤반은 이 글자 임자(壬字)를 글자 인(仁)으로 착각했다. (참조원문: 壬之爲言任也, 言陽氣任養萬物於下也 『史記』// 壬, ……象人裹妊之形// 辰, 震也.)(『說文』).

11) *SMT*, III, 308쪽. (참조원문: 辰者, 言萬物之蜄也.)

12) 이 모든 이미지는 어머니를 대지의 표상으로 삼는 것과 관련된다.

상이자 동지의 표상으로, 양(陽)의 탄생을 주도한다. 십이지에서는 십간의 임(壬)과 계(癸)로 둘러싸인 ('아이'를 뜻하는) 자(子)가 양의 탄생을 가리킨다. 임(壬)은 '잉태'를 뜻하고 계(癸)는 4방위에서 땅의 중심으로 유입되는 수맥을 나타낸다. 땅은 북극 근방에서 수맥을 받아들인다. 또 계(癸)는 물의 위치를 나타내며 여인들의 능임(能妊)적인 기운을 지칭한다. 그러므로 임신에 유리한 시기는 한겨울과 한밤중이며, 정북은 임신에 유익한 방위가 된다.[14]

십간과 십이지의 기호들은 여러 형상들의 조합을 불러온다. (이 형상들의 조합이 전혀 임의적이지 않은 것은 바로 제반 관습의 범주들을 그 틀이 되는 자연의 모습과 일치시키는 사실적인 연관관계 속에 조합하기 때문이다.) 중국인이 수와 동일하게 인식하는 이 상징들은 하나의 구체적인 집단을 가리키는 항목으로 사용되며, 따라서 이 집단들은 항목별 분류에 따른 시공상의 위치를 부여받음으로써 능히 그 특수성을 부여받게 된다.

세계는 닫혀 있는 하나의 우주이며, 마찬가지로 시간과 공간은 한정되어 있다. 따라서 시간과 공간의 각 구역을 표시하는 수-상징 또한 일정한 수로 제한된다. 주기를 형성하는 수-상징들은 시간상의 한 위치와 공간상의 한 국면에 해당하며, 주기적으로 방위에 따라 배열된다.

십이지가 원의 둘레 위로 하나씩 주기적으로 배열되는 반면, 십간은 교차하는 4방위를 나타내는 4쌍과 중앙을 나타내는 1쌍, 모두 5쌍의 집단을 형성한다. 이러한 배열은 10개의 수-표식에 따른 주기개념이 5에 따른 분류체계와 관련되어 있음을 말해준다. 우리는 6을 지표로 삼는

---

13) *Li ki*, C, I, 342쪽. 『월령』은 그해 처음으로 천둥이 치는 날을, 그리고 포고자가 목설이 달린 종을 흔들면서 여성이 준수해야 할 금기사항들을 선포하는 날을 춘분 후 3일째가 되는 날로 설정하고 있다. 우리는 중국주해가들의 견해를 따라 순환기호들이 상기시키는 이미지들의 의례적 의미를 강조하고자 한다. 대다수 중국학 종사자들은 이들의 해석을 현학적인 말장난으로 폄하하고 만다.

14) 졸저, *La vie et la mort, croyances et doctrines de l'antiquité chinoise*, 12쪽 이하.

분류체계와 대립 보완하는 이 체계의 중요성을 알고 있다.[15] 여기서의 교차식 배치는 직각과 정방형을 상정하고 있음을 시사해준다.[16] 직각과 정방형은 공간이나 지상의 질서를 의미하는 것으로 받아들여진다. 그리고 우리가 곧 논하게 될, 2(짝수)는 (중앙과는 관계없이 둘레만을 감안할 경우) 땅과 정방형의 표상인 반면, 3(홀수)은 하늘과 원형(정확하게는 한 변이 2인 정방형 안에 속한 지름 2인 반원주)을 상징한다. 그러나 사실은 하늘(남성, 양, 3, 홀수)은 6$[=3\times2]$에, 땅(여성, 음, 2, 짝수)은 5$[=(2+2)+1]$에 해당한다. 왜냐하면 우리가 교차를 염두에 둔다면, 중앙을 간과할 수 없기 때문이다. 이렇듯 땅과 하늘(남성과 여성)은 수-상징을 지니게 되면서 서로 속성(짝수와 홀수)을 교환하게 된다. 이와 병행하여, 교차형식으로 배치되는 십간은 하늘의 기둥, 즉 천간(天干)으로 규정되는 반면, 원형으로 배열되는 십이지는 땅의 가지, 즉 지지(地支)로 규정된다. 우리는 두 주기의 상관성을 말해주는 이 도치를 잘 살펴보면 다음 사실들을 알 수 있을 것이다. 즉 십이지는 6에 따른 분류와 관련되어 하늘과 시간에 대한 사상에서, 십간은 5에 따른 분류와 일맥을 이루면서 땅과 공간에 대한 사상에서 비롯함을 알 수 있다. 하지만 시간과 공간 사이에, 또한 하늘과 땅 사이에는 어떠한 독자성도 상정할 수 없으며, 나아가 두 주기의 연대는 상호대립 못지않은 중요성을 지닌다. 제반 위치와 기회는 십간과 십이지에 의해 형상화됨으로써 땅에 부합하는 질서나 하늘에 부합하는 질서로, 또한 하늘을 가리키면서 땅을 관장하는 질서로 배치될 수 있는 것이다.[17]

　항목으로서의 천간과 지지의 기호들은 시간과 공간상의 상황 자체만으로도 충분히 그 신분을 확인할 수 있는 실상들을 관장하는 반면, 천간

---

15) 이 책, 115, 286, 287, 313쪽을 참조할 것.
16) 이 책, 320쪽을 참조할 것.
17) 이렇듯 속성의 교환에 따라 서로의 속성이 전도되는 것이 무엇을 의미하는지, 그리고 이러한 전도와 성혼(聖婚)이 어떠한 연관성을 지니는지에 대해서는 이 책, 206, 279쪽을 참조할 것.

과 지지의 기호들로 형성된 두 주기 형식은 상보적인 두 기하학적 배치 방식을 주지시키고 있다. 이 두 기하학적 배치 방식은 곧 우주를 형성하는 유기적 **총체의 구성방식**을 상관적으로 보여주는, 수를 통한 두 가지 분석 방식이기도 하다.

십간과 십이지의 주기기호들은 그 묘사력으로 인해 (또는 제반 구성과 배열을 암시하면서 배치나 상황을 가리킴으로써) 수의 특징적인 효능성을 지녀 수로 불릴 수 있다. 여기서 십간과 십이지는 십진수의 상징들과 유사한 성격을 지닌다.

우주가 하나의 유기적 **총체**로서 제시되기 위해서는 공포된 책력이 혁신된 세계에서 새로운 시대를 통솔하는 것으로 충분하다. 문명화의 책무를 수행할 적임자인 군주가 '하늘의 역수'(天之曆數)[18]를 위임받게 되면서 세계는 창신(創新)되었다.[19] 거꾸로, '퇴락한 덕목으로 마침내 역수(曆數)가 망실되면' 우주는 더 이상 순행하지 않는다. 이러한 고전 문구들을 통해, 수들은 시간상(및 공간상)으로 배치된 상황들을(次)[20] 가리키는 상징으로 암시된다. 수들은 적어도 그 대상에 있어서는 십간과 십이지와 다를 바 없다. 다시 말해, 십간과 십이지는 때를, 수는 날을 가리킨다.[21] 한편 십간과 십이지는 수들과 서로 조합하기도 한다. 통상 중국인은 이 두 일련 기호를 24개의 보름(15일)에 해당하는 24방위도(方位圖)로 배치한다.[22] 특히 그들은 이 기호들을 둘씩 조합하여 60짝이 한

---

18) *SMT*, III, 325쪽.

19) *SMT*, III, 326쪽.

20) 차자(次字)는 질서, 일련, 장소, 체류를 의미한다. 주해가들은 책력의 '숫자들'을 천문학적 (또는 태양의) 방위 또는 위치에 대한 표상으로 인정한다.

21) (각각의 시를 12방위 중 하나와 짝지우면서) 12개의 시(時)를 배가하는 시간 체계가 외국에서 기원하는 것인지 아니면 중국 고유의 산물인지를 다루는 것은 시기상조라는 점에서, 여기서는 넘어가자. 중국의 신화는 12개의 달과 10개의 태양을 실재하는 것으로 받아들인다.

22) 중국인들은 10+12개의 순환기호를 이용하여 24방위를 얻기 위해 우선 (모서리 쪽의 4방향에 할당된) 4개의 순환기호를 덧붙인 다음 십이지(支)와 항상 중앙에 할당된 한 쌍을 이루는 2간(干)을 제외한 8간(干)을 사용했다(*Houai*

주기를 이루도록 했다. 십간의 각 글자(각 쌍의 앞 글자)는 6번씩, 십이지의 각 글자(각 쌍의 뒤 글자)는 5번씩 사용된다.[23] 각 쌍의 수들은 상고대에는 날을, 훗날에는 해와 달과 시를 식별하는 데 쓰였다. 그리하여, 60주기상의 네 쌍을 빌려 상황이 갖는 시간(및 공간)상의 특성을 극명하게 드러낼 수 있었다. 한 개인의 출생을 위치시키는 이 네 쌍의 8자(字)는 오늘날에도 결혼을 앞두고 면밀히 따지고 있다. 또 배우자의 선택에 관한 제반 규칙은 이성지합(二姓之合)을 원칙으로 한다.[24] (우리가 그 지속성에 주목하는) 8자(字)의 사용 기원은 상고대까지 올라가지는 않는다.[25] 하지만 이 8자의 사용은 가장 오래된 것으로 입증되는 두

---

nan tseu, 2와 졸저, *La vie et la mort, croyances et doctrines de l'antiquité chinoise*, 13쪽, n. 2를 참조할 것). 그리고 중국인들은 24방위로의 분할에 입각하여 행정조직을 (네 주무 부처 아래로) 24개의 예하 부서로 분할했음을 알아두자. 각 부서 책임자의 명칭은 새들의 이름에서 따온 것이며 (이 이름들 중 몇 개는 책력의 기호들 속에 나타난다), 불사조라는 명칭의 부서장이 책력을 관장했다(『좌전』*Tso tchouan*, C., t, III, 276, 277쪽; 졸저, *Danses et légendes de la Chine ancienne*, 236쪽, n. 1). 또 15일 단위의 24달은 다시금 각각 5일 단위의 3주기로 분할되어 한 해를 5일 단위의 72주기로 형상했다(360＝72×5). 한 해의 72주기에 따라 72개의 경구가 책력상의 구체적 항목으로서 안배되어 있다(졸저, *Fêtes et chansons anciennes de la Chine*, 54쪽 참조). 또 다른 분할방식으로는 한 해를 12일 단위의 30(＝5×6) 주기로 분할하기도 했다(졸저, 같은 책, 54, 132쪽; *Kouan tseu*, 14; 졸저, *Danses et légendes de la Chine ancienne*, n. 1, 270, 358쪽 참조). 이러한 다양한 안배방식들은 5와 6에 의한 여러 분류방식이 상관성을 지니고 있었음을 의미한다.

23) 이렇듯 5와 12(6×2)를 곱하는 방식과 6과 10(＝5×2)을 곱하는 방식이 병용되고 있다.

24) 동성금혼은 동향인간의 혼인금지 풍습과 병행되었다. 그런데 우리가 알고 있듯이(졸저, *Civilisation chinoise*, 178, 204쪽; *Fêtes et chansons anciennes de la Chine*, 155쪽의 각주 2)의 말미 참조), 영지와 거주지와 위치와 이름 사이에는 유사성이 있었던 것 같다.

25) 중국인들은 당대부터, 아니면 한대부터 8자를 사용했던 것 같다. 어쨌든 『주례』(Biot, *Le Tcheou li, ou les Rites des Tcheou*, t, II, 307쪽)에 따르면, 고대 중국인들이 배우자들을 맺는 데 생년월일과 개인의 이름을 따진 것으로 보인다.

관습에 관련된다. 그 하나는 『의례』(儀禮)가 약혼자들에게 장래 배우자의 이름(名)을 조회하도록 명하고 있다.[26] 속설에는 운명을 점치고 이성지합의 규약을 어기지 않기 위함이었다고 전한다. 그 다른 하나는, 은대(殷代)에는[27] 개인의 이름(名)이 십간 중에서 선택되었고, 출생일의 표상이 개인의 표상으로 사용되었다는 점이다. 주기기호들은 각 개인을 시공에 위치시킨다는 사실만으로도 개인의 정체성을 가름한다. 이 기호들은 모든 이름이 그러하듯 개성과 본성(物)을 규정짓는다.

가령 어떤 한 영령이 출현했다고 하자. 이 경우 사람들은 (출생의 경우와 마찬가지로) 이 영령에게 바치는 그들의 제사가 불경한 잘못을 범하지 않도록 그 영령에 대한 개별성을 규정해야 한다. 따라서 이에 대한 크게 다르지 않은 두 대안, 즉 이 영령의 이름을 알아내든가, 이 영령의 출현장소를 규명하는 것이 해결책으로 제시될 것이다. 이에 관련된 두 고사가 전해온다.[28] 하나는, 그 영령의 정체 규명을 소임으로 하는 한 사관이 마침내 그가 단주(丹朱)임을 알아내었다. 그렇다면 단주는 본래 이씨(李氏) 가문의 선조인 요(堯)의 아들을 칭했던 이름이다. 따라서 마땅히 이씨 가문의 제주가 제물을 바쳐야 할 것이다(제물로서의 물건과 음식들은 영령이 속하는 상징적 부류(類)에 부합될 때에 적합한 것이다).[29] 다른 한 고사로는, 사람들이 그 영령의 이름을 군이 밝히려 하지

---

26) 졸저, *Danses et légendes de la Chine ancienne*, 159쪽. 이 관습은 (알려져 있지 않은 이름이었기에 조회해야만 했던) 개인의 이름과 (알려진 이름인) 성씨 사이에는 본질(物)과 부류(類)의 관계와 유사관계에 있었음을 시사한다. 성씨는 네 개의 개별화가 가능한 하나의 독특한 유(類) 덕복(德)을 나타냈다. (윤회에 관계된 통념을 반영하는) 이러한 네 개의 개별화에 따라 네 세대를 구별하는 네 개의 이름이 있었던 것 같다(이 책, 112쪽과 졸저, 같은 책, 368쪽 이하). 개인의 이름은 (한 가족에게) 각 개인이 속한 세대를 가리킨다. 즉 개인의 이름은 일종의 위상을 말해준다.

27) *SMT*, I, 169, 175, 176쪽. 고고학은 이 전통을 확고히 해주었던 것 같다.

28) 졸저, 같은 책, 158쪽. 이 두 고사의 출처는 시기와 영감과 문체에서도 비슷한 두 작품이다.

29) 졸저, 같은 책, 157쪽 이하. 영령들은 (봉헌자와 봉헌물의 본성이) 그들과 동

않았다는 것이다. 왜냐하면 그 사관이 "영령의 본성(物)에 따라 제물을 바쳐야 한다"는 원칙과 함께 "그가 출현한 날이 곧 그의 본성이다"라고 천명했기 때문이다. 제례를 올려야 할 영령의 출현을 위치시키는 주기상의 기호가 규정되면, 이와 동일한 세계의 구역에 속하게 되는 제물의 성격은 절로 규정되었다. 아울러 제주의 신원도 규정되었던 것 같다. 왜냐하면 제주의 신원과 제물의 성격은 동일한 부류에 속하기 때문이다.

이와 같이 한편의 부류(類)와 본성(物), 즉 이름(名), 그리고 다른 한편의 시공상의 위치와 구역, 이 둘의 차이는 없다. 더욱이 제반 부류나 구역, 위치와 본성을 환기시키는——또 하나의 이름이나 호칭으로서의 의미를 지니는——십간과 십이지의 기호들은 직접 수를 매개로 하는 제시방식도 암시한다. 어떤 한 영령의 출현을 두고 그것이 갑을(甲乙, 십간의 첫 쌍)의 위치에 해당한다고 말하는 것만으로도 사람들은 이내 이 한 쌍을 그 표식으로 하는 구역인 동(東)-봄의 기호에 따라 의례가 거행되어야 함을 알았다(이에 따라 제물과 색깔 등의 선택이 결정되었다).[30] 또 이 경우 사람들은 의례체계의 모든 지침(의전의 규모, 기간, 양量 등)은 수 8을 토대로 해야 함도 알고 있었다.[31] 바꾸어 말해, 분류자 8에 의한 모든 배치는 표기 갑을(甲乙)에 의해 특징되는 상황(次)들에 해당되었다. 이와 같이 8과 갑을은 수-항목의 양상 아래 함께 고찰되었다. 십간과 십이지의 수-표식은 어떤 규정된 구성을 내포하는 하나의 종합적인 항목에 관련된 특정한 범주를 설정해주면서[즉 하나의 규정된 본성을 밝혀주면서], 규정된 하나의 구성방식에 따른 일군의 특징적

류의 것이 아니면 아무것도 먹지 않는다는 점을 중국인들은 제례의 원칙으로 삼고 있었다.

30) 앞의 책, 158쪽.

31) *Tch'ouen ts'ieou fan tou*, 13. 봄(東)에는 8(여름에는 7, 가을에는 9)이 제식상의 모든 것을 관장했다. 이를테면 봄에 비가 오기를 기원하는 제식을 올릴 때면 8명의 무용수와 8가지 생선이 필요했으며 또 각 변의 크기를 8척으로 하여 토총을 쌓아야 했으며 8마리의 용(8척 크기의 큰 용 한 마리와 8/2 크기의 작은 용 7마리)을 제작해야 했다.

인 표상들을 주지시킨다. 즉 (십진수에서 빌려온) 하나의 주된 수가 하나의 규정된 구성방식을 알려주는 것이다. 이 주된 수는 분류자의 역할을 하며, 따라서 이 하나의 주된 수를 통해서 어떠한 표상들의 특징적인 상황과 본성이 (기하학적으로 또는 율동적으로) 다채롭게 제시되는 것이다.

사마천에 따르면, 수 7은 십이지 중에서 (양陽의 완벽함을 표현하는) 사(巳)로 표기되는 위치인 남-남-동에 해당됨을 알 수 있다. 왜냐하면 그는 양의 수들이 7에서 완벽함에 이른다고 보았기 때문이다. 이 위치가 갖는 고유의 성수(星宿)는 일곱 개의 별로 나타나는 까닭에 칠성(七星)이라 불린다.[32] 그리고 남자가 수 8을, 여자가 수 7을 성장주기로 하는 것은 바로 남자와 여자의 출생위치가 각각 (십이지 중의) 인(寅, 동-북-동=8)과 신(申, 남-남-서=7)에 해당하기 때문이라고 한다.[33]

십간과 십이지는 산출을 위한 용도나 추상적인 수열을 위한 서수의 용도로 사용되지 않았다. 십간과 십이지가 (십진수의 기호들처럼) 수로 불리는 까닭은 개별적 상황을 표상하고 구체적으로 형상화하기 때문이다. 십간과 십이지의 각 기호들은——특수한 **구역들로의 분할방식**을 특징으로 하는 하나의 전체조직 속에서 제 위치를 가지면서——하나의 **국지적 집단**을 주지시킬 수 있다. 그리고 이러한 국지적 집단의 본성(物)은 하나의 특정 **분류자**에 의해 특수화된 하나의 (율동적 또는 기하학적) 조직체로 드러난다.

---

32) *SMT*, III, 308, 309쪽.

33) 졸저, *La vie et la mort, croyances et doctrines de l'antiquité chinoise*, 1쪽 이하. 7은 이 경우 진(辰, 남-남-서)에 해당하지만 앞의 경우 사(巳, 남-남-동)에 해당한다. 상이한 수들(72, 12, 2. 이 책, 160쪽 참조)일지라도 동일한 표상을 지니면 등가로 간주될 수 있으며, 마찬가지로 똑같은 수라도 그 표상이 바뀌면 표상으로서의 의미를 달리하게 된다. 이는 다양한 분류체계들이 경합했기 때문이다.

* * *

중국인들은 수열보다는 위치를 가리키기 위해 고안되어 **합계**보다는
배열을 생각하게 하는 주기기호들을 수라고 칭했다. 중국인이 계산과
순번을 매기는 데 사용한 상징체계는 일직선상으로 배열되는(1, 2, 3,
〔……〕 11, 12 〔……〕, 101 〔……〕) 십진수였다. 이 십진수들도 다른
표상들 못지않은 뛰어난 묘사력을 지닌 표상으로 간주된다. 이들 역시
형상화작용을 한다. 이 수들을 통한 제시에서 중요한 것은 **합산**이나 단
위가 아니라 특정집단에 적합한 듯 보이는 분할유형이나 조직유형을 특
정하기 위한 일종의 구체적 분석이다.

십진수들은 순번부여나 계산보다는 구체적인 배열양식을 나타내는
데 사용되었다. 『좌전』(左傳)의 한 구절 "일기(一氣), 이체(二體), 삼류
(三類), 사물(四物), 오성(五聲), 육률(六律), 칠음(七音), 팔풍(八風),
구가(九歌)"는 이를 짐작하게 해준다.[34] 이 구절에서 중국인은 기수나
서수의 기능을 구별하지 않았다는 점이 역력하게 드러난다.

시사하는 바가 많은 이 구절은 순차적 분류방식들의 단순한 나열을
통해, 그 전개상의 율동감이 증대되는 느낌을 자아낸다. 이 구절은 맛과
소리, 음식과 음악과 같이 이른바 실체와 율동을 이어주는 내밀한 조응
성이 부각된, 조화(和)에 관한 기술과정에서 언급되었다.[35] 모든 것은
조화다. 즉 모든 것은 배치다. 그리고 상이한 배치들은 하나의 동일한
조화이며, 이 조화의 다양한 방식들은 **복잡도**가 더하는 순서대로 일련의
수-상징들을 통해 표현된다. 이 표상들은 우주질서가 어떠한 **내적 배치**
를 통해 (매번 총체적으로 또한 매번 특징적으로) 실현되는지를 형상화

---

34) *Tso tchouan*, C, III, 327쪽. 이 구절은 공자의 동시대인이었던 안자(晏子)의
말로 보이는 것들 중에서 발췌한 것이다.
35) 이 책, 135쪽을 참조할 것. *Li ki*의 『악기』(樂記) 참조, C, II, 83쪽. 이러한 상
응 관계들은 다양한 분류체계들, 특히 5에 의한 분류체계의 영향 아래 정립된
것들이다.

해줄 뿐만 아니라 범주에 따른 분류도 관장한다.

이 문구는 아홉 개 단어로 표현되며, 각 단어 앞에는 십진수의 첫 자리 아홉 수 가운데 하나가 등장한다. 다음의 두 번역은 적절하지 않다. 즉 "첫째는 기(氣)요 [……] 아홉째는 노래다" 또는 "1(은) 기 [……], 9(는) 노래(다)." 우리는 아래와 같이 이해해야 한다. "1(=하나이면서도 첫째는) 기. 2(=둘이면서도 둘째는) 체(體)[문무文舞와 무무武舞는 (상반된 한 쌍인) 음양처럼 대치하면서 체를 형성한다. 이 춤들은 (단순한 대립구도를 지녀) 여름(남쪽)이나 겨울(북쪽)에 해당한다]. 3(=셋이면서도 셋째는) 류[시류詩類(풍風, 아雅, 송頌)는 제후와 군주 그리고 신 사이에 배치되어 (중축선中軸線을 따라) 위계를 형성한다. 신과 제후 사이에 위치한 군주는 중간이면서 높은 자리인 중앙에 자리한다]. 4(=넷이면서도 넷째는) 물(物), 즉 표상[춤의 표상이다. 왜냐하면 (공간과 땅 고유의 형태를 암시하는 정방형의 배치인) 4방위는 무인(舞人)들과 그들의 표상과 함께 4유형의 춤을 제공하기 때문이다]. 5(=다섯이면서도 다섯째는) 성(聲), 즉 소리 [가장 중요한, 음악의 본질로서 소리는 (중앙의 표상인) 5를 분류자로 삼는다. 그래서 소리는 (1에서 9로의) 점진적 전개상의 중앙에 자리한다. 소리는 4계절-방위 그리고 중앙에 부여되어 (교차형 배치인) 시공 속에서 음악에 관련된 일체를 분류해준다]. 6(=여섯이면서도 여섯째는) 율(律) [음률音律. (육려呂와 육률律의 이중구조를 지닌). 여섯 쌍의 음률. 십이율은 12달을 상기시키며, (공간상으로 조화의 배분을 실현하는 4표상과 대칭되어) 시간상으로 조화의 배분을 실현한다(십이율은 6각형이나 12각형으로 배열되어 시간, 하늘, 원圓을 상기시킨다)]. 7(일곱이면서도 일곱째는) 음(音)[(음계상의) 음은 칠성단(七星團)이 미치는 영향의 총수를 말하거나 1주일의 7일을 말한다. 7은 (5처럼) 중심을 지닌 어떤 총체를 시사한다. 즉 7(6+1)은 중앙이 있는 6각형(=원圓)이거나, 7(4+3)은 세계의 천정(天頂), 천저(天底), 중앙을 나타내는 수직 축(3) 주위에 배치된 정방형 (4)이다]. 8(여덟이면서도 여덟째는) 바람[풍風. 여덟 바람은 각기 재질이 다른 8개 악기(악기마다 고유한 음색은 음정 다음으로 중시된다)에 해당하며, 8개의 구체적인 공간지역, 즉 (정방형이면서도 다시 9개의 정방형으로 분할된) 공간의 바깥 8개 정방형에 해당한다]. 9(아홉이면서도 아홉째는) 가(歌)[가장 정교하게 표현되는 음악과 춤. 점입가경漸入佳境에 들어선 무인舞人과 악인樂人은 천자의 실제적인 정무활동인 구공九功을 상기시킨다. 이 구공은 백성들 생활의 근본이 되는 육부(六府. 수, 화, 목, 금, 토, 곡穀)를 잘 다스리고 삼사(三事. 정덕正德, 후생厚生, 이용利用)를 정비하는 것을 말한다. 전적으로 위계화된 순서를 따름으로써 실현되는 구공 전체는 8개의 구체적인 공간과 1개의 이상적인 중앙을 차지한다. 이 전체는 중앙을 중심으로 위계화된 3행으로 그려지고, 이 행들은 각기 3으로 나뉘어, 전체적으로 9개의 세분된 정방형을 형성한다. 9개의 세분된 정방형은 중앙에 위치한 주요 정방형, 즉 군주의 영역에 의해 통솔된다].

기(氣)는 이 점진적 전개의 시원을 이룬다. 왜냐하면 기는 율동에서 하나이면서 첫째이며, 단순하면서도 총체적인 원소이기 때문이다. 그리고 구가(九歌)가 이 전개를 끝맺는다. 왜냐하면 이 구가는 율동 자체가 내포하는 모든 것의 최고의 실현이자 절정의 실현이며, 최후의 실현이자 완벽한 실현이기 때문이다. 만일 우리가 모든 계층의 개체들이 어떻게 구성되고 어떻게 집단을 이루는지를 알려고 한다면, 또한 개체들 각각의 위치와 본성을 구체적으로 드러내고 그들의 전형적인 구성방식을 밝히고자 한다면, 음악에 관련된 사항들이 일련의 수에서 빌려온 표상들 아래 범주별로 정렬되고 있음을 지적하는 것으로 족하다. 수-표식들은 점진적 전개상에서의 여러 위치를 가리키며, 각 범주 특유의 구성과 형상을 규정한다. 이를테면 넷째로 발생되고 네 번째에 위치하는 것은 정방형으로 배치되어 4로 제시된다. 4로 제시되는 것은 본질상 넷째로, 네 가지로 나타나는 개체의 한 집단을 형성한다.

존재론적 질서와 논리적 질서는 공히 율동적이며 기하학적인 형상으로 제시되고 있다. 존재론적 질서와 논리적 질서가 동일시되고 있는 까닭에, 수를 통한 분류와 특징의 표현도 가능하게 된다. 이렇듯 수는 묘사력과 함께 구체적인 분석을 가리킴에 따라 곧 분류자로서의 역할을 수행하며 여러 실재적인 집단들의 신원을 확인시켜준다. 따라서 수는 항목이 될 수 있다. 왜냐하면 수는 각각의 실체들이 우주 내 본연의 위계에서 율동으로 형상화될 때 요구되는 다양한 조직방식을 알려주기 때문이다.

세계는 하나의 닫혀 있는 우주다. 십간과 십이지의 기호들은 위치의 지칭에 사용되어 여러 배열들을 상기시킨다. 아울러 십진수들은 제반 배치를 특징짓기도 하지만 위치를 형상화하는 힘도 지닌다.

십진수들은 실로 무한정함에 따라 일직선상에 배치되는 것처럼 보인다. 우리는 어떤 점진적으로 증대되는 느낌을 전하고자 할 때 수를 일렬로 나열한다. 하지만 우리가 살펴보았듯이, 점진적인 증대의 시작과 끝 사이에서 생각할 수 있는 거리란——통일성만을 그 본래의 속성으로 하는——총체와——항상 완전한 것으로 간주되면서 분석이 가능한——전체 간의 차이일 뿐이다. 그러니 만일 우리가 여러 양상들을 위계화된 범주별로 배치하여 한정된 우주를 암시할 목적으로 고안된, 근본적으로 정체적이라 할 수 있는 점진적 증대를 염두에 둔다면, 굳이 수를 통한 수열의 무한정한 연속성을 보여줄 필요가 없다. 그보다는 오히려 각각의 수를, 하나의 전체를 이루는 일련의 한정된 범주로 생각해야 할 것이다. 하나의 한정된 범주는 곧 하나의 단순한 단위로서 전체를 완전하게 나타낼 수 있는 것이다.

첫 아홉 십진수들은 수가 점진적으로 증대하는 양상을 보여준다. 따라서 이 수들은 하나의 주기로서의 특성을 지닌다. 우리가 십진수들을 주기의 상징들, 특히 십간과 동일한 맥락에서 다룰 수 있는 것도 이 때문이다. 여기서 십간과 십이지는 단순한 주기기호들로서 집단들의 표상이다. 즉 십간과 십이지는 여러 집단들의 위계를 (원칙적으로는) 가리키지는 않으나 각 집단들의 위치를 고정시킨다. 한편, 첫 아홉 십진수들은 점진적인 증대를 가리키는 까닭에 범주의 항목으로 사용될 때 위계질서를 생각하게 한다. 중국사유에서 위계개념은 중앙에 대한 실질적인 제시를 통해 드러난다. 즉 첫 아홉수들의 가운데에 위치한 5는 중앙을 상징한다.

수 5가 중앙에 주어짐에 따라, 인접기호들은 직선적 배열을 벗어나서 공간 속에 재배치되면서 공간상의 특성을 갖게 된다. 그 결과 이 십진수들은 먼저 십간과 십이지와도 같이 위치를 결정하는 데에 적절하게 될 뿐만 아니라 상이한 구역들이 중앙을 지닌 전체와의 관계에서 어떻게 조정되는지도 나타낼 수 있게 된다. 곧이어 우리는 이 점을 살펴볼 것이다. 십진수-상징들은 수를 통해 세계의 질서가 재현되는 하나의 영상을 만들어낸다.

앞서 우리가 분석한 『좌전』의 구절이 보여주듯이, 율동의 요체인 기본소리는 5인 까닭에 중앙에 위치하게 되며, 중앙에 위치한 까닭에 분류자 5를 그 특성으로 지닌다. 고대의 한 자료는 이와 동일한 생각을 아주 적실하게 보여준다.

『홍범』(洪範)[36]은 중국철학사에서 가장 옛날의 것으로 인정되는 한 편의 소고다. 『홍범』은 명실상부한 황제라면 숙지해야 할 모든 통치술을 다루었다. 이 지혜의 총체는 아홉 개 항목, 즉 구주(九疇)로 나뉘어 기술되며, 항목마다 그 특징을 나타내는 하나의 수-번호가 매겨져 있다.

『홍범』의 항목마다 부여된 수와 그 해당 항목의 사상 사이에는 어떠한 상관성도 없다는 학설이 있다.[37] 물론 이 상관성은 대부분 쉽게 드러나지는 않지만, 제7항에서만은 쉽게 알아볼 수 있다. 제7항은 점술을

---

36) *SMT*, IV, 219쪽 이하. 『서경』에 별개의 한 장으로 삽입되어 있는 『홍범』은 사마천의 저술에도 수록되어 있다. 이 작품의 기원을 기원전 3,000년 전이나 2,000년 전으로 보는 것이 통설이다. 현대의 비평가들 중 일부는 이 작품을 기원전 8세기에 유래했다고, 또 다른 일부는 기원전 3세기에 유래했다고 본다. 그런데 『홍범』이 기원전 4, 5세기 이전에 편찬된 것으로는 보이지 않는다. 아마도 이 작품은 문헌 문학의 초창기에 유래했을 것이다.

37) Wieger, *Histoire des croyances religieuse et des opinions philosophiques en Chine.*

다룬다. 7은 점술의 일체를 관장하는 까닭에 그것들에 대한 분류역할을 수행해야 한다. 그래서 점을 칠 때 점술가들은 49(=7×7)개의 산가지를 조작하고 (『홍범』에서 언급되는 것처럼) 점괘를 7개의 범주로 다루었다. 그런데 제5항은 더욱 흥미롭다. 제5항에서는 '황제의 완전무결한 법도'(皇極)가 언급된다.[38] 우리가 알고 있듯, 황제는 국가의 운명임에 따라 그의 거처인 황도(皇都)에서 내적 수양을 완벽하게 쌓아 만백성에게 지복(至福)을 베풀어야 한다. 그래서 황제와 '황제의 완전무결함'은 가운데 항인 제5항에서 다루어진다. 또 군주가 보유하고 베푸는 지복은 오복(福)으로 구성된다.

이 경우의 수-표식은 단순한 수와는 전혀 다른 기능을 한다. 여기서의 수는 분류자로서, 질서에 대한 생각을 가능하게 하고, 아울러 공간적 장치까지 제시하고 있다.

고대 주해가들은 바로 이러한 관점에서 『홍범』을 개괄했으며, 특히 오행을 다루는 『홍범』의 제1항을 설명할 때면 더욱 그러했다.

고대 주해가들은 『홍범』을 통해 우주구조에 대한 성찰의 근거를 마련했다. 현자들은 우주구조의 성찰을 통해 통치원칙도 찾아낼 수 있었다. 합리주의의 편견에 사로잡힌 현대인들은 고대현자들의 앎을 단순한 양식(良識) 정도로 치부하고 넘긴다. 그들은 『홍범』에서 다소의 체계성을 보여주는 일련의 유익한 충고와 정보만을 얻으려 한다. 그러므로 그들은 『홍범』의 저자가 수나 수의 배치를 옛 분류체계와 서로 연계해 우주구성을 보여주려 했음을 인정하지 않는다.[39] 이처럼 전통을 거부하는 현대인들은 『홍범』의 앞부분에 위치한 오행의 언급에 한해 약간의 관심을 보일 뿐이다. 그마저도 그들은 이 대목이 삽입된 구절에 지나지 않는다고 주장하기도 한다.[40] 여기서 우리는 오행이 언급된 위치뿐만 아니라

---

38) *SMT*, IV, 221쪽. 여기서는 샤반이 제시한 번역을 잠정적으로 유지하려 한다. 이 책, 322, 323쪽을 참조할 것.

39) *SMT*, IV, 303쪽의 각주 5); Maspero, *La Chine antique*, 440쪽의 각주 4).

40) Naito, *On the compilation of the Shoo king et HONDA, on the date of*

『홍범』의 서언이라 할 수 있는 다음 대화의 의미에도 주목해야 한다.[41] "아! 상천(上天)은 신비롭게도 아래 백성들에게 **영역**을 점지하시어 서로의 조화 속에 살게 하셨나니. 허나 나는 그 상도(常道)의 펼 바를 알지 못하니!", "옛날 곤(鯀)이 큰물을 막아 오행을 어지럽힌 탓에, 황제는 진노하여 곤에게 『홍범』 구주(九疇)를 내리시길 거부하셨으니, 이로 인해 상도가 타락하게 되었다. 그리하여 곤이 세계의 변방에서 처형되고 우가 그를 이어 권좌에 오르자, 마침내 상천은 우에게 『홍범』 구주를 하사하셨다. 이에 사람들은 다시 만물의 법도를 되찾게 되었다." 우리는 이 구절을, 타락한 덕목 때문에 '상도를 잃을 수도 있는 하늘의 수'를 문명의 선구자인 영웅들이 전수받았음을 알려주는 고전의 문구들과 결부시켜야만 한다. 앞에서 서술했듯이, '수'는 십간과 십이지와 다르지 않다. 십간과 십이지처럼 수는 위치를 형상화한다.

『홍범』의 첫 부분의 대화는 우주구조는 인간과 사물의 배치에 관한 사유가 투영되어 있음을 분명히 알려준다.──인간과 사물의 배치는 아홉 항목(구주 疇)에 따른 배열과 오행에 따른 분배로 제시될 수 있다.

『홍범』의 제1항은 오행을 언급한다. 주지하듯, 단순한 단위인 1은 완전한 단위인 10과 다를 바 없다. 오행은 하나의 총체를 형성한다. 따라서 오행을 이루는 각 원소는 하나의 수치에 해당한다.[42] 『홍범』 제1항은 바로 이 점을 지적했다.

---

complication the Yi king.

41) 이는 두 사람의 대화다. 하나는 주(周)왕실의 창건자이며, 다른 하나는 자신의 타락한 덕목으로 은(殷) 왕조의 몰락을 초래한 전제 군주 주신(紂辛)의 형(아우?)이다. 이 장황한 대화는, 권력의 원천이나 수호신이 한 가문에서 다른 가문으로 이전됨으로써 새로운 세계가 도래했음을 알리고 있다. (참조원문: 嗚呼, 箕子. 惟天陰隲下民, 相協厥居, 我不知其彝倫攸敍 〔……〕 在昔, 鯀陻洪水, 汩陳其五行, 帝乃震怒, 不畀洪範九疇, 彝倫攸斁. 鯀則殛死, 禹乃嗣興, 天乃錫禹洪範九疇, 彝倫攸敍.)

42) 미리 밝혀두지만, 오행(五行)은 각기 1, 2, 3, 4, 5에 상응하며 또 전체적으로는 (중앙의 표상인 5는 계산에 포함되지 않는 까닭에) 1+2+3+4의 총합이자 (1과 등가인) 10에 상응한다.

샤반은 다음과 같이 번역했다. "(I) 오행. 첫째는 수(水)라 불리고, 둘째는 화, 셋째는 목, 넷째는 금, 다섯째는 토라 불린다. 수(水, 성性)는 적시고 내려가는 것이다. 화(성)는 태우고, 올라가는 것이다. 목(성)은 굽히고 펼 수 있는 것이다. 금(성)은 순응하고 변형되는 것이다. 토(성)는 씨가 뿌려지고 수확되는 것이다." 샤반은 왈(曰)을 이 문장의 첫 구절에서 '불리다'로 옮긴 반면, 두 번째 구절에서는 '이다'로 옮겼다. 실제로 왈은 '이다'를 뜻한다. 하지만 왈은 (이 경우뿐만이 아니라 『홍범』 전체를 통해 한결같이 그러하듯) 진술 중간에 나타날 경우에는 단순한 소품사(小品詞)에 지나지 않는다. 이 단어를 계사(繫詞)로서만 다룬다면 처음부터 의미를 곡해하게 된다. 원문은 "수성(水性)은 적시고 내려가는 것이다"라고 말하지 않고, "물은 적시며 아래로 향한다. 불은 태우며 위로 향한다"로 적는다. 여기서 우리가 왈의 '불리다'의 의미를 둘째 문구에는 부여하지 않고 첫 문구에만 적용할 경우, 그 의미는 더욱 왜곡될 수 있다. 이러한 곡해가 범해지는 것은 『홍범』의 수들이 단지 서수로만 사용되고 있다는 선입견의 결과다. 분명 우리는 『홍범』 외의 다른 여러 곳에서도 중국인이 기수와 서수의 기능을 구별하지 않고 있다는 여러 증거를 쉽게 접할 수 있다.

단어 하나하나를 엄밀하게 옮겨보면, "I. 오행(원소). 1은 물, 2는 불, 3은 나무, 4는 쇠, 5는 흙이다." 우리의 이 번역은 곧 1과 2는 물과 불의 본성과 순위를 표상하는 까닭에 물이 첫째이고 불이 둘째임을 의미한다. 1, 2, 3, 4와 5는 각 원소의 값을 특정화하는 지표로 간주되어야 한다.

사실, 중국인은 학설상의 다각적인 관심에 따른 차이에 따라 이 원소들의 배열을 변경시키기도 했지만, 그럼에도 『홍범』이 부여한 원소들의 수치와 다를 수 있는 수치를 부여하려고 한 적은 한 번도 없었다.

각 원소가 전체의 항목들 가운데 차지하는 위치를 가리키는 지표로서의 역할을 하는 이 수치들만이 유일하게——나열상의 배열이 변경될 때에도——원소들 본래의 진정한 순서를 알려준다.[43] 이를테면 『월령』(月

令)은 원소들을 목, 화, 토, 금, 수의 순서로 나열하면서[44] 8, 7, 5, 9, 6
을 순서에 따라 각 원소에 할당하고 있다. 여기서 『홍범』과 『월령』이 각
기 수(水)에 할당한 1과 6(=1+5)은 상징적 등가에 해당된다. 왜냐하
면 이 두 수는 5에서 합동하기 때문이다. 2와 7(=2+5), 3과 8
(=3+5), 4와 9(=4+5) 역시 마찬가지다. 더욱이 『월령』은 수(水)와
등가의 표상으로서 십진수 중에서 수 6(합동하는 쌍 1-6 중 큰 수) 하나
만을 상정하지만, 십간에서는 순환하는 한 쌍의 수(數)를 수(水)에 부여
한다.

요소	水	火	木	金	土
홍범	1	2	3	4	5
월령	6	7	8	9	5

먼저 다음 사실을 지적해두기로 하자. 『설문』은 십간의 주기적인 쌍들
을 분석하면서 각 쌍의 앞 기호를 방위의 표상으로, 뒤 기호를 이에 상응
하는 계절의 상징으로 제시했다.[45] 『홍범』은 **합동하는** 쌍의 앞 수를, 『월

---

43) 『홍범』이 따르는 순서를 의심하는 샤반(*SMT*, IV, 219쪽의 각주 5)은 원본 수
정을 제안하기까지 한다. 이러한 그의 입장은 (그 자신이 기원전 3세기에 유
래한 것으로 추정하는) '가장 오래된 열거순서'가, 이른바 승리의 순서라 불리
는 또 다른 한 순서(*SMT*, IV, 143쪽)를 따르고 있음을 일단 인정함으로써 비
롯한 것이다. 『홍범』의 기원을 기원전 3세기 이전으로 보는 그로서는 (실제로
가장 오래된 것인) 『홍범』의 열거순서에서 오류를 찾아내어 더욱 고대의 것으
로 인정한 열거순서에 흡사하도록 『홍범』의 열거순서를 수정해야 했던 것이
다. 샤반의 후계자들은 『홍범』에 실린 이 대목의 편찬을 확인시켜주는 또 다른
한 원문에 비추어 그의 수정을 수용할 수 없는 것으로 본다. 하지만 그들 역
시, 이 원문을 수의 관점에서 해석하는 것은 시대착오를 낳을 수 있다는 인식
아래 제시된 순서의 의미를 연구하지는 않는다(이 책, 247쪽 이하, 309쪽을
참조할 것).
44) 이 열거순서는 오행의 생성순서에 해당한다(이 책, 310쪽을 참조할 것).
45) 각각 '중궁'(中宮)을 표상하는 두 기호인 묘(卯)-기(己, 중앙)의 쌍은 예외다.
『월령』은 토(土)를 중앙에 설정하고 또 『홍범』처럼 (10이 아닌) 5를 토의 표상

령』은 그 쌍의 뒤 수(큰 수)를 각 원소에 할당하는 까닭에, 각기 다른 관점에서 수를 통한 상응관계를 고찰하는 것처럼 보인다. 하지만 이 둘은 상보적이다. 이 둘은 모두 여러 신화를 통해 그 고대성과 권위가 입증된 일반적인 분류체계에 입각한다.

이 체계는 계절, 방위, 색, 맛 그리고 오행과 수 사이에 확립된 제반 등가적 조합을 통해서 형성된 것이다. 『월령』은 6과 짠맛(함鹹)을 겨울〔=북〕에 결부시켜 수(水)의 영향(덕德) 아래, 7과 쓴맛(고苦)을 여름〔=남〕에 결부시켜 화(火)의 영향 아래, 8과 신맛(산酸)을 봄〔=동〕에 결부시켜 목(木)의 영향 아래, 9와 매운맛(신辛)을 가을〔=서〕에 결부시켜 금(金)의 영향 아래 위치시켰으며, 5와 단맛(감甘)을 땅과 동일시되는 중앙과 결부시켰다. 반면, 『홍범』은(『월령』과 같은 단어들로 주된 맛을 지칭하면서) "적시고 내려가는 (것은) 〔수, 1〕 짠맛을 낳고, 태우고 올라가는 (것은) 〔화, 2〕 쓴맛을 낳고, 굽히고 펼 수 있는 (것은) 〔목, 3〕 신맛을 낳으며, 순응하고 변형되는 (것은) 〔금, 4〕 매운맛을 낳고, 씨 뿌려지고 수확되는 (것은) 〔토, 5〕 단맛을 낳는다"라고 말한다. 『월령』과 『홍범』은 동일한 분류체계에 의거하고 있음이 틀림없다. 하지만 『월령』은 책력에 관한 글로서 한 해의 안배에서 수의 역할을 보여주고자 한다. 『월령』은 단지 1-6, 2-7, 3-8, 4-9 쌍에서 큰 수〔뒤 수〕만을 고려한다. 왜냐하면 이 뒤 수들의 총합(6+7+8+9)이 30이기 때문이다. 30은 (360의 주된 약수들 중 하나로서) 그 자체로 한 해의 주행을 불러올 수 있다. 따라서 6, 7, 8, 9는 (30의 분할양상을 보여주면서) 한 해를 구성하는 4계절의 분류자가 될 자격이 있다〔주기적인 쌍들에서 뒤 기호는 계절을 상징한다〕.[46] 반대로, 『홍범』은 범주의 점진적 전개를 상

___

으로 부여했다.

46) 『월령』이 중앙의 표상으로 부여하는 5는 한 해의 축을 나타내는 날들의 수를 가리킨다. 그런데 이 날들은 일일이 명기되어 있지 않지만 태양년이 366일인 점에 비추어, 총 5일이 아닌 총 6일이었던 것으로 짐작된다(이 책, 119쪽을 참조할 것).

기시키면서 우주의 구성을 밝히려고 한다. 그 시작으로서 (제1항에서)
『홍범』이 오행으로 분배를 제시하는 것은 공간장치를 기술하는 것이다.
그리고 이러한 기술은 우주가 구성되는 단계에 맞추어 진행된다. 『홍범』
은 합동하는 쌍의 작은 수만을 사용한다〔각 쌍의 작은 수는 각 쌍의 앞
수다. 이 수는 공간상의 위치에 해당한다〕. 이 앞 수들은 공간적 장치상
의 위치를 가리키는 항목으로 더 적합할 수 있다. 왜냐하면 수열의 첫머
리에 자리한 이 수들은(1, 2, 3, 4), 특정항목에서 특정위치를 식별할
수 있는 배치순서를 알리는 데 특히 적합하기 때문이다.

실제로, 오행의 각 영역과 수치를 동시에 결정하는 이러한 나열순서
는 명당(明堂) 구도를 재생하고, 그 작성단계를 가리킨다. 수〔=북=
$1(=1+5=6)$〕와 화〔=남$=2(=2+5=7)$〕는 아래〔=북〕에서 시작하여
〔(『홍범』에서 밝히듯이) 수는 아래로 향한다〕 위〔=남〕로 올라가면서〔(『홍
범』에서 밝히듯이) 화는 위로 향한다)〕 수직으로 그려지는 첫째 가지의 양
끝에 대립한다. 그리고 목〔=동$=3(=3+5=8)$〕과 금〔=서$=4$
$(=4+5=9)$〕은 첫째 가지를 직각으로 자르면서 좌〔=동=목〕에서 우
〔=서=금〕로, 수평으로 그려지는 둘째 가지 양 끝에서 대치한다.[47] 토
〔=중앙$=5(10=5+5)$〕는 두 가지의 교차에 따라 결정되는 중심점을
차지하면서 군주의 자리를 규정한다.[48]

수(水)가 먼저 거명되는 것은 수는 첫 번째로 구성된 위치인 〔북〕을
자신의 공간 영역으로 삼기 때문이다.——북은 항목 1이 관장하는 반

---

47) 하-북-수(下-北-水), 상-남-화(上-南-火), 좌-동-목(左-東-木), 우-서-금
　　(右-西-金)의 등가관계는 중국의 분류체계 및 상응체계의 핵심 전제가 되고
　　있다. "물은 적시면서 아래로 향하고, 불은 타오르며 위로 향한다"는 이『홍
　　범』의 문구가 분명히 입증하는 것은, 첫째『홍범』은 분명히 이 체계를 준거로
　　삼는다는 점이며, 둘째 오행의 열거순서는 공간상의 배치를 내포한다는 점이
　　며, 셋째 (오행을 특징짓는 것은 수-표상들인 까닭에) 수에 대한 앎은 기하학
　　적 앎과 불가분하다는 점이다.
48) 황극(皇極): 5. 한 쌍을 이루며 중앙에 해당되는 두 간(干)은 구별 없이 중궁
　　(中宮)의 표상으로 사용된다.

면, 6은 수(水)의 시간상의 영역〔겨울〕을 통솔한다. 화(火)가 두 번째로 거명되는 것 역시 화의 공간상의 영역이 항목 2가 관장하는 둘째 방위인 〔남〕이기 때문이다——7은 이 방위에 해당하는 계절인 〔여름〕에 속한다.

수(數)는 이렇듯 오행과 연관되는 까닭에, 구체적인 시간과 공간의 동일한 맥락에서만 고려될 수 있을 뿐이다. 이러한 연관성 그리고 시간과 공간의 상관성은 그 첫 결과로서, 수의 서수·기수 및 분배기능을 구별할 수 있는 대상 자체를 없애 버린다. 즉 수의 분류기능이 우선시되면서 수의 이러한 기능들을 구별할 필요가 없게 된다. 더욱이 하나의 닫혀 있는 우주의 골간과 고리를 형성하는 구체적인 시공간과 무관하게 수를 생각할 수 없다는 점은, 수가 지니는 무한성에 따른 **추상적인 일직선상**의 배치에서 수를 벗어나게 해준다. 수의 배열은 주기형태를 취할 수밖에 없다. 기하학적이며 율동적인 제시를 듬뿍 담은 수는 단순한 주기의 상징 이상인, 즉 사물들의 집단을 식별하는 항목으로 사용되어 각 집단의 상황과 순위, 형태와 구성을 알려준다.

2. 점술의 수와 위치 및 표상

중국인은 우주를 구성하는 논리적 구역들과 구체적 범주들의 형상화에 적절한 수단으로 수를 사용했다. 만일 우리가 『홍범』에서 '만물의 법도'(만물의 상호규칙관계)로 불리는 우주의 구성질서와 개체들의 본성에 부합되는 형상화를 도모한다면, 수의 배치에 의존할 수밖에 없다. 수들의 상호작용을 나타내는 배치방식이 선택됨에 따라 우주는 인식과 안배가 가능하게 된다.

세계안배를 주된 책무로 하던 대우(大禹)는 위인다운 위덕을 갖춤에 따라 하나라를 창건할 수 있었다. 하늘은 우(禹)에게 『홍범』 구주를 내렸다고 한다.

물론 이는 하늘이 우에게 9항목을 조목조목 설명하면서 지적해주었다는 말은 아니다. 은(殷)의 멸망과 더불어 몰락한 한 왕손(기자箕子)이 주(周)의 창건자인 무왕에게 들려주는 문학적인 기술을 통해 우의 『홍범』이 지닌 지고한 앎이 제시된다. 하지만 점술가들의 경전으로 간주되는 『역경』의 문학적 주해들이 그 원문과는 다른 것이듯, 상천이 하사한 이 문서에서 비롯한 성찰들은 이 문서 자체와는 다른 것이다. 오직 64괘만이 『역경』의 원문에 해당될 뿐, 그 외의 것들은 모두 점괘의 해독을 돕기 위한 주석과 부연과 설명들이다. 하나의 총체적 앎과 권능은 이 64괘 안에 집약되었다. 마찬가지로, 모든 지혜는 무왕에게 9항목을 조목조목 설명하며 전해주기 전에, 이미 우가 보유했던 『홍범』 구주 속에 망라되어 있었다. 『홍범』은 '모범이 되는 크나큰 규범'이나 '지고한 구도'를 뜻한다. 만일 『홍범』의 항목들이 우주질서를 상기시켜주는 범주들의 배열들을 현실에 일깨우고 정신에 주입하는 상징들이 아니라면 달리 무엇일 수 있을까? 게다가 번호가 매겨진 이 9항목은 (군주의 위치를 표상하며 공간상의 중앙인) 5의 주위로 배치되어 있으니, 이들 또한 모름지기 첫 아홉수로 된 상징들이 아니라면 달리 무엇일 수 있을까?

하늘이 우에 내린 것은 글에 대한 주해가 아니다. 그것은 문자로 된 글 자체였거나 숫자로 된 글이었다. 그것은 해독해야 할 본보기며, 수로 된 형상으로서 세계 그 자체였다.

주해가들의 국고정리를 통해 중국고대사가 그 합리성과 타당성을 부여받기 이전까지, 하늘이 우에게 내린 『홍범』은 수의 배열을 보여주는 것으로 간주되었던 『낙서』(洛書)라는 신화적 도상(圖象)과 줄곧 동일시되었다.

우와 『홍범』에 관한 전통들은, 면밀한 고증이 요구될 만큼 극히 일관적인 일련의 신화들에 관련된다. 우리에게 대우(大禹)는 많은 창건자와 조물주들이 그러하듯, 대장장이나 측량의 달인으로서 전해진다.[49] 그는 세계를 편력하면서 구산(九山)과 구하(九河)와 구택(九澤)을 측량했다.

---

49) 졸저, *Danses et légendes de la Chine ancienne*, 482쪽 이하.

그는 경작이 가능하도록 땅을 전답으로 일구어 만민에게 나누어주었다. 전답은 정방형이었고, 이는 다시 9정방형으로 구분되었다. 우는 세계를 9지역, 즉 구주(九州)로 나누었다.

그리고 우는 아홉 개의 삼각대를 가졌다. 아홉 수장은 그에게 쇠를 조공으로 바쳤으며, 우는 자신의 가마솥(정鼎)에 구주(九州)의 모든 존재의 '표상들'을 그려낼 수 있었다. 왜냐하면 이 '표상들'은 그에게 경의를 표하기 위해 구주가 바친 것들이기 때문이다. 이러한 상징들에 의해 권능을 부여받은 구정(九鼎)은 세계 그 자체로 인식되었다. 이 구정에 힘입어 우주 전체에는 질서와 평화가 군림할 수 있었다. 각자 자신의 영역에 묵묵히 머무르니, 아무런 위험 없이 구산과 구하와 구택의 편력이 가능했으며, '상하의 화합' 또한 보장되었기에, '천혜를 얻을 수 있었다.'[50] 그리하여 마침내 하늘은 아홉 삼각대로 세계의 형상과 권능을 지녔던 우에게 구주(九疇)를 내려주었다.

우에게 구주를 전해준 것은 거북이 한 마리였다. 그 전능함을 세계에서 인정받는 거북이는 우주의 형상이다. 점술가들이, 유익한 행동을 이끄는 효율적인 예시들을 거북이에게 얻는 까닭은 거북이가 우주의 장생을 속성으로 지니기 때문이다.——우주가 거북에게 장생을 전하게 된 것은, 거북이가 대우주를 본떠 만들어진 은신처에서 우주의 삶에 내밀하게 참여하기 때문이다. 거북이는 아래로는 정방형, 위로는 원형의 형상이다. 거북이는 세계를 이처럼 극명하게 반영했기에 우주질서를 세우고자 분투하는 위인들의 신화에 자주 등장했다. 이를테면 한 악령에 의해 세계를 떠받치는 네 지축 중 하나가 무너져 천지가 흔들리고 우주가 홍수로 범람하게 되자, 신령이 나타나 거북의 네 다리를 잘라 지축으로 대신하면서 세계는 복구되어 안정을 되찾았다.[51] 거북이가 자유롭게 이동하거나 유영(遊泳)하는 것을 방치해두어서는 안 된다. 그렇지 않으면,

---

50) 앞의 책, 489쪽.
51) 이 책, 345쪽을 참조할 것.

홍수가 표류하는 땅을 삼켜버릴 것이다.[52] 다리가 셋인 거북이자 악귀인 곤(鯤)이 천지를 삼킬 듯 위협하는 격랑의 대홍수를 야기하자,[53] 비록 곤의 아들이었지만 심신이 모두 완벽한 덕성의 영웅이었던 우가 질서를 회복시켰다. 우는 자신의 이 같은 치적에 힘입어, 홍수에서 세계를 구제하는 영웅 신화들의 대표적인 인물로 추앙받게 되었다. 거북이가 우의 일대기에 등장하게 된 이유도 바로 여기에 있다. 대우가 물길을 본래대로 되돌리자 대하(大河)의 흐름은 순류(順流)하게 되었다. 이에 한 마리의 용마(龍馬)가 아니라면 대하 그 자체인, 물고기나 거북의 몸을 지닌 신[54]이 황하에서 나와 우에게『하도』(河圖)를 전해주었다. 그런가 하면 낙수(洛水)에서 나온 거북이가 전통적으로『홍범』으로 간주되는『낙서』(洛書)를 우에게 건네주었다.

우주 형상을 한 거북이가 그와 동일한 형상을 우에게 주었다. 그리하여 우는 자신의 목소리와 체격, 심지어 걸음걸이마저도 모든 측량의 척도가 되었다. 즉 그는 수로 상기시킬 수 있는 모든 것의 척도가 될 수 있었다. 역사기록에 따르면, 우의 아홉 삼각대처럼 대하에서 나온 형상들은 천자인 왕의 보고에 보관되어 왕의 권능을 지탱해주는 징표이자 토대가 되었다. 그러나 왕권이 쇠퇴하자 아홉 삼각대는 대하로 사라져 버렸고, 이후 다시는 그 행방을 알 수 없게 되었다. 그러나『하도』와『낙서』는 12세기 송대에 다시 출현했다. 당시는 풍수가 유행하고, 도가의 부적을 수집할 것을 권장하던 황제의 통치기였다. 게다가 이 황제는 아홉 개의 삼각대를 주조하도록 권장했다.[55]

그렇지만 주해가들은 송대의『하도』와『낙서』를 줄곧 경시해왔다. 그러나 이 저술들은 결코 무가치한 것은 아니다. 이들은 수의 배열에 관련된다. 찬란한 문명의 지속과 함께 중국현자들은 줄곧 수를 사용하여 우

---

52) 『열자』(Lie tseu), Wieger, Les Pères du système taoïste, 131쪽.

53) 졸저, Danses et légendes de la Chine ancienne, 568, 244쪽.

54) 같은 책, 478쪽의 각주 1)과 2).

55) 송(宋)의 휘종(徽宗, 1101~25)이다.

주를 형상화했다. 우리에게 중요한 것은 중국현자들의 이러한 신념을 확인하는 일이다. 이러한 신념은 그 역사적 지속성이 말해주듯 중국정신의 근본적인 태도로 간주되기에 충분하다. 따라서 결코 '위서(僞書)의 저자'들을 비난할 필요도 없다. 그들이 조작한 것은 아무것도 없다. 그들은 단지 박학자일 따름이었다. 그들은 신화적인 영웅인 우에 그 기원이 있음을 밝혀야 하는 것과는 상관없이, 오직 그 고대성만으로 관심을 유발하기에 충분한 사상들을 도상(圖象)으로 옮기고자 했을 뿐이다.

송대의 『하도』는 5와 10을 중앙으로 하여 교차식 형태로 배치된 첫 아홉수를〔그 개수가 짝수인지 홀수인지에 따라 검은색(陰) 또는 흰색(陽)인 작은 원들로〕나타낸다.

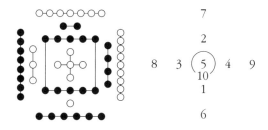

이 형상은 우리가 앞서 『홍범』의 1항과 『월령』에서 살펴본 오행과 방위와 계절의 배치를 수로 나타냈다. 그리고 『낙서』를 복원한 것처럼 보이는 도상은 한대(漢代) 이래 공인된 기정사실들에 서 있다.[56] 도상은 『낙서』에 견줄 만한 흥미를 유발하지만 그렇다고 경이로운 어떤 것을 보여주지는 않는다. 『낙서』는 첫 아홉수를 5를 중심으로 효능정방형의 형태로 배치한다——이러한 배치는 정방형의 땅을 정방형의 구주(九州)로 나눈 우에게 거북이가 건네준 세계의 도안에서도 생각할 수 있었다.

---

56) 한대에 들어 공식으로 기정화된 전제들의 기원은 적어도 『홍범』보다 약간 후대의 작품인 『계사』에까지 소급된다. 이에 대해서는 후술한다.

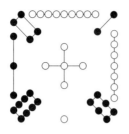

4	9	2
3	5	7
8	1	6

우는 세계를 조직하기 위해 친히 세계를 섭렵하면서 측량했다. 주지하듯, 창건자가 아닌 군주들은 책력의 집을 순행하는 데 그쳤다. 그들은 신성한 성역인 **명당**의 순행만으로도 시공의 질서를 부여할 수 있었으며, 계절과 방위의 정확한 관계를 유지할 수 있었다.

원형의 초가지붕과 정방형의 축대를 지닌 **명당**은 거북이와 동일하게 완벽한 세계의 형상이다.

점술가들은[57] 거북의 등짝에서 하나의 주기를 완전하게 나타내는 기호를 찾아내었다. 즉 그들은 〔불(화＝위＝하늘)을 사용하여〕 귀갑(龜甲)의 아랫부분〔이면서 정방형의 부분(＝땅)〕에 360유형의 균열을 나타나게 하여 시간과 장소의 여러 상황을 식별했다. 귀갑은 균열되면서 아랫부분의 분할선을 그 특징으로 보여주었다. 그리하여 귀갑은 이 분할선에 의해 뒤부터 앞으로의 축선을 따라 좌(＝동)와 우(＝서)로 양분되었다〔뒤는 아래(＝북)에, 앞은 위(＝남)에 해당한다〕. 이 축은 오행을 뜻하는 다섯 횡선으로 가름되었다. 이 다섯 횡선은 〔좌로 6개, 우로 6개〕 12위치를 규정한다〔12위치는 곧 12달의 위치다〕. 하지만 5개의 횡선은 8개의 영역만을 품는다. 8개의 영역은 (둘씩 쌍을 지어) 중축선과 가운데 횡선의 교차점에 위치한 중앙의 주위로 4구역을 형성하며 배치된다.[58]

---

57) *Tcheou li*, Biot, II, 75, 70쪽.

58) 중앙의 축은 천리길(로路 또는 도道)이라는 이름으로 지칭되었다.

이렇듯 〔(하나의 축과 다섯 횡선을 고려하면서) 5에 의한 분할을 상기하면서 교차선을 그리면〕 우리는 〔비록 6개의 범주를 구별 지어 그려내고 있음에도(더 정확히 말해, 3쌍의 6범주, 즉 상하, 좌우, 그리고 음양)〕 공간을——360개의 기호가 나타나고 특정될 수 있는 공간을——4개의 (4쌍의) 영역으로만 분할하게 된다. 오직 이 4쌍의 영역만이 이름을 지닐 자격이 있다.

반면 왕이 순행을 통해 1년의 날들을 완전한 하나의 주기로 나타내어야 하는 **명당**[59]의 공간은, 명명된 (그리고 오행에 할당된) 5영역으로만 분할된다. 그중의 한 영역은 중앙과 시간의 축에 해당되며, 나머지 4영역은 각기 구체적인 방위와 계절을 나타낸다. 아울러 **명당**에는 왕이 12번 체류하며, 12달에 상응하는 지침들인 '월령'을 내리기 위한 8장소가 제공되어야 했다. 그중 4장소는 4각에, 나머지 4장소는 유일하게 **명명된** 장소들로 4방위에 위치했다. 이러한 성역의 안배방식은 건축에서는 두 배치로 나타날 수 있다. 이 두 배치는 황제들에게 **명당**의 진정한 도안을 제시하려고 노력한 한대 학자들이 권장했다. 그들의 일부는 책력의 집을 9실로 분할하라고 주장했던 반면, 다른 일부는 5채의 건물이나 5칸의 방으로 되어야 한다고 주장했다.

서로 인접한 방들로 또는 독립된 건물들로 형성된 5실의 명당은 정방형(또는 장방형) 속에서 단순한 십자가 형태를 취했다. 그런가 하면 9실의 명당은 완전한 정방형을 이루었다.

---

59) 졸저, *Danses et légendes de la Chine ancienne*, 116, 119쪽의 각주.

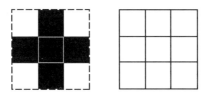

　두 형태 중 어떤 것을 취하든, 모든 명단은 중앙에 위치한 탓에 밖을 볼 수 없는 1실과 밖을 향한 12외면을 가졌다. 5실의 명당은 4방위의 각 실마다 3외면[4×3=12]을 가졌던 반면, 9실의 명당은 4방위에 위치한 실마다 각기 하나의 외면을, 4각에 위치한 실에는 각기 2개의 외면을 가졌다[(4×1)+(4×2)=12]. 이 두 건축배치는 중앙의 주위로 한 주기를 이루는 12시계(視界)나 12체류장소를 안배하는 데 적절했다.

　이 두 건축방식의 대립은 단지 수의 두 상이한 배치를 의도한 결과일 따름이다.

　두 배치 가운데 하나가 『월령』의 한 대목에서 언급된다. 책력에 관련하여 이 글은 천자가 명당에서 ‘월령’을 내릴 때 처해야 할 장소를 명시한다. 각 계절의 첫 달이나 끝 달의 경우 군주는 4방위의 4실 가운데 한 실에서 좌나 우로 향하면 되었다. 반면 4계절의 중심(지존나 분分에 해당하는)이 되는 달의 경우, 군주는 4방위의 가운데 실(室)에 자리했다. 『월령』은 3달로 계절마다 변동이 없는 단 하나의 항수를 할당한다[겨울(북)에는 6, 봄(동)에는 8, 여름(남)에는 7, 가을(서)에는 9 그리고 중앙에는 5]. 이러한 5실의 명당은 바로 송대의 『하도』와 일찍이 『홍범』이 시사했던 수(數)의 단순십자형 배치에 따라 구상되었다.

하(夏) 7 춘 8 5 9 추 (春)　6　(秋) 동(冬)	화 2 목 3 5 4 금 1 수	남 7 2 동 8 3 5 4 9 서 1 6 북
월령	홍범	송의 하도

정방형 배치 역시 수를 기조로 한다. 9실 **명당**의 전통은『대대예기』 (大戴禮記)에서 비중 있게 다루어진다.[60] 이 저술은 (『홍범』이 9항목 각 각에 그러했듯이) 9실 각각에 첫 아홉 수 가운데 하나를 할당하며, 효능 정방형의 배치를 알려주는 순서(2, 9, 4; 7, 5, 3; 6, 1, 8)로 이 수들을 다룬다.

4	9	2
3	5	7
8	1	6

이 배치는 (송대의 『낙서』가 행한 배치로) 적어도 한대에서는 의례의 의미를 지녔다. 한대 이래 이 배치는 세계형상의 구성으로 받아들여짐 에 따라, **명당**의 도안에서도 이의 재현이 중요했다. 한편, 모든 전통은 이 배치가 한 영웅이 귀갑에서 해독한 것으로 인정하는 것 같다. 아무튼 명당과 관련된 여러 전통은 수의 주기능이 위치를 특정화하고 시공간의 조직을 표현하는 데 있음을 인지시킨다.

명당의 이론가들에게 권위를 인정받은 효능정방형의 배치는 점술가 들에게도 유력한 권능을 미쳤다. 우리는 곧 이러한 경향을 확인하면서 그 이유를 납득하게 될 것이다. 귀갑을 점술을 위한 구역들로 분할하거

---

60)『대대예기』(*Ta Tai li ki*), 66.

나 수를 정방형으로 배치하면서 중국인은 시기와 장소의 제반 상황들의 총합(360)을 상기할 수 있었다. 점술가들의 활동과 책력의 집에서 행해지는 천자의 국정은 이 상황들에 비추어 행해졌다.

* * *

효능정방형이 유행하게 된 최초의 내력은 점술표상과 수에 관한 고대 사변체계 속에서 밝혀진다.

고대사변체계의 핵심은 일찍이 한대가 성립되기 수세기 전의 『계사』에 주어진다. 『홍범』을 제외한다면, 『계사』보다 기록전통의 시초에 가까운 저술은 아직 없다.

『계사』는 『역경』의 부록에 해당된다. 『역경』의 대가들은 산가지(시초蓍草)가 제공하는 여러 기호들에 의뢰했다. 산가지점술가(시초점인蓍草占人)들 중 특히 대가들은 귀복점(龜卜占)을 제외한 어떠한 앎에도 의존하지 않았다. 이 두 부류의 점술은 상호보족적이었다. 이 점은 『계사』와 『홍범』과 『주례』(周禮)에서도 인정된다.[61] 거북이와 관련된 신화들로 미루어, 귀갑을 여러 영역으로 나누는 기술들은 땅을 분할하려는 측량사—기하학자들의 기술과 상통한다. 반면, 산가지로 시기(및 장소)의 상황을 판별하던 앎은 산술에 관련된다. 하지만 고대중국인들은 산술과 기하를 구별하지 않았다. 현자들의 수와 형상은 그들에게 동일한 효력의 치환 가능한 상징들을 제공함으로써 실재의 판별과 조작을 용이하게 해주는 것이었다.

시초는 점술용 산가지뿐만 아니라 산술용 산가지를 지칭하기도 한다. 점술가들은 이 산가지를 경영하는 과정에서 음양 사이에 위치한 인간을 가리키는 시책(蓍策)들 중의 하나를 왼손의 약지(藥指)와 소지(小指) 사

---

61) *Tcheou li*, Biot, t. II, 70쪽; *SMT*, IV, 226, 227쪽; *Yi king*, L, 369쪽의 각주와 371쪽.

이에 끼워놓아야 했다.[62] 점괘를 두고 분명한 판단이 서지 않을 때면, 그들은 아예 이 책(策)을 손에 들어야 했다. 이 책은 조종자로서의 역할을 했다.[63] 이 책을 나타내는 글자는, 땅 위에 새겨진 쟁기 자국을 형상한다는 수(壽)에 부수 죽(竹)을 더하여 주(籌)로 쓰인다. 만일 이 수(壽)에 정방형으로 경작된 전답을 뜻하는 전(田)을 더하면 발음이 동일한 글자인 주(疇)를 얻게 된다. 이 글자는 '땅을 경작하다. 토지의 경계, 세습지'를 의미한다. 이 문자기호는 세습적으로 산술 등에 종사하는 박학가들(역관, 점술가, 역술가易術家)의 지칭에 사용된다. 수의 달인, 형상의 달인, 통치의 달인, 점술의 달인은 모두 각기 구별되는 존재가 아니다. 주(疇)는 『홍범』의 구주(九疇), 즉 '지고한 구도'의 9항목이나 9영역의 명명에도 사용된다. 전통은 이 단어를 거북이가 측량사인 우에게 건네준 『낙서』와 동일시한다.

그런데 『계사』는 우가 아니라 복희(伏羲)와 관련된 글이다. 복희는 직각자를, 그의 부인은 그림쇠를 그 표징으로 삼았다. 그들은 언제나 서로 감아 안은 모습으로 그려진다. 그들의 하반신은 똬리를 튼 뱀의 형상이다.[64] 『역경』의 옹호자들이 추앙하는 복희는 문명을 일으킨 인물들 가운데 으뜸으로 꼽힌다. 복희는 통치를 위한 첫 수단으로 결승(結繩)체계와 산가지점술을 발명했다. 그리하여 그는 여러 경이로운 탄생설화의 주인공이기도 하다. 어떤 설화에 따르면, 그의 어머니는 떠도는 막대기의 영험을 통해 그를 잉태했다 한다. 좀더 통속적인 다른 설화에 따르면, 복희는 용들이 서식하던 유명한 늪에서 세상으로 나왔기에 용의 모습을 하게 되었다.[65] 따라서 가장 옛 전통들은, 용이 『하도』를 건네준 사는 우가 아니라 복희였다 한다. 그러나 사실 용과 삼각대는 거의 구별하기 힘들다. 왜냐하면 삼각대는 약간의 정교함만으로도 용의 변화무쌍

---

62) *Yi king*, L, 365쪽.

63) 『전한서』(前漢書, *Ts'ien Han chou*), 98, 7^b쪽.

64) *SMT*, I, 3~7쪽.

65) 같은 책, 3~7쪽.

한 형상을 그대로 투영해내기 때문이다.[66] 그래서 용을 불러내려는 성현은 먼저 삼각대를 취하는 것에서 시작했다. 게다가 삼각대는 산가지들이 그와 함께하는 경우에 한해서 용의 출현을 성현에게 약속했다 한다. 아무튼 우리는 역사문헌을 통해서 복희가 1 또는 9개의 삼각대를 발견했거나 주조했다는 고사를 찾아볼 수 없다. 단지 문헌에 제시되는 것은 팔괘(八卦)의 창시자가 우보다 훨씬 이전에 세계를 구주로 분할했다는 것이다.

『죽서기년』(竹書紀年)의 주해가들은 복희의 이러한 업적을 논할 때면, 으레 정현(鄭玄)의 주해를 따른다. 한대의 저명한 학자인 정현은 그의 주해에서 팔괘가 만들어진 순서를 언급했다.

산가지에 능한 점술가들은 점술의 시행결과가 짝수나 홀수가 되도록 산가지를 다룰 수 있었다. 그들은 이렇게 해서 얻은 결과를 연속선(홀수, 양, 남성)이나 단속선(짝수, 음, 여성)으로 옮겨 표기했다. 그들은 6첩(疊)의 선으로 형성된 한 괘를 얻게 될 때 산가지 조작을 끝내었다. 6개의 단속선이나 연속선들을 중첩시켜 64괘를, 3개의 선으로는 팔괘를 구성할 수 있었다. 64괘는 팔괘 가운데 두 개가 중첩된 것들이며,[67] 따라서 팔괘는 64괘를 축약한다. 64괘는 모든 실재의 표상으로 간주되며,

---

66) 앞의 책, III, 484쪽.
67) 우리로서는 팔괘(卦)가 64괘(卦) 이전에 창안된 것이라는 견해에 동의할 수 없다. 이 문제는 단정지을 수 없는 난제로 남는다. 하지만 8×8괘가 일단 형성된 경우라면 중국인들이 64괘의 팔괘 환원을 간과할 수는 없었을 것으로 생각한다. 마스페로는 (중국의 통설과는 달리) 64괘가 팔괘를 선행했다고 본다. 그는 이 가정에 타당성을 부여하고자 우리로서는 이해할 수 없는, 그 출발에서부터 이미 관찰상의 심각한 오류를 범하는 추론을 전개한다. 그의 주장에 따르면, 64괘 중 첫 번째 한 쌍을 제외한 다른 모든 쌍들은 각 쌍의 첫 번째 괘를 뒤집어놓음으로써 두 번째 괘가 생기는 방식으로 형성되었다는 것이다. 하지만 27~28, 29~30, 61~62번째 쌍들은 이러한 방식으로는 형성될 수 없다. 이 쌍들은 완벽한 대칭을 이루는 두 개의 괘로 형상된 까닭에 뒤집어놓으면 원래와 똑같은 모습으로 재생된다. 게다가 『역경』이 따르는 순서를 통해 64괘가 팔괘의 두 개를 중첩시켜 얻어졌음을 입증하려면 약간 긴 설명이 필요하겠지만 그리 어려운 일이 아니다. 하지만 이 문제는 이 책의 취지를 벗어난다.

팔괘는 우주의 축도와도 같다. 이러한 세계의 형상이 완벽한 모습이 되려면, 팔괘의 각각에 방위가 주어져야 한다. 팔괘는 신화적으로 팔풍(風)과 일치하며, 8각형배치의 팔괘는 8방위도의 작성에 운용된다. 『낙서』가 『하도』와 상반되며, 명당과 수에서도 서로 경쟁적인 두 방식의 배치가 있다는 사실을 우리가 알고 있듯이, 팔괘 또한 두 방식의 배열을 가진다. 이 둘은 모두 상고기에 널리 알려져 온 것들이다. 그러나 이 둘은 서로 대립하기보다는 상보적이었다. 예를 들어 (『역경』의 주요 구성부분의 하나인) 『설괘』(說卦)는 경우에 따라 이 둘 중 어느 하나를 번갈아 택하고 있다. 이 둘 중 하나는 도안상의 대칭을 추구한다는 점에서 주목된다. 이는 고대 이래 줄곧 팔괘의 창안자인 복희가 그린 배열방식으로 주지되어왔으며, 『하도』와 결부된다. 다른 하나는 주나라를 세운 문왕(文王)의 작품으로 보인다. 문왕은 64괘의 창안자로 전해지며, 명당의 한 건축으로도 유명했다. 문왕식이라 칭해지는 이 배치는 통상 『낙서』와 관련된다. 여기서 특기할 사실은, 정현이 (『하도』의 주인공인) 복희가 이루어낸 구주(州)로의 세계분할을 주석하는 대목에서도, **명당**의 건립자인 문왕의 배치방식에 의거한다는 점이다.

복희식 배치

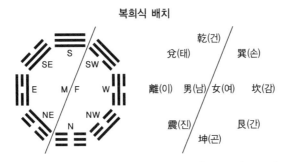

복희식 배치에 따른 팔괘의 형상과 이름. 남성괘〔(중앙으로 향해 있는) 안쪽 효조가 연속적인 괘(양陽)〕와 여성괘〔맨 아래 효조가 끊어진 괘(음陰)〕는 남-북으로 지나는 선에 의해 분리된다.

문왕식 배치

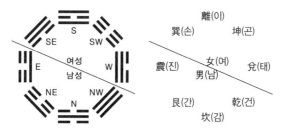

문왕식 배치에 따른 팔괘의 형상과 이름. 남성괘〔3개의 연속 효爻로 된 괘와 단 하나의 연속 효爻를 지닌 3괘〕와 여성괘〔끊 어진 효爻의 수가 홀수(3개 또는 1개인 괘)〕는 동-서를 가로 지르는 선에 의해 분리된다.

한대의 정현에 의해 집록된 여러 전통들에 따르면, 각 팔괘를 적소(궁 실宮室)에 배치하는 것은 지고한 일체인 태일(太一)이다. 태일은 팔괘 중에서 4괘를 배치시킬 때마다 중앙으로 돌아와 휴식을 취한다. 아래의 도식은 태일의 주행(周行)〔行: 이 단어는 오행을 표현할 때는 원소로 번 역된다〕을 나타낸다.

태일은 감(坎)(1)(북)에서 출발하여 곤(坤)(2)(남서)과 진 (震)(3)(동), 손(巽)(4)(남동)을 거친 후 중앙〔5〕(태일의 거처)으로 돌 아와 건(乾)(6)(북서)을 지나 태(兌)(7)(서)와 간(艮)(8)(북동)을 거쳐 리(離)(9)(남)에 이르렀다가, 다시 중앙〔10=5〕으로 되돌아온다. 태일 의 주행순서는 가장 작은 수에서 출발하여 가장 큰 수로 끝나는 방식으 로 전개되며, 이는 효능정방형[68]의 수를 배치하는 순서와 같다. 팔괘 자체를 그 각각의 발현위치에 해당하는 수–분류자[69]로 대체하는 경우, 우리는 5를 중앙으로 하는 효능정방형을 얻게 된다. 이 정방형의 수들은 우리가 명당의 9구획을 규정할 때 부여한 방위와 동일한 방위를 갖는다.

---

68) 이러한 순서는 아래 유형의 효능적인 정방형에는 적용할 수 없는 것이다(게다가 우리로서는 고대중국문학에서 이 유형에 대한 어떠한 흔적도 찾아낼 수 없었다).

4	11	3
5	6	7
9	1	8

69) 팔괘는 방위임과 동시에 수(數)라는 생각은 현학적인 사변이 아니다. 오늘날에도 여전히 이 생각은 극동 전역, 특히 통킹 만족(蠻族)들 사이에 퍼져 있는 한 조사방법의 근거가 되고 있다(참조 BEFEO, VII, 109쪽. 이 방법에 관한 논문 발표자는 이 방법을 복희식배치를 따른 것으로 간주한 탓에, 그 의의를 완전히 파악하지 못했다). 이를테면 임신한 여자가 뱃속에 있는 태아에게 못을 박는 것이 되지 않도록 하기 위해 못을 박아서는 안 되는 곳이 집안 어디인지를 어떻게 규정할 것인가? 이를 위해서 중국인들은 우선 중자(中字)와 (문왕식 배치에 따라 각 방위에 배치된) 팔괘의 이름이 지칭하는 9곳으로 집안을 분할한 다음 자신의 손 위에 여덟 이름과 중자(中字)를 써넣는다.

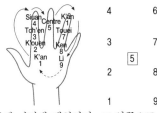

중자(中字)는 중지(中指)의 둘째 마디에 배치되며, 그 양쪽으로 (한쪽으로는 검지 아래 뼈와 검지의 세 마디에, 다른 한쪽으로는 약지 아래 뼈와 약지의 세 마디에) 팔괘의 이름이 배치된다(이렇듯 팔괘의 이름은 정현의 번호 매김 순서에 따라 배치된다). 화살표 방향으로 이 순서를 따르면—임신한 해가 음인지 양인지에 따라 (즉 임신한 해가 60년 주기 속에서 짝수 자리에 위치하는지 아니면 홀수 자리에 위치하는지에 따라) 결정된 한 점에서부터—임신한 달의 번호 수만큼 단계 수를 얻게 된다. 다시 말해, 그 위에 멈추게 된 괘의 이름이 곧 금지된 방향을 나타내는 것이다. 이를테면 순환 주기의 첫해(홀수)의 여섯 번째 달에 임신한 아이가 있다고 가정해보자. 이 경우 출발점은 중앙(홀수, 5)이며 또 멈추게 되는 곳은 화살표 방향(수가 커지는 방향)으로 여섯 번째 단계

* * *

교차형배치의 오행들처럼, 팔괘도 방위를 가지면 이내 수치를 부여받는다. 즉 팔괘는 시공상에 그들의 위치를 설정해주는 표식인 수를 표상으로 갖는다. 바로 이 수를 빌려 팔괘의 **구성 방식**(수의 정방형배치나 교차형배치)은 결국 동일한 하나의 질서체계에 기조하고 있다. 『홍범』의 시대 이래, 오행의 구성질서는 수의 교차형배치로 나타났다. 팔괘의 구성질서를 분명히 보여주는 효능정방형 배치도 거의 동시대에 권위를 누렸다.

팔괘의 권위는 한대의 『대대예기』와 정현에 의해 수록된 전통들 속에서 크게 진작되고 있다.[70] 하지만 그 이유를 이해하는 데에는 『계사』의 도움을 얻어야 한다.

산술용으로도 쓰였던 산가지를 전문적인 점술에 사용했던 『계사』의 대가들은 수학에 관한 탁견으로 점술이론을 정립했다. 점괘를 배치하고 조합하는 기술은 그들로서는 수를 조합하는 기술과 같았다.

『계사』는 팔괘를 각별히 수와 관련지어 8각형으로 배치하는 대목에서, 이 팔괘들을 서로 정반대립(正反對立)되게 조합한다. 이 대립방식에 따른 각 조합은 모두 공식 3×5를 따른다는 견해도 있다. 정통 주해가들

인 북(北)의 감(坎)괘가 된다. 우리가 알고 있듯이, 중국인들은 집의 북쪽 부분을 금기시했다. 또 5를 중앙으로 양쪽에 배치되어 서로 마주하는 두 수는 그 합이 10임을 주목하자. 효능정방형의 배치가 방향을 가리키지 않는다는 점을 제외하면, 이러한 양쪽 배치는 효능정방형의 배치와도 동등한 의미를 지니는 것이다.

70) 기독교 시대의 개막 무렵인 전한(前漢) 말과 후한(後漢) 초 사이는 (예를 들면 송대宋代처럼) 여러 정치적 이유에서 『역경』(易經)과 효능도상(效能圖象)에 관련된 수많은 저술들이 양산된 시대였다. '위'(僞)라는 명칭이 붙는 이 저술들은 중서의 모든 학자가 비정통으로 간주하는 한 전통을 이루고 있다. 따라서 이 저술들에 의거하여, 한대 이전의 것으로 입증되지 않은 모든 것의 유래를 한대에 두려는 태도는 비판적 안목이 없는 태도일 것이다. 게다가 『대대예기』는 정통적인 저술이다. 그리고 정현이 그의 증거를 확증해보임에 따라, 효능정방형의 권위는 한대 이전에 주어졌다는 논지가 더욱 설득력을 얻고 있다.

은 이 대목에 전혀 무의미한 주해만 덧붙인 반면,[71] 일부 본토 주해가들은 5를 중앙으로 했을 때 마주하는 한 쌍의 합이 10인 까닭에 [중앙 (5)를 포함하여] 일직선상의 세 수의 합이 언제나 15이기 마련인 효능정방형에 대한 암시를 이 대목에서 얻으려 했다.

그러나 이 해석은 언뜻 매혹적으로 보이나 신빙성이 부족하다. 하지만 수 15에 중요성을 둔다는 것만으로도 주의를 기울일 만하다. 이 수의 중요성은 고대전통의 사실들을 통해 확인된다.

『역경』을 이용하여 점괘를 해독했던 점술가들은 다양한 양상의 양효들을 수 9로, 또한 음효들을 수 6으로 명명했다. 이러한 명명은 음양의 관계가 땅과 하늘, 정방형과 원형의 관계를 나타낸다는 사실로 설명된다. 즉 2:3의 이 관계는 6과 9로 표현될 수 있다. 그런데 송국(宋國)의 점술가들은 『역경』보다 시기적으로 앞선 은대(殷代)의 점서인 『귀장』(歸藏)으로 점괘를 해독했다. 그들에게 짝수 효(陰)는 8, 홀수 효(陽)는 7에 속했다. 이렇듯 춘추시대는 두 가지 수 체계가 경쟁적으로 사용되었다. 『좌전』의 한 구절이 보여주듯,[72] 능란한 점술가들은 이 두 체계 중에서 점괘의 해독에 더욱 적절한 것 하나를 택하는 데 구애받지 않았다.

여기서 우리는 두 사실에 시선을 붙들 필요가 있다. 즉 음양의 대립은 근본적으로 짝수(8이나 6)와 홀수(7이나 9)의 대립이라는 점과 8+7과 9+6은 15라는 점이다.

게다가 『계사』의 각별한 점은 괘상(卦象)의 기원으로서 두 기본상징인 음효와 양효를 설정한 것 외에, 다시 부차적인 네 상징을 생각했다는 점이다. 이 네 상징은 전통적으로 태양(太陽 또는 노양老陽), 소음(小陰 또는 少陰), 소양(小陽 또는 少陽), 태음(太陰 또는 노음老陰)으로 지칭된다.[73] 각 상징들은 하나의 수로 표상된다. 즉 노양과 소양(홀수)은 각기 9와 7에, 노음과 소음(짝수)은 6과 8에 해당된다.

---

71) *Yi king*, L, 369쪽.
72) *Tso tchouan*, C, II, 236쪽.
73) *Yi king*, L, 375쪽.

그런데 노음(6)이 원소 수(水)(6)의 표상인 북-겨울에, 소음(8)이 원소 목(8)의 표상인 동-봄에 (통상적으로) 일치한다면, 소양(7)은 서-가을의 표상인 원소 금이 9에 상응함에도 7을, 노양(9)은 남-여름의 표상인 원소 화가 7에 상응함에도 9를 부여받는다.

『계사』의 네 부차적 표상들에 부여된 수치는 이렇듯 방위를 내포한다. 그러나 이 경우의 방위는『홍범』에서 제시되고『하도』에서 재현된, 수들이 오행을 내포하면서 교차방식으로 배치될 때 가졌던 방위와는 다르다. 반면, 이 표상들의 공간상의 안배에 따라 노양 및 소양(그리고 노음과 소음)의 수가 부여받는 방위는 오히려 9와 4(합동수)가 남쪽, 7과 2(합동수)가 서쪽, 6(과 1), 8(과 3)이 각기 북쪽과 동쪽에 배치되는 효능정방형의 방위와 일치한다.

이후 형상화 작업을 통해 이 부차적 네 상징은 두 효로 되어 아래와 같이 표현된다.[74]

노양(老陽)　　소음(少陰)　　소양(小陽)　　노음(老陰)
9　　　　　　8　　　　　　7　　　　　　6

이러한 제시는,『설괘』에서 줄곧 주장되고『계사』에서 그 원칙이 표명된 팔괘의 분류에서 파생된 일종의 간략화작업에서 비롯하는 것 같다.[75] 이 원칙은 직업상 끊임없이 짝수와 홀수를 다루어야 했던 자들에게는 극히 중요했던 것 같다.

이 원칙은 다음 사실에, 즉 짝수는 홀수가 짝을 맺어(마찬가지로 짝수에 짝수를 더하여) 얻어지는 반면, 홀수는 짝수와 홀수를 합하여(양성兩性의 성혼聖婚을 통해) 얻어진다는 점에 입각한다. 그래서 두 양효(홀수들의 짝=짝수)와 한 음효로 이루어진 〔(홀수들의) 짝＋짝수＝짝수〕 괘

---

74) 앞의 책, 58, 423쪽.
75) 같은 책, 388, 422쪽.

는 음괘(짝수)로 간주되며, 두 음효(짝수의 짝=짝수)에 한 양효가 더해져 이루어진 〔(짝수의) 짝+홀수=홀수〕 괘는 양괘로 간주된다. 네 개의 짝수 괘에는 세 음효로만 된 한 괘가 포함되어 있는데, 이는 어머니(母)를 표상하며, 세 딸(女)로 칭해지는 두 양효와 한 음효로 된 나머지 세 괘와 대립한다. 만일 우리가 짝수인 음효는 2에, 홀수인 양효는 3이라는 전제를 따른다면, 세 딸로 불리는 짝수 괘는 각각 수치 8〔=(3+3)+2〕로, 어머니 괘는 수치 6(=2+2+2)으로 표현할 수 있다. 마찬가지로, 세 아들(子)로 불리는(한 양효와 두 음효로 된) 세 양괘는 수치 7〔=(2+2)+3〕을 갖는가 하면, 아버지(父)라 불리며 완전히 양효로만 이루어진 마지막 괘는 수치 9〔=3+3+3〕를 지닌다.

여기서 우리는 아버지와 어머니의 표상을 도상으로 나타내는 수들은 각기 노양과 노음의 수에 해당하는 것을 알 수 있다. 이와 관련하여 소양과 소음에 부여된 수가 아들과 딸로 규정된 괘상에 해당하는 것도 알 수 있다.

이와 같이 수치의 등가화를 지향하는 것으로 보이는 팔괘의 분류는 명당으로 유명한 문왕식 배열에서 사용되는 분류다. 그런데 명당의 배열이 효능정방형에서 나온 것으로 간주되는 반면, 문왕식 배열은 『낙서』와 연관된다 ——『낙서』는 이 정방형 형태로 형상되기도 한다.

문왕식 배열에서[76] 4남성괘는 서-북에서 동으로, 4여성괘는 동-남에서 서로 펼쳐지며, 동-남-동과 서-북-서의 축으로 분리된다. 소양과 노양 그리고 노음과 소음의 수-상징에 각각의 전통적 수치에 따른 방위

---

76) 이 책, 194쪽의 문왕식 배치 그림을 볼 것.

를 부여하면, 홀수 조(서-남)는 짝수 조(동-북)와 동남과 서북의 축으로 분리된다.

반면 복희식 배열에서는,[77] 〔아래 효(팔각형 배열에서 중심을 향해 안쪽에 위치한 효)가 남성이면 양괘로 규정되는〕 괘들은 남에서 북-동으로, 〔아래 효가 음효인〕 음괘는 북에서 남-서로 펼쳐진다. 이 둘은 남-서와 북-동의 축으로 분리된다. 이 분할은 아마도 오행을 내포하면서 교차형을 이루는 수들의 배치와 일치하는 것 같다. 왜냐하면 이 경우 각기 한 쌍인 7-8(남-동)은 9-6(서-북)과 분리되며, 이 둘을 가르는 축의 방향이 복희식 배열에서 팔괘를 두 조로 나누는 분리선의 방향과 일치하기 때문이다.

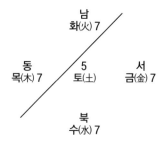

아마도 이 도식이 보여주려는 것은 등가인 한 쌍의 수식(9+6=8+7=15)으로 나타나는 음양의 균형일 것이다. 문왕식 배치에서도 이러한 생각은 분명히 드러난다. 어머니와 딸, 아버지와 아들의 괘들을 각각의 수치로 대체하면, 음과 양 두 조가 균형을 이루고 있음을 알 수 있다〔(8×3)+6=(7×3)+9=30〕. 하지만 『계사』의 부차적 네 상징을 알려주는 수들, 즉 주요 4방위의 수만이 나타나는 배치에서는 동남과 서북을 가르는 축이 한 쌍의 홀수(9-7)와 짝수(6-8)를 분리시킨다. 이와 같이 구별되는 이 두 쌍은 여기서는 그 수치가 다르다. 하나는 16(8×2)이

---

77) 이 책, 193쪽의 복희식 배치 그림을 볼 것.

며, 다른 하나는 14(7×2)다. 이는 수치 8과 7이 음양의 근본 표상에 할당되는 것을 정당화하는 듯이 보인다. 하지만 8:7의 비율처럼 9:6의 비율 또한 이 배열에서는 시사된다.

『백호통』[78]에 실려 있는 전통에 비추어, 홀수 조 9-7을 중앙의 수 5(땅)와 결부할 필요가 있다. 『백호통』에 따르면, 한편으로는 두(짝수) 양(홀수)의 원소──그 수치(6과 8)가 (비록) 짝수인 수와 목──가 있으며, 다른 한편으로, 세(홀수) 음(짝수)의 원소──그 수치(5와 7과 9)가 (비록) 홀수인 토와 금과 화──가 있다(1).

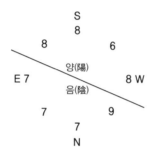

언뜻 모순되어 보이는 이 이론은 앞서 논한 주제의 다른 한 예증이 된다. 음양의 관계는 남성과 여성의 교환(聖婚)에서 비롯하는 속성(홀수와 짝수)의 치환을 원칙으로 한다. 『백호통』의 분류는 아마도 두 조의 원소간의 불균일한 총수치(3:2)를 명백히 하려는 의도인 것 같다. 음의 원소들은 (홀수-상징을 부여받고 3에 의해 한 조가 되면) 그 총수치가 21(=3×7)인 반면, 양의 원소들은 (2에 의해 한 조가 되어 짝수-상징

---

78) 『백호통』(白虎通, *Po bou t'ong*), 4. 오행은 금, 목, 수, 화, (토)의 순서로 열거된다. 이 순서는 팔괘가 복희식 배치로 나열되는 설괘(說卦)(*Yi king*, L, 430~432쪽)가 설정하고 있는──건(乾)과 금(金), 손(巽)과 목(木), 감(坎)과 수(水), 리(離)와 화(火)의──등가관계에서 나왔다(이 등가관계를 통해 우리는 문왕식 배치에서만 찾아볼 수 있는 건乾과 손巽, 감坎과 리離의 대립관계를 추정할 수 있다. 이로써 우리는 복희식 배치와 문왕식의 배치가 상호모순보다는 상호관련되어 있음을 확인할 수 있다).

을 부여받으면) 그 총수치가 14(2×7)다. 이렇듯 양(3)과 음(2)의 관계는 (도치되어) 14/21 또는 2/3로 된다. 문왕식 팔괘의 분류도 이와 동일한 주제의 예증일 것이다. 왜냐하면, 이 분류와 연관되어 보이는 부차적 상징들의 방위가 6과 8(합은 14=2×7)을 9와 7에 대립시키기 때문이다. 이 9와 7에는 아마도 (중앙의 표상인) 5를 더해야 할 것이다 (9+7+5=21=3×7).

여기서 주목할 사실은 음양의 (도치된) 비율이 팔괘의 구성질서를 밝혀주며, 정현이 논하는 효능정방형에서도 이와 비슷하게 암시된다는 점이다. 팔괘의 구성 질서는 문왕식 배열에서도 나타난다.

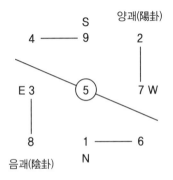

양괘(북-동)에는 합동수 3-8과 1-6이 상응하며, 그 합은 18(=2×9)이다. 음괘(남-서)에는 4-9와 2-7이 상응하며, 그 합은 중앙에 5를 더하여 27(=3×9)이다. 이는 팔괘의 두 가족이 제시하는 음양의 (도치된) 비율을 2:3으로 확정짓는다.

그래서 이제 우리는 효능정방형이 이 비율을 불러올 수 있다는 전제 아래 이것이 어떤 측면에서 『계사』에서 특히 중요하게 다루는지 살펴보자.[79]

---

79) *Yi king*, L, 365쪽.

『계사』는 수에 대한 중요한 논지를 포함하고 있다. 이 논지는 점술표 상을 통해 중국인이 만물(또는 수많은 본성)이라 부르는 모든 사물의 총체를 환기시키는 데 목적을 둔다.

점술가들은 만물을 규정하면서 그 총수를 1만 1,520이라 했다. 64괘 는 192개의 짝수 효와 192개의 홀수 효, 총 384(6×64)효를 지닌다. 그 런데, 짝수와 홀수의 비율이 2:3인 까닭에, 192개의 짝수 효는 4,608 (=192×24)의 여성을, 192개의 홀수 효는 6,912(=192×36)의 남성 을 표상한다는 점에서, 양과 음의 본성들이 총 1만 1,520(=4,608+ 6,912)에 달한다고 보았다. 1만은 총수로서 통용되는 수다. 1만 1,520 은 360과 384를 공통인수로 취하는 수 가운데서 1만에 가장 가까운 수 다[360은 한 해의 이론적인 수며, 384는 효-표상의 총수이자 윤년의 전 체 일수에 해당한다.[80] 즉 1만 1,520은 384×30 그리고 360(216+ 144)×32다].

만물을, 양성과 음성에 따른 60=5×12(=36+24)에 의거하여 3:2 (=6,912:4,608=192×36:192×24)의 비율로 대립시켜 5등분하는 것 은 한 해를 5등분하는 것과 같다. 한 해의 각 등분은 72(=6×12)에 해 당한다. 이렇게 함으로써 점술가들은 360을 3:2의 비율로 분할하여 216(=3×72)개의 양(홀수)의 표상과 144(=2×72)개의 음(짝수)의 표상을 대립시킨다.

『계사』의 저자들은 3:2의 비율을 그들 고유의 주된 표현을 통해 홀수

---

80) 360과 384의 최소공배수는 11,520/2이다. 음력-양력(29일 단위의 6달, 30일 단위의 6달)상의 한 해는 354일에 해당하고 또 태양년은 (이보다 12일이 더 많은) 366일로 산정되었기에, 중국인들은 5년(12×5=60)마다 30일 단위의 2달(30×2=60)을 삽입시켰다. 따라서 5년 단위의 주기에서 세 번째와 다섯 번째 해의 날 수는 384(354+30)에 달했다. 여기서 우리는 5년 단위의 주기 및 60일 수의 윤달의 중요성 그리고 평년의 수와 윤년의 수의 비율은 3:2라는 사실에 주목해야 할 것이다.

와 짝수로 대립시키려는 의도에서 첫 10개의 숫자에 대해 다양하게 언급한다.

그들은 먼저 첫 다섯 홀수가 하늘의 수인 천수(天數)이며, 첫 다섯 짝수가 땅의 수인 지수(地數)라고 표명한다. 이로부터 이 10개의 수를 짝수와 홀수의 쌍을 맺는 방식으로 공간상에 배치한다. 주해가들은 이 쌍이 5를 공통으로 하는 두 합동수로 형성되는 쌍일 수 있다고 한다(1-6, 2-7, 3-8, 4-9, 5-10). 우리는 이 쌍이 『하도』와 효능정방형(『낙서』)에서 방위로 나타나는 것을 확인한 바 있다.

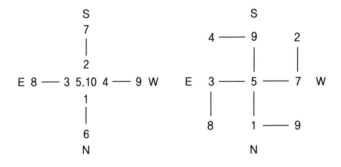

『하도』는 이 다섯 쌍을 교차하는 두 축과 중앙에 배치한다. 이 배치에서 정방형의 배치를 얻으려면 교차하는 네 갈래의 두 수를 직각으로 꺾는 것으로 충분하며, 또 네 홀수를 주요 방위에 위치시키려면 7과 2를, 9와 4를 도치시키면 된다.

『계사』의 저자들은 5등분의 중요성에 대한 그들의 집착을 노골적으로 드러내기도 했다. 공간상의 방위에 따라 다섯 쌍의 합동수를 배치하려는 그들의 생각은 방위에 따른 5원소의 정방형 배치에 대한 암시로 간주될 수 있다. 우리는 그들의 이러한 생각을 인정하면서도 다음 사실을 간과해서는 안 된다. 『계사』가 제시하는 전통적 해석에 따르면, 표상-9는 남의 상징인 노양에, 표상-7은 서의 상징인 소양에 해당되는데, 7-2가 서에 그리고 9-4가 남에 속하는 것은 단지 효능정방형 내에 한해서라는 점이다.

『계사』는 첫 열개 수로 다섯 쌍의 짝수-홀수를 이룰 수 있다는 점을 강조하는 한편으로, 첫 10수의 총수가 55임을 강조한다. 55는 5×11이다. 그러니 총수가 11인 다섯 쌍의 짝수-홀수가 구성될 수 있다(1-10, 2-9, 3-8, 4-7, 5-6).『계사』가 주목하는 점은 첫 다섯 짝수의 총수가 30(=5×6), 홀수의 총수가 25(=5×5)라는 것이다. 그러기에, 모든 일련의 수들을 대표하는 것으로 간주되는 첫 열 개의 수에서 드러나는 이 짝수와 홀수의 대립은 6:5의 비율을 상징으로 한다. 이 비율은 곧 수 11(=5+6)에 수 5〔=3(하늘, 원)+2(땅, 정방형)〕와 맞먹는 권위를 부여한다. 땅(정방형)의 표상인 5와 하늘(원)의 표상인 6이 가지는 권위적인 분류자로서의 역할을 고려한다면, 수 11에 부여된 중요성이 이례적이라 할 것은 없다.

더욱이 수 11의 중요성은『전한서』(前漢書)에 인용된 주목할 만한 경구에서 입증된다.『전한서』의 저자[81]는 예로부터 6이 하늘(및 그 동인들)의 수, 5가 땅(및 그 원소들)의 수로 인정되어왔음을 상기시키며 다음 경구를 인용한다. "5와 6, 이는 하늘과 땅의 중화(中和, 중심을 이루는 결합 또는 중심에서의 결합)이니라." 주해가들은 5는 하늘에 의해 비롯된 일련의 홀수들(1, 3, 5, 7, 9)의 중심이고, 6은 땅에 의해 비롯된 일련의 짝수들(2, 4, 6, 8, 10)의 중심이라고 피력하는 데 그친다. 그러나 이 경구가『계사』의 수에 관한 생각을 가장 명료하게 상기시킨다는 점에서 세심한 주의를 요한다. 이 경구는 5(홀수)는 땅(음), 6(짝수)은 하늘(양)에 해당함을 주지시킨다. 이 경구는 하늘과 땅이 서로 맺어질 때 속성을 교환한다는 암시를 알려주는 것이다.『전한서』의 유사한 언급들은 이 교환이 성혼에서 비롯함을 명시해줄 뿐만 아니라 극히 중요시한다.『전한서』의 저자는 〔짝수들이나 홀수들의 중심 수가 결합한 결과인〕 11이, 천지의 도가 그 완벽함(誠)을 이루는 수임을 인정한다.

수 11에 의해 표상적으로 규정된 도는, 홀수들의 교차점인 중앙에 위

---

81) *Ts'ien Han chou*, 21ª, 9ª쪽.

치한 5에서 짝수들의 교차점에 위치한 6으로 나아가면서 홀수와 짝수의 중심을 통해 〔우주 한가운데 마치 한 그루 나무처럼 서 있는 해시계의 방식으로〕 중첩된 두 효능정방형을 결합시킨다.[82]

	9			2	
3	5	7	8	6	4
	1			10	

5를 중앙으로 하는 효능정방형에서는, 짝수들이 사각(四角)에 위치하여 만자형(卍字形)의 말단을 가리키는 반면, 홀수들은 주요 4방위를 차지하고, 5는 1, 3, 7, 9의 중앙을 이룬다. 여기서 이 홀수들의 각각을 합이 11이 될 수 있는 수로 대체하는 경우 새로운 효능정방형을 얻게 된다(이 경우 중앙은 6이며, 같은 선상에 위치한 수들의 총수는 어느 방향이건 18이다). 이 새로운 정방형에서는 홀수들이 만자의 말단에 위치하고, 짝수들은 6을 중앙으로 주요 사방위를 차지한다.

우선 다음의 사실을 지적해두자. 6(쌍 6-1의 대표)이 중앙으로 들어오면서, 중앙은 북과 그 속성(5-10)을 교환하며, 서와 남은 서로 수-상징(2-7과 4-9)을 교환한다. 위에 인용한 『전한서』의 구절을 제외하면 중국문학에서 중앙을 6으로 하는 효능정방형에 대한 어떠한 언급도 찾아볼 수 없다는 점을 특히 주시해야 할 것이다. 그렇다고 이 효능정방형이 어떠한 권위도 누리지 못했다고 여겨서는 안 된다. 오히려 이를 통해 우리는 고대의 수학이 많은 부분에서 지니고 있었던 신비성을 인정해야 할 것이다. 단지 짧은 암시들을 통해서만 수학이 지닌 이러한 비의성(秘

---

82) 여기서 우리는 정방형이라는 표현을 사용했다. 하지만 하늘은 원형이기에, 수(數)로 표기된 하늘의 거리는 어떤 식으로든 원(圓)을 상기시켜야 했을 것이다. 팔괘 특유의 8각형 배치는 아마도 원과 정방형의 연계성을 암시하는 데 의미가 있었을 것이다(이 책, 323~326쪽을 참조할 것).

義性)을 엿볼 수밖에 없지만 말이다.

5가 중앙인 정방형과 6이 중앙인 정방형을 중첩하여 얻은 형상은 각 수치가 11이고 총수치가 99인 9쌍의 짝수-홀수로 형성된다는 점에서 주목할 만하다.

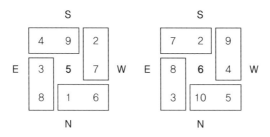

이 형상은 우주의 전모를 보여주는 데 아주 적절할 뿐 아니라, 천지와 사방(九州)에서 진행되는 육종(六宗, 하늘의 여섯 동인 및 영역)과 오행(땅의 다섯 동인 및 영역) 간의 상관작용에 관한 중심되는 이론을 수를 통해 정당화하는 데에도 매우 적절하다.

더욱이 우리는 점술가들이 이러한 형상을 연상시켜주기에 충분한 하나의 도구를 사용했음을 알고 있다. 이 도구는 『주례』(周禮)에 암시되었다.[83] 일본학자들의 낙양(樂浪) 발굴작업을 통해[84] 기독교시대의 기원

83) *Tcheou li*, Biot, t, II, 108쪽.
84) 요시토 하라다(Yoshito Harada), *Lo Lang*, 39쪽. 영어 요약본 39쪽, 일본어 본 61쪽에 실려 있는 27번 도형과 112번 도판을 참조할 것. 중앙의 축을 중심으로 회전할 수 있게 고안된 두 나무막대기 중 하나는 연목(軟木)으로, 다른 하나는 경목(硬木)으로 된 점으로 보아, 이 도구는 고대에 불을 지폈던 기구를 모방한 것이라 할 수 있다. 이러한 추정이 터무니없지는 않다. 왜냐하면 문학과 제식의 여러 전통들 속에는 회전운동의 마찰로 불을 지폈던 이 기구에 대한 기억이 간직되어 있기 때문이다. 이 기구는 봉건시대에도 경우에 따라 사용되었던 것 같다. 여기서 우리는 단지 회전운동, 바퀴와 축과 그네, 장대와 해시계처럼 제재상의 연계성을 알려주는 신화적 자료들이 있다는 것만 알아두자(이에 대한 자세한 연구는 다른 기회로 미룬다). 그리고 이 제재들 중 일부는 도개념과 성혼풍습과 관련된다는 점에서 나중에 언급할 것이다(이 책, 321

보다 앞서 제작된 이 도구들 가운데 하나가 발견되었다. 이 도구는 두 작은 판(板)으로 되어 있는데, 하나는 경목(硬木, 陽)으로, 다른 하나는 연목(軟木, 陰)으로 되어 있고, 또 하나는 원형(하늘)을, 다른 하나는 정방형(땅)을 나타낸다. 이 두 판은 서로 겹쳐지거나 각각 독립하여 회전할 수 있도록 고안되었다. 이 두 판에는 축으로 사용되었을 것으로 보이는 막대를 꽂아넣을 수 있도록 가운데에 작은 구멍이 뚫려 있다. 또 이 두 판에는 매달의 상징과 십간과 십이지, 성수(星宿), 팔괘 등 여러 분류의 표상들이 새겨져 있는데, 팔괘는 **문왕식 배치**에 따라 **정방형**(땅)의 판에 그려져 있다. 만일 우리 생각처럼 이 점술도구와 두 효능정방형의 어떤 유사성을 인정한다면, 직각과 **직각자**를 연상시키는 이 두 정방형의 **회전운동**에 대한 암시 또한 인정해야 한다.

두 효능정방형은 둘 사이의 합동수를 결합하기만 하면 **만자형 배치**를 재현한다. 만자형 배치는 그 자체로 회전운동을 연상시킨다——『계사』는 우리에게 만자(卍字)의 갈래마다 새겨진 두 수를 한 쌍의 수-표상이 아닌 하나의 수로 인식하게 한다.

『계사』[85]는 수 55를 강조하면서 (대팽창의 표상인) 50에 기능상의 특권을 부여한다. 이로부터 5와 6뿐만 아니라 50과 55(5×11)도 중시하는 사상에는 1보다는 11을 합산단위로 하여, 6을 기점으로 얻어지는 일련의 수들 역시 중시했음을 알 수 있다——이 일련의 수들은 그 중앙에 위치하는 50 외에 여덟 개의 수를 포함하는데, 여덟 개의 수는 서로 차이가 55가 되는 일정한 방식으로 둘씩 대립되도록 할 수 있다——〔이 경우 105는 포함하지 않는다(=55+50, 하지만 105는 1과 5를 내포하

___

쪽). 여기서 우리는 단지 다음의 통설, 즉 (전술한 것처럼, 효능적 정방형, 즉 만자 형태의 수 배열과 관련 있는) 문왕식 배치는 그 기원이 도제-수장이 겪은 시험과 관계된다는 점을 알아두자. 동지축제에 행해졌던 이 시험은 해(年)와 군주의 덕목을 쇄신하는 데 목적이 있었다. 그리고 축제참가자들은 커다란 불꽃을 지핌으로써 축제의 막을 내렸다고 한다. 그런데 불꽃놀이는 성혼에 관계된 일체의 풍습과 여러 은유적 표현들과 관련된 제재로 보인다.

85) *Yi king*, L, 365쪽.

고 있어 이 일련의 기점인 6과 일치하는 것으로 간주될 수 있다)].

39	94
28	83
[50 (105)]	
17	72
6	61

39	61
28	72
[50]	
17	83
6	94

일련의 수[6, 17, 28, 39, (50), 61, 72, 83, 94, (105)]들은 50을 중심으로 가장 작은 수와 가장 큰 수끼리 차례로 둘씩 짝지으면, 그 합이 100인 4쌍이 될 수 있다는 점에서 더욱 중국인의 관심을 끌었다. 이 수들 중 네 개의 큰 수 [61, 72, 83, 94, (마찬가지로 105)]들은 각기 한 쌍의 합동수로 이루어진다는 점 또한 주목할 만하다. 따라서 이 수들은 두 효능정방형에서 나타나는 만자형의 수 갈래에서 찾아볼 수 있다.

『계사』의 이와 같은 독해에 몇몇 신화의 내용은 뜻밖에도——하지만 실망스러운 방식으로——당위성을 부여한다.

차례로 왕조를 창건한 군주들은 그들의 생명력의 원천이 천덕(天德)인지 지덕(地德)인지에 따라 그 신장이 길거나 짧았다. 왜냐하면 하늘은 위로, 땅은 옆으로 펼쳐지기 때문이다.[86] 중국인들은 이 기본적인 제재를 기억 속에 신성하게 보존해왔다. 특히 그들이 가장 존경하는 영웅들의 체구는 구체적으로 기억되어 있다.[87] 지덕(地德)의 인물이었던 순(舜)은 떡 벌어진 체격의 소유자로 그 키가 6척 1촌(61촌)에 불과했던 반면, 그의 선왕인 요(堯)는 7척 2촌(72촌)에 달하는 체구(또는 아마도 머리카락)였다. 이 창건자들의 체구가 그들 왕조의 측도로 사용된 점으로 보아, 이 수들은 창건자들이 새 시대의 새 책력을 통해 시간의 차원

---

86)『춘추번로』(春秋繁露, *Tch'ouen ts'ieou fan lou*), 7.

87) 이 자료들의 출처는『죽서기년』(竹書紀年, *Tchou chou ki nian*)과『송서』(宋書, *Song chou*) 27이다.

을 재구(再構)하면서 정립하게 되는 도량체계의 근간이 되었을 것이다. 이는 우리에게는 너무나 의외여서 믿기가 힘들다. 그러나 이 수들은 군주들의 통치와 삶에 할당된 기간을 관장했다. 완벽한 군주의 경우, 그에게 할당된 기간은 100년이었다. 그래서 우리는 위의 도표만 가지고도 100년을 살았던 순의 통치기간이 39년이었음을 알게 될 것이다. 왜냐하면 6척 1촌의 이 영웅은 61세에 권좌에 올랐기 때문이다. 그리고 100년을 군림했던 요는 72촌의 체구였기 때문에 72년간 실질적인 권력을 누렸으며, 나머지 28년간은 은퇴한 군주로서 여생을 보냈다. 세 창건자 체구에 대한 확실한 자료가 우리에게는 없다. 주나라를 세운 문왕에 대해서는 약간의 신화적인 내용만 전해진다. 그렇지만 우리는 문왕이 자신의 삶의 총기간인 100년 가운데 일부를 아들에게 양위했음을 알고 있다. 문왕은 체구가 뚱뚱하고 짤막했다. 그래서 100보다는 50이 그의 신장을 재는 척도로 더 적절했을 것이다. 하(夏)나라를 세운 대우는 (비록 지덕의 인물이었지만 큰 키로 유명했다) 100년의 삶 동안 17년을 통치했다. 그리고 83세에 등극했음에 비추어, 그의 키는 8척 3촌이었음을 추정할 수 있다. 은의 창건자로서 천덕이 주어진 승탕(勝湯)은 더욱 큰 신장을 지니기에 충분한 이유들이 있다. 역사가들은 그의 신장을 간과하지 않았다. 순과 요의 경우와는 달리 이 탕왕(湯王)의 신장은 오직 척으로만 표시된다. 통설에 따르면, 탕왕의 키는 9척, 즉 90촌이었다고 한다. 아마도 이는 그의 키에 비해 4촌이 부족한 수치일 것이다. 왜냐하면 순과 요의 신장이 각기 61촌과 72촌이었기 때문이다. 그뿐만 아니라, 우왕과 문왕의 생애에서 83과 50(100)은 중요한 역할을 했기 때문에 만자(卍字)의 갈래에 새겨진 다섯 수들 가운데 이 네 수를 제외한다면 그에게 주어질 수 있는 가능한 수는 오직 94밖에 없다. 그런데 우연치고는 극히 공교롭게도 탕왕이 90촌의 신장이었다는 통설은 그가 긴 팔을, 즉 네(4) 팔꿈치의 팔——또는 반(半)팔 4개의 길이만큼 긴 팔——을 가졌음을 말해준다. 이렇듯 신화에서 '팔꿈치' 또는 '반팔'로 표현되어 탕왕의 건장함을 찬란하게 그려 보이는 단어 주(肘)는 '치'를 뜻하는

'촌'(寸)과 크게 다르지 않다. 결론적으로 우리는 사람들이 이 영웅에게 네 반팔에 해당하는 긴 팔을 부여하기 위해 그의 키에서 4촌을 끌어왔으리라 짐작할 수 있다.

이 일군의 신화적 사례들은 너무나 일관되어 우리로서는 효능정방형에 기록된 여러 쌍의 합동수는 수 94, 83, 72, 61, 50(또는 105, 즉 5-10 또는 10-5)으로 읽혀야 한다는 결론을 내리게 된다. 두 효능정방형에서 만자를 이루는 대립된 갈래들은 두 쌍을 형성한다. 그중 한 쌍은 남-북이며 다른 한 쌍은 동-서로서 이 둘은 등가의 수치를 가진다는 점에서 완벽한 균형을 보여준다. 회전운동을 암시하기 위한 형상들은 이렇듯 등가관계여야 한다.

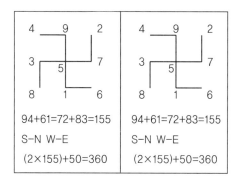

더욱이 여기에 제시된 회전운동은 한 해의 공전과 같아 보인다. 이 두 형상은 수 360을 연상시킨다.

5를 중앙으로 하는 정방형은 특히 눈여겨보아야 한다. 이 정방형은 『계사』의 저자들이 중시하는 216과 144의 대립(3:2의 비율)을 부각하면서 360을 상기시킨다. 83+61은,──만자의 중앙의 (합동수 5-10[88]의 대표인) 5로 표상되는 50을 더해야 하는──72+94와 대립한다.

6을 중앙으로 하는 정방형도 이에 못지않은 형상력을 지닌다. 이 정

---

88) 고대에는 5(×)와 10(+)을 글자 +으로 표기했다.

방형의 주변에 위치한 수의 총합은 354(=2×177)로서 태음력의 총 일수를 나타내는 반면, 중앙에 위치한 6은 총합 360(=354+6)과 태양년의 총 일수(366)를 상기시킬 수 있다(왜냐하면 6은 한 쌍의 합동수, 6-1과 61×6=366을 대체하기 때문이다). 이는 윤달의 필요성을 암시하는 것으로 윤달의 설정주기를 가리킬 수 있다. 왜냐하면 6은 5년의 주기 내 두 번의 보충 달에 할당되는 60(12×5)일을 상기시키기 때문이다.

이러한 사실들은 이 정방형을 (5를 중앙으로 하는 정방형과 마찬가지로)『계사』의 대가들이 주지하고 있었음을 말해주는 것과 같다. 특히 우리로서는 그들이 첫 열 개의 수를 대상으로 한 이 두 (더욱이 연대적인) 배치를 팔괘의 팔각형 배열이 수로 옮겨진 것과 동일한 방식으로 다루었다는 점이다. 『계사』는 팔괘의 구성뿐만 아니라 산술용 산가지들의 조작이나 산법에 관해 언급하면서, 5년을 주기로 하는 두 윤달의 설정을 분명하게 제시한다.[89)]

레그 신부는『계사』의 이러한 대목에서 양식적(良識的)인 판단을 찾으려는 모든 시도들을 단호히 거부한다. 그는 산가지들을 짝수와 홀수의 군으로 구성하여 어떻게 윤달의 날 수와 주기를 규정할 수 있는지 반문한다. 일면 그의 반문은 일리가 없지는 않다. 그렇지만 중국인은 산가지들의 등분조작이나 효능정방형의 구성에 의존하여 역법(曆法)을 세우지 않았던 것이다. 이는 점술가들의 소관이 아니었다. 점술가들은 직업상 그들의 지침이었던 이 제도의 효과를 윤택하게 해주는 데 만족했다.

점술가들은 시공에 관련된 사회적 표상들을 비롯하여 상호연관적인 분류체계들을 염두에 두어야 했다. 게다가 그들은 이 모든 관습이 사람들의 생각을 사로잡아 행동의 정당성을 부여할 수 있는 권위를 부여해야 했다. 그들은 이러한 목적으로 기하와 산수의 상징들을 사용했다. 이 상징들은 다른 부류의 표상들처럼 형상력과 작용력을 발휘했다. 다른

---

89) *Yi king*, L, 365, 368쪽의 각주. 레그는 다음과 같이 적는다. "특정한 한 해에 삽입될 수 있는 날 수가 얼마나 필요한지를 결정하는 데 그와 같은 과정이 어떠한 역할을 할 수 있겠는가?"

표상들에 비해 어떤 면에서는 더욱 추상적이었던 이 상징들은 각별히 신뢰되었던 것 같다. 이 상징들은 조작의 무한한 가능성으로 인해 가장 다양한 분류들을 연계짓는 데 사용되었으며, 그 조작이 임의적인 경우에조차 그 조작에 통제를 기했던 것 같다. 중국인이 이 상징들을 통해 우주질서를 형상화할 때면, 세계의 형상은 이들로부터 어떤 필연성을 확보하는 듯이 보였다. 세계형상은 조작의 효능성을 보장하면서도 조작을 용이하게 했다.

점술가들은 자신들이 다루는 점괘들이 수 고유의 권위를 통해, 공간의 관습적인 분할이나 책력의 전통법칙에 위상을 부여하는 장치에 의거한다는 것을 보여줌으로써, 자신들의 기예를 한결 돋보이게 했다. 점술은 세계를 인식하고 안배하려는 열망을 반영하고 있다. 점술의 대가들은 팔괘의 팔각형 배치를 효능정방형에 일치시켜 하늘과 땅, 양과 음, 원형과 정방형, 홀수와 짝수의 상관작용을 밝힌다는 점에서, 자신들 역시 군주와 함께 우주질서에 기여한다고 자부했다. 마치 군주가 자신의 정방형 명당을 순행함으로써 방위와 계절을 나타내는 만자(卍字)의 수들을 작동시키려고 노력하는 것처럼 말이다.

* * *

이 사실들은 한대나 송대의 학자들이 집록했던 (또는 재구성했던) 전통의 의의를 보여준다. 『낙서』와 『하도』의 도상은 아마 재구성된 것일 것이다. 그러나 이 재구성은 전통을 잘 알았거나 정확하게 이해하려 했던 해석가들에 의한 것이다. 수-장치는 『홍범』이 제시하는 오행이론의 토대를 이루며, 『홍범』 구주를 낳는다. 단순한 십자(十字)형이나 만자(卍字)형의 수배치는 모두——『월령』이 그렇게 보여주듯이, 우리가 『계사』에 대한 해석을 가하는 순간 그렇게 상정해야 하듯이——우주의 형상과 여러 구역으로 나뉘는 우주의 분할형상을 제공하는 데 기여했다. 세계 안배에 관한 신화들은 점술에 관한 전통들과 일치한다. 다시 말해, 귀갑의 분할, 팔괘의 방위에 따른 분류, 명당의 구도는 구주(九州)나 9정방형으로의 전답(田畓)분할이론과 관련해서 이해될 수 있을 따름이며, 수의 기본 기능이 분류에 있음을 인식할 때 비로소 이해될 수 있다.

수의 분류기능은 단지 기억의 편의를 위해서나 훗날 교조주의의 확산에 따라 정립된 것이 아니다. 이 기능은 신화에서 수가 처음으로 사용되면서부터 이내 수의 특징으로 자리했고, 수 또한 지속적으로 이 기능을 특징으로 했다. 수에 관한 최초의 사변들은 중국인이 수에서 전통적 분류체계를 통솔하는 표상항목들을 인식한다는 점에 의거한다. 수에 대한 이러한 태도는 『홍범』과 『계사』 같은 최초의 문언문학 속에서 입증된다.

다방면의 기술(技術)에 사용된 수는 이러한 근본태도를 바꾸기는커녕 오히려 굳건히 해주었다. 수는 방위와 일치되어 구체적인 시간과 공간 관계를 통해 고려되었기에, 수의 주역할은 합산에 있는 것이 아니라 특정한 집단을 가능하게 하는 여러 분할방식들을 나타내거나 관련지어주는 데 있었다. 중국인은 수를 특정 양(量)의 산정보다는 집합체들의 다양한 조직을 가리키는 데 사용했다. 그리고 서구식의 수의 산술적 의미보다는 집합체들의 질적 차이나 절대적 총체로서의 수의 의미에 더욱 세심했다. 중국인들은 각 단위의 총합적인 산출보다는 구역을 분할하는 데 초점을 두었다.

그 결과 유독 두 종류의 수가 중시되었다. 먼저, 5나 6처럼 중앙에 할당되는 수가 중시되었다. 이 수들은 총체를 표현하는 데 각별히 선호되기도 했으나 특히 분할방식의 상징화에서 분할자로 운용되었다. 다른 하나는 360처럼, 분할하기 쉬운 큰 수가 중시되었다. 큰 수는 총체를 뜻하는 주변적 표현으로 운용되는 것 같다. 중국인의 이와 같은 정신적 성향은 역술가와 음악가들이 수를 운용하면서 더욱 심화될 수밖에 없었다. 중국인은 수를 비율, 구역 또는 사각을 표현——나는 '측량'이라고는 하지 않겠다——하는 데 사용했다. 산술은 바로 그러한 까닭으로 구체적인 지대로 인식된 시공간에 적용될 기하학으로 남게 된 반면, 양(量)의 과학으로는 전환되지 않았다.

3. 수와 음률(音律)

하늘이 우에게 『홍범』 구주를 내리셨던바, 그의 체구는 모든 도량의 척도가 될 만했고 그의 목소리는 기본음으로 사용될 수 있었다. 중국인은 기본음을 들려주는 율관(律管)을 한 점술도구와 전혀 구별하지 않았다. 이 점술도구는 두 효능정방형처럼 겹쳐 있는 두 판으로 되어 하늘과 땅을 형상했다.[90]

중국의 음률이론이 효능정방형에 관한 사변(思辨)과 갖는 직접적인 관련성을 제시하기는 어려울 것 같다. 하지만 우리는 이와 관련된 약간의 의미 있는 접근을 시도해볼 수 있다. 자신들의 음악이론을 확고히 하고자, 중국인들은 음률에 관한 권위 있는 배열방식을 구상했다. 그들은 큰 단위인 360(=216+144)에 입각하여 짝수와 홀수의 비율(2:3 또는 4:3)을 부각시켰다. 정방형의 수배치가 지니는 권위 또한 이와 유사한 사실에 기인했다. 중국인은 이 권위에 힘입어 팔괘의 팔각형 배치와 명당을 효능정방형과 연관지었다. 그리하여 한 해 12달 각각의 고유한 규범은 명당에서 공표되었으며, 12율은 12달로 표현되었다. 12율도 12달처럼(그리고 12×2=24=8×3이라는 사실에 입각하여) 팔괘를 표상으로 갖는 8방위와 관계되었다. 한 해(360)는 12달로 (또 24개의 15일, 즉 반달로) 나뉘어 하나의 중앙이나 축으로 4계절로 재구성되었다. 팔괘는 4계절-방위와 동일시된 부차적인 네 표상(사상, 즉 노양, 소양, 소음, 노음)에서 파생된 것으로 보인다. 그리고 명당에는 9실이 있었는데, 그중 4방위에 위치한 4실이 중앙의 정실(正室)과 함께 특히 중시되었다. 왜냐하면 이 공간들이 춘분과 추분, 동지와 하지의 달에 할당되기 때문이다. 한편, 단순한 **십자형** 배치가 **만자형**으로 재구성되면서 효능정방형의 배치를 통한 오행의 분류도 불러올 수 있었다. 음악이론은 12율

---

90) 이 둘 모두 같은 마차에 실려 전쟁터로 옮겨졌다고 한다. *Tcheou li*, Biot, t. II, 108쪽.

분류와 5음분류를 병행했다——12율분류는 12방위도의 구성에 사용되었는데, 중국인은 이 5음을 교차하여 중앙과 4계절-방위의 상징으로 삼았다.

이 같은 여러 형태의 분류들의 상호관계성과 상호치환성을 가능하게 하는 것이 바로 수(와 도식)다. 중국인이 수를 통해 마침내 세계질서를 밝히게 되고 또 세계질서에 동참한다는 생각을 갖게 된 것은 수가 이러한 관계성과 치환성을 가능하게 해준 덕분이다.

아미오(Amiot) 신부[91]의 노력에 힘입어 서구에 중국의 12율론과 5음론이 알려진 이래, 중국의 음악이론을 그리스의 그것에 접근시키려는 시도도 있었고, 이 이론의 과학성 또한 강조되었다.

그런데 샤반은 중국악학가들이 수비율의 정확성을 전혀 준수하지 않았다는 한 논지 속에서 다음과 같은 결론을 내린다. 즉 중국인은 이론의 과학성에는 둔감하여 스스로 이론을 만들기보다는 그리스에서 전수받았을 것이라고[92] 말이다. 샤반은 대부분의 다른 학자들과는 달리, 중국악학의 기원에 관한 완벽한 견해를 보이는 듯하나, 사실 그가 내세우는 가정은 커다란 결함을 안고 있는 문헌학적 추론에 따른 것이다. 그의 문헌학적 추론은 이 문제에 관련되는 모든 신화적 자료들은 도외시한 채, 오직 역사적 사실들을 끌어낼 수 있는 연대기적 자료들에만 의존하고 있다.

만일 그가 참조한 자료들을 따를 경우, 중국인이 자신들의 이론을 적용시킨 악기는 종경(鐘磬)으로 파악된다. 그리고 이 악기는 그 박자가 지극히 미묘해서, 거기에서 우리가 수비율(數比率)을 판별하기는 거의 불가능하다.[93] 이러한 점만을 본다면, 우리는 중국인이 적용한 이론은 기정적인 이론이었을 것이고 따라서 중국인은 그리스에서 그것을 받아들였을 것이라고 추정할 수도 있을 것이다. 그러나 문제는 중국전통 악

---

91) Amiot, *Des Mémoires concernant l'histoire des Chinois*, VI권.

92) *SMT*, III, 부록 2, 630~645쪽.

93) 같은 책, 640쪽.

기의 기원은 관악기와 현악기에 있다는 것이다. 12율을 육률과 육려(六呂)로 나누는 기본분할을 설명해주는 신화에서 우리는 지리에 관련된 표현들이 사용되었음을 알 수 있다. 샤반은 이 표현에서 그리스문명이 중국에 미친 영향의 가능성을 찾으려 했다.[94] 하지만 육려와 육률의 분할은 특히 하늘과 땅의 비율(3:2나 3:4)을 토대로 하는 경우, 신화나 기술(技術)에 반영된 중국인 특유의 우주관과 너무나 완벽하게 일치하는 까닭에, 외부 차용을 고려할 어떠한 여지도 주어지지 않는다. 게다가 12율에 관련된 신화는 특히 양성(兩性)의 춤에 각별한 암시를 부여한다. 즉 대나무를 잘라내어 만든 12율관이 결합되면, 그 소리에 맞추어 한 쌍의 봉황이 춤을 추기 시작한다(이 봉황들은 아마도 한 쌍의 꿩의 신화적인 표현일 것이다). 당시 극동전역에는 생(笙)[95]이라는 악기가 퍼져 있었다. 이 악기는 결혼의 창시자인 (복희伏羲의 누이 또는 부인이었던) 여와(女媧)가 발명했다 한다.

오늘날에도 양성의 춤이 진행될 때면 두 형태의 생(笙)이 연주된다. 하나는 양생(陽笙)이고 또 하나는 음생(陰笙)이다. 이들의 율관들은 모두 새(봉황 또는 꿩)의 두 날개를 표상할 수 있도록 배치된다. 따라서 사람들이 생(笙)의 소리에 춤을 추면, 진정 한 쌍의 봉황이나 꿩이 춤을 추는 것과 같았다. (사람들은 생을 연주하면서 춤을 추었기에) 춤을 추는 것도 생(笙)이요, 춤결에 실려 가는 것 또한 생이다.[96] 이 같은 특징은 너무나 고대적이며, 극동 전역에 걸친 생의 권위는 너무나 컸기에, 12율관의 발명신화를 마치 차용을 정당화하기 위해 학자들이 상상으로 빚어낸 우화처럼 다루는 것은 적절치 못할 것이다.

그러므로 중국음악에서 타악기의 중요성과는 상관없이, 중국인이 수

---

94) 앞의 책, 643쪽.

95) 『여씨춘추』(*Lu che tch'ouen ts'ieou*). 생(笙)은 일종의 입으로 연주하는 오르간이다. 통설로는, 고대의 생은 13 (또는 19) 율관이 있어 새의 두 날개를 본 떠 중앙에 위치하는 율관 좌우로 배치된 각 6개의 음률로 이루어졌다고 한다.

96) 졸저, *Danses et légendes de la Chine ancienne*, 577쪽.

비율을 확인하는 데 직면했을 어려움에 관한 샤반의 지적은 전혀 터무니없이 된다.

그의 지적과는 정반대로, 중국인은 죽관(竹管)으로 된 악기들로 수비율을 정했다. 여기서 우리는 박자의 단위를 은유적으로 나타내는 단어인 절(節)[97]이 구체적으로 '관절, 대나무의 매듭'을 뜻한다는 점을 상기해야 한다. 분명, 중국인은 동종(銅鐘)을 섬세한 측정도구로 삼아 악론(樂論)을 만들었던 것도 아니며, 또한 그렇게 해서 만든 악론을 자신들의 악술(樂術)의 토대로 삼은 것도 아니다. 오히려 중국인은 다양한 죽관의 길이를 마디 수로 표현하는 산법(算法)을 악술의 토대로 삼았다. 또 그들은 수를 빌려 현(絃, 이 단어는 실제로는 궁현弓弦을 뜻한다)을 산정하는 방법으로도 그 토대를 더욱 확고히 했다. 만일 우리가 가장 오래되고 가장 존중받는 상징체계가 결승(結繩)이었다는 그들의 말을 상기한다면, 죽관과 현에 의한 이 두 방식을 상호배타적인 것으로 보지는 않을 것이다.[98]

곧 논하겠지만, 처음에 율관의 길이를 나타내는 데 사용된 수는 작은 단위로 된 일련의 정수(整數)들이었다. 이후 이 처음의 수들은 더 큰 단위의 일련 정수들과 경합하는 과정에서 이들로 연속 대체되었다. 이러한 연속적인 대체는 산정체계가 연이어 변동했기 때문이다. 박자단위들을 분할하는 데 (**연차적 또는 경쟁적으로**) 사용된 여러 상이한 수들은 율관(律管)들의 첫 수들을 증가시키는 데에도 사용되었다. 중국인은 이러한 증가로 얻은 여러 일련 수들을 서로 비교·융합시켜 음계(音階)의 산술원리를 찾아내었다. 이러한 결과는 그들이 수를 360의 권위나 216과 144의 대립이 지닌 권위 하에서 다루었기 때문이다.

우리는 샤반이 제기하는, 기원에 관한 일체의 논쟁을 (우리의 주제와는 무관하기에) 피할 것이며, 그의 논지를 따르지도 않을 것이다. 그에

---

97) 이 책, 137쪽을 참조할 것.
98) *SMT*, I, 6쪽. 우리는 마디의 개념이 점술이론에서 차지하는 중요성을 이미 논했으며, 또 점술이론이 수리(數理)와 어떤 연관성을 갖는지도 살펴보았다.

따르면, 중국인은 엄정성과 완벽성이 결여된 그들만의 수단으로는 악학의 산술원칙을 발견할 수 없었기에, 외부 차용이 불가피했다는 것이다. 이에 반해 우리는 다음과 같이 말할 것이다. 중국인이 스스로 엄격하게 적용할 필요성을 느끼지 않았던 산술원리를 악학의 토대로 삼았다면, 이는 이러한 산술원칙이 (추상적 기호가 아닌 효능표상으로서의) 수-상징을 빌려 행해진 조작의 발견이기 때문이며, 또한 이 조작의 목적이 어떤 기술에 엄정성을 부여하기 위한 정확한 이론을 분식화하는 데 있는 것이 아니라 그 기술을 세계의 권위 있는 형상과 연관지어 명확성을 부여하는 데 있었기 때문이라고 말이다.

* * *

중국의 12음률이론은 문언문학만큼이나 고대적이다. 사마천[99]은 이 이론에 분량이 많은 한 장을 할애하면서, 12[12율과 12달]와 8[팔풍과 팔괘]에 의한 분류가 서로 중첩된다고 했다. 이보다 수년 전 여불위(呂不韋)[100]가 극히 간명하게 이 이론의 근간이 되는 산술공식을 제시했다. 게다가 이 공식은『월령』이 작성될 무렵부터 그 권위를 인정받았다.

책력에 관련하여『월령』은 음률들을 (십이지를 매개로) 12달과 관련지어 다루었다. 즉 각 음률은 각기 특정한 방위를 지니고 있었다. 고대문학에서 우리는 음률을『월령』이 제시한 방위와 연결짓는 많은 암시를 접할 수 있다.

이 문학적인 암시들 중에서도 특히 황종(黃鐘)이라 불리는 기본음률이 황천(黃泉)과 짝을 맺고 있다는 점은 주목해야 한다. 머리를 북향한 채 도시의 북쪽에 매장되었던 망자들의 나라인 황천에 관한 고대신화는 황천을 북극의 밑바닥에 위치시킨다. 북극은 십이지에서 '아들'을 뜻하

99) *SMT*, III, 292쪽 이하.
100) *Lu che tch'ouen ts'ieou*, 5(기원전 3세기).

는 자(子)로 시사된다. 이 주기기호 자는 정북(正北)임과 동시에 잉태에 유리한 시간인 동지(冬至)와 자정(子正)을 가리킨다. 신화와 의식에 관한 많은 제재들은 망자들의 나라인 황천이 생명의 보금자리였음을 알려준다.[101] 그래서 중국인은 양이 북극(陰)의 밑바닥(아래는 음陰이다)에 위치한 황천으로 피신하여 음(水)에 둘러싸인 채 겨울(陰)을 보낸다고 보았다. 다시 말해 그곳에서 양은 자신의 모든 기력을 회복하여 다시금 발굽으로 땅을 박차고 오를 채비를 하고 있었던 것이다. 사마천은 이러한 양의 모습을 기본음률인 황종에 일치시켰다.[102] 황종은 동짓달에 해당하는 11월에 할당되기에, 기력이 가장 약해진 상태의 양의 모습을 보여주는 데 적절했다. 모든 음률 가운데 가장 긴 음률인 기본음률은 가장 덜 날카로운 음조를 낸다. 말하자면 양은 날카롭고(맑고), 음은 무겁다(탁하다). 각 달이 음률에 부여되는 양상은 동지를 기점으로 지속적으로 양이 증가하는 모습을 보여준다. 12달과 12음률의 방위를 가리키는 12방위도에서 12음률은 정북에서부터 그 크기가 감소되는 순으로 배열된다.

『월령』과 고대의 많은 신화를 통해 시사되는 이 배치는 산술법칙의 지식에 기초한 12각(角)의 별로 구성된다. 이 구성의 공식을 제시한 자는 여불위(呂不韋)였으며, 이 공식으로 중국의 악학을 그리스의 그것에 접근시키려는 시도도 가능했다.[103]

여불위를 위시한 모든 저자는 음률들간의 상생(相生)을 통해 이 산술법칙을 설명한다. 그들은 생산된 음률이 생산자보다 긴(높은, 上) 고등생성(上生)을 생산된 음률이 생산자보다 덜 긴(낮은, 下) 하등생성(下生)과 구별한다. 하등생성은 앞선 음률의 길이에서 1/3을 없애 길이가

---

101) 졸저, *Coutumes matrimoniales de la Chine antique*(T'ong pao, 1912).

102) *SMT*, III, 304쪽.

103) *SMT*, III, 631쪽. 12율관 체계는 "12 완전 5도(度)가 한 옥타브의 음역 내에서 점진적으로 나아가면서 비정률적인 반음계상의 12반음에 차례로 가 닿는 것"과도 같은 것이다.

짧아지면서 생긴다. 이를테면 81(=3×27)의 기본 음률에서 54(=2×
27)의 2음률로 이행하는 경우가 하등생성이다. 반면, 고등생성은 앞선
음률의 길이에 1/3을 더해 길이가 늘어나면서 생긴다. 이를테면 54(=3
×18)의 2음률에서 72(=4×18)의 3음률로 이행하는 경우다. 3음률
(72)은 하등생성으로 4음률(48)을, 4음률은 고등생성으로 5음률(64)
을 만들어내고 이러한 방식으로 7음률까지 만들어진다. 7음률은 고등생
성으로 생김에도 다시금 고등생성으로 8음률을 만들어낸다. 그리하여 8
음률부터는 (홀수 열이 아닌) 짝수 열의 음률들이 하등생성을 통해 생
기게 된다.

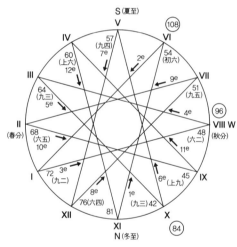

* 로마 숫자는 12달을 가리킨다.
* 아라비아 숫자는 12율의 길이를 가리킨다.
* 기호 첫째, 둘째(1^e, 2^e) 등은 음률들의 생성순서를 가리킨다.
* 원 안의 수들은 2, 4, 6음률에 의해 발생한 음조가 한 옥타브를 내려가지 않을 때 이 음률들이 갖는 음성(音域)을 가리킨다.

　그렇지만 홀수 열의 모든 음률들은 양률(陽律)〔=양=홀수=하늘=
원형=3(변邊이 1인 정방형 속에 있는 원주의 수치)〕로서, 짝수열의 모
든 음률들은 음려(陰呂)〔=음=짝수=땅=정방형=2(수치가 3인 원주
를 둘러싸는 정방형의 둘레의 절반을 가리키는 수치)〕로서 간주된다.[104]

104) *SMT*, III, 632쪽과 637쪽의 각주 2) 참조. 여불위는 하등생성에 의한 5개의
　　음률에 비해 상등생성에 의한 음률의 수를 7로 산정한다. 그는 이 음률들을
　　크기에 따라 순서를 부여했으며, 제2음률과 그 이하 길이의 음률들만 끝번에

이 같은 규정은 그럴 만한 근거 속에 행해진다. 홀수의 첫 세 음률이 짝수의 첫 세 음률의 3/2에 해당한다면, 홀수의 마지막 세 음률(7, 9, 11)은 짝수의 마지막 세 음률(8, 10, 12)의 3/4에 해당한다. 3/2은 원주(=하늘)와 원을 에워싸는 정방형(=땅) 둘레 절반의 비율을, 3/4은 원주와 정방형 둘레의 비율을 나타낸다. 따라서 3/4은 3/2보다 양과 음의 비율을 더욱 분명히 나타낸다.

아마도 중국인은 처음 3/4 비율만의 수-표상들을 음률에 부여했을 것이다. 『관자』(管子)의 한 구절은[105] 첫 다섯 음률을 각기 81, 108(=54 ×2), 72, 96(=48×2), 64로 표현한다. 그렇다면 6음률은 84(=42× 2)가 틀림없을 것이다. 아마도 중국인은 짝수열의 마지막 세 음률의 음역(76, 68, 60)의 수정을 피하면서 그 열(列)의 첫 세 음률의 음역(108, 96, 84)을 2로 분할했던 것 같다.

분명 이 수정작업은 음악기술의 진보를 낳았을 것이다.[106] 하지만 다음의 사실을 강조해두도록 하자. 즉, 만일 중국인이 첫 세 음려의 길이를 반감하여 마지막 세 음려의 길이보다 짧게 하지 않았더라면, 12각별의 구성에 있어 『월령』이 제시하는 방위를 음률에 부여하는 것이 불가능했을 것이다.

다음의 도표와 앞서 제시한 도상을 참고하기 바란다.

위치시킨다.

105) *Kouan tseu*, 58.

106) 제6, 7번째의 음조는 한 옥타브를 차례로 내리면서 만들어진다. 여기서 우리는 순열 108, 96, 84, 72, 64와 효능정방형의 주위에 기입된 순열로서의 11을 차이로 하여 형성된 순열 105, 94, 83, 72, 61 (50)의 유사성을 주목해야 할 것이다. 두 번째 순열 속에서 50 다음의 수는 39다. 그런데 39+81/3=40이며, 『여씨춘추』는 12음률의 창안을 논하면서 바로 (중앙에 위치하는 것으로 간주되는) 기본음률은 39임을 지적한다. 이에 당혹한 주해가들은 39가 81과 연계(交)될 수밖에 없는 이유를 들어 이 점을 설명한다. 즉 그들은 39+81/3=40이라는 점에 의거한다(40은 중앙에 위치하는 음률로서 한 옥타브 아래서 첫 번째 음률과 동일한 음조를 갖는 열세 번째 음률의 음가音價다). (이 책, 237쪽과 228쪽의 각주 114)를 참조할 것).

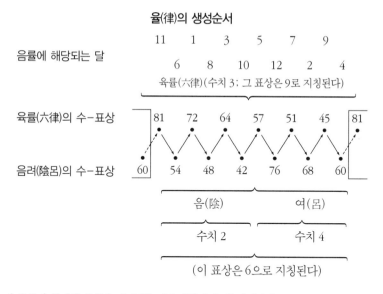

율(律)의 생성순서

	11	1	3	5	7	9
음률에 해당되는 달	6	8	10	12	2	4

육률(六律)(수치 3; 그 표상은 9로 지칭된다)

육률(六律)의 수-표상 : 81 72 64 57 51 45 81

음려(陰呂)의 수-표상 : 60 54 48 42 76 68 60

음(陰) 여(呂)

수치 2 수치 4

(이 표상은 6으로 지칭된다)

* 음률에 부여된 음역을 나타내는 수는 『회남자』에 의거한다.
* 이 순서의 시작과 끝에 60과 81이 첨가된다. 왜냐하면 순환배치에 따라 12번째 음률 60은 첫 음률 81을 만들기 때문이다.

위의 도식에서 12음률의 전통적인 음역은 정수(整數)로 표시되고, 음률 각각은 그에 상응하는 달과 주기기호에 따라 배치되는 방위를 갖는다. 12음률은 북(11월, 동지, 기본음률)에서 출발하여 크기가 점감되는 순으로 원주에 배치된다. 그 수-표상은 양(날카로움)이 지속적으로 성장하는 양상을 보여준다. 12음률은 별의 12각(角)에 자리한다. 이 별은 생성순서상 인접하는 음률들의 표상(양이나 음, 음이나 양——생산자나 생성물)을 직선으로 이으면서 그려진다.

위 도표는 다음 두 사실을 우리에게 보여준다. 즉 음률의 생성순서와 더불어 음률들의 수비율을 규정짓는 공식을 보여주며, 또한 음률의 순환 배치뿐만 아니라 음률을 12달과 상관지우는 방위를 명시해주는 것이다. 그런데 12각별의 대칭적인 양상이 가능한 것은 연속적으로 그려지는 두 직선이(생성순서에 따라 세 음률의 표상을 이어주면서) 항상 각도 60을 형성하기 때문이며, 각 직선에 의해 원주에 놓이는 두 점이 한쪽으로는

〔즉 왼쪽으로인데 왜냐하면 중국인이 채택하는 배치에서의 주기기호들은 기점에서 왼쪽으로 돌아가면서 연속되기 때문이다〕 각도 210을, 다른 한쪽으로는 각도 150을 이루기 때문이다. 기본음률(81, 陽)이 11월(홀수의 달)에 할당되기에, 제2음률(54, 陰)은 6월(짝수 달)에, 제3음률(72, 陽)은 1월(홀수 달)에, 제4음률(48, 陰)은 8월(짝수 달)에, 제5음률(64, 陽)은 3월(홀수 달)에, 제6음률(42, 陰)은 10월(짝수의 달)에, 제7음률(57, 陽)은 5월(홀수 달, 즉 기본음률에서 180도 선상에 위치한다)에 할당되어야 한다. 하지만 원주상의 큰 부분은 첫째 선을 기준으로 왼쪽에 있는 까닭에, 제4음률과 제6음률은 제2음률과 마찬가지로 (이세 음률은 음려 중에서 첫 세 음률이다) 원주상의 오른쪽에 위치하며 제9음률과 제11음률의 표상을 접하게 된다——제9, 11음률의 표상들 역시 기본음률에서 180도 선상에 위치하는 제7음률의 오른쪽에 자리한다. 그런데, 제7, 9, 11음률은 육률 가운데 마지막이자 가장 작은 세 음률이다. 이렇듯 12음률의 수-표상은 만일 짝수 열의 첫 세 음률(54, 48, 42)이 육려와 육률의 비율 4:3에 입각한 음가(108, 96, 84)를 부여받았더라면 그 크기가 작아지는 순으로 연속될 수 없을 것이다. 이러한 순서를 얻기 위해서는——이 세 음가가 내는 음조를 한 옥타브 내리면서, 하지만 육려의 마지막 세 음률(76, 68, 60)과 4:3의 비율에 부합하는 음가를 유지하면서——이 세 음가를 절반으로 줄여야 한다. 실제로 육려의 마지막 세 음률의 표상은 원주상의 왼쪽, 즉 육률의 첫 세 음률이자 가장 큰 음률들의 표상 사이에 위치해야 한다.

　동지를 기점으로 연속되는 양의 지속적인 성장을 부각시키기 위해 12달과 12음률의 상응체계를 정당화하는 이 기하학적 도상은 오직 첫 여섯 음률은 3:2(=81:54=72:48=63:42)의 비율로 그 음가를,[107] 또한 마지막 여섯 음률은 3:4(=57:76=51:68=45:60) 비율로 그 음가를 부여

---

107) 제5음률의 음가로 64(=48×4/3)를 주는 경우 이 세 번째 비율은 정확성을 잃게 된다(이 책, 228~230쪽을 참조할 것).

받는다는 조건에서만 형성될 수 있는 것이다. 『월령』의 체계와도 부합하는, 12달과 12음률의 등가관계의 모든 암시는 이러한 구성을 상정하며, 중국인의 악학이 이미 발견된 산술법칙에 입각함을 말해주고 있다.

이러한 사실은 아마도 획기적인 역할을 했을 것이다. 그러나 이의 더욱 중요한 의미는 중국의 고대현자들이 악학과 책력배치를 상관적으로 다루었다는 중국인들의 확신이 그릇되지 않았음을 보여준다는 데 있다. 요컨대 우리는 다음과 같이 말할 수 있을 것이다. 즉 음계에 관한 산술 공식의 발견은 시공간의 배치를 달성하고자, 짝수와 홀수의 관계를 밝히는 데 열중한 고도의 기술전문가들, 즉 책력가들의 수에 관한 사변에서부터 파생되었다고 할 수 있다.

12각방위도의 구성은 황천을 기점으로 지속적으로 성장하는 양의 모습을 보여주는 것에 그치지 않는다. 이 구성의 또 다른 의미는 354일의 태음년이 30일 또는 29일을 부여하는 짝수 달과 홀수 달의 교대를 육률과 육려의 교대를 통해 정당화한다는 데에 있다. 양성(兩性)으로의 균등한 음률분배는 여러 분류체계들의 새로운 상응관계를 가능하게 하며, 다른 방식으로 책력의 법칙을 볼 수 있게 해준다. 이 분배의 신화적 영향력은 음률에 대한 다양한 상징적인 호칭들 속에서 나타난다. 중국인은 음률들을 아버지와 아들로 다루었다. 왜냐하면 그들은 음률들의 상생을 믿었기 때문이다. 권력을 교대로 차지하는 세대간의 대립은 음양의 율동적 대립을 나타낼 수 있다.[108] 반면 육려와 육률의 표상들은 12각의 원주상에서 교대하여 일련의 짝들로 조합된다. 이렇게 해서 인접하게 된 두 표상을 중국인은 '남편과 아내'라고 불렀다. 이와 유사한 여러 은유적 표현은 육률과 육려를 64괘의 첫 쌍을 형성하는 12효와 관계 맺어주었다. 바로 이러한 관계성 속에 음률을 지칭하는 또 다른 방식이 나오게 되었다. 이 방식은 짝수와 홀수의 관계를 상기시키면서, 음률들을 64괘의 음효와 양효들에 일치시킨다. 그리하여 음률 즉 육려를 6으로, 양

---

108) 이 책, 153, 154쪽을 참조할 것.

률 즉 육률을 9로 지칭했다. 64괘가 더 잘 상기되도록 (효는 아래에서 위로 수가 매겨졌다) 그들은 육률의 첫 음률을 (첫 양효처럼) **초구**(初九)로, 음려의 첫 음률을 (첫 양효처럼) **초육**(初六)으로 지칭했으며, 중간의 음률들을 구이(九二), 구삼(九三) 또는 육이(六二), 육삼(六三) 등으로 그리고 마지막 두 음률은 상구(上九)와 상육(上六)으로 지칭했다.

앞으로 우리가 그 중요성을 살펴보게 될 사마천의 한 대목은 이 지칭들이 고대의 산물임을 알려준다.[109] 이 지칭들은 악학의 발전과 불가분한 것으로, 이미 고대에 음악기법이 발전했음을 보여주는 예증과도 같다. 음률들은 모두 각기 차례로 기본음률이 될 수 있으며, 음계의 첫 음을 제공할 수 있기에, 12음계의 구성이 가능했다.[110] 각기 5음으로 된 12음계는 제각기 상응하는 음률의 수-표상으로 특징되었다. 하지만 우리가 그것을 말로 표현할 경우에는, 단지 기본음률로 간주된 음률의 상징적인 지칭(初六…… 九三…… 上九……)을 부여하는 것으로 충분했다. 이렇게 구성된 12음계에 따라 음의 총수는 60개에 달했다. 그리하여 총 60음을 십이지와 십간의 조합으로 한 주기를 이루는 60쌍과 연관지을 수 있었다. 십이지(6×2)는 12음률처럼 원형의 배치를, 십간(5×2)은 음계의 5음처럼 정방형의 배치를 상기시킨다.

이 새로운 조응체계는 또한 하늘과 땅의 표상(5와 6)들을 조합하면서, 총수 360(=12×5×6)을 얻게 해준다. 이는 중국의 악학은 고도의 기술인 책력가들의 수학에 의존하고 있다는 새로운 확인이기도 하다.

* * *

아무튼 악학의 창시자들은 세부에 이르기까지 수비율에 정확성을 꾀하지는 않았다. 그들은 무엇보다 상징적인 총합을 통해 얻어진 전체적

---

109) *SMT*, III, 316쪽.
110) *Li ki*, C, I, 519쪽. "5음, 6양률(陽律), 12율관은 차례로 기본음 궁(宮)을 낸다."

인 관계를 밝히는 데 전심했다.

사실 사마천은 이론에 거의 부합하는 분수(分數)들로 음률의 길이를
표현할 만큼 세심했다.[111] 이러한 정확성에 대한 사마천의 관심에 입각
하여, 샤반은 악학의 발달 초기에 그리스 음계의 구성원칙을 적용하기
위한 중국인들의 흔적을 찾아내려고 했
다. 하지만 우리는 다음 두 사실을 간과
하면 안 될 것이다. 즉 하나는 『사기』를
편찬하기 이전에 이미 역법의 대대적인
수정작업에 참여했던 사마천이 그 모든 계
산들을 주의 깊게 다시 했을 것이라는 점
이며, 다른 하나는 거의 동시기의 『회남
자』[112]가 오직 정수(整數)만으로 음률들
의 음가(音價)를 기록했다는 점이다. 중
국인의 주된 관심사는 항상 재생되어온
정수였다. 그러므로 우리가 중국사유를
이해하기 위해서는 이 정수를 출발점으
로 삼아야 할 것이다.

회남자에 의해 전승되어 열람되는 12
개의 수(81, 54, 72, 48, 64, 42, 57, 76,
51, 68, 45, 60)를 통해 확인할 수 있듯
이, 규칙에 부합하는 일련의 율들의 정립
이 가능하기 위해서는 세 경우를 예외로
하고는[113] 모두 1을 더하거나 빼는 방식으

$$\frac{60}{80} = \frac{3 \times 20}{4 \times 20}$$

$$*\; \frac{81}{54} = \frac{3 \times 27}{2 \times 27} \quad \text{제1률}$$

$$\frac{54}{72} = \frac{3 \times 18}{4 \times 18} \quad \text{제2률}$$

$$\frac{72}{48} = \frac{3 \times 24}{4 \times 24} \quad \text{제3률}$$

$$\frac{48}{64} = \frac{3 \times 16}{4 \times 16} \quad \text{제4률}$$

$$*\; \frac{63}{42} = \frac{3 \times 21}{2 \times 21} \quad \text{제5률}$$

$$\frac{42}{56} = \frac{3 \times 14}{4 \times 14} \quad \text{제6률}$$

$$*\; \frac{57}{76} = \frac{3 \times 19}{4 \times 19} \quad \text{제7률}$$

$$*\; \frac{75}{50} = \frac{3 \times 25}{2 \times 25} \quad \text{제8률}$$

$$*\; \frac{51}{68} = \frac{3 \times 17}{4 \times 17} \quad \text{제9률}$$

$$*\; \frac{69}{46} = \frac{3 \times 23}{2 \times 23} \quad \text{제10률}$$

$$*\; \frac{45}{60} = \frac{3 \times 15}{4 \times 15} \quad \text{제11률}$$

$$\frac{60}{80} = \frac{3 \times 20}{4 \times 20} \quad \text{제12률}$$

*은 연속적인 두 률 속에 동시
에 나타나는 수가 1을 더하거나
뺀 결과로서 나타나는 경우를
가리킨다.

---

111) *SMT*, III, 316쪽.

112) *Houai-nan tseu*, 3. 회남자는 여불위처럼 제6, 7음률은 상등생성에 의한 것
으로 본다. 하지만 그는 12음률을 월별로 안배함으로써 제6음률이 음률(陰
律)임을 암시했다.

113) 42는 63의 2/3이자 56의 3/4인 까닭에, 세 경우가 아니라 네 경우라고 말할

로만 자신의 수를 얻을 수 있다. 세 예외는 54, 72, 48의 경우를 말한다. 말하자면 54는 81의 2/3이자 72의 3/4이며, 72는 54의 4/3이자 48의 3/2이며, 48은 72의 2/3이자 64의 3/4이다. 반면 제5음률이 64와 63에 동시에 해당됨을 인정해야 한다. 왜냐하면 64는 48의 4/3이며, 63은 42의 3/2이기 때문이다. 마찬가지로 제7음률은 56과 57에, 제8음률은 76과 75에, 제9음률은 50과 51에, 제10음률은 68과 69에, 제11음률은 46과 45에 동시에 해당된다. 그렇지만 12음률은 한 주기를 형성한다. 따라서 제12음률은 (첫 음률이 상생上生으로 나온 경우라면) 첫 음률의 3/4이 되어야 한다.[114] 60은 3의 배수로서 쉽게 1/3씩 증가될 수 있다. 따라서 규칙이 준수되기 위해서는 첫 음률은 80(=60×4/3)과 81(=54×3/2)에 동시에 해당되어야 한다. 여기서도 1을 가감하는 것이 필요하다.

이렇듯 세부적으로 본다면 음률에 할당된 음가가 부정확함을 알 수 있다.

여기서 우리는 중국인이 마지막 여섯 음률의 음가로서 57, 76, 51, 68, 45, 60을 택한다는 사실에 주목해야 한다. 설령 마지막 세 음려의 음가로서 75, 69, 60이 할당되었다 하더라도, 이 세 음가의 총합 204는 변하지 않을 것이다. 하지만 만일 육률의 마지막 세 음률의 음가로서 57, 51, 45 대신 56, 50, 46이 할당되었더라면, 이 세 음가의 총합은 153 대신 152가 되었을 것이다. 이렇듯 선택된 음가들은 제8음률(75)과 제9음률(51)이나, 제10음률(69)과 제11음률(45) 사이에 지켜야 하는 3/2의 비율을 부정확하게 보여주는 반면, 모든 비율이 3:4(=57:76 =51:68=45:60)를 이루고 있음을 정확히 보여준다. 3:4의 비율은 마지

수 있을 것이다. 하지만 42가 64가 아닌 63에서 추출되는 경우 그 기원이 불확실해진다.

114) 샤반은(SMT, III, 633쪽의 각주 1) '길이가 정확히 제1음률의 절반인' 열세 번째 음률을 상정한다. 그런데 우리가 제1음률이 '파'음을 낸다고 상정하는 경우라면, 제12음률은 '라'음을 낼 것이며, 또 제13음률은 그에 따르면 중국인들이 '파'음과 등가로 본다는 '미'음을 낼 것이다.

막 세 양률의 총수치(153)와 마지막 세 음려의 총수치(204) 사이에 지켜지는 비율(153:204＝3×51:4×51)이다. 마지막 여섯 음률의 총합은 357이다. 음(4)과 양(3)의 종합인 이 수 357은 7의 배수다——12음률 후반부는 그 첫째음률(57)이 둘째음률(76)의 3/4에 해당되는 까닭에 전반적으로 3:4 비율을 가리켜야 한다. 그리고 357은 7의 배수 가운데 총수 360에 가장 근접한 수이며, 태음년 날수의 총합인 354에 가장 가까운 수다.[115]

반면, 12음률의 전반부는 3/2의 비율로 시작된다. 따라서 이 여섯 수-표상의 총합은 5, 즉 양(3)과 음(2)의 종합인 5의 배수여야 한다. 이로 봐서, 우리는 5의 배수가 360이며, 전체적으로는 3/2의 비율인 216/144이 될 것으로 추산할 수 있다. 그런데 만일 첫 세 음률의 총합이 144(＝54＋48＋42)이고, 첫 세 양률의 총합은 217(81＋72＋64)이라면, 그 총합은 360이 아니라 361이다. 하지만 중국인은 216을 얻는 데 전혀 어려움을 몰랐다. 중국인은 육률 가운데 제1음률에서는 80이나 81을, 제3음률의 경우에는 64나 63을 택할 수 있었다. 그리하여 80＋64(＝144)의 경우든 81＋63(＝144)의 경우든 72(제2양률)를 더하면 216을 얻을 수 있었다. 하지만 중국인은 81과 64를 택했다. 그들은 12음률의 주기성을 더욱 부각시켜주는 80(＝60×4/3) 대신 81을 선호했고, 따라서 12음률의 첫 비율(81/54)은 정확히 3/2이 되었다. 제5음률에도 중국인은 63을 선택해야만 했던 것 같다. 왜냐하면 63은 정확히 제6음률(42)의 3/2에 해당하기 때문이다. 그렇지만 그 결과 중국인은 총수 360과 그 전형적 비율인 216/144을 정확하게 드러내지 못하게 되었다. 왜냐하면 그들은 제1음률에 81을 부여하고 나서는 제5음률에 64를 부여했기 때문이다. 마찬가지로 81이 정확히 54의 3/2에 해당되듯이, 64는 정확히 48(제4음률)의 4/3에 해당된다. 중국인이 81과 64를 택한 것은

---

115) 357은 우주의 크기를 특징짓는 수들에도 등장하는 수다(이 책, 349쪽에서 이를 논할 것이다). 중국인들은 이 수가 해시계를 사용하면서 얻어진 수로 본다. 이 수와 함께 360이 사용된다.

이러한 선택에 힘입어 첫 다섯 음률에 할당된 다섯 수-표상(81, 54, 72, 48, 64)들이——각기 독립적으로 고찰될 뿐, 상호비율이 제6음률이나 제12음률과의 관계 속에서 고찰되지 않는 경우——이론의 원칙에 전적으로 부합했기 때문이다.

지금까지 우리는 중국인이 거의 매번 1을 가감하는 방식에 힘입어, 자신들의 음악이론의 원칙을 표현하기에 충분한 것으로 간주한 수-표상을 살펴보았다. 이를 통해 우리는 다음 세 가지 사실을 확인할 수 있다.

첫째, 수비율의 정확성은 세부적으로는 그다지 중요하지 않다. 거의 대부분의 수-표상에 두 수치가 가능한데, 그중 한 수치만이 표현되고 다른 수치는 다만 암시되고 있을 뿐이다. 81과 63이 80과 64로 이해될 수 있듯이, 361은 360으로 이해될 수 있다. 이 사실은 (서로 다른 수-표상의 암시적인 변이에 의해, 이를테면 60과 63 사이의 잠재적인 등가관계에 따라) 357 또한 360을 뜻할 수 있음을 암시한다. 특별히 부각되는 점은 12개의 수가 산술이 아닌 확실한 의도에 따른 표상조작으로 일련을 형성한다는 점이다.

둘째, 첫 여섯 음률이나 마지막 여섯 음률의 합산에서 비롯하는 총합 357이나 361은 어쨌든 360과는 너무나 근사한 수치여서, 우연에 따른 수치로 보기는 힘들다. 이 두 총합이 각기 3/2 비율에 의한 5구역분할과 3/4 비율에 의한 7구역분할을 상기시키면서 총수 360을 시사하기에, 12음률의 전반부와 후반부의 병치는 중국인이 5를 중앙으로 하는 (72를 단위로 360을 5구획 짓는) 정방형과 6을 중앙으로 하는 (60을 단위로 360을 6구획 짓는) 정방형을 병치시키려는 의도와 유사한 데에서 비롯하는 것 같다. 이는 12음률이론을 역술가들이 정립했음을 입증한다.

셋째, 12음률이론은 기존 5음계의 구성에 인위적으로 부가된 구성물로 보인다. 360의 중요성을 부각시키려 했던 욕구에도 불구하고, 역법의 대가들은 첫 다섯 음률에 정확한 비율의 수-표상을 유지시켰다. 통상적으로 5음은 이 첫 다섯 음률에 해당한다. 역술가들이 12음률을 12달의 표상으로 삼아 음률이론을 정교하게 한다는 것은, 그들로서는 음계이론을 보충하는 일에 해당되었다. 음계상의 5음은 4계절과 한 해의 중앙을 나타내며 교차형으로 배치되었다. 역술가들은 음률과 달의 표상이 12각의 별처럼 규칙적인 순서에 따라 원을 이루며 배치되는 형상의 다른 한편에 정방형을 상기시키는 교차형상을 함께 조응시킴으로써 더욱 섬세하고 일관적인 우주관을 제공하려 했다.

* * *

중국의 음계에는 궁(宮), 치(徵), 상(商), 우(羽), 각(角)으로 불리는 5음이 있다.

전통에 따르면, 주나라를 세운 문왕이 이외에 새로운 두 음을 만들었다고 전한다. 하지만 첫 5음만이 순수 음으로 간주되며 명칭을 가진다. 제6음과 제7음의 명칭이 각기 변궁(變宮)과 변치(變徵)로 불리는 점은 중국인이 이 두 음과 제1음과 제2음 사이에 현저한 차이를 느끼지 않음을 말해준다. 게다가 실천상으로도 이 순수 5음만이 중시되었다. 중국인은 단지 5음은 첫 5음률들이 내는 소리에 해당한다는 것에 한정되며, 제6음과 제7음에 대해서도 제6음률과 제7음률에 부여한 음가에 입각하여 정의를 내리고 있을 뿐이다. 중국인의 악학은 첫 5음률의 구성에 그 출발점을 둔다.

우리가 첫 5음률의 음가를 제시하고 그에 따라 그들간의 비율을 지적하고 나면, 더 이상 기술적으로 음계를 거론할 필요가 없어진다. 하지만 만일 우리가 중국인의 음악사유를 이해하고, 그들이 그리스의 악학을 빌려왔다는 속단을 피하려면, 다음 두 사실을 상기해야 한다. 첫째, 중국인은 5음 각각에 하나의 수-표상을 부여하여 각 음이 첫 5음률 가운데 하나에서 비롯함을 보여줌과 동시에 5음 각각에 또 다른 표상을 하나씩 부여한다는 점이다. 이 또 다른 표상 역시 하나의 수, 즉 하나의 정수다. 이를테면 궁은 작은 단위의 표상으로서 5를, 큰 단위의 표상으로서 81(제1음률의 음가)을 가진다. 마찬가지로 작은 단위의 표상과 큰 단위의 표상으로서 치는 7과 54(제2음률의 음가)를, 상은 9와 72(제3음률의 음가)를, 우는 6과 48을, 각은 8과 64를 지닌다. 둘째로는, 5, 7, 9, 6과 8은 중앙의 표상이자 4계절-방위의 표상이라는(이 다섯 수는 오행의 표상이기도 하다) 것이다. 5음은——이 수-상징을 통해 5음과 연관되는 4계절과 마찬가지로——12달과 관련되는 12음률의 방식으로 한 주기를 이룬다.

방위	중앙	남	서	북	동
계절	중앙	하	추	동	춘
5음	궁	치	상	우	각
음률 및 5음의 표상	81	54	72	48	64
계절-방위 및 5음의 표상	5	7	9	6	8
오행의 순서	5	2	4	1	3
합동수	5-10	2-7	4-9	1-6	3-8
오행	土	火	金	水	木

그런데 위의 사실들은 다음과 같은 이유로 흔히 간과되기 쉽다. 즉 중국의 조응체계는 (특히 수가 등장하는 경우) 임의적이며 후대의 조작이라는 이유와, 통상 5음과 4계절, 오행의 표상으로 사용되는 수와 음률의 음가 사이에는 어떠한 관련성도 찾을 수 없다는 이유에서 그렇다.

만일 좀더 면밀한 주의를 기울인다면, 아마도 우리는 (둘 다 정수로 표현되는) 큰 단위와 작은 단위의 표상들이 상호 관계를 찾아낼 수 있을 것이다. 중국인은 이 관계를 통해 하나의 음(音)을 정의한다. 여기서 우리는 큰 단위의 표상들을 일정한 비율을 유지하면서 크기 순서로 배열해보자. 그러면 작은 단위의 표상들 역시 5를 제외하면 그 크기가 큰 순서로 배열될 것이다(그런데 5는, 5와 더불어 한 쌍의 합동수를 이루면서 그 쌍의 둘째 요소인 10을 나타내지 않는가).

81	72	64	54	48
5	9	8	7	6

작은 단위의 표상을 음에 부여하는 배열은 단지 각 음에 해당하는 음률의 크기 순서만 나타내게 될 것이다. 그러면 이 두 단위의 표상을 음률의 생성순서에 따라 배열해보자.

81	54	72	48	64
5	7	9	6	8

여기서 우리는 하나의 사실에 주목해야 한다. 즉 작은 단위의 표상들 가운데 마지막 세 표상은 9, 6, 8이라는 점이다. 이 세 수는 배열순서만으로도 음계의 구성과 12음률의 구성을 관장하는 (1/3의 감소와 증가의 반복이 연속되는) 산술규칙을 분명히 보여준다.

9, 6, 8에 9를 곱하면 제1, 2, 3음률의 음가를 얻는다. 또 9, 6, 8에 8을 곱하면 제3, 4, 5음률의 음가를 얻는다. 그리고 9, 6, 8에 7을 곱하면 제5, 6, 7음률의 음가를 얻는다. 72(제3음률)는 9의 배수이자 8의 배수인 까닭에 완벽한 연계를 보장한다. 첫 5음률은 극히 정확한 음가에 일치한다. 따라서 순수 5음도 가능하다. 그런데 64는 8의 배수이나 9의 배수는 아니다. 64는 63(=9×7)과 동일시되어야만 7의 배수가 될 수 있다. 그리하여 순수 5음에 두 보충음이 부가되는 것이다.

56과 57부터 해당되는 후반부의 수들은 9, 6, 8을 곱하여 얻어진다. 그러나 이 경우 승수(乘數)는 전반부의 정수(整數) 9, 8, 7이 아니라 이들에 0.5를 더한 9.5, 8.5, 7.5다. (42에서) 상생으로 얻어진 제7음률(56)은 그 역시 상생(上生)(57=6×9.5)으로 제8음률(76=8×9.5)을 만든다. 이들의 생성은 마치 5음의 두 음계(81, 54, 72, 48, 64와 76, 51, 68, 45, 60)가 병치되는 것과 같다. 다시 말해, 둘째 음계에서 첫째 음계로의 연계는 80을 81(제1음률)과 동일시함으로써 가능하며[80 역시 45로부터 상생上生에 따라 생성된 60(제12음률)이 새로운 상생이 있다는 조건에서만 생길 수 있다], 첫째 음계에서 둘째 음계로의 전이는 제6, 제7음률을 부가함으로써 가능하다──제6, 제7음률은 두 보충음에 해당한다.

　이러한 사실들은 우리가 전술한, 제3, 4, 5음의 표상인 9, 6, 8의 역할을 보여줄 뿐만 아니라, 12음률이론이 주나라 문왕이 만들었다는 두 보충음(그중의 하나인 제6음률은 42를 표상한다)과 관계됨을 알려준다. 아울러 이러한 사실들은 두 음계의 병치가 제1음률이 81만이 아니라 80으로도 제시될 경우에 한해서만 가능함을 보여준다.

이제 우리는 음계상의 5음이 계절과의 상관성 속에서 한 주기를 형성한다는 점에 대해 검토할 것이다.

12음률과 마찬가지로, 우리는 5음의 생성순서를 명시하면서 하나의 도형으로 이 주기를 나타낼 수 있다. 먼저 5음의 표상인 81, 72, 64, 54, 48을 원주 상의 왼쪽으로 동일한 간격을 두면서 81부터 큰 순서대로 배치시켜 보자. 그리고 생성순서를 따라 직선으로 81에서 54로, 54에서 72로, 72에서 48로, 48에서 64로 이어나가면 우리는 5각의 별을 얻게 될 것이다. 그런데 이 도형이 좀더 완벽하게 되려면, 64와 81을 연결해주어야 된다. 즉 제5음률이 제1음률로 회귀되어야만 한다. 63과 동일시된 64에서 1/3을 감소하면 42가 만들어진다. 그리고 42가 81의 절반이라면, 이 두 음률에서 비롯하는 두 음은——한 옥타브의 차이를 갖기에——서로 동일시될 수 있다. 따라서 도형은 다음처럼 완성될 것이다.

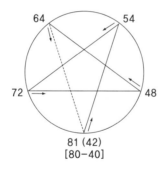

5음을 한 주기로 하는 도형을 완성하기 위해서 우리는 중국인이 제1음률의 수-표상을 마치 42의 배인 음가 84[116]를 갖는 것으로 느꼈다는 것을

---

116) 12음률 체계에서 만일 제12음률의 표상이 63과 등가적인 경우라면, 마지막 여섯 개의 음률에 부여된 음가의 총합(357)이 360으로 되기 위해서는 제1음률을 표상하는 수치는 84여야 한다.

인정하든가, 아니면 80이 제1음률을 나타낸다고 간주함에 따라 64-63은 하생(下生)에 의해 40을 그 표상으로 할 수 있었던 한 음가로 전이된다고 여겼음을 인정해야 한다.[117]

(수열 9, 6, 8에 의해 개괄될 수 있는 규칙을 보여주기 위해 선택된) 수-표상 81, 72, 64, 54, 48로써 한 주기를 나타내는 데 필요한 5각 별이 구성되리라고 생각하기는 힘들다. 하지만 만일 원주 상에 배치해야 할 수가 5음을 표상한다면, 5각 별의 구성은——5가 합동수(合同數) 10-5의 대표라는 전제 조건 아래에서는——아주 간단한 일이다.

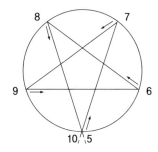

여기서 우리는 하나의 가정을 세울 수 있게 된다. 즉 5음의 수-표상들은 임의적이기는커녕 무엇보다 실질적인 음가를 의미한다는 것이다. 즉 10과 그 절반인 5 사이에 5단계가 있다는 언급만으로도 5음을 지닌 한 음계의 구성을 설명하는 것이 된다. 왜냐하면 5음간의 비율은 수 7, 9, 6, 8과 한 옥타브를 상기시키는 합동수 10-5에 의해 상징되기 때문이다.

앞에서 서술했듯이, 중국인들은 세부적 차원보다는 전체적 차원에서 비율의 정확성을 더 염두에 두었기 때문에, 수열 10, 9, 8, 7, 6, 5는 커다란 의미를 지녔다.

---

117) 샤반은 12음률론을 설명하기 위해 길이가 정확히 제1음률의 절반인 제13음률을 상정했다(*SMT*, III, 463쪽).

이 수열을 통해 세 양음(陽音)〔10(제1음), 9(제3음), 8(제5음)〕과 세 음음(陰音)〔7(제2음), 6(제4음), 5(제1음에 비해 한 옥타브 아래)〕 사이에 (하늘과 땅의 비율인) 3/2의 비율을 확립할 수 있었다. 10+9+8=9×3이며, 7+6+5=9×2이기 때문에 이 비율은 둘째 양음과 둘째 음음(陰音) 사이의 비율인 9/6를 그 전형으로 했다.

특히 중국인의 견지에서 수열 10, 9, 8, 7, 6, 5는 또 다른 의미로 각별히 중시되었을 것이다. 이 수열의 총합은 45다. 이 총합을 8로 곱하면 360으로 될 수 있다. 여기서 5는 10의 절반인 까닭에, 중국인은 5각형의 둘레에 9, 8, 7, 6 및 10-5를 상기시키는 10을 배치하여 한 주기의 형상을 제시할 수 있었다. 더욱이 이 수들을 72(=9×8), 64(=8×8), 56(=7×8), 48(=6×8)로, 그 절반인 40(=5×8)과 관념상 동일시된 80(=10×8)으로 대체하여 더욱 효과적으로 한 주기의 형상을 제시할 수도 있었다. 이렇게 해서 주기의 대표상(代表象)인 360을 불러왔을 뿐만 아니라, 여섯 번째 수가 이미 추정되는 다섯 수를 빌려 전형적인 분할인 360의 5등분과 기준율인 216〔=80+72+64, 세 양률의 표상〕:144〔=56+48+40, 두 음려의 표상과 한 옥타브의 차이에 따라 제1양음으로 회귀할 수 있는 음률(40=80/2)의 표상〕를 상기시켰다. 수열 80, 56, 72, 48, 64는 수열 10, 7, 9, 6, 8(과 5)과 단지 상징적인 값만 다를 뿐이며, 전형적 수열인 81, 54, 72, 48, 64와는 단지 56만 다를 뿐이다. 이 수열은 전형적 수열의 원형이다. 그러나 그 자체는 5음의 수-표상이 그에 대한 기억을 간직하고 있는 수열 10, 7, 9, 6, 8, (5)에서 파생되었다.

여기서 우리는 수열 10, 7, 9, 6, 8(수열 80, 56, 72, 48, 64는 또 다른 표현에 불과하다)이 음률의 실질적 음가를 표상하는 데 쓰였다고 가정해도 될 것이다. 그렇다고 우리의 가정이, 부정확하게 보이는 수식 때문에 실행 역시 부정확했을 것이라고 전제하는 것은 아니다.

중국의 전통이 인정하듯, 우리 역시 초기의 음률이 죽관에 의거했다는 점을 인정해야 할 것이다. 이 음률의 음가는 초기에 음계의 5음을 제공한 다섯 대나무들 각각의 매듭(節) 수(작은 단위의 정수整數)로 표기될 수 있었다. 상호비율이 정확하지 않은 음가들을 음률에 부여했음에도 정확한 음정을 얻는 데에는 제작자가 제1율관으로는 매듭간의 간격이 상대적으로 큰 대나무를, 제2율관으로는 간격이 상대적으로 작은 대나무를 선택하는 것으로도 충분했음은 쉽게 짐작할 수 있다.[118]

이렇듯 초기 이론상의 부정확성 탓에 오히려 실행상의 정확성을 얻게 되었던 것이다. 그렇지만 이론은 그 부정확성에도 불구하고 적어도 옥타브에 대한 생각을 전했다는 점에 중요한 의미가 있었다.

제작자들이 매듭수를 세어가면서 실질적인 음가를 산출한 까닭에, 이론상의 결함에 따른 심각한 결과는 초래되지 않았다. 아예 이론상의 결함은 드러나지 않을 수도 있었다. 하지만 중국인은 이론에 상징적 완벽성을 기하는 한편으로, 360을 상기하면서 하나의 옥타브를 하나의 주기와 조합하고자,[119] 수열 10, 7, 9, 6, 8, (5)를 수열 80, 56, 72, 48, 64, (40)로 대체하게 되었다. 이는 두 매듭의 (사실상 불균등한) 모든 음정을 8분(分)하는 것과 다르지 않았다.[120]

중국인은 매듭수를 계산하기보다는 분할지표에 입각한 산출방식을 택하게 되면서부터 구체적인 단위를 추상적인 단위체계로 대체해야만 했다.

그들이 이 방식에 따른 수의 등가체계를 통해 음률을 산정하면서부터, 이론의 부정확성은 이내 실행의 차원에서도 드러나게 되었다. 그러다보니 완벽성의 원칙을 준수하고자 첫 음률의 수-표상으로서 80과 56 대신 81과 54를 택하게 되었을 것이다. 72, 48, 64는 수열 9, 6, 8에 부합했기에 그대로 유지되었다.

---

118) 악기 제작자는 마디들의 길이가 약간씩 다른 대나무들을 골라 사용할 수도 있었다.

119) 중국인들은 5음률을 고려하면서 5음에 이름을 부여하고 있으나, (이 경우) 한 옥타브는 6음을 포함한다. 이는 곧 5(땅, 정방형)와 6(하늘, 원형)의 경이로운 조합이라 할 것이다.

120) 회남자는 "음들은 8의 도움으로 상생하니, 사람의 키 또한 8척이다"(音以八相生 故人修八尺)라고 말한다(이 책, 272, 273쪽을 참조할 것).

우리는 이러한 완벽성이 확립된 시기를 규명해야 할 것이다. 게다가 이러한 규명은 우리의 가설을 검증할 수 있는 계기가 될 것이다.

이 가설은 모두 사실에 의거하고 있다. 하지만 이 가설은 수열 81, 54, 72, 48, 64가 등가적인 두 수열인 10, 7, 9, 6, 8과 80, 56, 72, 48, 64보다 후대의 것이라는 전제 아래 사실들 사이의 역사적인 순서를 상정하고 있다.

이러한 유형의 모든 가설은 쉽게 전복될 수 있는 여지가 있다. 우리의 가설은 결코 사실들을 벗어나지 않는다. 따라서 이 가설은 그 자체로 다소 만족할 만한 다음 결론을 도출해낸다. 즉 중국인이 제시한 음률과 음계에 관한 이론들은 그들의 음악적 관행과 불가분할 뿐만 아니라 그들의 우주관에 내포된 개념체계와도 긴밀히 연결되어 있다. 그런데 사실들 사이의 역사적인 순서를 다음과 같이 상정할 수도 있지 않을까? 즉 먼저 중국인들은 수열 9, 6, 8로 번역되었거나 (이 역시 가능한 일이다) 또는 추상적인 용어들로 공식화된 그리스 음계의 산술규칙을 차용을 통해 알게 되었을 것이라고 말이다. 그리고 그들은 이 산술규칙을 수열 81, 54, 72, 48, 64로 나타내었으며, 이 수열은 360뿐만 아니라 비율 216/144도 어느 정도 상기시킨다는 점에서 중국인에게 (당연시될 만큼) 커다란 의미로 비쳐졌으리라고 말이다. 그리하여 그들은 이 수열이 모두 8의 배수로만 형성된 수열 80, 56, 72, 48, 64와 매우 유사함에 주목하여 수학적 사실의 엄격함에 괘념치 않고 8의 배수로만 된 수열에서부터 또 다른 수열인 10, 7, 9, 6, 8을 추출했으리라고, 나아가 이 추출을 통해 그들의 5음에 (모두 주지하듯이) 결코 임의적이라고 할 수만은 없는 수-표상을 부여할 수 있었으리라고 말이다.

사실들을 해석하고, 그에 따라 역사적 순서를 규정한다는 것은 전혀 터무니없는 일도 아니며, 이에 대한 이의 또한 있지 않을 것이다. 그뿐만 아니라 사실 우리는 이렇게 함으로써 하나의 기원을 차용을 통해 주장할 수 있는 장점도 얻는 것이다. 문헌학자들이 다루기 좋아하는 역사적 사실들은 바로 이러한 유형의 것들이다. 그들은 원래 차용이 있었다는 결정을 내리는 데 그치고 말며, 사실에 대한 실질적인 설명을 모색하는 과제는 다른 전문가들에게 맡겨버린다. 그렇다고 여기서 우리가 기원에 관한 문제를 다루려는 것은 아니다. 우리로서는 단지 사실에 관련된 중대한 문제가 제기되지 않는 한, 중국의 음계이론이 세계관과 보조를 함께하며 발전했음을 확인하는 데 그칠 것이다. 우리는 여기서 옹호되는 가설이 상정하는 역사적 순서를 받아들임으로써 수에 대한 중국인의 태도를 근본적으로 이해할 수 있을 뿐만 아니라, 산술적 양상 아래 어떤 통일성을 인식하는 데 중국인이 느껴야 했던 곤혹을 확인할 수 있으며, 또한 그 이유를 지적할 수 있게 될 것이다.

그러므로 수열 10, 7, 9, 6, 8의 우선성이 정립되어야 하며, 또 그러기 위해서는 악학의 발달이 단일체를 다양하게 분할시키는 여러 방식의 산술 체계들이 경합에 기인한다는 점을 함께 제시해야만 한다. 이 여러 방식의 산술체계들은 일체에 대한 추상적 개념의 진보를 지체시켜 수의 양적(量的) 개념에 대립했다.

이 점에서 우리는 먼저 수열 10, 7, 9, 6, 8에서 수열 80, 56, 72, 48, 64로 이행하는 것에 관한 우리의 견해가 단순히 이론적 관점에만 국한된 것이 아님을 보여주어야 할 것이다.

한편으로 5음, 계절, 오행에 공통된 표상들, 다른 한편으로 5음률의 음가들, 이 둘 사이에 존재하는 관계성은 사마천의 시대에도 공감한 엄연한 사실이었다.

사마천은 음률에 관한 한 편목의 결부의 한 문구를 통해 이에 대한 증거를 암시해주고 있다. 이 문구는 5음을 지칭하는 글자로 구성되는데, 각 글자마다 하나의 수가 결부된다.* 이 수들은 『월령』이 5음의 표상으로 제시하는 수들과 같다. 하지만 이 문구에서는 『월령』이 부여하는 등가관계가 준수되지는 않는다.[121] 그럼에도 주석가들은 이 고전을 존중

---

* 상구(上九), 상팔(商八), 우칠(羽七), 각육(角六), 궁오(宮五), 치구(徵九)―옮긴이.
121) SMT, III, 316쪽. "상구(上九)는 다음과 같다. 상(商)은 8, 우(羽)는 7, 각(角)은 6, 궁(宮)은 5, 치(徵)는 9." 위에서 살펴보겠지만 이 구절은 다음과 같이

하는 의도에서 감히 수정할 엄두는 내지 못한 채 이 수들을 **설명 불가능**한 것으로 공언하는 데 그친다. 이 공언은 샤반에게 더 이상 사마천의 문구에서 의미를 묻지 않게 하기에 충분했다. 실제로 샤반은 이 문구의 첫 두 글자 '상구'(上九)를 이해하지 못했다. 그는 이 두 글자를 (문자 그대로) '높은 아홉 수'로 번역했기에 어떠한 것도 이해할 수 없었다. 이 글자 '상구'(上九)는 우리가 앞서 보았듯이 하나의 음계를 지칭한다. 이 음계는 마지막(上) 음률(九)에 의해서 그 기본음이 생기는 음계다.

이 음계에 속하는 **음률**의 음가는 45(제11음률), 60(제12음률), 81(제1음률), 54(제2음률), 72(제3음률)다. 이 음가들은 모두 [60을 제외하면] 9의 배수다. 하지만 12음률 중 마지막 여섯 음률의 수-표상 총수치가 360이기 위해서는, 마지막 음률의 음가인 60이 63에 상응하는 것으로 느껴져야 한다. 이 음가들을 9로 나누면 72(제3음률)는 8(제5음)로, 54(제2음률)는 6(제4음)으로, 81(제1음률)은 9(제3음)로, 63(60을 대체하는 수로서 제12음률)은 7(제2음)로, 45(제11음률)는 5(제1음)로 된다. 즉 『월령』이 5음에 부여하는 표상의 수치들이 얻어진다.

사마천이 이 문구를 쓴 것은 그가 책력 개정작업에 참여한 이후의 일이다. 책력 개정으로 12음률에 새로운 수-표상이 부여되었다. 이 개정작업은 촌(寸)을 단위로 하는 **9구역**의 분할과 관련하여 9촌의 해시계를 채택하는 것을 원칙으로 했다. 이 원칙에 따라 해시계와 길이가 같은 제1음률은 81촌에 해당하는 길이를 갖게 되었다. 이 사실로 미루어, 어느 한 필경사(筆耕士)의 해명이 불가한 실수로 그 순서가 혼동되어버린 수와 글자의 상응관계를 원래대로 복원해도 괜찮을 것이다. 우리는 사마천의 문구를 다음과 같이 번역함으로써 정확한 이해를 기하고자 한다. "상구(上九)(제11음률, 45)로 시작되는 음계 속에서 기본음 궁(宮)은 5(이는 궁의 표상이다. 왜냐하면 45/9=5인 까닭에)를 그 수치로 한다.

고쳐야 한다. '궁(宮)은 5, 치(徵)는 7, 상(商)은 9, 우(羽)는 6, 각(角)은 8.'

제2음인 치(徵)는 7(왜냐하면 60/9 또는 63/9=7)에 해당한다. 제3음인 상(商)은 9(왜냐하면 81/9=9)에 해당한다. 제4음인 우(羽)는 6(왜냐하면 54/9=6)에 해당한다. 제5음인 각(角)은 8(왜냐하면 72/9=8)에 해당한다."

우리가 그 본래의 의미를 분명하게 복원할 수 있는 사마천의 이 문구의 중요성은 크다. 무엇보다도 이 문구는——우리가 앞서 거론했듯이——5음에 할당된 수-표상이 전혀 임의적으로 여겨지지 않았음을 보여준다. 중국인은 5음을 하나의 특정 음계에 따라 음률의 길이를 규정하는 수와 연관지으려 했다. 또 이 문구는 한 가지 본질적인 사실을 알려준다. 한대의 중국인에게 5음의 표상들과 음률의 음가들 사이에 존재하는 관계가 공감되었다고 한다면, 사마천은 이 관계를 제1음계가 아니라 오직 제11음계에 의해서만 나타낼 수 있었다는 점이다. 이 사실은 12음계론의 고대성을 보여줄 뿐만 아니라, 하나의 사실을 확인시켜준다. 우리가 제11음계를 준거로 삼은 이상, 제1음의 표상으로서 10을 얻는 것은 더 이상 불가능하다. 이 경우에도 우리는 5를 제1음의 표상으로 얻는다. 『월령』 역시 제1음에 표상 5를 부여한다. 따라서 우리는 『월령』이 작성되었던 시기에 (적어도 기원전 3세기에) 이미 12음계론이 형성된 것으로 봐야 할 것이다. 그런데 이 사실은 좀더 중대한 결과를 낳는다.

이 일련의 다섯 표상의 첫머리에, 10을 5로 대체한 것은 중국인에게 의미상 몰이해를 가져오지는 않았다. 오히려 대체를 통해 수열 5, 7, 9, 6, 8은 한 옥타브에 대한 생각을 부여할 수 있었다. 수열 10, 7, 9, 6, 8, (5)가 지니고 있는 이점이 있는데도 왜 중국인은 이 수열을 버려야 했을까? 그 이유로는 이 수열은 그 자체로는 어떠한 음계와도 연결될 수 없다는 점일 것이다. 반면 (60과 63이 동일시되면서) 제11음계는 더 이상 10이 아닌 5로 시작되는 수열을 통해 5음의 표상적인 의미를 부각하는 데 하나의 대안을 제공했던 것이다. 그러므로 우리는 다음과 같이 요약할 수 있을 것이다. 즉 5가 기본음의 표상으로 제시되면서부터, 첫 5음률(제1음계)에 할당된 음가를 나타내는 수-표상의 수열은 5음의 수치만을 가리킨 전통적 수열과는 더 이상 연관될 수 없다는 것이다.

이러한 현상은 분할지표를 의무적으로 9구역으로 확정하려는 결정에 따라 음률의 음가들이 표기되면서부터 예견할 수 있었던 것이다.

사마천은 〔그보다 앞서 아마 『월령』에 영향을 받은 이론가들이 그랬듯이〕 60을 9로 나누어 7을 얻는 어려움에 방해받지 않았을 것이다. 그가 **첫째 음계**에 해당하는 음률들의 전통적인 수열(81, 54, 72, 48, 64)을 근간으로 54를 8로 나누었다면 별반 무리 없이 54에서 7을 얻어낼 수 있었을 것이다. 또 8을 분할기준으로 삼았다면 그다지 심각한 오류 없이도 수열 10(=81/8), 7(54/8), 9(=72/8), 6(=48/8), 8(=64/8)을 얻을 수 있었을 것이다. 이의가 제기되지 않을 수 없겠지만, 여기서 우리는 다음과 같은 하나의 가정을 제시할 수 있을 것이다. 만일 중국인이 음계의 (표상적일 뿐 근원적이지 않은) 공식을 음률의 (실질적) 음가(81, 54, 72, 48, 64)를 제공한 (기초적) 산술공식에서 (임의로 선택할 수 있었던 하나의 수를 운용하는 식으로) 추출했다면, 이 모든 것은 이행될 수 있었을 것이다. 하지만 우리가 알건대, 사마천은 이 방식을 취하지 않았다. 즉 사마천에게는 수 9가 분할기준이었다. 그러므로 우리는 5음의 수식이 분할방식에 따른 조작으로 음률의 수식에서 추출된 것이 아니라는 결론을 내릴 수 있다. 오히려 5음의 수열에서 (아무런 조작 없이) 승산(乘算)을 통해 음률의 길이에 관한 여러 수식들이 추출되었다고 보아야 할 것이다. 승수(乘數)는 관습체계에 따라 결정되었는데, 8이 처음으로 채택된 승수였다.

5음의 표상 수식을 얻고자 제11음계에 의거했던 인위적인 방식은 (이보다 앞서 있었던) 9를 지표로 채택하면서 요구되었다 ──제11음계는 단지 이론적인 의미만 지녔을 뿐 실천상 의미는 별로 없었다. 고전적 수열(81, 54, 72, 48, 64)은 근원적인 것이 아니다 ──우리의 가설에 따라 제시되었던 역사적 사실들의 순서는 이렇게 입증된다.

이 가설을 다시 한 번 살펴보자. 수열 10, 7, 9, 6, 8, (5)로 표기된 본래의 규칙에서 수열 80, 56, 72, 48, 64가 파생되었다. 이 파생수열은 그 상징적 의미로 선호되었으며 전체를 분할하는 데 8을 지표로 채택한 시대나 집단이 만들었다.

다른 시대나 집단의 경우에는 지표 8이 지표 9로 대체되었다——지표 9는 한대에 다시 중요시되었다.[122]

대나무의 두 매듭 사이에 포함된 각 음정(音程)들을 9분화하면 언제나 한 옥타브를 얻을 수 있다. 이때 음률의 음가는 그 상징으로서 수열 90, 63, 81, 54, 72, (45)를 가지며 그 총수치는 360을 초과하게 된다. 따라서 360을 상기시켜야 하기 때문에 90의 절반인 45를 제해야 한다. 45를 제하고 남은 다섯 수 중에서, 먼저 81, 72, 63은 그 총수치가 216이다. 이 총수치는 80+72+64의 합이기도 하다. 바로 그 까닭에 81, 72, 63은 이 세 수와 거의 다르지 않은 80, 72, 64처럼 세 양률(제1, 제3, 제5음률)의 음가를 제공할 자격을 갖게 된다. 한편, 이 세 수를 제외한 90과 54는 음률의 음가가 되며, 그 총수치는 144다. 하지만 90은 (양률의 2/3여야 하는) 하나의 음률로는 너무 큰 음가에 해당한다. 왜냐하면 양률의 가장 큰 음가는 81이기 때문이다. 반면, (81의 2/3에 해당하는) 54는 첫 음률의 음가가 될 수 있다. 그런가 하면, 한 옥타브를 나타내기 위해서는 음률들의 여섯 길이를 가리킬 수 있어야 한다. 따라서 90을 크기가 다른 두 부분(48-42)으로 나누는 것이 필요하다. 새로 구성해야 하는 수열에서 72는 제2양률의 표상이 될 수 있다. 왜냐하면 72는 제2음률(48)이 정확히 72의 2/3에 해당되는 음가를 보여주는 수열 80, 56, 72, 48, 64에서 벌써 이 역할을 맡았기 때문이다. 따라서 새로운 수열에서는 48이 제2음률의 표상이 된다. 그리고 90의 두 부분 (48, 42) 가운데 나머지 42가 제3음률의 표상이 된다——그리고 42는 제1음률(81)이 내는 궁음을 한 옥타브 아래서 다시 내야 한다.

한편 42는 81/2과는 현저한 차이가 있는 까닭에, 이 음가의 음률이

---

122) 여기서 우리가 '다른 시대나 다른 집단의 경우'라고 말하는 것은 실제로 분할 지표 9와 8이 비록 다른 순열을 대상으로 사용되었지만 경합적으로 사용되었기 때문이다.

하나의 새로운 음(제6음)을 주지 않을 수 없는 것처럼 보였다. 그렇지만 54는 81의 2/3, 그리고 48은 72의 2/3이듯이, 42 역시 63의 2/3다. 그래서 중국인은 42를 하나의 **독립된 음률**, 제6음률의 표상으로 삼고자 했다.

마찬가지로 81, 54, 72는 제1, 2, 3음률 그리고 72, 48, 63은 제3, 4, 5음률의 표상으로 간주된 까닭에, **지표 80이 의무적이었던 시대에 64를 표기하는 조건 아래에서는 수열 9, 6, 8**이 이 두 경우에 공통됨을 쉽게 알아볼 수 있었다. 그런데 지표 9가 정립된 시대에 제5음률의 수-표상으로 **63을 표기**하면, 이 음가 63은 그 9/6에 해당하는 42와 마찬가지로 7의 배수처럼 나타났다. 따라서 제7음률의 표상이 되어야 하는 하나의 수(즉 56)를 얻기 위해서는 7을 8로 곱하는 것으로 족했다.

지표 8을 지표 9로 대체하면서 나타난 결과로는,

첫째, 중국인은 수열 9, 6, 8에 주목하게 되었다. 그에 따라 중국음계의 토대인 5도음정을 가능하게 하는 산술공식이 정립될 수 있었으며, 12음률이론이 가능하게 되었다.

둘째, 제6음률이 기본음과 한 옥타브 차이를 보여야 하는 음을 내지 못한 까닭에, 중국인은 두 새로운 음을 만들어내게 되었다. 이 음은 12음률의 전반부 5음률과 후반부 5음률 사이의 연계를 확실히 해주는 음가를 지닌 율관을 통해서 얻어졌다. 후반부 5음률(75, 51, 68, 45, 60)은 5음의 또 하나의 음계를 형성했으며, 제12음률(60)은 제1음률(81)의 거의 2/3인 까닭에 곧바로 제1음률과 연계되었다. 새로이 창안된 두 음 중에서, 첫 음은 지금까지도 옥타브에 대한 생각을 입증해주는 이름인 변궁(變宮)으로 불렸다. 또 변치(變徵)라 불렸던 둘째 음은 수-표상을 56으로 했던 음률에 따라 얻어진 음이었기에, 이 수-표상은 8을 승수로 형성된 수열(80, 56, 72, 48, 64)이 첫 5음률의 수-표상이었던 시대에 치음을 낸 **제2음률의 옛 표상**이었다.

이제 우리는 지금까지의 가설을 정리해볼 수 있다. 수식 10, 7, 9, 6, 8, (5)는 중국의 음계를 수로 나타낸 최초의 표현이다. 산술적으로는 부정확했지만 실천상의 장애는 초래하지 않았던 용어인 이 수식이 정확한 이론의 기원인 것이다.

중국의 악학은 두 단계의 진보를 거쳐 이론적인 정확성을 기하게 되었다. 대나무의 매듭수에 따라서 구체적으로 산정된 음률의 길이는 이 최초의 수식에서 파생된 수-상징에 따라 규정되었다. 이 수-상징은 통일성을 기하기 위해 채택된 관습적인 분할체계로서 다양하게 바뀌어 갔다.

12음률에 할당된 수-표상은 5음에 할당된 그것과는 구별되었지만, 처음에는 5음에 할당된 수-표상에서 비롯한 단순한 파생물에 불과했다. 중국인은 지표 8을 승수로 운용하여 수 80, 56, 72, 48, 64, (40)으로 표기된 길이를 음률에 부여했다. 이 수들은 그 총합이 360이었던 까닭에 한 주기를 옥타브 원칙과의 상응관계 속에서 연상시킨다는 장점이 있었다. 그러다 보니 음률의 분할도 더 이상 대나무의 매듭과 같은 구체적인 분할을 지적하는 수에 의해서가 아니라 분할지표에 따른 추상적인 산출방식으로 규정되었다. 그에 따른 결과는 기술(技術)적 차원만이 아니라 실천상의 차원에도 나타났다. 분할지표에 입각하여 산출된, 율관의 길이를 가리키는 수들을 상호균등하게 다루는 것이 악기제작에서 필수 불가결했다. 그러나 각 음률에 부여된 수를 고려하여 제작된 악기는 그 이상의 정확한 음을 내지 못했기에, 중국인도 악기연주를 통해 원래의 공식이 지닌 부정확성을 감지하게 되었다. 다행히 중국인은 더 이상 8을 분할지표로 하지 않고 9를 분할지표로 채택함으로써 그 부정확성을 수정할 수 있었다. 일단 이론상의 수정을 가하게 되자 새로운 두 음을 창안하여 실천상의 완벽성을 이룰 수 있게 되었다. 그들은 특히 12음률을 구성하여 이론상의 발전을 도모했는데, 12음률 이론이 다시금 중국인의 우주관을 구체적으로 형상화할 수 있게 해주었다.

이 가설은 전반적인 사실들을 염두에 둔 것으로, 사실들의 역사적 순서와도 부합하는 것 같다.

또 이는 중국인의 전통과도 일치한다. 은나라의 분할방식은 8분법, 주나라는 9분법을 채택했다는 것이 전통의 설이다.[123] 아울러 우연의 일치인지는 몰라도, 전통은 두 보충음이 주의 창건자인 문왕이 고안한 것이라고 말한다.

* * *

중국의 전통들은 대부분 터무니없지 않은 사실들의 연관성을 알려준다는 점에서 소중하다. 두 보충음 역시 모든 자료는 우리들에게 그 발명이 지표 8의 9에 의한 대체의 결과임을 확신하게 해준다. 사실들 사이의 역사적인 순서를 안다고 해서 이 사실들에 확실한 연대를 부여할 수 있는 것은 아니다. 중국의 전통들은 사실들의 여러 상관성을 충실히 기록하면서도, 이들을 단지 신화나 고사설화로 전이해 전할 따름이다. 여기서 나는 또 하나의 다른 전통을 언급해보려 한다. 이는 문왕이나 그 시대의 중국인이 음악이론의 발달에 기여한 역할을 강조하기 위한 것이 아니다. 앞에서 서술한 바 있듯이, 중국인들은 은대(殷代)의 마지막 후예들 가운데 한 인물이 주나라의 창건자 아들에게 『홍범』의 원문을 전해주었다고 본다. 이러한 세부를 또 거론하는 이유는 다시금 『홍범』과 그 첫 항을 다루기 위해서다. 왜냐하면 우리는 음계상의 5음이 오행과의 연관 아래 다루진다는 중요한 사실을 간과해서는 안 되기 때문이다. 우리는 『홍범』의 제1항에서 5원소(五行)가 일정한 순서에 따라 열거되고 있다는 데 유념해야 한다. 『홍범』의 제1항은 앞서 보았듯이 단순한 서수가 아닌 하나의 수를 각 원소에 부여한다. 『홍범』에 표기된 수들은, 신전의 구도를 그려나가면서 각 원소를 시공상의 한 위치에 일치시켜주

---

123) 하지만 이러한 전제의 도움으로 역사적 관점에서 얻어낼 수 있는 결론은 없다. 은대(殷代)는 심(尋)의 크기를 8척 단위로 하면서도 한 척을 9촌(寸)으로 분할한 반면, 주대(周代)는 돗자리(筵)의 길이를 9척 단위로 하면서도 한 척을 8촌으로 분할했다. 두 왕조가 채택한 수-지표들은 상이한 측정단위들의 분할에 사용되었다. 하지만 이 분할방식들은 숫자상 차이를 보이고는 있으나 크기에서는 어떤 차이를 만들지 않았다(이 책, 275쪽 이하).

는 배치순서를 가리킨다. 이 수들은 한 쌍의 합동수 가운데 첫째 수들이다. 이 합동수의 둘째 수들은『월령』에서 계절-방위의 표상으로 운용되었다. 이 합동수의 첫째 수들 가운데『홍범』에서 가장 먼저 언급되며 북(北)(위치 1)에 해당하고 아래에 할당된 수(水)(원소 1)는 중국의 신화 전반에서 확인되듯이 북(아래)과 겨울에 속한다.『월령』은 북과 겨울의 분류지표로서 6(=1+5)을 부여한다. 마찬가지로 화(火)는 원소 2, 위치상 남(南)-여름, 분류지표 7(=2+5)이며, 목(木)은 원소 3, 위치상 동(東)-봄, 분류지표 8(=3+5)이고, 금(金)은 원소 4, 위치상 서(西)-가을, 분류지표 9(=4+5)이며, 토(土)는 원소 5, 위치상 중앙, 분류지표 5다. 사실『월령』은 10이 아닌 5를 분류지표로 하여 중앙(土)을 가리킬 뿐만 아니라, 수치 10이 아닌 수치 5로 제1음을 가리키고 있다. 아울러『월령』은 북-겨울(6, 水, 원소 1)에는 우음(羽音)(6)을, 남(南)-여름(7, 火, 원소2)에는 치음(徵音)(7)을, 동(東)-봄(8, 木, 원소 3)에는 각음(角音)(8)을, 서(西)-가을(9, 金, 원소 4)에는 상음(商音)(9)을 부여한다. 그러니 소위 문헌학적 방법론에 매료된 여러 학자들, 그중에서도 특히 이 방법을 고고학적 탐구를 위한 최상의 도구로 삼는 학자들이나, 이 방법을 유일한 대안으로 삼아(원문의 연대를 설정하면서) 사실들의 순서뿐만 아니라 연대까지 찾아내려는 학자들에게는 낭패일 수밖에 없다. 특히 중국인은 그리스인들에게서 완벽한 수학적 형태로 그들의 음계를 전수받았다고 주장한 학자들이나,[124] 오행설의 초기형태에서 수의 중요성을 강조하는『홍범』에 대한 모든 해석은 시대착오라고 주장한 학자들이나,[125] 초기에는 오행이 상생관계가 아닌 상극(相剋)관계로 인식되었

---

124) *SMT*, III, 644쪽.

125) Maspero, *La Chine antique*, 440쪽의 각주 2). 마스페로에 따르면, "주요 방위와 상관지어 설명하기 위해 (졸저, *Religion des Chinois*, 118쪽)『계사』의 수에 관한 구절들을 논의의 대상으로 삼는 것은 시대착오적인 접근인 것 같다." 우리는『중국인의 종교』속에서『계사』의 내용을 논의의 대상으로 삼거나 이용하지 않았다. 우리로서는 굳이 그럴 필요가 없었다.

다고 주장한 학자들[126]은 다음 세 가지 사실이 제기된다면 정말 난감할 수밖에 없을 것이다.

첫째, 서로 나란히 일련을 이루는 오행의 연립순서는 전혀 임의적이지 않다〔오행에 관한 중국의 은유적 표현들은 모종의 일관성을 보여준다. 이를테면 수水는 (나무에게 수액을 제공함으로써) 목木을 만든다. 목木은 화火를 만든다(타오르게 한다). 화火는 금金을 만든다(광석에서 추출한다). 금金은 수水를 만든다(왜냐하면 금金은 액화될 수 있기 때문이다)〕.

둘째, 일단 계절에 동화된 오행의 순서는 전혀 임의적이지 않다〔계절은 확정된 순서에 따라 연속된다〕.

셋째, 오행의 순서는 전적으로 규제된다〔오행의 순서는 5음을 내는 음률의 길이에 규제된다. 만일 우리가 음률들이 그 수-표상으로 10, 7, 9, 6, 8, (5)를 갖는다고 인정한다면, 그에 따라 절대적으로 제2음률이 내는 치음이 제1음률이 내는 궁음 다음의 제2음으로 분류되어야 한다. 왜냐하면 (중국인처럼 말하자면) 제2음률은 제1음률에 의해 생성되기 때문이며,──음률과 음의 수치 사이에 차이가 없는 한──제1음은 제2음을 생성한다고 볼 수 있기 때문이다. 우리는 제3, 4, 5음의 경우에도 이처럼 말할 수 있다. 그리고 우리는 제5음의 다음에 제6음(5)이기도 한 제1음(10)으로 회귀되어야 함에 유념해야 한다〕.

오행과 5음, 계절의 동화는 어떻게 설명할 수 있으며, 또 오행과 5음과 계절이 공히 합동수 1-6, 2-7, 3-8, 4-9, 5-10으로 표기되는 수치에 동화되는 것은 어떻게 설명할 수 있겠는가?

만일 우리가 다음과 같은 점을 미리 상정해버린다면 어떻게 이 질문에 답할 수 있겠는가? 이를테면 『홍범』에 나타나는 오행의 수 매김은 그다지 의미가 없으며, 중국인의 등가관계는 단순히 임의적인 조작에 불과하다고 상정해버린다면, 나아가 (중국인이 처음에는 그리스인들의 완

---

126) *SMT*, introduction, 191쪽 이하 참조.

벽한 형태인 음계를 전수받았다는 가설로) 5음의 수-표상 역시 임의적인 것이라고 상정해버린다면 말이다.

오행과 시공상의 5위치가 있음으로써 5음 가운데 한 음은 (5음의 방위를 설정하는 경우) 중앙으로 향해야 했다. 따라서 제1음 10(5)은 무리없이 중앙의 위치를 차지할 수 있었다. 그리고 분명 중국인은 제2음의 위치설정을 위해 교차선상의 한 위치를 임의로 선택할 수 있었을 것이다. 그런데 일단 제2음이 가을을 생성하는 여름과 남에 부여되면서, 제2음률로 생성된 것으로 간주된 한 음률이 내는 제3음은 단지 가을과 서에만 부여될 수 있었다. 이와 동일한 이유에서, 제4음과 제5음은 순서대로 북(北)-겨울에, 동(東)-봄에 부여될 수밖에 없었다.

5음과 계절-방위와 오행의 동화는 5음의 수열 10, 7, 9, 6, 8, (5)의 지위를 인정할 때 비로소 설명될 수 있다. 이 수열에서 계절은 시공상 위치의 분류지표로서 운용되어야 했던 수-표상을 얻었고, 또한 이 수열에서——**오행의 상생(相生)이론**과 더불어——오행의 순서가 파생되어 나왔으며,[127) 그 결과로 신전의 구획, 오행의 4방위 배치, 『홍범』이 오행에 부여하는 수 매김이 규정될 수 있었다.

만일 우리가 위에서 제기된 질문에 만족할 만한 대답을 찾아낼 수 없다면, 우리는 중국악학의 기원인 수열 10, 7, 9, 6, 8, (5)가——『홍범』이 상정하는, 따라서 『홍범』보다 선행하는——오행 '이론'의 기원이라는 것도 인정해야 할 것이다. 물론, 『홍범』이 상점의 저술이라거나 『홍범』 제1항이 삽입 또는 위작이라는 판단은 각자의 소관에 맡길 일이다.

그런데 너무나도 일관된 고대의 자료들로 넘쳐나는 『월령』에 대해서는 어떤 시각을 가져야 할까? 하지만 그 시각이 어떠한지 여부는 조금도 중요하지 않다. 우리는 두 보충음의 창안자인 문왕이나 음악이론의 어떤 진보를 보여주는 『홍범』의 경청자였던 문왕의 아들 무왕(武王)에 대한 연대기적 제시는 하지 않으려 한다. 마찬가지로 우리는 수열 10,

---

127) 앞의 책, 254쪽 이하.

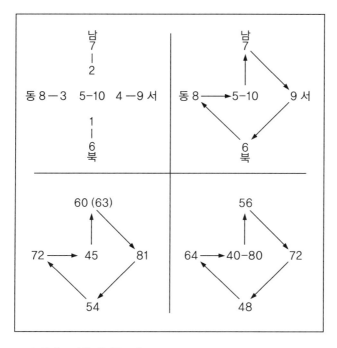

1. 오행의 교차형 배치(河圖)
2. 5음의 표상의 방위에 따른 배치
3. 첫째 음계의 음률들의 음가(음률은 그에 상응하는 음처럼 방위를 가진다. 음가는 음의 수-표상에 8을 곱하여 얻어진다)
4. 사마천이 9를 분할지표로 하여 5음의 수-표상과 연계했던 둘째 음계의 음률들의 음가(음률들의 방위상의 배열은 동일하다)

7, 9, 6, 8, (5)가, 아마도『홍범』의 작성시기인 기원전 5~4세기 이전에 이미 권위를 발하고 있었다는 표방 또한 하지 않으려 한다. 구체적 사실이 결여된 연대기에만 의거한 연대들은 전혀 우리 관심사가 아니다. 수열 81, 54, 72, 48, 64가 원형으로서의 수열이 아니라『홍범』의 한 구절에서 그 권위가 일찍이 입증된 수열 10, 7, 9, 6, 8, (5)에서 비롯했다는 사실은 중국인들이 알렉산드로스 대왕이 행한 원정의 간접적인 여파로, 이미 완성된 그리스의 음계이론을 전수받았으리라는 가설의 무근함을 보여준다. 하지만 수와 원소에 대한 사변이 중국 못지않게 성행한 서구와 중국 사이에 좀더 예전에 정작 어떤 관계가 있었으리라는 가능성

을 전혀 배제할 수는 없다. 그러나 이에 대한 논쟁은 그리 중요한 것이 아니다. 사상사에서 무엇보다 중요한 것은 사실들의 역사적인 순서며, 또 사실들을 이해하는 데 유일하게 도움을 줄 수 있는 그들간의 상관성이다.

동일한 수식으로 귀결되는 오행의 순서와 5음 간의 상관성이야말로 우리의 가장 주된 관심사다. 이러한 상관성은 우리의 가설에 대한 개연성을 한결 더 제고해줄 것이다. 오행의 수-표상이 오행의 상생순서를 나타내는 점은 5음의 표상으로서 보존된 수들이 처음에는 음률의 생성순서에 따른 음가를 가리켰음을 말해주는 또 다른 하나의 근거가 된다. 이 수들은 우리의 가설만으로도 충분히 설명되는 음악의 이론과 기술상의 진보로 단지 5음의 표상으로만 남게 되었다.

먼저 오행의 순서와 5음의 상관성이 갖는 주된 의미를 살펴보자. 무엇보다 먼저, 이 상관성은 오행이론이나 아니면 적어도 오행이론을 표현한 수식은 최초의 음계이론에 입각했음을 알려준다는 데 그 주된 의의가 있다. 이 점은 특히 우리의 각별한 관심을 요하는 것이다. 오행과 계절-방위의 동화에 따른 오행이론은 시공의 배치를 목적으로 하는 지고한 앎과 일체를 이루었다. 음계이론도 이와 마찬가지였을 것이다. 이러한 점에서, 우리가 『홍범』을 되새겨보는 것은 그 자체로도 큰 의미를 지닐 것이다. 오행을 다루는 『홍범』의 제1항이 교차형태로 얻어진 4구역으로의 세계분할[변邊이 2인 정방형, 4개의 정방형으로 재분할된 정방형]과 관련되고 있음은 확실하다. 전통에 따르면, 『홍범』 구주는 구주로의 세계분할[변邊이 3인 정방형, 9개의 정방형으로 재분할된 정방형]과 효능정방형으로의 수 배열과도 관계된다. 이러한 분할과 배열에 입각하여 책력의 집인 명당이 설계되었다고 한다. 군주는 명당에서 시공상 위치들의 정확한 배치를 확신할 수 있었고, 제국의 4방위에 위치하는 영지를 일정한 기간에 따라 제후들에게 재분배했다. 만일 우리가 중국인이 생각한 음악과 건축학상의 비율을 대조해본다면, 아마 우리는 수에 대한 중국인의 태도를 더욱 잘 이해할 수 있는 새로운 상관성을 찾을 수 있을 것이다.

4. 수와 건축상의 비율

8을 승수(乘數)로 형성된 수열(80, 56, 72, 48, 64)에서 제1음률과 제5음률의 비율은 10/8이며, 지표 9를 승수로 채택한 수열(81, 54, 72, 48, 63)에서의 그것은 9/7가 된다. 악학상의 규범과 마찬가지로 건축학상의 표준도 이 두 비율 10/8(=80/64)과 9/7(=81/63)의 대립이나 등가관계를 그 지침으로 삼는다. 중국인이 이 두 상관 쌍인 80-64와 81-63에 부여한 효율성을 밝혀낸 것은 건축가들의 기하학이다.

* * *

중국의 건축은 두 가지 기본적인 요소를 갖는다. 그 하나는 건물을 지탱하는 지반이며, 다른 하나는 건물을 덮는 지붕으로, 이 둘은 건물 자체보다 더욱 중요시된다. 하늘은 '덮고 있으니' 지붕은 표상이 되며, 땅은 '지탱하고 있으니' 지반이 표상이 된다. 지붕의 윤곽에 주어진 비율이 원(圓)(홀수, 3, 양陽)을 그리고 지반에 주어진 비율이 정방형(방方, 사각형, 짝수, 2, 음陰)을 연상시킬 때, 건물은 우주의 모습을 띠게 된다. 이 원칙들은 특히 명당 건축에 기조가 되었다. 전통에 따르면, 옛 책력의 집은 둥근 초가지붕으로 덮인 (사각형) 정방형의 대지(臺地) 위에 지어졌다 한다.[128]

지붕의 윤곽에 대한 정보는 후대 자료들을 참조할 수 있을 따름이다. 명당의 대들보는 144, 지붕 둘레는 216, 지붕의 높이는 81을 표준치로 삼아야 했다. 이 세 치수가 가리키듯, 초가지붕의 윤곽은 이등변삼각형으로 밑변(2×72)은 땅(144)을, 양변(2×108=216)은 하늘의 궁륭(穹

---

128) 이 책, 114, 115, 344쪽 참조.

竂)(3×72)을 나타내게 된다. 이 건축은 큰 변이 9×9, 작은 변이 8×9, 빗변이 12×9인 직삼각형을 원칙으로 한다. 이 직삼각형(8, 9, 12)이 그 정확성을 인정받을 수 있었던 까닭은 공식 $9^2+8^2=12^2(+1)$이나 $81+64=144(+1)$에 따라 1을 더하는 방법이 가능했기 때문이다.

다음 사실들을 언급해두자.

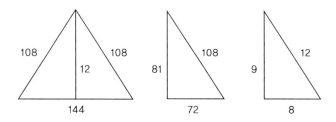

첫째, 우리의 참고 자료인 『대대예기』는 수(隋)나라(589~618), 즉 (토착적인 또는 유입된) 수학지식이 높은 수준에 달해 있었던 시대의 산물이다[129][그렇지만 여전히 목공들이 1을 더한다고 해서 서까래, 들보, 기둥의 조립에 큰 불편을 느껴야 할 정도는 아니었으며, 또 차륜 제조자들이 파이의 수치로 3을 준다고 해서 제작상 고충을 겪었던 것도 아니다. 중요한 것은 여전히 하늘과 땅의 관계에 따른 비율(3/2나 9/6)을 상기시킬 수 있는 수의 사용이었다].

둘째, 직삼각형 8, 9, 12를 바탕으로 하늘과 땅의 수〔216=(12×2)9, 144=(8×2)9〕를 얻을 수 있다는 것은 승수로서 지표 9의 사용을 의미한다[이 지표를 사용하여 음계상의 제1음률과 제5음률의 비율은 9/7로 고정된다].

셋째, 직삼각형 8, 9, 12는 12음률의 구성을 관장하는 수열(9, 6, 8)을 제공한다[130][제2음률(6×9)은 빗변(12×9)의 절반에 해당한다. 우

129) *Ta Tai Li Ki*, 66(*HTKKSP*, 828, 11^{a}쪽과 HTKK, 705, 9^{b}쪽); *Wou li t'ong k'ao*, XXVI, 20쪽 이하.

리는 관자管子가 제2음률을 절반으로 축약하지 않고 그 수치로 108을 부여했음을 안다].[131]

넷째, 높이(81)는 채택된 분할지표가 9일 때 해시계가 갖는 수치에 상응한다.

명당의 구도와 관련해『대대예기』[132]가 기록하고 있는 지붕의 윤곽은 후대의 자료들과 상당히 일치한다. 명당의 대지는 동에서 서로 길이 9의 연(筵, 돗자리), 남에서 북으로 길이 7의 연(筵)을 가져야 했다. 그리고 관례적인 승수 9는 연(筵)의 길이를 측정하는 단위다. 따라서 명당의 대지(정방형, 방方)는 변(邊)이 81과 63인 직방형(方)을 형성하며, 둘레의 반은 144에 해당했다. 원주와 지붕 둘레의 수치인 216에 비추어 볼 때, 이는 적합한 수치다. 여기에 해당하는 명당은 주대(周代)의 명당이다. 왜냐하면 승수로 9가 채택되었고 대지의 가로(동-서)와 세로(남-북)의 비율이 (81/63로 표기되었던) 9/7이기 때문이다.

『대대예기』의 이러한 언급은, 기술적 자료들을 집록한 소중한 문헌으로서 현행『주례』(周禮)의 제6권에 해당하는『고공기』(考工記)의 한 문구를 통해 확인되고 있다.[133] 이 문구는 길이 9척의 연(筵)을 단위로 하여 측량된, 그 크기가 9×9의 가로(동-서)와 9×7의 세로(남-북)의 명당을 제시한다. 이는 특히 하대(夏代)와 은대(殷代)에서 책력의 집에 관한 자료도 제공한다는 점에서 더욱 의미가 있다. 하대와 은대에서의 비율은 9/7가 아니라 5/4(=10/8)였다.

중국 최초의 왕조였던 하대는 가로와 세로의 비율이 5/4였음을『고공기』는 특별히 지적한다. 명당의 대지는 세로가 2×7(폭幅)이었으며 가로는 이보다 1/4이 더 많았다. 여기서 암시되는 승수는 1폭, 즉 6척이다. 따라서 대지의 세로는 7폭(1폭=6척)의 두 배인 7×12 또는 84(4

---

130) 이 책, 233쪽 참조.

131) 이 책, 222쪽 참조.

132) *Ta Tai Li Ki*, 66.

133) *Tcheou li*, Biot, t, II, 556~561쪽.

×21)척에, 가로는 105(5×21)척에 달했다. 두 번째 왕조인 은대는 단지 일심(一尋)을 단위로 하여 7심에 해당하는 수 56만 제시된다. 왜냐하면 일심이 8척이기 때문이다. 56은 하대에 명당의 대지에 부속된 일종의 현관 역할을 하는 공간의 세로를 나타내었다. 이 공간의 크기는 대지의 2/3, 즉 세로는 56이고 가로는 70이었다. 그래서 은대 명당의 대지(垈地)가 70×56(즉 5×4)의 비율을 이루었다는 설도 있다.[134] 하지만 가장 유명한 주해가였던 정현은 은대는 시기적으로 하대와 주대를 연계하는 시대라는 이유로 가로는 9심, 즉 72척이었다고 주장한다. 그의 논지에 따르면, 비율은 5/4가 아니라 9/7이며, 둘레의 절반(70+56이 아니라 72+56)은 63의 두 배가 아니라 64의 두 배에 해당하는 수치였다. 이렇듯 70과 72 사이에서의 망설임은 그 자체로 중요하다. 왜냐하면 이러한 망설임은 중국인이 두 비율인 5/4(또는 10/8)와 9/7의 대립이나 등가 관계에 대한 관념과 유사하게 수 63과 64를 다루었음을 보여주기 때문이다.

은대의 명당에 요구되었던 대지(垈地)의 가로에 관한 정현의 생각은 세 왕조의 명당에 공통되는 일종의 기준이나 그 상관성을 찾으려는 의도에서 비롯한다. 정현의 설을 따르면, 은대의 직방형의 성지(聖地, 세로 8×7에 가로 8×9)가 가로 9척에 세로 7척의 8×8개의 작은 직방형들을 포함했던 반면, 주대의 명당(세로 9척×7연筵에 가로 9척×9연筵)은 가로 9척에 세로 7척의 9×9개의 연(筵)에 달하는 면적이었던 것 같다. 따라서 두 명당의 면적은 제곱수 64와 81로 표기할 수 있었다. 은대와 주대의 명당에 하대의 명당을 비교하기 위해서는 하대의 명당도 연(筵)을 단위로 측정할 수 있어야 한다. 더욱이 『고공기』를 통해서도 입증되듯이, 이 유형의 면적은 연(1연=9척)을 단위로 측정되어야 했다.[135] 이 측정이 가능하려면, 은대의 경우에 그러했듯이, 대지의 가로

---

134) 앞의 책, 560쪽의 각주 1), 비오의 견해는 이렇듯 단순하다. "그 길이가 7심이니 그 폭은 길이보다 1/4가량이 더 많은 9심에 달한다(정확히 말해, 길이는 56척, 폭은 70척이다)."

를 약간 수정하여 105가 아닌 108로 산정하는 것으로 족하다. 그러면 직방형(세로 12×7에 가로 12×9)은 12×12, 즉 가로 9척에 깊이 7척의 144연의 면적에 달하게 될 것이다. 따라서 두 변이 동일한 수-표상(12, 9 또는 8)을 갖는 것처럼 보이는 직방형을 정방형처럼 다루는 결과가 된다.[136] 면적단위(9×7)는 1이라는 차이를 무시한다는 전제 아래에서만 정방형(64)에 해당되는 직방형(63)이면서도, 직방형의 세 명당은 제곱수(12^2, 9^2, 8^2)로 측정된다. 우리가 이 세 제곱수에 특히 주목해야 하는 것은 이들이 시사하는 세 명당간의 비율이 (목공木工들에게 유효하게 사용된) 직삼각형의 공식 8, 9, 12에서 파생되었기 때문이다. 정현은 이 비율을 세 명당의 면적에서 찾으려 했던 것 같다. 어쩌면 그는 은대 명당의 가로를 수정하지 않고도 이를 부각시킬 수 있었을 것이다. 왜냐하면 하대에는 세로가 12×7에, 은대에는 세로가 8×7에, 주대에는 세로가 9×7임을 상기하는 것으로 충분했기 때문이다. 이 세 세로는 그 자체만으로 12(또는 6), 8과 9가 세 왕조의 표상과도 같음을 보여준다. 이들의 비율은——제1음률과 제5음률의 비율을 9/7로 고정시킨 수열 9, 6, 8에 입각한——연속적인 세 음률간의 비율이기도 하다. 한편 9×7은 명당의 면적을 측정하는 단위다.

* * *

만일 면적단위가 9×7이 아니라 5×4(또는 10×8——10/8은 제1음률과 제5음률의 기본율이다)라면, 세 명당의 대지를 비교하기 위해서는 주대의 명당 크기를 약간 수정해야 할 것이다. 하지만 이는 은대 명당의 경우보다 수정의 폭이 덜할 것이다. 이 작업은 특히 엄정하게 준수된 반둘레의 수치를 수정하지 않고도 가능할 것이다. 왜냐하면 80/64은 5/4

---

135) 앞의 책, 561쪽.
136) 이 표상은 왕조의 특별한 표상이거나 분류지표다.

나 10/8이며, 80+64는 81+63처럼 144이기 때문이다. 이렇게 해서 수정된 주대의 대지(세로 8×8에 가로 8×10)는 면적단위(8×10) 8×8개를, 은대의 대지(세로 7×8에 가로 7×10)는 면적단위(8×8) 7×7개를 포함하게 된다.──면적단위(8×10)는 수(80)로 표기되는 까닭에 1이라는 차이를 무시한다는 전제에서 정방형(9제곱수)과 동일한 수 80으로 표기되며, 두 대지의 면적들(64와 49)은 정방형(8제곱수와 7제곱수)으로 환원된다.──중국인이 두 쌍의 수 81-63과 80-64에 부여했던 중요성은 81이 9의 제곱수, 64는 8의 제곱수인 까닭에 63이 9의 배수, 80이 10의 배수라는 사실에서 기인함을 알 수 있다.

우리는 정방형의 9 분할방식이 갖는 권위를 알고 있다. 지관(地官)들은 이 분할방식을 최소의 단위면적인 정(井)에 적용시켰다. 그들은 행정구획의 체계를 설립하고자 정을 4, 16, 64……의 크기로 조합했다.[137] 9와 8 또는 4는 지관의 기술적 측면에서 선호된 수들이었다. 이는 명당의 설계가 측량기술과 무관하지 않음과 대지를 측정하는 수들은 건축술과 천문술의 상관성을 보여준다. 변을 8로 64분할되는 4변형은 팔괘나 팔풍, 64괘를 불러온다. 또 변을 7로 하여 49분할되는 4변형은 점술가들이 운용한 50-1(=49)개의 산가지를 상기시키면서 그들이 손에 보지했던 유일한 산가지, 즉 해시계처럼 '음양의 변이'를 알려주는 '세워진 막대기'를 연상시키는 데 그 주된 의미가 있다. 우리는 이 점에 대해서도 살펴볼 것이다. 하지만 다음 사실을 먼저 알아야 할 것이다. 즉 하대와 은대의 명당이 반(半)둘레의 비율로 3/20이나 9/6(105+84:70+56=189/126)를 보여준다면, 주대(144)와 은대(126)를 비교하는 경우, 그 비율은 8/7이다. 반면, 세 대지 각각의 면적을 (비율 5/4를 상기시키는) 10×8의 단위로 측정하는 경우, 면적상의 비율(64/49)은 9/7(=63/49)와 거의 동일하게 된다. 우리는 비율 9/6가 음악과 천문술에 미친 영향력을

---

137) *Tcheou li*, Biot, t, I, 227쪽. 정(井, 9개의 전답으로 분할된 정방형)은 은대(殷代)와 송(宋)나라에서는 630무(畝)에 달했다는 전통이 있음을 지적해두자(Maspero, *La Chine antique*, 110쪽 참조).

이미 숙지하고 있다. 그리고 우리는 비율 8/7(소음小陰과 소양小陽의 비율)이 (은대와) 송국(宋國)에서 이에 상응하는 권위를 누렸던 것도 알고 있다. 다시 말해 그 시대의 중국인은 점술표상인 양효와 음효를 구와 육대신[138] 칠과 팔로 명명했다. 여기서 짝수와 홀수의 관계를 나타내는 표현들 가운데 하나를 제공한 비율 8/7이 비율 9/6처럼 어떤 음악적 토대나 천문적 토대를 갖는지 살펴보아야 할 것이다.

하대의 명당에서 대지의 반둘레는 189이며, 이것을 명당의 현관 역할을 하는 공간의 반둘레와 비교하면 그 비율은 3/2이고, 나아가 은대의 것(126)과 비교하면 9/6다. 그런데 우연의 일치인지는 몰라도, 사마천에게 5음의 수-표상을 정당화시켜주었던 (상구上九라 지칭된) 음계가, 첫 세 음률[45, 63(=60), 81] 총수치가 189이고 마지막 두 음률(54, 72) 총수치가 126인 다섯 음률에서 비롯한다. 따라서 우리로서는, 중국인이 특정 음계상의 음률에서 빌려온 크기를 통해서 은대와 하대의 대지 비율(10/8)을 나타내었다고 볼 수 있다. 마찬가지로 은대와 주대의 비교에서도 (동일한 비율을 상정하면서) 동일한 방식을 적용했을 것이다.

첫 여섯 음률의 총수치는 360이다. 360 =24×15다. 15는 8+7, 9+6이며, 24는 9+8+7, 10+8+6이다. 15, 즉 9와 6을 9, 8, 7로 곱하면 첫 여섯 음률의 길이를 얻게 된다[81(=9×9), 72(=9×8), 63(=9×7)——54(=6×9), 48(=6×8), 42(=6×7)]. 아울러 우리는 이 여섯 길이를 음(6)과 양(9)의 두 군(群)으로 분류할 수 있다. 두 군의 수비율은(순서대로, 81/54 =72/48 =63/42) 9/6이며, 전체 비율은 216/144이다. 제1음률은 제5음률의 9/7(81/63)에 해당한다.——하지만 15를, 즉 8과 7을 10, 8, 6으로 곱하면 여섯 개의 크기 [80(=8×10) · 64(=8×8) · 48(=8×6)——70(=7×10) · 56(=7×8) · 42(=7×6)]를 얻게

---

138) 그리고 양률(陽律) 또는 음률(陰律)도 마찬가지다(이 책, 226쪽을 참조할 것.)

된다. 이 크기들을 두 군으로 분류하여 전체 비율이 각 군에서 순서대로 수 둘씩을 차례로 취하여 비교하면, 8/7(=192/168)이다.

이렇게 얻은 수들 중에는 은대 명당의 대지 크기를 나타내는 70과 56 그리고 [반둘레의 수치(144)를 변경하지 않고도 비례 10×8로 귀착된] 주대 명당의 대지 크기를 나타내는 80과 64가 들어 있다. 이 여섯 수 [80, 56, 70, 48, 64, (42)]는 음계상의 첫 번째 수식이 가리키는 수들 [80, 56, 72, 48, 64, (40)]과 거의 다를 바 없다. 단지 70과 40만이 차이를 보일 따름이다. 하지만 42는 제6음률의 표상으로서 제1음률(81 또는 80)의 음을 한 옥타브 아래서 내야 했던 40과 크게 다름없는 것으로 간주되었다. 더욱이 바로 앞에서 살펴보았듯이, 정현은 은대와 주대 명당의 어떤 관계를 설정하고자 72를 70에 동화시키는 데 주저하지 않았다. 수식 80, 56, 70, 48, 64, (42)에서 첫 수(80)는 다섯째 수(64)의 5/4에 해당할 뿐만 아니라 넷째 수(48)의 5/3이기도 하다. 마찬가지로 이 수식의 셋째 수(70)는 둘째 수(56)의 5/4이자 여섯째 수(42)의 5/3이다.

이로 미루어, 우리는 중국인이 비례가 정확하지 않은 직삼각형(8, 9, 12)에서 그들의 악학이론에——비율 9/6와 비례 9×7을 명백히 하면서 ——완벽을 기하기 위해 운용하던 수열(9, 6, 8)을 얻기에 앞서, 비율 8/7과 비례 10×8을 분명히 해주는 또 다른 직삼각형과 음률을 관련지어 음률의 길이에 최대한 근사치를 주려 했음을 알 수 있다. 비례가 정확한 이 직삼각형(3, 4, 5 또는 6, 8, 10)은 해시계의 규칙도 제공했다.

짝수와 홀수의 관계를 나타내는 공식인 비율 9/6와 8/7의 권위는 아마도 다음 사실에 연유하는 것 같다. 즉 9와 6, 8과 7은 총수 360을 음악적 비례를 보여주는 6개의 수로 분할할 수 있다는 점이다. 이 분할을 통해 얻은 수열은 극히 유사하다. 하지만 이들은 상이한 두 직삼각형과 결부된다. 즉 8, 9, 12의 직삼각형에는 비례 9×7이, 3, 4, 5의 직삼각형에는 비례 10×8이 각자의 면적단위로서 채택되었다.

『고공기』가 입증하듯이, 명당의 면적을 측정하는 단위로는 연(筵)(9

×7)이 사용되었다. 그렇지만『고공기』는 은대와 하대에는 명당의 대지가 심(尋) 또는 폭(幅)을 단위로 그 크기가 측정되었다고 지적한다. 더욱이『주례』는 건축의 크기를 재는 척도(度)가 벽선(璧羨)이었음을 알려준다.[139]

벽선은 평균지름이 9인 타원형의 옥규(玉圭)다. 이 타원형은 세로 10, 가로 8의 직방형 안에서 4변과 접점을 이루면서 그려진다. 그래서 직방형 둘레는 36이며, 타원형 둘레는 27이다. 우리는 이 두 수에 주목해야 한다. 왜냐하면 이 두 수가 옥홀(玉笏, 옥규玉圭)과 이 척도에 따라 비례 10×8 또는 5×4로 이루어진 모든 4변형이 정방형과 원형의 비율($36/27 = 4 \times 9/3 \times 9 = 4/3$)을 상기시키기에 충분함을 보여주기 때문이다. 연(筵)을 단위로 측정된 표면적 9×7은 관습적 승수가 9인 경우에 한해 그 반둘레가 $144(= 81 + 63 = 2 \times 72 = 16 \times 9)$다. 거꾸로 벽선에서 파생된 표면적 10×8은 승수가 8인 경우에 한해 그 반둘레가 $144(= 80 + 64 = 18 \times 8)$일 수 있으며, 직방형 내부의 타원형 둘레는 $216(= 27 \times 8)$이다. 비례 10×8과 직삼각형 3, 4, 5는 지표 8의 운용과 연관되며, 비례 9×7과 직삼각형 8, 9, 12는 지표 9의 운용과 연관된다.——그러면서 벽선은 효능적 비율인 216/144을 불러온다.

첫 아홉수의 효능정방형 배치는 비율 216/144을 상기시킨다. 첫 아홉수는 그 총수치가 5의 배수인 45다. 이들은 3/2 비율의 두 군(群)으로 분할할 수 있는데, 이 비율은 벽선의 타원형과 직방형 반둘레의 비율을 가리키는 27/18 형태로 얻을 수 있다.——다른 한편으로 45는 9의 배수인 까닭에, 비율 5/4나 25/20를 얻는 방식으로도 분할될 수 있다. 다시 말해, 25는 첫 다섯 홀수의 총합이며, 20은 첫 네 짝수의 총합이다. 그러면서도 벽선 외곽의 직방형 둘레가 $36[= (2 \times 10) + (2 \times 8)]$, 즉 20 + 16이라는 사실로 미루어, 우리는 다른 방식으로도 수들이 군을 이룰 수 있다는 결론을 얻는다. 이를테면 16은 첫 네 홀수의 총합$[(1 + 7) + (3 +$

---

139) Biot, 앞의 책, 490쪽, II, 524쪽.

5)]이며, 20은 첫 네 짝수의 총합[(2+8)+(4+6)]이다. 이렇듯, 옥당(玉堂)은 짝수와 홀수의 완벽한 종합, 즉 성혼(聖婚)에서처럼 속성의 상호교환을 통한 종합을 실현했다.[140] 왜냐하면 비례 5×4에서 홀수 5는 짝수들의 총합(20)을, 짝수 4는 홀수들의 총합(16)을 상기시키기 때문이다.

이 완벽한 종합은 또 다른 방식으로도 나타난다. 27(타원형의 둘레)에 36(직방형의 둘레)을 더할 경우, 그 합은 63이다. 63은 9와 7의 배수로, 5와 4의 종합이자 4와 3의 종합이다. 63은 그 자체로 하늘과 땅의 둘레간 비율(3/4=27/36)을 상기시킬 뿐만 아니라 지표 8을 승수로 채택하는 경우[(27×8/36×8)=(216/2×144)]까지도 불러올 수 있다. 특히, 63은 비율 5/4(=35/28)를 상기시켜 비례 5×4(및 직삼각형 3, 4, 5)를 불러올 수 있다.——64는 63과는 도치 가능한 효력을 갖는다. 8의 배수인 이 수는 16×4이며, 16은 9+7이다. 따라서 64는 (승수乘數 9와 직삼각형 8, 9, 12와 연관된) 비례 9×7을 불러올 수 있다. 더욱이 64가 이 비례를 상기시키는 형태는 특기할 만하다. 왜냐하면 64=36+28이기 때문이다. 36은 (360처럼) 한 원주의 총합을 표상하며,[141] 28은 별자리의 총수다. 하늘을 형상화하여 군주의 여가(輿駕)를 덮는 회전식 둥근 차개(車蓋)는 그 둘레가 36으로, 28개의 궁형(弓形)으로 된 살로 중앙의 지주(支柱)에 연결되며, 따라서 지주는 차개를 여가의 정방형 차상(車箱, 땅)과 연결시켜주었다.[142]

* * *

---

140) 앞의 책, 166, 231쪽을 참조할 것.

141) 요컨대 땅의 둘레(변이 9인 정방형), 하늘의 둘레(지름이 12인 원주 또는 변이 6인 육각형) 또는 심지어는 땅과 하늘의 둘레[변이 72(또는 3×72, 즉 216)이고 밑변이 144(=2×72)인 반半육각형으로 이루어진 사다리꼴].

142) Biot, 앞의 책, Ⅱ, 477쪽.

이제 승수 8과 9의 효능성과 활용도가 어떠한지를 가늠할 수 있게 되었다. 하지만 28 별자리가 수 7의 의미를 알려주지만, 여전히 이 수의 의미와 비율 8/7에 부여된 중요성을 더욱 면밀히 검토해야 할 것이다. 특히 이 비율과 직삼각형 3, 4, 5의 상관성, 즉 해시계와의 상관성을 설명해야 하는 과제가 아직 남아 있다——여가(輿駕)의 중앙에 위치하는 지주는 해시계를 연상시킨다.

직삼각형 3, 4, 5의 효능성은 해시계를 뜻하는 제명의 유명한 소책자 『주비산경』(周髀算經)[143]에서 높이 평가된다. 하늘과 여가의 차개에 대한 비율을 기록하고 있는 『주비산경』은 '천개학파'(天蓋學派)라고 불린 천문학파의 수리(數理)를 요약하고 있다.[144] 이 책을 관류하는 중심사상은 하늘의 크기를 해시계와 직삼각형 3, 4, 5를 통해 알 수 있다는 것이다. 해시계는 이 책에서 8척이나 80 + 1/10척 길이로 8번째 척에 1/10척에 해당하는 구멍이 하나 뚫린 죽간(竹竿)으로 묘사된다. 저자는 먼저 직삼각형 3, 4, 5를 법칙들 중 제일 법칙으로 간주되는 공식, 9×9 =81에 결부시키면서 시작한다.

『주비산경』은 직삼각형 3, 4, 5를 구성하기 위해, 먼저 변이 3과 4인 직방형부터 구성하고 나서 이 직방형의 대각선을 그려 보인다. 이외 원본에서 거론되는 것은 아무것도 없다. 비오가 지적하듯이, 자승(自乘)의 공리에 대한 어떠한 증명의 시도도 보이지 않는다. 보존되는 『주비산

---

143) 『주비산경』의 연대에 관해서는 1841년 비오(Ed. Biot)가 『동방잡지』 (*Journal asiatique*)에 번역하여 실은 『주비산경』의 508쪽의 각주 538)을 참조하시오. 또 비오(Ed. Biot)의 아버지 비오(J.B. Biot)는 이 번역본에 유명한 해제를 달았다. 『주비산경』의 구성은 『황제내경』이나 『홍범』의 구성과도 흡사하다. 여기서도 주나라의 창건자였던 문왕의 형이 등장하는데, 그는 한 학자에게 하늘의 크기를 측량하는 수리학의 기원을 묻고 있다. 이 소책자는 비교주의적인 문구들과 함께 무척 모호한 기술(技術)적인 문구들로 가득 차 있다. 특히 이 책자의 비교주의적 문구들은 모두 하늘은 원이고 땅은 정방형임을, 또 원은 정방형에서 유래했다고 믿는다.

144) 이 책, 349쪽을 참조할 것.

경』의 판본들에는 직삼각형의 법칙이나 대각선의 산법이 세 도형을 통해 보인다. 이 세 도형은 변을 7로 하여 49개의 작은 정방형 안에 내포된 것들로, 하나는 변을 5로 하여 25개의 작은 정방형으로, 또 하나는 변을 4로 하여 16개의 작은 정방형으로, 그리고 마지막 다른 하나는 변을 3으로 하여 9개의 작은 정방형으로 나타난다. 이 도형들이 원문에서도 이와 같이 구성되어 있는지는 아무도 확신할 수 없다. 이따금 여러 판본들에 나타나는 형태로 미루어 보면, 아마도 이 도형들은 공식 $3^2+4^2=5^2$을 시각적으로 보여주기 위한 것 말고는 별다른 목적이 없는 것 같다.

이 도형들이 비록 반박을 받기는 했지만,[145] 이 공식에 대한 기하학적 증명을 보여주는 데 의의가 있다. 49의 (변이 7인) 정방형 속에 25의 (변이 5인) 정방형을 내포시키는 것은 『주비산경』이 제시하는 사례와도 직결된다. 즉 『주비산경』은 빗변 5를 직방형 3×4의 대각선으로 간주한다. 변이 7인 정방형은 3×4의 직방형 4개와 중앙에 하나의 작은 정방형을 내포한다. 그리고 이 네 직방형의 대각선들은 본래의 정방형 속에 표면적이 네 직방형의 절반[4(3×4/2), 즉 24]인 하나의 정방형을 형성한다. 이렇게 하여 공식 $3^2+4^2=5^2$가 기하학적으로 검증되는 셈이다.

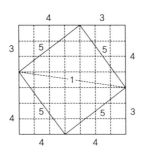

---

145) 레이는(*La science orientale*, 394쪽) 『주비산경』의 도형들에 대한 비오의 해석에 의거하여 즈우던(Zeuthen)이 제시하고 미요(Milhaud)가 재주장한 해석을 반박했다. 그런데 『주비산경』의 판본 가운데 가장 뛰어난 몇몇 판본들(예를 들면, 사부총간四部叢刊의 판본들)에 실려 있는 도형들은 사실 즈우던의 견해에 타당성을 부여한다.

이제 우리는 현존의 『주비산경』의 여러 판본들에 의해 신비로움으로 윤색된 이 기하학적 증명의 고대성에 대한 증거를 제시해보려 한다. 변이 7인 정방형 속에 세 개의 제곱수 9, 16, 25를 기입하는 것은 49와 (9+16)+25의 등가를, 다시 말해 25+25와 49의 등가를 제시하는 것과도 같다. 이는 또한 변이 5인 이등변직삼각형의 빗변[146]이 대략 7임을 인정하는 것과 같다. 그런데 중국인은 이 유사직삼각형 5, 5, 7에 정확한 직삼각형 3, 4, 5 이상으로 지대한 관심을 부여해왔다.

이에 대한 중국인은 상고시대 이래 지속되어왔다. 앞서 언급했듯이 점술가나 수장은——수장은 유일무이한 인간으로서 해시계와 동일시되었음을 나중에 살펴보기로 하자——점술용 산가지 50개 가운데 하나를 취해, 점술을 행하는 동안 그것을 손에 들어야 했다. 산가지 하나가 이와 같이 해서 선택되면 그는 남은 산가지들(49)을 두 묶음으로 나누는데, 그중 한 부분은 짝수가 되고 다른 한 부분은 자연히 홀수가 된다. 점술가 또는 수장이 손에 들고 있는 이 산가지는 그와 더불어 점술을 지휘했다. 이 지휘봉은 중앙의 정방형, 중앙, —(은 계산에 포함되지 않으나 그 자체로 전체에 해당하며 전체를 형성한다), 안배자, 음양의 축을 표상했다.[147]

---

146) 중국인들이 변(邊)의 수치가 5인 이등변직삼각형의 빗변에 수치 7을 부여하고 있다고는 말할 수 없다. 이 도형이 보여주듯이, 대각선은 정방형의 변과는 구별되는 것이다.—우리가 알고 있듯이, 복희(伏羲)는 49개 산가지를 사용하던 점술가들의 수호신이었다. 그런데 복희의 표상은 양쪽 크기가 같은 직각자였던 것으로 보인다(졸저, *La Civilization chinoise*, 19~21쪽을 참조할 것). 따라서 우리는 이 직각자가 곧 이등변삼각형 5, 5, 7(또는 10, 10, 14)을 나타낸다고 볼 수 있다. 『주비산경』은 원은 정방형에서 나왔다고 본다. 따라서 바퀴들의 지름은 7이며(*Tcheou li*, t, I, 471쪽), 또 14—또는 7×2—는 키가 7인 인간을 그 반지름으로 하는 우주의 바퀴의 지름을 나타낸다.

147) 고빌(Gaubil) 신부의 지적으로는, 공식 $3^2+4^2+5^2=(3+4)^2+1$은 『계사』에 언급된 점술의 규칙들이 암시하는 공식이다(*Lettres edifiantes*, 9권, 435쪽).—(중앙을 5와 6으로 하는) 중첩된 두 효능정방형은 총 18개의 수를 포함하고 있다. 이 두 정방형은 아마도 19번째 수에 해당하는 것인 하나의 축(11)을 중심으로 회전한다. 따라서 $19^2=(4×90)+1=360(+1, 중앙의 정방형)이다.

우리가 一로 지칭하는 것은 더해질 수 없어 단지 음이 양으로 또는 양이 음으로 변이할 수 있도록 작용할 따름이기에, 一은 음양이 상호변이(相互變移)하는 공간인 하나——전체 또는 총체와 동일시된다. 이 사상은, 만능한 힘을 갖되 오직 조율의 기능만 가질 뿐인 유일무이한 인간인 천자의 권능에 대한 중국인의 정치이론과도 결부된다. 유일무이한 인간은 세계의 중앙에 위치하면서 어떤 일에도 개입함이 없이 총체에 어떠한 사적인 것도 덧붙이지 않는 그대로의 상태로 만사를 통솔한다. 또 이 사상은 앞서 누차 확인했듯이, 1을 가감하여 전체를 조율하고 비례를 규정하려는 경향과도 연관성이 있다. 그리고 수학적으로는 불완전하나 여타 직삼각형보다 더 효능적인 직삼각형에 대한 중국인의 두드러진 취향도 설명해준다. 수학적으로 불완전한 직삼각형이 중국인에게 더욱 효능성을 지녔던 것은 조작 가능성과 수행력이 발휘될 수 있는 여지를 마련하기 때문이며, 또한 왕이 공적을 남길 수 있는 여지를 마련해주었기 때문이다.

직삼각형 8, 9, 12의 효능성에 대해서는 앞에서 살펴보았다. 여기서 우리가 감히 짐작해볼 수 있는 것은 중국인이 정확한 직삼각형 3, 4, 5 나 유사직삼각형 5, 5, 7과 마찬가지로 직삼각형 8, 9, 12를 기하학적 공식 $(a+b)^2 = 4ab + (a-b)^2 = 2ab + [2ab + (a-b)^2]$을 통해 규명하려 했을 것이라는 점이다. 변이 17(=9+8)인 정방형 속에는 대각선이 대략 12인 직방형 8×9 네 개가 포함될 수 있다. 왜냐하면 네 개의 대각선은 수치 36인 네 개의 반(半)직방형(144)과 중앙의 한 정방형 1(1은 9-8의 정방형이다)을 내포하기 때문이다[$17^2 = 289 = 144 + (144+1)$].

이와 유사한 또 다른 도형——이는 중국인의 기하학이나 측량에서의 기본도형을 본뜬 것이기도 하다——역시 12^2의 효능성을 보여주는 데 사용되었을 것이다. 인간의 땅으로 변별되었던 중국은 12주(州) 또는 구주(州)로 분할되어 있었다. 12는 3×4인 까닭에 9개의 정방형이나 12개의 직방형으로 분할할 수 있는, 변이 12인 한 정방형을 구성할 수 있다. 먼저 9정방형으로의 분할을 살펴보자. 이 분할은 명당의 분할, 즉 효능정방형의 분할이기도 하다. 중앙의 정방형 둘레로 완벽한 만자(卍字)를 나타내면서 네 직방형이 그려질 수 있다. 이들은 높이가 밑변의 두 배라는 점에서 주목할 만하다. 이 직방형들은 4×8, 즉 2×16이다. 이들은 다시 네 개의 대각선에 의해 중앙의 정방형[$(= (8-4)^2$]처럼 수치 16을 지닌 삼각형들로 분할된다.

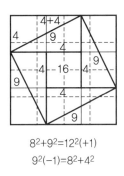

$$8^2 + 9^2 = 12^2 (+1)$$
$$9^2 (-1) = 8^2 + 4^2$$

이 구성은 중국인의 성향에 부합하는 예증을 통해 삼각형의 면적 공식(밑변/2 × 높이/2)을 보여준다. 왜냐하면 이 삼각형들의 면적이 정방형 16으로 나타나기 때문이다. 더욱이 이 구성은 [네 개의 대각선이 수치 16의 네 삼각형과 수치 16의 한 정방형을 내포하면서(즉 $16 \times 5 = 80$)] 모든 정방형 가운데 가장 완벽한 정방형인 9^2과도 유사한 정방형을 내부에 그리는 것을 가능하게 한다. 왜냐하면 이 정방형의 수치가 80이기 때문이다. 바로 이로부터 공식 $8^2 \times 4^2 = 9^2$(차이 1을 무시하면)이 비롯한다. 이 공식은 밑변이 높이의 반인 삼각형(유사직삼각형 4, 8, 9)의 빗변의 근사치를 제공한다는 점에 그 중요성이 있다.

그런데 이 구성 못지않게 또 하나의 중요한 유사직삼각형이 있다. 이 직삼각형은 육각형의 요소들을 계산하는 데 운용될 수 있을 뿐만 아니라 직삼각형 4, 8, 9와 흡사하여 직삼각형 4, 8, 9를 육각형에 적용시킬 수 있게 한다는 점에서 그 중요성이 있다.

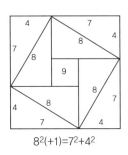

$$8^2(+1)=7^2+4^2$$

81(-1)=64+16이라면, 64(+1)=49+16이다. 변이 11(=7+4)인 정방형은 수치 9〔=(7-4)²〕의 정방형을 둘러싸는 네 직방형(4×7)으로 분할되어 이 새로운 직삼각형(차이 1을 무시하면)에 대해 검증할 수 있게 한다. 새로운 직삼각형 4, 7, 8은 빗변이 밑변의 두 배에 달한다는 점에서 극히 중요하다. 육각형의 변(빗변, 8), 육각형의 반(半)변(밑변, 4) 그리고 반육각형으로 구성된 사다리꼴의 높이(7)에 의해 형성되는 모든 삼각형이 이 경우에 속한다. 이리하여 우리는 비율 8/7이 효능성을 지니는 여러 이유를 알 수 있으며 이 비율과 직삼각형 3, 4, 5의 연관성, 즉 비례 8×10과 해시계의 연관성을 이해할 수 있는 근거를 마련하게 된다.

* * *

『주비산경』에서 기술하듯, 원은 정방형에서 비롯하며 중간 단계인 육각형을 거친다.

원둘레가 그 외곽에 자리한 정방형 둘레의 3/4으로 되는 이유는 정방형 한 변이 원 안에 자리한 육각형의 두 변에 해당하기 때문이다. 정방형 둘레가 8, 즉 그 변이 2일 때, 육각형과 원의 둘레는 공히 6이다. 왜냐하면 원의 반지름과 육각형의 한 변은 1, 원의 지름(육각형의 두 변)은 2, π는 3으로 간주되기 때문이다.

원둘레와 그 내부의 육각형 둘레의 등가관계를 말해주는 일차적인 증거로 우리는 차륜의 바퀴에 30(=6×5)개의 바퀴살이 있었다는 사실을 들 수 있다. 통설에 따르면 차륜은 1개월, 즉 하늘의 달(月)을 연상시켰다고 한다. 달의 표상은 바퀴보다는 오히려 곡선형의 칼이다. 곡선형의 칼은 마모된 달인데, 달을 마모시키는 것이 칼이다.[148] 칼의 곡선이 기준치에 부합하는지를 검증하는 데 중국인은 여섯 개의 칼을 집결시켜 그것들이 하나의 완벽한 원을 형성하는지를 확인했다. 그 칼의 길이는 1척이어야 했다.[149] 이로 미루어 우리는 육각형이 원에 해당하며, 육각형과 원은 모두 6에 해당함도 알 수 있다.

파이=3이라는 공식은 중국 수학과 천문지의 기본전제다. 이 공식은 차륜제조공들의 수칙이었고, 또한 항상 그렇게 적용되었다. 예전의 차륜제조공들은 차륜뿐만 아니라 차개도 제작했다.

천개학파는 하늘을 하나의 덮개로 여겼으며, 직삼각형 3, 4, 5를 빌려 하늘의 측정이 가능하다고 믿었다. 또 이 학파는 공식 9×9=81을 수칙

---

148) 곡선으로 된 칼과 마모된 달에 관해서는 졸저, *Danses et légendes de la Chine ancienne*, 535쪽과 각주 2), 533쪽과 각주 1), 533, 534쪽을 참조할 것.

149) *Tcheou li*, Biot, t. II, 492쪽. 여러 주해들에 따르면 이 칼들은 필기구였던 것 같다. 칼은 곡상형의 무기나 그 착용은 오른쪽이다. 그런데 오른쪽은 음에, 곡선은 양에 해당하지만, 도(刀)는 달의 표상이므로 근본적으로 음(陰)의 무기다. 반면 (직선형의 무기인) 검(劍)은 태양의 표상이다(졸저, 같은 책, 498쪽의 각주 2) 참조).

들 중 으뜸수칙으로 여겼던 반면 해시계는 80으로 간주했다. 중국인은 5를 빗변으로 하는 직각삼각형 3, 4, 5를 적용하여, 3이나 4를 높이로 취해 해시계에 수치 81(=3×27)이나 80(=4×20)을 부여했다. 따라서 빗변은 경우에 따라 135(=5×27)나 100(=5×20)이 되며, 밑변은 108(=4×27)이나 60(=3×20)이 된다. 서로 비율이 4/5인 수 108과 135와 그 비율이 3/5인 수 60과 100은 정방형에서 원을 도출하려 하는 자, 즉 비율 3/4이나 3/2을 예증하려는 자에게는 운용될 수 없는 수다. 따라서 정방형에서 원을 도출하려는 주장과 해시계의 효능성은, 변이 3, 4, 5인 직삼각형의 구성이나 두 변이 5이며 빗변이 8이나 6인 까닭에 높이가 3이나 4인 이등변삼각형의 구성과는 무관하다.

오히려 중국인은 밑변이 육각형의 두 변에 해당하는, 즉 반(半)육각형으로 이루어진 하나의 마름모꼴을 구성하여 정방형에서 원을 도출할 수 있었으며,[150] 더욱이 해시계의 높이 또한 정당화할 수 있었다. 사실 이것은 육각형의 변과 사다리꼴의 높이의 비율을 8/7이나 9/8로 규정하면(1을 가감하고 승수로서 9나 8을 사용하는 경우) 가능하다. 나중에 우리는 이 점을 살펴볼 것이고, 이를 통해 비율 8/7이 (비율 9/6 못지않게) 짝수와 홀수의 비율을 나타내는 적절한 표현으로서 고대에 선호되었던 이유가 설명될 수 있을 것이다. 그리하여 우리는 또 그로부터 중앙의 정방형을 에워싸는 네 직방형을 하나의 정방형 속에서 가능하게 하여 정확한 직삼각형이나 유사한 직삼각형들을 얻을 수 있다는 우리의 가설도 입증할 수 있을 것이다. 이는 빗변 공리의 증명이 고대성을 지니고 있다는 확증과도 같다.

다음의 기본적인 사실에서 출발하자. 『주비산경』학파나 직삼각형 3, 4, 5의 신봉자들에게 하늘은 차개와 동일했다. 차개는 세 부분으로 구성

---

150) 복희(伏羲, 직각자를 소지했던 최초의 주술가—이 책, 192쪽과 365쪽을 참조하시오)의 누이였던 여와(女媧)의 상징이자 여성의 표상인 그림쇠는 서로 가르며 교차하는 (단순한 십자+字를 형성하는) 두 개의 직선 또는 곧은 막대기로 형성되었다(졸저, *La Civilization chinoise*, 19~21쪽 참조).

된다. 편평한 중앙부는 수치가 2+2이며, 하나의 지주(支柱)가 그 가운데를 받친다. 곡선을 띠는 두 가장자리는 각 수치가 4다. 차개는 하늘의 형상을 나타내기 때문에, 하늘의 둘레와 유사한 차개의 둘레는 36이어야 하며, (비록 차개의 가장자리가 곡선형이라 할지라도) 지름은 12[=(4+2)+(2+4)]로 간주된다. 그러므로 반육각형의 세 변과 마찬가지로, 차개의 둘레도 상호 균등한 세 선(4+4+4)으로 이루어진다. 하지만 편평한 중앙부와 가장자리가 이루는 각도는 60도가 아니다. 이 각도는 60도를 훨씬 웃돈다. 실제로 차개의 둘레가 그 밑변과 더불어 이루는 사다리꼴은 높이가 2로 고정되어 있다. 바로 이 점이 기본 전제이다.[151] 이 점은 나중에 다시 논하자.

먼저 밑변의 길이가 두 빗변의 길이와 같은, 즉 세 변이 반육각형을 형성하는 사다리꼴을 만들어보자. 각 변의 수치는 1이어야 한다. 왜냐하면 하나의 완벽한 원을 형성하는 여섯 개의 칼은 각 길이가 1척이기 때문이다. 사다리꼴의 둘레가 5로 등분되고 총둘레 360을 나타내기 위해서는 각 등분을 72로 간주하면 된다. 따라서 밑변은 땅과 음을 표상하는 규격 144가 되고 반육각형의 둘레는 양과 하늘의 규격 216이 되면서 반원주와 균등해진다.

72는 9×8이다. 사다리꼴의 둘레를 형성하는 다섯 변의 각 수치 1을 72로 끌어올리는 데에는 두 방법이 적용될 수 있다. 그 하나는 8을 먼저 곱한 다음에 9를 곱하는 것이고, 다른 하나는 9를 먼저 곱한 다음에 8을 곱하는 것이다.

8을 먼저 곱하는 방식부터 살펴보자.

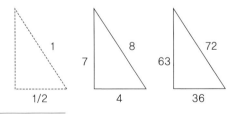

151) *Tcheou li*, Biot, t, II, 476쪽.

육각형의 변은 8이니, 반(半)변은 4다. 앞서 언급한 구성(변이 11인 정방형 속에 배치된 네 직방형 7×4)에 따라 우리는 사다리꼴의 높이를 7로 산정할 수 있다.[152] 여기에 9를 곱하자. 그럴 경우, 변은 72, 반변은 36, 높이는 63이 되어 사다리꼴 측면에는 직삼각형 36, 63, 72가 형성된다.

이제 두 번째 방식을 살펴보자. 먼저 9를 곱하자.

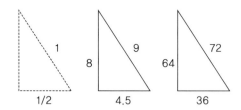

육각형의 변은 9이고, 반변은 4.5이다. 앞서 언급했던 구성(변이 12인 정방형 속에 배치된 네 직방형 8×4)에 따라 유사직삼각형 4, 8, 9를 활용할 수 있다. 그리하여 수치가 9인 변을 다시 8로 곱하면 앞서의 경우처럼 72를 얻고 1/2변으로는 36(=4.5×8)을 얻을 수 있다[비록 우리가 직삼각형 4, 8, 9를 운용하지만 이 경우 반변은 9의 반인 4.5임을 잊어서는 안 된다]. 이 직삼각형에 따라 처음에 8이던 높이는 다시 8로 곱해져 64가 된다. 이렇게 해서 사다리꼴의 측면에는 직삼각형 36, 64, 72가 형성되며, 이 직삼각형은 63이 64로 대체되었다는 점에서만 앞서의 직삼각형과 다를 뿐이다.

63은 9×7이며, 64는 8×8이다. 이 두 높이는 차상(車箱)과 차개(車蓋) 사이에 한 인간을 위치시키기에 아주 적절한 높이다. 왜냐하면 인(人)이라는 글자로 표상되는 사람의 신장은——우리의 주의를 요하는 중국인의 망설임이 역력한——7척이나 8척에 달하여 1척이 9등분되는 경우 63에, 1척

---

152) 여기서 우리가 높이라 하는 것은 육각형으로 된 바퀴 안쪽의 실질적 반지름에 해당하는 것이다. 비율 7/8은 이 반지름(사다리꼴의 높이)과 바퀴 바깥쪽 원주의 반지름의 비율이다.

이 8등분되는 경우 64에 해당한다고 간주되기 때문이다.

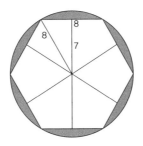

하지만 역관들의 수호신으로 섬겨졌던 고대 태양의 영웅, 중(重)-려(黎)에 의해 하늘과 땅의 소통이 격절된 이래,[153] 사람들의 머리는——군주의 머리마저도(높다란 장대에 오르지 않는 한)——더 이상 하늘에 닿을 수 없게 되었다. 더욱이 마차에 올라선 전사는 차상과 둥근 차개 사이에서 시야가 넓어야 했다. 그래서 차개는 한결 높아졌다. 즉 사람의 신장이 8척으로 간주되는 경우, 차개를 받쳐주는 지주는 2척 더 높아졌다.[154] 비록 사람의 신장이 7척에 그치는 경우라 할지라도, (신장의 변화는 없음에도 신장의 측정 단위가 64등분 대신 63등분으로 변경됨으로써) 차개의 지주 높이가 2척이 더 높았을 것임을 우리는 인정해야 한다.

8부터 먼저 곱하는 첫 번째 방식에서, 사다리꼴 높이는 7(천체바퀴의 반지름), 즉 63이다. 왜냐하면 사다리꼴의 둘레가 360이 되려면, 두 번째 승수를 9로 해야 하기 때문이다. 천개를 받쳐주는 중앙의 지주는 하늘과 땅이 서로 소통하지 못하도록 격리시켜야 하기 때문에 (7+2)×9, 즉 9×9나 81이다. 이 수치 81은 주비(周髀, 해시계)의 수치다. 인간의 신장이나 천체바퀴 실제 반(牛)지름이 8인 경우라면, 사다리꼴의 둘레가 항상 360이기 위해서는 (첫 번째 승수가 9인 까닭에) 두 번째 승수가 8이어야 한다. 따라서 8×8, 즉 64는 인간의 신장을 나타내며,

153) 이 책, 348쪽을 참조할 것.
154) *Tcheou li*, Biot, t, II, 476쪽.

80〔=(8 +2)×8〕은 중앙에 있는 지주의 높이를 나타낸다. 이것은 바로 해시계의 규격이기도 하다.

 80이 64에서 비롯하듯이 81은 63에서 비롯한다. 우리가 인간의 표준 신장을 7척이나 8척으로 분할한다고 해서, 즉 63등분이나 64등분한다고 해서 인간의 표준 신장에 차이가 생기는 것은 아니다. 마찬가지로 해시계의 높이를 80에 고정하든 81에 고정하든, 그 실제 높이(막대기가 박힌 지표상의 구멍에서부터 막대기 끝 사이의 간격)에 어떤 차이가 생기는 것은 아니다. 81은 단지 **계산에 포함되지 않은** 1에 의해서만 80과 차이가 있는 것이다. 중국인은 해시계의 높이를 나타내려고 항상 8제곱 방식을 취했다. 그리고 마차 제조공들은 지주와 차개에 맞닿은 주두(柱頭)를 제작할 때, 차개 위로 지주 머리의 미세한 부분(1/100척)이 더 나오게 하는 데 주의했다. 수 81은 특히 밑변이 2×72일 때의 높이와 그 밑변 위에 세워진 표식을 측정해준다는 점에서 아주 중요하다. 이를테면 우리가 높이가 81이며 밑변이 72(=144/2)이기에 그 빗변이 216의 반, 즉 108인 직삼각형 9, 8, 12를 인식하게 된다. 육각형의 세 변은 하늘의 둘레인 이 216을 나타낸다.

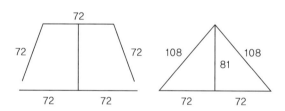

 높이 또는 해시계 81은 차개나 지붕의 형태가 사다리꼴에서 삼각형으로 바뀔 수 있는 근거를 마련해준다〔삼각형의 윤곽은 원형의 초가지붕에 완벽히 부합한다. 명당은 원형의 초가지붕으로 되어 있었다고 전해진다. 하지만 『고공기』[155)에 초가지붕보다 경사가 완만한 것으로 기록

---

155) 앞의 책, 571쪽.

되고 있는 기와지붕은 (적어도 한대漢代에서는)[156] 반(半)육각형이나 차개와 유사한 형태를 지니고 있었다]. 윤곽의 둘레가 216인 삼각형이나 사다리꼴의 지붕은 직방형 위에 놓여야 하는데 이 직방형의 반(半)둘레는 144를 그 수치로 갖는다.

해시계가 81인 경우, 건축물의 가로를 규정하는 것은 해시계인 반면, 세로를 규정하는 것은 사다리꼴의 높이인 63이다. 앞서 우리는 이 경우 면적단위(연筵)는 관습적인 승수가 9인 까닭에 9×7임을 살펴보았다. 그리고 해시계가 80이어서 건축물의 폭이 80이고, 사다리꼴의 높이와 건축물의 세로가 64인 경우, 단위는 벽선이며 승수는 8이다. 이 두 경우 모두 우리는 정방형(72×2, 사다리꼴의 밑변, 정방형의 반둘레)에서 원 (216=108×2 또는 72×3)을 이끌어낼 수 있다. 해시계가 80일 때 〔심지어 81(80+계산에 포함되지 않은 1)일 때조차〕 우리는 비율 10×8에서 직삼각형 3, 4, 5를 찾을 수 있다(이 비율 10×8은 9×7의 비율로 형성된 표면적에서도 찾을 수 있다. 왜냐하면 81+63은 80+64와 마찬가지로 144이기 때문이다).

우리는 비율 8×10과 벽선을 통해 해시계의 높이를 80이나 80(+1)에 고정시켜 완벽한 직삼각형 3, 4, 5를 생각해낼 수 있다. 하지만 이 생각이 가능하기 위해서나, 원이 정방형에서 비롯하여 중간단계인 육각형을 거쳐 이루어진다는 착상, 즉 원과 정방형의 비율인 3/2이나 9/6를 216/144의 형식으로 재현하기 위해서는, 원주의 반지름(육각형의 한 변)과 차륜의 실질적 반지름(반半육각형으로 나타나는 사다리꼴의 높이)의 비율 8/7(또는 9/8)에 근거해야만 했다(더욱이 우리는 이 근거에서 출발하여 두 비율 9×7과 10×8을 대립시키면서도 동일시할 수 있었으며 그에 따라 직삼각형 3, 4, 5를 상기시킬 수 있었다. 이 결과를 얻기 위해 건축가들은——음악가들이 음계의 공식을 완벽히 정립할 때처럼——관

---

156) 스미스(Gold Smith)가 복제해 세르뉘시박물관에 보존되어 있는 흙을 구워 만든 집 한 채는 이를 잘 보여준다(*L'art chinois*, 71쪽 참조).

습적 승수인 8과 9를 번갈아 운용해야 했다. 이 점은 우리가 살펴본 증명에 내포되어 있다. 전통은 이 점을 확고히 했다. 주대의 중국인은 측량단위로 길이가 9척인 연을 사용했으며 1척을 8촌으로 분할했다. 또 은대에는 측량단위로 8척에 해당하는 심(尋)을 택했으며 1척을 9촌으로 분할했다.[157] 그래서 해시계가 80인 경우에도 인간의 신장에 대한 해시계의 초과비율이 2/8 이상은 되지 못한다고 간주할 수 있었다. 그러니 해시계를 인간의 표준신장 8과 똑같은 것으로 간주하려면, 1척을 10촌으로 분할하는 것(80 = 10 × 8)으로도 충분했다. 통설에 따르면,[158] 하대의 체계가 그러했다.[159]

* * *

인간이 7척(직삼각형 4, 7, 8)이나 8척(직삼각형 4, 8, 9)의 신장이라고 해서 신장의 차이가 있었던 것이 아니듯이, 해시계의 높이가 81이나 80이라고 해서, 즉 해시계를 9번 9등분하든 10번 8등분하든 8번 10등분하든지 간에 그 높이에 어떤 차이가 있는 것은 아니다.

수의 기능은 크기를 표현하는 데 있지 않다. 수는 구체적 규격들을 우주상의 비례전반에 부합시키는 데 운용된다.

하나의 수-표상이 자신의 임무를 완벽하게 수행하려면, 다음 두 사항을 표현하고 내포할 수 있어야 한다. 즉 하나는 세계의 항구적 구조를 상기시키는 것이며, 다른 하나는 질서나 문명의 전범(典範)을 상기시키는 것이다. 가장 의미심장한 수-표상은 3과 2, 3과 4, 5와 4, 10과 8, 9와 6, 8과 7, 64와 80, 63과 81, 144와 216, 108과 72 등이다. 이 수들은

---

157) *Han Wei ts'ong chou*; *le Tou touan de Ts'ai Yong* 참조.

158) 같은 책.

159) 수대(隋代) 학자들의 주장에 따르면, 주대(周代)의 명당은 정방형이었으며 또 명당을 북에서 남으로 측량하는 데는 길이 7의 연(筵)(7 × 9 = 63)이 사용되었으며, 동에서 서로 측량하는 데는 9폭의 연(筵)(9 × 7 = 63)이 사용되었다.

총수 360(=5×72=6×60)에 의해 그 운용이 통솔되는 까닭에 우주의 형태와 생태를 명확히 드러낸다.

우주의 구조나 형태는 음과 양의 비율이며 홀수와 짝수의 비율인 9/6와 7/8로 간략하게 표현된다. 우리는 천체바퀴의 실제 반지름(표준적 인간, 7이나 8, 사다리꼴의 높이)과 원주의 반지름(육각형의 한 변)의 비율 7/8(또는 8/9)에서 하늘의 둘레(육각형의 반둘레)와 지상의 밑변(사다리꼴의 밑변)의 비율 9/6로 이행이 가능하다는 것을 살펴보았다(이것은 정방형에서 중간단계인 육각형을 거쳐 원으로 이행하는 것과도 같다). 우주의 생태는, 즉 직선과 곡선, 음양의 율동적인 교대는 이러한 이행을 통해 표현된다. 이를 가능하게 해준 것은 다름 아닌 시공의 분류지표로 간주되어 왕조의 표상처럼 운용되었던 승수의 병용이었다. 문명의 한 시대를 특징짓는 이 표상들은 상이하면서도 상통하는 용어들[비례 8×10 또는 9×7, 반둘레 81+63 또는 80+64(양자 모두 144다)]로써 우주의 구조를 나타낼 수 있게 해준다. 다른 체제의 여러 왕조들에 의해 문명이 계승된다고 해서——이러한 계승은 하나의 음악적 율동인 수열 9, 6, 8에 의해 조절된다(이를테면, 6은 하대의, 8은 은대의, 9는 주대의 수-표상이다)——세계의 구조가 변질되지는 않는다. 중국인은 여러 측정단위의 분할지표를 위해 상호조합이 가능한 수를 선택함으로써 세계구조의 항구성을 명시하고자 했다. 이렇게 선택된 수들은 서로 조합되지만 단지 조작순서만 바뀔 뿐, 조합의 결과에는 (차이 1을 무시한다면) 아무런 변동이 없었다.

수는 측정보다 대립과 상관관계를 제시하는 데 사용된다. 중국인은 우주가 형성하는 체계 속에 사물의 통합을 기하기 위해 수를 사용한다. 실제로 사물은 측정되는 것이 아니다. 사물은 제각기 고유한 척도를 지닌다. 고유한 척도 그 자체가 사물이다. 사물은 도구나 장인에 의한 것이다. 세계의 척도가 군주, 즉 표준 인간의 척도이듯, 사물의 척도는 제조공의 척도다. 마차 제조는 모든 기능 가운데 가장 고귀한 기능이다.[160] 왜냐하면 차상과 차개는 땅과 하늘이기 때문이다. 마차(차개車蓋와 지주支柱)의 구조는 비율 9/6, 8/7을 확연히 보여주는데, 이 세세한 여러 비례(무기의 길이, 차개의 높이)를 결정하는 것은 전사(戰士)의 신장(身長)이다.[161] 하지만 도기(陶器)의 실제 규격이 도공(陶工)이 사용하는 물레의 실제 규격에 의거하듯이,[162] 마차 제조공은 **오로지 자신의 도끼 자루만**을 사용하여 모든 치수를 결정했다.[163] 통일제국 창건자의 가장 뛰어난 공훈은 차륜 사이의 굴대 길이를 제국 전역에 걸쳐 실질적으로 통일시킨 것이다(진시황은 자신의 공덕을 새겨놓은 송덕문 속에서 이 점을 자부한다. 아마도 그의 자찬일 것이다.[164] 진시황의 통치 이전부터 모든 마차는 **동일한 비율**로 제조되고 있었다).

우리는 중국의 수(數)사상 속에는 가장 엄격한 순응성, 양식에 대한 집착, 기발한 착상, 개인성에 대한 애착 등이 경이롭게 화합되고 있음을 확인할 수 있다. 이 사상 속에서 수는 (수의 실용적 측면 외에도) 세계의 구조를 명확히 드러내기 위해서나 우주의 율동을 암시하는 다양한 문명의 계승질서를 보여주기 위해 사용될 수 있었다. 하나의 유일한 분할체계만을 측정 단위 전반에 적용하기를 거부하면서, 수에 의한 분류방식을 다양화한 중국인에게뿐만 아니라 각각의 단위를 고유한 분할방식으로 특징화하면서 상호보완적인 여러 분할방식을 함께 운용하고자 한 중국인에게, 수는 비율을 다루거나 비례를 운용하는 데 어떠한 제약도 가하지 않으면서 비율과 비례를 알려주는 역할을 다했다.

수는 단지 표상일 따름이다. 중국인은 수를 양에 대한 추상적이며 구속적인 기호로 간주하지 않았다.

---

160) *Tcheou li*, Biot, t. II, 462쪽.
161) 같은 책, t. II, 463쪽. 사람의 키가 8척이라면, 차상(車相)은 흙부터 4척 높이에 위치하며, 차개(車蓋)의 높이는 (2×4)+2이고 (6×6인 차상의 테두리 위로 기울 수 있는) 정지용 막대기는 4며, 전투용 막대기는 8×3 등이다.
162) 같은 책, 539쪽. 주해가들에 따르면, "도공의 물레는 물체의 원형뿐만 아니라 정방형도 규정할 수 있다."
163) 같은 책, 574쪽 이하.
164) 졸저, *Civilisation chinoise*, 119쪽.

5. 수의 분류 기능과 의례상의 기능

벽선(璧羨)의 규격(10×8)이 지닌 타당성을 제시하기 위해 중국의 주해가들은 고대의 제반 측정단위들은 인체에서 나왔다는 지적과 함께, 팔목에서 시작되는 손의 길이가 남자는 10촌(寸), 여자는 8촌(寸)이라고 명시한다. 여인들이 짓는 옷감의 규격과 (음陰에 속하는) 제작물의 규격은 짝수(8 또는 4)에 의해 결정됨을 원칙으로 했다. 나아가 면적의 분할, 특히 부피의 분할 또한 짝수에 의해 결정되었다.[165] 왜냐하면 음(陰)은 움푹 파여 담을 수 있는 것이기 때문이다. 그리고 신장(身長)의 척도나 해시계, 그리고 군주에 관계된 길이는 양수(陽數, 홀수)로 표현되었다.

홀수와 짝수의 우선되는 기능은 사물들을 양과 음의 범주로 분배하는 데 있었으며, 이 분배 기능에는 이내 의례상(儀禮上)의 기능이 동반된다. 양은 음을 이긴다. 홀수는 홀수와 짝수의 종합이다.

우리는 중국의 수사상을 중국어원학자들의 한 문구를 통해 집약할 수 있다. 남자 무당은 여자 무당을 뜻하는 '무'(巫)자로 지칭될 수 있으나, 자신의 고유한 지칭(覡)을 지녔음을 설명하고자 무녀(巫女)는 음(陰)이요 무인(巫人)은 음(陰)-양(陽)이라고 한다. 음-양이라는 표현은 무인의 지칭에 줄곧 사용되었는데, 무인은 성혼관습에 따른 특권 아래 언제나 남자임과 동시에 여자였으며, 원한다면 여자도 될 수 있었다. 홀수는 짝수를 포괄하며 또한 짝수를 만들 수 있다. 그러기에 짝수와 홀수는 홀수 속에서 홀수에 의해 변환된다.

---

165) *Tcheou li*, Biot, t. II, 504쪽. 용량의 표준은 일종의 동종(銅鐘)이었다. 기본 음률인 황종(黃鐘)과 동일한 음을 내는 이 동종은 속(陰)은 정방형이고 겉(陽)은 원형이다. 정방형의 속은 1×1의 크기를 지니고 있어 1부(鬴), 즉 64승(升)의 용량을 지닌다. 동종의 움푹한 아랫부분은 1두(斗, 4승升)의 용량을, 그리고 동종(銅鐘)의 귀는 1승(升)의 용량을 지닌다. 4두(斗)는 1균(釪, 16승升)에 해당하며, 4균(釪, 64승升)은 1부(鬴)에 해당한다.

10(남자의 손)과 8(여자의 손)로 된 벽선의 효능성은 평균지름이 5와 4이며, 이 둘의 합이 9라는 점에서 비롯한다. 11〔5와 6의 종합이며 (첫 열 개의 수가 형성하는 다섯 쌍 각각의 종합)〕, 7〔3과 4의 종합 (내부에 있는 원의 반둘레와 외부에 있는 정방형의 반둘레)〕, 5〔3과 2의 종합 (원주의 반과 정방형의 한 변)〕는 모두 양에 속하면서 음-양에 속하는 사물의 표상으로 운용될 수 있다. 하지만 양을 표상하는 데에는 이 세 수들보다는 9가 더욱 적절하다. 왜냐하면 9는 5+4이면서도 32이기 때문이다. 3은 처음으로 음양이 합해지는 수로서 첫째 수 그 자체다.[166]

1(하나)은 언제나 완전함 그 자체이며,[167] 2(둘)는 쌍일 따름이다. 2는 음양의 교대(와 총합이 아닌 결합)를 특징으로 하는 쌍 그 자체다. 그리고 1, 즉 완전함은 음도 양도 아닌 축 그 자체로서 음양의 교대를 바르게 한다. 다시 말해, 1은 중앙의 정방형이다. 즉 (도가에서 말하듯 그 자체는 비어 있기에, 바퀴를 돌게 하는 차륜의 가운데 구멍처럼)[168] 계산에는 포함되지 않으나 공간 전체를 상징하는 큰 정방형을 분할하는 네 직사각형에 의해 형성되는 만자의 회전을 통솔하는 중앙의 정방형이다. 1은 가산될 수 없는 불가분함이다. 왜냐하면 1은 홀수와 짝수의 종합이 아니기 때문이다. 또 1은 총체인 까닭에 수치 1로 될 수 없는 일체다. 나아가, 모든 대조적 양상이 1 속으로 흡수되며 1 속에서 좌와 우, 상과 하, 전과 후, 원과 정방형, 양 전체와 음 전체는 서로 대립하면서 결합하기 때문에, 1은 2와 구별될 수 없다. 이렇듯 일체(하나)이면서 한 쌍이며, 수의 용어로는 정수(整數)라 할 수 있는 완전함 그 자체는 모든 홀수 속에서, 그리고 제일 먼저 3(1+2) 속에서 구현된다. 우리는 3이 만장일치의 완곡한 표현임을 확인하게 될 것이다.

---

166) 『설문』(說文, Chuo wen)은 하늘과 땅의 길(道)을 3으로 규정했다. 3은 11에 비교될 수 있는 하나의 종합을 의미한다(이 책, 205쪽을 참조할 것).
167) 一은 통일성보다는 불가분한 하나를 의미한다. 글자 一이 부사적으로 사용되면 '총체적으로, 또는 전부'를 의미한다.
168) 『노자』(Lao tseu), Wieger, Les Pères du système taoïste, 27쪽.

따라서 수열은 3에서 출발한다.[169] 그리고 수열은 연속적인 수열이
아니다. 왜냐하면 수들은 이내 상호대립적인 두 군으로 분할되기 때문
이다. 하나의 연속적인 수열은 단지 계산에만 사용될 따름이다. 중국인
이 실생활에서 정확하게 계산하게 된 것은 근래의 일인 것은 아니다. 하
지만 중국의 현자들은 음수열과 양수열을 통해, 상반된 위계범주로 사
물들을 구분하기 위한 분류지표를 얻고자 했다. 그들은 이 분류지표를
수를 통해 얻고자 했다. 그들은 무엇보다도 적절한 표상을 통해 홀수와
짝수의 군을 구별하려 했으며, 먼저 가장 완벽한 형태의 홀수와 짝수의
군을 제시하고자 했다. 이로부터 두 수열, 3, 9, 27, 81과 8, 16, 32, 64
의 중요성이 나온다. 이 두 수열의 중요성과 주된 의의는 의례상의 용도
를 통해 분명하게 입증된다.[170] 이 두 수열은 그 총합이 또 하나의 다른
정방형을 연상시키는 두 정방형을 두 차례 대립시키며[9+16=5²과
81+64=12²(+1)], (비록 하나는 유사직삼각형이기는 하지만 둘 다
근본적인) 두 직삼각형의 구성을 가능하게 한다. 이 두 수열이 효능성을
지니게 되는 또 다른 이유는 8+16+32+64나 3+9+27+81은 120이
며, 이 두 수열 모두의 합은 360의 2/3임에 있다. 가장 완벽한 홀수와
짝수로 형성된 이 두 수열을 대치시키는 경우, 360을 이루는 데 모자라
는 120은 단지 외양상의 부족함일 뿐이다. 군왕의 측근으로는 120명의
부인과 120명의 제후가 있어야 했다. 12표상이 수놓인 면복(冕服)과 12
주옥(珠玉)의 면류관(冕旒冠)을 착용하는 유일무이한 이 인간은 그 혼자
만으로도 두 군의 남자 가신과 여자 가신들 전체와 같았다. 왜냐하면 이
두 군(群)은 군주의 좌와 우에 불과했기 때문이다. 그리고 군주는 12지
역의 주군(主君)으로서 총수치 360과도 같았다. 그 자신은 이 총수 속에

---

169) 3에 관해서는 졸저, *Polygynie sororale et le Sororat dans la Chine
féodale*, 27쪽과 *Danses et légendes de la Chine ancienne*의 색인을 참조
할 것.

170) 해시계처럼 수치가 81인 기본 음률과 (앞서 살펴보았듯이) 수치가 64인 용
량의 표준은 대립관계에 있다.

서 1로 간주되지 않았으며, 황비 또한 120명 여인의 군(群) 속에서 1로 간주되지 않았다. 황비를 황제 속에 흡수시켜버리는 성혼에 따라 황비는 지고한 무인(巫人)이자 유일무이한 인간인 황제와 구별되지 않았다. 이와 같이 해서 음-양의 쌍이 이루어진다.

홀수는 짝수를 포괄함과 동시에 만들어낸다. 짝수는 늘 홀수의 이중적 분신(우와 좌, 음과 양)에 불과하다. 홀수도, 1(하나)도 짝수에 가산되지 않는다. 홀수와 1(하나)은 대칭을 이루는 것인 짝수를 중앙으로 끌어들여 홀수로 변환시킨다. 홀수도 一(하나)도 홀수에 가산되지 않는다. 왜냐하면 홀수와 一(하나)은 중앙 집중적 배치를 대칭적 배열로 변환시키기 때문이다. 이 변환들은 오직 양상과 형태의 변화로서 진정한 변신일 따름이다. 이 변환들은 어떤 양적 변화를 내포하지는 않은 것 같다. 더욱이 모든 짝수들은 대칭적 배치에 대한 표현으로서 차이가 없으며, 모든 홀수는 위계화된 배열에 대한 표현으로서 차이가 없다. 나아가 홀수들은 모두 총체, 즉 다소 복합적인 양상의 일체를 나타내는 표현이기도 하다. 1은 총체며, 일종의 총체인 홀수는 모두 1이다.

홀수는 가산과는 무관하다. 오히려 홀수의 작용은 전체의 다양한 분배방식과 조직의 내적 변화를 상기시키면서, 짝수에서 홀수로 또는 홀수에서 짝수로 이행시키는 데 있다. 짝수에서 홀수로의 이행은 무한함에서 유한함으로의 이행이나, 미정된 것에서 규정된 것으로의 이행이 아니다. 이는 대칭을 이루는 것에서 중앙화된 것으로, 위계화되지 않은 것에서 위계화된 것으로의 이행이다. 이행은 양(量)에 관한 어떠한 제시도 내포하지 않는다. 분신(陰)과 불가분함(陽), 정방형(대칭을 이루는 것)과 원(圓)(중앙화된 것)은 상생(相生)하며,[171] 주기적으로 교대한다. 기하학적 이상[172]은 직선과 곡선, 지름과 반원, 2와 3이 (대립하다

---

171) 이 책, 328, 329쪽을 참조할 것.

172) 그 유명한 태극(정점을 의미하는 글자 극極에 관해서는 이 책, 322, 323쪽을 참조할 것) 문양은 이 사상을 분명히 보여준다. 이 문양은 음과 양에 의해 만물이 생성될 때 음양의 결합을 보여준다고 한다. 음(어두운 면)과 양(밝은

가도) 서로 동화되는 것, 즉 1에 어떤 수치를 부여하지 못하게 하는 데 있다.

* * *

짝수와 홀수, 대칭을 이루는 것과 중앙화된 것의 동화와 대립은 수학

면)은 하나의 원으로 둘러싸여 있으며 또 각각 원의 절반을 차지한다.

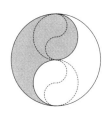

음양을 분리하면서 지름 주위로 굽이치는 선은 두 개의 반-원주로 이루어져 있고, 또 이 두 개의 반원주 각각의 지름은 큰 원의 지름의 절반에 해당한다. 따라서 이 선은 큰 원의 반원주에 해당한다. 음의 둘레와 양의 둘레는 각각 이 둘을 둘러싸고 있는 원의 둘레와 동일하다.—만일 우리가 이 분리선을 이보다 지름이 절반인 4개의 반원주로 이루어진 선으로 대체한다면, 새로운 선 역시 여전히 반원주에 해당할 것이다. 이러한 작업을 연속적으로 시행한다 할지라도 결과는 항상 동일할 것이다. 곡선의 분리선은 지름과 구별되지 않는다. 즉 3은 2와 구별되지 않는다.—『계사』에서 태극은 『낙서』와 『하도』의 이름이 언급된 문항에서 거론되고 있으며, 또 팔괘의 팔각형 배치와도 관련되는 것 같다(Yi king, L, 373쪽). 따라서 태극은 『계사』의 시대에 이미 강한 선(홀수, 반원주, 육각형의 3변, 즉 양)과 약한 선(짝수, 2, 지름, 육각형의 2변, 즉 음)으로 된 규정되지 않은 형태(여기서 우리는 경계라는 표현을 삼간다)로 생각되었을 것이다. 우리는 태극의 문양과 그 제재가 유사한 도상을 고대의 성상화(聖像畵)에서도 볼 수 있다. 도상은 기둥을 감싸고 있는 용을 보여주는 것으로, 승천의 제재를 극(정점)과 도사상의 연관성 속에서 다루고 있다(이 책, 319, 320쪽을 참조할 것).—태극문양은 『낙서』와 『하도』의 도상처럼 송대에 들어 출현했다. 문양을 좀더 고대의 것으로 보고 싶으면 고고학적 발견이 있어야 할 것이다. 어쨌든 이 문양의 도안요소들은 고래로 있어왔던 것이다.—일본인들이 마가타마라 부르는 옥으로 된 보석들은 (이 보석들 가운데는 거울과 검을 비롯하여 황실을 수호하는 세 상징물 가운데 하나도 포함되어 있다) 그 형태가 반태극(半太極)(양陽의 부분 또는 음陰의 부분)의 형태와 크게 다르지 않다. 최근에는 한국에서도 남자와 여자의 목걸이를 장식하던 마가타마들이 발굴되었다. 중국고대문학은 이 보석들을 갈고리 형태로 묘사하지 않았으나 상현달을 '갈고리 모양의 달'이라 표현했다. 달은 옥과 연관되었기에, 태극문양 역시 송대(宋代)에 들어 달의 영허(盈虛)의 단계를 표상하는 것으로 간주되었다.

이 기하학적 앎과 구별되지 않음을 충분히 보여준다. 기하학적 앎은 사회형태를 그 원천으로 하며 사회형태에 적용된다.

중국인이 수에서 보았던 것은 음양의 범주에 속하는 여러 집합양식을 위계화하면서 특징지을 수 있는 두 부류의 표상이다. 중국의 현자들은 하나에 대한 산술적 개념을 멀리하여, 1을 차례로 더하여 형성되는 연속적인 수열 속에 수를 순열지우지 않았다. 그들은 수열을 무한정한 것으로 여겨야 할 필요를 느끼지 않았다. 그들은 수열을 (특히 첫 10개의 수가 그러하듯이) 하나의 주기를 나타낼 수 있는 한정된 모든 수열로 간주하려 했다. 중국인에게 수-표상은 하나의 전체가 어떤 장치를 이루고 있는지를 상기하기 위한 것, 즉 전체의 윤곽을 상기시키면서 윤곽이 분할되는 방식을 알려주기 위한 것으로 보였다. 수를 다루는 기술은 하늘에서 지표를 찾아내고 하늘의 둘레를 구역별로 분할해야 하는 역술가들의 전문영역이었다. 그들에게 하늘의 둘레를 균등한 구역들로 분할하는 것은 그리 중요하지 않았다. 하나에 대한 산술개념은 그들이 이 같은 분할을 하는 데 오히려 방해가 되었을 것이다. 그들의 주된 과제는 여러 분류방식을 서로 연관시키고 병용하여 그로부터 다각적인 운용의 가능성을 찾는 데 있었다.

하늘은 천정(天井. 중앙의 궁전, 지고한 하나의 궁전, 태일太一. 태일은 1로 계산되는 것인가, 계산되지 않는 것인가?) 외에, 4지역을 포함하지만 하늘의 4지역은 각기 90°에 해당하지 않는다. 동궁(東宮)은 70° 50′, 서궁(西宮)은 75° 40′, 북궁(北宮)은 101° 10′이며, 남궁(南宮)은 112° 20′이다.[173] 각 지역은 7구역으로 나뉘며, 적도 전체는 크기가 서

---

173) L. De Saussure, *Les origines de l'astronomie chinoise*, 100쪽. 저자는 하나의 그림(101쪽)을 통해 24성숙(星宿)의 차이를 제시했다. 춘분과 추분(동궁東宮과 서궁西宮)의 평균방위는 73° 15′, 대략 73이며 하지와 동지(남궁南宮과 북궁北宮)의 평균방위는 106° 50′, 대략 107이다. 비율은 대략 108/72 또는 9/6이다. 겨울, 즉 동지부터 찬 음식을 먹는 축제기일까지는 (이 축제의 3일을 포함하여) 108일간이었다.—관자(管子)는 (그의 저서 제3장에서) 한 해를 12일 단위의 30기간으로 분할한 후 (15기간은 여름과 봄에 배정하고,

로 현저히 다른 28별자리 수(宿)로 분할된다. 이 별자리들 중 두 개의 성관(星官)〔벌伐(오늘날의 삼參, 오리온좌에 속함)과 삼參(오리온좌에 속함)〕은 하늘의 동일한 지역에 자리한다. 중국인이 하늘의 지역마다 7 성관을 부여하는 것은 아마도 태일(太一)의 거처인 중궁(中宮)의 별자리(큰곰자리)에 칠성(七星)이 있기 때문일 것이다.[174] (사마천의 노력으로 보존되고 있는)『서경』(書經)의 한 구절을 인용한다면, "칠성과 이십팔수(二十八宿), 음률과 책력, 하늘은 이것을 사용하여 오행과 8방위(팔풍8風)의 기(氣)를 소통시킨다."[175] 책력에 정통했던 사마천은『사기』의 한 편 전체를 통해 8(풍風)에 의한 분류와 28(수宿)에 의한 분류가 어떻게 상관되면서 12(음률과 달)에 의한 분류와 연관되는지를 보여준다.[176] 사마천은 하늘의 원주상의 이십팔수에 팔풍을 더한 후 그 전체를 4등분한다. 28+8은 36, 즉 4×9다. 따라서 사마천은 어떤 구역의 7수도 90도에는 해당하지 않는다는 점에 방해받지 않고 구역마다 7수와 아울러 2풍을 부여한다. 그리하여 12달과 십이지(支)와 팔풍과 12음률 사이에 설정된 여러 등가 관계를 상세히 살펴보면 기이한 점들이 많이 나타난다. 가장 기이한 점은 하지의 달인 다섯째 달이 남동에 해당하는 세 성수와 연관되는 반면 정남(및 이에 관계되는 두 성수)은 하나의

나머지 15기간은 겨울과 가을에 배정한다) 봄과 가을에는 각각 96일을 할당하지만 여름과 겨울에는 각각 84일만 할당했다. 이 경우 춘분과 추분은 하지와 동지보다 더 많은 비중을 차지하게 된다.―관자가 봄과 여름을, 가을과 겨울을 8/7의 비율로 대립시키는 점에 주목하자.

174) *SMT*, III, 311쪽.

175) *SMT*, III, 301쪽. 주해가들은 칠성(七星)을 해와 달과 별로 간주한다. 하지만 칠성이 언급된『서경』의 또 다른 구절을 참고할 경우, 우리는 적어도 사마천에게는 이 표현이 큰곰자리를 지칭한 것이었음을 알 수 있다(*SMT*, I, 58쪽과 그 각주 2) 참조). 소통을 의미하는 글자 통(通)은 회로를, 숨결(영향)을 의미하는 글자 기(氣)는 율동을 상기시킨다.『서경』의 문장은 아마도 땅에서의 율동적 순환(오행五行과 바람)과 하늘에서의 율동적 순환(별자리와 칠성)에 대한 생각을 동시에 일깨우는 데 그 취지가 있는 것 같다. 오행이 이렇듯 고대에 언급되었고 또 팔풍(八風)과 관련되었던 점을 지적해두자.

176) *SMT*, III, 293쪽 이하.

단순한 방위에 위치할 뿐이며, 여름의 마지막 달인 여섯째 달이 가을과 서쪽의 시작을 알리는 남서와 연관된다는 점이다.[177] 그럼에도 시간의 운행에 가장 정통했던 사마천은 이에 전혀 개의치 않는다[오히려 그는 남쪽의 성수들 가운데 하나는 이름과 칠성을 가짐을 알려주려 한다. 그는 이 성수에 칠성이 있는 것은 7이 양(및 남南=화火)의 수數이기 때문이라 한다].[178]

표상의 운용뿐만 아니라, 실제적인 적용을 용이하게 하려는 의도에서, 이질적인 분류방식을 서로 연관시켜 병용하는 것이 역관으로서의 직분이었으며 이상이었다. 역관들에게 수는 하나의 근본적인 효능성을 지닌 것이었다. 즉 수는 하나의 전체를 분할했을 때 요소들 사이의 다양한 조합 가능성을 나타내는 데 적절하며, 이렇게 조합된 것을 새로이 조합할 수도 있게 한다. 이와 같이 중국인은 구성양식들을 특징짓는 임무를 수의 기능으로 국한시킨 다음, 수를 주기기호처럼 취급하여 수를 통해 제반 상황을 특징짓는 데 서슴지 않았다. 이러한 수의 기능은 주기에 따른 다양한 배치와 각 시기에 따른 배치를 상징하는 수의 기능과 크게 다르지 않다. 하나의 수가 하나의 방위를 나타낼 때, 그것은 시공적 상황의 특성이 어떤 특수한 장치 속에 있는지 말해주는 상징이다.[179] 시공이 하나의 구체적 지대를 함께 형성한다는 것을 그 기본전제로 하는 천문학과 기하학에서, 수는 무엇보다도 각 상황에 따라 일체, 즉 총체가 어떠한 형태를 띠는지 보여주는 데 사용된다.

5에 의한 분류와 6, 4, 7에 의한 분류, 8에 의한 분류와 9, 10, 12(24, 36, 60, 72 등)에 의한 분류와 같은 주된 분류체계는 모두 첫째 수이자

---

177) SMT, III, 308, 309쪽과 302쪽의 그림 참조. 정남풍(正南風)이 열두 달 중 어느 달에도 해당되지 않음은 열세 번째 달이 이론상으로 존재하는 것과 관련되는 것일까? 열세 번째 달은 여름이 끝나는 일곱 번째 달 이후의 한 기간에 설정되었다. 360을 28로 나누면 대략 13(364=28×13)을 얻는다.

178) SMT, III, 308쪽.

179) 이 책, 169쪽을 참조할 것.

완전한 정수인 3과 연관된다.

여기서 주목할 것은 천문과 역술(曆術)의 수호신에 관한 여러 신화들이 다음 사실들을 주지시킨다는 점이다. 즉 시공을 안배하는 현자들의 기하학이 (수에 의한 분류체계 전반과 마찬가지로) 하나의 위계질서에 의해 자리 잡힐 무렵의 중국사회의 형태와 안배방식을 그대로 모방한다는 점이다. 중국인의 모든 분류방식은 군영의 구성방식인 정방형의 구성과 관계되며, 원(圓)과 회전을 상기시키는 십자형이나 만자(卍字)형과도 관련된다.

앞서 우리는 시공의 중앙집권적 배치를 언급하면서[180] 어떻게 해서 **십자형 배치**가 3:3 대치형상에서 나왔는지를 제시했다〔십十자형 배치는 우주를 4구역으로 분할하여 중앙에 표상 5를 부여함으로써, 위계질서 원칙인 일체, 총체 그리고 총체의 축을 중앙에 위치시켜준다. 그런가 하면, 3:3의 대치형상은 하나의 축을 상정하면서 경기競技에 대한 기억과 수에 의한 분류의 원형인 쌍의 범주개념을 낳는 고대의 이원적인 조직을 알려준다〕. 이 점을 제시하기 위해 우리는 희(羲)-화(和)신화를 전술했다.[181] 희-화는 태양이며, 여러 태양들의 어머니이며, 한 쌍의 태양이다. 하지만 희-화는 3명의 희와 3명의 화다. 그 자신이 하나의 태양의 모습이던 요임금은 이 두 3인조를 활용하여 하나의 커다란 십자를 그었다. 그는 희형제와 화형제의 동생들을 4극지로 파견하는 대신, 두 형제의 맏형은 중앙의 좌우에 있게 하여 측근에 잡아두었다. 희형제의 맏형은 태양, 즉 양을 선도하는 책무를, 화형제의 맏형은 달, 즉 음을 선도하는 소임을 맡았다. 왜냐하면 6명의 희-화 형제는 모두 역관이자 점술가였기 때문이다. 일체는 하나이면서 둘로, 좌이면서 중앙이면서 우로, 앞이면서 중앙이면서 뒤로——마치 십자 위에 갈라져 있는 두 삼위일체의 모습으로, 하지만 세계에 중앙을 설정하는 방식으로——분포되어 있음

---

180) 이 책, 114, 115쪽을 참조할 것.
181) 졸저, *Danses et légendes de la Chine ancienne*, 252쪽 이하.

을 알 수 있다. 중앙의 설정은 (전체가 5인 점으로 미루어) 4지역으로 구분하는 십자를 1, 즉 중앙에 대립시키거나 (전체가 7인 점으로 미루어) 4(둘레, 즉 정방형)를 3(축, 즉 원)에 대립시키는 방식으로 행해졌다. 따라서 (일체가 6으로 분할되면) 4, 5, 7은 우주의 형태와 조직을 표현할 수 있었다. 중려(重黎)의 신화에서도 이와 유사한 내용을 접할 수 있다. 중(重)과 려(黎), 그들도 역시 역관들이다. 그리고 중(重)-려(黎)[182]도 태양이다. 희(羲)-화(和)처럼 중-려는 하나다. 하지만 중-려는 한 쌍의 반으로서 오른쪽 반이다. 왜냐하면 신화에 따르면 중-려의 형제인 오회(吳回)는 (어머니의 몸에서 3명은 왼쪽으로 또 3명은 오른쪽으로 태어난 6형제의 할아버지였던 그는) 몸의 왼쪽 반(半)만을 지녔기 때문이다.[183] 하지만 중-려는 그 자신 혼자만으로도 곧 한 쌍의 형제다. 즉 중(重)은 하늘에, 려(黎)는 땅에 군림했다. 그래서 하늘과 땅, 상(上)과 하(下)의 분리는 신중하기 이를 데 없는 이 역관들에게서 유래했다고 한다. 그런데 흔히들 중(重)과 려(黎)는 형제가 아니라고도 한다. 이 경우 중(重)은 계산상으로 3인 어떤 4형제의 일원이다. 그들 중 북(北, 음陰)에 할당된 2명은 단지 1쌍일 따름이다. 다른 2명은 동(東)과 서(西)의 신령으로서 이 한 쌍의 일체(하나)를 에워싼다. 려(黎)는 혼자서 이 3인조에 대립한다. 려(黎)는 중(重)과는 달리 3분신으로 분포되지 않은 까닭에 단지 지평의 4분의 1만을, 세계의 한 구역인 남(南), 화(火), 양(陽)의 구역만을 통솔할 뿐이다. 이렇게 하여, 십자상의 4방위가 자리하며 4영웅은 각 4방위 중의 하나를 담당한다. 그리고 중앙, 즉 하늘의 덕을 지녀야 하는 황제 곁에는 땅을 담당하는 다섯째 영웅(后土)이 자리 잡게 된다. 지덕(地德)은 황제를 보좌하는 재상 고유의 것이다. 재상은 1명이면서도 3명이었는데, '삼(三)-공(公)'이라 불리었다. 마찬가지로 중국인은 촌장과 최고 원로를 '삼(三)-노(老)'라 불렀다. 이러한

---

182) 앞의 책, 254쪽 이하.
183) 같은 책, 254쪽의 각주 4).

호칭들만큼이나 3-홀수의 덕목을 더 잘 보여주는 것은 없다. 3-홀수는 그 고유한 덕목들로 인해 위계화된 조직을 표현해주는 제반 장치의 으뜸가는 표상이다.[184]——더욱이 우리는 5에 의한 분류가 6에 의한 분류와 분리되려는 경우조차 고대 이원론의 자취를 찾아볼 수 있다. 즉 중앙의 하나(일체)는 쌍의 의미를 지닌다는 점을 말이다.

이원론의 자취는 위계질서와 홀수의 의미변천에 따라 9와 10에 의한 분류가 주류를 이루게 되는 무렵에도 여전히 나타난다. 태양들의 어머니인 희-화가 하늘에서 아들을 10명 거느린다면, 땅에서는 (태양의 모습을 한) 요(堯)와 같은 황제가 9 또는 10명의 아들을 거느린다.[185] 요는 9태양을 살해하게 한다. 왜냐하면 이들이 자신의 제후(또는 그의 분신)인 대궁수(大弓手)를 시켜 그가 권좌에 오르는 것을 방해했으며, 또한 하늘에서 유일하게 빛과 어둠의 분배권한을 지닌 태양의 자리를 찬탈하려 했기 때문이다. 그뿐만 아니라 요(堯)는 자신의 재상이자 분신인 순(舜)을 시켜 자신의 아들들 중 맏아들도 살해하게 한다(아니면 최소한 추방시킨다). 순의 아들들 중 8이나 9명만이 그를 따랐다. 1:9의 대립은 1:3 대립이나 3:3 대립의 또 다른 양상에 불과하다. 제국과 세계가 혼돈에 빠져들면, 태양들은 1:9의 양상으로 서로 다툰다. 통상, 전투는 목하 하늘에 군림하게 될 상승하는 태양과 땅으로 느릿느릿 하강하는 태양인 석양 사이에 일어난다.[186] 즉 경쟁자들의 수를 2로 산정하든 10(1:9)으로 산정하든, 대결구도는 상하의 대립을 나타낸다. 그런데 만일 적어도 한쪽 진영이 9명인 경우, 9는 지표상의 공간분할을 나타낸다. 10(=9+1)에 의한 분류는 9에 의한 분류에서 나오며, 9에 의한 분류는 8(=9-1)에서 나온다. 황제는 4극지에 4명의 역관을 파견하지 않

184) 졸저, *Civilisation chinoise*, 221쪽 이하.
185) 졸저, *Danses et légendes de la Chine ancienne*, 253, 243쪽의 각주 4), 249쪽의 각주 1), 377쪽을 참조할 것. 10개의 태양은 각기 십간의 열흘을 배정받는다.
186) 같은 책, 377, 399쪽.

을 때에는 그곳으로 4악령을 추방했다. 더욱이 이들 역시 두 3인조를 이룬다. 이 경우, 유일무이한 인간은 그 반대급부로 2개 조의 신령을 좌우로 거느린다.[187] 즉 그는 8명의 대작(大爵)들에게 지상의 관리를 맡기며 (후토后土, 이것은 5를 자신의 표상으로 하는 중앙과 땅을 지배하는 신령의 칭호다), 또한 8명의 대신에게 4방으로 다섯 가지 가르침을 전파할 임무를 부여한다. 이들은 모두 다른 두 차원에서, 즉 물질적이나 도덕적 차원에서, 지상이나 하늘의 차원에서, 중앙권력(5=중앙)을 위임받아 자신들의 책무를 수행한다. 그렇지만 이 두 조는 각기 8명으로 구성되었다는 점만으로도 그 활동영역이 주변이었음을 충분히 드러낸다. 그들은 주요 4방뿐만 아니라 4각의 방위인 팔풍과 팔괘의 영역에서도 활동했다. 팔풍과 팔괘의 영역은 8개의 정방형으로서, 이들은 둘씩 짝지어져 세계의 바퀴 축과도 같은 중앙의 정방형 주위로 만(卍)자를 그리면서 4직방형을 형성했다. 태일은 팔괘를 8방위도의 형태로 배치하든지, 아니면 팔괘의 수-표상을 효능정방형의 둘레로 배치한 후, 중앙에 머물면서 두 번(5와 10)의 휴식기를 가졌다.[188] 다시 말해 (초기의 이원론에 대한 또 다른 자취를 논하면), 중앙과 1은 하나의 중복이며, 천상과 지상의 구도인 상과 하는 중첩되어 있으며, 중앙은 축으로서 하늘과 땅을 맺어준다. 이렇듯 황제는 중앙으로서 자신이 지니는 이중의 덕목을 전하고자 각기 8명의 보좌관으로 구성된 두 조를 필요로 했다. 8(또는 2×8)에 의한 분류는 10에 의한 분류처럼 정방형을 9정방형으로 분할하는 방식과 관련된다. 마찬가지로 (앞서 우리가 명당과 명당의 8외실과 12창을 언급하면서 제시했듯이), 12에 의한 분류도 이 분할방식과 연결된다. 하늘과 땅의 대립은 초기의 이원론을 상기시킨다. 하지만 이 모든 분류는 위계질서에 대한 사상의 변천을 말해준다. 이 변천은 홀수-3이 점차 권위를 갖게 되는 것과 무관하지 않다. 중앙의 1은 3:3

---

187) 앞의 책, 238, 257, 277쪽: *SMT*, I, 77쪽; *Tso tchouan*, C, I, 553, 554쪽.
188) 이 책, 194쪽을 참조할 것.

의 대치양상만을 낳는 방식인 3중으로 두 번 전개되기보다는 3중으로 세 번, 즉 앞으로, 가운데로, 뒤로 전개된다.[189] 따라서 정방형은 더 이상 단순히 십자형에 의한 초안 그대로의 모습은 아니다. 정방형은 만(卍)자형의 4갈래에 의해 완전히 한정된 상태를 띠게 된다. 우주는 더 이상 4구역과 1중앙만으로 분할되지 않는다(오행에 의한 분류). 우주는 구주(州)와 1중앙과 8방, 즉 팔풍이나 팔괘로 분할된다(8에 의한 분류).

역술가(易術家)들의 수호신이자 음양의 군주인 희(羲)-화(和)는 팔풍과 팔괘를 통솔함과 동시에, 태양으로서 또한 역관(曆官)들의 수호신으로서 빛과 어둠을 통솔한다. 희-화는 한 쌍이다. 마찬가지로 팔괘 가운데 건(乾)과 곤(坤)은 자매간인 3음괘와 형제간인 3양괘의 아버지와 어머니로서 한 쌍이다. 또 각 3형제인 희(羲)형제와 화(和)형제가 있다. 희형제와 화형제는 태양과 달의 주군(主君)으로 간주된다.[190] 10태양들의 어머니는 신화 속의 12달의 어머니와 거의 구별되지 않는다. 이 두 어머니는 한 남편을 공유한다. 삼(三)-체(體)의 아버지였던 이 황제는 춤과 음악의 창시자인 8영웅들도 낳았다.[191] 까마귀나 산토끼, 태양과 달은 모두 세 다리를 가진다. 태양은 낮 동안 16곳을 거치면서 주행해야 한다. 또 황제가 밤을 통솔하는 데에는 마치 그를 보좌하듯 각기 8신령으로 구성된 두 개 조가 있다.[192] 고대의 춤은 무인(舞人)들이 3:3으로 마주하는 형식이었으며, 이후 춤의 형식은 8:8의 양상을 띠었다.[193] 우

---

189) 이러한 삼중적인 전개는 두 차원에서 반복된다. 하늘의 구천(九天)은 지상의 구주(九州)에 상응한다.

190) 졸저, 앞의 책, 253쪽의 각주 2).

191) 같은 책, 264쪽. 마찬가지로 제(帝) 전욱(顓頊)에게는 일설에 따르면 3명의 아들이, 또 다른 일설에 따르면 8명의 아들이 있었다(같은 책, 243쪽의 각주 4). 또한 그에게는 삼족(三足)의 거북이였던 아들 1명이 있었다. 이 거북이-아들은 (한 발로 추는) 3인조 춤일 뿐만 아니라 삼족의 용광로와도 관련되는 제재다. 몸체가 셋인 부엉이는(같은 책, 523쪽) 삼족의 거북이(같은 책, 248쪽)와는 상반된 것으로서 삼족의 까마귀의 분신이자 반대다(태양과 반反태양에 관한 제재들은 같은 책, 527쪽 이하를 참조할 것).

192) 졸저, *Danses et légendes de la Chine ancienne*, 264쪽.

리가 알고 있는 것처럼, 예전의 어떤 가무단은 2명씩 그리고 3명씩, 8명씩 그리고 9명씩 춤을 추었다고 한다. 이 가무단은 세계의 구주(9×9)를 나타내는 81명으로, 팔풍과 팔괘(8×9)[또는 세계의 구주(9×8)]를 나타내는 72명으로 구성되었음을 뜻한다.──81은 중앙의 一과 해시계의 수(81-80)를, 72는 총수(360)의 5등분을 상기시킨다.

수에 의한 분류는 특히 역관들의 관심사며 태양이 군주의 표상이었던 까닭에, 우리는 주요 분류방식들의 기원을 주로 태양 및 태양의 가족과 관계된 신화들 속에서 찾아볼 수 있다. 이 신화들은 의례적인 경기들과 제식들을 허구화한 것에 불과하다. 왜냐하면 이 행사들이 거행되었던 방식 자체는 고대사회의 구조와 안배형태를 그대로 반영했기 때문이다. 음·양(쌍의 범주)에 따른 이분체계에 뒤이어 주된 분류방식으로 자리 잡은 (오행 이론에 따른) 6과 5에 의한 분류와 (팔풍과 구주에 따른) 8과 9에 의한 분류는 남성과 홀수가 특권을 누리는 시대의 도래를 알려 준다. 정방형의 구성방식과 3에 의한 구성방식은 도시와 군대조직의 특징이 되었다. 병사들은 마차에 3명씩 배치되었으며, 궁수들은 3인 1조를 이루어 궁술을 겨루었다. 또 도시에서처럼 군영에서도 수장의 거처 좌우로 진영이 배치되어 두 진영의 지휘자가 좌영(左營)과 우영(右營)을 통솔했다. 황제의 군대는 단지 6영으로 구성되었기에, 좌우영은 각 3영으로 구성되어 경합을 벌였다. 도시와 병영은 9나 12지역으로 분할되었다.[194] 그리고 세계는 9 또는 12주로 분할되어 있었다. 따라서 명당은 (5실이 배치된 단순한 십자형이든, 9실이 배치된 만자형이든) 9곳에 성지(聖地)가 마련되었으며, 12개의 창이 배치되었다. 그런데 사변형 3×4는 8개의 정방형이 주변에 위치하는 방식으로 9개의 정방형으로 분할될 수도 있지 않겠는가? 또 이 사변형은 16으로 분할되면 4면 각각에 4개의 정방형을 가져 2×8개의 창을 낼 수도 있지 않겠는가?[195] 도시와

---

193) 졸저, *Civilisation chinoise*, 300쪽 이하.
194) 졸저, *Danses et légendes de la Chine ancienne*, 616쪽 이하, 618쪽의 각주 2); *Civilisation chinoise*, 229쪽.

병영의 배치나 전투와 단체의 구성원들의 경기는, 이렇듯 승수와 분류 지표로 선호되었던 수들인 8과 9, 5와 6, 10과 12의 효능성이 기하학적으로 분명히 드러나게 했다. 왜냐하면 역관들은 이 수들을 사용하여(조합하여) 360을 5, 6, 8, 9, 10, 12나 30, 36, 40, 45, 60, 72······ 구역으로 분할할 수 있었기 때문이다.[196]

단순히 대립과 교대만을 상기시켜 하나의 축선만을 떠올리게 하는 쌍의 범주를 제외하면, 수에 의한 모든 분류들은——6〔십자十字, (6 또는) 5 영역, 4구역〕과 9〔만자卍字, (10 또는) 9영역, 8구역〕를 중간단계로 하여——3에서부터, 즉 정방형의 창조자, 곡선의 표상의 창시자, 2와 1(불가분함)의 종합, 음-양의 수, 남성 수, 위계질서의 원칙, 총체의 수-상징, 첫째 수인 홀수 3에서 유래한다.

* * *

수에 의한 다양한 분류방식들은 세부적인 면에 이르기까지 중국인의 사유와 삶을 지배한다. 중국인은 이들을 서로 조합하고 연관지어 하나의 거대한 조응체계를 설립하기에 이르렀다. 오행과 팔괘에 따른 사물들의 안배는 이 체계에서 가장 중시되고 있다. 나아가 수를 기조로 하는

---

195) 이 책, 267쪽의 도형을 참조할 것.

196) 성수(星宿)가 처음에는 28개가 아닌 24개였다는 비오의 주장은 착각에서 나온 것만은 아니다〔24개의 일차적 방추는 하루의 시간대와 관련되었으며, 4개의 부차적 방추(8, 14, 21, 28번째)는 회귀년에 관련되었다〕(이에 관해서는 레이의 『동양학』, 377쪽 이하를 참조할 것). 논란이 되었던 이 문제는 우리의 주제를 벗어난다. 따라서 우리는 다음의 사실만을 지목해두자. 즉 〔인간의 키(이 책, 272쪽 참조)와 우주바퀴의 반지름(이 책, 273쪽 참조)을 가리키는 수로서 축의 개념과 관련되는〕 분류지표 7은 공식 10＝(3＋4)＋3＝3＋(4＋3)(이 책, 110쪽 참조)에 따라 특히 의례의 시기안배에 사용되었다. 7은 360의 약수가 아니다. 별자리 수를 28개로 간주하면서 하늘의 둘레를 구역으로 분할할 때는 28별자리를 팔풍과 조합해야 한다. 왜냐하면 28＋8＝36이 되기 때문이다.

또 다른 분류방식들이 이들과 혼용되어 제반 조응관계와 대치관계는
(도치되기까지 하면서) 더욱 복잡하게 되었다. 그 결과로, 수를 분류지
표로서 무한정 운용하게 되었고, 따라서 수-지표들은 단지 암기해야 하
는 의미만 지니게 되었다. 그래서 수-지표들은 전적으로 외적이고 교리
적인 측면에서만 현실의 세부를 세계체계에 결부시키는 데 도움을 줄
뿐이었다. 이를테면 통치활동을 8영역(농農, 상商, 제祭, 공工, 교敎, 형
刑, 예禮, 병兵)으로 분할하는 『홍범』[197]의 경우와 천관(天官)의 집정을
수의 범주로 분류하는 (육전六典, 팔법八法, 팔칙八則, 팔병八柄, 팔총八
總, 구직九職, 구부九賦, 구공九貢, 구양九兩) 『주례』[198]의 경우가 그 예
다. 분류지표로서의 수의 운용이 지속적으로 변성했다는 점을 강조할
필요는 없다. 그럼에도 이 분류지표들이 그 권위를 지속적으로 누렸다
는 점은 중국인이 수-지표를 통해 분류한 것은 이 지표들이 사물의 본
성을 모종의 방식으로 알려줄 수 있다고 여겼기 때문임을[199] 알려준다.
이렇듯 수들은 더욱 실제적으로 논리상의 역할을 수행하기 시작했다.
중국인은 우주의 비례에 따라 사물을 조율하고 또 각 사물에 해당하는
치수를 할당하는 데 수를 운용하여, 모든 것이 우주 속에 통합됨을 보여
주려 했다. 우주는 현실들의 위계질서다. 수의 분류기능에는 의례상의
기능이 더해진다. 수는 실재적인 집체전반을 위계상으로 분류할 수 있
게 한다.

　의례의 목적에 따른 수의 운용은 하나의 규칙을 따른다. 이 운용규칙
은 하나(1)와 수열에 관한 중국인의 생각을 이해하는 데 도움을 준다.
중국인의 의례는 기술적인 측면에서, 때로는 작은 수들을, 때로는 큰 수
를 사용하여 위계상의 으뜸을 가리킨다. 부차적인 신들은 각기 나름의
제물들을 요구할 수 있는 반면, 하늘은 단 1마리의 황소를 제물로 받을
따름이다. 왜냐하면 하늘은 하나이기 때문이다. 따라서 유일무이한 인

---

197) *SMT*, IV, 219쪽.
198) *Tcheou li*, Biot, t, I, 43쪽 이하.
199) 소우주론에서 수-지표들의 역할에 대해서는 이 책, 375~390쪽을 참조할 것.

간인 군주만이 하늘에게 제물을 바칠 수 있을 따름이다. 하늘에게 그리고 제물의 덕만으로 충분한 다른 신들에게 양(量)은 그다지 중요하지 않다. 하지만 평민들은 먹을 수 있는 만큼 먹는다(사실 귀족적이지 않은 양量을 먹을 따름이다). 귀족들도 세 번째 나오는 음식을 먹기 전에는 포만감을 느끼지 못하며, 영주는 두 번째 나오는 음식에서 비로소 포만감을 느끼게 된다. 그런데 군주는 첫 번째 나오는 음식만으로도 이내 포만감을 느낀다. 그렇지만 군주 앞에는 음식이 가득 담긴 26개의 목반(木盤)이 놓이며, 공(公)의 상(床)에는 16개, 봉토를 부여받은 영주의 상에는 12개, 일등관료나 이등관료의 상에는 8개 또는 6개의 목반이 놓인다. 이외에도 많은 예들의 제시가 가능하나, 중국인이 이러한 수-규칙의 원칙을 명백히 규정했다는 점을 알기에는 이로써 충분할 것이다. 때로는, "큰 수(또는 큰 규모)가 귀족성의 표시다. 왜냐하면 마음은 밖으로 향하기 때문이다. (또 때로는) 작은 수(또는 작은 규모)가 귀족성의 표시다. 왜냐하면 마음은 안으로 향하기 때문이다."[200] 다시 말해, 위계질서는 수열상의 큰 쪽이나 작은 쪽으로 나아가며 선택된 수로 표현된다. 사유는 때로는 팽창개념을 또 때로는 응집개념을, 즉 많은 수로서의 전체개념이나 하나로서의 총체개념을 교대로 따르기 때문이다.

우리는 의례의 기술적 측면에서 항상 여러 복수들이 운용되는 경우도 이와 동일한 원칙이 적용됨을 알 수 있다. 홀수 열 3, 9, 27, 81은 자연스럽게 하나(1)와 연계되는 듯한 이유로 거의 언제나 짝수 열 (4), 8, 16, 32, 64보다 선호되었다. 대개의 경우, 중국인이 이 수열을 사용한 주목적은 시간관과 공간관을 결합하여 단일체와 복합체의 주기적 왕래를 분명히 보여주는 데 있었다. 군주에게는 그와 하나를 이루는 왕비 외에 120명의 여인이 있었다. 왕의 여인들은 4조로 분할되었으며, 왕비를 합치면 5조로 분할되었다. 이 조들은 인원수의 크기나 차지하는 중요성에서도 동등하지 않았다. 이 조의 중요성은 인원수의 크기와 반비례했

---

200) *Li ki*, C, I, 550쪽.

다. 군주의 여인들은 인원이 많을수록, 군주와의 접촉 빈도가 적은 조일수록 서열도 낮았다. 제5서열은 81명의 여인들로, 제4서열은 27명으로, 제3서열은 9명으로, 제2서열은 3명의 조로 구성되었으며, 왕비는 홀로 국왕의 위상을 함께했다. 공간상 이 다섯 조는 서로 맞물려 있다. 그리고 시간상으로 볼 때, 이 여인들의 생활은 일종의 구심력에 의한 주기를 따랐다.[201] 서열이 가장 낮은 여인들은 각각 9명으로 구성된 9조로 재분할되어 삭망월의 초기와 말기에 왕을 모셔야 했기에, 각 조는 차례로 매달 첫 아홉 밤 가운데 하룻밤과 마지막 아홉 밤 가운데 하룻밤을 국왕과 함께했다. 그리고 제4서열과 제3서열의 여인들도 9명으로 이루어진 조별로 한 달에 두 차례씩, 차츰 보름에 가까워지는 밤을 국왕 곁에서 보냈다. 3명의 여인으로 구성된 제2서열에 속하는 조는 만월이 태양과 정면으로 향하는 성스러운 밤 이전과 이후인 열나흘과 열엿새째의 밤을 국왕과 함께 보냈다. 그리고 왕비는 하나뿐인 만월의 밤 내내 오직 혼자만으로 이 유일한 인간과 함께했다. 우리는 이와 유사한 수의 사용을 춘경(春耕)을 시작하는 전통의례에서도 찾아볼 수 있다.[202] 군주가 고랑을 내면서 그해의 경작은 시작되었다. 그러나 군주는 단 3고랑만을 일구면 되었다. 국왕을 뒤이어 궁중의 3공이 각자 5고랑씩을 일구었으며, 이어 9재상이 각 9고랑씩 총 81고랑을 일구어야 했다. 작업에 참가한 인원이 많은 서열일수록 더 긴 시간을 작업해야 했다. 그러나 그들의 작업은 부차적인 것으로, 유일한 효능업무인 왕의 업무를 반복하고, 지속시키고, 기리는 데 그쳤다. 유일무이한 인간이 땅에 그의 쟁기를 박아 넣으면 이내 땅은 잉태한다. 그렇다면 120명 여인들의 중요성이나, 국왕이 이 여인들과 맺는 결합의 중요성은 무엇이었을까? 물론 국왕의 능산력은 확산되고 주기적으로 파급되어 마침내 마지막 서열인 81명 여인들과 더불어 우주의 가장 미세한 지엽에까지 미쳐야 했다. 하지만 태양

---

201) 졸저, *La polygynie sororale*, 37쪽 이하, 83쪽.
202) *Li ki*, C, II, 335쪽.

과 달이 주기적으로 상면하기를 바라는 서원과 함께 왕과 왕비가 맺어질 때만이 비로소 우주 전체에 잉태의 씨가 뿌려졌으며, 우주의 삶은 단 하나뿐인 주기를 따르게 되었다. 일련의 배수들이 의례상 즐겨 사용된 까닭은, 이 수들이 일정한 주기를 시사함과 동시에, 전체의 측면에서든 구성의 세부적 측면에서든 언제나 불변하는 총체의 성향이나 본질을 환기시켜주었기 때문이다. 배수들은 모두 등가관계에 있으며, 상호 크기의 차이는 그리 중요하지 않다. 그러면서 배수들은 평가를 내리는 데 사용되었다. 평가 지수로서의 배수들은 양을 가리키기보다는 각 집단의 우주적 차원의 중요성과 사회적 중요성을 동시에 가리켰다. 이렇듯 배수들은 각 범주의 권위와 권한을 위계화할 수 있게 했다.

그러므로 수에서 크기는 그다지 중요하지 않았다. 위계를 확립하는 데에는, 즉 위계상의 규칙적인 전개를 나타내는 데에는 수열이나 일련의 배수들을 크기가 큰 순서든 작은 순서든 어떤 식으로 사용해도 되었다. 이를테면 81명의 조에 속한 여인들은 그만큼 군주를 가까이 할 수 없기에 미미한 총애만 받았다. 그렇지만 81명의 여인들을 소유하는 것은 구주(九州)를 관장하고 전권을 자신의 한 몸에 응집시키는 것과 같았다. 일반 귀족은 제1서열, 제2서열, 제3서열 등 자신이 속한 서열에 따라 9명, 18(=2×9)명, 36(=4×9)명의 가솔을 거느릴 수 있었다. 그리고 제후는 72(=9×8)명의 가솔을, 재상은 288(=9×32)명, 공은 2,880(=9×320)의 가솔을 거느릴 수 있었다.[203] 수는 권속의 크기를 나타내어 지위를 표현했다. 그리고 수는 권력의 정도나 권위, 즉 사회적 위상을 나타내어 지위를 표현했다.

예를 들면, 4개의 홀수 3, 5, 7, 9가 이와 같은 기능을 한다. 수장이 접견하고 식사하던 방은 단순한 하급관료의 경우 3척, 상급관료의 경우 5척, 영주의 경우 7척, 왕의 경우 9척 높이로 건립된 하나의 단(壇)을 형성했다.[204] 왕이 서거하면 9개의 자패(紫貝)를 사용하여 그의 입을 봉했

---

203) 앞의 책, I, 326쪽.

다. 이 경우 9일 동안 곡(哭)이 이어진 후, 발을 구르며 9번씩 뛰어오르는 의식행위가 9달 동안 계속되었다. 장례를 치른 후에는 9차례에 걸친 제(祭)를 올려야 했다.[205] 영주와 상급관료와 일반관료들에게는 단지 7, 5, 3 차례의 제가 주어졌으며, 또 7, 5, 3개의 자패, 7, 5, 3번의 발을 굴러 뛰어오르기가 배정되었으며, 곡하는 달수와 날수도 7, 5, 3으로 배정되었다. 왕에 비추어, 그들은 사망과 동시에 육체는 좀더 빠른 시일 내에 장례를 치러 쉽게 와해되어버린다. 그들의 삶에서 죽음으로의 이행을 돕는 데에는 좀더 적은 시간이 필요했으며 더 간소한 제식행위가 요구되었다. 왜냐하면 지위가 낮은 만큼 생명력도 약하기 때문이다. 봉건사회는 군사조직이다. 이 사회에서 권위와 서열과 지위는 시합과 대결을 통해 얻어진다. 가장 중요한 시합은 활쏘기다. 그러기에 봉신들을 지칭하여 '궁수'라고 하지 않았던가? 봉신들은 활쏘기 시합을 통해 그들의 기예나 충성심을──기예와 충성심은 같은 것이다──발휘할 수 있었으며, (활쏘기 시합은 음악소리에 맞춰 거행되었기에) 과녁을 향해 박자에 맞추어 활시위를 당기는 가운데 그들의 의지력도 보여줄 수 있었다. 저마다 강한 힘으로 활시위를 당겨 자신의 생명력과 자질, 즉 자신의 탁월한 힘을 확인시키려 했다. 따라서 활은 궁수의 의지(志慮)와 생명력(血氣)[206]을 고려하여 제작되었다. 궁수에게 어떤 지위가 적합한지를 알려면 활쏘기 시합에서 그의 활의 힘을 재어보는 것으로 족했다. 강력한 활일수록 휘는 정도가 약하다. 따라서 하나의 완벽한 원을 형성

204) 앞의 책, 547쪽.

205) 같은 책, II, 141, 184, 543, 548쪽. 관료와 대부의 봉분(封墳)제도는 세 번째 달에 거행되었으며, 또 그들의 종각에는 (제祭를 올려야 하는 3명의 조상에게 바쳐진) 3개의 사당이 있었다. 영주들의 종각에는 5개의 사당이 있었으며, 또 그들의 봉분제는 5달째 거행되었다. 그리고 왕의 종묘에는 7개의 사당이 있었으며, 또 왕의 봉분제는 7달째 거행되었다(대관 이상의 직위에만 한정되었던 곡哭은 봉분제 후 2달간 계속되었다. 이로부터 3, 5, 7, 9가 나온다).

206) *Tcheou li*, Biot, t, II, 596쪽. 국사의 결정에는 만장일치가 필요했다는 점에 관해서는 졸저, *Civilisation chinoise*, 326쪽을 참조할 것.

하려면 오직 국왕만이 사용할 수 있는 활의 경우 9개의 활이 필요했다. 반면, 영주는 7개, 상급관료는 5개, 일반관료는 3개의 활만으로도 원주를 형성할 수 있었다.[207]

중국인은 수를 가지고 양을 나타내는 **추상적인 기호**를 만들려는 시도를 하지 않았다. 오히려 중국인에게 수의 용도는 사물의 집단처럼 제시될 수는 있으나 항상 인간집단과 동일시될 수 있는 특정 집단들의 형태를 나타내고 또 그 중요성을 평가하는 데 사용되었다. 수는 **사물의 형태**나 **중요성**을 말해준다. 왜냐하면 수는 이 사물들이 연관된 인간집단의 **구성**과 **역량**을 알려주기 때문이다. 무엇보다 수는 인간과 자연의 집단을 책임지는 군주 고유의 권능을 표현한다.

따라서 현자들은 수를 빌려 우주의 삶을 지배하는 의례의 질서를 보여줄 수 있었다. 그들은 사회규범에 의거하여 의례의 질서를 구상할 수 있었다. 사회질서는 봉건질서였다. 따라서 위계질서의 논리는 수에 의한 분류체계와 중국인의 수에 대한 사상의 근간을 이루게 되었다.

* * *

수는 논리적 기능, 즉 분류자로서의 기능과 의례의 기능을 동시에 지닌다. 수는 위계집단의 표식이다. 수-표식은 전체로서 각 집단이 지니는 가치를 규정하는 데 사용된다. 다시 말해, 수-표식들은 각 집단의 구성내용과 긴장 정도, 그 결속의 정도와 응집의 정도, 즉 수장이 누구인지를 알려주는 활력의 정도를 평가하게 해준다. 수의 기하학적 역할이나 우주상의 역할을 밝혀주는 것은 여러 형태의 안무(按舞)나 춤의 경연들의 진행방식이다. 크기보다는 중요성을 평가하기 위해 수를 사용할 경우에 수의 기능을 말해주는 것은 수장들의 능력을 시험하는 데 사용된 활의 제작규칙이다. 두 경우에서 우리는 하나의 동일한 사상이 중국

---

207) *Tcheou li*, Biot, t. II, 596쪽.

사유를 지배함을 알 수 있다. 즉 산술단위나 합산의 개념이 부차적인 까닭에, 수들은 **총체성과 효능성 및 힘의**——위계상의 차이를 지닌——여러 양상들을 형상화하는 표상들과 같다. 이 표상들은 양적으로 서로 차이를 드러내기보다는 서로 대립하거나 조응하며, 서로 연상시키거나 유발시키는 상관관계에 있다. 모든 짝수는 짝수이며, 모든 홀수는 홀수다. 그리고 홀수에 힘입어, 짝수와 홀수의 변이가 가능하다. 수들은 서로 대체될 수 있으며 크기가 다름에도 등가관계에 있다.[208] 그러기에 모든 조작이 가능하다. 왜냐하면 단위의 분할체계를 변경하는 것도 가능하기 때문이다. 하지만 상호 변이와 대체와 등가관계는 하나의 기본적인 사상을 따른다. 첫째 수인 3에서 비롯되는 모든 수-상징은 다수의 표식으로서 전체의 근사치를 표식한다. 3은 단지 하나의 종합일 따름이다. 둘, 쌍, **영적인 일체**를 내포하는 유일한 하나(1)은 불가분함 그 자체인 총체를 완벽히 표현한다. 총체, 1, **불가분함**은 유일무이한 인간인 군주에 속하는 권능한 주도력이다. 중국인의 수사상은 (전술한 음양사상이나 후술하게 될 도사상처럼) 사회관에서 나온다. 중국인에게 수사상은 그들의 사회관으로부터 벗어난 적이 없었다. 따라서 우리는 다음 일화를 결론으로 삼으려 한다.

『좌전』은 어떤 군 수뇌부의 회의석상에서 있었던 논쟁을 전한다.[209] 적을 공격해야 할 것인가? 총사령관의 의향은 공격 쪽으로 기울었다. 하지만 그는 휘하 장수들에게 책임을 부여해야 했기에 먼저 그들의 견해를 들어야 했다. 그를 포함한 12명의 장수가 회의에 참석했다. 그들의 견해는 양분되었다. 3명의 장수는 공격에 반대 의사를 표명했고, 8명의 장수는 찬성했다. 찬성하는 쪽이 다수여서, 공격결정이 내려졌다. 그럼에도 8표를 얻은 의견이 3표를 얻은 의견을 이기지 못했다. 왜냐하면 3은 다수와는 아주 다른 만장일치와 거의 다름없기 때문이다. 이에 총사령

---

208) 이 책, 160쪽을 참조할 것.
209) *Tso tchouan*, C, II, 59쪽.

관은 이 세 사람에 동조하여 공격 쪽으로 기울었던 자신의 생각을 바꾸
니 전쟁은 일어나지 않는다. 이렇듯 그는 자신만의 유일한 단 한 표를
통해 그가 동조하는 의사가 만장일치적인 권위를 지니게 함으로써 일체
의 이의제기의 여지를 없애버리는 것이다.[210]

---

210) 졸저, *Civilisation chinoise*, 326쪽을 참조할 것.

제4장 도(道)

　음양의 이분법처럼, 수에 의한 분류 역시 정신적 일체감과 총체에 대한 감성을 반영한다는 점에서 그 의의가 있다. 이러한 감성은 인간집단이 스스로 하나의 완전무결한 힘으로 의식할 때 느끼는 것으로 축제와 집회를 통해 분출되고 고양된다. 축제와 집회는 일상의 세속적인 삶에서 겪는 대립과 분리와 경쟁심을 초월한, 결속에 대한 고조된 열망을 동반하게 된다. 이러한 대립감과 연대감의 가장 단순하고 항구적인 양상은, 서로 상반되면서도 가장 완벽한 교감으로 맺어진 한 쌍의 음양을 제시하는 사상으로 표현된다.

　6과 5, 8과 9에 의한 분류는 결속의 요구가 더욱 강화되었음을 알려준다. 이 분류들은 한결 복잡해진 사회조직과 연방통일체에 대한 사상과 결부되며, 또한 정방형의 군사집결, 병영과 도시의 분할구도, 남성전용집회소의 구조를 암시하면서 바로 봉건조직을 상기시킨다.

　여러 봉건집단과 마찬가지로, 오행(五行)과 팔풍을 그 표상으로 하면서 방위에 따라 배치된 여러 집단의 효능적 현실들은 대립과 소통의 관계를 유지하는 데 그치지 않는다. 이에 나아가, 세계의 이 구역들은 영원히 그들을 통솔해주는 듯한 중앙을 중심으로 그 주위에 배치된다. 중국인은 그들의 군주를 조화로운 분배의 창시자로서, 인간과 자연의 활동 전반을 조율하는 안배자로 보았다.

　세계는 군주에 의해 안배되고 그로부터 활력을 얻었다. 그들은 군주가 연방체의 중앙에서 집정한다는 사실만으로도 우주의 모든 것은 공존하고 지속된다고 보았다. 중국인이 기꺼이 지고무이(至高無二)한 인간으로 명명하면서, 한 인물에게 전권을 위임하는 데에는 조정력에 대한 그들의 여망이 투영되어 있다. 다소 현실적인 목적을 지닌 것 같은 이 조정력은 바로 도(道)로서, 지고한 효능성을 지닌 하나의 질서원칙으로 제시된다.

* * *

중국의 개념들 가운데 도는 자료의 연대와 신빙성이 도무지 불확실하여 그 역사적 설정이 가장 어려운 개념인 것은 분명하지만, 그렇다고 개념 자체가 크게 모호한 것은 아니다. 이 개념에 대해 매우 규정적인 학설의 신봉자들을 도가나 그 교파주의자로 부르는 관례는 도의 개념이 특정 학파에 속한다는 편견을 부추길 여지가 있다. 도개념은 공통사상으로 다루어야 한다는 것이 내 생각이다.

일반 저자들뿐만 아니라 도가의 저자들 또한 경향의 차이에 따라 상당히 다른 체계를 주장하는 가운데서도 이 체계들 속에서 서로 유사한 의미의 개념들을 종합하고자 할 때에는, 한결같이 도라는 용어를 사용한다. 도사상의 기저를 이루는 개념은 질서, 총체, 책임, 효능성이다.[1]

도가로 불리는 저자들은 이 기본개념들이 내포할 수 있는 일체의 사회적 제시들을 없애고자 하는 욕구로 특징된다. 우리는 종종 '도가의 시조들'로 간주되는 저자들에게 도사상의 기원을 두기는커녕, 오히려 그 기원적 의미와는 전혀 동떨어진 도사상을 논구한다. 이 도가의 시조

---

1) 우리는 이미 도를 'mana' 개념과 관련해 고찰한 적이 있다(*Coutumes matrimoniales de la Chine antique*, 1913, 520쪽). 그 후 이러한 접근은 사료연구를 통해 그 타당성을 인정받았다. 'mana' 개념은 중국상고사회에 잠재해 있던 것으로, 문명이 진전되면서 표출되었던 것이다. 마찬가지로, 도개념도 음양의 표상이 공인되었던 시대에 이미 중국사회에 잠재해오면서, 중국인들이 위계사회의 조직을 채택한 시대에 들어 표출되었다. 이와 같이 도개념은 역사적 과거를 가지고 있다.

들에게 도라는 용어는 일체의 규정적인 현실화를 거부하면서, 현상적인 모든 현실을 지배하는 **무한한 힘**, 즉 효능적 질서를 표현하고자 할 때 사용하는 용어다. 그런 반면 그들은 이러한 생각을 예증하는 경우, 대개는 대군주(大君主)——통상 그들의 수호자이자 중국 역사상 최초의 군주인 황제(黃帝)[2]——에게 세계와 제국의 통치를 가능하게 한 **총체적인 기술**(技術)을 상기시키는 것으로 만족한다. 그들에게 도는 모든 성취를 가능하게 하는 유일한 원칙이며, 따라서 일종의 통치술과도 같다.

소위 유가로 불리는 저자들에게도 이 기술은 지고한 기술로서 모든 앎을 포섭한다. 그들은 도에서 올바른 인간(君子)의 고유한 덕성을 찾는다. 이를테면 올바른 인간(君子)의 덕성은 군주(君)를 본받아, 내세울 만한 특별한 재능을 보유하지 않음을 명예롭게 생각하는 것이다.[3]

한편 도가의 저자들은 전문기술인들의 여러 방식을 상기시키는 용어이자 '기법, 방법, 규칙'의 의미를 지니는 술(術)과 법(法)에 이 도를 대립시킨다.[4] 그들은 도에 구비된 총체적 앎을 터득한다면, 천문과 물리에 정통함은 물론, 불멸의 존재가 될 수도 있으며, 나아가 자연의 한 영역을 통솔할 수 있는 능력도 갖게 된다고 보았다.[5] 장자는 이에 대한 예증들을 제시하면서 도의 만능함을 보여주려 했다. 특히 장자가 이러한 예증들을 위해 널리 알려진 신화를 활용한다는 점은 주목할 만하다. 추수의 주군(主君)인 후직(后稷)을 기리는 고대의 한 송가에서 시인은 이 영웅이 "(자연을) 돕는 덕성(道)을 지녔다"[6]고 선양한다. 영웅은 자신이 심은 모든 것들을 잘 자라나게 할 수 있었던 것이다. 이로 미루어, 우리는 신화나 종교적인 언어로서의 용어 도는, 그 자체로는 비규정적인,

---

2) *Tchouang tseu*, Wieger, *Les Pères du système taoiste*, 287, 417쪽.

3) 이것은 『중용』의 기본주제다. *Tchong yong*(*Li ki*, C, II, 427쪽 이하; *Civilisation chinoise*, 339~367쪽).

4) 『장자』(*Tchouang tseu*), 「천하편」(天下篇, T'ien hia), Wieger, 499쪽 이하.

5) *Tchouang tseu*, Wieger, 255쪽, *Huai-nan tesu*, 11; 졸저, *Danses et légendes de la Chine ancienne*, 517쪽의 각주 5).

6) 『시경』(*Che king*), C, 351쪽; 졸저, *Le Dépôt de l'enfant sur le sol*, 31쪽.

그러나 모든 생산성의 원칙이었던 효능성에 대한 생각을 나타내는 용어였음을 알 수 있다.

'도가의 시조들'은 용어 도를 언제나 덕(德)과 함께 병용했다. 그들에게 단어 덕(德)은 개별화될 때의 효능성을 지칭한다. 이중적 표현인 도-덕은 일상 언어에서는 줄곧 덕성을 뜻하는 말로 상용되었으나, 사실 덕성은 단순히 윤리적인 의미에만 국한되지 않았다. 도-덕은 '매력', '군주의 영향력', '유능한 권력'을 의미한다.[7] 덕은 신화에서는 가장 완벽하고 특출한 여러 천재들의 자질들을 나타내고 있다.[8] 그런데 덕이 '특수한 덕목'을 나타내며, 현동화(現動化) 과정에서 개별화되는 효능성을 가리키는 철학어로서 사상적으로 사용된 것은 아마도 원칙상 거의 구별되지 않는 두 개념을 대립시켜 분석하려는 의도에 따른 것일 터이다. 그리하여 덕은 특히 개별적 차원에서의 성취를 의미하는 반면, 도는 실현된 일체를 통해 드러나는 총체적 질서를 나타낸다.

도(또는 도-덕)는 효능성이다. 하지만 도-효능성의 특징은 조정력과 불가분성에 있으며, 또한 조직과 분류를 관장하는 지고한 원칙과 불가분성에 있다.

* * *

단어 도의 기본적인 의미는 '길'이다. 이는 우리가 보통 '원소'(元素)로 번역하는 단어 행(行)이 지니는 의미이기도 하다.

음양개념과 마찬가지로, 도와 행을 서구용어로 옮기려 했던 학자들의 주장은 둘로 양립된다. 그 하나는, 도를 작용의 동인으로서, 또 오행을 자연의 힘으로서 인식하는 데 의심하지 않는 주장이다.[9] 다른 하나의

---

7) 졸저, *Civilisation chinoise*, 278; *Danses et légendes de la Chine ancienne*, 79, 197쪽.
8) 졸저, *Civilisation chinoise*, 21, 25쪽.
9) *SMT*, introduction, 154쪽.

주장은, 오행과 도를 당연한 실체로 여길 뿐만 아니라 음양 역시 실체라고 여기면서, 도와 오행을 음양의 종합물로 규정하는 것이다.[10]

이 상이한 주장들은 대개 자료의 연대에 관한 여러 이견들에 기인한다. 여러 학자들에 따르면, '음양설'은 좀더 후대(기원전 3~2세기)에 나온 이론이며, 비록『홍범』에 이 이론이 암시되고는 있지만, 이는『홍범』이 좀더 후대의 자료이거나 변조된 자료임을 반증하는 것에 불과하다는 것이다.[11] 샤반에 따르면, 음양설은 추연(騶衍, 기원전 4~3세기)에 와서야 성행하게 되었다고 한다. 추연이 탁월한 지자(智者)로서 많은 것의 창안자라는 견해도 가능하겠지만, 그러나 우리가 그를 알 수 있는 근거는 사마천이 맹자의 전기(傳記)에 기록한 몇 줄의 글에 지나지 않는다.[12] 사마천에 따르면, 추연은 제(齊)나라에서 창성했던 한 학파의 창시자며,[13] 또한 속설로는 오행은 상극(相剋)을 통해 연속된다고 보는 사상의 정신적 지주로 간주된다. 만일 이것이 오행설의 원형이라면, 샤반의 주장처럼 오행은 "상극을 통해 연속되는 자연의 크나큰 힘이다"라는 결론도 내릴 수 있을 것이다.[14]

샤반의 또 다른 지적은 이러한 가정보다 더욱 큰 의미를 지닌다. 샤반은 추연이 제시한 오행설을 거의 같은 시기에 성행한 오덕설(五德說, 다섯 효능성)과 일치시킨다.[15] 오덕설은 신화나 민속전통을 빌려 중국고대사의 재구성을 원했던 정치가들에게 준거를 제공했다. 그들은 자연질서와 마찬가지로, 역사적 사건들도 특정한 주기에 따라 연속된다는 점을, 즉 쇠락한 덕목은 군림의 시기를 맞이한 다른 덕목으로 대체되어야 한다는 점을 보여주려 했다. 그러나 이러한 사상은 그 내용상 새롭다 할

10) Maspero, *La Chine antique*, 483, 440쪽.

11) 같은 책, 439쪽의 각주 3).

12) *SMT*, 84쪽.

13) *SMT*, introduction, 154쪽.

14) *SMT*, introduction, L, c.

15) *SMT*, introduction, 154쪽의 각주 3).

수 없으며, 단지 사상의 제시방식만이 새로웠을 것이다——왜냐하면 후술하겠지만, 도개념(또는 도-덕개념)은 적어도 점술가들이 사용한 이래, 주기에 따른 연속개념을 내포하고 있었기 때문이다. 정치가들은 상극(相剋, 파괴와 승리)에 관한 여러 사상들을 강조함으로써, 통일왕권이 수립되기 직전 시기에 극히 유력하게 작용했던 정복정신을 정당화했던 것이다.[16)

오행설을 이러한 관점의 오덕설에 결부시킬 경우, 아마도 우리는 오행설이 더 후대에 나왔으리라는 주장도 할 수 있을 것이다.[17) 하지만 (좀더 근거 있는 고찰이 되기 위해) 부언해야 할 것은, 오행의 각 원소들은 한 왕조의 덕을 특징지을 때 하나의 표상처럼 운용된다는 사실이다. 오행이 상극을 통해 연속된다는 말은, 새 왕조가 자신을 표상하는 덕목을 얻기 위해서는 정복된 전 왕조의 원소와는 정방형 위에서 대립하는 원소를 택해야 했다는 말이다. 따라서 우리는 오행을 자연의 힘이라 결론짓기보다는 표상-항목으로서의 의미를 지니는 것으로 보아야 할 것이다.[18)

'오행설'은 과연 상극에 따른 연속을 제시하는 사상의 대두와 더불어 태동했을까?

중국의 주해가들은 모두 오행의 '상극순서'는 오히려 오행의 생성순서에서 파생되었다고 본다. 오행의 생성순서는 방위에 따라 오행을 배치하는『홍범』에서도 제시된 바 있다. 명당의 구도에 입각하여 수(1)는 북, 화(2)는 남, 목(3)은 동, 금(4)는 서, 그리고 토(5)는 중앙에 배치된

---

16) 졸저, *Civilisation chinoise*, 42쪽 이하. 고대사와 그 윤곽에 대해서는 같은 책, 21쪽을 참조할 것.
17) 오덕론(五德論)과 조상숭배제도와 씨족분할의 연관성은 졸저, 같은 책, 88쪽을 참조할 것.
18) 수(水)의 표상을 자신들의 표상으로 삼았던 진(秦)왕조는 혹(黑)과 엄정함을 중시했고, 일체의 분할에서 6을 분류지표로 채택했다. 그리하여 여섯 발은 한 걸음에 해당했고, 마차에는 여섯 필의 말이 있어야 했다. 같은 책, 49쪽을 참조할 것.

다. 전술했듯이, 이 순서는 음계의 공식[10, 7, 9, 6, 8, (5)]에서 비롯했다. 상생(相生)관계에 있는 음률들의 수-표상 그리고 상생관계 속에서 일정한 순서에 따라 연속되는 4계절, 이 둘의 등가관계를 설정하기 위해서는 지평선상의 한 기점(예를 들면, 남南)에서부터 각 방위에 순서대로 표상 7, 9, 6, 8을 부여해야 했다. 이 엄격한 순서는 5음과 4계절-방위를 나타내는 한편, 이들을 오행에 관련짓는 데 용이하게 쓰였다. 실제 오행은 각 상반된 두 원소로 된 두 쌍(수-화, 목-금)으로 나뉘는데, 원소마다 사전에 하나의 방위가 부여됨을 알 수 있다.

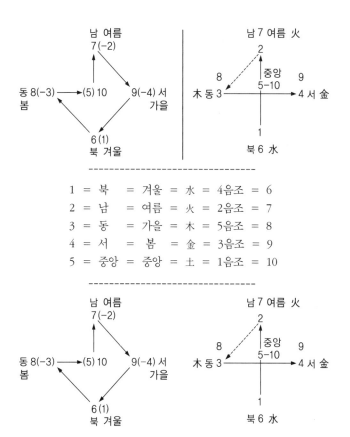

```
1 = 북   = 겨울 = 水 = 4음조 = 6
2 = 남   = 여름 = 火 = 2음조 = 7
3 = 동   = 가을 = 木 = 5음조 = 8
4 = 서   = 봄  = 金 = 3음조 = 9
5 = 중앙 = 중앙 = 土 = 1음조 = 10
```

화는 더운 계절인 여름을 특징지으면서 '위로 향하며' 위(上)는 남에 해당한다. 수는 물이 없는 계절인 겨울을 특징지으면서——왜냐하면 겨울이면 모든 물은 지상에서 사라져 세계의 북방 지하 깊은 곳에서 서로 합류하기 때문에—— '아래로 향하며', 아래(下)는 북에 해당한다. 중앙은 기본 음률이 내는 제1음에 완벽하게 부합하며 그로부터 한 옥타브 아래의 동일음과도 완벽하게 부합한다. 그리하여 합동수 10-5는 십(十)자의 중앙에 배치된다. 만일 남에 제2음과 합동수 7-2를 부여하게 되면, 계절과 5음의 순서에 따라 북에 합동수 6-1을 부여해야만 한다. 그러기에 먼저 아래(下)와 북-겨울에 수를 부여하면 엄격한 순서에 따라 여름과 동화될 수 있는 상반된 원소 화를 남과 위(上)에 부여할 수 있게 된다. 그러면 제3음, 9 그리고 합동수 9-4는 자연히 서에 배치되며, 제5음, 8 그리고 합동수 8-3은 동에 배치되기에, 상반된 원소 금과 목으로 이루어진 한 쌍은 이 상반된 두 방위에 분할 배치될 수밖에 없다. 목이 먼저 동에 배치되어 봄과 연관을 맺을 수 있는 이상, 금이 가을 및 서와 맺는 연관성을 정당화하는 근거를 찾기는 어렵지 않다.[19] 5음의 표상인 7, 9, 6, 8이 각기 화와 남-여름, 금과 서-가을, 수와 북-겨울, 목과 동-봄의 표상이 되고 10이 (그 합동수 5와 더불어) 중앙에 위치하게 되면서, 당연히 5와 합동수의 작은 수들인 2, 4, 1, 3도 명당의 구도에 따라 상징되는 배치순서를 가리킬 수 있게 된다. 오행의 두 열거 순서, 즉『홍범』에 제시된 명당의 구도를 따르는 오행의 열거순서와——『월령』이 암시하는—— '생성에 의해 연속되는 오행'의 순서간의 연대성은 전혀 의심되지 않는다.

　우리는 이 사실에 의거하여 생성에 의한 오행의 연속 '이론'에 어떠한 고대성을 부여할 수도 있다.——이는 (언제라도 그 연대를 앞당길 수

---

19) 수, 5음, 계절-방위, 오행의 십자형배치(河圖)가 세계를 형상화한다고 볼 수 있는 이유는 바로 이러한 배치가 다양한 분류체계들의 일관성을 확연하게 보여주기 때문이다. 이러한 형상화는 음악표상들의 생성순서가 자연적으로 이행되는 계절들의 순서를 재생할 뿐만 아니라, 자연적으로 이행되는 오행들의 대립관계를 보여주기까지 한다. 그런데 일관성을 분명하게 부각시켜주는 것은 바로 수다. 수의 권위 그리고 수에 의한 분류방식의 권위는 이로부터 나온다.

있는)『홍범』에 의해 준수되는 열거순서가 이 이론과 일치하는 듯 보여서가 아니다. 오히려 우리는 『홍범』의 열거순서의 고대성을 전제로 하는 이 이론에서 어떤 모순을 찾아볼 수 있다. 흔히 화(여름)는 그 용해력으로 금(가을)을 낳는다고 말하기 쉬우나 통상 중국인은 **화는 토를 낳고 토가 금을 낳는다**고 말한다. 이는 전혀 근거 없는 은유가 아니다〔광물은 땅속에 있으며, 땅을 일구려면 먼저 덤불에 불을 놓아 나무를 재로 만들어야 한다. 따라서 화가 토를 낳는다고 말할 수 있다〕. 그럼에도 이 은유는 오행의 연속순서가 5음의 생성순서와 엄밀하게 일치하는 것은 아니라는 점을 시사한다. 토(중앙)는 5음의 생성순서에 따라 **목(봄)**과 화**(여름)** 사이에 위치하기보다 화와 금 사이에 위치한다. 이 순서(목, 화, 토, 금, 수)는 책력의 한 규칙으로 설명된다. 즉 관례적으로 그 기간이 (시간의 축인) 군주가 책력의 집의 중앙에 체류하는 기간과 일치하는 이상적인 달(月)은 여름과 가을 사이에 놓인다.[20] 아마도 이 무기간(無期間)의 달이 만들어진 역사는 오래되었을 것이다. 이 달이 만들어졌다는 사실은 복희식 배치에서 양괘와 음괘의 분리 축과 유사하게, 한 해는 북-동과 남-서의 횡단 축에 의해 가을-겨울과 봄-여름으로 양분되었음을 시사해준다.[21] 이러한 관행은 또한 어떤 개혁이 있었음을 말해준다. 즉 늦여름에서 초가을까지는 이 무기간의 달처럼, 어떠한 종교축제도 거행되지 않는 기간인 반면, 군주로서는 늦은 봄(=목木)에 책력의 집 중앙(=토土)에 체류하는 것이 훨씬 적절한 것처럼 보인다. 왜냐하면 이 시기는 한 해 중 아마도 가장 중요한 일련의 축제들이 열리는 시기였기 때문이다. 이 축제들이 일종의 은둔을 암시함은 이들을 '한식'이라는 이름으로 불러온 데서 알 수 있다.[22] 이 기간의 축제에는 화덕을 집 밖으로

---

20) 졸저, *Civilisation chinoise*, 91쪽.

21) 같은 책, 155쪽.

22) 중국식 '사순절'은 (봄의 마지막 달인) 3째 달의 3일째, 즉 일설에 따르면 동지 후 105일째가 되는 날에 시작한다(앞에서 살펴보았듯이, 6을 중앙으로 하는 효능정방형에서 105는 북을 나타낸다). 생자(生者)들이 죽은 자의 영혼들을

옮기는 의례가 포함되어 있다. 왜냐하면 이 화덕은 겨울 동안 토담집이나 지하거주지에 보관되어왔기 때문이다. 따라서 중국인은 더운 계절의 시작과 함께 "토(土)는 화(火)를 낳는다"고 말할 수 있었다. 후술하겠지만, 군주는 수액(樹液)이 상승하는 초목의 생장기에는 공간의 중앙에서 부동의 상태로 머물면서 하늘과 땅 사이에 직립해 있어야 했다.——계절의 순서에 부합하며 계절에 따른 중국인의 사회적 형태를 지배하는 규칙과도 부합하는 오행의 생성순서가 아무리 고대성을 지닌다 할지라도 중국인은 이 순서를 최우선시하지는 않는다. 오행의 상극순서는 그 생성순서와 엄밀한 연대성을 지닌다. 오행의 상극순서는 화-수와 목-금의 근본적인 대립에서 비롯하는 것으로, 이 대립은 생성순서를 확연히 보여주는 십자형배치에서 준수되며 명백히 드러난다.

어떤 서구학자들은 중국주해가들의 견해를 수용하면서 생성과 상극 개념의 고대성을 인정할 뿐만 아니라 『홍범』에 대해서도 이러한 고대성을 부여한다.[23] 하지만 그들은 『홍범』의 글과 그 배치가 시사하는 대로, 오행을 한 분류체계를 관장하는 항목들로 결론짓기보다는 "그러므로 오행에 관한 많은 이론이 있었을 것이다"라는 견해를 제시한다. 그러기에 그들은 샤반의 생각과는 달리 오행은 자연의 힘이 아니라 '실재적인 다섯 실체'라고 주장한다.[24]

이 표현을 사용하는 어떤 주해가는 그럼에도 『홍범』의 두 문구가 갖는 중요성과 진정성을 인정한다. 그 한 문구에 따르면, 원소들은 각기

지하로 보내면서 세속의 일을 재개하려 할 때면 사자(死者)들의 계절인 농한기는 끝나고, 아울러 농한기의 향연에 이어 금식 기간이 시작되었다. 금식기간은 강제성을 띠지 않았으며, 또 이 기간의 시작과 함께, 농사의 성공을 비는 많은 놀이들(그네타기, 장대오르기)이 행해졌다.

23) Maspero, 440쪽.
24) 같은 책, 440쪽. "오행은 이러한 이름들(수, 화, 목, 금, 토)을 지닌 5개의 실재적 실체일 따름이며 또 그러한 실재의 물리적 속성을 지닌다"는 마스페로의 견해는 납득되지 않는다. 이를테면 그가 '실재적 실체'라는 표현을 화에 적용할 때 우리로서는 이 표현의 의미를 도무지 알 길이 없다.

특정한 맛으로 규정된다. 따라서 우리는 각 맛을 그에 상응하는 원소인 '실재적인 실체'의 '물리적인 속성'으로 간주하기가 쉽다. 이를테면 화는 "쓴맛을 낳는다." 『홍범』의 다른 한 문구는[25] 오덕(五德. 온溫, 양良, 공恭, 검儉, 양讓)을 '낳는' '오사'(五事, 다섯 활동)를 언급하고 있다. 따라서 어떤 자들은 이 '오사'를 오행에 일치시키기도 한다. 그런데 이 오사, 즉 몸짓(貌), 말(言), 시각(視), 청각(聽), 의지(思)를 (실재적인) 실체들이라고 주장할 수 있을까? 또 이 오사가 낳는 것들 속에서 '각각의 고유한 도덕적 속성'을 알 수 있을까? 오미(五味), 즉 다섯 가지 맛은 『월령』에 수록된 조응체계에도 나타나며, 『홍범』이 말하는 오사는 곧 우리가 살펴볼, 대우주와 소우주의 거대한 조응체계를 알려주는 첫 번째 예증이기도 하다. 따라서 오행은 한 조응체계의 대항목들이지, 결코 실체나 힘으로 간주될 수 없을 것이다. 무엇보다 오행은 우주의 5구역에 5군(群)으로 안배된 표상적 실재를 나타내는 상징으로 보아야 할 것이다.

용어 오행에서 오는 '원소'로 번역되는 행보다 의미상 더욱 중요한 것 같다. 오행은 항상 오방(五方)과 오위(五位)에 결부된다. 『계사』에 따르면 오위는 각기 한 쌍의 합동수로 표기되는 다섯 위치로 정의된다.[26] 오방은 다섯 방향, 즉 '직각형'인 방의 의미대로 서로 직각으로 배치된 사방과 중앙으로 된 모두 다섯 구역을 말한다. 『홍범』에서의 오행은 십자형을 상기시키면서 열거된다. 그러므로 오행은 신전(明堂)의 구도에 따라, 4구역과 1중앙으로 설정된 시공에서 사물들의 종합적인 배치를 나타내는 표상으로 보아야 할 것이다.

우리는 5에 의한 분류의 중요성을 알고 있으며, 또한 이 분류가 6에 의한 분류와 갖는 불가분성도 잘 알고 있다. 『홍범』이 오복을 육해(六害)와 대립시키듯, 오행은 종종 여섯으로도 대체된다. 여섯 원소는 그 진정성과 고대성이 전혀 의심되지 않는 『서경』의 한 장에서 언급된다.

---

25) 이 책, 377~385쪽을 참조할 것.
26) 이 책, 204쪽을 참조할 것. (참조원문: 天數五, 地數五, 五位相得, 以各有合.)

이 장에서, 대우의 아들인 계(啓)는 출정에 앞서 육경(六卿)들을 대상으로 훈시를 행한다.[27] 계는 이 훈시에서 적이 오행과 삼정(三正, 천지인 天地人의 세 조정원칙)의 문란을 조장했다고 비난한다.[28] 이 삼정에 관한 견해는 주석가들마다 다르다. 아마도 삼정은 역법의 표현으로서 오기에 결부되는 것 같다. 『홍범』에서[29] 오기는 한 해의 다섯 조정원칙을 지칭한다. 그러므로 이 삼정은 5에 의한 분류와 결부된 6에 의한 분류에 관계될 것이다. 특기할 점이라면, 오행을 언급한 이 훈시가 군영에서 육군(六軍)의 수장들을 대상으로 행해졌다는 점이다. 중국인은 도시와 마찬가지로 군영의 배치 또한 명당의 구도를 따랐다. 오행을 6으로 하려면, 한 원소를 둘로 셈할 수 있다.[30] 즉 토를 음식과 음료로 대체하거나, 아니면 아예 곡식들로 대체한다. 특히 오행의 수를 6으로 하는 경우, 중국인은 반드시 그것을 육부(六府)와 결부시킨다. 부는 '창고'를 의미한다.

구체적인 안배와 분류의 관념을 이보다 잘 확인시켜주는 것은 없다.

음양개념이 환기시키는 것 또한 구체적인 안배와 분류에 대한 생각이다. 음양은, 서로 대립하고 교대하면서 시공상의 위치가 그 특징이기도 한 두 집단을 표상한다. 그러기에 음양개념은 어떤 이중형태나 교대원칙을 토대로 세워지는 사회조직을 표현해준다. 또 음양은 때로는 한 쌍의 교대하는 힘으로, 때로는 적대적인 두 군의 양분된 현실로 인식될 수

---

27) *SMT*, I, 164쪽.

28) 앞서 살펴보았듯이, 3은 총합 6의 절반을 열거하는 수다.

29) *SMT*, IV, 221쪽.

30) *Tso tchouan*, C, III, 380쪽; *SMT*, I, 468쪽. 육부의 언급은 9가(歌)의 언급에 병행되며, 또 9가는 5음과 오행과 관련되어 언급된다. 그 외 5에 의한 분류와 6에 의한 분류의 연대성을 말해주는 예들은 많다(졸저, *Danses et légendes de la Chine ancienne*, 5와 6에 관한 색인을 참조할 것). 그렇지만 그중에서도 가장 귀중한 사료인 『순전』(舜典)의 한 구절은 숙지할 필요가 있다(*SMT*, I, 59~61쪽). 이 구절은 (통상 하늘의 6영역 또는 동인動因으로서 오행처럼 간주되는) 6종(宗)에 바치는 제물을 언급한 후, 5가지의 표식을 (5범주의 관료들에게) 분배하는 제도를 언급했다.

도 있다. 그래서 음양은 순전히 힘이나 실체로서만 간주될 수 없다. 오행의 경우도 마찬가지다. 오행을 한 쌍의 주항목인 음양의 지배 아래 놓인 보조항목들로 보는 관점에서는, 오행이 때로는 힘이나 작용인(作用因)과 유사한 것으로 간주될 수 있으며, 때로는 실체나 여러 집단의 능동적인 현실과 유사한 것으로 간주될 수 있다. 오행은 계절과 방위의 상관관계 속에서 교대하거나 대립하며, 대적하거나 순행(順行)한다. 하지만 오행을 사변적으로 다루었던 이론가들은 오행을 특히 여러 왕조의 표상이나 공간-시간상의 특정한 질서를 규정해주는 항목들로 간주했다. 오행이 수, 금, 화, 목, 토라는 점은 부차적인 사실일 따름이며, 하나의 용어목록이나 은유에 지나지 않는다. 오행사상(나는 여기서 '이론'이라는 표현은 삼가려 한다)의 주개념은 단순히 대치상태가 아닌 중앙에 결부된 일군의 지역들의 주개념이다. 오행이 힘인지 실체인지를 묻는 교리적 논쟁에서 어떠한 입장을 취하는지는 중요하지 않다. 문제의 관건은 바로 오행의 교차형(십자형) 배치를 확인하는 데 있다.

음양개념의 근본이 신성한 축 양편에 배치된 두 진영의 형상이듯이, 오행사상에는 십자형의 배치가 근본이 된다.

명당의 구도는 무엇에 관계되는가? 이것이 문제의 첫 관건이다. 무엇때문에 중국인은 세계 여러 지역들의 표상을 행(行)으로 규정했을까? 이것이 문제의 둘째 관건이다. 여기서 우리는 '길'을 의미하는 글자 행(行)을 '원소'로 번역하는 것이 타당한지를 물어야 한다. 그리고 이 단어의 의미를 정확히 이해하는 경우에도, 글자 행이 처신과 행동을 의미한다는 점에 비추어, 오행을 '다섯 동인(動因)'으로 번역할 수도 있다. 오행을 자연의 힘으로 간주하는 경우가 이 번역에 관계된다. 그리고 오행을 실체로 다루려 하거나 오행 각각에 부여한 이름이 물질적 양상(물, 나무)을 상기시킨다는 사실에 연연할 경우에는, 번역어 '원소'를 그대로 유지하는 것이 타당하다. 다만 이 경우 그 본의와는 거리가 너무나 먼 개념을 표현하기 위해 선택된 단어의 행운을 설명해야만 할 것이다. 우리는 요소들(elements)의 개념을 길(cardo: 고대로마 도시의 대로大路)사상과 연관지어 해석하는데, 만약 우리가 우리 해석에 정당성을 부여할 수만 있다면, '행'(行)자를 stoiketon(원소元素)와 동일한 의미로 번역하는 데 대해 정당성을 부여하게 될 것이다.

도(道)는 '길'을 의미한다. 중국인이 '길'에 대한 생각을 일깨우는 두 단어 도와 행으로 기본 5항목이나 대질서의 원칙과 대분류원칙을 지칭하는 데 출발점으로 삼는 형상들은 이렇듯 범주에 속하는 사실들에서 비롯한다.

* * *

글자 행과 도는 따라야 할 길, 행동이 지향해야 할 방향을 상기시킨다. 특히 글자 도는 가장 규칙적이며 모범이 되는 현자나 군주의 행위를 생각하게 한다. 이러한 파생적 의미에 따라 주해가들은 신화적 사유가 투영된 여러 문학적인 단편들에 대해 단순히 윤리적인 관점의 해석을 가하게 되었다. 이들 단편들 중 시적 형식을 지닌 몇몇은 우리에게 극히 많은 것을 알려준다.

대우(大禹)를 주인공으로 하는 무훈시(武勳詩)의 몇 구절이 전해진다. 그 한 구절은 두 용어인 행과 도가 갖는 관계성뿐만 아니라 이 두 용어 본래의 상징적 의미를 이해하는 데 도움을 준다.

이 무훈시는 우의 훈공을 기린다. 모든 왕조의 창건자는 공히 조물주로서의 역할을 떠맡는다. 하지만 어느 누구도 세계의 안배에서 우의 능력에 견줄 자는 없었다. 주지하듯, 우의 발걸음은 곧 여러 길이를 측정하는 단위가 되었으며 또한 거북이는 그에게 세계의 형상인 『홍범』구주(九疇)를 주었다. 특히 우리는 글자 주(疇)는 그어진 고랑을 암시하여 영지와 토지의 경계를 의미하거나 산가지를 지칭했음에 유념해야 한다. 오직 물에서 나온 거북만이 대우의 대역사(大役事)를 도운 것은 아니다. 그가 대홍수를 극복할 수 있었던 것은 땅 위에 그림을 그려 물길을 틔워준 한 마리 용의 도움이 있었기 때문이다. '길', 즉 도는 그 자체만으로,

'길을 열다, 통하게 하다'를 뜻하는 유사한 발음의 다른 단어 도(導)와 거의 구별되지 않는다. 대우처럼 통치능력을 완비한 왕의 경우, 이른바 하늘이 그에게 "길을 열어준다(開道)"라고 한다. 이 말은 하늘이 군주에게 문명의 양속을 복원할 권한을 허여했음을 의미한다. 군주나 현자는 자신의 덕으로 세계를 건립해야 했기에, 대부분 세계를 편력함으로써 그 덕을 쌓았다. 하지만 신화시대의 영웅은 하늘이 그에게 길을 열어줄 때(開道), 우주 전체를 건립해야 했다. 여기서 우리는 우가 어떻게 인간의 대지를 측정하여 그 본연의 치수에 맞도록 조정했는지를 살펴보자.

전래의 고사에 따르면, 우는 "사계절에 따라 (세계의) 구주(九州)를 개척하고(開), 구도(九道)를 소통시켰으며, 구택(九澤)을 쌓아올리고, 구산(九山)을 고르게 했다."[31] 사마천은 이 대역사를 상술하면서 글자 도를 사용하여 우가 수로를 열었다는 견해를 밝힌다.[32] 또 사마천은 구천(九川)과 구산에 관한 상세한 묘사에서도 글자 도를 구천과 구산 앞에 사용하여, 세계의 편력과 질서의 정립에 대한 생각을 상기시키고자 한다. 우는 "구산을 편력하여 바르게 했고", "구천을 편력하여 바르게 했다."[33] 세계의 사방으로 거주와 경작이 가능하도록 구주(州)의 안배를 완수함에 이어, 우는 육부의 질서마저 완벽하게 정립했다. 육부는 여섯 창고를 뜻한다[즉 오행(5)+여러 종류의 곡식(1)]. 그리하여 우는 토지(영지)와 성씨를 분배한 후, "(나의) 덕을 입도록 하라! 나의 길(行)을 벗어나지 말지어다!"라고 천명한다.[34]

우가 천명한 이 문구에서 우리는 하나의 도래가 천명되고 있음에 유념해야 한다. 이 문구는 길(道)을 내는 데 진력했던 영웅의 공력에 힘입

---

31) *SMT*, I, 101쪽. (참조원문: 載四時, 以開九州, 通九道, 陂九澤, 度九山.)

32) *SMT*, I, 127쪽. (참조원문: 沱涔旣道.)

33) *SMT*, I, 135쪽의 각주 1)과 140쪽. (참조원문: 道九山……道九川.)

34) *SMT*, I, 146쪽. (참조원문: 九州攸同, 四奧旣居, 九山栞旅, 九川滌原, 九澤旣陂, 四海會同, 六府甚脩, 衆土交正, 致愼財賦, 咸則三壤成賦. 中國賜土姓. 祇台德先, 不距朕行.)

어 신화적 역사(役事)가 완수되었음을 알려주는 선포와도 같다. 이 문구에서 (마치 당연한 듯 글자 행에 '행동거지'라는 윤리적 의미를 부여하는 주석을 따르지 않는다면) 글자 행과 (글자 덕을 윤리적 의미인 '덕목'으로 이해하지 않고 글자 도와 상응한다는 점을 상기한다면) 글자 덕이 동일한 문맥으로 사용된다는 것은 의미가 크다. 두 단어의 이러한 상관성이 아마도 다음 가설에 정당성을 부여했을지도 모른다. 즉 글자 도가 상기시키는 것은 그 무엇보다 군주가, 오행을 분류항목으로 하여 사방의 제후들에게 분배해야 했던 (유산, 이름, 표상, 표식 등의) 사물들을 길(행行, 도道)을 따라 경계 짓기 위해 순행하는 모습이라는 것이다.

우리는 이러한 가설을 통해 조정력과 효능질서로서 도의 의미를 글자 본래의 의미와 결부시킬 수 있다. 이 가설은 **왕도**(王道, 군주의 질서)와 **천도**(天道, 하늘의 질서)의 의미를 이해하는 데 하나의 수단을 제공한다.

군주는 태양의 흐름을 따라 지상을 순행하면서 스스로 하늘의 아들인 천자임을 의식하게 된다.[35]

이 전통적인 관습은 (주周 무왕武王이 은을 멸한 후 제국을 순행하여 제왕들을 회동시켜 하늘과 산천의 신들에게 제사를 지낸 후 얻게 된) 천자의 칭호와 왕권의 원칙을 설명하려는 한 편의 고대시에서 입증된다.[36] 역법의 대가들 역시 각자 왕권의 정의를 내리면서 군주는 인간과 제신에게 **확연히 구별된 직무**가 분담되도록 오행과 오관(五官, 다섯 범주의 관료체제)을 수립하는 데 그 역할이 있다고 본다.[37] 군주는 역할의 분배와 사물의 분류를 통해 세속활동과 종교활동이 혼동되지 않도록 하여 하늘과 땅의 혼란을 막아야 한다.[38] 하늘과 땅은 오직 민중 신앙의

---

35) 중국인들은 태양이 순환하는 길을 '천도'(天道)라 칭한다.

36) *Che king*, C, 424쪽. (『시경』 송頌의 『시매』時邁 참조)

37) *SMT*, III, 323쪽. 여기서 우리는 신성한 힘, 군주 그리고 중국인들의 유일한 숭배대상이던 신령 모두를 총칭하는 글자 '신'(神)을 'dieux'(신들)로 번역한다. (참조원문: 天地神祇物類之官是謂五官)

38) *SMT*, III, 325쪽. 이 제재는 하늘과 땅의 분리를 거론하는 신화들과 연관되며, 또 (공적인 의례儀禮이자 공공의 이해가 걸려 있는 의식인) 종교의식과 (사적

유일한 제사장인 군주를 매개로 할 때만이 유익하고 융숭한 접촉을 얻게 된다. 군주는 태양의 흐름(天道)을 따라 제국을 순행하면서 방위를 계절에 일치시키며, 제후들의 표식을 세계의 4구역을 표상하는 덕목에 부합되게 한다. 그리하여 그는 '인간의 대지(天下)'에 하늘의 질서(天道)를 구현할 수 있는 자신의 역량을 입증하게 된다. 이는 곧 자신이 하늘의 길(天道)임을 보여주는 것으로, 그에게 능히 천자의 칭호를 얻을 수 있게 해준다. 아울러 그는 자신이 군주의 길(王道)임을 보여주면서, 즉 자신이 지고무이(至高無二)한 인간임과 동시에 하늘과 인간과 땅이 소통하는 유일한 길임을 증명하면서, 왕의 칭호도 얻을 수 있게 된다. 천도와 왕도, 이 두 제재 사이에는 단지 양상의 차이만 있을 뿐, 둘은 모두 동일한 의례개념에 의거한다. 천도사상이 서사시나 정치성 문학의 발전과 더불어 태동한 반면, 왕도사상은 원래부터 의례적인 사실들을 묘사하기 위해 사용된 옛 서정적인 표현들과 긴밀한 관계를 지니고 있었다. 제후들의 표식이 준수되는지를 확인하기 위해 마치 거대한 십자 위에 4극점을 찍듯이 제국의 4극지를 순행했던 군주들의 편력을 통해, 서사시는 다양한 신화들, 특히 홍수신화가 동화될 수 있었던 영웅담의 제재를 찾아내었다. 서사적인 대역사에 관련된 고사들에는 으레 지정학적 묘사가 동반되기 마련이었다. 최초의 문언문학 작품으로 행정적인 제재와 시적인 문구들이 복합적으로 구성된 그 유명한 『우공』은 바로 이러한 작품들의 기원이다.[39] 군주의 편력은 시에 의해 이상화되었고 또한 시적 제재로서 수세기 동안 지고한 권위를 누렸다. 진(秦)제국을 세웠던 진시황과 한대의 대군주였던 무제(武帝)는 친히 대장정의 길에 오르는 것을 잊지 않았다. 두 황제는 모두 제국의 질서를 수립하기 위해 북에서 남으로, 동에서 서로 거대한 교차형 도로들을 축조했다.[40] 왕도도 서정적인 제재로서 장기간 지속되었다. 하지만 이 제재는 신비주의

인 의식이자 사적 이해에 따른 의식인) 무속의식의 구별과도 연관된다.

39) *SMT*, I, 103쪽 이하.

40) 졸저, *Civilisation chinoise*, 119, 140쪽 참조.

적인 문구들로 윤색되어 자신을 상천(上天)의 위상으로 격상시키려 했던 많은 전제군주들의 야망을 표현하는 수단으로 전락했다. 그렇지만 이 제재가 원래 표현했던 의례적 사실들을 재구성할 수는 있다.

군주의 편력에 관련된 서사적 전설에 부응하는 것으로서, 좀더 의례적인 진실에 가까운 또 다른 한 전설이 있다. 즉 군주는 4극지로 사신들을 파견했다는 것이다. 그리고 더욱 극적이면서 사실적인 요소를 담고 있는 제재로서, 군주가 주요 4방위에 위치한 4산(山)으로 4악령을 추방하는 한편으로, 4산들의 이름을 지닌 수장들이 거느리고 온 4방의 제후들을 손님으로 맞이했다는 것이다. 이때면 군주는 도시나 병영의 4대문을 개방하여 새로운 군림이나 새로운 시대의 출범을 알렸다고 한다.[41] 명당에 관한 전통은 이 전설과 관련된다. 명당은 시간상의 모든 주기가 시작되어야 하는 곳인 책력의 집으로서의 역할만 하는 것이 아니다. 명당은 제후들이——정방형의 총사(冢土, 사직단社稷壇) 주위로 각자의 방위에 부합하는 표식을 달고 도열하는 군사의식처럼——정방형으로 집결하는 곳이기도 하다.[42] 명당이 5실이든 9실이든 상관없이, 그 구도는 병영과 도시구도를 재현하는 것으로서 세계와 구주의 구도를 재현한다. 그러므로 이 구도가 단순한 십(十)자형인지, 아니면 만(卍)자형인지는 그리 중요하지 않다. 그 형태가 어떠하든, 중요한 것은 군주가 책력의 집에서 순행하여 이 형태를 작동시키는 데에 있으며, 태양과 사계가 대질서나 하늘의 길(天道)을 따르는 것이었다. 앞서 보았듯이, 고대중국인은 수를 빌려 단순한 십자형이나 만자형을 그렸으며, 상호 교차적으로 배치된 홀수들에 동일한 배치방식의 짝수들을 중첩시켰다. 우리는 이러한 중첩적인 배치방식을, 하나의 축으로 연결된 정방형의 평판(平板, 땅)과 원형의 평판(平板, 하늘)을 중첩시켜 사용한 점술가들의 전용도구를 통해서도 확인할 수 있다.

---

41) 졸저, *Danses et légendes de la Chine ancienne*, 238쪽 이하.
42) 같은 책, 81쪽.

따라서 하늘과 땅을 나타내는 중앙의 두 수 5와 6의 성스러운 결합인 11을 규정하기 위해 중국인은 이 수에 의해 하늘과 땅의 길(道)이 완성(成)되었다고 말했다.[43]

왕도는 군주가 태양의 흐름을 본떠 책력의 집을 순행할 때 단순십자형이나 만자형의 회전축이 되는, 즉 명당의 중앙에서 시작되는 축선이 아니겠는가? 다시 말해, 천도와 왕도의 주인인 유일무이한 인간이 바로 이 축이자 축선이 아니겠는가?

'왕'(王)자는 어원학적으로, 왕의 역할이 통일에 있음을 알려준다. 이 글자는 중앙을 연결하는 한 수직 획에 의해 하나로 맺어진, 하늘과 인간과 땅을 나타내는 세 수평 획으로 구성되어 있다. 이러한 어원학적 해석은 수-상징을 통한 해석만큼이나 사료적인 가치를 지닌다. 겨울이 막바지에 이를 무렵이면, 고대중국인은 수장의 덕을 경신시키고 다음 해의 수장을 선출하기 위해 축제를 거행했다.[44] 이 축제 동안 다양한 종류의 놀이와 여러 형태의 시합이 벌어졌다. 수장이 될 인물은 여러 형태의 시합에서 승리를 거두어 자신의 덕을 입증해야 했다. 그중 하나는 음주시합으로, 만취 후에도 몸가짐을 바르게 유지해야 했다. 그리고 정력을 겨루는 시합도 있었다. '대중매자'(大中媒者)라는 칭호를 지녔던 초기의 수장들은 우주의 번식력에 대한 책임을 안고 있었으며, 왕은 태양이 제 길을 잃지 않도록(天道), 왕비와 적기에 맞추어 잠자리를 해야 했다. 또 다른 시합은 저항력을 겨루는 시합이었다. 그리하여 수장은 한 자리에서 계속 절뚝거리며 뛰거나 아니면 나무그루터기처럼 부동의 자세로 수액의 상승을 기다리고 촉진시켜야 했다.[45] 이 시합들 가운데는 장대오르기도 있었다. 이 장대는 명당의 원형인 움집의 중앙에 세워졌고, 장대

---

43) 앞의 책, 166쪽.
44) 이러한 사실들에 대한 상세한 거론은 다음 기회로 미룬다. 여기서는 간략하게 언급하는 것에 그친다. 졸저, *Civilisation chinoise*, 223쪽 이하.
45) 인도(人道, 사람의 길)라는 표현은 남성적 행동을 지칭한다. 정확히 말해, 도는 어떤 창조력이 아니라 우주의 삶이 따르는 율동의 표상이다.

꼭대기에 오른 참가자는 하늘, 좀더 정확히 말해, 하늘의 종(鐘)을 핥음으로써 마침내 하늘의 아들이 될 수 있었다. 그런데 '하늘의 종'의 젖가슴은 (이것은 곧 종유석이다) 동굴의 천장에 걸려 있었다. 오르기 시합에서 승리한 새로운 하늘의 아들은 하늘과 땅을 맺어주는 중간자로 등극하여 자신의 신장을 해시계의 기준치로, 또 자신의 신체비율을 표준음률로 삼게 함으로써 스스로 왕도와 동일시했다.

이 오르기 시합은 중국인의 기억 속에 면면히 보존되어왔다. 그러기에 고래로 중국인들 중 왕좌를 노리는 자들은 하늘을 오르는 꿈이나 하늘을 핥는 꿈을 꾸는 데 침취(沈醉)했던 것이다. 왕좌에 오르는 것을 "꼭대기에 오르다(登極)"라고 표현하게 된 것은 바로 이러한 연유에서다.

그리하여 『홍범』의 제5항은——이 항목은 가운데 항목이다. 우리는 거북이가 우에게 가져다준 『홍범』이 중앙을 5로 하는 효능정방형이었음을 알고 있다—— '황극이나 왕극(지존의 꼭대기 또는 왕의 꼭대기)'을 그 표상으로 한다.[46]

황극이나 왕극, 이 두 표현은 통상 '군주(왕이나 황제皇帝)의 지고한(極) 완전무결함'으로 번역된다. 그렇지만 공안국(孔安國)을 저자로 하는 고전적인 주해를 따르면, 이 표현은 '크나큰 중도'로 해석된다. 물론 모든 주해와 마찬가지로, 설령 공안국의 주해일지라도 의문을 두어야 할 것이다. 하지만 다행히 고대의 것으로 보이는 한 편의 시가 『홍범』의 오주에 실려 있다. 이 시편은 우리가 앞서 인용한 우의 선언, "나의 길(行)에서 벗어나지 말지어다"라는 각별한 선언을 상기시켜 주는데, 우리로서는 이를 하나의 도래에 대한 선포로 이해하지 않을 수 없게 된다. 이 시편을 문자 그대로 옮겨보자.

---

46) 글자 '황'(皇)은 (이음표 모습의) 왕(王)자를 포함한다. 똑같이 '대제'(大帝)로 번역될 수 있는 이 두 용어는 정치적 의미[중국역사에는 3명의 대제와 3개의 대왕조가 있다(졸저, *Civilisation chinoise*의 제1부의 제1장을 참조할 것)]와 종교적 의미의 어휘에 속한다. 즉 부모 역시 사후에 하늘의 황궁으로 올라가면 황 또는 왕으로 칭해졌다.

치우침도 비탈짐도 없으니,

왕의 공평함(義)을 좇으라!

어떤 편애도 없으니,

왕도(王道)를 좇으라!

어떤 개인적 증오도 없으니,

왕로(王路)를 좇아라!

치우침도 불공(不公)함도 없으니,

왕의 도는 참으로 광대하도다!

불공함도 치우침도 없으니,

왕의 도는 참으로 일체이도다!

뒤로 향함도, 옆으로 쏠림도 없으니,

왕도는 바르고 곧도다!

극(極)을 지닌 자와 함께 하도록 하라!

극을 지닌 자에게로 달려가도록 하라![47]

　우리로서는 이 시편의 말이, 왕을 선출하는 시합에서 승리한 자가 장대꼭대기에서 제후들을 대상으로 선포했던 것이라고는 단언할 수 없다. 하지만 왕도를 지닌 자가 '극을 지닌 자'이고, 여기서의 극은 당연히 꼭대기와 **용마루**를 의미함은 엄연한 사실이다. 또 하나의 사실을 들면, 시인이 극과 도를 조금도 다른 것으로 보지 않을 뿐만 아니라, 도와 로와 의에 대한 제반 생각 또한 마찬가지라는 점이다. 도와 행처럼 로는 '길'을 뜻하나, 이것은 단지 물질적 의미에서 그럴 따름이다. 시인이 '광대함'이나 '일체성'을 그 특성으로 명시하는 '왕도' 또한 물질적인 형상을 연상시키고 있지 않은가? 더욱이 공평함, 즉 의는 하나의 덕목으로서 우리는 이 덕목을 다음의 여러 구체적 관계 속에서 살펴볼 수 있다. 다

---

47) *SMT*, IV, 222쪽. (참조원문: 無偏無陂, 遵王之義, 無有作好, 遵王之道, 無有作惡, 遵王之路. 無偏無黨, 王道蕩蕩, 無黨無偏, 王道平平, 無反無側, 王道正直, 會其有極, 歸其有極.)

시 말해 이것은 자신과 타인의 것을 존중하게 하고, 운명과 이름 및 지위(名)와 유산(分)의 분배를 관장하는 덕목이다.[48] 그러면 『홍범』의 중앙에 해당하는 5항의 표상인 황극이란 무엇이겠는가? 그것은 다름 아닌 '오복(五福)을 모으고 분배하는 것'이다. 용어 '석복'(錫福, 행운의 분배)이 '봉토의 분배'를 뜻하듯, 봉건집회에서 군주는 다섯 표식을 수합하여 재분배했다.[49] 요컨대 왕극이나 왕도는 바로 사방에서 연방의 중앙으로 달려온 제후들에게 봉토와 다섯 표식을——윤리적 의미에서 공평하게——배분하는 원칙이다. 여기서 우리는 다음 사실에 주목해야 한다. 즉 '도가의 시조들'이 도를 일종의 분배의 책임자로 본다는 점과(하나의 존재는 도에 의해 그 진귀함과 하찮음이 달려 있는 칼과도 같다——그들은 신, 대야, 책상이 아니라 칼을 예로 삼는다)[50] 장자가 도를 '만물의 극(道, 물지극物之極)'으로 파악한다는 사실이다.[51] 우리가 두 용어 황극과 왕도의 상관성에 더욱 주목해야 할 이유는 바로 도를 등가성, 대조성, 인력(引力), 척력(斥力)의 공간이자 중심으로서, 그리고 우주의 회전식 변천을 형성하는 교대와 성스러운 결합이 진행되는 공간이자 중심으로서 제시하는 한 구절이 이 상관성을 말하면서 끝난다는 점 때문이다. 물론, 이 고대시를 인용한 『홍범』의 주해가들(또는 저자들)이 표현하려 했던 사상은 모두 윤리적 측면에서의 완전무결, 즉 무사공평과 고결함, 올바름에 관한 것이다. 왜냐하면 완전무결함은 모든 분파와 개별적 집단들 위에 위치하는 중앙으로서의 군주의 위상을 암시하기 때문이다. 우리로서는 이 모든 은유를 설명해야 하는 동시에, 중앙의 완전무결을 지칭하기 위해 선택된 단어들이 왜 때로는 극(極, 용마루)이

---

48) 앞의 책, 371쪽.

49) 졸저, *Civilisation chinoise*, 335쪽; *Danses et légendes de la Chine ancienne*, 91쪽의 각주 1)을 참조할 것.

50) *Tchouan tseu*, Wieger, *Les Pères du système taoïste*, 257쪽. 위계개념을 염두에 두자.

51) 같은 책, 439쪽. 포틀라치(potlatch)와 영적 결합은 이 사상의 저변을 이루는 제재들이다.

며, 또 때로는 '광대함'과 '일체성'으로 규정되는 로(路, 길 또는 도道)인지를 규명해야 할 것이다.[52] 특히 왜——음주경연에서 음주자들에게 요구되었던 자세인——직립자세나 곧추 세워진 장대 모습을 연상시키는 이미지들이 사용되는지를 규명해야 할 것이다.

군주는 왕도를 건립하고 앞으로 사방에서 집결되는 조공의 통로인 십자형의 도로를 정할 때면, 빛과 그림자(양陽과 음陰)의 작용을 관찰하여 하나의 해시계를 세워야 했다.[53] 신비주의적 정치관에 철저했던 중국인은 완벽한 군주가 군림하는 왕도의 해시계는 한여름의 정오에 그림자를 드리워서는 안 된다고 믿었다.[54] 여러 신화들은 이에 대해 많은 것을 알려준다.[55] 완벽한 수도가 자리해야 할 적소인 우주의 중앙에 경이로운 나무 한 그루가 서 있었다. 이 나무는 구천(九泉)을 구천(九天)에, 또 세계의 밑바닥을 그 정점에 이어주었다. 이 나무는 건목(建木, 세워진 나

---

52) 비에제르 신부는 황극을 '축'으로 번역하면서도 자신의 번역이 타당하다고 보지는 않은 것 같다(*Histoire des croyances religieuses et des opinions philosopiques en Chine, depuis l'origine jusqu'à nos jours*, 61쪽을 참조할 것). 그는 『홍범』의 한 대목을 다음과 같이 번역한다. "하늘의 모든 것은 상제의 거처인 극을 중심으로 선회하듯이 지상의 모든 것은 왕을 축으로 선회한다." 여기서 우리는 비에제르 신부의 번역이 한대에 통용되었던 사상에 의거함을 알 수 있다. 그의 번역이 방법상 다소 무리가 없지 않음에도 정확성을 기할 수 있었던 것은 사마천이 말했듯이 바로 한대에 통용되던 사상이 고대사상에서 직접 파생된 것이기 때문이다. 사마천에 따르면(*SMT*, III, 342쪽), 7명의 수장에 상응하는 7별을 지닌 큰곰자리는(같은 책, 235, 242, 321쪽) "군주의 마차다. 군주의 마차는 중앙에서 운행하면서 4방을 다스리고, 음과 양을 분리하며, 4계절을 규정하고, 오행의 균형을 잡아주고, 시간의 분할과 하늘과 공간을 단계별로 이행하게 하고, 다양한 수치를 고정시킨다." 또 태일은 (이 책, 193, 194쪽) 천극, 즉 하늘의 정점이라 불리는 북극성에 거처한다(같은 책, 339쪽).

53) 졸저, *Civilisation chinoise*, 265쪽.

54) 같은 책, 229쪽.

55) 졸저, *Danses et légendes de la Chine ancienne*, 314쪽의 각주 1). 태양목 또는 움푹 파인 나무는 항상 왕의 거처에 관련되는 제재다. 왕이 머무는 곳에 생명수(生命樹)가 자라난다.

무)으로 불리었으며, 이 나무의 곁에서 완벽하게 직립하는 모든 것은 그 어떤 것도 정오에 그림자를 드리우지 않았으며, 또 어떠한 것도 이 건목에 음영을 던지지 못했다고 한다. 이렇듯 (성스러운 결합에서 비롯한 까닭에 완벽하기 그지없는) 종합이 이루어짐에 따라, 모든 형태의 대조와 교대, 모든 속성과 표식은 중앙의 통일체 속으로 흡수되었다.

황극(또는 왕극)과 왕도라는 두 표현은 마땅히 윤리적 의미를 가지고 있었으며, 글자 극과 마찬가지로 글자 도도 현자들의 언어 속으로 이입되었다. 이 두 용어는 군주의 완벽성과 그 덕성에 관한 여러 사상들을 환기시켜준다. 그러나 글자 도는 아주 구체적인 여러 형상과 사고들이 결집된 하나의 복합체를 시사해줌으로써 효능적 질서의 상징이 될 수 있었다. 글자 도가 하늘의 질서에 완벽하게 부합하는 총체적 질서를 암시하면서, 효능성과 덕망과 권위를 의미할 수 있게 된 것은 왕권의 수립과 병행하여 새 군주에 종속되어 우주를 분봉받은 집단들에게 이 세계의 사물들이 분배되었기 때문이다. 새 군주는 이 분배를 시행하기 위해 개국의식을 치러야 했다. 태양의 흐름(天道)을 따라 지상을 순행하여 표식을 분배하기에 앞서, 새 군주는 천자이자 지고무이(至高無二)한 인간이라는 자신의 칭호에 부응할 수 있도록, 성스러운 순간에 하늘과 땅이 하나로 통하는 길(王道)에서 세계의 축과 일체를 이룬 채 직립해 있어야 했다.[56] 도는 먼저 빛과 그림자가 그 둘레를 따라 도는 축(장대나 해시계)을 표상한 이후에 비로소 지엄한 질서의 상징이 되었다.

* * *

만일 우리의 견해가 타당하다면, 그리고 글자 도(道)〔길, 중도中道, (해시계)〕와 글자 행(行)〔길, 원소, stoiketon〕에 대한 설명의 출발점으

---

56) 도(道)는 곧 11이며, 11은 짝수와 홀수, 하늘과 땅, 5와 6을 흡수하는 단일한 총체다.

로서 축과 회전의 이미지를 삼을 수 있다면, 도에 관한 여러 정의들 가운데 가장 오래된 정의를 이해하는 데도 그다지 어려움이 없을 것이다. 앞서 우리는 도에 대한 『계사』의 정의를 살펴보았다.[57] "한 (양상은) 음, 한 (양상은) 양, 이것이 도다"(一陰一陽謂之道).

　이제 우리는 위의 정의를 "모든 음, 모든 양, 이것이 도다"로 읽을 수 있게 될 것이다. 도는 두 양상으로 된 하나의 총체이며, 이 두 양상도 서로 완전히(一) 대체된다는 점에서 총체적이다. 도는 두 양상의 총합이 아니라, 이 둘간의 교대를 조율하는 장치다(나는 장치라는 말로 법을 대신했다).

　『계사』에 제시된 도의 정의에서 볼 때, 도는 교대하고 순환하는 하나의 총체로서 간주될 수 있다. 양태마다 동일한 총체가 재현되며, 모든 대조는 빛과 그림자의 교대와 대립의 관계를 그 준거로 하여 형성된다. 도는 음양보다 상위의 범주로서, 지대한 능력과 총체와 질서를 총괄한다. 음양이 그러하듯, 도 또한 하나의 구체적인 범주다. 즉 도는 어떤 기본적인 대원칙이 아니다. 도는 실제 여러 집단의 현동적인 사물들의 운행을 관장하지만, 그렇다고 하나의 실체와 힘인 것은 아니다. 도는 조율의 기능을 행한다. 그러기에 존재를 창조하는 것이 아니라 다만 있는 그대로 존재하게 할 따름이다. 도는 사물의 율동을 조절한다. 실재하는 모든 것은 자신이 갖는 시공상의 각 위치에 따라 규정된다. 요컨대 실재하는 모든 것 안에 공간-시공의 율동인 도는 존재한다.

　『계사』에 실린 여러 사상들 속에서 도를 아는 것은, 점술이 그 핵심을 알려주는 위치와 기회에 대한 체계적인 이해와 동일시된다. 점술은 각 개별적 경우의 유리한 상황을 식별할 수 있게 하여 세계의 조직을 파악하는 식견을 증진시켰다. 점술은 군주, 제후, 대인, 군주의 특권에 속했다.[58] 이들은 점술을 통해 완벽한 덕성과 다름없는 지혜를 터득하면서

---

57) 그리고 우리는 한 신화적 제재에 근거하여 이 정의를 설명했다. 이 제재는 바로 공상(空桑), 즉 태양과 군주의 나무이자 생명의 나무인 움푹 파인 뽕나무다.
58) 대인(大人)이라는 표현은 신화의 언어에 속하며 힘의 비법을 알고 있는 영웅을 지칭한다(졸저, *Civilisation chinoise* 참조).

소인과 평민을 통솔했던 것처럼, 이 능동적 삶이 곧 도다.

도를 지닌 자는 시공을 안배할 수 있으며, 점괘의 이치에 입문한 자는 앎을 터득한 자이기에, 통치할 수 있게 된다. 전술한 대로, 이 점괘들은 온갖 실재들을 빠짐없이 포괄한다. 세계의 질서는 각 사물들과 그 표상들에 동시에 적용되는 말인 글자 물(物)로 지칭되는 1만 1,520개의 개별적 상황들을 총괄한다.[59] 64괘의 384효는 일체의 실재적 양태들의 표상적인 실현으로서, 이들을 구체적으로 상기시키고 발생시킨다. 각 효는 그 강유(剛柔)나 음양에 따라 그 자체만으로 36개나 24개의 실재적 양태를 내포한다. 그러므로 각 효는 **표상-항목**으로서의 의미를 지닌다. 그렇지만 각 효는 음효든 양효든 그 자체로는 단지 음이나 양, 짝수나 홀수의 가장 단순한 상징일 따름이다. 각 효는 특정 괘 안에서 자신이 차지하는 위치에 의해 규정되고 개별화된다. 그러기에 각기 192양효와 192음효가 상징하는 구체적 범주들의 각 속성들은 단지 각 효가 표상 전체의 차원에서 어떤 상황에 있는지에 따라 규정된다. 우리는 각 효가 64괘의 한 괘에서 나타나는 위치를 살펴 그 속성을 밝혀낼 수 있다. 이러한 탐문작업은 동일한 한 괘에서 서로 인접한 효들을 차례로 살펴보는 것으로도 가능하며, 두 개의 괘에서 상응하는 두 효를 비교하는 것으로도 가능하다. 그리하여 우리는 한 표상이 다른 한 표상을 대체하는 것을 보게 되는데, 이를 두고 우리는 다음과 같이 말할 수 있다. 즉 하나는 약한 효이며 다른 하나는 강한 효인 두 효가 위치를 교호(交互)하면, 대체(變化)가 생겨난다(生)고 말이다.[60]

우리가 생각하는 대체, 즉 한 상징에서 다른 한 상징으로의 이행은 사물의 실재적 흐름 속에서 일어나는 변이(易)를 알려주는 지표이거나, 더 정확히 말하면 적극적 기호, 즉 신호다. "번갈아 서로 낳는 것(生生)은 곧 변이다."[61] 이 문구의 의미는, 실현되기를 바라는 각 양태는 그 자

---

59) 앞의 책, 163, 164쪽.
60) *Yi king*, I., 350쪽.
61) 같은 책, 356쪽. 레그의 번역에 따르면, "변화(의 과정)이라 불리는 것은 생성

체가 낳아야 하는(生) 양태에 의해 낳아진다(生)는 것이다. 변이에 대한 현학적 관념은, 앞서 음양, 이 두 범주의 교대작용에 따른 (동물들의) 여러 형태학적 교대를 언급하며 분석한 여러 사상들과도 유사한 사상에 근거한다.[62] 변화하는 것은 사물이 아니라 공간-시간이다. 즉 공간-시간이 사물에 율동을 주입한다. 형태의 교대를 가리키는 [또 도술가道術家들에 의해 실행된 변이를 가리키는] 글자 화(化)는 한 점술표상으로 다른 점술표상을 대체하는 것을 의미하는 변화라는 용어에서 등장한다. 글자 변(變)은 그 자체로 주기적인 변화에 대한 생각을 불러온다. 『계사』에서 글자 변은 열리고 닫히는 문의 모습이 상기시키는 양상들의 교대를 나타낸다.[63] 이렇듯 점술가들이 볼 때, 도는 양상들의 교대에 따라 형성된다.

점술의 전문용어에서 글자 도는 상징이나 실재상의 모든 변이의 토대에 자리하는 근본적인 질서를 뜻한다. 이 질서는 모든 변이를 전반적으로 지배한다. 그러므로 도는 하나의 질서의 원칙으로서, 감지 가능한 양태들의——교대를 통한——생성을 관장할 뿐만 아니라 제반 현실들을 알려주고 촉발하는 표상항목들의——대체를 통한——조작을 관장한다. 기술상의 질서와 실재상의 질서와 논리상의 질서는 서로 구별되지 않기에, 도는 표상들의 조작을 통해 얻게 되는 조정력이며, 또 상징들의 대체를 관장하는 효능적인 앎인 동시에, 무궁한 변이를 통해 우주 전반에서 구현되는 능동적인 질서일 수 있다. 실재상의 변이든 상징상의 변이든, 제반 변이들은 언제나 실재적 변동 없이도 또한 운동도 소모도 없이 행해진다. 중국의 저자들이 강조하는 글자 역(易)의 의미는 이렇듯 '순행'(順行)에 대한 생각을 불러일으켜 노동에 대한 생각을 배제한다. 현실에서 표상들은 변이한다. 그리고 변이는 소모적인 노동이나 어떠한 종

과 재생성을 지칭한다." '생생'(生生)의 문자적 의미는 생성하는 생성물(생성자가 되는 생성물)을 뜻한다. (참조원문: 生生之謂易.)

62) 앞의 책, 112쪽을 참조할 것.
63) 같은 책, 105쪽을 참조할 것.

류의 힘의 소모도 필요로 하지 않는다.

* * *

신비주의적 사유는——세계를 안배하는 기술들과 더불어——모든 현실은 표상에 의해서 발생된다는 믿음에 철저했다. 점술학가들의 성찰작업은 이 신비주의적 사유를 체계화함으로써 중국인의 이러한 정신적 성향을 더욱 심화시켰다. 도를 정신의 활동과 세계의 삶을 하나로 다스리는 질서원칙으로 인식하던 중국인은 사물의 흐름 속에서 확인되는 변화들은 사유의 흐름이 낳는 상징들 간의 대체와 동일하다고 한결같이 믿어왔다.

이 정신적 명제가 수용된 이상, 원인성이나 모순성의 원칙에 주된 원칙으로서의 역할을 부여할 하등의 이유가 없게 되었다. 이는 중국사유가 어떠한 정신적 혼돈에도 개의치 않아서가 아니라, 원인성과 종(種)의 개념을 그 자체 내에 흡수해버리는 질서개념, 즉 효능적이며 총체적인 질서를 사유의 지침으로 삼았기 때문이다. 중국인은 사유의 출발점을 변이와 효능성에 둠으로써 사유는 외연논리나 실험물리학에 의존하지 않아도 되었으며, 또한 여러 변수를 고찰하여 시공에서 그 구체성을 제거하지 않아도 되었다.

인과를 구별하여 여러 일련의 사실들을 총망라하는 자연의 목록을 작성하는 일은 변이의 관점에서 보면 어떠한 철학적인 관심사가 될 수 없었다.

중국인은 현상들의 연속을 확인하기보다는 양상들의 교대를 포착한다. 중국인이 두 양상의 연관성을 생각하게 된 것은 인과관계에 따라서가 아니라, 표면과 이면이 그러하듯이 또는——『계사』의 시대에 사용된 은유를 빌리면——소리와 메아리, 빛과 그림자가 그러하듯이, 모든 것은 서로 짝을 이룬다고 보았기 때문이다.[64]

우주뿐만 아니라 우주를 구성하는 각 집합적 개체들은 본래 순환하는 것이기에 교대성을 지닐 수밖에 없다는 신념이 사유를 완전히 지배하면서, 연속성보다는 **상관성**이 언제나 사상적으로 우선되었다. 따라서 중국인은 역으로 설명하는 데 전혀 구애받지 않았다. 이를테면 어떤 영주가 살아서 권력을 얻지 못한 이유가 죽어서 사람들을 제물로 바치게 했기 때문이라 한다.[65] 이 영주의 정치적 실패와 상스럽지 못한 장례는 그의 부덕이라는 동일한 현실에서 야기된 **상관적인** 두 양상이며, 상응하는 두 기호들이다.

중국인이 기꺼이 기록하려 했던 것은 원인과 결과가 아니라, 출현순서가 중요하지 않기에 비록 동일한 근원에서 비롯함에도 제각기 특별한 것으로 간주되는 여러 양상들이다. 이 양상들은 모두 똑같이 묵시적임에 따라 **상호대체가 가능한** 것으로 보인다. 메마른 강물, 무너진 산, 여자로 변한 남자 등은 임박한 왕조의 몰락을 알려주는 동일한 징표다.[66] 이들은 모두 하나의 동일한 사건에 대한 네 양상으로, 하나의 질서는 그 효력이 다하면 새로운 질서에 자리를 물려주고 사라짐을 알려준다. 이렇듯 모든 것은 하나의 전조나 하나의 기호(또는 일련의 기호들)의 확인으로서 마땅히 기록되어야 하는 반면, 그 어떠한 것도 작용인으로서 중시되지 않는다.

중국인은 어떤 관계를 설정할 때, 관계된 대상들을 측정해볼 의향은 조금도 보여주지 않는다. 이 대상들을 현상으로 간주하지 않는 그들로서는 그 크기의 순서를 고려할 필요가 없다. 이들은 단지 신호일 뿐, 그에 대한 규모나 빈도의 양적인 산정은 별반 중요하지 않다. 여러 전조(前兆)들 가운데 가장 유익한 것은 다름 아닌 가장 특이하고, 미세하고, 희박하고, 순간적인 전조들이다. 자신의 둥지를 파괴하는 새는[67] 가장 미천한 동물임에도 가족애의 결여를 보여준다는 점에서 극도의 중요성

---

64) *Yi king*, L, 369쪽.
65) *SMT*, II, 42쪽: 졸저, *Danses et légendes de la Chine ancienne*, 105쪽.
66) 졸저, *Civilisation chinoise*, 29, 30쪽.
67) *Ts'ien Han chou*, 27 bI, 4^b쪽 이하.

을 띠는, 제국의 몰락에 대한 (물리적·윤리적) 징조로서 간주된다. 따라서 가장 미세한 양태들일지라도 조목조목 기록되어야 하며, 여기서는 가장 정상적인 양태보다는 가장 이상적인 양태가 더욱 가치를 지닌다. 양태들의 목록화는 연속적인 순서보다는 연대성을 찾는 데 목적이 있다. 중국인은 사물들의 흐름을 파악하는 데 측정의 결과에 준해 일련의 현상들에 상관성을 부여하는 것과는 달리, 단지 감각적인 실재들 속에서 대량의 구체적인 신호들을 찾아내는 데 그쳤다. 이 신호들의 목록작성은 물리학자들의 일이 아니라 사관들의 몫이었다. 왜냐하면 역사는 윤리를 대신할 뿐만 아니라 물리도 대신하기 때문이다.[68]

따라서 중국인은 사실들을 시간과 공간적 여건에서 분리시키기보다는 오히려 특정한 시간과 공간의 고유한 특성을 밝혀주는 기호로서 인식했다. 그들은 사실들을 획일적이고 영속적인 특정 준거체계에 입각하여 기록하지 않았던 대신, 사실들이 지니는 **국지적인** 의미를 밝혀주는 것이라면 어떤 것도 간과하지 않았다. 그러기에 그들은 세계의 특정 시대와 구역 또는 항목에 부합하는 시공간적 표현과 도량에 관한 표현을 사용하여 사실들을 기록했다.[69] 그들은 분류체계들을 다양하게 혼용했다. 그들은 비교대상이 될 만한 것들은 모두 기피하면서 오직 **대체가능**한 것에만 주목했다. 도량형에서도 그들은 추상적 단위가 사용될 수 있는 모든 여지를 없앴다. 중국인에게 수의 용도는 정수들의 합산보다는 구체적으로 형상화하고 묘사하고 배치하는 데 있었으며, 궁극적으로는 수-표상들 간의 동일성이나 등가성에 의해 그 정당성을 지니는 변이의 가능성을 암시하는 데 있었다. 그들은 사실들을 분리하거나 그 일반화

---

68) 앞의 주에 인용된 장에는 앞서 인용했던 참고사항과 같은 수많은 참고사항들이 수록되어 있다. 우리는 대부분의 왕조실록에서 극히 많은 분량의 이와 유사한 장(章)들을 찾아볼 수 있다. 혹자는 이 장들이 수많은 중요한 역사적 사실들의 열쇠를 제공한다고 주장하기도 한다.

69) *Ts'ien Han chou*, 78, 228쪽. 각 왕조마다 하나의 고유한 도량형(*Civilisation chinoise*, 27, 29, 31, 49쪽)과 명명체계를 보유하고 있었다.

를 배제하는 대신, 사실들의 개별화에 따른 표상의 다능성을 통해 대체
가능성을 폭넓게 확보해가면서, 해당 항목에 비추어 사실들을 확인하는 것
을 원칙으로 삼았다. 그들에게 구체적 연대관계는 원인과 결과의 추상
적 관계와는 비교가 안 될 만큼 중요했다.

앎의 역할은 연상작용을 낳는 다양한 개별성들의 수합에 있었다. 군
주의 예원(藝園)이나 사냥터에는 세계 내 온갖 종류의 이채로운 동식물
들이 있어야 했다. 아무도 세계의 답사를 통해서도 발견하지 못한 동식
물들이 그곳에서는 실재와 같은 모습을 조각이나 그림을 통해 드러내고
있었다. 중국인은 그들의 수집이 모든 대상을 총망라한 것이기를 원했
으며, 특히 괴물 수집에서는 더욱 그러했다. 왜냐하면 그들의 수집은 지
식보다는 효력을 얻는 데 목적이 있었기 때문이다. 가장 효율적인 수집
은 실재하는 것들의 수집이 아니라 표상들의 수집이었다. 왜냐하면 표
상을 소유하는 자에게는 실재가 영향력을 발휘하기 때문이다. 상징은
실재를 대신한다. 이렇듯 제반 현실과 사실들에 대한 중국인의 관심은
연속적인 순서와 양적인 변동을 찾아내는 데 있기보다는 오롯이 상징들
간의 상관성에 착안하여 완성된 표상항목들과 순환도표를 소유하고 운
용하는 데 있었다.

하나의 구체적 양태가 또 다른 양태를 부르는 듯이 보이면, 중국인은
단순한 반향효과를 통해 서로를 환기시키는 두 긴밀한 기호들이 출현한
것으로 보았다.[70] 즉 이 두 기호는 모두 우주의 동일한 상태나 양상을
입증해준다. 한 양태가 다른 양태로 바뀔 때, 변이는 여타 신호들이 일제
히 응답해야 하는 하나의 신호탄과도 같았다. 이 변이는 규정되지 않은
일체의 일관된 양상들을 내포하는 새로운 상황의 도래를 알려주었다. 이
것은 대체이지 변동이 아니다. 대체가 행해지는 방식에서는 주지하듯
모든 변이가 총체와 관계하며, 또한 그 자체로서 총체적이다. 왜냐하면
세계의 전체를 두 구체적인 양상으로 보여주는 두 표상 사이에 찾아볼

---

70) *Tchouang tseu*, Wieger, *Les Pères du système taoïste*, 419쪽.

수 있는 공통분모는 없기 때문이다. 이차적 원인들에 대한 고찰은 그 적용대상이 없으므로, 하등의 도움이 되지 않는다. 양태들의 단면을 설명해주는 것은 원인상의 단면이 아니라 바로 도다.

도는 일차적 원인이 아니다. 도는 단지 효능적 총체, 책임의 중심, 또는 책임공간일 따름이다. 도는 창조자가 아니다. 세계 속에서 창조되는 것이란 아무것도 없으며, 세계 또한 창조된 것이 아니다. 조물주를 가장 닮은 영웅들은 세계를 안배하는 데 그 역할을 그칠 따름이다.[71] 군주는 세계의 질서를 **책임지기**는 하지만 질서의 창시자는 아니다. 유능한 군주는——자신의 권위에 비례하여——한정된 한 공간과 한 시대 동안 사물들의 질서와 불가분한 문명의 질서를 유지하게 된다. 도는 이 효능력과 질서의 승화에 불과하다. 행동에 규칙을 부여하고, 세계를 인식 가능한 것으로 하는 데 여러 힘들과 실체들과 원인들을 구별할 필요는 없으며, 물질과 운동과 노동의 개념이 초래하는 문제들로 곤혹스러워 할 필요도 없다. 표상으로서의 실재와 외양상의 실현간의 상호성에 대한 의식 그 자체만으로도 충분하다. 이러한 의식은 연대감과 책임감을 인지시키니, 근원적인 원인을 상정하거나 기타 부차적인 원인들을 찾아야 할 필요성을 없애버린다.

이러한 사유의 성향으로 고대중국인들이 탁월한 기계적 적성을 발휘하는 데 장애를 받은 것은 아니다. 그들의 활과 마차의 완벽도가 이를 입증한다. 그런데 그들이 어떤 발명에서 그 과정을 생각해내는 방식은 예를 들어 이러하다. 이를테면 중국철학자들 가운데 한 철학자는 차륜의 발명을 설명하면서 자신은 그것을 공중에 소용돌이치며 날아다니는 식물의 씨들을 본 후 착상했다고 공언했다.[72] 기계적 설명을 거부하는

71) 졸저, *Civilisation chinoise*, 20, 22, 27쪽.
72) *Houai-nan tseu*, 17. 중국인들은 서양과학사에서 뉴턴의 사과에 대한 일화보다는 뉴턴이 그의 집 대문에 낸 두 개의 구멍에 관한 일화에 더욱 주목했다. 두 마리 중 작은 고양이는 자신만의 전용구멍을 가질 수 있었으나 그 구멍이 자기 몸보다 작아 통행이 불가능했다. 이 일화는 가장의 키에 맞춰 만들어졌

중국사유는 운동과 양의 차원을 사유의 영역으로 삼으려 하지 않는다. 중국사유는 표상들의 세계를 실재적인 우주와 구별하지 않으면서 집요하게 이 표상세계를 사유의 틀로 삼는다.

우주를 이해하는 데에는 신호들의 목록을 작성하는 것으로도 충분하다. 하나의 독특한 실재가 각 표상에 해당하는 이유는 각 표상들이 갖는 무궁한 연상력 때문이다. 각 표상들은 직접적으로 상호대체가 가능한 일군의 실재와 상징들을 발생시킨다. 표상들간의 이러한 **전염성**은 사상들간의 연계성과는 근본적으로 다르다. 중국인은 다양한 상징들의 친화성에 한계가 있다고 생각하지 않았다. 그러기에 그들은 사상들의 분류나 종과 류에 따른 사물들의 분류를 전혀 필요로 하지 않았다. 모순성의 원칙은 상대적인 의미를 지니게 되면서 그 소용을 잃었다. 중국인은 뭇 개념들을 분류하기보다는 모든 실재를, 더욱 정확히 말해——효능성을 부여함으로써 실재적으로 보이는——표상들에 질서를 부여하는 데 주력했던 것이다. 하나의 위계질서 속에서 이 실재들의 효능성을 고려하면서 말이다.

등가성과 대립성의 상반관계는 같음과 다름의 구별보다 더욱 중시되었다. 실재와 표상은 상호등가적일 경우에는 단순한 반향에 의해 서로를 촉발시키는 반면, 상호대립적인 경우에는 교대로 발생한다. 이렇듯 세계와 정신은 오직 하나의 규칙을 동시에 따르는데, 이 규칙은 우선 다음 문구로 함축할 수 있을 것이다. 즉 (유사한 것은 유사한 것을 낳고 상반된 것은 상반된 것에서 생긴다가 아니라) 등가적인 것은 등가적인 것과 조응하며, 대립적인 것은 대립적인 것과 상응한다. 원인성의 개념도

던 중국고대가옥과 관련된 전통적인 제재와 일치한다는 점에서 중국인들의 관심을 유발하기에 충분했을 것이다. 고대중국인들은 동짓날에 태어났음에도 태어난 즉시 죽지 않은 아들을 둔 아버지는 필히 불행을 면치 못한다고 여겼다. 왜냐하면 이러한 아들은 지나치게 키가 커져서 집 대문을 지나다닐 수 없게 되어, 마침내 그 아버지를 죽이게 되기 때문이다(졸저, *Danses et légendes de la Chine ancienne*, 532쪽).

종의 개념도 내포하지 않은 이 문구는 다음 생각을 나타내고 있다. 즉 우주상의 각 양태나 사유의 행보는 우주 그 자체와 마찬가지로 상호보완적인 두 양상의 상관성에서 비롯한다.

음양은 존재와 무처럼 대립하지도, 두 가지 종처럼 대립하지도 않는다. 중국인은 음양, 이 두 양상의 모순을 생각하기보다는 이들이——사유나 실재상으로——서로 보완하며 서로 완성(成)한다는 인식을 수용한다. 수많은 양태들 가운데 단순하고도 원격적인 연대성으로 서로 맺어진 일부 양태들(동시에 나타날 수 있는 양태들)은 상호등가적인 것으로서(同) 혼동 없이도 서로 전염시키는 반면, 또 다른 일부 양상들(상호대조적인 양상들)은 서로 대립하기는 하여도 상호간 순환적 교대-연속을 통해 드러나는 영적인 상관성으로 맺어진다(生生). 따라서 중국인으로서는 정신활동을 질서지우는 임무를 모순성의 원칙에 위임할 필요가 없었다. 그들은 이 임무를 대조적인 것들 간의 조화의 원칙에 부여했다. 사유와 행동을 통솔하는 효능적 질서는 대조성으로 이루어졌으면서도 상대적 의미에서뿐만 아니라 절대적 의미에서의 상반성을 배제한다. 그러므로 종과 유(類)를 형성할 필요가 없게 된다. 질서는 능동적 항목으로서의 의미를 지니는 표상집단들의 구성을 통해 실현되는데, 이 표상집단들은 교대로 작용한다(음양이 그러하듯, 오행도 교대로 군림한다). 이렇듯 가장 상세한 분류들은 한편으로는 단지 질서에 대한 더욱 복합적인 생각을, 다른 한편으로는 모두 구체적인 부분들로만 구성된 시공 속에서 주기적인 이행을 통해 실현되는 이 질서에 대한 (결코 추상성으로 흘러들지 않으면서 더 진전된) 분석을 반영할 따름이다.

중국인의 우주관은 일원적 우주관도 이원적 우주관도, 다원적 우주관도 아니다. 우주는 위계집단들로 분할되며 그 집단들 속에서 총체적으로 재현된다는 사상은 중국인의 우주관의 기조를 이룬다. 이 집단들은 각자의 고유한 효능력에 따라서만 서로 구별될 따름이다. 개별화된 것 못지않게 위계화된 여러 공간-시간과 결부되는 이 집단들은, 각 내용과 긴장도에 따라 서로 차이를 드러낸다. 즉 중국인은 이 집단들에서 다소 복합적인 방식으로, 또한 응집과 융해의 정도가 상이한 방식으로 실현된 효능성을 인식한다. 앎이 시작되는 출발이자 궁극적인 목적은 구체적 항목들의 위계적인 분배를 통해 실현되어야 할 우주의 안배구도를 얻는 데 있었다. 중국인은 종과 유에 입각하는 개념적인 사유를 지양하듯이, 삼단논법에 의한 사유를 추구하지 않았다. 더욱이 추상적인 시공관을 거부하는 사유에 삼단논법의 연역이 무슨 의미가 있겠는가? 과연 소크라테스는 인간이기에 죽을 수밖에 없는 존재라고 장담할 수 있을까? 장래에 또 다른 공간에서라면 인간이 죽는다는 것이 과연 확실할까? 반면 중국인들은 다음과 같이 말할 것이다. 즉 공자는 죽었다. 따라서 나도 죽을 것이다. 즉 가장 위대한 현자보다 더 위대한 삶을 누리리라고는 거의 아무도 기대할 수 없다. 중국인의 논리는 질서의 논리, 즉 효능성의 논리이며 위계의 논리다. 중국인이 선호하는 추론방식이 연계식 논증에[73] 비유된 적이 있었다. 하지만 몇몇 변증론자[74]들과 그리고 총체에 관련된 고대사상에서 무한 개념이나 적어도 무한정의 개념[75]을 유추하려 했던 초기 도가의 경우를 제외하면, 중국인의 추론방식은 전제조건들의 연계만으로 그치지 않는다. 그들의 추론방식은 제각기 다소 완벽하게 실현되어 위계화가 가능할 뿐만 아니라 제각기 총체를 재현하는 다양한 양태들을 통해 질서원칙의 순환을 명백히 보여주기를 지향한다.[76] 귀납적이거나 연역적 추론을 배제하여 중국인은 세계에, 즉 사회에 질서를 부여했던 것과 동일한 방식으로 사유에 질서를 부여했다. 그들은 자신들의 모든 표상과 항목을 위계적으로 배치했는데, 표상과 항

---

73) Masson-Oursel, *Etudes de logique comparée*; *La démonstration confucéenne*; 졸저, *Quelques particularités de la langue et de la pensée chinoise*을 참조할 것.

74) 이 책, 449, 450쪽.

75) 이 책, 534쪽.

76) 초기의 유가(儒家)는 자신을 아는 것은 곧 우주를 아는 것이라는 논지를 위해 이러한 유형의 추론을 사용했다. 이러한 추론의 단적인 사례는 나중에 살펴볼 것이다(이 책, 492쪽).

목마다의 권위는 그 위계적 배치를 통해 표현되었다.

　모순성의 원칙도 원인성의 원칙도 주된 규칙들로서 지닐 수 있는 통솔권을 지니지 못했다. 중국사유가 획일적으로 이 원칙들에 불응하는 것은 아니나, 그것들에 어떤 철학적인 위상을 부여해야 할 필요성은 느끼지 못했다. 중국인은 연계화를 위해 노력한 만큼이나 구별화를 위한 노력도 아끼지 않았다. 그렇지만 그들은 각 종과 각 원인들을 특수하게 분리하기보다는 여러 효능성과 여러 책임들 사이의 위계질서를 확립하고자 했다. 추론과 실행상의 기술들은 그들에게 기호들을 구체적으로 기록하고 기호들의 반향을 목록화하는 기술만큼이나 신빙성을 지닌 것으로는 보이지 않았다. 그들은 관계설정이나 유기적 관계에 대한 분석을 통해 실재를 제시하려 하지 않았다. 그들은 여러 복합적인 제시들에서 출발하여 각 표상과 주항목에 이르기까지 구체적인 의미를 존속시켰다. 중국인에게 이 표상들과 항목들은 명상을 진작시키고 책임감과 연대감을 일깨워주었다. 요컨대 그들은 세계가 마치 하나의 의례를 따르는 것처럼 생각하게 되었으며, 의식의 거행방식에 따라 세계를 안배하려고 했다. 중국인의 윤리와 물리와 논리는 능동적인 앎의 여러 양상들에 지나지 않는데, 이 앎은 예법이다.

　중국인은 사물의 흐름을 성찰하여 일반성을 규정하거나 개연성을 산출하려 하지 않는다. 반면 순간적인 것과 특이한 것을 식별하는 데 모든 주의를 기울인다. 그러한 가운데 그들이 의도한 것은 양태들 전반에 영향을 미치는 변이의 징후를 파악하는 일이었다. 왜냐하면 중국인이 세부에 집착했던 까닭은 오로지 질서에 대한 의식을 확인하기 위함이었기 때문이다. 중국사유는 표상들의 세계를 그 영역으로 삼아 각 상징이나 상징들 사이의 위계질서에 완전한 실재성을 부여한다는 사실로 관습적인 합리주의나 교리주의로 유도된다. 다른 한편으로 중국사유는 구체적인 것을 세밀하게 관찰하려는 성향을 사전에 지님으로써 분명 수많은 유익한 발견들을 낳았던 경험주의적 열정으로 고무되어 있었다.[77] 중국사유의 가장 큰 의의는 결코 인간과 자연을 분리하지 않았다는 점과 항상 사회성에 대한 생각 속에서 인간을 생각하려 했다는 점에 있다. 중국인이 법사상을 발달시키지 않았던 것처럼, 또한 자연에 대한 관찰을 버리면서 경험주의를 택했던 것처럼 그리고 사회의 조직화를 버리면서 타협의 체계를 택했던 것처럼 규칙의 개념, 즉 전범(典範)의 개념은 중국인에게 질서에 대한 유연하고도 탄력적인 생각을 간직하게 해줌으로써 인간의 세계 너머 초월적 실재들의 세계를 상상하게 하지는 않았다. 중국인의 지혜는 자연에 대한 구체적인 지각으로 충만하면서도, 실은 철저하게 인문주의적이다.

---

77) 만약 우리가 중국인들의 약학과 화학, 특히 농경의 발명과 동식물의 이용에 관해 더 깊이 알게 된다면, 중국인들의 변이사상의 교육적 효율성과 경험주의의 가치를 인정하게 될 것이다. 19세기의 한복판에서도 중국학자들은 『역경』이야말로 서구과학의 발견들에 비교될 만한 여러 발견의 맹아를 보여준다는 국수주의적 자랑거리를 늘어놓음으로써, 서구인들의 웃음거리가 되었다. 그렇지만 우리는 자신들의 선조가 공간의 만곡(彎曲)이나 전기(電氣)에 관련하여 현대이론에 손색없는 경이로운 사실들을 예견했다는 현대중국학자들의 주장을 완전히 무시해서는 안 될 것이다.

제3부 세계체계

"중국인은 정신과 물질을 구별하지 않는다.
영혼개념, 즉 육체와 물체 전반에
대립하는 정신적 본질에 대한 사상은
중국사유와는 전혀 무관하다."

질서, 총체, 효능성, 이 세 개념은 서로 긴밀한 유대관계를 이루며 중국인들의 사유를 관장한다. 중국인은 자연을 나누어 구분짓는 데 유념하지 않았다. 각 실재는 모두 본래 총체적이며, 우주 속의 모든 것은 곧 우주와 같다. 물질과 정신은 대립적인 두 세계로 인식되지 않는다. 따라서 중국인은 인간에게 육체와 다른 본질인 영혼을 부여하여 인간에게 별도의 위상을 마련해주려고 애쓰지 않았다. 인간이 여타 존재물들보다 높은 위상을 지녔다면, 그것은 단지 인간 각자가 사회에서 한 위치를 차지하여 우주질서의 토대이자 전범(典範)인 사회질서를 유지하는 데 공조할 수 있는 자격을 갖추고 있기 때문이다. 오직 군주와 현자와 군자만이 수많은 존재물들과 구별된다. 이러한 사상은 인간중심주의의 세계관과는 달리 사회적 권위를 주개념으로 하는 세계관과 일치한다. 우주의 안배는 여러 기술과 학문이 겸비되어야 하는 군주의 덕에 따른다. 의례준칙들은 생활에서만이 아니라 사유에도 적용된다. 왜냐하면 예법의 지배를 받지 않는 것은 없기 때문이다. 육체를 한정된 것으로서, 정신을 자유로운 것으로서 구분하거나 대립시키지 않는 중국인에게 육체와 정신적 차원에서의 모든 것은 예법의 지배를 벗어날 수 없다. 중국인은 법에 대한 개념정립을 도모하지 않는다. 중국인은 사물에게든 인간에게든 단지 본보기만을 제시할 따름이다.

제1장 대우주

    중국인이 정치에 각별한 위상을 부여했음을 알려주는 시사적인 사실이 있다. 그들에게 세계의 역사는 문명의 역사 이전에는 시작되지 않았다. 중국의 세계역사는 창조설화나 우주론적 사변에서가 아니라 바로 군주들의 전기(傳記)에서 시작된다. 고대 영웅들의 전기에는 신화적인 요소들이 상당수 담겨 있다. 하지만 어떠한 우주 생성론적 제재들도 각색을 거치지 않고는 문학 속에 포함될 수 없다. 모든 전설은 인간역사의 사실들과 그 정치철학들을 반영한다. 존재하는 모든 것은 국가문명의 거룩한 창시자들에 의해 구현된 조화(和)에 힘입어 영위되고 존속되며, 인간과 존재물들 각자는 이 창시자들의 지혜에 힘입어 자신의 본질(物)과 부합할 수 있으며 나아가 자신의 운명(命)을 완전하게 실현할 수 있게 된다. 현자들의 공덕에 의한 사회조화는 크나큰 평화(太平)와 더불어 대우주의 완벽한 균형을 가져오며, 이 균형은 모든 소우주의 조직 속에도 반영된다. 정치에 지배적인 위상이 부여되는 것은[1] 어떠한 창조론도 선험적으로 거부하는 중국인의 성향과 표리를 이룬다.

* * *

    몇몇 은유적인 표현들만이, 단편적으로 유전(流轉)되는 전설들과 함

---

1) 졸저, *Civilisation chinoise*, 19쪽 이하.

께 고대중국인들의 우주관을 시사해줄 따름이다. 이러한 민속자료들이 유일하게 규정된 사유체계와 관련되었을 가능성은 희박하다. 그렇지만 우리는 이 자료들을 통해 하나의 중요한 사실, 즉 자연관이 전적으로 사회관을 따르고 있음을 확인할 수 있다. 우주는 군주의 마차나 집과 다름없다.

중국인의 세계는 흔히 차개(車蓋)와 차상(車箱)으로 구성된 마차에 비유된다. 차개는 원형(圓形)이며 하늘을 나타낸다. 마차 위의 사람을 받쳐주는 정방형의 차상은 땅을 나타낸다. 이 마차는 평소에 타는 마차가 아니다. "땅은 〔……〕 광대한 마차의 바닥이다"라는 말은 지고한 인간이 타고 있는 의례용 마차를 떠올려주며,[2] 자신의 첫 번째 소임을 완수하고자 태양의 흐름을 따라 인간의 대지를 순행(巡行)하는 천자를 상기시켜주는 말이다. 태양도 한 마차에 올라 하늘에서 자신의 길을 주행한다.

마차에 오른 군주는 차개의 가장자리 아래, 마차의 최전면에 위치한다. 이 자리를 지칭하는 글자 견(見)은 군주가 조당(朝堂)에서 알현을 받을 때 자리하는 위치를 지칭하기도 한다. "하늘은 덮고 땅은 받친다"[3]라는 말은 마차 못지않게 집을 상기시키기도 한다. 군주가 제후들의 알현을 받는 곳, 정방형의 토대 위에 세워지는 건축물은 원형의 지붕으로 덮여 있어야 했다. 군주는 시간을 공간에 부합되게 하는 '월령'(月令)을 공포할 때면, 이 지붕의 둘레 아래 위치했다.

명당의 지붕과 차개는 여러 지주(支柱)들로 정방형의 토대에 연결되었다. 천주(天柱)라 불렀던 이 지주들은 그 수와 위치에 대해 잘 알았던 지관(地官)들의 소관이었다. 지주들은 팔방(八方)과 팔대산(八大山), 비구름에 통로를 열어주는 팔대문(八大門)과 팔풍(八風)에 관련되었다.[4] 팔천주(八天柱)는 팔풍에 의해 8각형으로 배치된 8괘(卦)에 연결되어

---

2) *Tcheou li*, Biot, *Le Tcheou li, ou les Rites des Tcheou*, 488쪽; *Yi king*, L, 430쪽.
3) *Li ki*, C, II, 475쪽. (참조원문: 天之所覆, 地之所戴.)

땅의 둘레를 하늘의 원주(圓周)에 결착시켰다.

처음에 중국인이 상상했던 세계의 건축은 아주 단순했다. 지주(支柱)는 4개뿐으로, 중국인이 구상한 것이라고는 사방(四方)과 사대산(四大山)에 한정되었다. '사대산'은 군주가 평화를 정착시키기 위해 사방에 파견했고 그들을 맞이할 때 사대문을 열게 했던 수장들의 이름이다.[5] 자연에서의 사대산의 역할은 이 수장들이 사회에서 행하는 역할과 흡사했다. 즉 사대산의 역할은 우주의 안정을 보장하는 것이었다. 신화적 차원에서 보면, 정통군주의 왕권의 찬탈을 기도하는 것 자체는 폭풍우를 몰아 지붕들을 날려버리는 바람으로 제시되는 한 악귀가 대산(大山)을 공격하는 것과 조금도 다를 바 없다.[6]

천주(天柱)들 가운데 유일하게 알려진 것은 세계의 북(北)-서방(西方)에 위치한 불주산(不周山)이다. 그곳에는 암흑의 집으로 드는 대문이 있으며, 이 대문을 통해 역시 불주(不周)라는 이름의 바람이 불어온다.[7] 암흑의 집에 은신하는 풍백공공(風伯共工)이 제(帝) 전욱(顓頊)과 전투를 벌이던 중에 불주산을 뒤흔드는 통에 홍수가 일어나게 되었다. 세계는 집과 마찬가지로 닫혀 있을 때에만 질서를 유지한다.[8]

일찍이 여와(女媧)가 우주를 안배할 시절에는, "사극(四極)은 전복되었고 구주(州)는 찢겨졌으며, 하늘은 도처를 덮지 못했고, 땅은 둘레 전체를 받치지 못했으며(不周), 불은 방화를 그치지 않았고, 물살은 홍수를 일으키며 잠들 줄 몰랐다. 또 맹수는 건장한 사람들을 잡아먹었으며, 맹금은 연약한 새들을 포획했다. 이에 여와는 오색의 돌들을 달구어 창공(蒼空)을 보수했으며, 거북의 다리들을 잘라내어 사극을 세웠고, 흑룡

---

4) *Houai-nan tseu*, 3.
5) *SMT*, I, 79쪽; 졸저, *Danses et légendes de la Chine ancienne*, 249쪽.
6) 졸저, 같은 책, 379, 437, 484, 485쪽.
7) *Houai-nan tseu*, 3.
8) *Lie tseu*, Wieger, *Les Pères du système taoiste*, 131쪽; *Houai-nan tseu*, 1, 3, 6; *SMT*, I, 11쪽.

(黑龍)을 죽여 기주(冀州)에 질서를 잡아주었으며, 불탄 갈대의 재를 쌓아 방종한 물길도 막았다. 그리하여 푸른 하늘은 보수되었고, 사극은 바르게 섰으며, 방종한 물길은 마르게 되어 기주는 평정(平)을 되찾았으며, 맹수는 멸했고, 건장한 사람들은 살아남았으며, 정방형의 땅은 자신의 등으로 받쳐줄 수 있었고, 둥근 하늘은 품을 수 있게 되었다. [……] 그리고 음양은 서로 맺어지게 되었다."9)

또 예전에, 신선과 성인들이 사는 다섯 섬은 바닥이 이어져 있지 않아 언제나 조수와 물결을 따라 오르락내리락하면서 잠시도 멎는 일이 없었다. 신선과 성인들은 이를 상제(上帝)에 고했고, 이에 상제는 15마리의 거대한 거북이들에게 등으로 이 섬들을 받치게 하자 섬들은 비로소 안정되었다.10) 오랫동안 중국인은 돌 거북을 조각하여 묵직한 기념비를 떠받치게 하면 바다을 안정시킬 수 있다고 믿었다. 산이든 기둥이든, 하늘과 땅을 연결시키는 지주(支柱)들은 우주라는 이 건축에 안정성을 부여한다.

하지만 공공(共工)의 반란 이후, 이 건축은 더 이상 완벽한 균형을 유지할 수 없게 되었다. 뿔 달린 이 괴물은 불주산에 돌진하여 뿔로 산 가장자리를 깨부수고는, "하늘의 기둥을 부수고 땅의 닻줄을 끊어버렸다" (折天柱, 絶地維).——여덟 개의 닻줄(八維)은 팔극과 팔방에 해당한다. 그리하여 하늘은 균형을 잃어 북-서로 기울어져 해와 달과 별들이 서쪽

---

9) *Houai-nan tseu*, 6. 이 구절은 자주 오역의 대상이 되는 『노자』의 그 유명한 문구와 관련될 수 있다(Wieger, 같은 책, 46쪽). "만물은 음의 등에 실려와 양의 품에 안긴다"(*Houai-nan tseu*, 7). 이 문구는 만물의 생성은 음과 양의 성혼(聖婚)에 의한 것으로 보고 있다. (참조원문: 往古之時 四極廢 九州裂 天不兼覆 地不周載 火爁炎而不滅 水浩洋而不息 猛獸食顓民 鷙鳥攫老若 於是女媧鍊五色石 以補蒼天 斷鼇足 以立四極 殺黑龍 以濟冀州 積蘆灰 以止淫水 蒼天補 四極正 淫水涸, 冀州平, 狡蟲死. 背方州, 抱員天 〔……〕 陰陽所壅.)

10) 『列子』(*Lie tseu*, 湯問第 5), Wieger, 133쪽. (참조원문: 五山之根無所連著, 常隨潮波上下往還, 不得暫峙焉. 仙聖毒之, 訴之於帝. 帝恐流於西極, 失羣仙聖之居, 乃命禺疆使巨鼇十五擧首而戴之.)

으로 쏠리게 되었으며, 하늘과 반대 방향으로 기울은 땅은 동남쪽이 차지 않았으므로, 이 빈 틈으로 모든 하천과 물이 모여들게 되었다.

중국인은 공공이 끼친 해악을 이와 다르게도 이야기한다. 즉 공상(空桑)을 공격하여 거센 물길의 범람을 야기한 주범은 공공(共工)이거나 또 다른 뿔 달린 괴물인 풍백(風伯) 치우(蚩尤)였다고 한다.[11] 이 신화들은 약간의 차이를 보이는 한 우주관에 관계된다. 속이 파인 자목련 공동(空桐)에 대립하는 공상(空桑)은 공동(空桐)과 마찬가지로 속이 파인 한 그루의 뽕나무이자 하나의 산이었다. 이 둘은 모두 태양들의 은신처이자 군주들의 거처였다.[12] 그밖에 다른 나무들이 천주(天柱)처럼 서 있었다. 동으로는 신령들의 대문 가까이에 거대한 복숭아나무 반목(盤木)이 서 있었으며,[13] 서로는 10개의 태양이 저녁이면 서숙(棲宿)을 위해 내려앉는 약목(若木)이 서 있었으며,[14] 중앙에는 군주들이 (중국인은 여기서는 태양들을 언급하지 않는다) 오르내리는 건목(建木)이 서 있었다.[15]

중국인은 그들의 조상들이 처음에는 나무 위에 집을 짓고 살았든지 혈거생활을 했다고 굳게 믿었다. 거개의 전설들은 기둥이 여러 개 있는 건축양식을 연상시키지만, 우리는 일부 신화적 특징들을 통해 하늘이 동굴의 궁륭처럼 구상되었음을 알 수 있다. 군주들은 자신들의 신격화를 꿈꾸면서 승천하게 될 때, 천종(天鐘)의 젖가슴을, 즉 동굴의 지붕에 매달려 있는 종유석을 핥았다.[16]

---

11) 졸저, *Danses et légendes de la Chine ancienne*, 435쪽. 이 신화는 세계축의 뒤틀림을 설명하는 데 사용된다. 극(極)은 인간의 수도의 천정(天頂)에 위치하지 않는다. (참조원문: 故天傾西北, 日月星辰就焉; 地不滿東南, 故百川水潦歸焉……)

12) 졸저, 같은 책, 436쪽 이하.

13) 같은 책, 302쪽과 그 각주 2).

14) *Houai-nan tseu*, 4; 졸저, 같은 책, 305쪽; Maspero, *Les légendes mythologiques dans le Chou king*, 20쪽.

15) 졸저, 같은 책, 379쪽.

거인들의 신장이 작아지면서, 거인국(巨人國)은 그 면적이 줄어들었던 반면, 최초의 수장들의 거처처럼 처음에는 보잘것없었던 세계가 점차 커져갔다.[17] 한대(漢代)의 중국인들도 여전히 이와 같은 생각을 하고 있었다. 숨결(氣)로 채워지는 모든 신체가 그러하듯이, 땅과 하늘은 점차 부피가 팽창했으며, 그로 말미암아 하늘과 땅의 간극은 점차 커져갔다.[18] 신령들과 사람들이 한데 뒤섞여 살았던 예전에는 땅과 하늘이 거의 밀착했었던 까닭에 (땅은 하늘에게 등을 내밀었으며 하늘은 땅을 껴안았기에), 사람들은 수시로 둘 사이를 오르내릴 수 있었다. 이에 중(重)-려(黎)는 이처럼 우주가 '소통이 단절된 채'[19] 무질서하게 시작되는 것에 종지부를 찍었다.

* * *

중(重)-려(黎)는 역사의 의지에 의해 역관으로 승격된 태양의 영웅이다. 중국인이 여러 신화에서 체계적인 우주생성론을 이끌어내려 한 적은 거의 없었던 것 같다. 반면 중국의 역관들은 고대의 전설들에서 자신들의 이론적 핵심을 빌리고자 했다.

적어도 기원전 4세기 초가 되면 중국의 많은 학자는 점성술에 심취하게 된다. 그들은 별자리들을 목록화하고 또 별들의 운행을 기록하는데 몰두하여, 적어도 기원전 3세기부터는 세계에 대한 다양한 묘사를 제시할 수 있게 된다. 그들의 사변은 간략한 문학적 암시들이나 그다지 고대적이지 않은 요약들을 통해서만 알려져 있을 뿐이다.[20] 이 사변들은 신

---

16) *Tchou chou ki nien*, 5; *Heou Han chou*, 10; *Song chou*, 27, 3a쪽.

17) *Lie tseu*, Wieger, 133쪽.

18) *Louen heng*, Forke, *Lun Heng, Selected Essays of the philosopher Wang Ch'ung*, I, 252쪽.

19) *SMT*, III, 324쪽; *Chou king*, L, 593쪽. (참조원문: ……乃命重黎, 絶地天通.)

20) 전승되는 천문지 가운데 가장 오래된 문헌은 『주비산경』이다(Biot, *Traduction et examen d'un ouvrage chinois institulé Tcheou pei, JA*, 1841 참조). 이

화적 전통과 긴밀하게 닿아 있다.

후한(後漢)에 이르면서[21] 중국인은 이 사변을 세 학파로 구분했다. 그 중 가장 비의적(秘義的)이었던 한 학파는 간과되거나 잊혔다. 한 구전설화에 따르면, 이 학파의 신봉자들은 하늘이 고체가 아닌 까닭에, 태양과 달과 모든 별은 허공을 자유롭게 운행하는 것으로 믿었다 한다.[22] 다른 두 사변체계는, 하늘에 붙어 있는 별들은 하늘의 견고한 표면 위에서 운행하는 까닭에 하늘의 회전운동에 실려서 이동한다고 믿는다.

땅과 하늘은 광대한 공간을 사이에 두고 분리되어 있다. 학자들은 그들이 해시계를 사용하여 여러 형태로 세계의 크기를 측정했다고 한다. 일부 학자들은 태양궤도의 지름은 35만 7,000리에 달한다고 하며, 다른 학자들은 천구(天球)의 지름, 즉 땅의 둘레상에서 정면으로 마주하는 두 점간의 거리가 3만 6,000리에 달한다고 본다.[23] 앞서 우리가 음률을 언급하면서 살펴보았듯이, 357과 360은 강력한 상징성을 지닌 두 수다. 이 두 수는 7의 배수와 5의 배수로서, 원형과 정방형의 비율인 3/2이나 3/4을 상기시킬 수 있다. 학자들이 제시하는 여러 형태의 크기는 단지

문헌은 빨라야 초한(初漢)시대부터 유래한 것이나 당대(唐代)에 수정되었던 것 같다. 『진서』(晉書) 11(天文)에는 한대의 저자들에게서 인용한 많은 문구들이 실려 있다. 천문지에 관한 이론들이 기원전 4~3세기에 유래했다는 마스페로의 견해는(*L'astronomie chinoise avant les Han*, *TP*, 1929, 267쪽 이하) 일리가 있는 것 같다(Saussure, *Les origines de l'astronomie chinoise*; Forke, *Die Gedankenwelt des chinesischen Kulturkreises* 참조). 우리는 왕충(王充)이 기술한 『논형』(論衡)의 두 장(章)을 통해 한대(漢代)부터 전개된 세계구조에 관한 논쟁들의 양상을 엿볼 수 있을 것이다.

21) *Tsin chou*, II; *TP*, 1929, 334쪽.
22) *TP*, 1929, 340쪽. 한동안 방기되었던 이 이론은 기원전 2세기 들어 구전에 의거하여 재구성되었다. 우리는 『열자』의 한 대목에서도 이 이론의 잔재를 접할 수 있다(*Lie tseu*, Wieger, 79쪽). 이 구절에는 하늘이 무너지고 (산의 붕괴와 군주의 죽음을 가리키는 데 사용되었던 글자 붕崩) 땅이 꺼지지 않을까 하는 두려움에 사로잡혀 있던 자를 진정시키기 위해 하늘과 별들을 고체가 아니라는 사상이 운용되고 있다.
23) *TP*, 1929, 347, 350쪽.

그 수치에서만 관심을 끌 수 있을 뿐이다. 학자들이 그 광대함을 보여주고자 하는 우주는 신화적 상상력으로 창안된 우주와 여전히 근사할 뿐이다.

혼천설(渾天說)의 추종자들은 하늘을 구형(球形), 특히 계란형으로 제시한다.[24] 이러한 제시는 기적적인 출생에 관한 많은 설화가 그러하듯, 반고(班固)의 전설에서 유래하는 신화적인 제재와 관계된다.[25] 여러 건국영웅들은——더러는 하늘을 나타내는 9층탑 속에서 배태되어——하나의 알에서 출생했다. 더욱이 중국인은 그들의 상용구인 '하늘은 덮어준다'라는 말 대신 '하늘은 품는다'(天抱)라고도 말한다. 땅은 하늘을 각피로 삼아 그 속에 완전히 둘러싸인 알의 노른자처럼 액체 덩어리에 의지하여 오르락내리락 떠다니기도 하고 천정(天頂)과 사극(四極)에 다가가다 멀어지기를 거듭하는 반면, 하나의 바퀴가 그러하듯 하늘은 자신의 주위를 공전하면서 저녁이면 태양을 지평선 아래로 끌어내린다. 낮과 밤의 교대가 이러한 하늘의 운동으로 설명되는가 하면, 계절의 교대와 변화는 땅의 추(錘) 운동으로도 설명된다. 하늘은 타원형이며 태양은 그 흐름 속에서 하늘을 떠나지 않는다. 그리하여 태양은 아침과 저녁이면 땅에 좀더 가까이 다가가는가 하면 그 흐름의 정점에서는 땅에서 가장 멀어진다. 이러한 태양의 외형상의 크기는 (밝기와는 달리) 멀어질수록 작아져 태양은 정오에 가장 작아 보인다.[26]

아마도 더 고대의 것으로 보이는 다른 사변체계는 땅을 덮고 있는 유동적인 천개(天蓋)에 하늘을 비유한다. 이 천개 아래서 땅은 고정되어 엎어진 사발 형체를 취한다.[27] 그렇지만 땅의 표면이 그 덮개인 천종(天

---

24) *Tsin chou*, II; *TP*, 1929, 355쪽.

25) 졸저, *Civilisation chinoise*, 373쪽; *Danses et légendes de la Chine ancienne*, 449쪽의 각주 3). *Lu chetch'ouen ts'ieou*, 6. 반고(班固)에 얽힌 전설의 유래시기는 예전에 주장되었던 것보다 더 이전으로 거슬러 올라간다. 세계는 반고의 몸이다.

26) *Louen heng*, Forke, I, 253쪽; *Lie tseu*, Wieger, 139쪽.

27) *Sin chou*, 11; *Louen heng*, Forke, I, 260쪽.

鐘)과 평행적인 돔형을 이루는 것은 아니다. 땅은 장기판과 유사하게 윗부분이 잘린 네 변의 피라미드 형태를 띤다.[28] 상층(거주지)은 평편하며 북두칠성과 하늘의 중궁(中宮)의 성수(星宿)들이 머무는 곳인 천개의 정점 바로 아래에 위치한다. 그리고 물은 피라미드의 네 변을 타고 흘러내려 거주지의 둘레에 사해(四海)를 형성한다. 다른 사변체계에서처럼 이 사변체계에도 물이 세계의 밑바닥을 채운다. 개천설(蓋天說)이 제시하는 땅의 양상은 중국인이 지신(地神)에게 제물을 바쳤던 사직단(社稷壇)인, 물길로 둘러싸인 정방형의 총사(冢土)와 정확히 일치한다. 지신이 제물을 받아들이면 증기가 올라와 제단 위로 덮개를 형성했다.[29] 개천설에서 계절의 변화는 태양이 하늘의 덮개상에서 땅(의 중앙)에서 멀어지거나 가까이 다가가는 여러 길들을 따라 운행한다는 사실로 설명된다.[30] 또 낮에 뒤이어 밤이 오는 것은 태양이 선회하는 가운데 천개에 실리면서 땅의 사면(四面)에서 계속 멀어져 땅의 사면 각각에서 차례로 보이지 않게 되기 때문이라고 한다.[31]

또 다른 학설에 따르면, 천개가 북쪽으로 기울어 있는 까닭에 태양이 저녁이면 지평선 아래로 지나간다고 한다.[32] 이 학설은 공공의 전설에 연관된다. 즉 이 괴물이 불주산을 부숴버린 이래, 하늘이 북-서쪽으로 기울어졌다는 것이다. 왕충(王充)은 이 학설의 한 변형을 보여준다. 하늘이 북쪽으로 땅속에 잠겨 있어 태양이 그 북방의 행로를 따르는 내내 땅 밑에서 운행한다는 것이다.[33] 이 견해는 불주산으로 통하는 출입문으로서 암흑의 집으로 들어가는 대문을 상기시킨다.

---

28) *Sin chou*, 11; *TP*, 1929, 338쪽. 땅을 돔형으로 묘사하는 마스페로의 관점은 잘못된 것이다. 엎어진 사발에 비유하는 것은 단지 볼록형을 지적하기 위한 것이다. 형태는 장기판에 비유되어 제시된다.

29) 졸저, *Civilisation chinoise*, 412쪽; *SMT*, III, 475쪽.

30) *Louen heng*, Forke, I, 259쪽; *TP*, 1929, 340쪽.

31) 같은 책, 362쪽.

32) 같은 책, 360쪽.

33) 같은 책, 361쪽.

태양이 어둠의 영역으로 들어서면서 밝힘을 멈춘다는 생각은 일식(日蝕) 이론에서도 찾아볼 수 있다.[34] 태양의 가장자리에서 시작될 수 있을 뿐만 아니라 태양의 한가운데에서도 시작될 수 있는 일식은 월 중 어느 때나 확인할 수 있는 가려짐(布)과도 다르지 않다. 이른바 일식은 매월 초하루나 그믐에 발생한다. 그럴 때는, 어둠(晦)에 뒤덮인 채 달은 이 기간에 빛을 잃으며, 그때 달과 맺어지는(交) 태양도 마찬가지로 어둠의 원칙, 즉 음의 영향을 받아 사라지게 된다. 본질적으로 음의 원칙에 의지하는 달은 더 자주 사라지는데, 이 현상은 한 달이 진행되는 과정 속의 여러 순간에 걸쳐 관찰될 수 있다. 그럼에도 유향(劉嚮)은 (기원전 1세기경)[35] 일식은 달이 태양을 가릴 때 발생한다고 기술했으며, 그의 견해를 익히 알고 있던 왕충은 이를 규칙적인 현상으로 단정지었다.[36] 하지만 이러한 주장들에도 일식은 군주와 그의 여인들의 문란한 행실로 야기된다는 고래의 생각이 여전히 교리처럼 받아들여졌다.[37]

중국의 역관들은 전국시대(戰國時代)에 다방면으로 이루어진 천문학의 진보를 효과적으로 활용했다.[38] 이러한 진보는 야심 찬 군주들을 위해 천상에서의 여러 동향들을 면밀히 살핀 역관들에 기인한다. 천상의 여러 동태와 인간의 역사에서 발생하는 사건들의 연관관계는 모든 관찰에서 원칙으로 적용되었다. 학자들은 거시적 우주관을 지녔던 한편으로, 신화적 상상력으로 창조된 표본에 따라 세계를 보는 시각을 꾸준히 견지해왔다. 그들은 순수물리의 차원에서 어떠한 설명도 시도하지 않은 채, 세부적인 지식들만 확대해갔다. 땅과 천개가 북쪽에서 상호침투한다는 점을 인정하지 않는 학자들로서는 저항이나 비침투성 등의 여러

---

34) *TP*, 1929, 292쪽. *Louen heng*, Forke, I, 269, 270쪽. 어둠(晦)은 음(음지)과 동일한 것이다. 이 책, 134쪽을 참조할 것.

35) *TP*, 1929, 291, 293쪽.

36) *Louen heng*, Forke, I, 271쪽.

37) *Che king*, C, 235쪽 이하, 그리고 주희(朱熹)의 견해를 전하는 와공(瓦工)에 관한 주해들을 참조할 것.

38) 이러한 진전에 관해서는 *TP*, 1929, 267쪽을 참조할 것.

개념들에서 유추해낸 어떠한 고찰도 논거로 제시할 수 없었다. 중국학자들은 천지의 결합에 관련된 신화를 받아들이는 데 어떠한 어려움도 느끼지 않을 뿐만 아니라 이 신화를 학설상의 필요에 따라 전용하기도 한다.[39] 그들은 중국인이 지녔던 우주관을 거의 그대로 수용했다. 중국인의 우주관은 학자들보다는 건축가들과 시인들에 의해 풍부한 내용을 지니게 되었다.

* * *

전국시대(기원전 5~3세기)의 봉건전제군주들은 좀더 거대한 궁궐과 좀더 높은 누대와 좀더 깊은 지하창고를 소유하고자 경쟁했다. 그들의 궁정에는 역관들뿐만 아니라 환술가, 시인, 건축가, 광대,[40] 설화를 들려주는 이야기꾼, 흥미로운 구경거리를 보여주는 자들로 득실거렸다. 이 모든 이들로 세계관이 넓어지고 우주가 존재물들로 가득 찬 공간이 될 뿐만 아니라, 황궁은 그 높이와 넓이를 더해가고 궁정, 원림(園林), 연못, 정원은 진귀한 것들로 넘쳐났다. 하늘의 아홉 평원(九野)이 중국의 구주(九州)와 조응하는 동안, 땅과 하늘은 층층이 깊이를 더하면서 구층을 이루었다.[41] 맨 아래층에는 구천(九泉)이, 맨 위층에는 구천(九天)이 자리했다. 전제군주들은 그들의 지하창고와 토단(土壇)을 9층 높이로 설정하여 지하의 샘뿐 아니라, 하늘의 불이 구름에 가려지는 곳인 드높은 영역까지 도달할 수 있으리라 믿었다. 이렇듯 황궁은 세계의 밑바닥에서부터의 정점(皇極)에 이르는 우주의 축과 동일시되었던 것이다.

---

39) *Louen beng*, Forker, I, 261쪽.
40) 광대, 무인(舞人), 악사, 마술사, 기이한 구경거리 제공자들이 하는 역할은 무척이나 중요하다. 이들은 수많은 전설과 기예와 지식들을 전파했다. 이를테면 『산해경』에 수록되어 있는 많은 전설은 그것들이 강역에서, 또 어떤 경우에는 아주 먼 외국에서 극히 오래전에 유래했음을 알려준다.
41) 『초사』(*Tch'ou tseu*), T'ien Wen(天文).

황궁이 형태상 위용을 갖추게 되었을 때조차도 중국인은 우주 속에서 초창기의 볼품없었던 황국의 흔적을 찾아낸다. 가장 추레한 누옥들의 복판에는, 지붕꼭대기에 뚫린 구멍 바로 아래에 빗물받이 구멍이 설치되어야 했다.[42] 빗물은 이 빗물받이 구멍을 통해 땅속으로 스며들었으며, 아궁이의 연기는 지붕으로 뚫린 구멍을 통해 하늘로 올라가 불을 싣고 다니는 구름과 해후했다. 마찬가지로 세계의 밑바닥에는 거대한 물웅덩이가 파인 반면, 하늘의 가장 높은 곳에는 구멍이 뚫려 그 구멍으로 번개가 빠져나왔다.[43] 물웅덩이는 알유(猰貐)라는 식인괴물이 지키고 있었다. 궁수인 예(羿)는 이 괴물에게 화살을 쏘아 치명상을 입혀 집의 중앙을 지키는 수호신이자 운명의 주인이 될 수 있었다.[44] 물웅덩이로 된 지하세계는 망자(亡者)들의 나라다. 집 마당의 다져진 땅에 제주(祭酒)를 부으면, 제주는 이 지하세계에 도달한다. 고대중국인들은 본래 '황천'(黃泉)이 그들의 거주지 가까운 곳에 있다고 여겼으며, 땅을 조금만 파내려가다 보면 물을 만나게 되는 그곳이 바로 망자의 세계라고 믿었다.[45] 특히 겨울의 경우가 그렇듯이, 땅이 말라 갈라지면 이내 망자들의 혼이 빠져나왔으니, 산 사람들은 지상으로 귀환한 이 혼들의 신음을 들을 수 있었다 한다.

세계가 확장되면서 황천은 북극의 심부로 밀려났다. 그래서 중국인은 고인(故人)을 더 이상 집안에 묻지 않게 되었고, 공동묘역도 도시의 북쪽에 위치하게 되었다. 사방에서 흘러 들어온 물길이 땅속으로 사라지는 곳인 심연은 대략 정북(正北)에서 서쪽에(초겨울에 해당하는 방위에) 위치했다.[46] ——중국인은 때로는 빗물받이를 북-서쪽에 설치하기

---

42) *Li ki*, C, I, 372쪽; 졸저, *Danses et légendes de la Chine ancienne*, 308쪽; *Tchouang tseu*, Wieger, 363쪽; *Li ki*, C, II, 478쪽.
43) 졸저, *Danses et légendes de la Chine ancienne*, 545쪽.
44) 같은 책, 379쪽.
45) 졸저, *La vie et la mort, croyances et doctrines de l'antiquité chinoise*, 17쪽.
46) *Li ki*, C, I, 478쪽.

도 했다.[47] 땅의 영주(土伯)로 호칭되는 괴물이 이 지역에 살면서 자신의 몸을 9겹으로 둘러 감은 상태로 대문을 지킨다.[48] 이 괴물은 구두(九頭)의 뱀으로서 흔히 공공(共工)의 부하로 간주되기도 한다. 괴물은 아홉 개의 머리로 구대산(九大山)을 집어삼키고 늪지를 토해내어 부패한 기운을 퍼뜨린다.[49] 거대하게 벌어진 심연 위로는 한 번에 9,000그루의 나무를 뽑아버릴 수 있는 아홉 머리의 괴물과 늑대들이 지키는 하늘의 구대문(九大門)이 겹겹이 층을 이룬다. 이 대문을 통과하려는 자들은 붙잡혀 거꾸로 들린 채 심연으로 내던져진다.[50] 상제의 문지기를 제압할 수 있는 영웅은 극소수에 불과하다. 하지만 신비주의적 도량을 엄격하게 쌓은 도인들은 저 높은 곳의 세계로 곧장 들어갈 수 있다. 그들은 번개가 분출되는 곳인 천정(天頂)의 구멍을 통해, 번개를 맞아 추락되는 일 없이도 이 세계로 들어간다.[51]

하늘의 내부는 방문이 더 잦은 곳이기에 땅속보다는 더욱 잘 알려져 있다. 옥황상제는 그곳에서 집정하며[52] 여러 궁궐과 병기고와 후궁들의 처소를 둔다. 이들의 이름은 지상에도 있는데, 이는 군주들이 왕도(王都)의 여러 건물들을 명명하면서 이 이름들을 사용하기 때문이다.[53] 상제는 자신의 측근으로 받아들인 자들에게 경이로운 음악을 들려주었고,[54] 그들은 상제에게 선물로써 보답했다. 그들이 상제에게 일군의 미녀들을 헌상하면 상제는 그 답례로 그들에게 신의 노래 한 곡을 소유할 수 있는 권한을 부여했다.[55] 또 상제는 그의 소유지인 천렵지(川獵地)와

---

47) 졸저, *La vie et la mort, croyances et doctrines de l'antiquité chinoise*, 13쪽.
48) *Tch'ou tseu, Tchao houen*(초혼招魂).
49) 졸저, *Danses et légendes de la Chine ancienne*, 486쪽.
50) *Tch'ou tseu, Tchao houen*.
51) *Tch'ou tseu*, Yuan yeou(원유遠遊).
52) *SMT*, III, 339쪽 이하.
53) 졸저, *Civilisation chinoise*, 51쪽.
54) *SMT*, V, 26쪽.
55) 졸저, *Danse et légendes de la Chine ancienne*, 582쪽.

수렵지(狩獵地)에 그들을 초대하여 곰을 사냥했다.[56] 그들은 지상에서처럼 천상에서도 활을 쏠 수 있었다. 중국인은 하늘에서 마차에 올라 활시위를 당겨 하늘의 개(天狼)를 뒤쫓는, 바로 태양들의 어머니인 희(羲)-화(和)를 찾아내었다.[57] 이렇듯 (인간들보다도 자신들의 문장紋章을 더 잘 보존하고 있던) 하늘의 주민들 사이에 있던 여러 시합들은 마치 동물들이 서로 싸우는 모습으로 비쳐졌다. 삼족(三足)의 까마귀였던 태양들은 (외각수外角獸인) 기린(麒麟)들끼리 싸움을 벌일 때나 기린에 잡혀 먹힐 위험에 처했을 때 자취를 감춰버렸다.[58] 마찬가지로, 달 항아(姮娥)는 한 마리 두꺼비로서 다른 두꺼비에게 잡아먹힐 수도 또한 가려질 수도 있었던 반면, 경어(鯨魚, 고래?)의 죽음은 혹성들을 출현시켰으며, 호랑이의 포효로 드센 춘풍이 불게 되었다.[59]

그런데 제신(諸神)들이 자신들의 은거지로 삼아 수시로 여러 시합에 참여한 곳은 하늘이 아니라 공간상의 후미진 지역들이었다. 그곳에서 제신들은 그들이 각자 소임을 맡겨 파견한 여러 영웅들의 공격을 받는다. 바람의 신인 풍백(風伯)은 손발이 묶인 채 총사(冢土)에 머물렀으며, 강물의 신인 하백(河伯)은 양오(陽汙)의 깊은 계곡으로 몸을 숨겼다.[60] 왼쪽 눈을 다친 풍백과 무릎을 다친 하백은, 지하의 물웅덩이를 지키던 알유를 살해하고 뽕나무 가지 위에서 밤을 보내던 방종한 아홉 태양을 몰살시킨 대궁수 예(羿)에게 희생당했다.[61] 마찬가지로 예(羿)는 한 현군의 명령에 따라 인간에게 피해를 끼칠 수 있는 모든 것을 거주지-세계 밖으로 축출시켰다. 제대로 안배된 세계에서 괴물이나 신성의 것들이 미약하나마 그 존재를 영위할 수 있는 장소는 오직 천개로 덮

---

56) *SMT*, V, 27쪽.

57) *Tch'ou tseu*, Tong kiun(동군東君).

58) *Houai-nan tseu*, 3.

59) 같은 책, 3.

60) 졸저, 앞의 책, 379쪽.

61) 같은 책, 512, 469쪽.

이지 않은 후미진 구석들뿐이었다.[62]

세계의 북동에 위치하는 부락(阜落)이라는 나라에는 열매와 뿌리와 같은 날것으로만 연명하던 불쌍한 야만족이 있었다. 그들은 잠을 몰랐기에 태양과 달이 끊임없이 내리쬐는 열기로 덮인 땅 위에서 쉬지 않고 요란하게 거동했다.[63] 예전에 그 근처의 해역(海域)에는 몸은 초록색이고 다리는 하나뿐인 소 한 마리가 떠다녔다. 기(夔)라고 불리던 이 소는 바닷물 속에 들어갔다 나올 때 비바람을 일으켜 뇌성을 내뿜었다. 황제(黃帝)는 이 소의 가죽을 취하러 왔다가 문득 천둥의 짐승에게서 추려낸 뼈마디로 가죽을 두드려 보고 싶어졌다. 이 북소리를 통해 황황(黃皇)은 제국의 전체에 걸쳐 경각심을 불러일으킬 수 있게 되었다.[64] 황제보다 더 현명하고 진정한 군주의 자질인 개명의 역량을 널리 떨쳤던 요(堯)는 기(夔)를 왕궁으로 데려와 춤을 가르치게 했다. 기(夔)가 소리 나는 돌을 두드려 백수(百獸)들의 군무(群舞)를 지도하니, 백수들이 순치될 수 있었다.[65]

세계의 남동(南東)에는 그 깊이를 잴 수 없는 대하(大河)가 펼쳐져 그곳으로 지상의 모든 강물과 천상의 강물인 은하수가 흘러들었다.[66] 태양들의 어머니와 달들의 어머니는 그녀들의 자식들이 천상에서 모습을 드러내기에 앞서, 이 심연의 물로 그들을 갓난아기처럼 매일같이 씻어 주었다.[67]

세계의 남서로는 고망(古莽)이라는 나라가 있었다. 그곳에서는 음양이 서로의 숨결을 화합할 줄 몰랐으며 열기와 추위, 밤과 낮의 교대도 일어나지 않았다. 그곳은 태양과 달이 빛을 뿌리지 않는 곳으로서, 단

---

62) *Ta Tai li ki*, 5.

63) *Lie tseu*, Wieger, 111쪽.

64) 졸저, 앞의 책, 509쪽.

65) *Lu che tch'ouen ts'ieou*, 5-5; 졸저, 같은 책, 507쪽 이하.

66) *Lie tseu*, Wieger, 131쪽; *Tchouang tseu*, 같은 책, 303쪽.

67) 졸저, 같은 책, 437쪽; *Chan hai king*, 15.

한 번 깨어나는 것을 제하고는 의식(衣食)을 결한 채 50일 내내 줄기차게 잠만 자는 가련한 족속들이 살고 있었다.[68]

세계의 사각(四隅) 중에서도 북서에 위치한 구석은 이보다 더 참혹한 상황이었다. 그곳은 아홉 암흑이 자리 잡은 지대로서 용(龍)-화염이 불을 밝히는 곳이었다. 크기가 리(里)에 달하는 이 용은 시선은 고정시키고 있었고, 온통 붉은 몸은 꼿꼿이 서 있었다. 용이 눈을 뜨면 낮이 되었고 눈을 감으면 밤이 되었다. 또 용이 숨을 내쉬면 겨울이 되었고 숨을 들이쉬면 여름이 되었다. 용이 먹지도 마시지도 숨쉬지도 않으면, 바람과 비는 용의 목구멍에 정지해 있었다. 그러다 용이 숨을 쉬는 순간이면 그것은 바람이 되었다.[69] 용-화염은 밤중에 붉은 강변으로 솟아올랐으니, 그곳에는 황제의 딸로서 황제를 도와 반역의 주모자 치우를 제압한 이후, 유동하는 모래로 뒤덮인 혹독한 지역으로 추방당한 가뭄의 여신인 여발(女魃)이 살고 있었다.[70] 그곳 가까이에는 천둥이 소용돌이치며 빨려 들어가는 깊은 구멍이 뚫려 있었다.[71] 그곳은 거대한 붉은 개미들과 그 침에 쏘이는 즉시 무엇이든 고사해버리는 박보다 더 큰 말벌들이 출몰하는 음침한 갈증의 지대였다.[72]

그러나 세계의 북서쪽은 장엄한 위용으로 천국과 황궁들에 응답하는 곤륜(崑崙)이 솟아 있는 신비로운 지역이었다.[73] 곤륜은 9층의 건물이자 하나의 산이었다. 그곳에는 진주가 열리거나 옥을 맺는 나무들이 자라는 공중의 정원과 불로수(不老水)가 솟아나는 구천(九泉), 그 외에 셀 수 없을 정도의 많은 문들이 있었다. 바람인 불주(不周)는 그중 한 문을 통해 불어왔다. 그중 한 문은 적어도 명목상으로는 천궁(天宮)의 대문과

---

68) *Lie tseu*, Wieger, 111쪽.

69) *Chan hai king*, 8과 17; *Houai-nan tseu*; 졸저, 앞의 책, 523쪽.

70) *Chan hai king*, 17; 졸저, 같은 책, 315쪽 이하.

71) *Tch'ou tseu*, *Tchao houen*(초혼).

72) *Chan hai king*, 2; 졸저, 같은 책, 386쪽; *Tch'ou tseu*, *Tchao houen*.

73) *Houai-nan tseu*, 4.

구별되지 않았다. 곤륜의 계단들을 층층이 오르는 데 성공한 자들은 불멸의 경지로 올라섰으니, 이를 두고 중국인은 하늘로 오른다고 말한다(乘天).[74] 속설에 따르면, 지고한 군주는 곤륜에 거주했다고 한다. 하지만 그곳에서 알현을 받는 유일한 신(神)은 서양(西洋)의 어머니이자 황후였던 서왕모(西王母)였다. 서왕모는 표범의 꼬리를 지닌 식인괴물로, 호랑이의 어금니에 호랑이처럼 포효하기를 좋아했다. 이 여인은 먼 곳까지 페스트를 살포하거나 무녀(巫女)처럼 머리를 풀어헤치고 동굴 깊숙이에서 살았다.[75] 인간은 이 죽음의 여신에게 불로초(不老草)를 얻을 수 있었으며,[76] 이따금 이 여신은 옥루(玉樓)의 꼭대기에 올라 향연을 베풀기도 했다.[77]

다양하면서도 서로 유사한 여러 전설들은 또 다른 천문학적 문제를 규명하는 데 이용되었다. 즉 중국인은 모든 이민족을 정방형으로 된 지상의 가장자리에 위치시켰다. 사마천은 팔풍과 28수(宿)를 조합하면서 방추형(方錐形)의 규모에는 주목하지 않은 반면, 지평선을 이루는 네 변의 변마다 그에 상당하는 9위치를 설정했다. 또 회남자(淮南子)는 정방형으로 된 지구의 둘레를 따라 이민족을 배치하려는 생각에서 동으로는 6종족, 서로는 10종족, 남으로는 13종족, 북으로는 7종족을 위치시켰다. 이렇듯 철학자도 마찬가지로 총합이 36이 되도록 하여 모든 논리적 필요성을 충족시켰다.[78]

---

74) 앞의 책.

75) *Chan hai king*, 2와 16. 그 무엇보다 토(土)의 덕목이 각별한 군주의 발은 특히 정방형(方)의 모습을 하고 있다. 이는 이러한 말들이 하나의 완벽한 직삼각형(方)을 이룸을 시사한다.

76) *Houai-nan tseu*, 6; 졸저, 앞의 책, 376쪽.

77) *Mou T'ien tseu tchouan*, 3.

78) *Houai-nan tseu*, 4.

* * *

　이 전설들은 시인들과 철학자들에 의해 우리에게 전해지는 것들이다. 철학자들은 자신들의 논지를 전개하는 데 학자들의 이론들보다도 이 전설들을 더욱 많이 이용했다. 현자들의 서사적인 편력이나 영웅들의 신비적인 기행(奇行)을 노래한 시인들은 천상의 세계에 더욱 조예가 깊었으며, 마찬가지로 원방(遠方)에서 전제군주들의 궁정으로 찾아들던 광대나 무당들 역시도 천상의 세계에 조예가 깊었다. 하지만 광대들이 전해주는 것들과 시인들이 찾아낸 것들은 많은 학자들이 권위를 부여한 중국인의 세계관에 다채로움을 더했을 뿐이다. 군주가 머무는 곳이 보잘것없는 누각이든 아니면 대궐이든, 언제나 군주의 거처와 관련되어 생각되던 우주의 건축은 고대 이래 중국인의 분류체계를 관장한 제반규칙들을 준수했다. 단지 수렵지만 확장되면서 좀더 많은 종류의 동물들이 등장했을 뿐이다. 우리는 다음 사실에 주목해야 한다. 즉 중국인은 이국적 취향이나 새로운 정취를 자아내는 뭇 설화나 기술, 곡예나 사상들을 유익한 흥밋거리로 환대했음에도 그것들을 전혀 집 안에 수용하지 않으려 했다는 점이다. 아울러 더욱 주목되는 점으로는, 중국인은 신(神)들이 괴물들과 함께 등장하는 신구(新舊) 모두의 전설들을 역사의 외부인 신화의 시대, 즉 어렴풋하고 요원한 시대에 묶어두지 않았다는 점이다. 모든 시간은 인간과 역사에 속한다. 우주는 현자들이 국가의 운명을 건립하는 그 순간부터 비로소 실재적으로 존재하게 되는 것이다. 이 문명은 구주(九州)의 전체에 걸쳐 군림한다. 유기적인 공간과는 무관한 야만인들의 사해(四海)는 성인들에 의해 안배된 공간에 테두리를 형성해주면서 공간 너머로, 아울러 시간 너머로 펼쳐진다. 실재적인 세계의 이 어렴풋한 주변들은 야만인들뿐만 아니라 괴물 그리고 신들에게 적절한 곳이다. 인간의 대지는 중국인들 그리고 그들의 조상들과 수장들만의 영역이다. 중국의 군주들은 전답을 정방형으로 분할하고 신전(明堂)을 건립하여 자신들이 집정하는 성역과 군영과 도시의 9구역에 적합한 방위를 부여했다. 실재적인 우주의 안배와 그에 따른 진정한 우주관을 가능하게 하는 제반 분류들은 이 신성한 관례들에서 파생되었다. 경작지, 피신처인 병영, 군주가 거처하는 신성한 집, 이 모든 곳은 세계의 구주를 상기시키지만 처음에는 극히 협소했으며, 군주의 사냥물이었던 신령한 짐승들과 야만인들이 떠도는 곳인 세계의 변방에 둘러싸여 있었다.[79] 그러기에 전사들은 세계의 변방의 정복에 나섰으며, 또 지관이나 시인들은 그곳으로 탐험을 떠났다. 확장된 우주는 고대 중국의 창건자들이 거주했던 동굴, 누옥, 누각 등의 초라하거나 웅장한 건축들을 보존해주고 있다. 그리고 이 창건자들의 후손들은 역관들과 시인들과 광대들이 그들에게 가져다준 이국적이고 새로운 사상들이나 신들을 단지 자신들의 사냥과 축제와 놀이를 위해 배정된 장소 내에서만 맞이했을 따름이었다.

---

79) 졸저, *Civilisation chinoise*, 246쪽 이하.

제2장 소우주

중국의 현자들은 광대들을 줄곧 적개심으로 대해왔다. 광대가 오랫동안 물구나무서기로 직립한 나무를 흉내 내면 세계의 무질서가 초래될 수도 있다는 것이다. 사람은 발이 네모나기에 땅에 의지해야만 하는 법이다. 또 사람의 머리는 하늘을 닮아 둥근 모습이므로,[1] 머리가 위로 향하기를 멈추는 것은 곧 죄를 범하는 것이다. 이렇듯 그들에게 인간의 형태는 우주의 건축을 그대로 본뜬 것과 같으며, 또한 사회구조는 인간의 형태와 우주의 건축에 일치하는 것이다. 사회와 인간과 세계는 하나의 종합적인 앎의 대상이다. 대우주에도 적용될 수 있을 뿐만 아니라 대우주 속에 겹쳐 있는 제반 소우주들에도 적용되는 이 앎은 그 형성과정에서 단지 유사 논리만을 따르고 있을 뿐이다.

* * *

좌우(左右)에 관련된 제반 사상들, 관습들, 신화들만큼이나 중국인의 소우주관을 적실하게 잘 보여주는 것은 없다. 중국에서 좌와 우는 절대적으로 대립되는 양상을 띠지 않는다.[2] 존재와 무, 순수와 비순수의 관계와는 달리 음양은 서로 대립하지 않는다. 사물들을 선과 악으로 분할

---

1) *Tsin chou*, 23, *Houai-nan tseu*, 7.
2) 헤르츠(R. Hertz)는 오른손의 중요성을 탁월하게 논한 그의 논고에서 좌우의 대립 문제가 중국의 경우에 야기되는 해석상의 난점을 지적하는 데 그친다.

하도록 강요하는 종교적인 격정은 중국인에게서는 찾아볼 수 없다. 서구인들은 우를 받들고 좌를 혐오하여 악에 관한 모든 것을 좌에 귀속시킨다. 왼손잡이를 비난하는 서양인들은 오른손잡이다. 중국인들도 서구인들처럼 오른손잡이다. 그럼에도 그들은 좌를 경배했다. 대우(大禹)와 승탕(勝湯) 같은 중국의 가장 위대한 영웅들은 일부는 왼손잡이였으며 또 일부는 오른손잡이였다. 또 그들 중 일부는 좌의 신령들이었으며 또 일부는 우의 신령들이었다. 특히 비나 가뭄의 신령들은 신체의 오른쪽이나 왼쪽 절반만을 가졌거나 반신불수로 규정될 만큼 완전히 음이나 양 하나에만 의존했다.[3] 왕조의 교체시기에 그 창건자는 땅의 신령이나 하늘의 신령에게 생명력을 구해야만 했다. 하지만 건국영웅들과 그들이 세운 왕조는 왼손잡이로서 천덕(天德)을 물려받든 또는 오른손잡이로서 지덕(地德)을 물려받든 좌우의 우열이 가려지는 것은 전혀 아니다. 천덕과 지덕은 상호보완적이다. 이 두 덕은 교대로 임무를 수행한다. 더욱이 이 두 덕은 차례로 가장 완벽한 현자들에게 영향력을 미친다. 가장 완벽한 현자들은 처음에는 재상의 위치에서 자신의 임무수행을 위해 활약하며, 지상에서의 크고 작은 모든 일에 자신의 역량을 떨친 후 군주의 위치에 오르면 오직 하늘의 일을 탐문하는 데만 몰두했다. 그럴 때 그들의 삶의 유일한 목적은 어떠한 세부적인 효율성(德)도 능가하는 지대한 효능성(道)을 자신 속에 응집시키는 데 있다.[4] 양이 음을 능가하고, 도가 덕을 능가하고, 군주의 책무가 재상의 정무를 능가하듯이, 좌와 하늘은 어떤 측면에서 우와 땅을 능가한다. 그렇지만 이러한 대립은 위계상의 차이나 용도상의 구분에 따른 것에 불과하다.

　오른쪽을 나타내는 글자 우는 손과 입의 조합이라는 점에서 어원학적으로 다음과 같이 읽힌다. 즉 오른손은 음식을 먹는 데 사용한다.[5] 그러

---

3) 졸저, 앞의 책, 251, 455, 467, 551쪽: *Tch'ouen ts'ieou fan lou*, 7.
4) 졸저, *Civilisation chinoise*, 232쪽.
5) 검지는 ('가리키는 데' 사용되는 손가락이 아니라) '음식용 젓가락'이다(가리키는 행위는 위험하기에 금지된 행위다).

하니 우는 땅에 관계된다. '손'을 표기하는 요소는 좌를 뜻하는 기호에
도 사용되면서 직각을 나타내는 표기 요소와 조합된다. 직각은 모든 기
술의 상징으로서, 특히 종교적이면서도 주술적인 제반 기술들을 상징한
다. 또 직각은 군주의 시조이자 점술가의 시조인 복희(伏羲)의 표상이기
도 하다. 복희는 그림쇠로 상징되는 여와(女媧)의 남편이거나 남매간이
다. 부부(夫婦)의 시조였던 이 쌍은 또한 결혼의 창시자다. 그러기에 중
국인은 '미풍양속'을 '규거'(規矩, 그림쇠와 직각자)라는 말로 지칭한
다.[6] 조각가들은[7] 복희와 여와를 서로의 하반신으로 똬리를 틀고 함께
안겨 있는 모습으로 새겨놓았다. 우측의 여와는 오른손에 그림쇠를 들
었으며,[8] 좌측의 복희는 왼손에 직각자를 들었다. 땅의 표상인 정방형
을 생성하는 직각자는 음과 양이 성혼(聖婚)을 통해 속성을 교환한 후에
야 비로소 남성의 상징으로 될 수 있을 따름이다. 하지만 정방형은 (『주
비산경』에서 보여지듯) 원형(圓形)을 낳으며 그 자체로 원형을 내포함
에 따라[9] 이러한 속성의 교환 없이도 직각자는 음과 양에 동시에 속하
는 주술인의 표상이 될 수 있었을 뿐만 아니라,[10] 특히 땅의 일과 하늘
의 일 모두에 두루 정통했던 복희의 표상으로 될 수 있었다.[11] 그리하여
복희의 왼손에 직각자가 들려지게 되었는데, 왼손은 (직각자와 더불어)
군주의 업적과 남녀간의 최초의 결혼 및 주술적인 활동과 종교적인 활
동을 상기시킨다. 중국인은 순수와 비순수를 대립시키지 않듯이, 종교
와 주술을 엄격한 대립관계 속에 생각하지 않는다. 성스러운 것과 욕된
것 또한 확연히 구분되는 두 부류로 간주하지 않는다. 우가 세속적인 일
과 지상에서의 활동을 표상한다고 해서 좌와 적대적인 관계를 이루는

---

6) 졸저, *Danse et légendes de la Chine ancienne*, 498쪽.

7) 졸저, *Civilisation chinoise*, 19~21쪽.

8) 그림쇠는 원을 그리는 데 사용했다. 글자 우(右)의 표기요소인 글자 구(口)는
(고대문자에서도) 하나의 원이었다.

9) 정방형 내부의 원에 관해서는 이 책, 103, 268, 269쪽 이하를 참조할 것.

10) 이 책, 280쪽 참조.

11) *Yi King*, L, 382쪽.

것은 아니다. 중국사유는 상반성에 주안점을 두는 것이 아니라 대조와 교대와 상관성에, 그리고 양성(兩性)의 속성의 교환에 관건을 둔다.

이러한 교환과 대조의 관계 그리고 상반관계와 교대관계가 구체적으로 이루어질 수 있는 제반 조건들은 시공간상의 무한정한 다양성으로 자연스럽게 배가하게 마련이다. 따라서 예법은 이 모든 복합양상을 고려해야만 한다. 이러한 이유에서 때로는 좌가, 때로는 우가 예법상 중시된다. 중국인은 어려서부터 음식을 먹는 데만큼은 오른손을 사용했기에 당연히 오른손잡이일 수밖에 없다.[12] 하지만 중국인은 남아(男兒)에게는 오른손을 왼손 아래로 감추는 인사법을, 반대로 여아(女兒)에게는 왼손을 오른손 아래로 감추는 인사법을 가르친다. 이 인사법은 평상시 성을 구별하는 규칙으로서 우는 음에, 좌는 양에 해당한다는 규칙에 준한 것이다. 복상(服喪)기간에는 음과 우가 우선되어 남자들도 왼손을 가리면서 오른손을 내보이는 인사법을 따른다.[13] 이는 좌가 양에 속함을, 즉 행운이나 길상에 속함을 의미한다. 또 오른쪽 어깨를 드러내 보임은 패배를 인정하면서 징벌을 감수하겠다는 표시인 반면, 흥겨운 의례 석상에서는 왼쪽 어깨를 드러내 보인다.[14] 또 글자 좌는 '금지된 길'을 가리키는 데 사용되며, 이 경우 '불길'(不吉)함과도 동일한 의미를 지니는 것처럼 보인다. 더욱이 왼손이 아무리 상서로운 손이라 할지라도, 중국인은 손바닥을 대고 맹세나 우정을 다짐할 때에는 항상 서로 오른손을 부여잡는다.[15] 심지어 그들은 손바닥을 대고 맹약하면서 좀더 확고한 맹세를 위해 팔을 베어 피를 교환하기도 하는데 이때는 대개 오른팔을 사용한다.[16] 반면, 중국인은 제물의 피 냄새를 맡으며 혈맹을 다짐할 때

12) *Li ki*, C, I, 673쪽. 아이가 혼자서도 음식을 먹을 수 있으면, 어른은 아이에게 오른손 사용법을 가르쳤다.
13) *Li ki*, C, 143, 675쪽; II, 150쪽; *Yi li*, C, 75쪽.
14) *Li ki*, C, 153, 160, 246쪽; 졸저, *Danse et légendes de la Chine ancienne*, 99, 135쪽.
15) 졸저, *Civilisation chinoise*, 353쪽; *Tso tchouan*, C, III, 319쪽.
16) 졸저, 같은 책, 318쪽; *Houai nan tseu*, 11; *Lie tseu*, Wieger, 147쪽.

는 귀 언저리 부분에서 피를 뽑았다. 이때 그들은 (피를 뽑으려면 왼쪽 어깨가 드러나야 하기에) 왼쪽 귀를 그 대상으로 했다. 마찬가지로 전쟁 포로들은 왼손이 포박되어 끌려오며, 처형되기 전에 왼쪽 귀가 잘렸다.[17] 이렇듯 오른손이 왼손보다 중시되었던 반면 왼쪽 귀가 오른쪽 귀보다 중시되었다.

　좌우의 선택이 편의상의 이유에서 타당하게 취해지는 경우에도 이론적인 분류원칙은 변함없이 적용된다. 중국인은 말이나 양, 개나 전쟁포로를 인양할 때 포박한 포승줄도 함께 인도했다. 이를테면 유순한 동물인 말과 양을 인양받는 경우, 오른손으로 밧줄을 잡았던 반면,[18] 사람을 물 수 있기에 말보다 더 위험한 개를 대상으로는 왼손으로 끈을 잡고 오른손은 자유롭게 하여 유사시 개를 제압할 수 있도록 했다.[19] 왼쪽 귀를 잘라낸 포로를 묶은 포승줄을 왼손에 잡았던 것도 여전히 포로의 위협을 의식했기 때문이었다.[20] 중국인은 전차(戰車) 위에서 좌측에 배치된 궁수에게 활을 건넬 때도 왼손을 사용했다.[21] 통상 중국인들은 줄 때는 왼쪽, 받을 때는 오른쪽에 위치한다.[22] 군주의 진상품은 군주의 왼편에 놓여야 했으며, 따라서 승지(承旨)는 군주의 왼편에다 진상품을 가져다 놓았다. 이 중개자는 군주의 명령을 받을 때나 다시 군주의 명령을 하달할 때는 군주의 오른편에 위치했다.[23] 이 규칙은 사건 기록을 담당했던 '우사'(右史)와 언행의 기록을 담당했던 '좌사'(左史)를 구별하는 것이어서 극진히 지켜졌다.[24] 이 규칙은 또 하나의 특이한 준수사항인, 생선을 대접하는 예법과 나란히 명시되어 있다.[25] 생선은 꼬리가 손님을 향

---

17) 졸저, 같은 책, 138, 167쪽.

18) *Li ki*, C, I, 44쪽.

19) 같은 책, C, 44쪽: II, 17쪽.

20) 같은 책, C, II, 17쪽.

21) 같은 책, 18쪽.

22) *Yi li*, C, 67쪽.

23) *Li ki*, C, II, 17쪽.

24) 졸저, *Civilisation chinoise*, 70쪽의 각주 2); *Li ki*, C, I, 678쪽.

하여 놓여야 했으며, 복부는 겨울에는 우로, 여름에는 좌로 놓여야 했다. 여름과 좌와 전면(前面, 즉 가슴 쪽)은 양에 해당했다. 따라서 여름에 대접하는 생선은 양에 해당하는 모든 것, 즉 여름과 좌와 전면이 서로 일치함으로써 공간적으로 바르게 놓인 것이 된다. 그러나 겨울철에는 이러한 공간적 일치가 엄정하게 준수될 수는 없었다. 왜냐하면 후면과 등은 음에 속하지만 그때는 등이 왼쪽(陽)에 있기 때문이다. 그럼에도 이 경우는 음식을 오른손으로 오른쪽에서부터 먹기 시작하는 실제상의 이유에 부합하며 또한 맛있는 부분부터 먹도록 대접하는 예의에도 부합한다. 또 전면은 양에 해당됨에도 음(陰)으로 향하는 것은 복부가 음에 속하기 때문이다. 즉 복부는 전면에 속하지만 전면의 하(下)에 해당한다. 겨울은 북에 해당되며 북은 하(下)다. 겨울철이면 하와 음이 주도하게 되며, 생선은 복부가 가장 기름지고 맛있는 부분이 될 것이다. 게다가 손이 먼저 가는 부분은 음식의 오른쪽이다. 바로 이 모든 이유에서 복부는 겨울철에 오른쪽에 놓일 수 있는 충분한 자격을 갖게 되는 것이다. 물론 마른 생선을 대접할 경우에는 상황이 전혀 달라진다. 그럴 때는 먼저 생선의 머리가 손님 쪽으로 향해야 하고……

향응, 예물교환, 서약과 경조사, 이 모든 것은 예법에 따라 관장되며 세부에 이르기까지 좌와 우 중에서 최선의 택일을 도모했다. 이러한 예법의 원칙들이 비롯한 근원과, 좌우를 할당하게 된 기원은 정치에 있는 것 같다. 정치와 논리를 지배하는 것은 복종에 기초하는 봉건사상이다. 제후들은 자신의 영지에서는 영주이겠지만 여전히 제후 신분에 불과하다. 각 영지는 그곳 영주가 군림한 햇수에 준하여 연대를 정하지만, 한 해를 분할하는 데는 군주의 책력에 명시된 지침을 따라야 한다. 마찬가지로 좌우의 선택에서도 중국인은 지역적 상황을 고려하면서도 늘 우주조직의 구도에 의거했다. 대우주뿐만 아니라 천문지, 법제, 생리학 같은 소우주에 나타나는 구도의 원칙은 성대한 문무의식(文武儀式)으로 거행

---

25) *Li ki*, C, II, 21쪽.

된 봉건집회의 수칙에서 찾을 수 있다. 좌우의 대립, 의례상의 서열화는 상위와 하위에 대한 봉건적인 구분과 관계된다. 다만 이 구분은 (사회 조직이 성性의 범주에 바탕하기에) 남녀와 음양의 구별과도 함께 조합 되어야 했다.

군주는 남면(南面)한 채 단상(壇上)에 우뚝 선 자세로, 단하에서 북면 (北面)한 채 땅에 닿을 정도로 몸을 엎드린 제후들의 알현을 받는다. 군 주는 위를 점하면서 하늘과 양과 남쪽의 기운을 정면으로 받아들인다. 이렇듯 하늘이 상(上)이듯이 남도 상(上)이며, 땅이 하(下)이듯이 북도 하 (下)다.[26] 상(上), 즉 군주는 자신의 가슴을 남과 양으로 향한다. 왜냐하 면 전면은 남처럼 양이기 때문이다. 군주는 하(下)와 땅 그리고 후면에 해당하는 음과 북으로 자신의 등을 돌린다. 땅과 음은 등에 짊어지는 것 인 반면, 양과 하늘은 가슴에 껴안는 것이다.[27] 군주는 몸을 남향으로 두기 때문에 그의 좌는 동과 일치하며, 우는 서와 일치한다. 그리하여 서는 우이며 동은 좌다. 군주는 떠오르는 승리의 태양임과 동시에, 대 궁수다. 모든 병거(兵車)는 3인조의 전사들로 구성되어, 중앙에는 마차 의 운전병, 오른쪽에는 창기병(槍騎兵)이 배치되었다. 하기는 병거의 중 앙에서가 아니라면 말고삐를 제대로 잡을 수 없었을 것이다. 또 창기병 이 오른쪽에 배치되지 않으면 (왼손잡이가 아닌 이상) 창을 제대로 다 룰 수도 없을 것이다. 따라서 나머지 궁수는 왼쪽에 배치되었다. 좌는 군주의 자리다. 좌는 높은 쪽이며, 동은 좌와 더불어 높은 쪽에 해당한다. 좌와 동 그리고 해가 뜨는 쪽은 군주와 남과 하늘처럼 양에 해당하며, 우와 서 그리고 해가 지는 쪽은 땅과 북 그리고 왕비나 대비처럼 음에

---

26) 도상(圖上)에서 남(南)을 항상 위에 배치하는 중국인들의 방식은 여기에 기인 한다.

27) 이 책, 346쪽을 참조할 것. 하늘은 곧 하나의 가슴이다. 따라서 하늘에는 젖가 슴이 있다(이 책, 322, 347쪽을 참조할 것). 땅은 곧 하나의 등이다. 따라서 중 국인들은 땅에 제물을 바치기 위한 장소로서 둔부의 형상을 한 언덕을 택했다 (졸저, *Civilisation chinoise*, 412쪽).

해당한다. 왕세자의 궁은 동쪽(봄)과 왼쪽에, 대비의 처소는 서쪽(가을)과 오른쪽에 위치한다. 우는 음으로서 여인들의 속성이기에 겨울과 추수와 음식이 이에 속한다. 좌는 양으로서 남자들의 속성이기에 남성적 활동과 종교적 활동 그리고 품격이 높은 일들이 이에 속한다. 왼손은 양(陽)의 위상을 지녀 상(上)에 놓이며, 왼손바닥 아래로는 음에 해당하는 하위의 손으로서 창(槍)을 다루고 죽이는 데 사용되는 손, 즉 군졸의 손이지 수장의 손이 아닌 오른손의 등을 덮는다. 왜냐하면 전쟁에서 군졸들은 죽이고 처단해야 하지만(陰), 수장은 정현(鄭玄)의 말처럼,[28] 오직 승리를 거두어 생명을 보전하고 공로를 표창하는 데에만(陽) 전념해야 하기 때문이다. 왼팔을 드러낸 채 왼손으로 활을 잡는 명궁수는 어느 곳을 가든 왼손 편에, 즉 승전의 태양이 떠오르는 쪽에 위치한다.[29] 군대는 군주의 깃발과 함께 이동하며 어떤 길을 따라 행군하든 군주와 마찬가지로 언제나 남쪽을 향한다. 왜냐하면 군대는 남을 상징하는 붉은 깃발을 앞세우고 행군하기 때문이다.[30] 따라서 양과 동은 언제나 군대의 왼쪽에 있게 된다. 군대는 결코 방향을 잃지 않고 이동하는 병영이나 도시와 다름없다. 도시의 왼쪽 구역의 수장이 지휘하는 좌군영(左軍營)은 언제나 왼쪽과 동쪽에 위치하는데, 이는 동쪽 구역이 군주의 왼쪽에 위치하기 때문이다.[31] 군대는 삼군(三軍)으로 구성되며, 군주는 '삼공'(三公)이라는 칭호의 가장 높은 세 재상을 휘하에 둔다. 이 세 재상은 군주 앞에서는 북쪽을 향하지만, 중국인은 그들 덕분에 군주의 덕은 삼중(三重)으로 발현된다고 생각했다. 지고무이(至高無二)한 인간에게 그랬던 것처럼, 남향으로 몸을 둔 이 세 재상에게도 좌는 동이었다. 그래서 좌공(左公)은 제국의 동쪽을 통솔했다.[32]

---

28) *Li ki*, C, 11, 19쪽.
29) *Yi li*, C, 123, 125, 144쪽. 활쏘기 시합에서 진 궁수는 시위가 풀린 활을 든 채 왼쪽 어깨를 덮어야 했다.
30) 졸저, *Civilisation chinoise*, 291쪽; *Li ki*, C, I, 55쪽.
31) 같은 책, 229, 271쪽.

중국인은 세계의 분할을 군주와 연관짓는다. 동은 군주의 좌이기 때문에 어디서나 동은 좌다. 그런데 군주는 상에 위치하기에, 좌는 단지 상의 경우에만——하늘과 그리고 하늘의 발현인 군주의 경우에만, 군주와 그리고 군주의 발현인 삼공의 경우에만——중시되는 쪽이다. 그 예하의 사람들과 하와 땅의 경우에 여전히 중시되는 쪽은 동쪽이지만, 이때의 동쪽은 더 이상 왼쪽에 해당되지 않는다. 제후들은 군주의 단하(壇下)에서 북향하여 동에서 서로 도열하며, 이때 가장 높은 신하가 오른손 쪽에 위치한다. 하지만 제후들도 자신들의 영지에서는, 즉 자신이 수장인 그곳에서는 위에 위치하여 남쪽을 향한다. 집안의 바깥주인이 사랑채의 동쪽 계단 위인, 즉 좌측에 위치하는 반면, 안주인의 자리는 서쪽 계단 위인 우측에 배정된다. 왜냐하면 좌는 항상 양에, 우는 음에 해당하기 때문이다.[33] 하지만 부부가 집 밖의 도로로 나서면, 도로 한가운데는 마차의 통행로이기에, 남자는 여자가 왼쪽 보도인 동쪽에서 혼자 정숙하게 걸어갈 수 있도록 오른쪽 보도인 서쪽에서 걸어가야 한다.[34] 이것이 보행규칙이었는데, 정현에 따르면 남자가 오른쪽 보도로 걸어감으로써 중요한 쪽을 차지한다는 것이다. 말하자면 여기서의 남자들은 제후들을 일컫는데, 이들은 어느 곳을 가든 본래 북쪽을 향해 위치한다. 그러다가도 집으로 돌아오면 상황은 전혀 달라지는데, 잠자리에 들 때 더욱 확연해진다. 잠자리에서 중시되는 방향은 아래쪽, 땅 쪽이다. 여인은 가을에 수확하여 서쪽에 쌓아놓은 곡식이 보관된 구석에 자신의 자리를 편다. 왜냐하면 여인은 곡식에서 능임력(能妊力)을 빌려오고 곡식에게 자신의 생식력을 제공하기 때문이다. 여인의 자리는 완전히 서쪽

---

32) 졸저, *Danse et légendes de la Chine ancienne*, 407쪽의 각주 5); *Li ki*, C, I, 89쪽; *Tso tchouan*, C, III, 598쪽.

33) 장례기간에는 모든 것이 바뀌었다. 상주(喪主)는 서쪽에 자리했고, 여인들은 동쪽에 위치했다(*Yi li*, C, 498쪽).

34) *Li ki*, C, I, 319쪽; *Houai-nan tseu*, 11. 장례행렬의 마차 또한 길의 왼쪽과 동쪽으로 이동했다(*Yi li*, C, 513쪽).

벽에 맞닿도록 놓인다. 남편은 야간에는 동쪽을 버리게 되지만, 그의 잠자리는 아내의 잠자리의 동쪽에 놓인다. 부부가 잠자리에 누울 때면, 남쪽으로 머리를 둘 수 없다. 왜냐하면 고인(故人)들이 하세(下世)에서 남쪽으로 머리를 두기 때문이다. 오직 고인들만이 그들의 거처인 북쪽으로 다리를 두는 것을 두려워하지 않는다. 따라서 아내는 서쪽으로 위치하지만 밤에는 아내가 좌를, 남편이 우를 차지한다. 이 모든 전환은 봉건사회구조인 남편에 대한 아내의 종속과 군주에 대한 제후의 종속에 따른 결과다. 하지만 이러한 전환에도, 좌는 근본적으로 양에 해당하며 우는 음에 해당한다. 그러기에 의사는 아이가 태어나기 전에 아이의 성별을 분간하려는 경우에도 착각할 이유가 없다. 태아가 왼쪽에 자리 잡고 있으면 남아이고, 오른쪽이면 여아다.[35]

애초 정치적 의미를 지녔던 상하 구별은 경우에 따라 좌우 구별로 전이되었다. 좌우의 분배를 규정한 원칙의 적절성은 점성학과 생리학과 역사로 입증되고 있다. 군주로서의 첫 번째 임무는 태양의 흐름을 본떠 명당이나 제국을 순행(巡行)하는 것이었다. 겨울에 이어 봄이 올 수 있도록 군주는 정북(正北)에서 출발하여 동쪽으로 향해야 했다. 출발점에서 남쪽(과 중앙)을 마주했던 군주는 중앙을 마주하여, 즉 왼쪽을 전면(前面)으로 삼아 이동하여 동쪽으로 순행을 시작했다. 왼쪽으로 행로를 잡는 것은 모든 주기적 운행질서와도 **부합하는 것으로**(順), 이는 군주와 태양과 양의 행로였을 뿐만 아니라, 하세(上世)에 위치된 것들에게 적합한 운행방향이기도 하다. 중국의 점성학은 하늘은 좌선(左旋)하고, 땅은 우선(右旋)한다고 본다.[36] 우(右)로 행로를 잡는 것은 **역행**(逆行)으로서, 하세에 관계된 장례 기간에 준수되어야 하는 행로다.[37] 땅이 그러하듯이 음이 우(右)의 우위를 현격히 드러내는 운행방식은 생리학으로 입증된다. 생리학은 수 7이나 8이 여성의 삶이나 남성의 삶을 관장한다는

---

35) *Heou Han chou*, 121^b, 4^{a}쪽

36) *Louen heng*, Forke, t, I, 265쪽: *Tch'ouen ts'ieou fan lou*, 12.

37) *Li ki*, C, I, 146쪽.

점을 대전제로 삼는다.[38] 이를테면 남자의 성생활은 64세에, 여자는 49세에 끝난다. 또 남아는 8개월 때 치아가 나기 시작하여 8세 때 교치(交齒)하며, 16세면 사춘기로 접어든다. 여아는 7개월 때 치아가 나기 시작하여 7세 때 교치하며 14세면 사춘기를 맞는다. 이렇듯 7은 소양의 표상으로서 음에 해당하는 여성의 성장을 관장하며, 8은 소양의 표상으로서 양에 해당하는 남성의 성장을 관장한다. 그렇다면 7과 8의 이러한 효능성의 근원은 어디에 있을까? 8은 봄(陽, 左)과 12지의 기호 인(寅)에, 7은 가을(陰, 右)과 12지의 기호 신(申)에 해당한다. 그리고 기호 사(巳)는 잉태의 위치를 가리키며, 또한 임신은 10개월 동안 지속된다.

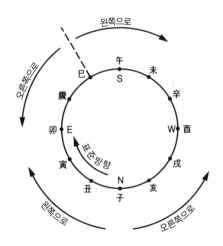

만약 우리가 상기의 도식을 따라 12지에서 왼쪽, 즉 태양과 양(남성)의 방향으로 행로를 잡으면 사(巳)로부터 신(申)에 이르기까지 10지를 경유한다.[39] 그런데 이 행로는 우선(右旋)으로서, 태아가 여아인 경우에 적합하다. 오른쪽에 잉태된 여아는 오른쪽을 향하여 선회한다. 마찬가지로, 남아와 여아가 정북에서 출발하여 잉태의 위치인 사(巳)에서 해후하려

---

38) 졸저, *La vie et la mort croyances et doctrines de l'antiquité chinoise*, 3쪽.
39) 중국인들은 만기까지 계산에 포함시켰다.

면 남아는 좌로 30지를, 여아는 우로 20지를 거쳐야 한다(그래서 남자는 30세, 여자는 20세에 혼인한다). 좌로의 행보는 상과 양의 사항들에 적합한 동선(動線)으로서 하늘의 기운이 생기를 불어넣는 영웅들의 특징이기도 하다. 그러니 땅과 음의 기운이 동력을 불어넣는 영웅들은 우로 행보할 수밖에 없다. 이 점에서 역사는 신빙한 여러 증거들을 제시한다. 좌로의 행보는 오른발이 결코 왼발보다 앞으로 나아가지 않게 몸의 왼편을 앞으로 내밀고 걷는 것이다.[40] 이러한 행보를 보였던 승탕(勝湯)은 전적으로 천덕의 힘을 얻어 땅과는 지극히 작은 발로만 접촉했으며 또한 모체의 가슴(陽)에서 태어났다. 반면 모체의 등(陰)에서 태어난 대우(大禹)는 대단히 큰 발과 지덕(地德)을 지녔다. 따라서 대우는 음에 적합한 방향, 즉 왼발이 결코 오른발보다 앞으로 나아가지 않게 몸의 오른편을 앞으로 내밀고 걸었다.[41]

가슴과 전면(前面), 동과 좌는 양·남성·상·하늘에 속하며 등과 후면(後面), 서와 우는 음·여성·하·땅에 속한다. 정치의 기본 은유였던 상하 구별로 사회를 비롯하여 대우주와 여러 형태의 소우주에도 이중의 불균형이 야기되었다. 즉 상에서는 좌가, 하에서는 우가 우위를 점하게 되었다. 한 신화는 이러한 상반관계를 알려준다는 점에서 중요하다. 특

---

40) 왼쪽으로 걸을 때와 계단을 오를 때는 우선 왼발부터 디딘 다음, 오른발이 첫 번째 계단에서 왼발과 합류하면 다시 왼발부터 디딘다. 이는 곧 손님으로서 지켜야 할 걸음걸이였다. 반면 집주인은 동쪽계단, 즉 왼쪽계단을 올라갈 때도 오른발부터 디딘다. 손님을 맞는 주인은 뜨락의 동쪽 편으로 손님의 오른편에서 걸어야 했다. 그리고 배웅할 때 주인과 손님은 모두 동쪽으로 걷든 서쪽으로 걷든 장소에 맞게 오른편이나 왼편으로 걸을 수 있었다(*Li ki*, C, I, 19쪽).

41) *Tch'ouen ts'ieou fan lou*, 7; 졸저, *Danse et légendes de la Chine ancienne*, 549쪽. 옛 무당들은 이 유명한 대우(大禹)의 걸음걸이를 이용하여 그들의 신통력을 보여주려 했다. 즉 역방향은 무술(巫術)에 적합했다. 『백호통』(白虎通) 8장에 따르면, 왼발이 오른발보다 앞으로 나아가는 걸음걸이는 천신(天神)이 규정한 것이며, 오른발이 왼발보다 앞으로 나아가는 걸음걸이는 지신(地神)이 규정한 것으로, 이러한 보행방식은 바로 하늘은 왼손잡이고 땅은 오른손잡이라는 원칙과도 관계된다.

히 의사들은 이 신화에서 의술의 기본원칙을 찾아내기도 했다.[42] 공공 (共工)의 악행과 세계의 북-서쪽에서 발생한 불주산(不周山)의 균열로 하늘과 땅이 상반된 방향으로 기울어 줄곧 서쪽으로 내려앉은 하늘은, 땅이 무너져 거대한 허공이 생긴 곳인 왼쪽(東)에서만 충만하게 되었 다. 그리하여 동쪽의 전역은 하늘과 양기의 영향에 놓였으며, 하늘 없이 땅만 남은 서쪽은 음기의 영향에 놓이게 되었다. 이러한 건축적 배치는 소우주에서도 보인다. 인체는 서(右)로는 하늘(陽)이 부족한 반면 땅 (陰)이 왕성하다. 음은 땅과 가까운 하반신에서 군림한다. 따라서 중국 인은 손, 특히 발 사용에서 당연히 우(右)를 선호했던 반면 (상반신 위 에 위치하는) 눈과 귀에서는 좌의 사용을 당연시했다. 인체는 동(左)으 로는 음과 땅이 부족한 반면, 양과 하늘이 왕성하다. 그리하여 중국인들 은 적의 귀를 베어내거나 눈을 파낼 때는 왼쪽 귀나 눈을 택해야 했으 며,[43] 땅의 생산물을 먹을 때는 오른손을 사용해야 했다. 오른손은 행동 의 손이거나 죽임의 손이며 감추는 손인 반면,[44] 왼손은 인사할 때 내미 는 손이다. 따라서 좌쪽은 귀(貴)한 쪽으로서, 모든 남자는 (평상시) 왼 쪽으로 나서서 자신을 소개해야 했다.[45]

* * *

하늘은 사계절의 순환운동으로 형성된다. 따라서 인간은 4지(肢)를 지닌다. 각 4지는 3부분으로 구성된다. 즉 한 계절은 3달로 형성되며 12 달은 한 해인 360(일)을 이룬다. 360은 인체가 지닌 관절의 수다. 인간 에게는 위에 위치하는 눈과 귀가 있다. 하늘에는 태양과 달이 있지 아니 한가? 우주에는 바람과 비가 뛰놀고 있다면, 인체에는 기와 피가 뛰놀

---

42) *Houang-ti nei king*, 2쪽.

43) 졸저, *Danse et légendes de la Chine ancienne*, 137쪽 이하, 378쪽.

44) *Lao tseu*, Wieger, *Les Pères du système taoïste*, 39, 40쪽.

45) 오른쪽을 중시하던 가신들은 군주의 '수족'으로 간주되었다.

고 있다. 이는 가장 해박한 철학자인 회남자(淮南子)의 지적이기도 하다.[46] 박학가였던 그는 그밖에도, 하늘은 9층으로 되어 9개의 문이 뚫려 있다고 알려주었다. 인간의 몸에도 구공(九孔)이 뚫려 있다. 왜냐하면 사람은, 적어도 알에서 태어나다보니 팔공(孔)을 지닐 수밖에 없는 새보다는 더 잘 구비되어야 하기 때문이다. 하지만 새의 8공은 8종류의 악기에 해당된다. 음악이 발명된 것은 불사조 덕분이다. 그리고 회남자[47]는 오행으로 말미암아 인간에게는 오장(五臟)이 있게 되었다고 한다. 오장과 이 오장이 다스리는 구멍을 갖춘 인체가 형성되는 데에는 10달의 임신기간이 필요하다. 폐와 (두) 안공(眼孔), 신장(腎臟)과 (두) 비공(鼻孔), 간장(肝臟)과 (두) 이공(耳孔), 쓸개와 구공(口孔)…… 그런데 계산상으로 이는 모두 칠공(七孔)과 4장에 그칠 따름이다. 서로 다른 분류들을 상관지우는 것은 기술상 어려움이 있긴 하지만, 이 분류들의 병용이 마침내 가능하게 됨에 따라 중국인은 대우주와 소우주의 공통된 질서를 엿볼 수 있게 되었다.

오장설(五臟說)과 9(또는 7)공설(孔說)은 인체가 우주의 형상을 따라 형성되었음을 말해준다. 중국인은 오행과 5성(星)을 일치시킬 때에도 이 이론을 사용하여 (음계론音階論과 흡사한) 한 학설을 내세우게 되는데, 이 학설들의 부분적인 기원은 예로부터 7공은 줄곧 하늘의 7성이나 큰곰자리의 7성과 연관되었던 점으로 미루어 볼 때, 고대에서 비롯하는 것 같다. 어쨌든 이 두 이론은 고대의 여러 신화적 분류들과 연관된다. 중국인은 실재에 대한 일관적인 성찰을 시도할 때면, 언제나 고대의 신화적 분류들을 끌어온다. 학술적 사유든 기술적 사유든, 중국사유는 신화에서 탈피하기보다는 오히려 사유의 표상적 제재와 방법을 빌려오고 있다. 학자의 역할은 여러 신화들에서 하나의 정설(定說)을 추출하는 데 있었다. 앎은 유사성에 따른 상관관계들의 목록을 증대시키면서 집대성

---

46) *Houai-nan tseu*, 7.
47) 같은 책, 3.

되었다. 『시경』(詩經)에 수록된 시구들이 창안되던 시대와 같이, 조응관계와 상호작용(通)의 대전제는 자연과 인간, 육체와 정신을 맺어주는 연대성이었다.

『홍범』(洪範)은 이러한 대전제를 내포하고 있다. 『홍범』은——열거순서에 따라——, 오행과 그에 따른 생성물들의 조응관계, 인간의 다섯 활동(事)과 그에 따른 성과의 조응관계, 하늘의 다섯 기호(徵)와 이 기호들이——사람들의 옳고 그른 품행들 그리고 정치가 꽃피우는 풍속이 하늘에 반영됨을 가리키면서——제공하는 지표들 사이의 조응관계를 작성하면서 이러한 대전제를 명시해준다.

순 번	1	2	3	4	5
원 소	水 짠맛(鹽)	火 쓴맛(苦)	木 신맛(酸)	金 매운맛(辛)	土 단맛(甛)
인간의 활동	외모 공손	말 조리	보기 통찰	듣기 분명	생각 지혜
하늘의 기호	중후 비	순리 온기	밝음 열기	맑음 냉기	지혜 바람

하늘의 각 기호들은 (위 도표가 보여주듯) 각각에 대칭되는 인간의 활동들(事)에서 비롯하는 '덕목들'을 물질적 상징들로 옮긴다. 여기서 우리는 하늘의 기호들과 열거상 동일한 위치를 차지하는 인간의 활동이 엄밀한 조응관계를 이루고 있음을 확인할 수 있다. 대칭되는 원소들이 이 활동들이나 기호들과 갖는 조응관계도 나름의 엄밀함을 지닐 수밖에 없다. 더욱이 이 점에서 세부조목들이 병행관계를 이룬다는 사실은 시사하는 바가 매우 크다. 왜냐하면 양은 화(火 =南-東)와 결부되며, 수는 음(=어둠, 흐린 날)을 상기시키는 듯한 비(雨)와 결부되기 때문이다.[48]

---

48) 비에제르 신부와 마찬가지로(*Histoire des croyances religieuses et des*

『홍범』 이후 목록상의 변화도 생기고 세부적인 차이도 상당해졌음에도 『홍범』의 체제는 의례주의자들뿐만 아니라 철학자들이 준거로 삼았던 조응관계의 도표 작성에서도 지속적인 영향을 미쳤다.

원소(오행)	木	火	土	金	水
방위	東	南	中央	西	北
색	靑	赤	黃	白	黑
맛	신맛	쓴맛	단맛	매운맛	짠맛
냄새	상한 냄새	타는 냄새	향내	생고기 냄새	썩은 냄새
곡식	보리	콩	밀	깨	조
가축	양	닭	소	개	돼지
家神 또는 처소	內門	아궁이	하수구	大門	통로(또는 우물)
方位神	句芒	祝融	后土	蓐收	玄冥
군주	太昊(伏羲)	炎帝(神農)	黃帝	少昊	顓頊
五音	角	徵	宮	商	羽
數	8	7	5	9	6
10干의 짝	甲-乙	丙-丁	戊-己	庚-辛	壬-癸
동물류	비늘동물	깃털동물	無毛皮革동물	털동물	각피 동물
五臟	脾臟	肺	心臟	肝臟	腎臟

그러나 이 조응관계는 시각 차이로 완벽한 목록으로는 제시될 수 없었다. 이를테면 『월령』에서 도출한 (위의) 도표는 단지 의례상의 사항들만을 포괄하고 있을 따름이다. 그런데 『회남자』[49]가 제시하는 바에 따

opinions philosophiques en Chine, depuis l'origine jusqu'à nos jours, 62쪽) 마스페로 역시(La Chine antique, 442쪽) 하늘의 다섯 기호(五徵)의 중요성을 간과하는 것은 납득되지 않는다. 이는 『홍범』과 중국분류체계를 이해하지 못한 데서 나온 것이다. 또 우리는 그가 양(陽)을 (비와의 대립을 시사하면서) 언급한 부분을 묵과하는 것도 이해되지 않는다(이는 아마도 샤반이 양 陽의 번역을 '밝히는 태양'으로 행했기 때문으로 짐작된다).

49) Houai-nan tseu, 7. 여기서는 오장(五臟)이 아닌 육장(六臟)이 거론된다.

르면, 바람·비·냉기·열기는 각기 취(取)하는 행위, 주는 행위, 기쁨, 분노에 상응하고, 천둥은 비장(脾臟)에, 비는 신장(腎臟)에 해당된다.

東	南	中央	西	北	
木	火	土	金	水	水
風	氣		구름	비	천둥
肝臟	肺	心臟	쓸개	腎臟	脾臟

따라서 몸짓과 감정은 오행과 오장을 통해 우주의 현상, 즉 '하늘의 기호'에 결부된다. 더욱이 사마천에 따르면, 중국인은 5음을 통해 오장을 주요 오덕(五德)에 결부시켰다고 한다.[50] 『홍범』에서와 마찬가지로, 사마천은 신(信)을 중앙에 위치시킨다.

方位	東	南	中央	西	北
數	8	7	5	9	6
五音	角	徵	宮	羽	商
五臟	肝臟	心臟	脾臟	肺	腎臟
五德	仁	禮	信	義	智

아울러 『홍범』이 따르는 순서는 앞서 살펴보았듯이, 5음의 생성순서에서 파생된 것이다. 그러니 5음과 오행과 오덕의 상관관계는 고대에서 유래되었다 해도 무방할 것이다. 다시 말해 『월령』이 입증하듯, 중국인은 의례절차상 제물을 바칠 때, 한 특정 음을 표상으로 하는 각 계절에 따라 오장(五臟) 가운데 하나에 중요성을 부여했다.[51] "각음(角音＝東＝봄＝木)은 간장(肝臟)을 울려 사람을 완벽한 인(仁)에 맺어준다." 사마

---

50) *SMT*, III, 290쪽.
51) 더욱이 오덕(五德)과 계절-방위의 연관성은 여러 신화에서도 암시된다. 예를 들면, 인(仁)은 동방인들을 특징짓는 덕목이다.

천의 이 문구만큼이나 육체와 정신을 우주의 율동에 따라 하나로 이어주는 표상적 상관작용과 깊은 연대성을 잘 나타내는 것은 없을 것이다.

반고(班固)는 『백호통』(白虎通)[52]에서 이와 유사한 생각을 기록하고 있다. 그의 사상이 복잡하게 보이는 것은 상과 하, 하늘과 땅을 구별하기 때문이다. 이러한 구별은 하늘의 다섯 기호를 오행에 대립시키는 『홍범』에서도 엿볼 수는 있다. 한 명의는 임종에 직면한 어떤 자를 위로하기 위해 『좌전』(左傳)[53]의 한 매혹적인 고사를 들려주며 오미(五味), 오색(五色), 5음(五音)을 여섯 가지 기운(六氣), 즉 음·양·바람·비·어둠·빛에 대립시킨다. 이 여섯 조목들은 다섯 가지 하늘의 기호(5徵)인 양, 바람, 비, 냉기, 열기와는 경미한 차이만 지닐 따름이다.

또 『관자』(管子)[54]의 한 구절 역시 인간의 감정들을 계절-방위와 오행의 상응관계 속에서 여러 기운(氣)들과 결부시켰으나 중앙의 기운에 대해 명시하지는 않는다.

方位	東	南	中央	西	北
表象	별(星)	太陽	흙(土)	별자리(宿)	달(月)
季節	春	夏		秋	冬
氣象	風	陽		陰	冷
五行	木	火	土	金	水
身體要素	뼈	숨결	근육	손발톱	피
感情	喜	樂		哀	努

52) *Po hou t'ong*, 8.
53) *Tso tchouan*, C, III, 30~39쪽, 316쪽. (참조원문: 角動肝而和正仁.)
54) *Kouan tseu*, 14. 관자가 설정한 상응관계는 『백호통』과 『황제내경』(黃帝內徑)의 상응관계와는 차이가 있다. 여기서 우리는 화(火)와 관련된 기(氣)가 수(水)와 관련되는 피와 대립한다는 점을 지적해두자. 그리고 육정(六情)은 영향력(氣)을 상기시키는 글자 덕(德)으로 지칭된다.

이 모든 경우에 하늘에 속한 것과 땅에 속한 것들은 서로 대립관계에
놓여 있다. 이 대립은 (5 또는 6가지 의무와의 대립관계 속에서 6 또는
7가지의 감정을 다루는)『예운』(禮運)[55]에서도 접할 수 있는데,『예운』
에서는 하늘의 수(天數)인 5와 땅의 수(地數)인 6으로 이 대립이 명기된
다.『백호통』도 이와 마찬가지다. 즉 반고는 (회남자와는 반대로) 장
(藏)의 수(數)를 (6이 아닌) 5로 간주하면서도 오장(五臟)을 6부(腑)에
대립시킨다〔전술했듯이, 6부는 오행에 (土의 분신과도 같은) 곡물들을
더한 것에 해당한다〕. 6부〔대장大腸, 소장小腸, 위胃, 삼초三焦, 방광膀
胱, (간장肝臟과는 구별되며 여기서는 6부 중 유일한 장인) 담膽〕는 6합
(合), 즉 중앙을 상과 하 둘로 겹 셈하여 방위를 계산했을 때의 6방위와
연결된다. 이와 같이 반고는 6부를 오장에 대립시키면서 6정(情)(喜,
怒, 哀, 樂, 好, 惡)을 5상(常)에 대립시키기에 이른다. 이와 유사한 또 다
른 한 구분법이 고대 중국의술의 저본인『황제내경』에서 중요한 역할을
한다. 우리는 이『황제내경』에서도『백호통』[56]과 마찬가지로, 대우주와

---

55) Li ki, C, I, 516, 519쪽 이하. 우리는 6기(氣)를—『서경』(書經)(SMT, I,
59~61쪽)이 5징(徵)과 관련짓는—하늘의 6종(宗)의 생성물로 간주해야 할
것이다. 6종의 명칭에 관한 의견이 분분하다. 그중에서도 비와 바람 또는 물과
가뭄은 언제나 6종에 포함된다.『제법』(祭法)의 한 구절(Li ki, C, II, 259)은 6
종에 바쳐진 제물을 다음 네 경우, 즉 첫째는 사계, 둘째는 더위와 추위, 셋째
는 태양과 달(양과 음), 넷째는 별과 비(風師와 雨師는 두 개의 별에 거주한
다)에 바쳐진 제물들과 연관짓는다. 그런데 하늘의 5징에 관한『홍범』의 항목
은 우리를 두 난제에 직면하게 한다. 첫째, 대부분의 다른 항목들과는 달리 이
항목에는 기호들의 수가 매겨져 있지 않다. 다만 이 항목의 후반부는 5징을 고
찰하면서 글자 5로 시작한다. 둘째, 이 항목 전반부에는 여섯 번에 걸쳐 글자
왈(曰)이 등장한다(이 책, 177쪽 참조). 이는 곧 명단에 여섯 수의 등장을 알
리는 것과 같다. 그리고 여섯 번째의 왈자에 이어 글자 시(時)가 등장한다.
(참조원문: 庶徵, 曰雨, 曰暘, 曰燠, 曰寒, 曰風, 曰時, 五者來備, 各以其敍……)
샤반은 이 시를 하나의 지시사로 보면서 다음 문장과 연결시킨다. 하지만 이
시는 '계절'을 의미한다. 그리고『제법』에서도 계절에 바쳐진 제물을 지적하
듯이, 대부분의 주해가들도 계절이 6종에 포함된다고 본다. 그러기에『홍범』
의 출판자들은 5와 6의 택일을 주저했던 것 같다.

56) 여기서 우리는 반고와『황제내경』에서 도출한 도표에서(『월령』이 제시하는 등

소우주의 조응관계에 대한 상당량의 기술(記述)들을 확인할 수 있다. 우리가 이 책의 제2장에서 추출할 수 있는 도표는 세부사항에서는 이 책의 다른 대목들이 제시하는 것과는 극히 상반된다. 하지만 제반 치료원칙과 진단근거를 확보하는 데 지침이 될 수 있는 상응관계들을——이러한 몇 가지 모순들을 감수하더라도——증대시키려는 노력이 결코 의술에 저해되는 것은 아닐 것이다.

	東-春	南-夏	中央	西-秋	北-東
	肝腸	心腸	脾臟	肺	腎臟
	仁	禮	信	義	智
I	눈	귀	입	코	
II	눈	혀	귀		
III	눈	혀	입	코	귀
A	怒	惡	大喜小哀	樂	愛
	東	南		西	北
B	쓸개	小腸	위	大腸	膀胱
	간	심장	脾臟	폐	腎臟

위의 도표는 우리가 반고의 제8장에서 도출할 수 있었던 도표와 큰 차이가 없다. 이 두 도표는 모두 오덕(五德)과 육정(六情)을 구별하며 인공(人孔)의 중요성을 부각한다. 오덕설(五德說)이 오장설(五臟說)에 연관되는 것처럼, 인공설은 육정설에 결부된다. 이 이론들은 소우주에 대한 인식의 토대를 이룬다. 이렇듯 인간의 육체적 차원과 정신적 차원의 모든 것을 총망라하기 위해서 중국인은 갖은 방식을 모색해야 했다. 즉 그들로서는 제반 분류방식들을 서로 연관지어야 했을 뿐만 아니라,

---

가관계와도 부합하는) 색이나 맛에 관한 항목 등을 삭제한 채 간명하게 제시했다. 반고가 구공(九孔)을 세 항목으로 분배하듯이(I, II, III), 우리도 이 항목들을 분리했다. 그뿐만 아니라 반고가 육정(六情)과 방위, 6정과 6부(府)의 상응관계를 별도로 제시하듯이, 우리도 이 상응관계를 둘(A, B)로 분리했다.

인간계에서든 자연계에서든 질서와 생명은 때로는 땅에 때로는 하늘에 부합하는 수(數)에 의한 분류방식들을 병용하는 데서 비롯함을 보여주어야 했다.

東-春	南-夏	中央	西-秋	北-東
木	火	土	金	水
신맛(酸)	쓴맛(苦)	단맛(甛)	매운맛(辛)	짠맛(鹽)
肝腸	心臟	脾臟	肺	腎臟
근육	피	살	털	뼈
눈	혀	입	코	귀
부르다	웃다	노래하다	슬퍼하다	탄식하다
긴장하다	동요하다	트림하다	기침하다	떨다
분노	기쁨	의지	슬픔	두려움
仁	禮	信	義	智

인공설(人孔說)도 오장설만큼이나 고대로부터 유래하는 것 같다. 이 이론 또한 다양한 의례관습의 준거가 되었으며, 신화에서도 언급된다. 아울러 이 이론들은 『홍범』의 저자들에게도 중요했던 것으로 보인다. 『홍범』의 저자들이 열거하는 인간의 활동은 (중앙에 할당되어야 하는 의지나 생각 외에) 보기, 듣기, 몸짓, 말하기로 구성된다. 이 인공설 속에는 대칭적인 조화를 지향하는 의도가 보이며, 이 의도는 인체를 점술의 대가들이 주장했던 팔괘에 맞춰 8분(分)하는 데서도 나타난다. 이를테면 두 눈은 정동(正東)에, 두 귀는 서(西)에 분배되었다.[57] 『홍범』에

---

57) *Yi king*, L, 429쪽; 졸저, *Danse et légendes de la Chine ancienne*, 442쪽. 분배방식은 이른바 문왕(文王)의 방위배치를 따른다.

南 머리

입　　　　　엉덩이

東 눈　　　　　　　　　　귀 西

발　　　　손

北 배

서도 듣기는 서쪽에, 보기는 동쪽에 배정된다. 인공의 분배에서는 북과 수에 신장이, 이어 두 귀가 배정된다. 두 눈은 항상 동에, 혀는 남에 배정된다. 몸짓을 북에 할당하는『홍범』에서도 보기는 동에, 말하기는 남에 배정된다. 북은 신장의 방위다. 왜냐하면 신장은 후술하겠지만 춤과 몸동작을 관장하기 때문이다.

인공설이 고대의 것이라면, 그 적용에서의 차이는 원래부터 불가피한 것이다. 왜냐하면 중국인은 본래 상이한 분류방식들을 조합해야 했기 때문이다.『백호통』은 이 점에서 주목할 만한 예를 제공한다.『백호통』의 분류체계는『예운』에서 빌려온 경구의 권위에 의거한다. 즉 "오성(다섯 가지 천성天性)은 육정(六情)을 통해 실현된다."[58] 그런데『예기』에 포함된 이후부터[59] 편찬된『예운』에서는 더 이상 이 경구를 찾아볼 수 없다. 반면『예기』에서는 10가지 의무와 칠정(七情), 즉 희(喜), 노(怒), 애(哀), 구(懼), 애(愛), 오(惡), 욕(慾)을 언급했다. 주해가들은 반고에 의해 보존되는 다른 문구들이 있음을 알려주지 않지만, 그들 가운데 한 명은『좌전』에 실린 하늘의 여섯 기운(6氣)에 관한 구절을 환기시키면서, 이 여섯 천기(天氣)가 땅에서는 육정(六情), 즉 희(喜), 노(怒), 애(哀), 낙(樂), 애(愛), 오(惡)에 해당된다고 부연한다. 이것은 곧『백호통』에서 언급한 6정이다. 하지만 주해가들은 6기와의 등가관계를 비중 있게 다룰 뿐, 이를 인용하지는 않는다. 그러면서 그들은 "욕(欲)은 낙(樂)이요 [……] 구(懼)가 일곱 번째 감정이다"[60]라고 결론짓는다.

---

58) *Po bou t'ong*, 8. (참조원문: 六情, 所以扶成五性也.)
59) *Li ki*, C, II, 516쪽. 열 가지 의무는 형제애, 효성, 형의 배려심, 동생의 복종심, 남편의 의로움, 아내의 순종, 연장자의 선행, 어린 자의 유순함, 군주의 자애심, 가신의 충성심으로, 오륜(五倫)과 관계된다.
60) 당대(唐代)의 공영달(孔穎達)의 주해. 도표에 제시된 방위와의 상응관계는 반고가 제시한 것이다.

東	南	中央			西	北
		上	下			
怒	惡	樂	哀		喜	愛
비	陰	빛	어둠		바람	陽

6천기(天氣)──6 또는 7정(情)──7 또는 구공(孔)이 있다. 또한 6
부(腑)가 있으면 오장(五臟)이 있다. 중국인은 대개 7공과 함께 인공을
거론한다. 7공은 얼굴에 있는 7개의 구멍이다. 즉 두 눈, 두 귀, 두 콧구
멍, 입이다. 중국인은 하반신에 위치하며 음(陰)에 해당하는 두 구멍을
언급하는 경우는 거의 드물다. 인공을 9개로 간주하면, 이것들을 오장
에 따라 분배하는 것이 원칙상 더 용이할 것이다. 각기 둘씩 짝지어진
눈, 귀, 콧구멍, 음에 해당하는 하반신의 두 구멍은 4로 간주될 수 있으
며, 이에 입을 덧붙여 5로 셈될 것이다. 또 이 경우, 하반신의 두 구멍은
둘로 된 장(臟)인 신장(腎臟)에, 비공(鼻孔)은 두 폐(肺)에 자연스럽게
배정될 수 있을 것이다. 두 눈은 쓸개가 그 보조의 장(藏)인 간장(肝臟)
에 무리 없이 배정될 수 있을 것이다. 그러고 나면 한편엔 비장(脾臟)과
심장(心臟)이, 다른 한편엔 귀와 입이 남게 된다. 여기서 입은 하나이면
서 중앙에 위치하는 장(藏)인 비장에 할당되는 것이 적절할 것이다. 왜
냐하면 이 경우 신(信)이 입을 뒤따라 중앙에 할당될 것이기 때문이다.
그리고 마지막 남은 심장은 귀와 상응하게 될 것이다.[61] 하지만 과연 심
장이 귀에 배정되는 것이 적절할까? 심장은 양의 장이며 하나로 된 장
이다. 심장은 전면(前面)(陽)에, 가슴(陽)에, 군주(陽)처럼 신체의 상부
(陽)에 놓여야 한다.[62] 심장은──땅에 가까운 신체 부위일수록 가늘어
지는 양과 좌의 영웅들처럼──위쪽(陽)으로 갈수록 넓어지면서 아래

---

61) 『백호통』 I에서 뽑은 도표를 참조할 것. 심장과 군주는 좌에 속한다.
62) *Po hou t'ong*, 8. *Houang-ti nei king*은 등을 양으로 간주한다(상관적인 음
    과 양은 하늘의 위치든 땅의 위치든 한 위치에만 국한되지 않는다). 따라서
    *Houang-ti nei king*은 심장을 등에 위치시켰다(제1장).

쪽(陰)으로는 가늘지 아니한가?[63] 그렇다면 귀는 ('군주의 수족手足'인 신하들처럼) 뱃속(陰)의 아래(陰)에 놓여 춤출 때의 발놀림에 활기를 불어넣는 데 적합한 위치에 있는 신장(腎臟)에 (하반신의 두 구멍을 대신하여) 적절히 배정할 수 있을 것이다. 중국인은 전쟁포로들의 귀를 잘라 그들의 정력을 감퇴시키려 했다.[64] 하반신의 두 구멍은 더 이상 고려되지 않으니,[65] 입과 더불어 세 쌍의 구멍만 남지만 그래도 오장(五臟)마다 그에 해당하는 구멍을 배정해야만 한다. 그런데 중국인은 중앙에 해당하는 것이라면 둘로 겹 셈하는 관습을 지니고 있지 않은가? 게다가 입에는 혀가 있지 아니한가? 이에 두 눈은 간장(肝臟)에, 두 콧구멍은 폐(肺)에, 입은 비장(脾臟)에 할당되니, 침구멍인 혀는 심장에 배정된다.[66] 인공을 계속 7공으로 간주하는 경우는 여전히 눈과 콧구멍과 귀가 언제나 둘로 다루어지는데, 입과 혀만은 마땅히 하나로 여겨진다.

9, 8, 7, 6, 5에 의한 분류방식을 일단 서로 조합하여 병용하고 나면 제반 등가관계에 타당성을 부여하는 작업만이 남는다. 이 작업은 학자들로서는 용이한 일이고 치료에도 이용되었다. 심장은 붉은색이다. 붉음은 화(火)의 색이며 기쁨의 색이다. 그리고 천둥은 불이 타오르는 소리이면서 하늘의 웃음소리다.[67] 그러기에 심장은 웃음과 동요와 기쁨을 관장한다. 비애는 기침처럼 폐에 속한다. 폐는 흰색으로서, 가을과 서(西)와 호랑이와 기우는 해와 태백성(太白星)과 장례의 색이다. 서는 바람이 휘감겨들어 비를 낳는 곳인 태산(泰山)과 대협곡의 지역이다. 폐의 구멍인 코는 얼굴 위로 솟아 깊은 구멍으로 뚫려 있다. 코로 콧물이 나오고, 사람은 코로 숨을 쉰다.[68] 눈물은 눈에서 흐르며, 사람은 눈이 있

---

63) *Po hou t'ong*, 8, 306쪽 참조.
64) *Lie tseu*, Wieger, 145쪽.
65) *Po hou t'ong*(III)과 *Houang-ti nei king*에서 뽑은 도표를 참조할 것.
66) *Po hou t'ong*, 8; *Houang-ti nei king*, 2, 14; 세 번째 해결책(*Po hou t'ong*, II에서 발췌한 도표)으로서는 귀를 비장(脾臟)에 배정하는 것이다.
67) *Houang-ti nei king*, 2, 8; *Po hou t'ong*, 8; 『신이경』(*Chen yi king*), 1.
68) *Po hou t'ong*, 8.

기에 명석하다. 눈은 간장의 구멍이며, 간장은 초록색으로 봄과 목(木)과 바람에 상응한다. 바람은 어둑한 구름을 쓸어 빗방울을 영롱하게 한다.[69] 이는 시인들의 말이다. 생리학자들은 목(木)이 화(火)에서 나오면서 빛을 투사하고, 봄이면 새순을 움트게 하여 수액을 알알이 맺게 한다고 말한다.[70] 그런데 빛은 동쪽에서 나오지 않는가? 그리고 동(東)은 봄처럼 이로운 기운을 가지고 있지 않는가? 폐(肺)는 무릇 인(仁)의 장(藏)이려니……

생리학과 심리학은 인공설과 오장설의 조합으로 완성된다. 그렇다고 생리학과 심리학이 단지 소우주를 이해하는 데만 기여했던 것은 아니다. 오장, 오덕, 오행, 7 또는 구공, 6 또는 7정, 6천기가 상응관계를 맺고 있음에 따라 생리학과 심리학은 이를 통해 하늘과 땅에 대한 총체적인 이해를 가능하게 했다. 인간을 아는 것은 세계를 아는 것이요, 우주의 구조를 자신의 생명처럼 아는 것이다. 앎은 하나인 까닭에 애써 특수한 학문을 형성해야 할 하등의 이유가 없다. 지관으로서 산맥에 정통하다는 것은 산맥이 땅의 뼈대임을 안다는 것이다. 왜냐하면 뼈대가 인체에 그러하듯이, 산맥이 세계에 견고성과 안정성을 부여하기 때문이다.[71] 또 생리학자가 피의 순환상태를 이내 간파해내는 것은 체기(體氣)의 통로인 혈관의 역할을 정확히 알고 있는 그로서는 단 한 가지 사실, 즉 우주는 강물을 실어나르는 강줄기들로 사방으로 통한다는 사실을 아는 것으로 족하기 때문이다.[72] 머리카락과 나무, 수풀과 깃털은 동일한 차원에 속한다. 정치가들이나 청명한 하늘을 부르는 도술가들은 이를 익히 알고 있어서 여러 방도를 강구할 수 있었다. 이를테면 산의 수풀을 깎거나 수장이 자신의 몸에 난 털을 깎으면 빗물, 즉 능산적인 기운은 흘러내리기를 멈춘다.[73]

---

69) *Tch'ou tseu*, 9.
70) *Po hou t'ong*, 8.
71) *Louen heng*, Forke, I.
72) 같은 책, II, 250쪽.

한편으로, 사가들과 심리학자들 또한 고심할 필요가 없었으니! 고도(皐陶)가 어떤 인물이었는지, 그의 가계(家系)나 공자의 가계가 어떠한지, 또 공자의 정신적 특징이 무엇인지를 제시해야 하는 경우에도 그들은 조기(早期)에 그것을 파악해낼 수 있었다. 고도는 법을 관장하는 형관(刑官)으로서 순(舜)에게 범법행위를 조사하는 책무를 부여받았다. 신(信)의 장(藏)은 비장(脾臟)이며 입은 비장에 속하니, 고도는 대단히 큰 입을 지니고 그 입을 말이나 새처럼 크게 벌리곤 했다. 고도는 바로 여수(女脩)가 새알을 삼켜서 잉태한 아들인 대업(大業)이며 또 (새들을 닮은) 그의 후손들은 말을 사육할 줄 알았다.[74] 공자는 물의 힘으로 군림하던 은(殷)나라의 후손이었다. 그래서 공자의 머리는 정상에 물웅덩이가 있는 언덕과 흡사하게 꼭대기가 움푹 파였다(공자의 가명家名은 '움푹 파인'을 뜻하며, 그의 개인적 이름인 공구孔丘는 '움푹 파인 둔덕'을 뜻한다). 물은 신장(腎臟)과 검은색과 상응하는데, 공자의 안색은 매우 까무잡잡했으며(이는 깊이에 대한 암시이기도 하다), 지(智)가 신장에 상응하니 공자의 정신은 지(智)를 그 특징으로 했다.[75]

그런가 하면, 철학자들과 의사들 또한 고심할 필요가 더욱 없었으니! 신화적 분류방식이라는 이 경이로운 영역은 철학과 의술의 소관이었는데, 논지의 펼침을 직업으로 하는 그들로서는 이보다 더 좋은 제재가 또 어디 있겠는가! 이 영역은 진단이나 판단소재, 치료비법이나 정신적 지침들을 무한정하게 제공한다. 또 이 영역은 대우주와 소우주에 관한 논쟁의 여지를 마련해주는가 하면, 그들이 안락하고 평안하게 살 수 있는 모든 묘책이나, 아니면 적어도 세상사의 흐름이 그러하니 만사형통을 절로 받아들이게 하는 방도를 찾아낼 수도 있게 한다. 진(秦)의 한 왕이 병환으로 눕자, 현자 한 명과 의사 한 명이 그의 곁에 소환되었다. 둘 모두 속수무책이라는 결론을 내리니, '과연 그러하다'고 모두 입을 모았

---

73) 졸저, *Danse et légendes de la Chine ancienne*, 285, 484쪽.
74) 같은 책, 373, 374쪽. *Po bou t'ong*, 7, 8.
75) 졸저, 같은 책, 432쪽 이하; *Po bou t'ong*, 7; *Louen heng*, Forke, I, 304쪽.

다. 왜냐하면 이 두 전문가가 현학적으로 자신들의 견해를 설파했기 때문이다. 현자는 역사와 천문학적 자료들을 총동원하여 정기(精氣)의 활동을 설명했으며, 의사는 경구들을 나열하여 액운에 대해 다음과 같이 일갈했다. "하늘의 여섯 기운은 아래(땅)에서는 오미(五味), 오색(五色), 5음(五音)으로 나타나는데 도(度)가 지나치면 여섯 가지 병이 발생한다. 육기(氣)는 음, 양, 바람, 비, 어둠, 빛이다. 잘 안배된 육기는 4계절을 형성하며 정연하게 한 해를 〔각 72일씩〕 5등분으로 정돈한다. 육기가 지나치면 이내 탈이 난다. 음이 지나치면 냉랭해지고, 양이 지나치면 신열이 나며, 바람이 지나치면 사지가 아프고, 비가 지나치면 복통이 일어나고, 어둠이 지나치면 정신이 혼미해지며, 빛이 지나치면 마음이 불안해진다. 여인은 무릇 양과 어둠의 순간에 속하는 것〔밤의 반려〕임에, 여인을 과도하게 취하면 속에 열이 나고 정신에 해로운(蠱) 장애가 초래된다. 해로움이란 지나침과 정신적 혼란에서 나온다. 고(蠱), 이 글자는 '그릇'과 '벌레'를 뜻하는 부수로 이루어지니, 〔그릇에 담긴〕 곡식(穀)에서 나온 날개 달린 벌레가 고(蠱, 해악)인 것이다.[76] 주나라의 『역경』은 "여자가 남자를 미혹하고, 바람이 산을 전복시킨다" 하니, 이것이 바로 고괘(蠱卦)다.[77] 모든 것은 상통한다(同)!" 이 말이 끝나자마자 모두 '과연 명의(名醫)로다!' 찬탄하며 사례를 후하게 하여 보냈다.[78]

---

76) '홍조를 양육하기' 위한 이 방법은 오늘날에도 중국남방에서 현행된다. 글자 '곡'(穀)은 곡물과 홍조를 동시에 의미한다.

77) 54괘 중 손(巽)괘 위에 간(艮)괘가 포개져 있는 18번째 괘, 앞의 책, 290쪽.

78) *Tso tchouan*, C, III, 30-39(같은 책, 380쪽 참조). (참조원문: 天有六氣, 降生五味, 發爲五色, 徵爲五聲. 淫生六疾. 六氣曰陰, 陽, 風, 雨, 晦, 明也, 分爲四時, 序爲五節, 過則爲菑. 陰淫寒疾, 陽淫熱疾, 風淫末疾, 雨淫腹疾, 晦淫惑疾, 明淫心疾. 女, 陽物而晦時, 淫則生內熱惑蠱之疾. 今君不節, 不時, 能無及此乎?'出, 告趙孟. 趙孟曰, "誰當良臣?" 對曰, "主是謂矣. 主相晉國, 於今八年, 晉國無亂, 諸侯無闕, 可謂良矣. 和聞之, 國之大臣, 榮其寵祿, 任其大節. 有菑禍興, 而無改焉, 必受其咎. 今君至於淫以生疾, 將不能圖恤社稷, 禍孰大焉? 主不能禦, 吾是以云也." 趙孟曰, "何謂蠱?" 對曰, "淫溺惑亂之所生也. 於文, 皿蟲爲蠱. 穀之飛亦爲蠱. 在周易, 女惑男, 風落山謂之蠱. 皆同物也." 趙孟曰, "良醫也." 厚其禮而歸之.)

* * *

   장광설을 늘어놓는 의사, 역사에 해박한 현자에게 문의하는 것은 환자로서는 지당한 일이었다. 생리학과 위생학과 윤리는 물리학이나 역사학, 즉 역법(曆法)과 동일시되었다. 그리고 해부학과 심리학과 논리학은 점성학과 지리학과 정치와도 동일시된다. 정치의 관건은 훗날 풍수지리라는 이름으로 불리게 된 기술(技術)에 있었으며, 중국인은 이를 통해 그들의 분류체계, 즉 사회형태를 관장하는 제반 규칙들을 세계에 적용하여 세계의 안배를 도모하려 했다. 풍수지리와 책력, 대우주와 소우주에 공통되는 형태학과 생리학, 이것은 바로 종합적 앎이자 유일한 규칙이었다. 이 앎과 규칙이 인간의 모든 행위를 지시하며 사물의 모든 동향을 알려준다. 예법의 준칙을 조금이라도 위배하는 존재는 불응과 무질서를 책동하게 된다. 예법은 유일한 법이다. 우주의 질서는 이 예법에 힘입어 구현되었다. 그러니 미물이든 거물이든, 모든 존재의 몸짓이나 태도 하나하나는 예법을 따라야 한다.

제3장 예법(禮法)

중국인은 인과관계를 가늠하기보다는 조응관계를 찾아내어 그 목록을 작성하는 데 심혈을 기울였다. 우주질서는 문명질서와 구분되지 않는다. 그렇다면 우리는 항구적이고 필연적인 일련의 상관성들을 어떻게 확인할 수 있을까? 전통예법들의 목록을 작성하는 일은 좀더 정교한 기술을 요구할 뿐만 아니라 이 기술의 중요성은 전혀 다른 데 있다. 앎은 곧 권능이다. 현자인 군주는 문명의 수액을 분비한다. 현군(賢君)은 만물의 위계질서 전반에 일관된 태도체계를 확립하여 문명을 유지하고 파급한다. 현군은 법의 구속력에 기대지 않는다. 그에게는 전통적 규범의 권위만으로도 충분하다. 사람은 단지 본보기만을 필요로 할 뿐이며 사물 또한 사람과 같이 본보기만을 필요로 할 따름이다.

중국인은 필연성이 물질세계를 지배한다고 생각하지 않아 정신영역에서의 자유를 내세우지 않는다. 대우주와 소우주는 공히 존중의 대상인 관습을 보존하는 데 만족한다. 우주는 동태체계에 불과하며, 정신의 동태는 물질의 동태와 구별되지 않는다. 중국인은 정신과 물질을 구별하지 않는다. 영혼개념, 즉 육체와 물체 전반에 대립하는 정신적 본질에 대한 사상은 중국사유와는 전혀 무관하다.

* * *

열자(列子)는 상세한 논지를 전개해 가장 실제적인 행동은 접촉도 없이, 또한 힘의 소모도 없이 행해지는 것이라고 피력한다.[1] 행위는 영향력을 미치는 것이다. 단순히 영향을 미치는 것만으로 행위가 이루어진다는 사상은 도가만의 특유한 사상은 아니다. 『좌전』에 실린 한 편의 일화는 이를 입증한다.[2] 훌륭한 마부는 짐으로 가득한 마차를 끊어질 듯한 고삐로도 무사히 끌고 간다. 그런데 마부를 바꾸고 마차에 약간의 나무만 실어도 고삐는 더 이상 견디지 못하고 이내 끊어져 버린다. 이는 고삐가 더 이상 마부가 이끄는 기술에 영향을 받지 않기 때문이다. 물질과 정신으로 우리가 따로 분리해서 부르는 이 둘은 사실 분리된 두 세계를 형성하지 않는다. 이는 중국의 공통된 사상이다. 열자에게 이러한 인식은 그의 사유체계의 핵심을 이룬다.[3] 열자는 한 논거의 제시에서 철학자로서의 신중성을 유지하면서도 주(周)의 목왕(穆王) 시절에 인형극으로 상연된 희극의 한 장면을 흥미진진하게 들려주었다. 인형극을 올린 광대는 이 인형들을 색과 옻을 칠한 나무와 가죽으로 제작했다. 인형들은 사람과 다름없이 절을 하고 심지어 노래를 정확하게 부르거나 예쁘게 춤도 출 줄 알았다. 인형들 속에는 나무로 된 내장(內藏)이 갖추어져 있었으며 사람이 지닌 인공(人孔)을 모두 갖추고 있었다. 그런데 이들 중 어떤 것들에서 신장(腎臟)을 제거하니 더 이상 춤을 추지 못했고, 간장(肝臟)을 제거하니 더 이상 보지를 못했다. 오장과 모든 구멍을 갖춘 인형들은 온갖 감정을 그대로 느낄 줄 알았다. 그뿐만 아니라 목왕이

---

1) *Lie tseu*, Wieger, *Les Pères du système taoïste*, 139~150쪽.

2) *Tso-tchouan*, C, III, 611쪽. (참조원문: 我兩靷將絕, 吾能止之, 我御之上也. 駕而乘材, 兩靷皆絕)

3) *Lie tseu*, Wieger, 145쪽. 여기서의 광대는 주(周)나라의 목왕이 신과 무인(巫人)이 사는 중앙아시아 곤륜(崑崙) 근처(문명의 변방)에서 만난 광대다. 광대는 화술(化術)에 능통한 화인(化人)이다(글자 '化'는 서 있는 사람과 곤두박질한 사람의 형상을 하고 있다). (참조원문: ……偃師大懼, 立剖散倡者以示王, 皆傅會革木膠漆白黑丹青之所爲. 王諦料之. 內則肝膽心肺脾腎腸胃, 外則筋骨支節皮毛齒髮, 皆假物也, 而無不畢具者. 合會復如初見. 王試廢其心, 則口不能言; 廢其肝, 則目不能視;廢其腎, 則足不能步. 穆王始悅而歎曰: "人之巧乃可與造化者同功乎?" 詔貳車載之以歸……)

화를 낼 기색이면 무례하게도 후궁들을 향해 눈을 깜빡거리기도 했다. 이 무술(巫術)적이면서도 철학적인 논증도구들은 사람의 얼굴을 하고서 사람과 다름없이 행동했다. 혼돈(渾沌)이 그 사회성을 입증하여 인간세계에 받아들여질 자격을 갖추자, (번개의 신령神靈들이던) 두 친구가 그에게 합당한 사람의 얼굴을 부여하려고 7일 동안 매일 구멍 하나씩을 파주었다.[4] 그런데 『장자』에 따르면 7일째가 되니 혼돈이 그만 죽어버렸다. 모든 입문이나 탄생은 죽음과도 흡사하다. 실제로 죽으면 신체의 모든 구멍은 막힌다. 그러기에 고인의 눈을 감겨주고 입을 닫아준다. 고대로부터 중국인은 고인의 모든 구멍을 옥으로 봉해주었던 것으로 보인다. 이 관습은 관(棺) 위에 북두칠성을 그려주는 풍습과도 연관된다.[5] 시신의 악취는 물론 죽음의 원천마저도 시체 속에 가둬야만 한다. 마찬가지로 범죄와 해로운 기운의 원천도 범죄자 속에 폐쇄시켜야만 한다. 중국인이 이렇듯 범죄자의 구멍을 막는 것은 잔혹함 때문이 아니라 예방을 위해서였다.[6] 현자와 순결한 이들의 몸은 모든 구멍, 즉 얼굴의 칠공(七孔)과 이에 상응하는 체내의 7공이 열려 자유롭게 소통한다. 산 자로서의 자격은 얼굴의 7공이 열려 있거나 열리는 순간에 있음으로써 얻어진다.[7] 생명력은 대우주와 소우주의 삼투작용이 그 무엇에도 방해받지 않을 때 절정에 이른다. 구멍이 중시된 이유가 여기에 있다.

전통적으로 인정되어온 구멍의 중요성은 분비물과 배설물과 숨결이 그 무술적인 신통력으로 줄곧 누려왔던 권위로 설명된다. 예법을 준수하고 청결함을 기하려 애쓴 여러 주의(注意)들은 생명력의 상실이나 저하를 뜻하는 체기의 유출로 조상에게 피해를 끼치지는 않을까 또는 적

---

4) 졸저, *Danse et légendes de la Chine ancienne*, 544쪽; *Lie tseu*, Wieger, 101쪽.

5) 졸저, *Civilisation chinoise*, 303, 360쪽. 큰곰자리는 심장의 표상이며, 심장에도 7개의 구멍이 있다. *Po hou t'ong*, 8; *Houang-ti nei king*, 14.

6) *SMT*, II, 410쪽; 졸저, *Civilisation chinoise*, 55쪽.

7) *SMT*, I, 206쪽; *Lie tseu*, Wieger, 119, 123쪽; 졸저, *Civilisation chinoise*, 225쪽.

을 유리하게 하지는 않을까 하는 염려에서 취해진다. 부모의 침과 콧물을 모아 신중히 숨겨두는 일이나,[8] 마지막 숨결을 거두어 눈과 입을 닫아주고, 그 모든 구멍 위로 옷 더미를 쌓아주고, 그 몸의 어떤 것도 잃지 않도록 고인의 손발톱과 머리카락을 집 안의 땅 밑에 묻어주는 일이나 시신을 씻은 물을 묻는 일 등은[9] 아들과 가까운 친인척들의 몫이었다. 내가 남의 몸에 속한 일부나 잔여물을 갖는 자는 그와 그 가족에게 영향을 미칠 수 있게 된다. 그리고 타인에게서 자신이 의도한 부분을 훔쳐내면 타인이 생명력으로 지닌 것을 자신에게 병합시킬 수 있게 된다. 이를테면 타인의 눈을 차지하면 그의 시력을, 타인의 귀를 차지하면 그의 청력을 자신의 것으로 할 수 있으며, 나아가 처녀의 초경의 피나 갓 형성된 태아를 훔치면 생명의 원천 자체를 자신의 것으로 할 수 있게 된다. 이 풍습들은 극히 최근 왕조들의 형법으로 처벌했으나 별반 달라지지 않았다. 은대(殷代)의 마지막 왕인 주신(紂辛)이 임신한 여자들의 배를 가르거나 적의 인육을 먹은 것은 잔혹한 폭군적 취향에 따른 것이 아니다.[10] 모든 군주와 무인(巫人)들은 만인을 위해 자신의 모든 기력을 소진하기 때문에 체내의 기력과 생기를 필수적으로 회복해야 한다. 무인은 인형들에게 생기를 불어넣거나 장기판에서의 전투를 펼치는 데 진력을 다하는가 하면,[11] 마부는 고삐에 인성(韌性)을 불어넣는 데 자신의 힘을 소모한다. 하물며 군주는 얼마나 많은 기력을 소모하겠는가! 군주는 직접적인 영향을 통해 (정신에서 정신으로의 파급효과라는 말은 서

---

8) *Li ki*, C, I, 622쪽 이하.

9) *Yi li*, C, 450쪽; 졸저, *Danse et légendes de la Chine ancienne*, 159쪽의 각주 1); *Civilisation chinoise*, 360쪽.

10) De Groot, *The religious systeme of China*, IV, 398쪽. 『대청율례』(*Ta Ts'ing lu li*), 36. 용기의 출처인 간장(肝臟)을 먹는 풍습이 있었다(간장은 근육과 눈과 화기火氣를 통솔한다). 적의 간장을 먹지 않는 것은 곧 적을 비겁한 자로 모독하는 것과 같다.

11) *SMT*, III, 479쪽(『史記』 卷 28, 「封禪書」). (참조원문: 於是上使驗小方, 鬪棊, 棊自相觸擊.)

구식 표현이다) 자신이 곧바로 생각하면 마차의 말들이 곧바로 나아가고, 자신이 올바로 생각하면 자신의 제후들의 화살이 명중하게 된다. 무인이 뱉은 침이 그의 적을 맞추거나 숨결이 적의 그림자를 스치는 것만으로도 적은 궤양을 앓다가 죽게 된다.[12] 왜냐하면 무인이 그 침과 숨결에 그의 마력의 정수를 응축시키기 때문이다. 군주의 과업은 진정 총체적 활력의 응집을 필요로 한다. 오직 군주의 숨결만이 모든 전사의 사기를 진작시키는데, 군주는 친히 북을 두드려 모든 전선에 자신의 투지를 율동적으로 전파시킨다.[13] 하나의 칙령은 군주의 동의가 표명되는 순간 집행력을 갖게 되어 그 즉시 자체 효력을 발동시킨다. 이는 군주의 동의 한마디에 예법을 실천해 군주에게 완전무결한 상태로 유지되는 주도력 전체가 응집되어 있기 때문이다. 아랫사람이 예절에 따라 때로 옷을 입기도 하고 때로 옷을 벗어야 하는 것, 여인은 늘 옷을 입고 있어야 하고 무녀(巫女)는 나신의 상태로 굿을 해야 하는 것, 범죄자의 털을 깎아버려야 하는 것, 무녀는 머리를 풀어헤치고 춤추어야 하는 반면 여인의 머리는 언제나 감춰져 있어야 하는 것, 군주가 때로 신에게 바치고자 자신의 털을 깎기도 하고 때로 여장(女裝)을 하기도 하며 때로 무녀처럼 머리를 풀어 헤치고 춤을 추기도 하는 것, 누구나 하품하고 재채기하고 침을 뱉고 코를 풀고 기침하고 트림하는 것을 삼가야 하는 것, 경솔하게 웃음이나 울음을 보여서는 안 되는 것, 하지만 상(喪)을 당했을 때에는 목청껏 통곡해야 하는 것, 웃음이나 미소로 우의를 표하는 것, 자식이 태어나면 아버지로서 기뻐해야 하는 것, 아이가 아버지에게 이름을 받게 되면 기쁨과 함께 그 이름에 손색이 없도록 눈물을 흘려야 하는 것, 여인은 소맷자락으로 입을 가려 미소를 감추어야 하는 것, 여인은 남자를 결코 한숨짓게 해서는 안 되며 때로 몸을 내맡기고 때로 몸을 지켜야 하는 것, 이따금 자신의 기력을 완전히 소진해야 하는 군주로서는 신중

---

12) 졸저, *Danse et légendes de la Chine ancienne*, 310쪽의 각주 1).

13) 졸저, *Civilisation chinoise*, 301쪽.

하고 과묵하게 머무는 데 어느 누구보다도 더 주의를 기울여야 하는 것처럼 복장과 의관과 웃음과 통곡과 성행위 등 모든 것에 법도가 있는 까닭은 육체가 모든 구멍을 통해 정(精)과 다르지 않은 기(氣)를, 기와 다르지 않은 정을 들고 나게 하며, 흡수하고 방출할 줄도 알기 때문이다. 정은 존재를 형성하는 것이며, 기는 존재하도록 하는 것이다.

도가의 저자들만이 아니라 모든 저자는 활동과 감정과 느낌이 존재를 소모시켜 존재의 정기를 감퇴시킨다는 원칙에 전적으로 일치한다. 그러고는 한결같이 인공(人孔)은 감각기관이며, 여러 감정과 활동(또는 덕德)이 곡간(府)이라는 이름의 육부나 오장에 바탕을 두고, 오장과 육부와 인공들은 상응관계에 있음을 인정한다. 중국인은 존재의 개념에서 정과 기를 혼용하기는 해도, 음식에서는 극도의 중요성을 부여한다. 군주의 한 개인성의 가치는 그가 양육할 수 있는 제후들의 수로 드러나고,[14] 그 개인적 권위는 그가 자신을 양육하는 섭생 방식에 따라 결정된다. 즉 한 개인에게는 제 몫의 음식량이 할당된다. 존경받을 만한 위상, 식탁의 풍성함, 생활의 풍요로움, 효능성의 질적 문제는 상관적이며 서로 구별되지 않는다. (서구의 말을 빌리면) 오직 귀족들만이 영혼을 지닌다고 말할 수 있으리라. 이는 귀족들만이 양육받을 자격을 갖춘 조상이 있기 때문이다. 귀족과 군주와 신은 정(精)과 기(氣)가 풍부하다. 그러기에 그들은 음식의 제공자들이다. 그들은 자신들이 풍성하게 보유한 것을 흔쾌히 제공하면서도 자신들을 위한 것에는 무관심할 뿐이다. 모든 음식은 그들의 것이다. 하지만 그들은 음식의 정수나 효능성(德)만을 취할 뿐이다. 그들은 냄새를 맡거나 맛보는 것만으로 만족하며 그 영적인 삶은 깊어지고 강화된다.[15] 의전상의 음식량은 식탁예법과 병행된다.[16] 예법에 따라 먹는 자는 좀더 정제되고 내실 있는 기력을 자신 속

---

14) 이 책, 297쪽 참조.

15) 졸저, *Civilisation chinoise*, 18쪽의 각주 4), 88쪽의 각주 2), 『좌전』, 「소공」
(참조원문: 人生是化曰魄. 旣生魄, 陽曰魂. 用物精多則魂魄强. 是以有精爽, 至於神明.)

에 정화, 증가, 확대, 고양, 공고, 보충, 응축시킨다. 『홍범』에 따르면 오직 군주만이 '귀한 음식(玉食)을 접한다.' 군주는 세계의 중앙이자 축이기 때문이다.[17] 의사는 군주를 위해 여러 맛을 배합하며,[18] 수석재상은 군왕의 신분, 즉 왕도(王道)에 자양을 공급한다.[19] 가장 탁월한 재상은 요리에 가장 능통한 재상이다.[20] 그래서 그는 군주의 영혼을 구성하는데, 즉 우주와 다를 바 없는 가장 비물질적이고 가장 항구적이면서 전지전능한 유일한 권위에 자양을 공급하는 데 아무런 부족함이 없도록 조공체계를 조직한다. 그리하여 마침내 군주의 권위가 꺼지지 않는 빛의 발현지로 인식될 수 있게 한다. 이 영향력의 원천을 손상 없이 보존하려면 우주 속의 생명 그 자체인 모든 것의 정수를 적시적소에서 채취하는 것으로 족하다. 수석재상은 군주를 위해 운몽소(雲夢沼)에서는 양갓 냉이(芹)를, 양화(陽華)에서는 큰 강낭콩의 일종인 운(芸)을, 곤륜(崑崙)의 기슭에서 난 네 잎 수초를 조달한다.[21] 그는 의사들에게 어떤 방식으로 여러 가지 맛이 '배합하여 조화롭게 되는'[22]지를 알려준다. 양념은 계절에 따라 식초, 포도주, 생강, 소금이 쓰였으며 언제나 꿀을 혼합했다. 왜냐하면 단맛은 땅에 해당되고 땅은 중앙에 상응하기 때문이다.[23] 밀은 봄에 식초를 곁들여 양고기와 먹는다. 양고기는 썩은 냄새가 나는데, 썩은 냄새와 어울리는 신맛은 사람을 '느슨하게 하는' 계절로서 '결집'의 시기가 되어야 하는 봄에 상응하기 때문이다.[24] 더욱이 의술교본

---

16) 앞의 책, 283, 330, 334쪽.

17) *SMT*, IV, 225쪽(『史記』, 「宋微子世家」 第8). (참조원문: 維辟作福, 維辟作威, 維辟玉食. 臣無有作福作威玉食.)

18) *Tcheou li*, Biot, I, 94, 96쪽의 각주.

19) 졸저, *Civilisation chinoise*, 419, 420쪽.

20) 같은 책, 419쪽.

21) *Lu che tch'ouen ts'ieou*, 14-2. (참조원문: ……陽華之芸. 雲夢之芹. 具區之菁. 浸淵之草, 名曰土英. 和之美者, 陽樸之薑, 招搖之桂, 越駱之菌, 鱣鮪之醢, 大夏之鹽, 宰揭之露, 其色如玉, 長澤之卵……)

22) *Houai-nan tseu*, 20.

23) *Tcheou li*, Biot, I, 94, 96쪽의 각주.

의 지침에 따르면, 동은 간장(肝臟)에 의존하는 근육의 위치며, 목(木)에 의해 '생성된' 신맛은 간장을 '생성한다.'[25] 다섯(또는 6) 가지 곡식과 다섯(또는 6) 가지 가축육류와 다섯 가지 맛과 다섯 가지 냄새를 조합해, 세계질서에 부합하는 주기에 따라 오장(五臟)[26]을 회복시킬 수 있는 까닭에, 의사는 오장이 양호한 상태에 있는지 여부를 구공규(孔竅)를 점검하고 오성(聲)과 오색을 통한 오기를 점검하여 확인할 수 있다.[27] 만일 천자가 검은 장신구를 걸쳐야 하는 겨울철에 안색이 검지 아니하면, 즉 신장(腎臟)의 색을 띠지 아니하면, 이는 불길한 징조로 소우주와 대우주가 괴리되었다는 증거이기도 하다. 왜냐하면 (겨울음식인 조와 돼지고기는 소금으로 양념해야 하듯) 겨울철에는 신장의 영향력(氣)이 지배적이어야 하기 때문이다. 마찬가지 이유로 겨울철에는 목소리도 우음(羽音)을 내야 한다. "사람은 하늘의 심장이요, 땅의 심장이며, 오행의 규칙이다. 사람은 오미로 살찌워져 오성을 구별하고, 오색을 띠게 될때 비로소 생기를 지니게 된다."[28] 귀족은 "자신의 봉토를 섭취한다."[29] 하지만 유일무이한 인간은 계절별로 우주를 섭취한다. 그는 필요에 따라 신체의 다섯 곡간에 우주의 생기가 양산하는 가장 감미로운 것들이 정수(精髓)를 저장한다. 그는 5계절-방위에서 원초적인 신선함을 지닌 생기를 채취하여 자신의 존재를 신선함으로 양육한다. 『시경』은 '곡식은 체내에 생기가 있다'고 이른다.[30] 생기는 신선하고 살아 있는 양식에서 새로움을 섭취할 때 더 강력하게 추출되는데,[31] 그 생기는 너무 순수

24) 앞의 책, 94쪽. 이 책, 379~385쪽의 도표를 참조할 것.

25) *Houang-ti nei king*, 2.

26) *Yue ling*과 *Tcheou li*, Biot, I, 93쪽.

27) *Tcheou li*, Biot, 96쪽(『周禮』, 「天官冢宰」). (참조원문: 以五味五穀五藥養其病, 以五氣五聲五色胝其死生. 兩之以九竅之變, 參之以九藏之動……)

28) *Li ki*, I, 520쪽. (참조원문: 故人者, 天地之心也, 五行之端也, 食味別聲被色而生者也.)

29) 졸저, *Civilisation chinoise*, 91쪽의 각주 1).

30) *Che king*, C, 441쪽. (참조원문: 生我百穀.)

하여 불순한 자에게는 치명적인 독으로 작용한다. 부정한 군주가 햇 밀을 먹으면 그의 창자는 썩어들어 거름덩어리로 변해버린다.[32] 반면 현군의 창자는 청결함을 유지하여, 제신(諸神)에 뒤이어 계절에 따른 헌상물들의 효능성(德)을 음미하면서 자신을 신성화하니 순수가 그 생기와 더불어 증대해간다. 생기가 음식 속에 있으면, 그 속에는 죽음과 부패의 원천도 있다. 모든 식사와 아울러 모든 음주는 자연에 의한 심판이다. 왜냐하면 음료는 일종의 추출물로서 생명 아니면 죽음의 추출물인데, 범죄자는 처벌하고 선인(善人)은 진작시키기 때문이다.[33] 그러기에 군주는 예법에 따른 갱신의 시기에 결정적인 음주시험을 치러내어 수확의 항구성과 생명의 영속성을 보장할 능력을 보여주어야 한다. 시험을 성공리에 치러 자신에게 생기(生氣)는 독이 아님을 보여주면 군주는 군주로서 영위되며, '만세'(萬歲)의 환호도 받게 된다.[34] 군주가 그에게 부과된 주량을 마시고도 몸을 곧바로 유지함은[35] 그가 순수하면서도 기력을 경신하여 대우주와 맺어질 수 있기 때문이다.

오직 군주들만이 '영혼'을 지녔던 것 같다. 그들은 향연과 성찬으로 자신의 힘을 유지하고 몸을 젊게 하며 생활을 우주의 율동과 일치하도록 한다. 중국인은 영혼이 육체에 생명을 불어넣는다고 생각하지 않는다. 오히려 그들은 영혼이 육체적 생기가 풍성해진 이후에 비로소 나타난다고 본다. 만일 우리가 '영혼'이라는 단어를 영적인 본질로서 이해한

---

31) 글자 '生', 즉 '살아 있는 것'은 신선한 음식물들을 가리킨다.

32) *Tso tchouan*, C, II, 85쪽(『左傳』, 「鄭公 10년」). (참조원문: 六月丙午, 晉侯欲麥. 使甸人獻麥. 饋人爲之. 召桑田巫, 示而殺之. 將食張如厠, 陷而卒. 小臣有晨蒙負公以登天. 及日中, 負晉侯出諸厠. 遂以爲殉.)

33) 어떠한 독소도 순수한 것에는 위력을 발하지 못한다. 용기(容器)가 내용물의 효력을 무력화할 수 있다는 생각은 여기서 나왔다. 장수용 그릇, 즉 내용물의 유해성을 파괴하는 용기를 제작하는 데 목적이 있었던 중국의 연금술은 바로 이 생각에서 최초로 시도될 수 있었던 것 같다(*SMT*, III, 465쪽).

34) '歲'는 수확과 추수를 의미한다.

35) 이 책, 321쪽 참조.

다면, 이에 상응하는 중국어는 없다는 점에서 이의 사용에 신중해야 할 것이다. '마귀'나 '유령' 그리고 '혼령'이나 '신령'으로 번역되는 귀자(鬼字)나 신자(神字)는 어떤 감지할 수 있는 출현과 관계되는 말이다. 돌들은 말을 하고, 멧돼지들은 살육을 행하며, 용들은 서로 싸우니,[36] 이렇듯 귀(鬼)나 신(神)들은 언제나 물질적 형태로 나타난다. 조상들이 음주와 음식을 접하는 유일한 이유는 조상숭배의식을 통해 그들이 후대의 자손 가운데 한 누군가의 몸속에 다시금 육신화하기 때문이다. 신(神)의 이름에 부합하기 위해서는 봉건위계질서에서 일종의 인정받는 위상에 있어야 한다. 뇌공(雷公)과 풍백(風伯)같이 귀족으로 호칭되는 명예를 얻어야 한다. 반대로 군주는 제사장의 신분으로 신의 자격을 얻을 수 있다.[37] 신자(神字)는 종교적 권위를 지니는 모든 존재에게 적용된다. 귀자(鬼字)는 불안감을 자아내는 비합법적이며 예기치 않은 출현이 발생할 때 적용된다. 현자들은 돌들이 말을 하고, 용들이 서로 싸우며, 고인이 생전의 적을 죽이려 온다고 생각하지 않았다.[38] 그렇지만 죽은 자가 생전의 적을 죽이려 돌아온다는 생각은 가장 널리 퍼져 있던 민중적 통념이었던 것 같다. 그리하여 현자들은 제물의 헌상을 허용하여 민중의 동요를 안정시켰다. 모든 존재는 먹으면 평온을 되찾게 마련이다. 정기적으로 제물을 헌상받는 신들은 각 의전상의 규정에 따라 일정량의 음식과 생명을 거두어들인다. 군주의 단상에서 음식을 먹는 제후들처럼, 신들은 옥황 상궁(玉皇 上宮)에 거주하며 그곳에서 제물의 연기를 맡을 수 있다. 계절별로 공물을 헌상받지 못하는 모든 것들, 이를테면 의례목록상에 포함되지 않은 비정규적인 혼령들, 살아 있는 후손이 자신의 이름을 취해버린 종말에 이른 조상들, 하나의 이름을 가질 만한 자

---

36) *Tso tchouan*, C, III, 153쪽; I, 143, 533쪽; 졸저, *Danse et légendes de la Chine ancienne*, 558쪽(『左傳』, 「召公 8年」). (참조원문: 石何故焉. 對曰, 石不能言, 或馮焉, 不然民聽濫也.)

37) 졸저, 같은 책, 344쪽.

38) *Tso tchouan*, C, II, 141, 153, 302쪽.

격을 생전에 갖지 못한 속된 사자(死者)들(귀자鬼字로 지칭될 수 있는), 이들은 모두 단지 경우에 따라서 양육될 수 있을 뿐이다. 이들은 모두 지하 세계에 위치하는 존재들로서 황천(黃泉)에서 벗어나서는 안 되는 것들이다. 그렇지만 이들은 불행히도 땅이 갈라지면 황천으로 달아나 버린다.[39] 그들을 진정시켜 지하로 돌려보내려면 땅 위에 술을 부어 땅속을 적셔주는 것으로 족하다. 땅에 제물을 바치는 제식에서처럼 이 경우에도 제주(祭酒)는 생고기에서 흘러나온 피로 된 것이다. 오직 신들만이 요리된 고기에서 나오는 체기(體氣)를 접할 수 있는 자격이 있기 때문이다. 상이하고 불균등하게 양육된 존재들로서 이 신들과 귀(鬼)들은 모두 피와 숨결을 풍부히 갖춘 사람들의 특징인 왕성한(盛) 기력을 지니지 못한다. 역술(易術)의 대가들은 끝과 시작인 죽음과 삶이 음양의 관계, 어둠(幽)과 밝음(明)의 조합 그리고 하늘과 땅의 대결과 결합에 바탕한다고 본다. "존재물들(物, 즉 만물. 인간의 자리가 별도로 있는 것은 아니다)을 형성하는 것은 정(精, 본질)과 기(氣, 숨결)다. 혼(魂)의 여행은 (존재물들의 상태의) 교대(의 원천)임에, 이로써 귀나 신(인 것)의 본질적 양상을 구별할 수 있다."[40] 귀신에 관한 질문에 공자는 이른바, "숨결(氣)은 신(인 것)의 충만한 완성(盛)이요, 백(魄)은 귀(인 것)의 충만한 완성이다."[41] 중국인은 숨결과 피, 혼과 백을 대립시킨다. 공자의 이 문구에서 혼은 숨결과 구별되지 않으며, 백은 피와 구별되지 않는다. 정(鄭)나라 자산(子産, 기원전 534년)의 것으로 여겨지는 유명한 정의에 따르면 (이 정의는 아마도 상고上古시대의 사상을 표현하는 것 같다), 백(魄)은 태아의 생명의 원천이며, 혼(魂)은 출생 이후에[42]

---

39) 이러한 현상은 사자(死者)들과 음의 계절인 겨울철과 가뭄 때, 즉 몰락하는 왕조가 세계의 질서를 붕괴시킬 때 발생한다. 이때면 귀신들(현자들의 표현으로는 백성들)의 신음이 들려온다.

40) *Yi li*(*Hi ts'eu*, 『繫辭』), L, 353, 354쪽. (참조원문: 精氣爲物, 遊魂爲變, 是故知鬼神之情狀.)

41) *Li ki*(祭儀), C, II, 289쪽. (참조원문: 氣也者, 神之盛也, 魄也者, 鬼之盛也.)

——의식이 제시하는 것처럼——아버지가 웃으면 아이도 따라 웃는 가운데 아이에게 이름을 내리면서 자신의 숨결을 전해주었을 때 비로소 나타난다고 한다. 죽음은 혼이 여행을 떠날 때 도래하는데, 숨결이 떠났음이 확인되는 순간 사람들은 (이름을 외치며) 혼을 불러, 혼이 찬연한 하늘과 만나려고 높은 곳으로 가버리기 전에 지붕꼭대기에서 혼을 붙잡으려고 한다. 이때 백(魄)은 (신생아는 직접적으로 땅에서 생명을 얻는다) 땅으로 돌아가 귀가 된다. 육신은 부패하여 땅 밑 어둠(陰) 속에 와해되며, 모든 냄새는 땅속에 묻힌 육신에서 나온 발산물들(精)이다(정精은 『계사』에서 기氣, 즉 숨결과 대립관계로 설정된 본질 그 자체다). 통설에 따르면, 공자는 이러한 답변을 들려주면서, 기(氣)는 하늘로 도약하여 그곳에서 빛을 발한다고 부연했다. 만일 혼자(魂字)와 백자(魄字)를 굳이 번역해야 한다면, 우리로서는 혼은 영혼-숨결이며, 백은 피(-의-)영혼이라고 해야 할 것이다. 하지만 이 '영혼'이라는 단어의 부적절함은 물론이거니와 이 단어를 단수(單數)로 사용하는 것도 분명 의미의 왜곡을 초래할 것이다. 혼은 기(숨결)이며 기들, 즉 영향력의 발산물들이다. 그리고 백은 피면서 정(精), 즉 본질이며 나아가 정들, 발산물들이다. 따라서 존재물들(각종의 존재물들)을 형성하는 기와 정은 생물을 형성하는 피와 숨결처럼 복합 쌍을 이루는 것으로 인식되어야 한다. 이들이 먼저 쌍들을 이루는 까닭은 음양의 상반관계가 사유를 지배하기 때문이며, 이들이 복합 쌍을 이루는 까닭은 대표적 쌍인 음양의 범주 아래 5와 6에 의한 분류, 7에 의한 분류, 8과 9에 의한 분류 등 다른 수(數)-범주 체계들이 확립되어 있기 때문이다. '오장(五臟)의 영혼론'[43]에 대한 이론은 기독교시대 개막 이전 시대에서는 입증되지 않는다. 하지만——발산물들(精)과 마찬가지로 정(精)으로 칭해지는[44]——감정들과 오장의

---

42) *Tso tchouan*, C, III, 142쪽.

43) De Groot, *The religious systeme of China*, t, II, 46, 47쪽.

44) '정'(情, 감정이나 체기, 본질)과 '정'(精, 액체의 정화된 부분)은 단지 표기상의 차이밖에 없다.

긴밀한 관계는 감정들과 발산물들 그리고 기들——즉 하늘의 영향들 또는 발산물들, 오장의 발산물들——과 인공들 사이에 확립된 상응관계처럼 이미 고대로부터 상정되어온다. 귀들과 신들은 육신을 떨쳐버린 영혼들이 아니다. 혼과 백은 하나는 정신적이며 다른 하나는 물질적인, 두 영혼이 아니다. 혼과 백은 하나는 숨결과 모든 신체기관의 발산물에 속하며, 다른 하나는 피이면서 모든 체액(體液)에 속하는 것으로, 말하자면 두 군(群)의 생명의 원천을 가리키는 항목으로 인식되어야 한다. 이들 중 한 군은 양(陽)으로서 마치 숨결과 이름을 제공하는 아버지와 같으며, 다른 한 군은 음(陰)으로서 마치 피와 음식을 제공하는 어머니와도 같다. 전자는 다독여 온기를 불어넣는 하늘과 유사하며, 후자는 보듬어 양육하는 땅과 유사하다.[45] 술을 부어 흥건한 땅은 육체의 분해에 따른 생성물로 비옥해지는 반면, 제물들의 더운 연기는 하늘로 날아 올라간다. 땅은 이 생성물들을 음식의 형태로 되돌려준다. 왜냐하면 생명은 죽음과 교대하며, 하나의 순환질서와 5를 단위로 하는 율동이 계절의 회귀나 윤회를 관장하여 모든 것이 죽음으로 돌아가듯 모든 것은 생명으로 돌아오기 때문이다.

* * *

어떠한 영혼론의 명제도 거부하는 중국의 심리학은 태도의 윤리에 어울리는 행동심리학이다.

오늘날 선교사들이 기꺼이 인정하는 것은 중국에서는 원초적 나락이나 원죄사상의 어떠한 잔영도 감지할 수 없다는 점이다.[46] 하지만 전대(前代)의 선교사들은 중국사유에서 인간본성의 선악의 여부를 규정짓는

---

45) *Li ki*, C, II, 84쪽. 하늘은 아버지와 비유된다. 하늘은 땅을 '덮고' 만물을 '품는다.'

46) Wieger, *Histoire des croyances religieuses et des opinions philosophique en Chine, depuis l'origine jusqu'à nos jours*, 714쪽.

데 지나치게 경도되었던 탓에, 중국학종사자들에게 성자(性字)를 'nature'(자연)으로 번역하도록 강구했다. 글자 성(性)은 '삶'을 의미하는 기호(生)에 '마음, 心'을 덧붙여 표기된다(性字에 오로지 정신적 의미만을 부여하려했던 이유도 이 때문이었다). 삶을 뜻하는 표기상징인 생(生)은 이 글자의 발음이자 의미소(意味素)다. 개인을 특징짓는 삶의 몫을 일컬어 성(性)이라 한다. 성은 개인성을 말하려 할 때, 즉——서로 구별되지 않는 두 영역인 육체와 정신에서——한 존재의 **개별성과 가치**를 형성하는 일체의 자질을 가리킬 때에도 사용된다. 그러다보니 성자(性字)를 '자연'이나 (심성적 차원에서의) '성격'으로 번역할 수 없는 경우가 빈번히 발생한다. 이 번역상의 어려움은 성(性)에 대한 정의를 제시하려는 문장보다는——중국인은 결코 정의를 내리지 않는다——, 성이란 무엇인가를 알리고자 하는 문장을 옮겨야 할 때 더욱 뚜렷해진다. 예를 들어 『악기』(樂記)의 '부민유혈기심지지성'(夫民有血氣心知之性)이라는 문구를 두고 쿠브레르(Couvreur) 신부는, "사람은 물적 요소와 지적 영혼으로 구성된다"라고 옮기는가 하면,[47] 샤반은 "사람은 선**천적으로 피와 숨결, 하나의 마음과 하나의 지성을 타고난다**"로 옮긴다.[48] 두 번역가가 각기 다르게 번역한 이 문장의 의미는 사실 다음과 같은 것이다. 즉 "사람은 (주로) 피와 숨결과 의지(마음)와 지혜로 이루어진 성(性)[개별성, 삶에 필수적인 일체의 자질들]을 지닌다." '마음'(心)이라는 단어와——마음은 심장의 이름인 까닭에 의지(志)를 (의지가 위치하는 곳을) 지칭한다——기라는 단어가——기는 숨결의 상징이자 열정과 기질과 힘의 상징이다——사용됨은 중국사유가 정신작용과 육체적 삶의 원칙을 대립시키지 않음을 분명히 보여준다. 마음과 지혜는 정신적 삶보다는 회복기능과 다소 구별되는 소모기능에 관계된다. 다시 말해, 의지와 지혜는 (여타 요소들과 더불어) 피와 숨결이 배양하

---

47) *Li ki*, C, II, 71쪽.
48) *SMT*, III, 261쪽.

는 활력을 사용하고 소모시킨다. 우리는 『악기』의 이 문장을 앞서 인용한 『계사』의 경구와 대조시켜 볼 수 있다. 『계사』에 따르면, "존재물들(物)은 정(과)기로 형성된다"(精氣爲物). 즉 존재물들은 숨결(氣)을 지배하는 하늘의 발산물들과, 자양의 본질(精)을 제공하는 땅의 발산물들로 형성된다. 의사들은 사람은 정(과)기를 호흡한다고 본다(呼吸精氣). 그들은 인체의 능산적인 액체들을 지칭하여 정(精)-기(氣)라 한다.[49] 물(物, 존재·표상)이라는 단어는 생명 있는 생물과 생명 없는 무생물 모두에 관계된다. 상징화된 모든 것은 존재하기 때문이다. '표상'이 있으면 '존재'가 있다. 그래서 중국인은 하늘과 땅이 그러하듯이, 모든 것은 하나의 성(性),[50] 즉 존재와 존재방식을 지닌다. 모든 개별성은 하나의 복합체로서 요소들의 특정한 조합방식에 해당한다. 구성요소들(質)은 오로지 정신적이거나 오로지 육체적인 것만으로 인식되지 않는다. 중국인은 좋은 성품을 가리켜 미질(美質)이라 하며, 체액이나 성격을 가리켜 기질(氣質)이라 하며, 선천적 재능을 가리켜 재질(才質)이라 한다. 그리고 자신을 올바르게 견지시켜주고 생식을 가능하게 하는 힘을 재력(才力)이라 하며, 생식기능과 천성을 가리켜 천질(天質)이라 한다. 더욱이 질(質, 요소들)은 돌조각이나 쇠붙이의 경우에 '자연'이나 '양상'을 의미할 수도 있다. 따라서 모든 '자연'(性)은——수, 화, 목, 금, 토에서 비롯하고 음 또는 양에 속하는——여러 요소들의 특정한 배합과 다소 조화로운 화합의 산물이다. 군주에게 자양을 제공하는 탕국은 이 산물의 한 예라 할 것이다.[51] 한 존재의 내밀한 '자연'(中, 내면은 心, 마음에 해당한다)을 특징짓는 것은 배합비율이다. 이 '자연'은 (괘卦의 효爻들처럼) 약하거나 강한 음기나 양기의 배합에 따른 결과이거나[52] (소리들처럼) 청(淸)과 탁(濁)의 배합에 따른 결과다. 탁은 무거운 소리, 혼합된

---

49) 앞의 책.
50) *Li ki*, C, II, 52쪽; *Tso tchouan*, C, III, 380쪽.
51) 졸저, *Civilisation chinoise*, 282쪽.
52) *Li ki*, C, II, 73쪽.

소리, 어두운 소리, 장중한 소리들을 상기시키는가 하면, 청(淸. 즉 精, 본질들, 氣들)은 가는 소리, 맑은 소리, 투명한 소리, 날카로운 소리, 가벼운 소리들을 상기시킨다.[53] 그래서 중국인이 실체들이 아니라 상태들 사이에——정확히 말해, 상호조합을 통해 존재와 개인성을 생성하는 여러 요소들이 보여주는 **율동적 양상들간에**——설정하는 구별들은 정신과 물질의 대립에 따른 것이 아니라 섬세한 것과 조야한 것의 대립에 따른 것이다. 이렇듯 존재방식으로서의 성(性)은 존재의 특정한 적성과 **기질**에 어울리는 **천생**(天生)에 해당된다. 한편으로 어려서 탐욕스럽게 젖을 빨거나 자신에게 갖추어진 기(氣, 숨결)로 지나치게 모유를 먹은 자는 결코 균형 잡힌 튼튼한 체질(性)을 갖출 수가 없어, 병약하게 살아가다 요절하게 된다.[54] 또 한편으로 의지(志)에 이끌려 자신을 지나치게 소모하여 쇠약해진 자는 자신의 기(숨결을 회복할 수 있는 능력)로 미루어 치유될 수 있다. 예를 들어 의사가 그의 심장을(心과 志, 마음과 의지는 구별되지 않는다) 지(志)에 비해 기가 과도한 다른 환자의 심장으로 바꾼다면 치유될 수 있다——하지만 이 수술의 성공은 두 환자간의 감정(心=마음)교환이 이루어졌음을 뜻하기에, 두 사람은 처자식과 집, 나아가 사회적 위치도 서로 바꿔야 한다.[55] 이렇듯 선한 '자연'이 있는가 하면 악한 자연이 있고, 개선할 수 있는 자연이 있다.

　기력과 체질과 천운(天運)은 사람마다 다르다. 인간은 (여타 존재물들처럼) 천성(天性)과 지성(地性)으로 형성된다. 인간은 땅에서는 피와 수액처럼 능산적이며 양분을 지닌 체액을 얻으며, 하늘로부터는 뜨겁고도 섬세한 숨결을 얻는다. 그리고 인간은 하늘과 땅 이 둘로부터 생명을

---

53) 이 책, 135쪽 참조. 조(粗)와 정(精)(찌꺼기와 정화된 액체)의 대립관계는 (양조釀造과정에서 생기는 두 양태인) 무거운 것(下)과 가벼운 것(上), 음과 양(어둠과 밝음)의 상반관계로 전이된다.

54) *Lie tseu*, Wieger, *Les Pères du système taoïste*, 147쪽.

55) 같은 책, 141쪽. 의사는 시술에 앞서 우선 두 환자를 독이 섞인 술로 마취시켜 3일간 잠들게 했다.

형성하고 유지하는, 즉 생명을 형성하는 율동 맥박과 호흡을 얻는다. 하지만 천운과 지위(地位), 천성과 운명을 분배하는 것은 (아버지처럼 공경과 권위의 대상이며, 그 영속성과 통일성으로 인해 찬양의 대상이기도 한) 하늘이다. 글자 명(命)은 이 모든 것을 의미한다('命ming'은 명령하다를 의미하는데, '이름을 부여하다'를 뜻하는 '名ming'과 자주 동일시된다). 하늘로부터의 숨결은 특히 힘에서 차이가 나며, 땅으로부터 자양을 공급받는 피는 특히 그 구성에 따라 다양해진다. 개인성은 하늘과 연관되며, 공간의 무한한 다양성에 의거하는 **개별성**은 땅에 연관된다. 하지만 하늘의 통일성은 모두 상대적이다. 하늘은 계절에 따라 달라지기 때문이다. 그리고 시간의 연속성은 단지 시간이 시초성(始初性)을 갖는 성스러운 순간에만 가능할 따름이다. 따라서 영속적인 순간이 있는 한편으로는 이와 대립되어 점차 수명이 다해가는 기간이 있다. 문명의 새롭고도 항구적인 질서가 군림할 때 군주는 봉토를 항구적으로 배분할 수 있으며, 하늘은 긴 수명을 분배한다. 그때 사람들은 장수를 누리며, 아울러 현군(賢君)이 항구성을 지니기에 충분한 세계질서를 확립하면 모든 것은 지속성을 지니게 된다. 반면, 제국과 하늘이 통일성을 잃으면 개인성의 가치는 줄어든다. 타락의 시대에는 공간의 다양성이 시간을 전염시킨다. 그때 수명은 줄어들고, 괴물들이 출현하며, 개별성은 극히 만연되어 개인성에 해악을 끼친다. 그리하여 기질들은 각기 특이해지고 활력은 급격히 저하된다. 이는 중국인이 괴물들을 혐오하거나 전문가들을 모두 경멸한다는 의미가 아니다. 앞서 살펴보았듯이, 군주 자신도 의무적으로 오른손잡이나 왼손잡이여야 하는 특정한 시기와 장소가 있다. 현자는 모든 기후조건을 이용할 줄 안다. 현자는 생식으로만 살아갈 만큼 몸의 기가 우세한 남방인들의 다혈질을 이용할 줄 알았으며,[56] 등이 지게를 닮은 [가을(=西)은 수확의 계절이기 때문에] 곱사등이들을 활용할 줄도 알았다(곱사등이들은 서쪽지방에 많다). 이를테

---

56) *Li ki*, C, I, 295쪽.

면 몸이 앞으로 굽은 곱사등이들은 소리 나는 돌을 나르는 일을 맡았는가 하면, 등이 움푹 들어가 몸이 뒤로 젖혀진 자들은 동종(銅鐘)을 울리는 일을 맡았다.[57] 영웅들은 대부분 시위가 당겨지거나 풀린 활들처럼 몸을 앞으로 숙이거나 뒤로 젖혔다.[58] 그렇지만 군주로서의 이상적인 자세는 해시계처럼 곧바른 자세다. 현자는 모든 연령층의 사람들을 활용할 줄 알았다. 먼저, 거듭된 월경(月經)으로 대부분의 피를 소진해버린 노파들을 무녀(巫女)로 활용하여 기후를 통솔했다. 어렵사리 숨결만을 부지하는 노파들이 몸을 뒤로 젖혀 하늘을 향해 콧구멍을 벌리면, 하늘은 천기를 들이마시는 그녀의 구멍에 물이 들어차는 것을 염려하여 비를 내리지 않았다.[59] 그리고 가래로 피가 쇠해진 폐병환자들을 부릴 줄 알았으며, 무녀들(심지어 군주들)이 과도한 기를 얻을 목적으로 몸을 수척하게 하는 여러 방법도 인정해주었다. 현자는 어떤 결핍 증세나 과잉 증세를 통해 드러나는 지나친 개별성을 허용하면서도 그에 대한 감시 또한 소홀하지 않았다. 왜냐하면 이 개별성은 경우에 따라 활용될 수 있는 반면 위험도 안고 있기 때문이다. 그래서 그는 막 태동하는 적대적 천성의 힘을 감지하게 하는 기운들을 찾아내고자 전문가들을 파견한다.[60] 한편 그는 사관들을 시켜 신체기형목록을 작성하게 했고, 이를 통해 관상가들에게 신체기형의 길조와 재능을 판별하게 했다.[61] 나아가 휘하의 인종학자와 지리학자들을 통해 토양구조나 생활양식에 따라 달라지는 여러 체질에 대한 정보도 얻는다. "체질(才)은 천지의 냉열과 기

---

57) *Kouo yu*, 10.

58) *Louen heng*, Forke, I, 304쪽. (참조원문: 傳言黃帝龍顏, 顓頊戴午(干), 帝嚳騈齒, 堯眉八采, 舜目重瞳, 禹耳三漏, 湯臂再肘, 文王四乳, 武王望陽, 周公背僂, 皐陶馬口, 孔子反羽. 斯十二聖者, 皆在帝王之位, 或輔主憂世, 世所共聞, 儒所共說, 在經傳者, 較著可信.)(『論衡』, 「骨相篇」).

59) 졸저, *Danse et légendes de la Chine ancienne*, 315쪽과 그 각주 3); *Houang-ti nei king*, 1.

60) *SMT*, III, 331쪽; 졸저, *Civilisation chinoise*, 54쪽(『史記』, 「曆書」). (참조원문: 率應水德地勝……)

61) *Louen heng*, Forke, I, 304쪽 이하(『論衡』, 「骨相篇」).

후의 건습 차이에 따라 달라지며, 체구는 그 처소가 넓은 골짜기인지 큰 하천인지에 따라 달라진다."[62] 그뿐만 아니라 그 풍습도 달라진다. 제국의 사방에 거주하는 종족들은 "각기 다른 성(존재방식)을 지닌다." 왜냐하면 "오미(五味)는 각 방위에 따라 다르게 조합되기 때문이며", 음식의 차이로 사람들은 각 방위에 따라 (괘卦의 효爻들처럼) 그 강유(剛柔)가 다르고, (소리나 음료의 부분들처럼) 경중(輕重)이 다르며 민첩함의 정도가 다르기 때문이다. 어떤 종족들은 육식을, 어떤 종족들은 열매를 먹는다. 열매를 먹는 종족은 민첩하나 어리석으며, 육식을 하는 종족은 용감하고 대담하다. 현자는 예법에 어울리지 않는 생활방식이라 할지라도 세계 변방에서의 그 존속을 허용하며, 기이한 천성을 지닌 개인이라도 그들을 멀리 격리하거나 순화할 수 있다면 경원시하지 않는다. 자신과 가족을 위해 현자는 융성한 운명과 보조를 같이하는 균형 잡힌 체질을 추구한다. 그는 아이의 출생을 기다리면서, 이른바 '태교'에 따라 아내를 엄격하게 은거시키고 언제나 경각심을 놓치지 말 것을 요구한다.[63] 태어날 아이가 왕세자인 경우에는 문왕(文王)의 전중(典重)하기 이를 데 없는 왕비였던 태사(太姒)의 이름을 부르며 그녀의 가호를 비는 것이 관례로 되어 있었다[태사는 임신기간에 사사로운 생활에서도 어떠한 해이함도 스스로 용인하지 않았다. 그녀는 결코 서 있을 때 한 발을 들거나 앉아 있을 때 돗자리 위에 비스듬한 자세를 취한 적이 없었다. 그녀는 요란한 웃음을 멀리했고 화를 내거나 욕설을 자제했다]. 출산 3개월 전이면 음악의 명인이 금(琴)을 들고 문의 왼편에서 경비를 맡았고 수석 재상이자 요리장인 태재(太宰)는 국자를 손에 들고 오른편에 자리 잡았다. 왕비가 음악을 원해도 악사는 그녀가 요구한 음악이 적절한 곡조가 아니면 자신의 금(琴)을 아무렇게나 타면서 음악에 문외한인 척했다. 또 태재는 그녀가 청한 음식이 적합하지 않으면 세자에게 그 음식

---

62) *Li ki*, C, I, 295쪽. (참조원문: 凡居民材, 必因天地寒煖燥濕. 廣谷大川異制.)

63) 같은 책, I, 295, 296쪽: *Ta tai li ki*, 80쪽.

을 감히 제공할 수 없음을 밝히고 국자를 아래로 기울였다. 그리고 세자는 태어나 자신의 운명을 결정지을 이름을 부여받기 전에, 먼저 금으로 세자의 출생 순간의 울음소리가 5음 중 어떤 음인지가 규정될 때, 또 우리로서는 그 방법을 알 수 없지만 오미의 어떤 맛이 그에게 적합한지가 규정될 때 비로소 최상의 숨결과 체액과 기력과 체력과 수명과 체질을 구비할 수 있었다.[64]

앞으로 우리가 도가의 **장생법**(長生法)을 통해 살펴보려는 것은 선(仙)의 경지는 규칙적인 운동과 수련을 통해 섭양과 성교와 호흡의 기능을 다스림으로써 얻어진다는 점이다. 지복을 가져다주는 이 율동적인 규칙성은 때로 비정통적인 도가의 신봉자들에 의해 무술(巫術)적 능력이나 어떤 특수한 재능을 얻을 목적으로 이용되기도 했다. 학파 여부를 떠나 진정한 현자들은 모두 각 존재의 첫 번째 의무는 자신의 천성을 완성하는 것이라고 본다. 일부 신비주의자들은 전통이 인간의 운명에 부여하는 한계를 극복할 것을 주장하기도 한다. 하지만 만인으로 하여금 각자의 수명과 체질을 최대한 활용하게 해주는 것은 생활방식에 대한 전통적인 규칙들이다. 자신의 명(命)과 성(性)을 돌본다는 것은 자신의 개인성과 개별성을 모두 보호하는 것이며, 나아가──사회적 의례와 위계조직이 허용하는 한도 내에서──적당하고 타당하게 주어진 자신의 분수를 지키는 것이다. 중국의 심리학과 형이상학은 어떠한 경우를 막론하고 오직 예법을 찬양하는 데 그 역할이 있었다.

* * *

음악의 명인은 명예로운 위치인 왼편에 자리할 수 있으며, 요리장인 태재(太宰)는 오른편에 위치하여 그와 마주한다.[65] 중국인은 실체와 힘

---

64) *Sin chou*, 10 ; *Ta tai li ki*, 48.
65) 오른손은 음식을 먹을 때 사용하는 손이다. 298, 299쪽 참조.

을 거의 구별하지 않는다. 이는 중국인의 모든 개념을 지배하는 것이 율동과 사회적 권위에 대한 사상들이기 때문이다. 중국인이 의례와 음악에 중요성을 부여하는 것은 바로 이러한 이유에서다. 그들은 의례와 음악을 예법의 상호보완적인 두 양상으로 대립시킨다. 사람들의 구분과 그 일들의 구분은 의례로 확립되는 반면, 모든 존재가 조화 속에 영위되는 것은 음악에 의해서다.

자산(子産)이 피력한(듯한) 바에 따르면[66] "하늘의 차원에서 의례는 경계 짓는 것이며, 땅의 차원에서 의례는 공정하게 분배하는 것(義)이며, 사람의 차원에서 의례는 적합하게 행동하는 것이다. 하늘은 하늘대로 땅은 땅대로 (고유한) 경계가 있으니, 사람들은 이 경계를 본보기(則)로 삼는다. 사람은 하늘의 맑은 기운(별)을 본보기로 하며 땅의 체질(性)을 본보기로 삼는다. 육기(六氣, 영향력들·기운들)가 생겨 오행이 활동하게 되면, 기운들은 오미를 형성하고 오색으로 나타나며 오성(五聲)으로 상징된다. 기운을 과도하게 사용하면 혼돈과 혼란이 야기되어 마침내 사람들은 각자의 고유한 체질(性)을 잃게 된다. 의례는 각 고유한 체질을 보존하게 해준다. 오미를 제시하는 데에는 6가축(말, 소, 양, 가금, 개, 돼지), 5사냥물(균麇, 녹鹿, 랑狼, 미麋, 토兎), 3희생물(소, 양, 돼지)이 있으며, 오색을 제시하는 데는 9표상, 6조식, 5그림이 있고, 오성(聲)을 제시하는 데는 구가(歌), 팔(악기들은 8에 해당한다)풍, 7음, 육률(과 육려呂)이 있다. 군신상하의 관계가 있으니 이를 통하여 땅에 고유한 공정한 분배(義)를 모범으로 삼게 된다. 부부내외의 관계가 있으니 두(종류의) 존재들(物, 즉 본질들, 표상적 실재들)도 이를 따라 나뉜다.[67] 그뿐만 아니라 아버지와 아들, 형과 동생, 형수와 시동생, 사위와 장인, 처남과 매부 등의 관계가 있으니, 이는 하늘의 맑은 기운(별들의 관계)들을 상징한다. 나아가, 사계절에 맞추어 수행되어야

---

66) *Tso tchouan*, C, III, 379. 자산(子産)에 관해서는 이 책, 465쪽 참조.
67) 여기서는 앞서 하늘에 주어졌던 단어와 동일한 단어(경계 짓다)가 주어졌다. 두 존재물(두 개의 표상적 항목)은 음과 양, 여성과 남성이다.

하는 국책이 있는가 하면, 백성들의 의무도 있다. 백성들에게 금기사항의 준수를 일깨우는 천둥과 번개(雷)에 파괴에 상응하는 처벌과 징계가 있는가 하면, 하늘의 생성화육의 능력을 본받는 데에는[68] 온유함과 다정함과 선행과 화합이 있다. 사람에게는 육기(영향력들, 天氣들)에서 비롯하는 여섯 가지 감정(六情), 즉 희(喜), 노(怒), 애(哀), 낙(樂), 호(好), 악(惡)이 있다. 그래서 사람들은(현자들은) 수행을 통해, 6지(의지와 충동들)를 규제하기 위해 예의범절을 규칙으로 삼게 되었다. 애(哀)는 신음과 탄식을 자아내며, 낙(樂)은 춤과 노래를 부추기며, 희(喜)는 선행을 낳으며, 노(怒)는 상쟁(相爭)을 낳는다. 낙(樂)은 애(愛)에서 비롯하고, 노(怒)는 악(惡)에서 비롯한다. 그러니 사람들은(현자들은) 수행을 통해, 상과 벌[직역하면, 행복과 불행의 분배]을, 나아가 후한 포상과 징벌을 관행으로 삼아 신념에 따라 시행하게 되었다. 삶은 애(愛)의 대상이나 죽음은 악(惡)의 대상이다. 애(愛)의 대상은 낙(樂)을 낳고, 악(惡)의 대상은 애(哀)를 낳는다. 애(哀)와 낙(樂)이 유효적절하면 [사람과 하늘(의 체질) 사이에, 그리고 사람과 땅(의 체질) 사이에] 조화를 얻을 수 있으니, 이것이 (삶을) **오랫동안 지속시킨다.**" 의례는 (사회와 우주) 질서의 토대다. 그러기에 사회적 권위를 공평하게(義) 나누는 것(分)은 의례를 통해 실현된다. "하늘과 땅은 삶의 원천이다. [……] 고결한 자는 자신을 고결하게 부리고, (반면) 비속한 자는 비천한 일에 자신을 부리니, (만물을) 구별한다는 것은 바로 이를 말한다. 그러니 대인은 위대함이 마땅하고 천인은 비속함이 마땅하다."[69]

"음악은 근접시켜주는 것이며(同), 의례는 구별짓는 것이다(異). 서로의 애정은 결합에서 나오고, 서로의 존중은 차이에서 나온다. [……] 감정을 화합시키는 것은 음악의 일이며, 행실에 미관을 갖춰주는 것은 의례의 일이다."[70] 사람들이 음악을 접하면 이내 "사회적 관계가 준수

---

68) 이러한 양육행위의 주체는 하늘인가 아니면 땅인가?

69) *Ta tai li ki*, 42.

70) *Li ki*, C, II, 55쪽; *SMT*, III, 245쪽. (참조원문: 樂者爲同, 禮者爲異. 同則相親,

되며, 눈과 귀가 밝아지고, 피와 숨결은 조화로운 균형을 이루며, 풍속은 문명화되고, 인간의 땅에는 평온이 찾아든다."[71] "하늘과 땅의 조화로운 결합은 음악에서 나오고, 질서는 의례에서 나온다. 결합과 조화가 있으면 만물은 (天子의) 문치(文治)에 순응하게 되며, 질서가 있으면 만물은 (각자에 할당된) 위치를 유지하게 된다. 음악은 하늘에서 (문명화의) 효력을 얻으며, 의례는 땅에서 규제력을 얻는다. 규제가 지나치면 무질서가 만연하고, 효력이 지나치면 폭압이 성행한다. [……] (만물간의) 관계가 무질서를 유발하지 않도록 하는 것, 바로 이것이 충족감과 기쁨, 만족감과 애정을 고취하여 선행을 유도하는 음악의 본질(精)이다. 공평무사함을 잃지 않고 유지하는 것,[72] 이것이 바로 신중함과 자신에 대한 존중, 타인에 대한 존중과 순응성을 고취하여 규제에 기여하는 의례의 본질(質, 구성요소들)이다."[73] "음악이 완벽하면 더 이상 원망이 일어나지 아니하고, 의례가 완벽하면 더 이상 상쟁(相爭)이 일어나지 아니한다."[74] "금(琴)은 그 길이가 81촌(寸)이다. 가장 긴 줄은 궁음(宮音)(81)을 낸다. 중앙에 위치하기에 가장 긴 이 줄은 군주에 해당한다. 상음(商音)(을 내는 줄, 72)은 오른편으로 펼쳐지고, 다른 줄들은 음역의 대소에 따라 착오 없이 정연하게 배치된다. 그리하여 신하와 군주는 제 위치에 있다."[75] "궁음(81, 중앙)은 군주에 해당되고, 상음(72, 西, 右)은 신하에, 각음(角音)(64, 東)은 백성에, 치음(徵音)(54, 南)은 곧

異則相敬//合情飾貌者, 禮樂之事也.)

71) *Li ki*, C, II, 78쪽. (참조원문: 樂行而倫淸, 耳目聰明, 血氣和平, 移風易俗, 天下皆寧.)

72) 직역하면, '중앙, 곧바름, 벗어남이 없음'이다. 이 책, 322쪽 참조.

73) *Li ki*, C, II, 60쪽; *SMT*, III, 249쪽. (참조원문: 樂者, 天地之和也. 禮者, 天地之序也. 和故百物皆化. 序, 故羣物皆別. 樂由天作, 禮以地制, 過制則亂, 過作則暴.//論倫無患, 樂之情也. 欣喜歡愛, 樂之官也. 中正無邪, 禮之質也, 莊敬恭順, 禮之制也.)

74) *Li ki*, C, II, 57쪽. (참조원문: 樂至則無怨, 禮至則不爭.)

75) *SMT*, III, 291쪽. (참조원문: 琴長八尺一寸, 正度也. 弦大者爲宮, 而居中央, 君也. 商張右傍, 其餘大小相次, 不失其次序, 則君臣之位正矣.)

나랏일에, 우음(羽音)(48, 北)은 (여기서는 만물을 의미하는 물자物字로 지칭되는 백성의) 자원(資源)에 해당한다. 5음(五音)이 각각 바르게 음을 내면 음악 전체가 잘 조화된다. 궁음이 혼란해지면 음악 전체는 거친 감정을 띠게 되니, 이는 임금이 교만하기 때문이다. 상음이 혼란해지면 음악은 균형을 잃으니, 이는 곧 신하가 그 소임을 다하지 못한 탓이다. 각음이 혼란해지면 음악이 애조를 띠니, 이는 백성의 원망(怨望)을 뜻한다. 치음이 혼란해지면 음악에 슬픔이 생기는데, 이는 세상의 참상을 뜻한다. 우음이 혼란해지면 음악은 급박해지니, 이는 백성의 자원이 다했음을 뜻한다. 만일 5음이 모두 바르지 못하여 서로 섞인다면 이는 나라가 망해가고 있음이다!"[76] "음악은 피와 핏줄을 진동시키며, 생기(精神, 이 표현은 능산적인 체액을 의미하기도 한다)를 감돌게 하고, 마음을 조화롭고 정직하게 한다."[77] "만일 한순간이라도 의례에서 벗어나면 바깥은 온통 야만과 교만으로 가득해지고, 만일 한순간이라도 음악에서 벗어나면 안은 온통 방종과 타락이 만연한다. 군자는 음악을 통해서 공평한(義) 분배를 (사람들 사이에서 공평한 분배에 대한 느낌을) 신장시킨다."[78]

이 인용문들에 주석을 가할 필요는 없다. 의례상의 구별 및 전통적 조

---

76) *Li ki*, C, 48쪽. 이 전제들을 앞에서 인용한 사마천에 따른 전제들과 대조해보면, 중앙의 현이 기본음률(81)과 등가임을 알 수 있다. 따라서 다른 현들은 기본음률 다음의 네 음률과 같은 길이를 지니게 된다. 상음(72)이 오른쪽(西)에 배정됨에 따라 궁음(64)은 왼쪽(東)에 배정된다. 이 모든 것은 『월령』의 제시와 부합하며, 또 좌우에 관한 의례와도 부합한다(이 책, 370, 371쪽 참조). (참조원문: 宮爲君, 商爲臣, 角爲民, 徵爲事, 羽爲物. 五者不亂則無怗懘之音矣. 宮亂則荒, 其君驕. 商亂則陂, 其官壞. 角亂則憂, 其民怨. 徵亂則哀, 其事勤. 羽亂則危, 其財匱. 五者皆亂, 迭相陵, 謂之慢. 如此則國之滅亡無日矣.)

77) *SMT*, III, 290쪽. (참조원문: 音樂者, 所以動盪血脈, 通流精神而和正心也. 故宮動脾而和正聖.)

78) 졸저, *Le langage de la douleur d'aprs le rituel funraire de la Chine classique*(고대 중국의 상례喪禮를 통해 본 고통의 언어). (참조원문: 須臾離禮則暴慢之行窮外; 不可須臾離樂, 須臾離樂則姦邪之行窮內. 故樂音者, 君子之所養義也.)

화에 대한 존중심. 천운의 위계분배에서 비롯하는 이 존중심은 의례와 음악을 통해 주입된다. 더욱이 의례와 음악은 예법을 따라 자신들의 몸짓 하나하나가 우주를 형성하는 거대하고도 율동적인 동태체계 속에 합치되리라는 느낌도 고무시켜준다. 그리하여 소우주와 대우주의 삼투가 가능하게 된다. 개인성과 개별성은 생명력과 더불어 이 삼투에서 비롯한다. 따라서 예법은 위생의 의미와 윤리의 의미를 동시에 지닌다. 정신은 생리나 육체와 구별되지 않기 때문이다.

의례상의 감정표현은 관례적인 상징과 의무적인 몸짓으로 수행되는 까닭에 감정을 다스리는 힘을 지닌다. 이는 애도를 표현하는 의식에서 확연히 드러난다.[79] 이를테면 조상(弔喪)의 경우,[80] 슬픔은 고인의 사회적 위상을 고려하여 의례규정이 정해주는 때에 부합되게 표현되어야 한다. 슬픔은 세세하게 규정된 몸짓과 복장과 생활양식과 격리생활의 형태로도 표현된다. 상(哭)의 방식마저——때로는 끊임없이 대성통곡하고, 때로는 곡(哭)하는 가운데 하소연하고(넋두리를 늘어놓고), 때로는 곡의 높이를 세 번 바꾼 후 멈추고, 때로는 단지 탄식만을 거듭하는 식으로——규정되고 통제되었다. 누구에게도 순간의 우연을 따르도록 허용되지 않았다. 모든 개인적 충동과 기행(奇行)은 엄중한 질타의 대상이었으며 정도에 관계없이 그 장본인을 격하하는 원인이 되었다. 어머니를 여읜 어떤 자가 어린애의 울음처럼 절제 없이 우니, 공자가 다음과 같이 말했다. "상을 당했으니 어찌 슬퍼하지 않겠는가! 그래도 저래서는 남이 본받을 수 없겠지. 대저 예(禮)는 남에게 전할 수 있고 남이 본받을 수 있어야 한다. 그러므로 울부짖음과 펄쩍 뜀에도 절도가 있다!"[81] 조상(弔喪)을 표현하는 모든 몸짓은 전염성이 강한 죽음의 불순한 기운을 몰아내는 데 그 목적이 있다. 또 모든 고통의 몸짓들은 공포감과 두

79) *SMT*, III, 291쪽.
80) 고통과 상(喪)은 동일한 단어로 표현된다.
81) *Li ki*, C, I, 161쪽. (참조원문: 哀則哀矣, 而難爲繼也, 夫禮爲可傳也, 爲可繼也, 故哭踊有節.)

려움을 몰아내어 고통 그 자체를 무해한 것이 되도록 하는 데 목적이 있다. 공자의 두 제자(유자有子와 자유子遊)는 어느 날, 어떤 자가 마치 물건을 잃고 안타까워하는 아이처럼 펄쩍 뛰고 있는 것을 보았다. 이에 그중 한 제자가 펄쩍 뛰는 관례가 마음에 들지 않아 정도가 덜한 표현으로 대체하고 싶었다고 말하자, 다른 제자는 "감정을 자제하기 위한 의례가 있는가 하면 감정을 밖에서 부추기기 위한 의례도 있지. **자신의 감정이 내키는 대로 행동하는 것은 오랑캐의 행실(道)을 따르는 것과 같네.** 의례가 명시하는 예법(禮法)은 그런 것이 아닐세. 원래 사람에게 기쁨이 있으면 겉모습도 즐거움을 띠게 되고, 즐거워지면 흥얼거리게 되고, 흥얼거리다 보면 울렁거리게 되고, 울렁거리게 되면 춤추게 되게 마련이지. 그렇게 춤을 추고 있노라면 그에게 슬픔이 찾아들게 된다네. 슬픔에 사로잡히면 탄식하게 되고, 탄식하다 보면 가슴을 두드리게 되고, 가슴을 두드리다 보면 펄쩍 뛰게 되는 법이지. 여기서 정도와 규칙을 정하는 것이 의례의 목적일세. 죽은 자는 우리에게 공포심(직역하자면 혐오감)을 불러일으키지. 그의 무능함에 우리는 그를 더욱 경원시하게 되고. 그리하여 의례는 우리가 더 이상 공포심을 품지 않도록 죽은 자에게 염을 하고 수의를 입히라고 규정하는 것이라네"[82]라고 이른다. "(상喪을 당한 아들이) 웃옷을 벗고 펄쩍 뛰며 사지를 움직이게 되면 그의 마음은 **진정되고 숨결(氣)은 가라앉는다.**"[83] 이렇듯 상을 당한 아들은 의례에 따라 펄쩍 뛰어 호흡과 심장박동에 율동적 규칙성을 회복할 수 있게 된다.

　의식(과 음악)이 지니는 큰 효력은 몸동작이나 생명기능소(生命機能素)에 **규칙적인 율동을 주입**하는 데 있다. 존재방식이 예법의 통치를 따를 때, 존재는 격상하고 지속적으로 영위될 자격을 얻는다. 이 상징체계

---

82) 앞의 책, 217쪽. (참조원문: 禮有微情者, 有以故興物者, 有直情而徑行者, 戎狄之
　　道也. 禮道則不然, 人喜則斯陶, 陶斯咏, 咏斯猶, 猶斯舞, 舞斯慍, 慍斯戚, 戚斯歎,
　　歎斯辟, 辟斯踊矣. 品節斯, 斯之謂禮. 人死, 斯惡之矣. 無能也, 斯倍之矣. 是故制
　　絞衾, 設蔞翣, 爲使人物惡也.)
83) 같은 책, II, 553쪽. (참조원문: 袒而踊之, 所以動體安心下氣也.)

를 자기화하는 개인은 국가의 문명을 자신의 몸속에 간직하게 된다. 그럴 때 그는 사람들에게 인정받을 수 있게 되며, 하나의 개인성도 얻게 된다.

* * *

사람의 어떠한 것도 문명에 기대지 않음이 없다. 정신상의 어떠한 균형이든, 건강이든, 자질이든 모두 문명에 힘입는다. 중국인은 사람을 사회와 분리하여 생각한 적이 없었으며, 사회와 자연을 분리하지도 않았다. 그들은 순수하게 영적인 어떤 본질의 세계를 통속적인 제반 현실 위에 놓으려 하지 않았으며, 인간의 위상을 드높이고자 인간에게 육체와 구별된 어떤 영혼을 부여하려고도 하지 않았다. 우주의 삶은 문명이 우주의 삶에 부여하는 하나의 유일한 질서에 의해 다스려진다.

이 질서는 풍습에서 유래한다. 사람과 그밖의 사물들이 공동으로 형성하는 사회에서는 모든 것이 위계범주 속에 나뉜다. 각 범주는 나름의 위상을 지닌다. 질서는 육체적 요구나 정신적 의무에 바탕을 두지 않는다. 사람들이 기꺼이 경배하는 질서는 법에 의한 것이 아니다. 더욱이 사람들은 법이 사물들에게 힘을 발휘할 수 있다고 생각하지 않는다. 그들은 단지 규칙이나 본보기들만을 인정할 따름이다. 앎과 권능은 이 규칙들과 본보기들을 터득하는 데서 주어진다. 동족관계와 위계 그리고 시기와 계층을 고려하여 범주별로 행동상의 본보기와 관습체계를 규정하는 것이 앎이다. 권능은 지위와 위치와 자격의 분배를 의미한다. 즉 권능은 존재물 각각에 존재방식과 그 적성을 부여함을 의미한다. 예법은 군주의 조율력과 학자들의 체계화능력 그리고 현자의 모범력의 원칙으로서 우주질서를 이루는 제반 생활규칙이나 능동적인 앎을 다스린다.

그렇다면 교파나 학파 창시자들의 활동분야로는 무엇이 남을까? 교파나 학파의 창시자들은 사상에 관한 한 모두 정통에 대한 열정에 사로잡혀 있다. 사상은 관습을 공통의 개념체계와 연계시켜 관습에 정당성을 부여하는 데 기여할 따름이다. 어떤 현자도 시공의 구체성에 이의를 제기하거나 수에서 양(量)의 상징을 보려고 하지 않았다. 이들 모두에게 수의 조작, 수에 의한 분류방식의 병용, 음양의 결합관계는 규칙적 율동과 인식 가능한 질서를 자연과 인간의 동태 속에 드러나게 해주는 상징들을 제공했다. 물질과 정신의 구별을 지양하고 사상적으로 법보다 본보기를 지향하면서, 오직 위계질서와 관례와 존재방식에만 전념했던 형이상학으로서는 이것으로도 충분했다. 이른바 지식의 어떠한 발달도 이 형이상학을 비옥하게 하거나 이에 동요를 일으킬 수 없다.

도가의 일부 대가들만이(여러 탐험가와 천문가들의 발견을 적용하며, 하지만 확인된 것을 이용하는 만큼이나 전설이나 사변 또한 기꺼이 활용하면서), 선(仙)의 경지가 무한한 힘을 부여한다는 명제를 밝히기 위해 세계의 광대함에 대한 사상을 전개했다. 하지만 이 경우에도 사상은 논쟁의 필요성에 따라 단지 관습체계와 집단적 태도를 정당화하는 데 기여하는 것으로 그쳤다. 경쟁관계에 있는 가르침들은 독창적인 학설로 주목을 끌려고 하지도 않았다. 이 가르침은 비결을 제시하는 것만으로도 족했다. 사상 그 자체보다 실천요령들이 문제될 때면 이내 특이성에 대한 추구나 파벌성이 득세했다. 집단마다 제각기 나름의 앎을 비법처럼 소개했다. 가르침마다 제각기 오직 그만이 우주와 우주를 다스리는 자들을, 또한 문명과 그 전파자들을 충족시킬 수 있다고 주장했다. 전문가들은 최선의 처신에 합당한 방책이나 유일한 통치술로서 자아 통제술을 제시하기도 했다. 늘 그렇듯 가장 특수한 비법들은 만병통치약처럼 제시되어왔다. 교파성이 농후한 이 가르침들은 결국 교리적 영역에 머물고 말았다. 이들은 약간의 비결을 선양함과 동시에 다소 정립된 어떤 개념에서 비롯하는 하나의 태도체계를 주창했다. 도가에서도 먼저 장생법을 소개한 후 선(仙)의 경지와 효능성에 관해 어떤 면에서는 아주 새롭고 과감한 사상을 제시했다. 또 법가에서는 먼저 여러 규제방책들을 내세운 후 생산적인 사상이 될 수 있었던 법과 왕권에 대한 혁신적인 사상을 제시했다. 이 집단적이며 기술적인 다양한 관심사들로부터 한동안 중국사유의 영역으로 펼쳐질 여러 철학적 문제들이 돌출했다.

이 문제들은 그 수가 제한적이었으며 이들에 대한 관심 또한 오래가지 않았다. 이들은 거의 윤리적 영역, 정확히 말해 정치적 영역에 국한되었다. 그리고 항상 실천적 목적을 위해 소우주와 대우주, 개인과 사회 관계에 대한 주된 질문들을 다소 새로운 용어들로 거듭 제기했다. 이 질문에 대한 여러 해결방안들이 입증하듯이, 이 질문들로 유발된 모든 사유 활동은 봉건체제와 예법에 관한 전통개념이 붕괴될 수도 있었던 사회적 위기에 의해 결정되었다. 그렇지만 봉건질서는 여전히 그 저변에 활력을 지니고 있었다. 그래서 우리가 전국시대에 그토록 많은 관심을 갖게 되는 이유이기도 한 철학적 소요도 결국은 정통유가의 승리로 그 막을 내렸다. 마침내 구태의 보수주의에 의해 예법이나 분류, 동태, 관례에 관한 모든 낡은 체계의 권위가 강화되었다.

제4부 교파와 학파

"극동국가들이 중국문명에서
차용하고 지켜내려던 것은
삶에 대한 조예, 즉 지혜였다."

철학적 사유가 가장 번성했던 시기는 중국역사에서 가장 알려지지 않았던 한 시기에 속한다. 그러나 중국 사가들이 혼돈의 시대로 평가하며[1] 간과하는 이 세기(기원전 5~3세기)는 가장 중요한 시대로 고찰해야 한다.[2] 이 시기 중국은 봉건체제에서 탈피를 꾀하고 있었다. 통일된 중국의 문명은 봉건제도 아래서 형성되어 널리 파급되기에 이르렀으나, 중국을 단일국가로 통일하고 단일체제를 건립하는 문제를 여전히 과제로 안고 있었다. 통일제국을 준비하던 중국은 기원전 5~3세기에 걸쳐 거대한 왕국들이 건립됨으로써 충돌이 불가피하게 되었다. 이러한 과정 속에, 어쨌든 중국은 재정비되었고 인구도 증가했다. 또 커다란 전란을 치르면서 주민들뿐만 아니라 계층간의 이동과 혼잡을 겪었다. 나아가 귀족들과 신흥부호들 사이의, 부자들과 빈자들 사이의 격렬한 대립이 발생했다. 기존의 운명, 지위, 유산, 전통, 풍습에 관한 모든 것이 문제시되면서 중국인은 야만인들의 기술, 사상, 상징, 존재방식 등 다방면에 걸친 차용을 주저하지 않았다.[3] 모든 것이 변하고 있었으며, 모두 변혁을 꾀했다. 갖은 요령을 흡수하기에 바빴던 전제군주들은 여러 인재들, 이를테면 기술자 · 책략가 · 충언가 · 비법가 등을 원근을 막론하고 받아들였다. 이에 수많은 단체와 교파와 학파가 난무하게 되었다.

---

1) 졸저, *Civilisation chinoise*, 42쪽.
2) 같은 책, 90쪽 이하, 101쪽 이하.
3) 같은 책, 104, 310쪽.

이 가운데 일부는 군주의 환대와 보호를 받았으나, 다른 일부는 정착하거나 방랑하면서 독자성을 유지했다. 그리고 일부는 많은 추종자들을 거느렸으나, 다른 일부는 지도자를 중심으로 한 소수의 제자들에 국한되었다. 그런가 하면 가르침들은 전적으로 기술적 차원에 한정되거나, 시학과 역사와 도덕과 음악이 주종을 이루거나, 수사학·운동역학·선행 등을 내용으로 하는 상당히 다양한 전문분야를 대상으로 삼는 경우도 있었다.[4] 이들의 무리가 교파와 비슷하건 단체와 비슷하건 간에, 이들은 특이한 생활양식, 특히 복장으로 무리의 통일성을 추구했다. 공자를 시조로 삼는 추로(鄒魯)학파는 둥근 모자와 네모난 신발을 착용하여 자신들이 지상(正方形)과 천상(圓形)의 제반사에 두루 능통한 자임을 보여주려 했다. 더욱이 그들은 모든 음계의 음을 내는 방울들이 달린 요대를 착용함으로써 자신들이 소우주뿐만 아니라 대우주에 대한 조화의 능력을 갖추고 있음을 보여주고자 했다.[5] 반면 『장자』에 따르면, 묵자를 따르는 무리들은 나막신을 신고 거친 피류를 걸치는 것으로 만족했다.[6] 제자가 스스로 스승 행세를 하고자 할 때는 먼저 집결신호의 채택이 급선무였다. 묵자의 문도(門徒)로 있다가 스스로 학파의 수장이 된 윤문자(尹文子)는 머리에 쓰는 모자로 '화산(華山)의 관(冠)'을 채택했다.[7] 그리고 자연으로의 복귀를 권장하는 한 교파에 가입하면, 도토리와 밤으로 연명하며 정해진 복장인 짐승 가죽을 걸쳐야 했으나, 이것이 문예를 실천하는 데 방해가 되는 것은 아니었다. 공자가 본 바에 따르면, 이들 현자들은 사슴 가죽을 걸치고 금(琴)을 연주하며 노래를 즐겼다.[8]

어떤 교파나 학파 가입은 로마시대 평민이 원로회의 사조직에 가입하

---

4) 묵자의 가르침인 것 같다.

5) *Tchouang tseu*, Wieger, *Les Pères du système taoiste*, 383쪽.

6) 같은 책, 501쪽. (참조원문: 後世之墨子, 多以裘褐爲衣以跂蹻爲服.)

7) 같은 책, 503쪽. (참조원문: 作爲華山之冠以自表.)

8) 같은 책, 373쪽; *Lie tseu*; 같은 책, 75쪽. (참조원문: 衣裘褐, 食杅栗, 入獸不亂群, 入鳥不亂行//孔子遊於太山, 見榮啓期行乎郕之野, 鹿裘帶褐索, 鼓琴而歌.)

는 것과도 같았다. 문하생으로 자원한 자들이라도 식솔들을 문하로 데려오지 아니하면 스승은 비법을 전수하지 않았다. 『열자』(列子)에 기술된 가입절차에 따르면, 심신의 정화를 위한 이레 동안의 금식(禁食)이 끝나면 신입생들은 스승의 식사에 초대되었으며, 문하생들은 스승의 집 가까이 거처했다.[9] 그들을 지칭하는 문인(門人)이라는 말은 가르침을 전수받고자 그들이 매일처럼 스승의 문 앞에 모여든 데에서 유래했다. 이렇게 형성된 주종관계는 스승이 죽었을 때 문하생들의 복상(服喪)을 의무화하는 데서 잘 나타난다. 공자의 경우, 그는 그의 수제자들이 죽을 때에도 복상을 실행했다.[10] 문하생은 곧장 스승의 측근으로 받아들여지지는 않았다. 열자는 오랫동안 스승의 눈길 한번 받아보지 못하다가 5년이 지나서야 스승의 미소를 받았으며, 7년이 지난 후에야 돗자리에 앉을 수 있었다.[11] 교습기간을 마치면 문하생은 떠나도 좋다는 허락과 더불어 칭호를 부여받았다. 그럴 때 스승은 제자를 붙잡아두려 자신의 가르침이 완전히 전수된 것은 아니라는 언질을 주기도 했다.[12] 물론 가르침을 받는 데는 대가를 지불해야 했다(학비는 경우에 따라 달랐다). 가르침은 모두에게 동일하게 베풀어진 것은 아닌 것 같다. 이를테면 공자는 창가(唱歌)를 수업하다가 '잘한다'고 여겨지면 반드시 반복시켰으며 스스로 그에 '화답'했다 한다.[13] "공자는 배우는 자가 발분하지 않으면 더 이상 가르치지 않았고 숙고하지 않는 자에게는 더 이상 설명하지 않았다. 한 각(角)을 가리켜 나머지 세 각을 반증해내는 자가 아니면 가르침을 되풀이하지 않았다.[14] 공자는 (통설에 따르면) 자신의 세부적인

---

9) *Lie tseu*, Wieger, 149쪽. (참조원문: 孔周乃其妻子與齋, 七日晏陰之間跪而授其
  下劒, 來丹再拜, 受之以歸……)
10) *Li ki*, C, I, 146쪽.
11) *Lie tseu*, Wieger, 85쪽. (참조원문: 五年之後心庚念是非, 口庚言利害, 夫子始一
  解顔而笑. 七年之後, 從心之所念庚無是非, 從口之所言庚無利害, 夫子始一引吾竝
  席而坐.)
12) 같은 책, 143쪽.
13) *Louen yu*, L, 61쪽. (참조원문: 子與人歌而善, 必使反之, 而後和之.)

가르침에 모든 것을 능히 통찰할 수 있는 지혜의 원리가 담겨 있다는 암시를 주었다고 한다.[15] 그의 제자들은 "시서예악(詩書禮樂)에 관한 스승의 말씀은 익힐 수 있으나 성품과 천도에 관한 말씀은 익히기 어렵다!"라고 했다.[16] 그래서 공자의 삼천(三千) 제자들 가운데 공자의 가르침을 완벽할 정도로 숙지했던 제자는 (단체의 특징적인 수인) 72명이었다고 한다. 그럼에도 여전히 그들 가운데 한 제자는 자주 "내 갖은 능력을 다하여 애써도 선생님은 멀리 높이 서는지라 비록 뒤를 좇고자 하여도 따를 방도가 없다"라고 실토했다.[17] 이 말은 가장 세속적이면서도 실증적인 가르침을 주었다고 평가받는 유가의 한 신봉자가 토로한 말이기에 더욱 시사하는 바가 크다. '모든 것을 통찰하게 해주는 유일한 원리'(一以貫之)[18]가 언젠가는 자신에게도 밝혀지리라 희망했던 문하생들에게 앎의 전수는 비의적인 가르침의 특징이기도 한, 다소 인색하고 권위적인 방식으로 행해졌다.

생산적인 시대였지만 거의 알려지지 않은 이 시대의 사상사를 세부적으로 조감한다는 것은 전적으로 부질없는 시도가 될 것이다. 통일제국을 수립한 진시황제는 봉건시대의 기억을 지우기 위해, '백가(百家)의 전적(典籍)들'을 소각시켰다.[19] 당대의 고명한 스승들의 다수가 단지 이름만으로 전해지거나 위서(僞書)들로 전해질 따름이다. 그러나 보존되어 오는——단지 부분적으로만 진본이라 할 수 있는——소수의 저술들은 학술적 관점이나 역사적 관점들을 전혀 보여주지 않을 뿐만 아니라, 학파나 사상(思想)의 역사에 관한 어떠한 접근도 허용하지 않는다. 상당

---

14) 앞의 책, 412쪽. (참조원문: 不憤不啓, 不悱不發. 擧一隅, 不以三隅反, 則不復也.)

15) 같은 책, 407쪽.

16) 같은 책, 412쪽. (참조원문: 夫子之文章, 可得而聞也, 夫子之言性與天道, 不可得而聞也.)

17) 같은 책, 413쪽. (참조원문: 旣竭吾才, 如有所立卓爾. 雖欲從之, 末由也已.)

18) 같은 책, 367쪽.

19) 졸저, *Civilisation chinoise*, 50쪽.

수 사상가들은 고작 그들의 경쟁자들이 행한 그들에 관한 언급을 통해서나 알려질 따름이다. 그마저도 경쟁자들이 그들의 말을 정확히 인용하거나 성심껏 해석했는지 여부도 불투명할 수밖에 없다. 그들은 사상 고유의 가치에 대한 생각은 거의 언급하지 않고 오직 권위에 대한 염려만으로 당대의 논쟁을 부추겼으며, 스승들은 그 학설의 독창성을 제시하기보다는 만능한 효능성을 과시하는 데 더욱 열을 올렸다. 공자의 표현은 암시적이었던 반면, 장자의 표현은 우화적이었다.[20] 공자와 장자는 학설이라기보다는 지혜를 가르쳤으며, 주로 선현들의 가르침에 의존했다. 그들은 이 선현들을 완전하고 총체적인 앎과 지혜를 보유한 자들로 추앙했다. 모든 학파는 초창기부터 그들이 모든 것에 정통하고 있음을 내세워야 했다. 그들은 도처를 편력하면서 서로 재능을 겨루기도 했다. 제자들은 이 학파에서 저 학파로 옮겨 다니며 갖은 요령들을 수합했다.[21] 가르침이 그 본래의 순수함으로 소개되는 듯한 경우에도 이미 분파성이 움트고 있었다. 오늘날 우리에게 전승되는 진본으로서 전적(典籍)들은 논쟁으로 충만했던 시대의 말기에 저술된 것들이다. 따라서 설령 독창적인 학설일지라도, 우리는 이들을 감염된 상태로만 파악할 수 있을 따름이다. 이는 일부 학자들이 이미 고증한 바 있다.[22]

아무튼 '학설'의 역사를 재구성하기 위해서는 자신뿐만 아니라 자료에 대해서도 납득하기 어려운 믿음을 지녀야만 한다. 전국시대 중국사유의 주된 흐름을 구별하는 것만으로도 이미 야심 찬 시도라고 하겠다. 나는 중국에서 제시된 분류를 크게 벗어나지 않으면서, 하지만 옹호되었던 이론들보다는 권장되었던 방책들을 먼저 고찰하면서, 이 시대의 사유를 이끌었던 세 주류로 간주되는 통치술(統治術), 공익술(公益術),

---

20) *Tchouang tseu*, Wieger, 449쪽.

21) *Lie tseu*, Wieger, 95쪽.

22) Liang Chi-Chao, *History of Chinese political thought*, 37. 양계초(梁啓超)는 진(秦)제국 창건 직전 주요 학파들의 학설이 어떠한 양상을 보이는지 우선 연구한 다음, 그 학설들에 대한 세부를 규명했다.

신선술(神仙術)을 살펴볼 것이다. 특히 나는 이 셋을 진정한 방책으로 주창했던 사상가들이 먼저 기술적 차원에서, 나아가 이론적 차원에서 어떤 새로운 것을 제공했는지 살펴볼 것이다. 이 세 흐름의 일련 순서는 이론의 여지가 거의 없는 역사적 사실에 비추어 결정된 것이다. 즉 기원전 5~3세기를 특징짓는 집단적인 경합과 논쟁들은 개혁된 사회질서 위에 국가를 건립하려 했던 (계몽)전제군주들의 통치노력에 기원을 두고 있다. 따라서 많은 생산적인 사상들이 그 가치를 발휘할 수 있었으나 그 어떤 것도 중국인의 심성을 심층적으로 바꾸지는 못했다.

제1장 통치술(統治術)

봉건관습이 아무런 저항을 받지 않고 지배하는 동안, 예법(禮法)은 '동의하오'라는 군주의 한마디에 지대한 효능성과 지고한 권능을 부여했다. 그리하여 이 한마디는 제후들이 회의에서 찬반양론을 거쳐 취한 결정을 만장일치 결정처럼 만들어주었다. 협소한 세습의 영지를 벗어나서 자연이나 야만족들을 정복하여 얻은 광박한 영토를 지배하게 된 전제군주들은 국사를 다루는 회의석상에 더 이상 제후들을 소환하지 않았다. 그들은 비밀스런 회의를 통해 국사를 관장했고, 그 회의에는 자의적으로 선택된 자들만이 소집되었다. 따라서 봉건체제는 붕괴되기 시작했다. 전통적인 지위와 전통예법들은 그 위상을 상실했으며, 군주들은 새로운 방식으로 그들의 권위를 행사했다. 따라서 군주의 권위에 새로운 토대가 제공되어야 했다.

여기서 주목해야 할 한 가지 사실을 지적해두자. 즉 전통과 지혜를 표방했던 학파들이 노(魯)나라 같은 소국들의 부락에서 뿌리를 내렸던 반면, 새로운 질서의 추종자들은 제(齊)나라 같은 대국의 수도에 거주하든가 아니면 교습을 받고자 그곳으로 찾아들었다는 점이다. 노나라의 부락이었던 추(鄒)를 근거지로 하는 학파인 유가는 노나라의 시조이자 문왕(文王)의 형제이기도 한 주공(周公)의 보호를 받았다. 주공은 자신의 영지에 예법을 정착시키기 위해 전력을 다한 것으로 보인다.[1]

---

1) 졸저, *Danse et légendes de la Chine ancienne*, 407쪽.

반면 제나라의 시조인 여상(呂尙)은 자기 영지의 주민들이 그들 고유의 풍습에 따라 행동하는 것을 내버려두었다.[2] 여상은 문왕의 고문이었다. 왕조의 창시자인 문왕은 여상과 더불어 "은(殷)을 전복시키고 덕을 실천할 수 있는 방도를 암중모색했다. 이러한 기도를 실행하는 데에는 빈틈없는 책략과 강병책이 필요했다. 이 점에서 전쟁과 주(周) 왕실의 비밀스런 무력과 전쟁을 언급했던 후대 사람들은 모두 여상을 책사의 대가로서 숭상했다.[3] 제나라에 살았던 인물들로는 경제학자들과 법률학자들의 대부였던 관중(管仲),[4] 공자의 적으로 전략에 능한 현실정치가였던 안자(晏子),[5] 오행과 왕조의 상극설(相剋說)과 무력계승론(武力繼承論)을 (통설에 따르면) 창시했다고 하는 추연(鄒衍)――더욱이 이 이론의 기원은 여상으로 거슬러 올라간다[6]――등을 들 수 있다. 그리고 제나라에 정주했든지 또는 잠시 거주했든지 또는 그곳을 경유한 적이 있었던 인물로는 명가의 대부였던 윤문자(尹文子), 법가였던 신도(愼到), 신(神)의 입을 지녔다는 전병(田騈), 묵가의 송견(宋鈃), 광대(廣大)인 순우곤(淳于髡), 공자의 계승자로 자처했던 맹자(孟子)를 들 수 있으며, 도가의 대가였던 장자[7]와 정통유가의 대표인 순자(荀子) 또한 거론할 수 있다. 제나라 수도 임치(臨淄)에 정착해 선왕(宣王)의 막강한 후원을 받은 직하학파(稷下學派)는 '수백 명'의 학자들을 영입했으며, 진(秦)과 초(楚)와 위(魏)나라의 왕들 역시도 지혜를 유포하는 수많은 자들을 궁정으로 끌어들였다.[8] 어떤 부류의 현자든 그를 후원하는

2) *SMT*, IV, 40쪽.
3) 같은 책, 36쪽(『史記』, 「齊太公世家」). (참조원문: 西周伯昌之脫羑里歸, 與呂尙陰謀修德以傾商政, 其事多兵權與奇計, 故後世之言兵及周之陰權皆宗太公爲本謀.)
4) 졸저, *Civilisation chinoise*, 103, 104쪽.
5) 같은 책, 324쪽.
6) 이 책, 307쪽 참조; *SMT*, IV, 37쪽의 각주.
7) *SMT*, V, 258~260쪽.
8) 같은 책, II, 171쪽(『史記』, 「田齊世家」). (참조원문: 宣王喜文學游說之士, 自如騶衍, 淳于髡, 田騈, 接子, 愼到, 環淵之徒 76人, 皆賜列第爲上大夫, 不治而議論. 齊稷下學士復盛, 且數百千人.)

자라면 자신도 언제나 어떤 권위를 얻게 마련이었다. 그래서 주나라의 마지막 왕들의 제거에 골몰했던 전제군주들은 자신들의 곁으로 특히 책략의 수립과 수행에 능숙한 정략가들을 끌어들이려 했다.

1. 성공술

전국시대의 책략가들은 역사의 거대한 주역들이었다. 고대의 경우를 보면, 『좌전』(左傳), 『국어』(國語), 『서경』(書經)에서도 개인고문들이 상당히 자주 등장한다. 『국어』[9]는 거의 이들의 일거일동에 대한 기술들만으로 채워진다. 국가에 기꺼이 자신의 모든 것을 헌신한 이들은 그 출신 성분도 다양했다. 그들 가운데는 광대도 있었고,[10] 진(晉)나라 평공(平公, 기원전 557~532년)의 측근으로 권세를 누렸던 사광(師曠)처럼 음악이 직업인 자들도 있었다.[11] 조간자(趙簡子, 기원전 512년)가 조언을 구했던 채(蔡)나라의 묵(墨)[12]이나 (기원전 773년) 정(鄭)나라 환공(桓公)에게 왕실이 번영할 수 있는 영토를 택하는 기술을 알려주었던 백(伯)[13] 같은 사가와 역관(曆官)들도 있었다. 심지어 그들 가운데는 월(越)나라의 왕 구천(句踐, 기원전 496~465년)의 재상에 오른 범려(範蠡) 같은 상인도 있었는데, 사마천은 이 무모한 모험적인 상인에 대해 한 편의 소설적인 전기를 남기고 있다.[14] 이 인물들의 대부분은, 특히 외교가들과 군사가들은, 위(魏)나라의 장수였던 오기(吳起)[15]나 진(秦)나라에서 조(趙)나라로 탈주한 귀순자 소진(蘇秦)[16]처럼 무훈담(武勳談)의 주인공이 되

---

9) 앞의 책, V, 1, 3쪽.
10) *Tso tchouan*, III, 755쪽; *SMT*, 제126장.
11) *SMT*, III, 289쪽.
12) 같은 책, IV, 125쪽; *Tso tchouan*, C, III, 452쪽.
13) 같은 책, IV, 450쪽; *Kouo yu*, 16쪽.
14) 같은 책, IV, 439쪽.
15) 같은 책, V, 148쪽과 제65장.
16) Escarra et Germain, *Études asiatiques XXVe*, II, 141쪽 이하.

기도 했다. 그리고 이리(李悝 또는 李克)──이 두 이름이 한 인물의 지칭인지 아니면 다른 두 인물의 지칭인지는 알 수 없다──가 위나라(기원전 424~385년)의 한 군주에게 성공술을 가르치는 데 사용한 소책자처럼,[17] 어떤 저술들은 이들 중 누군가의 것으로 간주되기도 한다. 이 책들 가운데 가장 흥미로운 저술로는 『관자』(管子)를 꼽을 수 있겠다. 『관자』는 기원전 7세기의 인물로 추정되는 반(半)전설적인 현자인 관중(管仲)의 저술로서, 기원전 4~3세기경에 편집된 것으로 보인다.[18] 실제 인물이든 가상인물이든 이들과 이 모호한 시대에 관해 우리가 알 수 있는 것은 단지 민속적인 성격의 여러 면모들일 뿐이다. 의외로 『한비자』(韓非子)는 한(韓)나라의 한 군주의 재상을 역임했고 정론의 대가였던 신불해(申不害, 기원전 358~353년)[19]의 말로 간주되는 몇몇 경구들을 보존하고 있다. 이 경구들은 책략가들이 부분적으로 재조명한 사상들을 이해하는 데 극히 귀중한 자료다. 이 사상들은 거의 번역이 불가능한 두 단어로 요약된다. 그 하나는 비결 · 방법 · 기교를 의미하는 글자 술(術)이며, 다른 하나는 여건 · 상황 · 정세 · 힘 · 영향력을 의미하는 글자 세(勢)다.[20]

---

17) Wieger, *Histoire des croyances religieuses et des opinions philosophique en Chine, depuis l'origine jusqu'à nos jours*, 236쪽; Maspero, *La Chine antique*, 520쪽.

18) Pelliot, *Meou tseu, ou les Doutes levés*, 585. 오늘날까지 전해지는 이 저술은 한대의 수정본으로 보이긴 하나 고대 관련 정보를 많이 제공하고 있다.

19) 그의 저술로 볼 수 있는 서책은 한대에 이미 유실되었다. Maspero, 같은 책, 521쪽.

20) Duyvendack, *The book of Lord Shang*, 96쪽 이하. 양계초는 『한비자』의 영문 번역자(이 번역자는 번역보다는 해석에 따른 요약을 제공한다)에 의해 '파벌주의'와 '전제주의'로 번역된 이 두 용어의 사상적 중요성을 강조했다(Liang Chi-chao, *History of Chinese political thought*, 116쪽과 Escarra et Germain, *La conception de la loi et les théories des légistes à la veille des Ts'in*, 28쪽 이하). 이러한 그의 관점은 물론 타당성이 있으나, 양계초가 그러했듯이 그 역시 '술학'(術學)과 '세학'(勢學)을 함부로 사용하는 결함이 있다. 그리하여 심지어 이 두 용어는 동일한 인물의 경우에도 상반된 의미를 띠는 경우도 있다(Escarra et Germain, 같은 책, 32쪽).

서구 언어에서 'chance'는 아마도 글자 세(勢)의 번역에서 가장 오류를 덜어줄 수 있는 단어일 것이다. 최대한의 행운을 얻는 데 운명을 걸기 위해 반드시 우리가 그 영향력과 힘을 붙잡을 줄 알아야 하는 기회는, 시기와 장소의 다양한 상황과 여건들 속에 숨겨져 있다. 이 사상의 중요성은 중국인이 보편적으로 부여했던 시공간의 구체적인 특성들과 당시 제기된 정치적 문제의 속성들을 통해 이해된다. 당시 전제군주들은 항상 혁명적 시기의 도래를 기대하고 있었다. 그들은 모두 천자의 지위를 찬탈할 준비를, 즉 문명에 새로운 질서를 부여할 채비를 하고 있었다. 최소한의 것을 변화시키는 것은 모든 것을 변화시키는 것과 같으며, 최소한의 변화의 징후를 포착하는 것은 총체적 변화를 가져올 기회를 잡는 것과도 같았다. 훈족의 복장(胡服)을 채택하기 위해 초(趙)나라의 한 군왕은 측근들에게 자신의 결정을 받아들이도록 하면서 (자신의 왕위가 위협을 받을 수 있기에) '어디서든 이점을 찾아야 하고', '풍습을 따르는 미덕만으로는 희대의 인물이 될 수 없다'고 신중하게 결론 내린다.[21] 전제군주들은 각 분야의 전문가들을 정치고문으로 기용하여 그들에게 유리한 징후를 살피도록 했다. 그들로서 기회를 놓치게 되든가 제때에 구하지 못하는 것은 돌이킬 수 없는 과오나 죄를 범하는 것과 같았다.[22] 한비자가 그러했고 이후 그의 많은 비평가들이 그러했듯이, 정론가들의 숙명론을 지탄하는 것은 얼핏 타당한 듯 보일지 모르나 실은 무근한 비난을 가하는 것에 불과하다.[23] 정략가들은 결코 통치를 운에 맡겨야 한다고는 보지 않았다. 오히려 그들의 통치술은 운명을 타진하고 운명을 이용하는 것이었다. 이 점에서 그들은 중국인의 통념을 따랐다. 예를 들면 중국인은 꿈은 실질적인 힘이며, 따라서 꿈은 현실을 유발해야만 하는 것으로 보았다. 하지만 꿈은 사람이 꿈을 현실로 여길 때에만

---

21) *SMT*, V, 84쪽(『史記』趙世家). (참조원문: 循法之功, 不足以高世, 法古之學, 不足以制今. 子不及也. 遂胡服招騎射.)

22) 졸저, *Danse et légendes de la Chine ancienne*, 85, 88, 91쪽의 각주.

23) Escarra et Germain, 같은 책, 34쪽.

비로소 운에 개입할 수 있을 뿐, 그전에는 아무런 효력이 없다. 이를테면 죽음을 예고하는 꿈을 꾸고 대수롭지 않다 여기면서도 처음에는 조심을 기하던 어떤 자가 3년이 지나도록 아무런 탈이 없자 이제 시간도 지쳤을 거라는 생각에 자신의 꿈 풀이를 부탁하자, 그는 꿈을 현실화한 바로 그날 죽고 말았다.[24] 상징을 바꾸는 것이 자신의 변혁성을 보여주는 것이듯이, 징조를 잡아내는 것은 개입하는 것이다. 정략가들을 기용하여 형세를 타진하는 군주들은 운을 구하는 순간부터 그들의 운명을 확충할 수도 또한 축소할 수도 있다. 정세를 이용하는 것은 당사자를 담보로 하는 운명에 대한 도박이었다. 이러한 인식은 결코 새로운 것은 아니다. 정략가들은 언제나 운을 타진하려는 욕망을 배양하면서 관습적인 질서와 위계관념이 누렸던 권위를 약화시켰다. 그들은 결정론적인 사상에 매이지 않고 풍습의 지배력을 감소시켰기 때문에, 이 이유만으로도 그들은 한동안 중국정신에게 법은 특정한 조건 아래에서만 유효하다는 생각을 더 부담 없이 받아들이도록 했다.

성공의 요소는 정세에 따라 천차만별이다. 예법의 준수사항들은 아무리 다양해도 현 상태를 유지하는 것 말고 다른 목적을 가지지 않는다. 현 상태 이상의 것을 탐하는 군주라면 끊임없이 새로운 성공수단들을 필요로 하게 마련이다. 직업적 정략가들은 그러한 군주에게 각 형세에 따른 적절한 성공비결을 제공하는 역할을 수행했다. 정략가들의 대부는 아마도 전설적인 인물로 '귀신계곡의 왕'(鬼谷子)이라 불린 왕후(王詡)였다. 이 인물에 대해 알려진 것이라고는 그가——흔히들 전국시대의 외교술에 대한 추론적 근거로 간주되는——저지를 위한 연합동맹체제의 창안자로 간주되었다는 점일 뿐이다.[25] 정략가들은 전통이나 신조를 무시한 채 순간의 이해만을 자신들의 유일한 원칙으로 삼았던 것 같다.

---

24) *Tso tchouan*, C, II, 158쪽.
25) Wieger, *Histoire des croyances religieuses et des opinions philosophique en Chine, depuis l'origine jusqu'à nos jours*, 236쪽: 졸저, *Civilisation chinoise*, 44, 110쪽.

즉 모든 것은 정세에 따라 변하는 까닭에 과거는 더 이상 구속력을 갖지 못한다. 우리가 정치풍속을 통해 알 수 있는 것처럼, 중국인은 자신에게 유리한 형국이 전개될 수 있도록 상대에게 불리한 시기를 전가해 상대를 약화시키는 수법에 탁월했다.[26] 아마도 이 수법은 여러 문구들로 명시되었을 것이다. 월왕(越王)인 구천(句踐)은 정략가인 문종(文種)을 이용한 후 그 스스로 목숨을 끊도록 했다. 구천은 문종에게 한 자루의 칼을 내리며 말했다. "그대는 오(吳)에 대항하기 위한 일곱 가지 책략을 내게 알려주었소. 그런데 내가 오를 물리치는 데는 세 가지로도 족했으니, 그대에게는 아직도 네 가지는 남아 있을 것이 아니요. 그러하니, 그 수법들을 내 선왕의 곁에서 시도해보시오."[27] 주해가들은 이 7(또는 9)가지의 술책을 열거한다. 이 술책들은 언뜻 저급한 계책들에 지나지 않은 듯 보인다(예를 들면, 사치나 여색을 조장하여 상대가 스스로 자신을 망가지게 한다는 것 등). 하지만 구천이 취한 예방책이 분명히 보여주듯이, 모든 것은 오로지 그 술책을 이용하는 개인의 기술에 좌우되었다. 여러 정치적 술책들은 가르침을 통해 터득할 수 있는 것이 아닌 수완이자 실시요령으로서 여타 제반 수법들과 조금도 다를 것이 없다. 이를테면 어떤 환술가가 아들에게 자신의 주문들을 전수하여 아들이 그 주문들을 정확히 외울 줄 알았으나, 주문은 어떠한 효력도 발휘하지 못했던 것이다.[28] 또 어떤 대장장이는 자신의 기술을 자식들에게 전수할 수가 없어 나이 일흔이 되도록 홀로 차륜(車輪)을 제작해야만 했던 것이다.[29] 마

---

26) *Civilisation chinoise*, 38, 39쪽; 졸저, *Danse et légendes de la Chine ancienne*, 88쪽의 각주 1).

27) *SMT*, IV, 432쪽(『史記』越王句踐). (참조원문: 子教寡人伐吳七術, 寡人用其三 而敗吳, 其四在子, 子爲我從先王試之, 種遂自殺.)

28) *Lie tseu*, Wieger, *Les Pères du système taoïste*, 197쪽. 이러한 주문들은 '수'(數)자로 지칭되며 또 술(術)로 규정되고 있다.

29) *Tchouang tseu*, Wieger, 317쪽. "(術은) 입으로 말할 수는 없는 어떤 수로 되어 있다." (참조원문: 口不能言, 有數存焉.) 어떤 수란 오직 직관과 소명의식을 통해서만 얻을 수 있는 수행 작법을 말한다. 수의 개념은 규정적 또는 기계적인 것보다는 기예와 효능성을 상기시킨다.

찬가지로 정치적 책략을 성공적으로 이끄는 기술도 개인적인 성향에 좌우되었다. 즉 모든 수법은 그 속성상 은밀하며(隱) 개인적이다(私).——이 점에서 통치술의 원칙들은 어떠한 독창적인 일면도 가지고 있지 않았다. 그렇지만 정치술의 원칙들도 풍습(또는 법)과 통치술의 구별이라는 새로운 개념을 유발했다. 세(勢)와 술(術)을 아는 것, 즉 세력을 얻을 수 있는 정세들과 그 정세들에서 세력을 얻을 수 있도록 요령을 터득하는 것은 오직 군주만의——사실 군주의 개인고문회의의——권한이었다. 한비자는 신불해(申不害)가 단지 여러 방책들만 중시하여 법과 준칙을 간과하는 데 대해 분명히 비난했다. 그럼에도 한비자는——공포되고 항구적인——법령들이 원만한 행정을 위해 필요한 것임을 인정하는 한편으로, 군주의 권위와 통치의 효율성이 제반 정세들에서 힘을 끌어내는 은밀한 술책들을 원칙으로 했음을 인정한다.[30]

2. 설득술(說得術)

정략가들이 중국사상에 미친 획기적인 자극에 이어, 기원전 4~3세기 들어 중국사상은 변증사상가와 논리학자들의 영향을 크게 받게 된다. 이에 포커(Forke)는 그리스와의 유사가능성을 당연시하면서 자신이 궤변론자로 규정하는 저자들에 대한 주의를 환기시킨다.[31] 중국인은 극히 다방면에 관심을 가졌던 논리학자들을 이른바 명가(名家)라는 단 하나의 학파로 포괄하려는 경향이 있다. 하지만 이 논리학자들의 일부는 수사학이나 논법을 거쳐 논리학으로 나아간 자들이며, 다른 일부는 정치

---

30) *Han Fei tseu*(韓非子), 43, 40쪽: Escarra et Germain, *La conception de la loi et les théories des légistes à la veille des Ts'in*, 28, 30쪽.

31) Forke, *The Chinese Sophists*, *JRAS*, Études asiatiques, 1쪽 이하. 중국에서 재개되고 있는 궤변학자들에 대한 연구로는 호적(胡適)의 탁월한 논고인 *The development of logical method in ancient China*, 111쪽 이하를 들 수 있다. 또 Suzuki, *A Brief history of early chinese philosophy*, 57쪽 이하도 참조할 수 있다.

적이고 윤리적인, 아니면 법률적인 관심에 따라 논리학으로 나아간 자들이다. 후자의 논리학자들이 중국전통의 논리학을 대표한다.——이를 증거할 방도는 없지만, 우리가 기꺼이 생각할 수 있는 것은 전자에 속하는 논리학자들은 외국에서 유입되었지만 중국에서 성공적으로 융화되지 못한 어떤 전통을 대표한다는 점이다.

고대의 학파 가운데 가장 교파성이 짙으면서 공격적인 성향이 강했던 학파는 묵가(墨家)다. 서구에서는 흔히 이 묵가를 피압박자들을 구원할 책무를 자임한 기사단원(騎士團圓)들에 비유한다. 그러나 우리로서는 이 묵가를 설교사제단(說敎司祭團)에 비유하는 것이 더 적절하게 보인다. 묵가의 구성원들이 지향한 목적은 야망으로 지혜를 저버린 군주들을 다시 지혜의 길로 들어서게 하는 데 있었다. 이에 따라 그들은, 학파의 원조가 작성한 것으로 여겨지는 설법용 기본 훈시문을 소지한 채 군주의 동의를 얻어내는 데 능란한 삿된 고문(顧問)들을 공격의 대상으로 삼았다. 그런가 하면 적어도 기원전 4세기 중엽에 이르러서는, 그들 중의 일부는 별도의 집단(묵자에서 분리된 제자들인 별묵別墨)을 형성하여 논법에 심취하기도 했다. 하지만 그들은 논법을 창시하거나 논변가(辯士)라는 이름에 걸맞은 최초의 인물들로 보이지 않는다. 우리는 민속사를 통해 이미 기원전 4세기 이전에 변론가들이 사고문(私顧問)으로 기용되어 설법을 전해왔음을 알고 있다.

궤변으로 상대의 말문을 막아버리는 것[32]도 논변의 시대를 함축적으로 보여주는 문학적 제재들 가운데 하나이긴 하나 이보다 더욱 시사적인 것은 괴상한 교훈담과 우화 사용이다.[33] 이 모든 교훈담과 우화들은,

---

32) 이에 대한 예로 『안자춘추』(*Yen tseu tch'ouen ts'ieou*)를 들 수 있다. 기원전 4~3세기경에 씌인 이 작품은, 난쟁이와 광대를 좋아한 제후(齊侯)[의 고문이자 또 통설에 따르면 난쟁이였다는 안자(晏子, 기원전 6세기 말~5세기 초)]의 저술로 간주된다(Maspero, *La Chine antique*, 586쪽; 졸저, *Danse et légendes de la Chine ancienne*, 171쪽 이하).

33) 전투에 앞서 외교적 타협을 시도하는 경우가 이에 해당한다(*SMT*, IV, 387쪽).

중국 전역에 유포되어 모든 국가에서 그 영향력을 찾아볼 수 있는 어떤 지혜에서 나온 것으로 보인다. 중국의 궤변가들은 몇몇 역설적인 고사들을 전해주고 있을 따름이다. 이 역설적인 고사들은 그 열거가 가능할 만큼 극히 소량만이 알려지고 있을 뿐이다. 이 궤변가들이 누구를 상대했던가를 알려주는 것으로는 전문적인 변론가들 앞에서 제자들의 말문이 막히지 않도록 하기 위한 학파의 훈련용 문답들이 보존되어 온다. 전문적인 변론가들은 역설을 사용하여 주의를 끌고 상대의 말문을 막히게 하면서 궁극적으로는 어떤 관점을 슬며시 언질하는 비결을 지니고 있었다. 송나라의 강왕(康王)은 자신의 면전에서 용맹과 무력 외에 어떤 것의 거론도 불허했다. 이에 한 궤변가가 왕에게 '도에 대해 아는 바'가 있다고 아뢰면서 무력행사의 승패를 가름하는 비법을 알려주겠노라 자청했다. 그리하여 그는 왕에게서 그 비법을 거론할 수 있는 동의를 끌어낸 즉시 무릇 성공의 관건은 예법에 있으며 평화에 대한 사랑에 있다고 설파했다. 그는 거론이 금지된 제재들에 대한 설변을 늘어놓은 후 왕이 응수할 겨를도 주지 않고 의기양양하게 물러났다.[34] 위(魏)나라의 조정에서는 전쟁과 화친을 주장하는 양론(兩論)이 분분하게 되었다. 이에 한 궤변가인 대진인(戴晉人)은 (제나라에 복수하려는) 혜왕(惠王)에게 나

적장(敵將)에게 전투할 의향을 버리게 하고 또 지나친 행동을 삼가게끔 사신은 적장에게 다음과 같은 우화를 들려준다. 여러 하인이 있었는데, 그들에게 술잔은 단 하나뿐이었다. 그래서 그들은 이 술잔을 나눠 마시기보다는 뱀을 가장 먼저 그리는 자가 우선적으로 술잔을 비우기로 결정했다. 마침내 뱀을 가장 빨리 그린 자가 술잔을 들고 우쭐대듯 "발을 그려넣고도 남지"라고 말했다. 그러자 다른 하인들이 "그건 더 이상 뱀이 아니야"라고 말했다. 우리는 이 우화를 묵자의 제자들이 선호했던(본질적인 것과 우발적인 것의 구별을 암시하는) 다음 역설들과 비교해볼 수 있다. "마차는 나무로 만들어졌으나, 마차에 오르는 것은 나무에 오르는 것이 아니다." 또는 "싸움닭은 닭이 아니다." 또는 "도적을 죽이는 것은 사람을 죽이는 것이 아니다." 맹자는 그가 제(齊)나라 선왕(宣王)의 궁중에서 행했던 한 수사학적 변론에서 직접적이고 위험한 대답을 피하기 위해 이 세 번째 제재를 이용하기도 했다(L, 231쪽).

34) *Lie tseu*, Wieger, *Les Pères du système taoïste*, 104쪽.

서서 "달팽이란 것이 있는데 무엇인지 알고 계십니까?"라고 물었다. "물론이지" 하고 왕이 응수했다. 이에 그는 "달팽이의 왼쪽 뿔에는 선동자들의 나라가, 오른쪽 뿔에는 야만인들의 나라가 자리 잡고 있습니다. 그들은 쉬지 않고 땅을 다투어 싸우니, 도처에 수만의 시체들이 즐비합니다. 그런데도 패한 지 보름이 멀다 하고 다시금 전투에 나섭니다"라고 말했다. 이에 혜왕은 "무슨 헛된 소리인가!" 하고 다그쳤다. 궤변가는 다시 "폐하께서는 그들이 과연 그럴 만한 이유가 있는지를 헤아려주시기 바랍니다. 사방으로도 한계가 없고 상하로도 한계가 없다는 것이 폐하의 생각 아니옵니까?"[35] 이에 혜왕은 "그래 어디 한계가 있겠는가?"라고 대답했다. 궤변가는 "그렇다면 폐하께서는 무궁한 공간 안에서 마음으로 즐길 수(遊心) 있지 않사옵니까? 서로 경계를 이루는 왕국들이 존속한들 아니한들, 그것이 폐하에게 무슨 중요할 것이 있사옵니까?" 이에 왕은 "지당한 말이로다"라고 했다. 다시 이 궤변가는 "이 한정된 왕국들 가운데 위나라가 있사옵고, 위나라 속에 수도인 양(梁)이 있사옵고, 폐하께서는 이 양 속에 있사옵니다. 하니, 폐하께서는 야만인들의 왕과 무엇이 다르옵니까?"라고 물었다. 그러니 왕이 "하등 다를 바 없도다"라고 대답했다. 궤변가가 물러나자 혜왕은 멍하니 망연자실한 듯했다.[36]

---

35) 달팽이의 몸과 같이 공간은 하나며 불가분한 것이다.

36) *Tchouang tseu*, L, II, 118; Wieger, 앞의 책, 433쪽. 사마천이 기록하는 다음의 일화와 비교해보자(*SMT*, V, 155). 위나라 세자가 출정을 준비하고 있을 때, 어떤 자가 알현을 청하면서 자신이 백전백승의 비법을 안다고 말했다. 이에 세자에 인도된 그는 대략 다음과 같이 말했다. 즉 전투에 승리를 거두어 한 영지를 합병한다 한들 세자는 단지 위나라 군주에 그칠 따름이며, 만약 전투에 패하는 경우라면 위나라마저 잃게 되고 말 것이니, '백전백승의 비법'은 영토확장을 위한 전투를 하지 않음에 있다. 우리는 민중적 형식을 보존하고 있는 이 역설에서도 다른 역설에서처럼 공간 고유의 특성인 비정규성에 대한 인식을 읽을 수 있다. (참조원문: 戴晉人曰：〔有所謂蝸者, 君知之乎?〕曰：〔然〕〔有國於蝸之左角者曰觸氏, 有國於蝸之右角者曰蠻氏, 時相與爭地而戰, 伏尸數萬, 逐北旬有五日而後反〕君曰：〔噫! 其虛言與?〕曰：〔臣請爲君實之. 君以意在四方上下有窮乎?〕君曰：〔無窮〕曰：〔知遊心於無窮, 而反在通達之國, 若存若亡乎?〕君

이 일화들 속에서 긍정적인 모습으로 등장하는 궤변가들은 위나라 출신으로 위에 거주하면서 (통설에 따르면) 혜왕(기원전 370~319년)의 재상을 지냈던 것으로 전해지는 인물인 혜자(惠子 또는 惠施)의 측근에 속했던 것 같다. 변증가들 가운데 가장 저명한 사상가였던 중국의 혜자는 측근의 궤변가들처럼 평화의 옹호자였을까? 그렇다면 과연 우리는 혜자를 묵가와 결부시켜도 될까? 나아가, 혜자의 변증사상이 묵자의 학설로 인정되는 겸애론(兼愛論)의 형이상학적 토대로 제공되었다는 주장도 할 수 있을까? 이 형이상학은 '도가에서 유래된, 사물과 존재물의 본질적 동일성'[37]을 근간으로 삼은 것 같다. 사실 혜자는 도가의 추종자들이 그를 비난하는 여러 야유들을 통해서나 겨우 알려져 있을 뿐이다.[38] 그들은 혜자를 거짓된 앎(道)으로 실재에 충실하지 않은 논변만을 펼친다고 비난한다. 장자는 혜자에 대한 야유조의 일화를 기록하고 있다. 어느 날 한 사람이 재미 삼아 혜자에게 왜 하늘은 떨어지지 아니하는지, 또 왜 바람이 불고 비가 내리고 천둥이 치는지를 묻자 혜자는 어떠한 주저함이나 재고의 여지도 없이 이에 대한 끝없는 논변을 늘어놓았다 한다. 어떤 학자는 혜자의 이 같은 즉흥적인 재능에 비추어 "그는 천문학, 점성학, 음양과 수학 등 그 시대의 학문에 정통했다"[39]고 주장한다. 그러나 사실 이러한 주장은 지나친 단정에 불과하다. 독자에게 그에 관한 정보를 제공하고 싶은 욕구가 어떠하든, 여기서는 단지 다음 사실을 지적해두고 싶다. 혜자에 관해 우리에게 전해지는 것은 몇몇 조소적인 일화들과 그의 역설적인 일화들 속에서 다루어지는 몇몇 주된 제재들뿐이라는 점을.

曰: 〔然〕曰: 〔通達之中有魏, 於魏中有梁, 於梁中有王. 王與蠻氏有辨乎?〕君曰: 〔無辯〕客出而君惝然若有亡也.)

37) Maspero, *La Chine antique*, 532쪽.

38) 혜자에 관련된 일화들은 몇몇을 제외하고는 대부분 『장자』의 제33장(L, II, 229~232쪽)에 수록되어 전해진다. (Wieger, 앞의 책, 215, 221, 249, 347, 349, 351, 419, 431, 445, 451, 507~509쪽.)

39) Maspero, 같은 책, 531쪽.

이 제재들 가운데 하나인 다섯 번째 역설은 번역가들에게 많은 어려움을 안겨준다.[40] "가장(大) 근사한(同) 것과 가장 덜(小) 근사한(同) 것의 차이(異)는 최소한(小)의 근사함(同)이자 최소한(小)의 차이(異)다. 모든 것에 전적으로 근사하고(同) 전적으로 차이(異)가 있는 (것은) 최대한(大)의 근사함(同)과 최대한(大)의 차이(異)에 (해당한다)." 이 모호한 경구는 (주해가들의 공통된 견해처럼) 단지 상관적 양상들과 독립적 양상들의 구별을 풍자조로 문구화한 것에 불과하다. 상관적 양상들(생生과 사死, 행幸과 불행不幸, 냉冷과 열熱, 주晝와 야夜, 정靜과 동動 등)은 연계적이며 보완적(최소한의 차이)이지만 차례로 (최소한의 근사성으로) 인식된다. 독립적인 양상들(즉 흰색과 고체)은 비록 전적으로 분리되어 (최대한의 차이가) 있다고 할지라도 하나의 동일한 물체(최대한의 근사성) 속에서 (즉 돌에서처럼) 한데 결합되기도 한다.

"가까우면서도 다른 것(同異, 즉 보완적 양상들)은 (合, 즉 사실상 분리될 수 없는 두 개의 반반半半이 결합하는 방식으로) 하나로 맺어주고, 흰

---

40) 원문은 "大同而與小同異, 此之謂小同異, 萬物畢同畢異, 此之謂大同異"다. 이에 대한 레그의 번역은 다음과 같다(*Tchouang tseu*, L, II, 229쪽 참조). "(When it is said that) things greatly alike are different from things a little alike, this is what is called making little of agreements and difference; (When it is said that) all things are entirely different, this is what is called making much of agreements and difference." 반면, 비에제르 신부의 번역은 다음과 같다(*Tchouang tseu*, Wieger, 507쪽). "많이 닮음과 적게 닮음의 차이는 곧 작은 닮음-작은 차이나, 만물이 전적으로 닮고 전적으로 다르면, 이는 곧 큰 닮음-큰 차이다." 그리고 마스페로의 번역은 다음과 같다(*La Chine antique*, 533쪽). "동일성을 많이 지니고 있는 것은 동일성을 적게 지니고 있는 것과는 다른 것이니, 이를 가리켜 작은 동일성과 작은 유사성이라 한다. 그리고 만물은 (서로) 전적으로 다른 것이니, 이를 가리켜 큰 동일성과 큰 유사성이라 한다." 이어 마스페로는 다음과 같이 덧붙였다. "이러한 조건들 속에서는 어떠한 구별도 근거 없는 것이게 마련이며, 또 묵자가 주장한 '세계는 하나이니 만물을 하나같이 사랑하라'는 겸애론의 원칙도 여기에 근거한다고 했다." 본문의 인용구에서 괄호에 든 문장은 혜자의 열 번째 역설을 번역한 것이다. 나는 이 역설을 다음과 같이 이해한다. "애정이 만물 하나하나에까지 퍼져 나가면, 우주(직역하면, 하늘과 땅)는 더 이상 일체가 될 수밖에 없다."

색과 고체(독립적 양상들)는 (離, 즉 결합되어 있음에도 서로 다른 부분들을 분할시키는 방식으로) 분리시키는 것", 이것이 궤변가의 역할이었다.[41]

변증사상가들은 짝수와 홀수, 가까운 것과 다른 것(同異), 백(白)과 고체에 관한 논변을 전개한다.[42] 하지만 그들이 업적으로 자부하는 것은 "하늘을 배경으로 한 집처럼 고체와 흰색의 분리(離)"를 선명하게 부각시킨다는 점이다.[43] 음양의 범주는 무한정한 상응체제가 누렸던 관례적인 권위에 나란히 중국인을 지배하여 모든 것을 대조적인 관계로 환원하지 않을 수 없도록 했다. 그런데 금(金)에서 백(白)을 분리하거나 수(水)에서 흑(黑)을 분리하는 것은 예법의 붕괴를 초래하여 사유를 예법으로부터 해방시키고 사회질서의 재구성에 따른 사물의 재분류를 가능하게 했다. 궤변가들이 계몽전제군주들의 궁정에서 인정받을 수 있었던 것도 바로 이러한 연유에서다. 나름대로 새로운 사유방식을 찾아내었든, 아니면 외부에서 유입된 사유의 의미를 이해하는 데 공로가 있었든지 간에, 변증사상가들은 그들의 논변에 새로운 매력을 풍길 줄 알았다. 그들은 추상화나 추상적인 개념들을 사용할 줄 알았다.

구체적인 것을 벗어나지 않고 모순을 대립시키지 않으면서 사유하려는 중국인의 성향과는 극히 역행되게 변증사상가들은 사유의 추상화를 실현하고 모순의 원칙에 절대적인 의미를 부여했으며, 또한 이를 이용했다. 그들은 이 **추상적 사실주의**를 통해 크기, 양, 시공, 운동, 연속성, 단일성, 복수성 등의 개념에서 전적으로 형식적인 분석에 입각하는 일군의 역설들을 생각해냈다. 위에서 이미 인용한 혜자의 다섯 번째 역설은 추상적인 질(質)개념에 의해 파생 가능한 모든 역설의 원칙을 나타내는 반면, 그 외에 물리적 실재성을 약화시키기 위한 역설들은 어떠한 체계적인 제시를 위한 노력 없이 표현되고 있다.

---

41) *Tchouang tseu*, L, I, 387쪽. (참조원문: 合同異, 離堅白然不然.)
42) 같은 책, II, 220쪽. (참조원문: 以堅白同異之辯相訾, 以觭偶.)
43) 같은 책, I, 317쪽. (참조원문: 離堅白若縣宇.)

(I) 지극히 커서 아무것도 밖에 방치하지 아니하는 것을 최대한의 전체(一. 일체·총체), 태일(太一)이라 하며, 지극히 작아서 아무것도 안에 보관하지 아니하는 것을 최소한의 전체(一), 소일(小一)이라 한다.

(II) 두께가 없어 첨가될 수(積, 즉 쌓아질 수) 없는 것도 (소일에서 보면) 천(千)길의 높이를 지닌다.

(III) (그러나 태일에서 보면) 천지의 고저도 다르지 아니하고, 산과 늪도 평편하다.

(IV) 태양은 중천에 이를 때 황혼으로 물들고, 존재는 탄생할 때 죽음을 맞이한다.

(VI) 남(南)은 끝도 없이 펼쳐지나 반드시 끝은 있다.

(VII) 나는 오늘 월(越)로 가고 있으나 어제 월(越)나라에 도착했다.

(VIII) 연계된 고리들은 풀어놓을 수 있다.

(IX) 나는 천하의 중심을 알고 있다. 천하의 중심은 연(燕, 가장 북쪽)의 북쪽에 있을 수 있고 월(越, 가장 남쪽)의 남쪽에도 있을 수 있다.

(X) 애정이 만물로 넘쳐 흐르면, 우주(직역하면, 하늘과 땅)도 일체다.[44]

"혜자는 다섯 수레를 가득 채울 만큼 글을 많이 썼지만, 그의 앎은 그럴듯함에 불과하며 또한 그의 말들은 공담에 불과할 뿐이다." 이것이 하나의 소모적인 분할을 구체적인 모든 것에 적용하는 이 모든 역설의 공동된 원칙을 간파한 장자의 평가다. 장자는 추상화에 능한 혜자가 부득

---

44) *Tchouang tseu*, L, II, 229쪽. 장자는 이 모든 역설의 근거를 논박하고 있다. 같은 책, I, 181쪽 이하, 187쪽 이하. (참조원문: 至大无外, 謂之大一. 至小无內, 謂之小一. 无厚, 不可積也. 其大千里. 天與地卑, 山與澤平. 日方中方睨, 物方生方死//南方无窮而有窮. 今日適越而昔來. 連環可解也. 我知天下之中央, 燕之北越之南是也. 氾愛萬物, 天地一體也.)

불 구체적인 용어들을 빌려 자신의 원칙의 비효율성을 실토하고 있음을 보여주면서 기꺼워한다. 장자에게 자신이 겪은 곤경을 이야기한 후 혜자가 말하길, "위나라 왕이 나에게 큰 호박씨를 주어 심었더니, 자라나 다섯 섬의 엄청난 호박이 열렸다네. 그 호박을 (가운데로 잘라) 대야를 만들었네. 그런데 대야들이 너무 무거워 들 수 없었네. 그래서 나는 (다시금) 그 호박들을 쪼개어 바가지로 만들었네. 하지만 그 마른 껍질(조각)들은 여전히 너무 컸고 기우뚱하여 물을 담을 수 없었네. 정말 크기만 했지 도무지 소용이 없었네. 나에게는 전혀 쓰일 바가 없어 깨부수고 말았네!"[45)

중국인은 혜자와 그 계승자들이나 경쟁자들의 추상적 사실주의에 별다른 호응을 보내지 않았다. 혜자의 경쟁자들 가운데 가장 널리 알려진 인물은 기원전 4세기 말경 역시 위나라에 거주한 공손용(公孫龍)이다. 『열자』에 따르면, 그는 주요 제자로 중산국(中山國)의 공자(公子) 모(牟)를 두고 있었다 한다.[46) 공손용은 '사람들의 욕망을 미화시키고 그

---

45) *Tchouang tseu*, L, I, 172쪽. (참조원문: 惠施多方, 其書五車, 其道舛駁, 其言也不中//惠子謂莊子曰: 〔魏王貽我大瓠之種, 我樹之成而實五石, 以盛水漿, 其堅不能自擧也, 剖之以爲瓢, 則瓠落無所容. 非不呺然大也, 吾爲其無用而掊之〕!)

46) *Lie tseu*, Wieger, 127쪽; *Tchouang tseu*, Wieger, 419쪽. 장자는 공손용을 네 학파, 즉 묵자와 양자(楊子)와 공자의 추종자들과 혜자의 경쟁자로서(같은 책, 419쪽) 간주했으며, 이 다섯 학파의 가르침을 조율되지 않은 비파의 5음에 비유했다. 『장자』, 제33장에 실린 그의 평가에 따르면, 오직 혜자만이 위대한 창안자며 공손용과 기타 궤변론자들은 혜자의 역설들을 남용하는 자들에 불과하다고 했다. (참조원문: 然則儒墨楊秉四, 與夫子爲五, 果孰是邪?//於是爲之調瑟, 廢一於堂, 廢一於室, 故宮宮動, 故角角動, 音律同矣. 夫或改調一弦, 於五音无當也, 鼓之, 二十五弦皆動, 未始異於聲, 而音之君已. 車若是者邪?) 우리로서는 혜자의 사상적 핵심인 '무한한 가분성(可分性)'이 공손용에 의해 창안된 사유상의 제재라는 마스페로(*La Chine antique*, 535쪽)의 주장이 어디에 근거하는지 알 수 없다. 공자의 제자였던 자사(子思)와 동일한 인물이자 떠돌이 궤변론자로 추정되는 공손용은 상당히 훼손된 상태로 전해지는 소책자 『공손용자』(公孫龍子)를 통해 알려졌다. 이 책자는 부분적으로 번역되어 있다(Tucci, *Storia della filosofia cinese antica*, 44쪽 이하). 그리고 비에제르 신부가 그의 책 *Histoire des croyances religieuses et des opinions philosophique en*

들의 뜻을 바꾸는 데' 탁월했다. "그는 언제나 논쟁에서 승리할 수 있었지만 깊이 설득하지는 못했다."[47] 그의 역설적 제재들은 귀오법(歸誤法)에 따른 논증의 제시에서 독립적 양상들의 차이를 지나치게 남용하는 것 같다. 이를테면 "흰개는 검다"(白狗黑), "흰말은 말이 아니다"(白馬非馬). 왜냐하면 검은 개와 흰개는 둘 다 개인 까닭에 흰개는 검은 개나 마찬가지다.──또 만일 말이 흰말이라면 그 말은 검은 말이나 갈색 말과 동일시될 때에만 오로지 말로 간주될 수 있을 뿐이기에 흰말도 검은 말도 갈색 말도 말이 아니다. 이 변증논법은 모든 수식어를 동등시하여 일체의 수사를 금지하고, 절대적 상대주의를 위해 지나치게 엄격한 수식어를 사용해 모순의 원칙을 부정하는 데 목적이 있었다. 이 논법은 당대 중국인을 놀라게도, 싫증나게도 했다. 중산국의 공자였던 모 같은 입문자들만이 이 논법에서 모종의 깊은 의미를 보려고 했을 뿐이다. "흰말은 말이 아니다(라는 문구가 지적하는 것은) 대상(더 정확히 말하면, 한 대상의 표상, 즉 형形)과 수식의 차이(離)다"(白馬非馬, 形名離也). "욕망을 지닌 자는 욕망이 자리하는 곳인 마음이 없다는 말(有意不心)은 오직 욕망의 부재만이 마음을 하나로 모을 수 있음을 말한다"(無意則心同).[48] "손가락이 있는 자는 촉지하지 못한다"(有指不至)는 말은 완전한 촉지가 가능하기 위해서는 손가락이 전혀 필요하지 않음을 뜻한다(無指則皆至). "한 올의 머리카락이 3만 근의 무게를 지탱한다"(髮引千鈞)라는 이 제재는 세(勢. 힘·영향력·여건 등에 대한 생각)를 부각시키는 데 사용된다(勢至等).[49] 그리고 "그림자는 움직일 수 없다(有影不移).──또는 '날아가는 새의 그림자는 움직일 수 없다'(飛鳥之景未嘗動也).──는

Chine, depuis l'origine jusqu'à nos jours(218쪽 이하)에서 위의 번역에 근거하여 제시하는 해석은 명쾌하기는 하지만 완전한 오해일 따름이다.

47) *Tchouang tseu*, L, II, 231쪽. (참조원문: 飾人之心, 易人之意//能勝人之口, 不能服人之心.)

48) 이 제재는 묵자의 학설보다는 도가사상에 더 가깝다.

49) 도가의 정신을 말해주는 또 다른 제재로서, 접촉 없이도 이행되는 영향을 들 수 있을 것이다(이 책, 392, 529, 530쪽).

변화(운동의 의미가 아니라 변화를 의미하는 개改에 대한 생각)을 부각 시킨다."[50]

중산국의 공자는 화살의 역설에 찬탄을 금치 못했지만 이에 대한 주해를 가하지는 않았다. 그렇지만 (여러 관점에서 볼 때) 이 역설은 공손용의 역설들 중 가장 흥미 있는 것으로, 해석할 때도 불확실의 정도를 최소화해준다. 이 역설은 각기 화살과 움직이지 않는 그림자를 제재로 하는 두 개의 번안으로 전해진다. 화살을 제재로 다루는 번안에서 화살은 다음과 같이 표현된다. "활촉과 화살(鏃矢)의 속도가 어떠하든,[51] (활촉과 화살이) 이동하지 않으면서 머물러 있지도 않는 때가 있다."[52] 공손용은 어느 날 공천(孔穿)과의 대화에서 이 수수께끼 문구의 의미를

---

50) *Lie tseu*, Wieger, *Les Pères du système taoïste*, 128쪽(『列子』仲尼). (참조 원문: 龍誑魏王曰: 有意不心. 有指不至. 有物不盡. 有影不移. 髮引千鈞. 白馬非 馬. 孤犢未嘗有母. 其負類反倫, 不可勝言也. 公子牟曰: 子不諭至言而以爲尤也. 尤 其在子矣. 夫無意則心同. 無指則皆至. 盡物者常有. 影不移者, 說在改也. 髮引千 鈞, 勢至等也. 白馬非馬, 形名離也.)

51) 우리는 촉시(鏃矢)를 (화살촉이 아닌) '촉 달린 화살'로 번역할 수도 있을 것 이다. (참조원문: 鏃矢之疾而有不行不止之時) 이 인용문구가 이 표현으로 시작 되는 데는 이유가 있다. 이 표현으로 화살의 머리와 몸체로 구별되며, 또 이러 한 구별은 화살들의 연쇄적인 양상을 보여주는 데 필수적이다(고리들이 연결 되어 있는 모습도 이러한 분할 가능성을 알려준다).

52) 이 역설에 대한 번역과 주해는 공손용 자신이 제시하는 구체적인 예증들을 고 려하지 않은 채 진행되었다. 이를테면 레그는 *Tchouang tseu*, L, 230에서 "Swift as the arrow head is, then is a time when it is neither flying, nor at rest"로 번역한다. 비에제르의 번역에 따르면 "과녁에 가 닿은 화살은 더 이 상 나아가지 못하나 멈추지도 않는다." 그리고 (혜자가 "역설을 이해 불가능 한 것으로 만들어버렸다"고 비난하는) 마스페로는 이 역설을, "화살은 운동과 휴지의 순간을 동시에 지닌다"는 의미로 이해하면서 다음과 같이 번역한다. "화살의 급속한 운동은 화살이 정지상태로도 운동상태로도 있지 않은 순간들 (의 연속)이다"(*La Chine antique*, 537쪽). 우리로서는 그가 그의 저술 537 쪽의 2번 각주에서 개진하고 있는 논지의 의미를 이해할 수 없으며, 또 중국의 어떤 자료에 근거하여 이 역설을 다음과 같은 의미로 해석했는지도 알 수가 없다. "만일 우리가 화살의 주행 공간, 즉 활에서 과녁까지를 단일체로 간주한 다면 화살은 운동 상태에 있는 것이다. 또 만일 우리가 화살이 점유하는 공간

다음과 같이 풀었다. "명궁은 앞서 쏜 화살의 꼬리를 두 번째 화살의 활촉으로 맞혀버리는 능력을 지녔소. 명궁이 연이어 당긴 화살들은 활촉과 꼬리가 중단 없이 서로 맞닿다 보니 연속적으로 서로 이어져 나간다오. 그래서 첫 번째 쏜 화살부터 마지막 화살까지는 과녁에서부터 화살의 시위에 이르기까지 한 줄로 연이어져 마치 하나를 이루는 듯 보인다오." 이에 공천이 놀라움을 금치 못하자 공손용은 다시 덧붙이기를, "놀랄 것은 없소. 홍초(鴻超)라 불리는 봉몽(逢蒙. 궁수弓手들의 수호신)의 한 제자가 어느 날 자신의 부인에게 화가 나 그녀를 놀라게 하고 싶었다오. 그래서 그는 까마귀 울음이라는 활과 기위(綦衛)라는 이름의 화살을 들고 그녀의 눈을 겨냥하여 활을 당겼다오. 화살은 눈 깜짝할 새도 없이 동공을 스치더니 먼지 하나 일으키지 않고 땅에 떨어졌다오."[53] 힘과 정확도를 갖추어 당긴 화살은 절대속도로 이동하여 어떠한 여파도 자아내지 않고 사멸된 속도처럼 멈춘다. **상호 연속적인 절대 속도와 제로 속도**는 서로 완전한 차이가 있으면서도 또한 아무런 차이가 없다——왜냐하면 떨어지지도, 움직이지도, **움직이게 하지도** 않으면서 과녁에 도달했을 때 화살은 여전히 날아가는 중이기 때문이다. 마치 화살이 지나가지도 움직이지도 않듯이 아무것도 움직이게 하지 않을 정도로 빠르게 지나갈 때의 화살은 정지하는 것과 같다. 그러니 완벽한 부동성과 극도의 유동성은 조금도 다르지 않다. 말하자면, 활시위에서 과녁에까지 이어지는 화살의 연속적인 모습은 유동적인 동시에 부동(不動)이다. 부동인 까닭은 첫 번째 화살의 활촉이 과녁에 가 닿아 있을 때 마지막 화살의 꼬리는 시위에 남아 있음으로써 모든 것이 여전히 이동 중임에도 어느 것 하

을 단일체로 간주하면서 주행 전체를 고려하지 않고 이 두 단일체를 각기 별도로 고려한다면 화살은 정지상태에 있는 것이다."

53) *Lie tseu*, Wieger, 127쪽. (참조원문: 善射者, 能令後鏃中前括, 發發相及, 矢矢相屬; 前矢造準, 而無絶落, 後矢之括猶銜弦, 視之若一焉//此未其妙者. 逢蒙之弟子曰鴻超, 怒其妻而怖之. 引烏號之弓, 綦衛之箭, 射其目. 矢來注眸子, 而眶不睫, 矢墜地而塵不揚.)

나 움직임이 없기 때문이며, 유동인 까닭은 마지막 화살의 꼬리가 시위에서 절대 속도를 얻는 순간 첫 번째 화살의 활촉은 이동을 끝맺음으로써 모든 것이 이동 중임에도 어느 것 하나 움직이지 않기 때문이다.

이 역설적 제재는 시간과 공간의 무한정한 가분성(可分性), 효율적인 힘(勢)과 변화(改)의 개념을 다루고 있다는 데 그 중요성이 있다. 이러한 견지에서 이 제재는 도가에서 애용되는 몇몇 제재들과 연관될 수 있다. 가장 강력한 검(劍), 즉 전혀 피를 묻히지 않고 모든 것을 베어버리는 검은 적을 아무 힘도 들이지 않고 단 세 번에 목에서 허리까지 베어버린다. 하지만 검은 지나가되 아무것도 분리시키지 않는 까닭에 베어진 몸은 완전무결한 상태로 남아 있다.[54] 화살의 역설은 중요한 신화적 제재와도 관계된다. 즉 연속성을 이루는 명궁의 화살은 왕과 하늘을 접촉시켜주는 왕의 화살과 동등하다. 시위에서 과녁에 이르기까지처럼 연속된 이 접촉은 일방으로만 이루어지는 것이 아니다. 다시 말해, 궁수를 떠난 화살은 그에게로 되돌아옴에 따라 순환과 정지가 있다(마찬가지로 접촉 없이 이루어지는 소통이 있다).[55] 모든 것이 변화인데도 변화는 (따라서 운동은) 있을 수 없다는 사상에 따른 이 역설들의 저변에는 변증법적 사상가들의 추상적 사실주의와 직결되는 주술적 사실주의가 작용한다.

단지 도가들만이 도가의 변증법적 능변에 영향받은 궤변가들의 분석을 통해 어떤 수확을 얻는 듯이 보인다. 도가는 다음의 문구를 다양한 방식으로 활용한다. "한 척(尺) 길이의 자를 매일 절반씩 줄여나가도 만세대가 지난들 다 줄일 수 없다."[56] 삼단논법에 대한 다수의 중국작가들, 특히 왕충(王充)의 취향은 변증사상가들에게서 비롯하는 것 같다. 그렇지만 도가는 궤변가들을 단지 경멸적인 태도로 대했을 뿐이다. 도가는 친구도 없이 모든 학파를 멀리할 수밖에 없는 그들의 시기심을 비

---

54) 앞의 책, 149쪽.

55) 이 주제에 관해서는 졸저, *Civilisation chinoise*, 223쪽 이하를 참조할 것.

56) *Tchouang tseu*, Wieger, 509쪽. (참조원문: 一尺之捶, 日取其半, 萬世不竭.)

난했으며 또한 어쩌다 논변할 기회가 생기면 사상과 사물에 관심을 두기보다는 승리의 말을 찾는 데 급급해 상대방이 "혀가 입천장에 달라붙은 채 입을 멍하니 벌리면"[57] 마냥 기꺼워하는 그들의 오만을 비난했다. 도가는 혜자에게 기껏 음악가로서의 재능과 능변의 매력만을 인정해주었다.[58] 궤변가들이 듣는 자들이 감복한 나머지 자신도 모르게 동의를 표명하게 하는 데 주된 관심을 둔 것은 사실이었던 것 같다. 반면, 묵자의 마지막 제자들이 어떤 획기적인 시도로서 명문화하려 했던 것은 설득술이었던 것 같다.[59]

흔히들 주장하는 것처럼, 이 수사가(修辭家)들이 인과율과 모순율을 명쾌하게 인식했다고는 단정하기 어렵다. 인과율과 모순율이 제시된다고 여겨지는 경구들은 사실 중국의 원문을 참조할 경우 극히 모호하게 드러나고 만다.[60] 이 경구들이 모종의 엄격함 속에서 생각되고 문구화되었음을 인정해야 한다면, 이들이 간과되고 전혀 회자되지 못한 사실은 과연 무엇으로 설명할 수 있을까? 마찬가지로, 만일 이 논리학자들이 연역(曉)과 귀납(推)의 대립관계를 생각했다는 것이 사실이라면, 그들이 여러 예증의 힘을 빌려 논거를 제시하거나 유사관계에 기대어 논지를 펼치는 데 그쳤다는 것은 또 어떻게 설명해야 될까? 물론 **예증**을

---

57) 앞의 책, 347쪽; *Lie tseu*, I, 같은 책, 127쪽. (참조원문: 舌擧而不下, 乃逸而走……)

58) *Tchouang tseu*, Wieger, 221쪽.

59) 우리는 이들이 남긴 노력의 흔적을 포커가 번역한 『묵자』의 40~45절에서 엿볼 수 있다(*Mo Ti, des Socialethikers und seiner Schüler philosophische Werke*). 원본 상태는 극히 불량하여 그로부터 어떤 분명한 것을 끌어내기는 거의 불가능한 것 같다. 장병린(章炳麟), 호적(胡適), 양계초(梁啓超) 등 오늘날의 많은 중국 저자들은 이러한 상태의 원본에서 어떤 확정적인 논리의 근거들을 얻어내려고 했다. 그들의 연구는 높이 평가받을 만하나, 밀(Stuart Mill)에 대한 맹목적인 수용으로 명료성을 잃고 말았다. 마스페로는 이에 대해 그들을 비난했다(*Notes sur la logique de Mö tseu et de son école, TP*, 1927, 10쪽). 사실 이 저자들이 그들의 논고에서 사용하는 전문용어들은 그 의미를 규정하는 데 많은 어려움을 낳고 있다.

60) Maspero, *La Chine antique*, 540쪽.

들어 규명하고(曉) 유사관계를 활용하여 논거의 폭을 넓히는(推) 과정에서
——형식적 추론방식의 습득을 위해서가 아니라——올바른 논증을 위
해 여러 실천적 규칙의 필요성을 인식했다는 점은 주목하기에 충분하
다. 이러한 점은 귀납과 연역의 관점에서 고찰되었던 기술적 용어들에
의해 분명히 시사되었다.[61] 묵자의 제자들이 실천적 행위를 추구했다는
포커의 지론이 그릇된 주장은 아닌 듯하다.

그렇다고 묵자의 제자들을 추론의 이론가들처럼 여겨서는 안 된다.
사실 그들의 관심분야는 단지 토론에서 승리하기 위한 기법에 국한되었
다.[62] 사실 그들은 웅변술에만 치중했다. 그렇지만 그들이 애써 기울인
노력이나 그 노력에 따른 이론적 성과를 간과하는 것은 공정한 처사가
아니다. 중국어에는 시제나 성수(性數)가 없다. 이 중국어의 특성은 어
떤 역설들을 재미있는 문구로 표현할 수 있게도 했으나 모든 개념을 분
석하는 데 어려움을 안겨주기도 했다. 중국어는 동사, 명사, 형용사, 부
사 등을 구분하지 않는다. 그러기에 이러한 조건에서 중국인이 유사관
계 속에 언급된 용어들의 관계를 분석하려는 생각을 한 것은 가히 놀라
운 일이며, 이러한 분석을 끝까지 밀고 나가지 못한 것 또한 충분히 이
해할 수 있는 일이다.[63] 흰색과 고체, 말과 흰색, 명명(命名)과 대상(事)

---

61) *TP*, 1927, 11, 26, 32쪽.
62) Forke, *Mo Ti, des Socialethikers und seiner Schüler philosophische Werke*, 85쪽.
63) 이 책, 330, 337쪽. 졸저, *Quelques particularités de la lang. et de la pens chinoise*, 124쪽. 현학적이지 않은 논의에서의 유사적인 비유의 사용에 관해
서는, 졸저, *Fêtes et chansons anciennes de la Chine*, 64쪽을 참조할 것.
그리고 "어미 잃은 송아지에게 어미가 있었던 적은 없다"(어미가 있었을 때
송아지는 어미 잃은 송아지가 아니었다)라는 식의 역설들 사이의 상관성에도
주목하자. 이러한 역설들은 농부들의 농담과도 흡사하며 또 우물 속의 사람에
대한 농담처럼 완전한 우스갯소리들과도 흡사하다(졸저, *Danses et légendes de la Chine ancienne*, 506쪽 참조). 우물을 파고자 했던 한 사람이 그럴 능
력이 있는 한 인부를 발견하여 그의 우물을 파고 나서는 말했다. "나는 한 우
물을 팠소! 나는 한 사람을 발견했소!"(선행사가 표현되지 않았던 까닭에) 사

또는 그 상징(形)에 관한 여러 토론들은 그 의외성과 혁명성으로 인해 놀라운 면모를 보인다. 이 토론들은 숭상되어왔던 기존의 분류와 조응 체계의 붕괴를 불러왔다. 변증사상가들은 예법을 그 토대부터 뒤흔들었 기에 심한 반대에 봉착한 끝에 미미한 호응을 얻는 데 그쳤다. 그들은 오랜 기간 토착화된 논리의 추종자들을 극복하지 못했다.

3. 명명술

중국인은 논증을 즐기는 만큼이나 그 솜씨도 능란했다. 그렇지만 그들은 추론의 틀을 갖추는 데 크게 주의하지 않았다. 반면 명명술(命名術)에 대해서는 극히 중요한 비중을 두었다. 그래서 중국인들은 단순한 변사(辯士)가 아닌 논리학자로 평가받는 모든 이들을 명가(名家)라는 이름의 학파에 포함시킨다. 논리의 대상은 정확한 지칭이나 명칭이었다.

예로부터 공자는 전통적인 논리의 창시자로 인정받아왔다. 이러한 인정은 특히 『논어』의 한 구절에 근거를 둔다. 자로(子路)가 공자에게 "위공(衛公)이 스승님께 통치를 부탁하려 합니다. 첫 번째 일로 스승님은 무엇을 하실 겁니까?"라고 묻자, 공자는 "먼저 명칭을 정확히 하는 것일세!"라고 답하면서, "명칭이 옳지 않으면 말이 맞지 않으며, 말이 맞지 않으면 나랏일이 이루어지지 않는다. 나랏일이 이루어지지 않으면 의례나 음악도 꽃피우지 못한다. 의식과 음악이 꽃피우지 못하면 처벌과 징벌이 합당할 수 없다. 처벌과 징벌이 합당치 않으면 백성은 어떻게 처신해야 할 바를 모른다. 그러니 현자는 이름을 부여할 때 언제나 말과 이름이 일치할 수 있도록 하며, 말하면서 이름을 사용할 때 필히 이름이 실행되도록 한다. 현자는 그의 말 속에 어떠한 구차함도 없으니 그로써 족하다!"[64]라고 했다. 이 일화는 공자가 위나라의 공실(公室)과 어떠한

람들은 이 말을 이렇게 이해했다. "나는 한 우물을 팠소. 그런데 나는 (거기에서) 한 사람을 발견했소!"

64) *Louen yu*, L, 187쪽; *SMT*, V, 378쪽. (참조원문: 子路曰, "衛君待子而爲政, 子

관계를 맺고 있었는지도 시사해준다. 그 자체로만 보면 이 일화는 『논어』가 공자에 관해 제공하는 여타 모든 정보에 비해 그 이상도 이하도 아니다. 여기서 우리는 공자가 과연 정명론(正名論)을 의식하고서 설파했는지를 알려줄 어떠한 단서도 찾을 수 없다. 여기서 공자는 그리 중요하지 않다. 중요한 것은 정명론이 윤리와 정치의 이론적 양상으로 제시된다는 점에 있다. 질서의 확립은 오로지 언어의 정확성에 의거한다. 이 일화가 허구든 사실이든, 중요한 것은 이는 정명론의 한 예증일 뿐만 아니라 그 토대를 드러내준다는 데 있다.

이 일화가 위나라의 영공(靈公, 기원전 534~493년)을 문제 삼는 데에는 충분한 이유가 있다. 공자와 친분을 맺고 있었던 영공은 부인의 외도를 묵인하는 남편이자 패륜의 아버지였다. 그의 부인이던 남자(南子)는 근친상간을 범한 여자였다. 그리고 그의 맏아들은 부모를 인정하지 않아 남자(南子)를 살해할 음모를 꾸몄다가 위(衛)에서 달아난 인물이었다.[65] 따라서 후대의 중국인들은 공자의 말을 이런 문란한 질서에 대한 암시로 받아들였다. "남자(南子)가 장자에 증오를 품으니, 부자(夫子)는 서로 명칭을 바꾸었다"[66]라고 기술한 사마천은 다른 글에서는 또 "공자는 '기본은 명칭을 정확히 하는 것'이라 한즉, 위나라는 위치(居)가 (명칭과) 일치하지 않는다"[67]라고 했다. 유가의 학설은 왕족의 모든 점에서부터 질서에 부합할 때 국가의 질서가 확립된다고 보았다. 그런데 위나라의 경우, 부인 남자(南子)는 아내로서 행동하지 아니했고, 남편은 남편으로서, 아버지는 아버지로서, 아들은 아들로서 행동하지 아니했다. 즉 "어느 누구도 제 위치(居)에 있지 아니했으며", "아버지와

將奚先?//必也正名乎〔……〕名不正, 則言不順, 言不順, 則事不成, 事不成, 則禮樂不興, 禮樂不興, 則刑罰不中, 刑罰不中, 則民無所錯手足. 故君子名之必可言也, 言之必可行也. 君子於其言, 無所苟而已矣.")

65) 졸저, *Civilisation chinoise*, 399쪽; *Tso tchouan*, C, III, 586쪽; *SMT*, IV, 205쪽. 남자는 그녀의 친오빠와 동침했다. (참조원문: 南子惡蒯瞶, 子父易名.)

66) *SMT*, 제130장과 V, 379쪽.

67) *SMT*, III, 208쪽(『史記』, 「禮書」). (참조원문: 孔子曰, "必也正名, 於衛所居不合.")

아들은 서로 명칭을 맞바꾸었다"(易名). 위상이 뒤바뀌면서 지칭들 자체가 뒤바뀐 것처럼 되고 말았다.

『역경』(易經)의 한 구절은 분명 이 같은 생각에서 쓰였을 것이다. 37번째 괘(卦)는 위로는 맏딸을 표상하는 상괘(上卦)와 아래로는 막내딸을 표상하는 하괘(下卦)로 구성된다. 따라서 여기서 두 '딸들'은 각자 제 위상에 부합되게 놓여 있다. 가족(家人)이라는 명칭을 지닌 이 괘는 질서정연한 가족을 상기시킨다. 이 괘에 대해 공자는 다음과 같이 주해한다. 즉 "자신의 가족에게 모범을 보여야 하며 그 처자식의 행동이 그릇되지 않도록 엄격해야 하며,"[68] "아내는 정확히 제 위치(位)인 규방 안에 있어야 하며, 남편은 정확히(正) 제 위치인 규방 밖에 있어야 한다. 남편과 아내가 정확히 (각자의 위치에) 있으면, 하늘과 땅은 (모든 것이) 공정하게(義) 분배된다. 그리하여 아버지는 아버지로서, 아들은 아들로서, 형은 형으로서, 동생은 동생으로서, 남편은 남편으로서, 아내는 아내로서 명실상부하네! 하여, 가족의 질서(道)가 올바르도다(正). 가족을 바로하니, 사람들의 땅이 (질서를 갖추어) 반듯하구나!"[69] 바로 정위(正位. 정확한 위치 · 지위), 정명(正名. 정확한 지칭 · 호칭)의 등가관계는 이 구절에서 비롯한다.

관습법에 대한 다음 두 격언은 이 등가관계의 적용범위를 알려준다. "호칭(名)은 인간관계의 커다란 질서원칙이다." "(가족간에) 호칭(名)이 명확하면, 남녀구별의 규칙이 준수된다."[70] 이 격언들은 가족구성에서 극히 중요한 성윤리(性倫理)의 원칙을 정당화하는 데 사용된다. 결혼으로 가족이 된 같은 세대의 이성(異性)간에는 상복을 입을 수 없었으

---

68) *Yi king*, L, 136 ; 졸저, *Fêtes et chansons anciennes de la Chine*, 10('野有蔓草')의 12행과 각주.

69) *Yi king*, L, 242쪽. *Yi King*의 첫 부록. (참조원문: 家人, 女正位乎內, 男正位乎外, 男女正, 天地之大義也. 家人有嚴君焉, 父母之謂也. 父父, 子子, 兄兄, 弟弟, 夫夫, 婦婦, 而家道正, 正家而天下定矣.)

70) *Li ki*, C, 780쪽과 *Yi li*, Steele, *I Li, or the Book of Etiquette and Ceremonial*, II, 29쪽. (참조원문: 名者, 人治之大者也 〔……〕 名著而男女有.)

며, 심지어 서로 어떤 대화도 나눌 수 없었다. 그들은 같은 세대에 속하기에, 예를 들어 형수가 '어머니'로 명명될 수 없는 까닭에 '아내'와 '남편'이라는 말이 아니면 달리 서로 호칭할 수 없기 때문이다. 이러한 호칭은 사실 부부관계를 형성하는 것 못지않게 심각한 일이다. 호칭은 실재를 유발하는 까닭에 지칭은 풍습을 통솔한다. 따라서 지칭은 가족질서를 형성하는 여러 구별, 즉 성(性), 세대, 직분, 지위의 구별과 정확히 일치해야 한다. 만일 제수나 형수를 '아내'로 호칭하거나 아버지와 아들이 '서로 지칭을 맞바꾸는' 경우에는 근친상간이 범해질 수 있다. 아들의 약혼녀를 가로챈 아버지는 더 이상 아버지가 아니기에 자식의 위치로 격하되어야 한다. 반대로 아들이 계모와 혼인하면 정반대 상황이 일어나게 된다.[71] 중국민속학자들은 아버지와 자식(子, 아들이나 딸)이 동숙하거나 목욕을 같이하는 북방과 남방의 야만인들을 아주 경멸한다. 도덕주의자들은 남녀와 부자(父子), 즉 이성간이나 상반된 세대가 함께 섞여 추는 춤을 현대식이라 칭하면서 노골적으로 적대시했다. 이 같은 생각이 과격한 것은 비교적 새로이 대두된 생각이기 때문이다. 이들은 대가족의 특징인 잡거(雜居)를 가부장제 특유의 규율로 대체하려는 가족조직의 변화에서 대두되었다.[72] 이로 미루어 우리는 위공실(衛公室)의 문란을 계기로 정명론의 규칙을 논하는 공자의 태도를 보여주는 일화는 그 사실 여부를 떠나, 정명론 본연의 의미를 매우 정확하게 표현했음을 알 수 있다.[73] 정명론은 사유의 법칙이면서 하나의 행동의 규칙이다.

이 규칙은 언제나 윤리적 지침으로서 구속력을 지녔다. 중국인은 흔

---

71) 졸저, *Civilisation chinoise*, 368, 369쪽.

72) 같은 책, 443쪽.

73) 또 다른 일화에 따르면(*Louen yu*, L, 120쪽; *SMT*, V, 305쪽), 공자는 유사한 상황에서 정명론을 예증하는 발언으로 "군주이시여, 군주이시여! 신하여, 신하여!"라고 했다. (참조원문: 齊景公問政於孔子. 孔子對曰: "君君, 臣臣, 父父, 子子.")

히 (『역경』의 경우와 거의 흡사하게) 이 규칙을 그 자체만으로도 이미 효력을 발휘하는 한 단어를 반복하여 더 강력한 어조의 짧은 명령구로 표현한다. 즉 "군주(여) 군주(이기를)! 신하(여) 신하(이기를)! 아버지 (여) 아버지(이기를)! 아들(이여) 아들(이기를)!" 아울러 우리는 이 문구에서 말과 실재의 부합, 즉 명실상부(名實相符)에 대한 중국인의 사유가 투영되어 있음을 쉽게 알아낼 수 있다. 언어문제를 다루면서 앞서 논했듯이, 사물은 지칭(名)을 통해 자신의 존재근거인 개별성(名)을 부여받는다. 문명은 최초의 현자들이 만물의 정확한 지칭을 부여함으로써 태동되었다.[74] 우리는――변증법적 역설의 기원에서처럼――정명론의 기원에서도 주술적 사실주의를 찾아볼 수 있다.

변증사상가들은 기존의 사상을 추상화하고 전복하는 데 만족했던 반면, 논리학자들은 예로부터 표상에 부여해왔던 구체적 의미를 보존하는 데 주력해왔다. 정명론은 적어도 그 초기에는 결코 중국비평가들이 주장하는 (그들의 서구식 표현인) 'correct predication'(정확한 술어)에 대한 이론에 그치는 것이 아니었다. 만일 애초부터 단지 언어상의 혼돈과 부정확한 명명(命名)을 피하는 것에만 문제를 국한했다면, 어떻게 이름을 부여하는 것만으로 인간과 자연의 질서를 세울 수 있다고 기대했겠는가?

정명론은 질서에 대한 학설이다. 정명론의 득세는 예법이 누렸던 권위를 통해 설명된다. 이 정명론을 의례의 기법들과 연관짓는 중국의 전통인식은 전혀 근거 없는 것이 아니다. 더욱이 이 전통인식은 정명론이 공자에 의해 천명된 학설임을 입증하는 극히 타당한 근거를 제공한다. "예전에는 명칭(名)과 지위(位)가 다양했다. 하여 의례상의 예우는 (지위와 명칭에 따라) 다르게 산정(數)되었다."[75] 공자가 이르기를, "기본이란 지칭을 정확히 하는 것이다……"[76]

---

74) *Li ki*, C, II, 269쪽. (참조원문: 黃帝正名百物以明民共財.)
75) 이 책, 294쪽 이하를 참조할 것.
76) *Ts'ien Han chou*, 30, 15ᵃ쪽.『역경』의 첫 번째 부록에서도 이미 암시되었듯

봉건질서와 예법이 지배하는 동안 정확한 말과 논리는 올바른 행동과 윤리와 불가분했다. 따라서 우주의 제반 동태는 군주의 행위에 좌우된다는 명제에는 어떠한 이의도 제기될 수 없었다. 사물과 사유의 질서는 그 누구보다도 언행이 일치해야 하는 군주가 어느 것 하나 경솔히 명명하지 아니하고 누구 하나 의례에 부합되지 않게 임명하는 일이 없을 때 비로소 자리 잡게 된다. 모든 귀족과 현자들은 군주처럼 행실이 자신의 위상, 즉 자신이 부여받은 지위와 이름에 걸맞도록 노력해야 한다. 명(名, 개인의 이름)은 개인의 지칭뿐만 아니라 개인에게 돌아오는 **명예**와 수명, 유산(分), 재산과 직분의 지칭에도 사용된다. 말하자면 어느 누구도 자신의 직분을 벗어나서는 안 된다. 이는 의례의 원칙이기도 하다. "예법이 모든 것에 퍼져나가면, (만물의) 직분도 고정된다(定)."[77]

봉건질서에는 또 하나의 원칙이 있었다. 즉 군주와 신하가 역사의 통제 아래 있었다는 것,[78] 다시 말해 사관들은 전통규칙에 기초하여 군주와 신하들의 언행을 기록하고 평가했다. 사관들은 이들의 언행을 지칭하고 판단하는 데 사용한 용어들의 힘만으로 이들을 **명예롭게 해주거나 실추시켰다**.[79] 역사의 기술은 심판과도 같아 이들의 위상을 영원히 확정 짓거나 바꾸어버렸다.

『장자』는 주목되는 한 구절에서,[80] 도(道)-덕(德)(원초적 효능성)개념을 귀족(君子)의 행동지침인 인의(仁義) 개념과 관련시켜 다룬다.[81] 직분(분수)의 존중, 실재와 이름(姓名)의 일치, 책무의 (적절한) 분배, 사람간의 차별, 공적의 (정확한) 분별, **시비**의 (공정한) 판정, **상벌**의 (공정한) 시행 등은 인의의 개념에서 파생한 것들이다. "상벌(원칙)이

이 글자 '명'(名)과 '명'(位)의 상관성에 주목하자. 『한서』는 윤문자(尹文子)를 혜자(惠子), 공손용(公孫龍)과 나란히 명가(名家)로 분류한다.

77) *Li ki*, C, I, 515쪽. (참조원문: 禮遠而分定.)
78) 졸저, *Civilisation chinoise*, 288쪽.
79) 졸저, *Danses et légendes de la Chine ancienne*, 64쪽.
80) *Tchouang tseu*, L, 336, 337쪽.
81) 이 용어들에 관해서는 이 책, 489, 490쪽을 참조할 것.

분명하면, 가장 어리석은 자도 사람들이 자신에게 무엇을 기대하고 있는지 알게 되며, 귀인과 천인은 각자의 지위를 유지하고, 선인이든 악인이든 모두 최선을 다하게 된다. 이름(위상)을 감안하여 자질을 분배하는 것을 어기지 않았으니, 윗사람은 대우받고 아랫사람은 양육된다. 하여 다스려지지 않는 것은 없고 수양되지 않은 개인은 없다. [……] 바로 이를 가리켜 태평, 즉 완벽한 통치라고 한다."[82] 장자는 여기서 명가(名家)를 법가와 접근시키는 사상을 언급했으며, (그에 대한 비판을 가하기에 앞서) 공자의 학설로 간주되는 인의의 효능성에 관한 학설과도 연관짓는다.

『장자』의 또 다른 문구는[83] 인의의 효능성을 함축시켜 부각시킨다. 이 문구는 유가에서 중요시하는 경전의 교육을 문제 삼아『춘추』(春秋)의 목적이 제반 명(名)과 분(分)을 설명하는데, 즉 어떻게 명명(命名)하고 분배하고 판단해야 하는지 가르치는 데 있음을 인정한다. 장자의 이러한 인식은 중국인이『춘추』에 대해 가졌던 인식과 다르지 않다.[84] 그들은 『춘추』를 단순히 노(魯)나라의 연대기로만 보지 않았다. 그들은 공자가 사관들의 역사기술을 다시 취하여 '소송을 판정할 경우보다도 더욱 세심하게' 자신의 말을 따지며 '폄해야 하는 것을 폄하는 데' 주의를 기울였음을 인정한다. 공자는 엄격한 판관이었던 자하(子夏)의 동의를 얻어 내었음에도『춘추』때문에 자신이 후대의 칭송이나 비난을 받게 될 것이라 공언했다.[85] 만약 우리가 이 전통들을『장자』의 언급과 관련지어 생

---

82) 이 구절은 형식면에서조차 그 유명한『대학』(大學)의 한 문구와 연관해 생각해야 할 것이다. 장자는 (법가의 상벌론과 결부해) 정명론 비판을 계속한다. 그는 이름과 법에 세부적인 효율성, 즉 단순한 기술적인 효율성만을 인정한다. "현실과 이름, 처벌과 형벌을 말하는 것은 곧 통치의 도구만을 알 뿐 통치의 원리(道)를 모른다는 말이다. 이러한 자는 변증가에 불과하다." (참조원문: 賞罰已明而愚知處宜, 貴賤履位. 仁賢不肖襲情, 必分其能, 必由其名. 以此事上, 以此畜下, 以此治物, 以此修身//此之謂大平, 治之至也.)

83) *Tchouang tseu*, L, II, 216쪽.

84) Woo Kang, *Les trois théories politiques de Tch'ouen ts'ieou*, 77쪽 이하.

각한다면 좀더 많은 시사를 얻을 것이다. 공자가 **왕국 없는 왕**이라 불린 데에는 그럴 만한 이유가 있었다. 공자는 명예와 자격(名)을 분배하는 권한을 갖고 있었다. 중국에는 군주를 위해 간언하는 신하들만이 아니라 군주를 평가하는 현자들이나 기술가(記述家)들이 있게 되면서, 언어의 정확성이 새로운 의미를 지니게 되었다. 군주의 은덕으로 개인에게 하나의 이름과 더불어 주어지는 명예와 부가 정확히 배분되어야 한다는 것은 예법의 지배에 따른 하나의 명제이기도 했다. 여기서 하나의 문제가 제기된다. 무슨 권리로 한 개인이 다른 개인에게 심판을 내릴 수 있는가? 대다수 사람들이 정확한 명명을 가능하게 하는 비법은 무엇인가?

변증사상가들이 열중했던 문제는 개인에 대한 판단으로서, 이것(此)과 저것(彼)의 관계와 결부되는 자신(吾)과 타인(子)의 관계였다. 물고기들이 뛰노는 것을 보고 있던 장자가 "이것이야말로 저 물고기들의 즐거움일세!"라고 외치자 혜자가 "그대는 물고기가 아닌데 어떻게 물고기의 즐거움을 아는가?" 하니, 장자가 "그대는 내가 아닐진대 어떻게 내가 물고기의 즐거움을 모르는 것을 안단 말이오?"라고 응수했다. 이에 혜자가 말했다. "본디 나는 그대가 아니니 그대를 알지 못하오. 허나 그대가 물고기가 아닌 것 또한 확실하다오. 하니 그대가 물고기의 즐거움을 모를 수밖에 없음이 분명하지 않소."[86] 궤변가들은 철저한 주관주의를 표방하며 기존의 사상을 붕괴시키는 데 몰두했다. 묵자의 추종자들은 일률성과 사회평화를 이상으로 삼았다. 그들은, "존재 그 자체와 그 존재에 대해 아는 것, 그 존재에 대해 알려주는 것은 서로 다를 수 있다"[87]는 입장을 취하면서도 지칭(名)이 논의(辨)의 대상이 되어서는 안 된다

---

85) *SMT*, V, 422쪽. (참조원문: 孔子在位聽訟, 文辭有可與人共者, 弗獨有也. 至於爲春秋, 筆則筆, 削則削, 子夏之徒不能贊一辭. 弟子受春秋, 孔子曰: "後世知丘者以春秋, 而罪丘者亦以春秋.")(『史記』, 「孔子世家」).

86) *Tchouang tseu*, L, I, 392쪽. (참조원문: 莊子曰: 〔是魚之樂也〕惠子曰: 〔子非魚, 安知魚之樂?〕莊子曰: 〔子非我, 安知我不知魚之樂?〕惠子曰: 〔我非子, 固不知子矣, 子固非魚也, 子之不知魚之樂, 全矣.〕)

87) *Mö tseu*, 41쪽. (참조원문: 物之所以然, 與所以知之, 與所以使人知之, 不必同.)

는 것을 원칙으로 삼았다. 이름을 혼란스럽게 적용하지 아니하면——언어가 의도적으로 부정확하지 않는 한——명칭(名)은 대상(事)과 일치한다. 자신이나 이것으로 야기된 혼란이 없으면 명칭은 분명 저것에 속한다.[88]

적어도 윤문자(尹文子)는 이러한 견해를 지녔던 것 같다. 이 현자는 제반 판단의 근거를 중의(衆意)에 두었으며, 이 중의는 언어의 정확한 사용이 가능할 정도로 사회가 안정될 때 유효한 결정을 내릴 수 있다고 보았다.[89] 그는 묵자의 추종자로 간주되었던 것 같다. 그럼에도 그에 대한 도가의 평가는 관대하다. "습속에서 자유로웠으며, 사물을 치장하거나 남에게 무관심하지 않았으며, 사람에 반대하여 자기를 내세우지 않았다. 또 사람들이 각자의 수명을 다할 수 있도록 제국의 평온을 기원했으며, 타인과 자신에게 생존의 수단이 있는 것에 만족할 줄 알았다. 〔……〕이것이 바로 윤문자의 신조였다. 〔……〕그는 타인과의 마찰에도 언제나 온화하여 나라를 조화롭게 했으며, 어떠한 모독도 치욕으로 여기지 않고 참을 줄 알았다. 싸움의 와중에서는 먼저 백성을 구했고, 공벌(攻伐)이나 폭행을 금지해 싸움이 없도록 했다. 그러나 그는 제국을 일주하며 어른들에게는 훈계를, 또 아이들에게는 훈육하려 했으니, 세상 누구도 그를 반기지 않았다. 그렇지만 그는 결코 굴하지 않고 일관했다."[90] 윤문자는 묵자처럼 평화의 설파자였을까? 아니면 도가와 법가의 절충자였을까? 그렇다고 말하기는 어렵다. 우리는 그가 기원전 4세기

---

88) Masson-Oursel et Kia Kien-Tchou, 『윤문자』(*Yin Wen-tseu*), 570쪽. 이것과 저것의 구별을 논하는 『묵자』(41)에 정명(正名)이라는 표현이 사용된 것은 다소 의외다.

89) 같은 책, 585쪽.

90) *Tchouang tseu*, L, II, 221쪽. (참조원문: 不累於俗, 不飾於物, 不苟於人, 不忮於衆, 願天下之安寧以活民命, 人我之養畢足而止, 以此白心, 古之道術有在於是者. ……尹文聞其風而悅之〔……〕以聏合驩, 以調海內, 請欲置之以爲主. 見侮不辱, 救民之鬪, 禁攻寢兵, 救世之戰. 此周行天下, 上說下教, 雖天下不取, 强聒而不舍者也, 故曰上下見厭而强見也.)

말의 인물로서 아마도 선공(宣公, 기원전 343~324년) 시대의 제(齊)나라에 거주했을 것이라는 추측을 제외하고는 그에 관해 아는 것이 없다. 누차 유실되었다가 (특히 11세기 무렵) 인용구들을 통해 재구성된 그의 저술은 일관성이 결여된 소책자 형태로 우리에게 전해질 뿐이다. 이 소책자에 담긴 모든 것이 진본과 일치한다고는 전혀 확신할 수 없다. 이 책자는 심각한 모순을 드러내고 있으며 문체의 통일성도 전혀 보여주지 않는다. 게다가 가장 중요한 용어들이 언제나 동일한 의미로 기술되고 있는지조차 단정할 수 없다. 특히 우리는 그를 순수논리학자로 간주하면서, 분(分)과 명분(名分)이라는 표현을 '특수성'이나 '이름의 특수성'으로 번역함으로써 그의 본질을 왜곡했다.[91] 우리에게 전해지는 상태 그대로의 원본 전체를 참조한다면, 저자의 감정은 논쟁의 원인인 혼란과 무분별에 대한 혐오감이 주조를 이룬다.

혼란에 대한 우선적인 치유책은 논리적 차원, 더 정확히는 언어적 차원과 관련된다. 왜냐하면 말의 의미는 규정되어야 하며 이것은 저것과 구별되어야 하기 때문이다.[92] 저것에 토대를 두어야 하는 판단으로서, 적용범위가 정해지지 않은 특성(分)을 대상에 부여하는 판단과 오로지 자신에 달린 문제로서 애오(愛惡)의 감정을 내포하는 판단은 서로 구별해야 한다.[93] 사회평화를 위해서는 정확한 지칭(名)을 가능하게 하고 술어사용의 객관성을 보장하는 **언어의 규범**이 필요할 뿐만 아니라, 공정한 평가와 명예(名)와 운명(分)의 분배를 보장하며 어떠한 침해도 저지하는 힘을 지닌 **풍습의 규범**이 있어야 한다.[94]

---

91) 마송 우르셀(Masson-Oursel)은 이 소책자인 『윤문자』를 아주 주의 깊게 번역했다. 그러나 단어들의 다양한 전문용어들을 식별해서 사용하지 않은 결함이 있다.

92) Masson-Oursel, 같은 책, 570쪽.

93) 같은 책, 570, 571쪽. (참조원문: 使善惡盡然有分, 雖未能盡物之實, 猶不患其差也. 故曰 '名不可不辨也.' 名稱也, 可彼此而檢慮實者也, 自古至今莫不用此而得, 用彼而失, 失者由名, 分混, 得者由名, 分察.)

94) 같은 책, 577쪽. (참조원문: ……大要在乎先正名分, 使不相侵雜……)

존칭이나 비칭(卑稱)은 선한 자와 악한 자 사이에 효율적으로 분배되어야 한다. 평가를 내리는 일은 바로 논의와 논쟁을 피하기 위한 일종의 기교이기도 하다.[95] 신분(分)을 고정할 목적에서 상벌로 다스리는 명분정치가 있었다. 이 정치는 상인과 장인과 농인과 귀족이 "그들을 한정짓는 자신의 이름에 바탕하여" 각자의 입장을 방기하지 않고, 또 자신의 위치가 좋건 나쁘건 제 위치에 만족하여 "아랫사람이 야망을 품지 않도록" 하는 데 목적이 있었다.[96] 윤문자는 앎을 지니고도 비열함을 면치 못하는 궤변가의 처형을 요구했으며 (능변은 타락과 아부와 기만의 수단이기 때문이다) 또 (자신의 개인적인 재능과 '위험한 지식'을 이용하여) '불의를 미화하고 다수를 미혹시키는' 능력을 지녀 '비열한 자들 사이에서 영웅'인 모든 인물의 처형을 요구했다.[97] '지위를 정확하게 부여하는 데 사용되는 이름들'은 (부정확하게 오용되면) 야욕을 품게 하고 찬탈을 꾀하는 데 수단이 될 수 있다. 그러니 명명의 권한이나 이름으로 명예를 부여하는 권한은 군주의 **특권**으로 남아 있어야 한다.[98] 하지만 여기에는 두 가지 전제조건이 있다. 하나는 군주의 선정을 펼쳐야 할 의무다. 신분(分)을 고정시켜 '총명하고 힘센 자들'의 오만을 저지해야 하는 군주로서는 각 개인의 몫(分)인 재능이 오용되지 않게 해야 한다.[99] 다른 하나는 군주는 지덕의 유일한 원천으로서 누군가를 편애하거나 자의적으로 행동할 수 없다는 점이다.[100] 군주는 사람들을 통치수단으로 삼아서는 안 된다. 군주는 오직 **이름**과 **법**만을 통치수단으로 삼아 지위와 명예와 직분을 공평하게 분배하고 '모든 신분'이 '일률적인' 결정을 따르도록 해야 한다.[101]

---

95) 앞의 책, 570쪽.
96) 같은 책, 572, 576, 579쪽.
97) 같은 책, 574, 588~590쪽.
98) 같은 책, 585, 586쪽.
99) 같은 책, 576, 577, 597쪽.
100) 같은 책, 595쪽.
101) 같은 책, 586, 587쪽.

윤문자의 독창성은 평가를 단순한 명명과 구별하려는 노력에 따라 드러나는 것 같다. 그렇지만 그에게도 규정이나 명명은 평가나 위계화와 다른 별개의 어떤 기술이 아니다. 이 기술들은 사회가 안정되어 의견이 통일되는 경우에만 실행 가능했다. 그러기에 이 논리학자는 사회의 안정과 법의 지배를 통한 화해를 이상으로 삼았다. 판단에 권위를 부여하는 것은 더 이상 예법이 아니었다. 이와 더불어 개인은 판단에 권위를 부여할 수 없다. 판단은 개인간의 동의로 권위를 부여받을 뿐인데, 이 개인간의 동의는 군주의 공평성에 달려 있다. 따라서 논리적 권위는 모든 평화와 안정의 근원인 군주에 속한다. 즉 명명술은 법제술(法制術)과 구별되지 않는다. 윤문자가 논리학자로서 법가의 일원으로 분류되었던 것도 타당하다 하겠다. 윤문자와 마찬가지로 법가의 추종자들도 명칭(名)이 직분, 지위, 유산처럼 관습적인 규약에 의거한다고 보지 않았다. 왜냐하면 관습적인 규약은 명칭에 안정성이나 보편성을 주지 못할 뿐만 아니라 유연성과 효능성마저 줄 수 없기 때문이다. 군주의 권위만이 이 모든 성격을 명칭에 부여할 수 있다. 군주는 법의 제정자이자 형세를 판단하는 데 지고한 평가자이기 때문이다.

이러한 학설은 진시황제의 등장과 함께 득세할 여지가 많았던 학설이다. 문자를 통일하고 공식적인 자전(字典)을 편찬한 이 위대한 황제는 자신의 묘비에 다음과 같은 글을 남겼다. "나는 만물에 질서를 가져왔고 제반 행동과 실재를 살펴 시험했다. 모든 것은 그에 해당하는 적합한 이름을 가지고 있다."[102]

---

102) *SMT*, II, 188쪽. 기존의 설법에 따르면, 정명(正命)이라는 표현은 처음에는 문자를 바로잡는다는 의미였다(*SMT*, V, 378쪽의 각주 2). 문자는 진시황에 와서야 통일되었으며, 또 중국어의 근원인 공통어는 전국시대에 들어 형성되었던 것 같다. 따라서 정명이 '문자 바로잡기'의 의미로 된 것은 분명 이 이후의 일일 것이다. 발음상의 지칭이든 표기상의 지칭이든 그 정확한 사용이 어떤 상징체계를 범국가적으로 확산하는 데 본래의 목적이 있었던 것은 아니었다. 정명론(正名論)은, 판정을 내릴 수 있는 자격조건인 권위를 법에서 빌려오기 전에 먼저 예법에서 빌려오는 데 그 목적이 있었다. 만물을 통솔하는

4. 법제술

혼히 행정에 관여했으며 군주의 이상적인 위인됨을 이상으로 삼았던 작가들을 법가(法家)라는 이름의 항목으로 분류한다.[103] 이들은 정론가(政論家)들과 구별된다. 정략가들이 특히 외교적 제휴를 성사시키는 데 전념한 반면, 이 법률가들은 국가가 내부의 힘을 활용하는 방법에 관심을 두었다. 이들의 주된 관심영역은 영토와 군대의 조직화, 경제와 재정, 사회의 번영과 규율이었다. 일체의 전통체계를 거부한 궤변가들이 정략가나 외교가들에게 최상의 보조자로 보였던 반면, 행정가들이나 법률가들은 안정된 질서를 사유의 관건으로 삼았던 논리학자(名家)들에게 공조를 구했다. 궤변가들이 봉건세계를 전복시켜 그들의 군주가 패권을 장악하도록 도왔던 것과는 달리, 이 법률가들은 행정의 혁신적인 시행을 정당화하기 위한 새로운 사상을 필요로 했다. 따라서 이들은 새로운 사상으로서 군주와 법의 존엄성을 주장하게 되었다. 이들은 외교와 전쟁을 통해서 얻은 정복지나 야만족에게서 빼앗거나 군주의 주도 아래 자연에서 얻게 된 영토를 관리해야 했다. 이 영토관리에서 이들은 전통이나 관습적인 규약에 얽매이지 않았으며 곧 정복자의 명령을 법으로 삼았다. 행정가들은 군주의 옛 영지에서도 군주의 명령이 곧 법이며, 어떠한 관습이나 규약도 군주의 의지 앞에서는 아무 효력이 없다는 생각들을 했다.[104] 아마도 그들의 이러한 사상은 임치(臨淄)의 직하학파(稷下學派)의 학술토론 주제로 제기된 이후 한결 이론적인 체계를 갖추게 되었던 것으로 보인다. 이 사상은 한가로운 공론을 통해서가 아니라,[105] 행정적인 실무와 직결되어 형성되었다. 그리고 이 사상은 그 출

질서는 행정적 질서다. (참조원문: 運理群物, 考驗事實, 各載其名.)

103) *Ts'ien Han chou*는 법가를 행정관료들(吏官)과 연관지으며, 정치 사상가들의 학설을 외교관료들과 관련짓는다(30, 15ᵈ쪽).

104) 졸저, *Civilisation chinoise*, 104, 424쪽.

105) 이와 상반되는 주장으로는 마스페로의 *La Chine antique*, 516쪽을 참조할

처와 실천적 의미를 보여주는 한 생각, 즉 예법의 제국을 정당화해주는 것은 예법에 부여한 효능성인 반면, 법의 존엄성의 근거는 행정이 법에 바탕함으로써 얻을 수 있는 실제적인 효과(公用)라는 생각과 유기적으로 관계된다. 법가에서 이러한 사상이 어떠한 역사적 발전을 거쳤는지는 알 수 없다. 그러나 다행히 한(韓)나라 출신으로 법가의 마지막 인물이자 한자(韓子)나 한비자(韓非子)로 불린 비(非)의 생애에 대해서는 꽤나 많은 것이 알려져 있는 편이다. 통상 그는 한나라의 왕가에 속했던 인물로서 아마 순자(荀子)의 제자였던 것으로 짐작된다. 그는 처음에는 한나라 군주들을 위해, 나중에는 진(秦)나라 군주들을 위해 봉직했다. 진시황제는 왕위에 등극하기 전에는 한비자를 존경했지만, 훗날 한비자의 동문이었으나 그를 시기한 재상 이사(李斯)의 모략에 따라 기원전 233년경에 그를 옥중에서 사사(賜死)시켰다.[106] 한비자는 살아서 53편으로 된 한 권의 저서를 남겼다. 전승되는 『한비자』는 여전히 53편으로 되어 있으나, 그중 상당수의 편목들은 한때 유실되었다가 재구성된 것들이다. 위작에 해당되는 부분들을 가려내는 것은 여전히 비평의 과제로 남는다. 잘못 작성되거나 불가해한 원문의 경우 우리는 무수한 가필 흔적을 발견할 수 있다.[107] 또 다른 저술 『상자』(商子), 즉 『상군서』(商君書)는 작성연대(아마도 서기 3~4세기 사이)를 추정할 수 없는 여러 글의 모음집으로, 그중 몇 편은 기원전 3세기에 씌인 것으로 보인다.[108] 이 저술의 저자는 진나라 효공(孝公, 기원전 361~336년)의 재상, 위앙(衛

것. 그리고 (좀 덜 단정적인 견해로는) 듀이벤다크(Duyvendack)의 *The book of Lord Shang*, 72쪽을 참조할 것.

106) *SMT*, 63장.

107) 『한비자』의 일부분은 이바노프(Ivanov)가 1912년 러시아어로 번역했다(la Faculté des Langues Orientales de l'Acaédmie de Saint-Pétersbourg 출간).

108) 상자(商子)는 듀이벤다크가 완역했다. 정성을 많이 기울인 이 번역에서 옮긴이는 다양한 연대의 단문들을 문체에 따라 구별하려는 노력을 보였다(141쪽 이하).

鞅 또는 衛의 鞅)으로 추정된다. 진의 봉건제도를 폐지시킨 혁신적인 법령(기원전 359년)을 만든 것은 그의 유명한 업적으로 꼽힌다. 그는 혁혁한 전공으로 상군(商君)에 임명되었으나(기원전 340년) 주군(主君) 사망 후 왕세자에게 법의 준수를 촉구하다가 능지처참되고 말았다.[109] 법가의 시조인 관자(管子)는 기껏 설화를 통해서나 알 수 있는 인물이다.[110] 『관자』처럼 기원전 3세기경 작성되었으며, 정(鄭)나라 재상 등석(鄧析)과 같은 법가의 옛 인물들을 제명(題名)으로 하는 여러 저술들이 진본으로 남아 있는 경우는 없다. 등석은 그의 적수로서 『좌전』에 자주 보이는 법가인 자산(子産)에게 죽임을 당했다(기원전 501년).[111] 자산은 처음에는 여러 사조직에 대항한 까닭에 배척의 대상이 되었으나, 그의 이웃사랑과 선행은 정나라 백성들뿐만 아니라 공자마저도 그의 죽음을 애도할 정도로 역사에서 칭송되었다.[112] 법가는 국가권력의 증대를 기도한 죄행에 이어 또 다른 악행을 저질렀다. 즉 그들은 무분별한 군주의 종복들처럼, 군사적 필요와 기아에 대한 대비를 구실로 부역을 징집하고 곡창을 강제로 가득 채우고자 했다. 물론 그로써 희생된 자들은 아마도 농민들이었을 것이다. 그렇지만 이 법가들이 '백성'(民)들의 증오의 대상이었음을 알려주는 중국인의 표현에서 우리는 이 '民'자를 '세도가'의 의미로 받아들여야 하며, 일반 서인(庶人)을 지칭하는 것이 아니라 스스로 영주와 동등한 신분으로 여겼던 자들을 지칭하는 말로 보아야 할 것이다. 전국시대의 몇 나라들은 유사독재체제 아래 있었다. 군왕은 귀족계급과 봉건관습들을 혁파했다. 군왕은 토지를 농민에게 분배하여 세입과 군사력의 증강을 도모했다. '공용'(功用)에 관련된 이론과

---

109) 졸저, *Civilisation chinoise*, 43, 222쪽; *SMT*, II, 62쪽 이하. *Sseu-ma Ts'ien*, 8쪽 이하.

110) 졸저, *Danses et légendes de la Chine ancienne*(색인).

111) 이 책, 411쪽. 졸저, *Civilisation chinoise*, 106쪽. 법가가 한(漢) 무제(武帝) 때 겪었던 참혹상에 관해서는 같은 책, 128, 135쪽을 참조할 것.

112) 같은 책, 43쪽. 역사는 파벌주의에 대한 묵자의 공격을 줄곧 비난했으며, 이 죄를 범한 법가를 결코 용인하지 않았다.

법을 포고하는 관행은 세입의 증대와 군사력의 증강이라는 전제행정의 두 원칙에 결부된다. 법령의 포고는 행정가들의 사유의 출발점이 되었으며, 공용설(功用說)은 군주와 법의 존엄성을 주장하는 법률가들의 이론적 토대가 되었다.

『한비자』로 마무리되는 법가사상의 변천에 관한 역사적 사실이 부재한 상태에서, 그나마 다행히도 『좌전』은 그 대칭성으로 주목을 끄는 두 일화를 싣고 있다. 정나라 재상 자산(子産)은 지위가 다른 귀족들을 자신을 중심으로 하나로 결집하고자 토지를 분배한 후(기원전 542년?), 새로운 위계질서를 정립하여 그 차이를 복식(服飾)으로 나타냈다. 그리고 토지를 재분배해 인접한 지역간에 군사적 동반관계를 맺게 했다. 일부 대제후들은 그와 공조하여 다른 자들을 '멸살'하려 했다. 이에 수차례 반란이 일어났고 일부 풍자적인 노래들이 흥성했으나 모든 것이 다시 평온해졌다. 5년이 지나자 자산은 토지세를 책정했다. 하지만 국가를 위해 토지세를 과도하게 강구했기에 전갈이라는 평판을 받게 되었다. 그 후 2년이 지나(기원전 535년?) 그는 형벽(刑辟)을 각인할 목적으로 가마솥을 주조하게 했다. 이에 한 현자가 그에게는 곧 하늘이 불을 내릴 것이라고 예언했더니, 실제로 정나라에 대형 화재가 발생했다. 이 현자가 환기하고자 한 것은 옛 군주들은 악인이 두려워할 만큼 형벌을 제정하는 것에 그쳤다는 점이다. 즉 옛 군주들은 백성들의 쟁심(爭心)이 조장되는 것을 염려하여 형법을 공포하지는 않았다는 점이다. "형법이 있음을 백성들이 알게 되면, 대제후들은 더 이상 신성불가침(忌)의 존재가 아닌 셈이며, 쟁심(爭心)에 젖어든 사람들은 논쟁에서 이길 수 있으리라는 기대로만 씌인 글(書)에 의존하게 될 것이외다. 〔……〕 그대의 법들이 무슨 소용이 있을까요? 백성들은 소송해도 무방하다는 근거를 알게 되면서, 예(禮)는 무시되고 말 것이외다. 그들은 그대가 쓴 글에 기대어 바늘 끝과 다를 바 없는 쟁심을 끝까지 밀고 나갈 것이니, 소요와 소송이 갈수록 배가될 것이외다. 게다가 재판관을 매수하려는 뇌물이 도처에 나돌게 될 것이외다!"[113]——기원전 512년(?) 진나라는 한차례의 군사적인 승리를 거둔 후 형법을 여러 가마솥에 각인했다. 이 가마솥들은 각자에게 할당된 몫의 쇠붙이로 주조되어 공동의 자산으로 다루어졌다. 이에 한 현자가 이의를 제기했다. 아마도 이 현자는 공자였으리라 추측된다. "이제 백성들이 가마솥에 연연하겠구나! 그들이 **귀족들을 변함없이 받들까?**" 이에 이어 이 현자는——이는 우리에게 귀중한 사료다——만일 진나라의 선왕들이 규정한 의례와 행동의 법도를 보존한다면 백성들은 변함없이 귀족들을 받들겠지만, 군사행진(기원전 620년?)이 진행되는 가운데 공포되어 지위와 관직을 수정하는 계기가 되었던 예전의 형법을 적용하면 백성들은 그러지 않을 것이라 했다.[114]

　이 일화의 사료적 가치가 어떠하든 여기서 우리는 두 가지 중요한 사실을 알 수 있다. 그 하나는 중국에서 (다른 나라들도 마찬가지로, 거의 동일한 시기와 유사한 이유에서) 귀족계급이 양분되었다는 것이다. 귀족들의 일부는 봉건체제 아래서 누렸던 특권 유지에 골몰했던 반면, 또 일부는 전제군주의 등극을 도모했다. 다른 하나는 봉건군주와 제후들의 특권을 지탱해주는 토대 가운데 하나가 신하들의 분쟁에 대한 **무제한적인 결정권**이었다는 점이다. 그들이 명예를 누린 이유는 그들만이 내부 사정을 알고 있었던 관례에 따라 판정을 내려서가 아니라 어떠한 분쟁도 결코 사법적 문제로 비화되지 않게 했기 때문이다. 형(刑)은 적용되기 위해서가 아니라 두려움을 갖도록 하기 위해 제정되었다. 마찬가지로 행동적인 모범은 명령이 아닌 교훈 차원에서 제시되었다. 여러 규범들은(刑 또는 法) 단지 그 상징적인 효과(象)에 비례하여 존중받았다. 예로부터 윤리학자들의 지론은 규범의 효과는 나쁜 성향을 수정하여 예

---

113) *Tso tchouan*, C, II, 549, 660쪽("우선 대부들을 만족시켜야 한다"), 661, 662쪽; 같은 책, II, 87, 88, 116쪽 이하. (참조원문: 民知有辟, 則不忌於上. 並有爭心, 以徵於書, 而徼幸以成之, 弗可爲矣. 夏有亂政, 而作禹刑; 商有亂政, 而作湯刑; 周有亂政…… 何辟之有? 民知爭端矣, 將棄禮而徵於書, 錐刀之末, 將盡爭之. 亂獄滋豐, 賄賂並行!)

114) 같은 책, C, III, 456; 같은 책, I, 385, 469쪽. (참조원문: 民在鼎矣, 何以尊貴?……)

방하는 데 있다는 것이었다.[115] 이는 모든 분쟁이 화해절차를 통해 해결될 수 있다는 말이기도 하다. 군주는 조정과 화해 기능을 수행한다. 즉 군주에 대한 경외감이(예물禮物과 같이, 화해절차에 소요되는 대가를 지불할 필요도 없이) 분쟁 당사자들끼리 자체적인 해결을 유도했다.[116] 형법을 제도적으로 적용할 필요가 없었다. 사실로 입증된 범법행위가 없으니, 어떠한 범법행위도 없었던 셈이다. 이 모든 것이 군주의 조정력을 빛나게 해주었다.[117] 봉건군대를 집결할 때 단 한 경우에 한해서만 조정보다도 규율과 명령이 우선시되었다. 바로 승전 후 수장들은 항명했던 자들을 처단하는 경우다.[118] 우리는 고대 법령을 엿볼 수 있는 모든 훈령들이 군사행진을 벌이는 도중에 내려졌다는 사실에 주목해야 한다.[119]

전제체제가 형성되었을 때 전제군주들은 적에 대항할 힘이 없는 상태에서 여전히 그들에게 위협적 존재인 봉국의 군대를 무시하면서도 두려워해야 했다. 그리하여 군주들은 군사적으로 조직화되고 항상 군사동원체제 아래 국가체계를 세워나갔다. 그들은 농민들에게 토지를 부여하면서 토지를 소유한 자의 병역을 의무화했다. 그래서 토지분배와 더불어 농민들간의 군사적 동반관계가 제도화되었으며, 이로써 병영규율은 사회생활 전반에 적용되었다. 『좌전』에서 진나라의 예가 제시되듯, 군사행진을 벌이면서 공포되었던 경고들은 더 이상 권고조가 아닌 실제적 효력을 겨냥한 명령조의 새 법령을 기안하는 바탕이 되었다. 가마솥에

---

115) Escarra et Germain, *La conception de la loi et les théories des légistes à la veille des Ts'in*, 10쪽 이하.

116) 졸저, *Civilisation chinoise*, 394쪽.

117) 왕조마다 고유의 법령을 선포할 때에도 원칙은 바뀌지 않았다. 즉 가장 훌륭한 판관은 자신에게 제소된 소송이 가장 적다는 생각에는 변함이 없었다.

118) 졸저, *Civilisation chinoise*, 309, 310쪽.

119) 같은 책, 247쪽; Escarra et Germain, 같은 책, 6쪽 이하. 양계초는 귀족의 선입견을 쫓아, 그의 견해로는 유일한 형벌 대상이었다고 하는 야만인들과 천민들을 구별하지 않는다. 그러나 실제 형벌대상이 되었던 부류는 복종하지 않은 가신들이었다.

법안을 새기는 것은 범법자가 가마솥의 끓는 물에 삶아지리라는 경고에 해당되었다.[120] 즉 법이 적용되리라는 경고였던 것이다. 또 이러한 조치는 법을 공포하여 군주의 무제한적 결정권을 제한하려는 것이었으며, 나아가 군주의 덕만으로는 범법행위의 저지가 원만하지 않음을 나타내는 것이었다. 또 이러한 조치는 예법의 권위에 입각한 왕권 수립을 포기하는 것과도 같았다. 즉 왕권의 권위가 군사적 명령에서 나오는 권력에 바탕을 두는 것과 같았다. 위앙이 진나라에게 법의 공시를 원칙화하도록 했을 때, 그는 그의 법령을 공포하는 데 필요한 결정적인 군사적 승리를 기대하고 있었다. 그리하여 마침내 그는 승전비를 세워 그 기둥들(冀)에 새로운 법령들을 공시했다.[121] 법가가 국가의 사법제를 창안하여 귀족계급의 특권과 심판관으로서의 권위를 박탈하기 전까지 형(刑) 자는 '모식'(模式)이나 '본보기'로서, 또 '법'(法)자는 시술(施術)이나 반(半)윤리적이고 반(半)기술적인 지침의 의미를 지녔을 뿐, 의무나 구속에 대한 어떠한 사상도 반영하지 않았다.[122]

법가들은 법개념에 강제력의 의미를 도입하려고 했다. 그들은 사법관의 책무가 오직 화해를 위한 중개자 역할에 있다고 생각하지 않았다. 사법관은 피통치자들에게 법을 적용하고 공시해야 하며 선고해야 한다. 법은 공시됨과 동시에 구속력을 발휘한다. 가마솥에 각인된 최초의 법령들만 해도 왕조의 방패와도 같은 측면을 지니고 있었다. 그런데 정(鄭)의 등석(鄧析)에 따라 고안된 것으로 여겨지는 새 제도(기원전 500년?)

---

120) 가마솥에 빠뜨려 죽이는 형벌은 군사적 형벌을 특징짓는 것이었으나 (*Civilisation chinoise*, 303쪽), 황제들의 치하에서는 모든 악덕 관료들에게 가해졌다(같은 책, 135쪽). 진시황제는 자신에게 거역하는 모든 봉건귀족을 이러한 방식으로 처형했다(*SMT*, II, 198쪽).

121) *SMT*, II, 65쪽. 이 기둥들의 건립은 (새 시대의 수립을 알리는) 천도(遷都)와 행정체계의 전반적인 재편성과 동시에 행해졌다. (참조원문: 衛鞅衛大良造, 將兵圍 魏安邑 降之. 十二年, 作爲咸陽, 築冀闕, 秦徙都之.)

122) 이에 대해 파두(Padoux)는 단적인 한 실례를 제시한다(Escarra et Germain, 앞의 책, 서문, VIII과 IX 참조). 왜냐하면 오늘날에도 법은 여전히 하나의 권고로서 권위를 지닐 뿐 존엄한 힘으로서 권위를 지니는 것은 아니기 때문이다.

에 따라 법령을 현판에 새기게 되면서 모든 것이 바뀌었다.[123] 한비자에 따르면, "법령을 관청에 분명히 명시하여 민간에 널리 알려 백성들의 마음에 형벌이 불가피한 것으로 보일 때 비로소 법이 있게 되는 것이다. 만약 법을 바르게 지키는 자가 있으면 상을 주어야 하고, 또 법을 어겨 사리를 도모하는 자가 있으면 벌을 가해야 한다."[124]

이상의 두 정의는, 원래 구별 없이 '기법이나 작법'의 의미였던 '술'(術)자와 '법'(法)자가 한비자가 대립적인 의미로 사용하는 구절들 속에 나타난다는 점에 비추어, 좀더 넓은 뜻으로 이해해야 한다. '법'(法)자는 공포된 규정들에 적용되면 이내 강제성을 띠어 법을 의미한 반면, '술'(術)자는 비밀성을 지녀야 하는 속성으로 기법의 의미를 유지했다. 한비자는 엄중히 법에 따라 행정을 실시해야 한다고 생각했다. 관리 책무는 합법적 규정들을 엄정히 시행하는 데 있다. 관리는 법의 도구에 불과할 뿐 법을 수정할 수 없다. 피통치자는 법의 적용대상자로서 규율을 철저히 준수해야 한다. 공시된 법은 모두의 의무적인 협조를 통해 다스린다. 따라서 모든 위법행위는 고발되어야 하지만 모든 준법행위도 보고되어야 한다. 합법적 행위이든 부당한 행위이든 누구도 자신의 행위를 숨길 수 없다. 누구도 자신뿐만 아니라 타인을 상벌에서 자유롭게 할 수 없다. 누구도 자의적으로 끼어들어 해석하는 것은 묵과할 수 없다. 그러기에 양을 훔친 자신의 아버지를 고발한 자를 나쁜 아들로 취급한 주(周)의 한 재상은 잘못한 것이다. 마찬가지로 부양해야 할 노부(老父)를 이유로 여러 번 탈영한 자를 칭송한 공자는 더욱 잘못한 것이다.[125] 의무는 논쟁의 대상이 아니다. 법은 공적인 것이니 누구나 법의 다스림을 받아 질서의 원칙을 붕괴시키지 않도록 해야 한다. 지식이 과도하여 명시된 **법의 테두리를 벗어나** 논의를 일삼는 관리나 백성은 위험천만한

---

123) *Tso tchouan*, C, III, 550쪽.
124) *Han Fei tseu*, 38, 43쪽. (참조원문: 法者, 憲令著於官府, 刑罰必於民心, 賞存乎愼法, 而罰加乎姦令者也.)
125) 같은 책, 49쪽.

인물이다. "현군의 나라에는 책이란 없으며, 오직 법만이 가르친다. 또 선왕들의 금언(金言)이란 없으니, 오직 (법을 언도하는) 관리만이 권위를 지닌다."[126] 합법적인 규정(命)은 말의 의미(名, 즉 호명呼名과 기명記名)를 규정하는 것이기에 어떠한 논의도 있을 수 없다. 이에 질서가 군림하게 된다.

이 명령체계는 완전히 익명성과 공정성을 지닌다는 점에서 하나의 정확한 체계다. 그러기에 윤문자는 "윗사람과 아랫사람은 서로 전혀 저촉되지 아니하니, 이름이 정확한 때문이리라"라고 말한다.[127] 이렇듯 지위상의 어떠한 혼란도 없다. 군주는——봉건 수장과 마찬가지로, 하지만 전혀 다른 방식에서——위계질서의 창시자다. 다만 이 위계질서는 군주의 명령권에서 나오는 군사적인 위계질서일 뿐이다. 군사적 위계질서는 완전히 기계적으로 적용되는 상벌제도에 근거를 둔다. 통치에는 부정적 또는 긍정적 평가를 적용하는 권력으로서의 형(刑)과 덕(德)이라는 '두 주먹'이 있다. 군주는 두 양상을 지닌 이 권력의 어느 부분도 위임하지 않는다. 승진과 강등은 관리나 영주가 자의에 따라 사사로이 할 수 있는 게 아니다. 승진과 강등은 법의 권한이다. 군주는 공시된 법만이 통치할 수 있는 행정에는 개입할 수 없다. 반대로 어떠한 신하도, 재상도 군주의 소관 사항에 개입할 수 없다.[128] 국가의 최고 지침은 군주의 결정 사항이다. 정치는 오직 군주의 권한이다. 권(權, 기회마다 운명의 무게權를 자기 쪽으로 기울게 하는 외교적 결탁)에 힘입어 세(勢, 상황에 따른 성공의 조건)의 실현을 가능하게 하는 기법들은 오직 군주고유의 몫이다. "기법(術)은 군주가 쥐고 있는 고삐요, 법령(法)은 관리의 규칙이다."[129] 이렇듯 법가는 법과 통치술을 완연히 구별한다.[130] 정

126) 앞의 책, 49쪽. (참조원문: 故明主之國, 無書簡之文, 以法爲敎, 無先王之語, 以吏爲師.)

127) Masson-Oursel과 Kia Kien-Tchou, 앞의 책, 580쪽.

128) 같은 책, 580쪽.

129) *Han Fei tseu*, 44. (참조원문: 凡術也者, 主之所以執也; 法也者, 官之所以師也.)

의상(定義上) 전해져서는 안 되는 통치술은 군주 개인의 권력을 형성한다. 군주의 권력은 기법을 통해——군주가 현군이면 크게 마련인——내적 효능성인 그 고유한 가치를 지니게 되는 것이다.

도가는 정략가들을 통해 법가의 통치사상에 지대한 영향을 미치는 반면,[131] 법가의 법사상에 대한 영향력은 피상적이고 형식적인 일면에 그친다. 의례주의자들에게 왕권은 관습에 근거하는 것이기에 사적인 권위가 아닌 공적으로 물려받은 권위에서 비롯한다. 도가에게 모든 권위는 선(仙)의 경지에서 주어지는 오직 개인적인 힘에 의해 형성된다. 그런데 법가는 군주의 권위 가운데 일부가 개인적 역량에 따른 것임을 인정하면서도 그 개인적 역량의 사용을 엄격하게 제한한다. 그들은 군주에게 역량이 아니라 공정성을 요구했다. 한비자는 군주의 공정성을 도(道)의 공정성에 견주어 논증하는 대목에서 도가적 입장을 취했다. 그렇지만 현자의 주관적이고도 은밀한 공정성과 군주에게 요구되는 공정성 사이에는 극복할 수 없는 차이가 있다. 왜냐하면 군사적 규율관에 근거하여 객관성을 견지하는 군주의 공정성은 공시된 법의 준엄성과 구별되지 않기 때문이다.

법가들은 대국에 적합한 규율을 규정하는 과정에서 군주와 존엄한 법에 대한 사상을 도출하게 되었다. 그들은 사람뿐만 아니라 만사를 행정의 대상으로 삼고자 했다. 그들의 사상은 경제적 사실들을 대상으로 하며, 또 이 사실들에 대한 관찰에 입각했다. 중국에서의 급격한 인구증가는 향후 계속해서 비극적인 문제로 남게 될 하나의 문제를, 즉 생존의 문제를 이 시대에 이미 잉태하고 있었다. "상고시대 사람들은 경작하지 않았다. 식량은 과실만으로도 충분했다. 여인네들은 베를 짜지도 않았다. 옷은 짐승의 가죽으로도 충분했다. 일을 하지 않아도 생존할 자원

---

130) 앞의 책, 43. "신불해(申不害)는 수법에 대해 말하고 있으나 위앙(衛鞅)은 법을 만들고 있다"(Masson-Oursel et Kia Kuen Tchou, 앞의 책, 569쪽 이하 참조). "수법은 군주가 은밀히 사용하는 것이니 신하들은 알아서는 안 된다."
131) 이 책, 434, 435쪽 참조.

이 있었다. 사람들의 수는 극히 적었고 자원은 풍부했다. 그래서 사람들에게 쟁심(爭心)이 있을 수 없었다. 포상을 강화할 필요도, 처벌을 가중할 필요도 없었다. 백성은 **자율적으로** 다스릴 줄 알았다. 허나 오늘에 이르러서는 한 사람에게 다섯 아들이 있어도 모자라고, 할아버지가 된 사람은 생전에 스물다섯의 손자를 헤아리게 되었다. 사람들은 많아졌고 자원은 많지 않다. 아무리 일을 해도 살길이 막연하다. 그러니 쟁심이 없을 리 만무하다. 포상을 배가하고 처벌을 가중해도 무질서를 면하기 어렵다."132) "나라가 어지러우면 기아가 찾아들고, 식량이 귀해지면 백성들이 흩어진다. 〔……〕 하지만 법을 시행하면 식량이 풍족해지고 백성은 한곳에 머무른다."133)

법가들에게 법은 공정한 상벌을 통해 생산을 증대하고 부(富)의 차원이 아닌 가장 필수적인 재화의 분배에서 사람들을 안심시켜주는 것이다. 최소한 법은 농민들이 그들의 딸을 팔아넘기거나 식량이 떨어져 떠돌이 생활을 하는 것을 막아줄 것이다. 그렇지 않으면 국가는 모험가들의 축재를 가능하게 하는 사조직들의 위협에 파국을 맞게 될 것이다. 경제적 문제에는 두 가지 엄연한 사실이 있게 마련이다. 즉 경제적인 문제는 예외적인 기회에 기대를 걸 수 없다는 것 (쟁기를 내던진 채 한 번 토끼가 걸려들었던 나뭇가지 더미에 다시금 토끼가 걸려들기를 기다릴 수 없다)134) 그리고 변화하는 여건을 고려하지 않을 수 없다는 것이다(물지게가 발명된 후에는 밭에 물을 주려 물 단지를 사용할 수 없다).135) 효

---

132) *Han Fei tseu*, 49. (참조원문: 占者丈夫不耕, 草木之實足食也; 婦人不織, 禽獸之皮足衣也. 不事力而養足, 人民少而財有餘, 故民不爭. 是以厚賞不行, 重罰不用, 而民自治. 今人有五子不爲多, 子又有五子, 大父未死而有二十五孫. 是以人民衆而貨財寡, 事力勞而供養薄, 故民爭, 雖倍賞累罰而不免於亂.)

133) *Yin Wen tseu*, Masson-Oursel et Kia Kuen-Tchou, 31쪽 이하 참조.

134) *Han Fei tseu*, 49. (참조원문: 宋人有耕田者, 田中有株, 兔走觸株, 折頸而死, 因釋其耒而守株, 冀復得兔, 兔不可復得, 而身爲宋國笑. 今欲以先王之政, 治當世之民, 皆守株之類也.)

135) 여기서 우리가 이 예를 택한 이유는 장자가 이 예를 이용하여 완벽한 수법들

율성(公用)은[136] 모든 행정에서 고려해야 할 첫 번째 요건이며, 인간의 일들 역시 이 효율성에 바탕해야 한다.

이로부터 여러 결과들이 비롯한다. 옛사람들을 모방하는 것은 분별없는 처사다. 어떠한 방법이 고대적이라는 것은 그 자체의 비효율성을 의미한다. 마찬가지로 시대에 따라 법도 달라지게 마련이다. 그러므로 현자의 덕에 기대를 거는 것은 어리석은 짓이다. 현자의 수는 적은데 해결해야 할 일상사는 많다. 중원에서 익사의 위험에 처한 자를 구하려 수영에 가장 능한 월(越)나라(최남단) 사람을 데려올 수는 없다. 오로지 요행이나 구원자를 손놓고 기다리기보다는 현재 여건을 합리적으로 따져 개연성을 가늠하고 가능성을 타진하는 것이 옳은 일이다. 더 멀리, 더 빨리 가기를 원한다면, 하루에 말을 천 리나 몰 수 있는 왕량(王良) 같은 마부가 나타나주기만을 기다려서는 안 된다. 마부들의 평균 능력과 마차의 평균 성능을 고려하여 여정을 세우고 중간 역참(驛站)을 배정해야 한다. 행정관은 예외성이나 요행을 추구하기보다는 계산(數)에 입각해야 한다. 따라서 행정관은 역량 있는 인물을 찾아 조력을 구하는 데 허송세월할 필요 없이, 이미 작성된 법령을 적용하는 것만으로 충분하다.[137] "무릇 언행은 그 공용성(功用性)을 목적으로 삼는 것이오. 화살을 숫돌에 날카롭게 갈아 아무렇게나 쏘는데도 활촉이 짐승의 가장 잔털을 맞힐 수 있소. 그렇다고 그대를 명궁이라 하는 자는 없소. 그렇게 맞힌 것은 항구적인 규칙(의 효과)이 없기 때문이오. 명궁에게 다섯 발치의 과녁을 두

을 배격했기 때문이다(Wieger, *Les Pères du système taoïste*, 301쪽). 이 점은 법가와 도가의 주요쟁점이었다.

136) 공용(功用)을 efficace(효능성)로 번역하는 것은 심각한 오역이 될 수 있을 것이다(이와 상반된 견해로는 마스페로의 *La Chine antique*, 527쪽 참조). 공용은 실증적이며 확인된 효율성을 가리킨다.

137) *Han Fei tseu*, 40쪽. (참조원문: 夫曰 '良馬固車, 臧獲御之則爲人笑, 王良御之則日取乎千里', 吾不以爲然. 夫待越人之善海游者, 以救中國之溺人, 越人善游矣, 而溺者不濟矣. 夫待古之王良以馭今之馬, 亦猶越人救溺之說也, 不可亦明矣. 夫良馬固車, 五十里而一置, 使中手御之, 追速致遠, 可以及也, 而千里可日至也, 何必待古之王良乎!)

고 열 걸음 밖에서 쏘도록 해보시오. 그가 과녁을 명중시킬지는 확실하게 장담할 수 없는 일이오. 왜냐하면 명중시키기 위해서는 항구적인 규칙이 필요하기 때문이오."[138] 일상에서는 먹줄과 그림쇠와 추와 저울 등의 도구들을 사용한다. 상인은 저울로 무게를 달거나 촌(寸)을 단위로 하여 계산할 뿐 결코 개인적인 판단에 기대지 않는다. 마찬가지로 확실한 효율성을 얻게 하는 수단은 오로지 법일 뿐,[139] 결코 사람이 아니다.

"태평은 현자의 통치가 아닌 현명한 법의 통치에서 비롯한다."[140] 법가는 군주와 현자, 법과 예를 확실히 대립시켰다. 그리하여 합법성에 대한 아주 객관적인 사상을 부각시키려 했다. 합법적인 것은 사람들의 생산활동에 양호한 평균적인 효율성을 보장해주면서 사회평화에 실제적으로 기여하는 것이다.

* * *

진시황제는 제국 창건 당시 법에 의한 통치체제를 확립하려 했다. 그러나 그의 체제는 오래 지속되지 못했다. 중국인은 법가의 지나친 엄격성과 냉혹함을 비난하면서 체제를 지탄했다. 실제로 법가는 오로지 규율의 힘만을 신봉한 잘못을 범했다. 그들은 군대식 사고방식에 따른 다소 피상적인 심리학에서 출발했다. 자산(子産)은 사람은 살기는 좋아하나 죽기는 싫어한다고 말했다.[141] 이것이 기계적으로 적용되는 상벌체계의 근거이자 모든 백성을 징집 대상으로 삼기 위한 군대식 위계질서의 근거였다.[142] 이 사상은 조야하고 엄격했으나 약탈, 단체의 수장에

---

138) 앞의 책, 41쪽. (참조원문: 夫言行者, 以功用爲之的彀者也. 夫砥礪殺矢而以妄發, 其端未嘗不中秋毫也, 然而不可謂善射者, 無常儀的也. 設五寸之的, 引十步之遠, 非羿逢蒙不能必中者, 有常也.)

139) 같은 책, 27쪽.

140) *Yin Wen tseu*, Masson-Oursel et Kia Kien-Tchiu, 592쪽.

141) 같은 책, 335, 336쪽 참조.

제1장 통치술 475

대한 경의, 유랑생활의 매력, 노동의 저효율성 등을 커다란 난제로 안고 있는 나라에 적용하는 데는 적지 않은 용기가 있어야 했다.[143] 법가는 임기응변과 타성에 젖은 정신을 동시에 타파하려 했다. 그들은 옛사람들의 제자라고 겸허히 자신을 낮추는 현자를 만능의 덕성을 갖춘 구원자로 여기는 통념을 부수려 했다. 통치의 임의성을 제한하기 위해 법률상의 비일관성을 배격하고[144] 그 규준화를 주창했다. 그들은 법의 효율성에는 두 조건이 있음을 원칙으로 삼았다. 그 하나는, 군주는 자신의 이해가 개개인의 이해와 일치할 수 있도록 행동해야 하는 것이며,[145] 다른 하나는 군주는 자의적 결정을 배격하여 구체적 상황에 맞는 규칙을 제정해야 하는 것이다. 그들은 풍습과 사회조건의 변화에 상응하는 이상적인 규율을 추구했다. 공정한 판정, 객관적 평가, 구체적 논증을 선호하여 과학적 엄격성을 추구한 이 실증적 정신은 단지 한때의 성공만을 누렸을 뿐이다. 궤변가들은 엄연한 모순적 관계가 있다는 생각을 중국인에게 주입하는 데 성공하지 못했다. 마찬가지로 법가 또한 항구적인 규칙개념과 존엄한 법사상을 파급하는 데 성공하지 못했다.

---

142) 졸저, *Civilisation chinoise*, 116쪽.
143) 통설에 따르면, 위앙은 유랑인들을 통제하기 위해 통행허가제를 고안했다고 한다.
144) *Han Fei tseu*, 49(「五蠹篇」을 참조할 것).
145) *Yin Wen tseu*, Masson-Oursel et Kia Kien-Tchiu, 593쪽.

제2장 공익책(公益策)

대부분의 정략가와 법가들은 명망을 떨쳤던 책략가들이었거나 위앙과 한비자처럼 대귀족 출신들이었다. 그들은 학파의 수장들이라기보다는 자신의 이름으로 어떤 학설의 권위를 더해주는 배후의 지주격 인물들이었다. 공자도 묵자도 정치적으로 뚜렷한 역할을 한 것은 아니었다. 그들은 전제체제의 출현과 더불어 몰락한 귀족계급이었다. 제후들을 배석시키지 않은 비밀회의가 잦아지면서 지방의 귀족들은 전제군주의 관심에서 멀어지게 되었다. 직책을 잃고 궁중에서 밀려나 빈궁해진 소(小)귀족들은 대개 세도가 더 강한 귀족들의 휘하로 들어가 시종이나 집사나 하급관리로 봉직하면서 하수인 집단을 형성했다. 그들 가운데는 자신의 영지에서 근근이 생활을 유지한 자들도 있었는가 하면, 어떤 자들은 아예 '은자'로서 생활하기도 했다. 또 일부는 자신들의 무리 중 누군가 명성을 얻으면 아예 그 문하생이 되어 스승의 영화를 보위하면서 스승이 어떤 군주의 신임을 얻게 되면 자신도 스승의 성공을 나누어 가질 수 있기를 기대했다. 공자의 제자들도 이러한 기대를 했던 것 같다. 하지만 이 문하들의 조직은 묵자의 추종자들이 특히 그러했듯이 마치 조합과도 같은 성격을 지녔다. 그리하여 묵자나 공자는 '영토 없는 군주, 작위 없는 귀족처럼'[1] 비쳐졌다. 한대(漢代)에 유가가 정통으로 득세하면서부터 공자는 '왕국 없는 왕'이라는 공식적인 칭호로 불렸으며,

---

1) *Lie tseu*, Wieger, 103쪽 이하. (참조원문: 孔丘 墨翟, 無地而爲君, 無官而爲長.)

반면 묵자는 이단으로 취급되었다. 하지만 묵가는 초기에 가장 활동적이고 가장 특출한 유파였다. 유가와 묵가는 그 문하생들의 출신성분이 같았을 뿐만 아니라 경향도 유사했다. 대귀족들과 그 측근들이 국가권력을 강화하고 행정의 효율성을 증대할 방안을 모색했던 반면, 묵자와 공자의 추종자들은 오직 공익 문제에만 몰두했다. 그런데 불운한 귀족 계급으로 구성된 이 단체에서도 보수성향은 머지않아 학설을 변질시키게 되었다. 물론 이러한 사실이 공자와 묵자의 창의성과 독창성 결여를 말하는 것은 아니다. 공자와 묵자는 자신의 추종자들에게 배반당한 개혁가로 보인다. 묵자는 파벌주의의 유해성을 부각시켜 사회적 의무에 관한 학설을 세우려 했으며, 공자는 순화된 인문주의 정신에 입각하여 풍습의 모든 기강을 확립하려는 더 과감한 생각을 했던 것 같다.

1. 공자와 인문정신

흔히 우리는 공자를 소크라테스와 비교한다. 공자는 소크라테스만큼 일찍부터 명예를 얻지는 못했으나 그에 못지않게 제자들에게 지속적인 명예와 지대한 권위를 누렸다. 그러나 이 두 현자의 가르침은 정신적 차원에서 어떤 유사성을 갖기는 하지만 효율성 측면에서는 비교가 될 수 없을 만큼 판이하게 달랐다. 공자가 보수윤리의 옹호자임에 따라 중국인은 그를 '만세(萬世)의 스승'으로 존경했다. 그들은 공자에게서 어떤 독창적 사유를 기대하기보다는 범국가적인 지혜의 가장 완벽한 전형만 ·을 보고자 했다. 공자에 관한 믿을 만한 사료는 아무것도 없다. 그렇다고 공자를 정통유학자들 가운데 가장 위대한 유학자로만 보려는 유가의 입장에 동의할 수도 없다. 공자가 어떤 인물인지를 논한다는 것은 아주 무모한 일이다.

공자가 5세기 초 산둥(山東)의 한 마을이나 노(魯)나라의 수도에서 제자들을 가르쳤으리라는 추정을 제외하고는 그의 삶에 대해 확실히 알 수 있는 것은 아무것도 없다. 그는 사후 이 도시의 북쪽 근교에 묻혔는데, 그의 묘소 주위로 마을(孔里)이 형성되었다.[2] 그의 충실한 수제자들이 이 마을에 모여 살면서 모자, 비파, 마차 등 그의 유물들을 이 마을에 보존했다. 통설에 따른 그의 생졸(生卒)연도는 각기 551년과 479년이다. 하지만 이 연도들은 그의 후손, 특히 그 손자인 자사(子思, 기원전 483~402년?)에 대한 연대설정과 제대로 부합하지 않는다. 공자의 연도든 그 손자의 연도든 이는 중국고대 연대기상의 모호함에 연루된 것인 이상, 우리로서는 그 연도가 어떠하든 변경해야 할 별다른 이유가 없다. 공자는[3] 공 씨 집안 태생이다. 그의 3세대 전부터 노나라에 정착했던 이 집안은 원래 송나라에 기반을 두었으며, 송의 왕실과는 인척지간으로 왕실을 통해 은나라의 왕들과 교분을 맺었다. 이 가계를 순전히 허구적인 것으로 취급할 이유는 없다. 이는 『좌전』의 여러 구절에서도 확인된다. 하지만 이 시대가 유독 혼돈스러운 시기였던 이상, 우리는 어떠한 가계도 크게 신뢰할 수 없다.[4] 통설에 따르면, 공자는 아버지가 수반(首班)으로 있던 노나라의 한 마을인 추(陬)에서 태어났다. 그는 여기서 부모를 잃고 궁핍한 살림을 꾸리느라 천직을 전전하다 마침내 궁중에까지 모습을 드러내기도 했다. 이러한 유랑생활 끝에 그는 마침내 귀향하여 많은 제자를 거느리며 여생을 보냈다. 이 전기적 사실을 부인할 근거도 없지만 세세히 따져 인정할 근거 또한 없다. 노나라의 연대기인 『춘추』의 어디에도 공자는 언급되지 않는다. 그렇다고 이것이 공자가 결코 공직에 임한 적이 없다는 근거는 아니다. 공자의 생평(生平)에 관한 일화들은 많은 점에서 서로 모순되거나 겹치며 억지 또한 적지 않지만 결코 허구라고 단정할 수는 없다. 공자는 예술을 가르치고 (향후 다소 수정되어) 중국인의 경전으로 격상된 『시경』, 『서경』, 『역경』, (예법

---

2) *SMT*, V, 435, 436쪽 이하 참조. (참조원문: 孔子葬魯城北泗上, …… 唯子贛廬於冢上, ……弟子及魯人往從冢而家者百有餘室, 因命曰孔里……)

3) Confucius는 공부자(孔夫子)의 라틴식 표기다('夫子'는 스승에 대한 경칭이다).

4) 졸저, *Danses et légendes de la Chine ancienne*, 431쪽; *SMT*, V, 556쪽.

에 관한)『의례』와『예기』, (공자가 편찬한 것으로 보이는 노나라 연대기인)『춘추』그리고 (일찍이 유실된) 음악을 논한 한 저술에 의거하여 지혜를 전했다고 한다. 그의 제자들이 행한 가르침에서 경전의 해석은 예의 실천적 문제와 더불어 일찍부터 중요한 비중을 차지한 것으로 보인다.[5] 이에 비해 공자의 가르침이 경전에 의존한 비중에 관해서는 거의 알 수 없다. 공자를 어떤 경전의 편찬자로 보려는 견해는 더 이상 없다. 그렇지만『춘추』에 실린 상당수 작품과 인물에 대한 평가가 공자의 손을 거쳐 문체상 경미한 수정을 겪었다고 하는 전통설을 부정할 수도 없다.[6] 공자의 가필이 사실이라 할지라도 수정된 정도와 그 이론상의 의미규정은 불가능해 보인다.『논어』는 단지 기원전 5세기 말에 공자의 경구들을 수집하여 이룩된 것이다. 이 책은 유실되었다가 공자의 사후 500년이 지난 한대에 이르러 재구성되었다. 이 재구성된『논어』의 유효성을 의심할 수 없는 여러 근거들이 있다.[7] 그중에서도 공자의 말이 함축적인 해석을 내포하고 있다는 점은 특히 염두에 두어야 할 것이다. 이러한 해석들은 주로 가르침의 동기가 된 여러 상황들을 언급하는 가운데 암시적으로 제시된다. 따라서『논어』는 전기적 짜임새에 의거한다.[8] 그러나『논어』는 공자의 자취들이 성인(聖人) 전기작가들간의 논쟁들로 이미 모호하게 되어버린 이후에 편찬된 것이다.『예기』의 다양한 편목들에 수록되어 있는 다른 전통들은 이러한 논쟁들에서 비롯된 것으로서, 이 논쟁들을——분명하지 않은 다소 모호하게나마——엿볼 수 있게 해준다.『논어』를 구성하는 수집된 경구들의 불연속적인 구성양상은 공자의 사유가 비체계적이라는 관점을 자리 잡게 했으며, 그 결과 오늘

---

5) *Tchouang tseu*, Wieger, 499쪽. (참조원문: 其在於詩書禮樂者, 鄒魯之士搢紳先生, 多能明之.)

6) Woo Kang, *Les trois théorie politiques du Tch'ouen ts'ieou*, 173쪽 이하.

7) *SMT*, V, 442쪽.

8) 이와 상반된 견해는 마스페로의 *La Chine antique*, 456쪽의 각주 2)와 461쪽의 각주 2) 및 363쪽 이하 참조.

날 『예기』에 수록된 두 편의 소고인 『중용』과 『대학』에 제시된 이론들은 공자의 것이 아니라 그의 손자인 자사의 것으로 돌려지게 되었다. 우리로서는 공자 자신의 가르침과 초기 제자들의 가르침을 분별할 수 있는 방도가 없다.

공자가 유가의 수호자로 간주되면서, 역사는 그를 유가의 최고정통학자로 치장하기에 바빴다. 사마천이 기술한 공자의 전기에도[9] 이러한 선입견이 작용했음을 알 수 있다. 사마천은 성현의 생평을 기술하는 데 필요한 원색적인 표현을 자제하면서 방대한 정보를 지닌 역사가로서 면모를 보여주려는 집념을 드러냈다. 4~5세기경 중국인의 공자관은 후대의 생각만큼 시대착오적이지는 않지만 여전히 의례적이기는 마찬가지였다. 공자는 먼저 전설적인 인물로 된 이후부터 역사적 인물로 될 수 있었다. 공자의 삶에 대한 무지를 인정하더라도, 우리는 성현의 전기기술상 진수가 될 만한 특징적 소재를 택하면, 도식적 초상으로나마 과거 성현의 생생한 풍모를 보고자 하는 자들의 경배심을 충족시킬 수는 있다. 그 특징적 소재로 우리는 다음 몇 가지를 열거할 수 있다. 산둥지역의 풍경과 그 주민들의 신비주의적 성향,[10] 꿈속에서 자주 만났다는 주공(周公)에 얽힌 토속적인 이야기[11] 그리고 아직도 태산(泰山) 주변에 그 영혼이 떠돌고 있다는 이윤(伊尹)의 이야기, 준엄한 능선과 험준하고 어둑한 산세, 사철 푸른 측백나무들로 어린 공자에게 경탄을 자아내게 했던 영산(靈山) 이야기 등이 그것이다. 임종에 직면하여 태산의 추억들에 침취한 공자는 자신의 미완성 작품을 생각하며 탄식했다. "태산이 무너지고…… 대들보는 썩어들고…… 현자는 시든 꽃과 같구나!"[12] 여기서

---

9) *SMT*, V, 281. 사마천이 공자의 전기를 세가(世家)의 범주로 분류한다는 사실은 많은 점을 시사한다. (참조원문: 太史公曰. 蓋孔子晚而喜易. 易之爲術, 幽明遠矣, 非通人達才孰能注意焉!)

10) 파벌주의는 산둥지방에서는 만성적인 사회적 동향이다.

11) *Louen yu*, Legge, 60. "도대체 어찌된 연유인지, 주공(周公)을 꿈에서 뵙지 못한 지가 실로 얼마인가!" (참조원문: 子曰, "甚矣吾衰也! 久矣吾不復夢見周公!")

12) 이윤(伊尹)과 공자에 관해서는 졸저, *Danses et légendes de la Chine*

중요한 것은 공자가 당대의 성현으로서 고전적인 덕목들을 지녔다는 점이다. 그는 대우(大禹)에 버금가는 위인으로 간주되었다.[13] 그는 성문의 빗장을 혼자 들어올릴 만큼 장사였던 것으로 기록된다.[14] 또 그는 지극히 예리한 감수성을 지칠 새 없이 발휘한 위인으로도 알려진다. 이를테면 산정에 올라 가장 뛰어난 제자의 시야에도 희미하게 들어오는 몇 리 밖의 물체를 식별하는 데 어찌나 심혈을 기울였던지 삽시간에 머리카락이 하얗게 되어버렸다고 한다. 성현은 장사의 힘뿐만 아니라 전지성(全知性)도 갖추었다.[15] 공자는 단 한 번의 시선으로도 선사시대 유물을 목록별로 분류할 수 있었다고 한다. 또 그는 거대한 유골을 식별했으며, 가장 기이한 짐승들과 기이한 물체의 본명을 말할 줄도 알았다.[16] 따라서 모두 공자에게 묻게 되었다. 그런데 공자는 '내가 알기로는' 식의 어투 대신에 '사람들이 내게 알려주기를……'이라는 어투로 응답했다. "문왕(文王)께서 가신 이후 그의 완전한 덕성이 이 사람에게 옮겨오지 않았던가?"[17]라는 공자의 거침없는 토로는 자신이 하늘에서 하나의 소명과 그 소명 완수에 필요한 모든 자질을 부여받았다는 생각에 기인한 것이다.

공자의 이러한 언행은 제자들에게 절대적인 신뢰를 안겨주기에 충분했다. 중태에 빠져 죽은 목숨이나 다름없었던 한 제자가 소생하여 이렇게 말했다. "스승님이 살아 계시는데 제가 어찌 죽을 수 있겠습니까!"[18] 제자들은 위대한 어떤 것의 희구 속에 때로는 고양되기도 했고, 때로는

---

ancienne, 431쪽 이하; *SMT*, V, 424 참조. (참조원문: 太山壞乎! 梁柱摧乎! 哲人萎乎.)

13) *SMT*, V, 298, 338쪽. 그의 적이던 안자(晏子)는 난장이였다. (참조원문: "東門有人, ……然自要以下不及禹三寸"[……] "孔子長九尺六寸, 人皆謂之'長人'而異之.")

14) *Lie tseu*, Wieger, 189쪽. (참조원문: 孔子之勁, 能拓國門之關.)

15) *SMT*, V, 310, 312, 341쪽.

16) 졸저, 앞의 책, 552쪽.

17) *SMT*, V, 333쪽. (참조원문: 文王旣沒, 文不在兹.)

18) 같은 책, 332쪽. (참조원문: 子曰, "吾以汝爲死矣", 安淵曰 子在, 回何敢死!)

희구 그 자체를 부인할 정도로 절망에 빠지기도 했다. 문하가 위기에 처해 모든 제자가 심각한 심적 동요를 일으키고 있음을 알아차린 공자가 "우리는 이 황량한 곳에 거처하기 위한 코뿔소도 아니요 호랑이도 아니다"(匪兕匪虎, 率彼曠野)라고 말하고는, "내 지혜가 미흡한가?"(吾道非邪)라고 물었다. 이에 한 제자가 "저희는 완벽한 현자가 아닙니까?"(吾何爲於此?)라고 반문했고, 또 한 제자는 "스승님의 지혜는 너무 높습니다!"라고 실토했다. 이에 공자는 "훌륭한 농부는 씨를 뿌릴 줄은 알지만 수확은 장담할 수 없다"라고 대답했다. 그러자 그의 수제자인 안회(顔回)가 나서서 말했다. "스승님의 지혜는 아주 높아 아무도 인정하려 하지 않습니다. 하지만 스승님, 제자들에 대한 엄격함을 늦추지 마십시오…… 우리가 지혜를 실천하지 아니하면 수치(羞恥)는 우리 몫이지만 우리가 지혜를 완전히 구현하는 데도 아무도 우리를 기용하지 아니하면 수치는 군주들의 몫이 될 것입니다." 이에 공자는 미소로 답하기를, "안(顔)씨 집안의 자식이여, 만일 그대에게 많은 부가 있었다면 나는 그대의 집사였을 것이네."[19] 공자는 이렇듯 제자들의 용기를 북돋워주었다. 그리고 자신의 행동에 당혹한 제자들의 어떠한 비난도 감수할 줄 알았다. 한때 그는 자신의 성공을 장담했던 도적을 섬길 의향을 품은 적도, 또한 음분(淫奔)한 왕녀(南子)의 환심을 사고자 한 적도 있었다. 가장 충실한 제자인 자로(子路)가 이에 분노하자 공자는 조용히 이렇게 말했다. "나를 측근으로 불러들이는 자라면 어찌 그럴 만한 이유가 없겠는가?" 또는 "내 행동이 잘못이라도, 이는 하늘의 뜻이로다! 하늘의 뜻이로다!"[20] 자신의 독립을 자부하면서도 봉직을 바라는 기대로 노심초사한 제자들은 비난을 무릅쓰고 초연히 세상을 등질 것인가, 아니면 역겨

---

19) 앞의 책, 367쪽. (참조원문: 夫子之道至大, 故天下莫能容. 雖然, 夫子推而行之, 不容何病, 不容然後見君子! 夫道之不脩, 是吾醜也. 夫道旣已大脩而不用, 是有國者之也. 不容何病, 不容然後見君子! 〔……〕有是哉顔氏之子! 使爾多財, 吾爲爾宰.)
20) 같은 책, V, 317, 324쪽. (참조원문: 夫召我者豈徒哉〔……〕予所不者, 天厭之!, 天厭之!)

움을 토로하고 비판의 목소리만 키울 것인가, 아니면 타협과 모욕을 감수하더라도 순수성을 지키며 봉직할 것인가에 대한 선택을 놓고 격론을 벌였다고 한다. 공자는 고행주의적인 자부심도 스토아적인 겸허함도 부정하지 않았으며, 심지어 예언을 늘어놓는 요란한 예정설적 견해마저 부정하지 않았다. "나는 이 모든 사람과는 달라, 내게 맞는 것은 아무것도 없으나 내게 맞지 않는 것 또한 아무것도 없다"[21]라고 말하는 공자에게는 어떠한 가능성도 간과되지 않는다. 그는 난관에 부딪힐수록 더욱 고조되는 우직한 신념을 보여준다. "우리는 짐승들과 함께 살 수 없으며 그들을 동반자로 할 수도 없다. 사람들 사이에서 살기를 거부하면 누구를 동반자로 하겠는가? 천하가 바르다면 내가 변화를 도모할 필요가 있겠는가?"[22] "만일 어떤 군주가 나를 기용한다면, 나는 1년 안에 무언가를 해낼 것이며 3년 만에 성공을 거둘 것이다…… (군왕의 이름에 부끄럽지 않은) 군왕이 있다면, 인(仁, 사람으로서 부끄럽지 않은 질서)을 세우는 데 한 세대만으로도 족하리라."[23]

우리는 『논어』의 일화들을 통해 유가의 정신과 생활에 대해 어느 정도 이해할 수 있다. 그리고 이를 통해 인간의 본성에 대한 공자의 믿음도 확신할 수 있다. 이 믿음은 공자의 스승됨의 요건이기도 하다. 또 이 일화들 중의 몇몇은 공자가 제자들을 교화할 수 있었던 이유들과 공자의 개인적인 진면들을 밝혀줄 것이다. 짐작할 수 있듯이 공자의 이러한 면모들은 정통유가에서는 선호하지 않는다. 제자들에게 공자는 예법과는 전혀 상반되는 듯한 감성에 따라 행동하는 자로 비치기도 했다. 그는 진실로 슬픈 일을 당할 때면, 예법상 지나칠 정도로 애통해 했다고 한다.[24] 그는 의례의 형식적 제약에 구애받지 않았다. 강제적인 규약을 준

---

21) *Louen yu*, L, 200쪽. (참조원문: 我則異於是, 無可無不可.)

22) 같은 책, L, 198쪽. (참조원문: 獸不可與同羣, 吾非斯人之徒與而誰與? 天下有道, 丘不與易也.)

23) 같은 책, 131쪽. (참조원문: 苟有用我者, 期月而已可也, 三年有成 〔……〕 如有王者, 必世而後仁.)

수함은 당대의 중국인에게 스스로 명성을 높여주는 수단이었지만, 공자에게 규약은 반드시 지켜야 할 의무가 아니었다.[25] 그렇지만 그는 순수한 자에게는 모든 것이 순수하다는 신념에 찬 주장을 펼친다. "흔히들 말하지 아니한가? 갈아도 얇아지지 않으면 그 얼마나 굳은 것이며, 물들여도 검어지지 아니하면 그 얼마나 흰 것이냐고? 내 어찌 포과(匏瓜)처럼 한곳에 매달려 따먹지도 못하게 하겠느냐?"[26] 공자의 학설은 실천론에 가까웠던 것이다. 행동윤리를 가르쳤던 공자에게 원칙의 형식적 의미는 자발적인 윤리행위보다 중시될 수 없었다. 공자는 정신적인 지도자로서 권위를 얻었던 것 같다. 사람에 따라 또는 상황에 따라 모순적으로 보일 수 있는 지침들을 알려주는 데 주저하지 않았던 그는 어떤 자에게는 자신이 내린 지침을 행동으로 실천하는 데 망설이지 말라고 했던 반면, 성격이 과감한 자로(子路)에게는 아버지나 형과 상의하지 않고는 아무것도 행하지 말라고 권고했다. "나는 잽싼 자는 붙들고, 느린 자는 밀어준다."[27] 공자의 말은 절대적인 지침이 아니라는 점에서 확고한 학설로 인정받지 못할 여지가 있었다. 그는 상황마다 제자들의 누군가에게 도움이 될 수 있는 가르침을 찾는 데 주력했다. "더불어 말할 만한데 더불어 말하지 아니하면 사람을 잃고, 더불어 말하지 아니할 것을 더불어 말하면 말을 잃으니 지혜로운 자는 사람을 잃지 아니하며 말을 잃지 아니한다."[28] 하지만 공자의 진정한 가르침은 말로 전달되는 것이 아니었다. "공자가 '나는 말이 없고자 하노라' 하니 자공(子貢)이 물었다. '스승님께서 말씀하지 않으면 저희는 무엇을 전할 수 있겠습니까?' 이

---

24) 앞의 책, 104쪽. 그리고 *Li ki*, C, 141, 142쪽. (참조원문: 顔淵死, 子哭之慟. 從者曰, "子慟矣!" 曰, "有慟乎? 非夫人之爲慟而誰爲?")

25) *SMT*, V, 345쪽.

26) *Louen yu*, L, 185쪽. (참조원문: 有是言也. 不曰堅乎, 磨而不磷, 不曰白乎, 涅而不緇. 吾豈匏瓜也哉? 焉能繫而不食.)

27) 같은 책, 108쪽. (참조원문: 近者說, 遠者來.)

28) 같은 책, 161쪽. (참조원문: 可與言而不與言, 失人, 不可與言而與之言, 失言. 知者不失人, 亦不失言.)

에 공자는 '하늘이 무슨 말을 하는가? 그래도 봄, 여름, 가을, 겨울은 이어지고 만물은 번창하거늘, 하늘이 무슨 말을 필요로 하겠는가?'라고 대답했다.[29]

현자도 하늘을 모범삼아 무언(無言)으로 타인의 내면으로 파고들어 생기를 불어넣는다. 하늘의 율동에 순응하여 만물이 운화(運化)하듯 사람들의 행동은 어긋남 없는 현자의 언행에 감화되게 마련이다. 많은 문구는 공자가 자신의 매 거동에 얼마나 엄격했는지, 매 상황과 정황에 얼마나 세심한 주의를 기울였는지를 알려준다.[30] 공자는 예법의 이행에서 개인적이면서도 극히 세련된 방식을 체득하고 있었다.[31] 그는 타인을 대하는 됨됨이, 즉 마음에서 우러나오는 우아함과 섬세함에 인간의 문명화의 척도를 두었다. 그는 특히 아랫사람에게 묻는 것을 조금도 부끄럽게 여기지 않는, 문명인이 되기 위한 배움에 대한 적극적인 자세를 강조했다.[32] "내가 (단지) 두 사람과 함께 있어도 분명 한 명의 스승이 함께 한다"[33] 결국 공자는 모든 행동에 규율을 요구하는 공동생활(작게는 동문同門 내에서의 생활)이야말로 한 개인을 완성된 인간(眞人)으로 만들어주는 완벽함(誠)의 원천임을 주지하게 한 것이다.

'자기수양 없이' 어떠한 자질을 선망함은 그 자질이 어떠한 것이든 결점만을 조장한다.[34] "사람들의 천성은 비슷하나 수양 정도에 따라 멀어진다. 오직 가장 지혜로운 자들과 가장 어리석은 자들만이 변하지 않는다.[35] 공자의 이 단호한 선언이나 『논어』의 전반을 통해 우리는 유가 내

---

29) 앞의 책, 190쪽. (참조원문: 子曰, "予欲無言." 子貢曰, "子如不言, 則小子何述焉?" 子曰, "天何言哉? 四時行焉, 百物生焉, 天何言哉?")

30) *Louen yu*(10장 전부), L, 91쪽 이하.

31) 졸저, *Le langage de la douleur*, 115쪽.

32) *Louen yu*, L, 42쪽.

33) 같은 책, 66쪽. (참조원문: 三人行, 必有我師焉.)

34) 같은 책, 186쪽. (참조원문: 好仁不好學, 其蔽也愚, 好知不好學, 其蔽也蕩, 好信不好學, 其蔽也賊, 好直不好學, 其蔽也絞, 好勇不好學, 其蔽也亂, 好剛不好學, 其蔽也狂.)

에서의 경쟁심이 얼마나 치열했는지, 또 공자가 얼마만큼 향진심(向進心)을 고취하려 했는지를 명백히 확인할 수 있다. 이 점에서 우리는 "개인적인 자기완성에 대한 생각은 공자에게 없었다"[36]고 주장하는 주해가들의 주장을 납득하기 어렵다. 공자의 모든 사상, 특히 그의 정치사상은 스승과 군주는 동격이라는 사실로 축약된다. 군주나 스승은 도덕[또는 도-덕, 즉 "이미 좋은 자질을 갖춘 자는 더욱 향진하고 자질이 부족한 자는 교육하여"[37] 모두 자극받아 노력을 기울일 수 있도록 하는 효율성]을 갖출 때, 비로소 군주는 군주(君)로서, 스승은 군자로서 이름을 얻는다.

권학과 면학에 대한 의무감은 특히 삶의 윤리성과 관계된다. 통치의 관건은 상호이해와 청렴성(信)이 군림하도록 하는 데 있다. 물질의 풍요와 군사력의 증강은 부차적인 문제에 불과하다.[38] 군자라고 하기에 손색없는 귀족들은 군주와 마찬가지로 물질적 이득에 연연하거나 이익(利)을 추구하지 않는다.[39] 글자 이(利)는 극히 광범한 의미를 지닌다.

---

35) 앞의 책, 182쪽. (참조원문: 性相近也, 習相遠也. 唯上知與下愚不移.)

36) Maspero, *La Chine antique*, 462쪽. 마스페로는 다음과 같이 부연한다. "공부가 모든 것은 아니다. 스스로 도덕적 수양을 기를 줄 알아야 한다"(464쪽), "각 개인의 수양은 (공자의 체계에서는) 부차적인 문제에 불과하다"(467쪽), "공자는 도덕의 토대를 의식(意識)의 밖인 예법에서 찾았던 반면, 사회적 관계의 토대를 의식의 내면, 즉 이타성(利他性)에서 찾았다"(479쪽). 우리로서는 이러한 문장들뿐만 아니라 다음 문장 또한 그 의미를 제대로 이해할 수 없다. "개인 그 자체는 전혀 공자의 탐구 대상이 아니었다." 하지만 짐작하건대, 마스페로는 '개인 그 자체'라는 표현을 통해 단순한 개개인들을 군주와 대립시키는 것 같다(이 책, 471쪽 참조).

37) *Louen yu*, L, 16쪽. 군자(君子)라는 표현은 군주의 정신을 지닌 귀족이나 수양을 갖춘 사대부를 지칭한다. (참조원문: 擧善而教不能則勸.)

38) 같은 책, 118쪽. (참조원문: 子貢問政. 子曰, "足食, 足兵, 民信之矣." 子貢曰, "必不得已而去, 於斯三者何先?" 曰, "去兵." 子貢曰, "必不得已而去, 於斯二者何先?" 曰, "去食. 自古皆有死, 民無信不立.")

39) 같은 책, 33쪽. (참조원문: 君子懷德, 小人懷土, 君子懷刑, 小人懷惠.//"放於利而行, 多怨.")

공자는 이익의 추구뿐만 아니라 일체의 비속한 경쟁(克)을 배격한다. 수양이 된 사람은 오롯이 극기를 추구한다.[40] "선비(士, 즉 文士)는 도에 뜻을 둘 뿐 먹고 입는 것이 초라하다 하여 부끄러워하지 않는다." 아울러 "귀족(君子나 善人)은 오직 덕을 생각하나 소인은 부(富, 직역하면 토지)에 연연한다."[41] "아침에 도를 얻으면 저녁에 죽어도 좋으리!"라는 이 의연한 경구는 도와 덕 두 글자에 주어진 새로운 의미를 통해 독특한 면모가 드러나는 자강불식(自彊不息)의 귀족정신윤리를 함축적으로 제시한다.

공자는 군주의 효능성인 도-덕을 세습적 자질에 한정하는 관점에서 탈피한다. 그러나 공자는 이 효능성은 일체의 비루한 집념을 벗어날 수 있는 유일한 자인 군주에 의해서만 완성될 수 있다고 보았다. 공자는 귀족만이 도와 덕을 추구할 수 있다고 믿었던 것 같다. 왜냐하면 귀족은 '농토에서 자유로우니' 저급한 세사와 걱정거리를 벗어나 생활하며, 예법을 실천해 자신을 문명화할 수 있기 때문이다.[42] 그렇지만 도와 덕의 체득은 개인의 노력 여하에 좌우되는 문제로 항구적인 집중과 매순간의 집요함을 요구한다. 이러한 요구는 식사시간도 예외일 수 없다.[43] 요컨대 우리는 삶의 끊임없는 정진의 결실인 도와 덕을 통해서만 이상에 도달할 수 있다. 그 전형으로서 공자의 "사람됨 역시 먹는 것도 잊을 만큼 언제나 노력하며 즐겨 근심을 잊고 늙음조차도 의식하지 않는 자"로 표현된다.[44] 그렇다고 자신이 성인의 경지에 도달하여 인(仁)의 자질을

---

40) 앞의 책, 114쪽. (참조원문: 顏淵問仁. 子曰, "克己復禮爲仁. 一日克己復禮, 天下歸仁焉. 爲仁由己, 而由人乎哉?")

41) 같은 책, 33쪽. (참조원문: 士志於道, 而恥惡衣惡食者, 未足與議也//君子懷德, 小人懷土//朝聞道, 夕死可矣.)

42) 한 제자가 어떤 제후를 찾아가 공자에게 큰 봉토를 내릴 것을 독려했다. "그분은 어떠한 개인적 이익도 취하지 않을 것입니다", "그분이 추구하는 것은 군자만의 도(道)입니다"(SMT, V, 387쪽).

43) Louen yu, L, 30쪽. (참조원문: 君子去仁, 惡乎成名? 君子無終食之間違仁.)

44) 같은 책, 65쪽. (참조원문: 發憤忘食, 樂以忘憂, 不知老之將至云爾.)

갖추었다는 자만에 빠져들지도 않았다. "성인이나 인자(仁者)를 내 어찌 감히 넘보랴? 다만 배우기를 마다 아니하고, 남을 가르치는 데 게으르지 않음은 내 말할 수 있겠다."[45] 이 부단한 노력은 일종의 기도와도 같았다. 그리하여 공자의 죽음에 임박하여 제자들이 제물을 봉헌하려 하니, 공자는 "내 기도를 올린 지 이미 오래일세"[46]라고 말한다.

유가사상에서 도-덕은, 인간의 덕목으로서 문명사회에서 타인과 교섭해서만 배양되는 인(仁)과 의(義)의 실천으로 도달하는 이상적인 자기완성과 동일시된다.

도가의 장자는 공자가 설정한 인과 의 그리고 도-덕 사이에 설정한 관계를 아주 객관적인 시각에서 거론한다.[47] 『논어』는 이 관계에 대한 가장 선명한 제시를 담고 있다. "홀로 있으면 덕을 얻지 못하니 반드시 이웃을 가져야 한다."[48] 친구를 사귀어 우정을 돈독히 하는 일보다 중요한 것은 없다.[49] 그러나 지나치게 가깝거나 예민한 마찰, 신중하지 못한 충고는 피해야 한다. 특히 인과 의를 함께 배양할 수 있는 사람들과만 사귀어야 한다. 사람의 모든 과실은 자신이 속한 집단(黨)에서 비롯한다. 스스로에 대한 통제 없이 교우관계에서의 자기발전은 기대할 수 없으니, 특히 당파심에 유의해야 한다.

오직 "군자만이 공정성(義)을 알 수 있을 뿐, 소인은 오직 이익에만 밝을 뿐이다."[50] 의를 기름은 네 것과 내 것에 대한 공평무사한 소유개념과, 나와 타자에 대한 공평무사한 사고를 하려는 노력이다. 이 노력은

---

45) 앞의 책, 70쪽. (참조원문: 若聖與仁, 則吾豈敢? 抑爲之不厭, 誨人不倦, 則可謂 云爾已矣.)

46) 같은 책. (참조원문: 丘之禱久矣.)

47) 이 책, 456, 457쪽의 인용부분을 보시오.

48) Louen yu, L, 36쪽. 글자 '黨'은 학파나 교파에 적용되는 단어다. (참조원문: 德不孤, 必有鄰.)

49) 같은 책, 31, 125, 126, 134, 164쪽. (참조원문: 子貢問友. 子曰, "忠告而善道 之, 不可則止, 毋自辱焉" // "君子以文會友, 以友輔仁.")

50) 같은 책, 34, 144쪽. (참조원문: 君子喩於義, 小人喩於利.)

범부들에게도 이미 의무조항인, 남에게 물질적 피해를 입히지 않고 권리와 위상과 재산을 존중하는 데 멈추지 않는다. 수양을 이룬 사람은 이에 진일보하여 타인에 대해 공평무사하고 쌍방적(恕)인 평가를 내리고자 하는 자기구속이 있어야 한다. 『논어』는 이 쌍방성에 대해 세 차례 적절한 정의를 제시한다. "(남이 자신에게 행하기를) 원치 않는 것은 남에게도 행하지 마라."[51] 이 상호성의 고결한 의식은 타인과 자신에 대한 사려에서 비롯하며, 자신에 대한 존중(恭)과 타인에 대한 존중(敬)이라는 두 측면을 담고 있다.[52] 지고한 덕목으로서 인간의 존엄성에 대한 역동적인 사상인 인(仁)은 공정한 상호성에 대한 지속적인 관심과 예법의 품위 있는 실천으로 다져지는 명예의식에 관대함과 자애로움이 더해짐으로써 얻어진다.[53]

인에 관해 질문을 받아왔던 공자는 그것에 대한 다양한 정의를 제시했다. 그의 정의들은 정신적 지침을 내리는 데 제자들 각각의 성향을 살핀 배려로 언제나 구체성과 실천성을 담고 있었다. 그가 이처럼 다양한 정의들을 제시한 이유는 인이 지칭하는 단어만 있을 뿐 어떤 용어로도 다할 수 없는 본질적으로 완전한 덕목이었기 때문이다. 이 덕목은 신중하게 사귄 친구들과 공동생활을 하면서 얻어지는 궁극적이자 총체적인 것으로서, 이것 없이는 사랑·혐오·믿음이 있을 수도, 죽음에 대한 두려움이나 여타 불안에서 벗어날 수도 없으며, 또한 존경과 사랑으로 자신을 따르게 하거나, 강인함과 확고함과 단순함과 겸허함을 가질 수도 없을 뿐만 아니라 스스로 폭력을 삼가거나 자신을 극복할 수도 없으며, 참된 능변이나 용기를 지닐 수도 없다.[54] 그러니 우리는 인의 첫 번째

---

51) 앞의 책, 41, 115, 146쪽. (참조원문: 己所不欲, 勿施於人.)
52) 같은 책, 42쪽. (참조원문: 子謂子産, "有君子之道四焉, 其行己也恭, 其事上也敬, 其養民也惠, 其使民也義.")
53) 같은 책, 135쪽. (참조원문: 樊遲問仁. 子曰, "居處恭, 執事敬, 與人忠. 雖之夷狄, 不可棄也.")
54) 같은 책, 30, 43, 114~116, 126, 138, 140쪽.

조건으로서 자기존중, 관대함, 충실함, 용의주도함, 선행을 제시할 수 있다. 그렇지만 공자는 사실 인이 무엇인지 자신으로서는 말할 수 없다고 실토한다.[55] 그러다 공자는 어느 날, 군자는 남을 사랑해야 할지니, 지자(智者)가 사람을 아는 자(知人)라면, 인을 지닌——즉 자신이 곧 인(仁)인——자는 사람을 사랑해야 한다고 생각했다.[56]

비에제르 신부는, "공자가 주창한 것은 결코 자비와 헌신이 아니라 정신적 중립과 무감동이다"[57]라고 주장한다. 그래서 그는 "인을 자애(慈愛, charité)로 번역해서는 안 된다!"는 지론에 따라 이를 'altruisme'(이타성利他性)으로 번역하자고 제안한다. 이 제안은——그 시대착오성은 의심하지 않은 채——단지 일석이조의 효과만을 염두에 두고 있을 뿐이다. 그러나 놀라운 것은, 시대착오를 범한 데 대해 비에제르 신부와 같은 변명의 소지를——(비에제르 신부에게 어떤 변명이 있다면)——갖고 있지 않은 다른 주해가들이[58] 인의 두 본질적 특성(타인에 대한 존중과 자신에 대한 존중)을 무시하며『논어』에 제시된 모든 정의를 간과하는 번역에 경도되고 있다는 점이다. 공자의 인의 개념이나, 또는 그 명칭에 부끄럽지 않은 유일한 자인 완성된 인간에 대한 유가개념은 우리로서는 수용하기 힘든 사상일지 몰라도 우리가 은폐할 권리는 없는 인문주의 사상의 발로다.『논어』전반에 걸쳐 (『중용』과『대학』에서는 더욱) 부각되듯이, 공자와 그 문하생들의(이들이 공자의 문하생들인지 아니면 공자 제자들의 문하생들인지 나로서는 결정할 수 없다) 사유의 핵심은 우주에 관한 모든 사변을 배격하는 한편, 사람을 앎의 대상으로

---

55) 앞의 책, 39, 184쪽.

56) 같은 책, 183쪽(이러한 애타심은 사대부가 도를 닦으면서 자연스럽게 얻게 된다). 글자 '인'(人)과 동일한 발음의 '인'(仁)은 人에 二를 더한 것이다.

57) Wieger, *Les Pères du système taoiste*, 133쪽. 저자 비에제르 신부는 (글자 '仁'에 대한 해석을 유보한 뒤) 공자의 제자들을 다음과 같이 평가한다. "마음을 독차지하는 것, 이것이 그들의 인간에 대한 사랑이다"(135쪽). 이러한 평가는 험담을 좋아하는 경박한 정신의 발로일 뿐이다.

58) Maspero, *La Chine antique*, 464쪽.

삼는 데 있었다. 그들은 자신들이 관심을 기울인 유일한 앎이자 효율성을 지닌 이 앎의 원천을 사회생활과 지식획득과 자기수양과 자기완성을 위한 공동작업에 두며, 또한 인간의 존엄성을 형성하는 인문주의 문화에 두고 있다.

자기수양(수기修己 또는 수신修身)은 단순히 개인의 윤리적 의무로 그치지 않는다. 인간의 존엄성은 사회생활을 통해 형성되니 현자들이 도달한 자기수양은 사회를 유익하게 한다. "군자는 자신을 수양하니 (따라서 남을) 공경할 줄 안다!"는 공자의 말에 자로(子路)가 물었다. "그게 전부입니까?"

"군자는 자신을 수양하니 (따라서) 남을 편안히 해준다!"

"그게 전부입니까?"

"군자는 자신을 수양하니 만인을 편안히 해준다. 군자는 자신을 수양하여 만인을 편안히 해준다!"[59]

"요순(堯舜)은 무위로써 제국을 통치했는데, 어떻게 그리할 수 있었겠는가? 그로서는 자신을 존중하고(恭己), 남쪽을 향해 정히 몸을 두는 것으로 족했으리라."[60]

『대학』은 자기수양의 제재를 좀더 폭넓게 다룬다. "제국에 덕이 빛나기를 바랐던 선인(先王)들은 먼저 자신의 영지를 잘 다스리려 했다. 영지를 잘 다스리기를 바랐던 그들은 먼저 가족부터 다스리려 했다. 가족을 다스리기를 바랐던 그들은 먼저 자신부터 수양했다. 자신을 수양하기를 바랐던 그들은 먼저 뜻(마음)부터 규범(正)에 어긋나지 않도록 했다. 뜻이 규범에 어긋나지 않기를 바랐던 그들은 먼저 마음을 성실히 했고, 마음이 성실하기를 바랐던 그들은 지혜부터 지고의 경지에 이르게 했다. 지혜를 지고의 경지에 이르게 함은 만물을 헤아리는 것이다. 그들

---

59) *Louen yu*, L, 156쪽. (참조원문: 子路問君子. 子曰, "修己以敬." 曰, "如斯而已乎?" 曰, "修己以安人." 曰, "如斯而已乎?" 曰, "修己以安百姓. 修己以安百姓.")

60) 같은 책, 159쪽. '무위'(無爲)는 일반적으로 도가 고유의 표현으로 간주된다. (참조원문: 子曰, "無爲而治者其舜也與? 夫何爲哉? 恭己正南面而已矣.")

이 만물을 헤아릴 수 있었던 것은 지혜가 지고의 경지에 이르렀음이요, 지혜가 지고의 경지에 이르렀던 것은 마음이 성실했음이요, 마음이 성실했던 것은 뜻이 규범에 어긋나지 않았음이요, 뜻이 규범에 어긋나지 않았던 것은 자신을 수양했기 때문이다. 자신을 수양했기에 가족을 다스릴 줄 알았고, 가족을 다스렸기에 영지를 제대로 다스릴 줄 알았으며, 영지를 제대로 다스렸기에 제국은 태평을 누렸다. 천자에서부터 백성에 이르기까지 모두 자기수양을 원칙으로 삼아야 한다."[61] 이상의 추론은 비록 삼단논법에 비유되기는 하나 전제들의 연쇄적인 전개방식에만 의거하지는 않는다. 이 추론의 목적은 개인에서 우주에 이르기까지 위계적이면서도 밀접하게 결부된 집단들을 상호전환 방식을 통해 하나로 이어줌으로써 도덕의 일관성을 부각하는 데 있다.[62]

　수신(修身)[63]과 수도(修道)[64]를 동일한 의미의 두 표현으로 다루는 『중용』[65]의 저자 역시 이렇게 기술한다. "현자(君子)는 자신을 수양하지 않을 수 없으니 자신을 수양하려는 생각은 주위 사람들에게 도움을 주지 않을 수 없고, 주위 사람들에게 도움을 주려는 생각은 필히 사람을 알게 하며, 사람을 알려는 생각은 필히 하늘을 알게 한다."[66] 사람을 아

---

61) 공자의 손자 자사(子思)의 저술이거나 (공자의 제자 가운데 한 명인) 증자(曾子)의 저술로 간주되는 이 논고는(*Li ki*, C, II, 614쪽 이하) 아주 짧은 한 원문과 긴 주해들로 구성되어 있다. (참조원문: 古之欲明明德於天下者, 先治其國. 欲治其國者, 先齊其家. 欲齊其家者, 先修其身. 欲修其身者, 先正其心. 欲正其心者, 先誠其意. 欲誠其意者, 先致其知. 致知在格物. 物格而后知至, 知至而后意誠, 意誠而后心正, 心正而后身修, 身修而后家齊, 家齊而后國治, 國治而后天下平. 自天子以至於庶人, 壹是皆以修身爲本.)

62) 졸저, *Le langage de la douleur*, 178쪽 이하.

63) 자사(子思)의 저술(*Li ki*, C, II, 427쪽 이하). (참조원문: 修道之謂敎//取人以身, 修身以道.)

64) *Li ki*, C, II, 427쪽.

65) 같은 책.

66) 같은 책, 108쪽. "자신을 수양할 줄 알면, 사람을 다스릴 줄 알고, 사람을 다스릴 줄 알면 제국이나 한 국가를 다스릴 줄 안다." (참조원문: 知所以修身, 則知所以治人. 知所以治人, 則知所以治天下國家矣.) "도는 사람에게 멀리 있는 것이

는 것이나 자신을 수양한다는 것은 자신을 안다는 것이다. 하지만 이 앎은 단순한 성찰이나 단순한 교분을 통한 앎이 아니다. 현자가 행동을 향도하기 위해 알고자 하는 개인의 행동들은 결코 독자적인 현실이 아니다. 왜냐하면 각 개인은 자신의 생활공간이자 인격과 인간의 존엄성을 형성해주는 공간인 위계집단과 결코 관념적으로 분리되지 않기 때문이다. 공자와 그 제자들은 인간에 대한 관념적인 학문이 아닌 심리학과 윤리 그리고 정치를 포함하는 생활기예의 정립을 도모했다. 이 기예는 선대로부터의 앎과 체험 그리고 상호관계적인 삶 그 자체를 대상으로 하는 제반 관찰을 통해 형성된다.

인문주의는 이 기예나 앎에 적실한 이름이다. 인문주의는 실증적 정신의 발로로서 체험하고 관찰할 수 있는 구체적인 사항들만 고려 대상으로 삼는다. 공자는 "신비를 헤아리고 놀라운 조화를 부려 훗날 도술가로 전해지는 것을 나는 바라지 않는다"[67]라고 말한다. 그는 "삶에 대해 아는 것이 없거늘, 죽음에 대해 무엇을 알겠는가?"[68]라고 말하며 영혼에 대한 거론도 삼갔다. 간혹 "이로움과 운명과 인(仁)을 논하긴 했으나"[69] 그마저도 개인적 경우에 한정해서 말했을 뿐, "경이로운 것, 실현하기 힘든 것, 모호한 것, 성스러운 것에 대해서는 언급하지 않았다."[70] 하지만 이는 공자가 어떤 불가지론이나 종교적 신중성을 염두에 두기 때문이 아니라 일상적인 것, 인간에 관한 것, 합리적인 것을 중시했기 때문이다. 아마도 공자는 당대의 중국인들이 정치학과 물리학이 모호하게 뒤섞인 낡은 부류의 앎에서 벗어날 것을, 또한 교리적이거나 신비적인 사변에서 벗어날 것을 기대했던 것 같다. 그런 그에게 오직 유익하고

아니다"(道不遠人). "도를 통해 자신을 수양하고, 인을 통해 도를 수양한다"(修身以道, 修道以仁). "인이란 무엇인가? 사람(人)이 곧 인(仁)이다"(仁者人也). "군자는 사람으로 사람을 다스린다"(君子以人治人).

67) *Li ki*, C, II, 434쪽. (참조원문: 素隱行怪, 後世有述焉. 吾弗爲之矣.)

68) *Louen yu*, L, 104쪽. (참조원문: 未知生, 焉知死?)

69) 같은 책, 80쪽. (참조원문: 言利與命與仁.)

70) 같은 책, 65쪽. (참조원문: 子不語怪力亂神.)

효능성을 지닌 유일한 것은 문명을 가꾸는 사람들의 우애로운 접촉에서 분출되는 생활의 기예였다. 이렇듯 공자는 인간으로서의 수양을 공익과 동일시했다.

2. 묵자와 사회적 의무

묵적(墨翟 또는 墨子)의 생애를 알려주는 자료는 거의 없다. 아마도 그는 노(魯)나라(또는 송나라) 태생으로 한때 주(周)에 머물기도 했으나 결국 노나라에 정착하여 기원전 4세기 초에 죽은 것 같다. 공자처럼, 묵자 역시 몰락한 귀족가문의 후예였다. 그가 세운 학파는 기원전 4~3세기간 어떠한 학파보다도 교파성을 강하게 띠면서 유가를 훨씬 능가할 정도로 번창했다. 기원전 4세기 말엽, 묵가는 여러 분파로 갈라졌으나 여전히 통일성을 유지했다. 이 교파의 통일성은 성인으로 숭상되던 교조(敎祖) 거자(巨子)의 권위에 예속되었던 초창기에는 더욱 견고했다.[71] 규율이나 학설의 측면에서 교조의 권위가 어떠했는지 알 수는 없지만, 아마도 이 교파는 조직체계를 갖추어 위계질서를 받아들였던 것으로 보인다. 묵가의 한 갈래인 별묵(別墨)이 특히 논리학을 주장하고 나서기 전까지,[72] 추종자들은 거자의 말을 되풀이하는 것을 주된 책무로 삼았다. 그들은 설교사제단(說敎司祭團)처럼 도처를 편력하면서 교훈적인 말을 설파했으며, 의도적으로 남루한 옷을 입어 주위의 시선을 끌고자 했다. 그들이 수호자로 숭상했던 인물은 공자를 고취시킨 주공(周公)과 같은 예법의 영웅이 아니라, 공익의 영웅이던 대우(大禹)였다. 대우는 몸소 자루와 삽자루를 짊어진 채 전신대한(全身大汗)의 자기희생을 감수했으며, 산천을 정비하고자 빗방울로 몸을 씻고 바람결로 빗질하며 방방곡곡을 편력한 인물이다.[73] 그리하여 입문을 원하는 자는

---

71) *Tchouang tseu*, L, II, 221쪽.
72) *Tchouang tseu*, L, II, 220쪽.
73) 묵자는 능란한 기술인으로 전해진다(*Lie tseu*, Wieger, *Les Pères du système*

무엇보다 먼저 우(禹)의 생활방식(道)을 따른다고 맹약해야만 했다.[74] 그리고 추종자들에게는 설교의 능력이 각별히 요구됨에 따라 그들은 반드시 거자의 설교용 모범문안을 전수받아 수사학을 익혀야만 했다. 이 모범문안은 머리말, 문항분할, 정의, 반론, 결론, 반복구, 언변술 등 모든 수사학적 요소들로 갖추어졌으며, 그 제명들은 '검약(儉約)에 대해', '비폭력', '하늘의 뜻', '가무의 철폐', '회의주의자 배격' 등 다소 충동적인 것들도 있었다. 대다수 설교문들은 현격한 차이를 보이는 세 문헌으로 우리에게 전해진다.[75] 이 차이가 전적화(典籍化) 당시 비롯되었는지,[76] 전수과정에서 비롯되었는지를 규정하기는 쉽지 않은 일이나,[77] 그다지 중요한 일인 것 같지는 않다. 어차피 묵자와 그 제자들이 우리의 관심을 끄는 것은 그리 많지 않은 분량의 학설내용보다는 이러한 내용을 통해 느껴지는 교파의 신조이기 때문이다.

묵가의 정신에 대한 『장자』의 평가는 우리가 사료들을 통해 조망할 수 있는 평가와도 아주 일치한다. "사치와 낭비를 금하여 만물의 소모를 피하고, 의례의 인원수와 규모의 성대함을 피하고, 엄격한 규율을 준수하며, 생활고에 대비하는 것이 묵자의 원칙이었다. 〔……〕 그는 '가무의 철폐'와 '검약'에 관한 글을 썼다. (그에 따르면) 살아 있는 자는 노래해서는 아니 되며, 죽은 자를 위해 상복을 입을 필요도 없다. 모두에게 균등히 애정을 베풀어야 하고(汎愛), (모든 종류의) 이익(兼利)을 차별 없이 (평가)해야 하며, 모든 분쟁을 배척해야만 한다. 또 그는 분노

---

taoïste, 145, 189쪽). 『묵자』의 후반부(52~71)에서 그는 전술과 사술(射術)을 기술한다.

74) *Tchouang tseu*, L, 220쪽.

75) 이 열한 개의 설교(현행본의 2~9冊까지)는 『묵자』속에서 가장 고대의 것에 해당된다. 이 책은 포커가 완역했다(*Mo ti, des Socialethikers und seiner Schüler philosophische Werke*). 많은 구절들은 훼손 상태가 심각하여 그 해독이 불가능하다. 『묵자』의 유래에 관한 문제는 연구과제로 남아 있다.

76) Forke, 같은 책, 22쪽.

77) 『묵자』의 문체의 일관성을 인정하는 학자들까지도 자신들의 견해에 다소 유보적인 태도를 취한다(Maspero, *La Chine antique*, 472쪽의 각주 1).

를 멀리했으며, 면학을 즐겼으나 박학자들에 대한 명예로운 칭호들을 거부했다."[78] 『장자』가 입증하듯이, 이 슬픈 광신주의적 성향과 고행을 이상으로 삼는 성향(自苦)이 중국에서 성공할 가능성은 거의 없었다. 그럼에도 묵가가 근 2세기 동안 성행한 것은 아마도 당시 중국문명이 처한 위기상황과 관련될 것이다.[79] 묵자의 사상이 일시적인 득세에 그침에 따라, 묵가는 진시황의 제국창건과 더불어 소멸되어야 했다. 유가와 달리 묵가는 한대 이후 다시는 꽃피우지 못했다. 오랫동안 문화의 적이자 편협한 공리주의의 신봉자로 여겨졌던 묵가가 다시 등장하게 된 것은 근래의 일이다. 묵자는 오늘날 사회주의의 선구자로서, 또한 신을 신봉한 아름다운 영혼의 소유자로 재평가된다.[80]

묵자는 염세주의자이자 또한 보수주의자다. 그의 태도를 규정짓기는 쉬우나 그의 사상을 규명하기는 어렵다. 이 설교자는 증명보다는 설득에 집착하여 논증방식에 선동적인 면을 지니고 있다. 그런데 이러한 통속성이 그의 사유에도 내포되어 있을까? 공익을 논하는 경우에도 주로 이해타산적인 감정에만 호소하는 묵자는 과연 모든 것을 이해관계로만 귀착시켰을까? 우의와 진솔한 예절을 통한 개인적 수양을 위한 노력, 즉 초연한 기도와도 같은 부단한 내면적 노력 자체가 곧 삶이라는 공자(또는 그 제자들)의 생각과는 달리, 묵자는 아무 거리낌 없이 **권위설**을

---

78) *Tchouang tseu*, L, 219쪽. (참조원문: 不靡於萬物, 不暉於數度, 以繩墨自矯, 而備世之急. ……作爲非樂, 命之曰節用, 生不歌, 死无服. 墨者氾愛兼利而非, 其道不怒, 又好學而博不異.)

79) 『장자』, Wieger, *Les Pères du système taoïste*, 491쪽. 여기서 우리는 묵자와 공자의 추종자들로 양분된 한 가문의 이야기를 접할 수 있다. 또 다른 구절은 이 두 현자의 권위가 동등했음을 보여준다(같은 책, 472쪽).

80) Wieger, *Histoire des croyances religieuses et des opinions philosophique en Chine, depuis l'origine jusqu'à nos jours*, 209쪽. 비에제르 신부에 따르면, 묵자는 "우리가 중국의 작가들 가운데 신앙심을 지녔던 인물이라고 생각할 수 있는 유일한 작가였으며, 중국이 낳은 유일한 자애의 사도이자 정의의 기사였다. 그는 그의 훌륭한 글들 속에서 고대인 신앙으로의 복귀와 그 필요성을 설파했다." 이 무모한 찬양의 글귀에서 경박함을 느끼지 않을 수 없다.

수용하는 것처럼 보인다. 구체적으로 묵자는 합법성과 비합법성이 상벌에 대한 집행력을 갖춘 기존의 군주와 신에 의해 규정되니, 처벌을 면할 유일한 방도가 그들의 뜻에 순종하는 데 있다고 보는 것이다.

묵가의 핵심은 통치의 기원에 관한 그 고유의 시각에 있다. 인간의 사회성(仁)보다는 내 것과 남의 것에 대한 지극히 개인적인 차이를 중시한 묵가는 인간이 무질서(亂)에서 벗어나려면 모든 결정을 군주에 일임하여 그를 믿고 따라야 한다고 보았다. "처음에는 통치나 처벌이 없었다. 그러나 나와 남의 것에 대한 각자의 생각이 달라지면서(異) 한 사람이 있으면 생각도 하나였고, 두 사람이 있으면 생각도 둘이었으며, 열 사람이 있으면 생각도 열이 되고 말았으니, 사람 수만큼 생각들도 천차만별이었다(異). 저마다 네 것과 내 것에 대한 자기주장에만 열을 올릴 뿐, 남의 생각은 조금도 인정하지 않으니, 사람들 사이에 적대심(非, 즉 부정)만 들끓게 되었다. 가족은 아버지와 아들, 형과 아우 사이에 증오심과 불화와 분열과 결별이 싹텄으며, 친척들은 서로 화합해서 함께 사는 것이 불가능해졌다. 나라 안에서는 모두 서로 불과 물처럼 여길 만큼 지독히도 증오했다. 여력이 있어도 서로 돕지 않았으니 모두 짐승처럼 무질서하게 살아갔다. 그러다 이 무질서가 군주가 없기 때문임을 알게 되어, 그들 중 가장 현명한 자를 천자로 삼게 되었다. 천자는 혼자 힘으로는 부족하지 않도록 가장 현명한 자들을 택해 재상에 책봉했다. 〔……〕 재상들도 혼자 힘으로는 부족하지 않도록 제국을 여러 영지로 분할하고 가장 현명한 자들을 택해 제후로 삼았다. 〔……〕 이러한 방식으로 마을 촌장까지 내려가게 된다."[81]

---

81) *Mö tseu*, 11. (참조원문: 未有刑政之時. 蓋其語人異義. 是以一人則一義. 二人則
二義. 十人則十義. 其人茲衆. 其所謂義者亦茲衆. 是以人是其義. 以非人之義. 故交
相非也. 是以內者父子兄弟作怨惡. 散不能相和合. 天下之百姓. 皆以水火毒藥相虧
害. 至有餘力. 不能以相勞. 腐朽餘財. 不以相分. 隱匿良道. 不以相敎. 天下之亂.
若禽獸然. 夫明乎天下之所以亂者. 生於無政長. 是故選天下之賢可者. 立以爲天子.
天子立. 以其力爲未足. 又選擇天下之賢可者. 置立之以爲三公. 天子三公旣以立.
〔……〕畫分萬國. 立諸侯國君. 諸侯國君旣已立……)

사람들은 이렇게 맺어진 애초의 계약에 따라 수장(首長)의 생각에 수동적으로 순응해야만 한다. "합법성의 여부를 모르면 수장에게 물어야 한다. 수장이 그렇다고 하면 모두 그렇다고 해야 하고, 수장이 아니라고 하면 모두 아니라고 해야 한다…… 이장(里長)은 마을의 으뜸(仁)이다…… 향장(鄕長)은 네 것과 내 것에 대한 모든 향민의 생각을 통일시킬 줄 안다…… 향장은 향(鄕)의 으뜸이다. 국군(國君)은 네 것과 내 것에 대한 제국 내의 모든 생각을 통일시킬 줄 안다…… 천자가 그렇다고 하면 모두 그렇다고 말해야 하고, 천자가 아니라고 하면 모두 아니라고 말해야 한다."[82] 묵자의 사상은 법가와는 또 다른 유형의 과격성을 지닌다. 묵자는 어떠한 이완도 용납하지 않는 이상적인 통일성(同)을 내세운다. 왜냐하면 총체적이고 항구적인 통일성이 없으면 무질서가 야기되기 때문이다. 그래서 군왕이 법을 명령하는 것으로 충분했던 법가와는 달리, 묵자는 군왕이 생각을 하명해야 한다는 사상을 펼친다. 이것이 묵자가 으뜸과 성현과 군주의 의미를 지닌 인(仁)과는 구별하여, 의(義)에 부여한 의미다.[83]

묵가가 이렇듯 전제체제를 찬양함은——일부 주해가들에 따르면—— 지극한 경배감에 입각하는 이 유파의 종교관과 연관된다. 묵자는 효능, 형제애, 충성심, 겸양 등 전통윤리의 근저를 뒤흔드는 회의주의자들을 운명론자들로 비난한다. 행복과 불행은 운수소관이라 역설하며 성왕과 현자와 인의의 권위를 무너뜨리려는 회의주의자들에 반대하여, 묵자는 행복과 불행은 하늘이 내리는 상벌이라고 주장한다.[84] 묵자의 설교문

---

82) 앞의 책. (참조원문: 言曰聞善而不善. 皆以告其上. 上之所是. 必皆是之. 所非. 必皆非之 ……里長者里之仁人也…… 鄕長唯能壹同鄕之義. 是以鄕治也. 鄕長者. 鄕之仁人也.〔……〕國君唯能壹同國之義…… 天子之所是皆是之. 天子之所非. 皆非之.)

83) 이 교파는 신권정치론(神權政治論)을 이상으로 삼는다. 성인으로 간주되었던 대사(大師)는 선임자가 후임자를 지명하는 방식으로 추대되었다(Liang Chi-Chao, *History of political thought*, 110쪽).

84) 행복과 불행은 운수소관, 즉 운수의 활용에 달렸다(351쪽 이하 참조). (참조

중에서도 특히 대대로 전승되던 신념이 무너지고 있음을 개탄하는 대목만큼 훌륭한 문장도 없으리라. 범죄의 증가는 〔성왕들이 있어 나라가 정의를 상실하지 않았던' 옛날과는 달리〕 사람들이 '어진 자에게는 상을, 악한 자에게는 벌을 내리러' 찾아오는 신령(鬼神)이 있음을 더 이상 믿지 않는 데에 있다.[85] 제(齊)나라 사람들은 거짓서약을 행한 사람이 제물로 바쳐질 양(羊)의 뿔에 찔려 죽는 것을 보았으며, 또 사람들은 주(周)의 선왕(宣王)이 자신에게 처형당한 자의 혼령이 쏜 화살에 맞아 죽는 것을 목격했거늘, 어찌 이 기적과도 같은 사실들을 의심하겠는가? 이 사실들은 기록으로 전해졌다.[86] 하지만 특히 두려워해야 하는 것은 상제인 하늘이라고 묵자는 말한다. 흔히 부모나 이웃이나 군주의 구속력에서는 벗어날 수도 있는 까닭에, 이에 대한 두려움을 인식시키는 것만으로는 무질서를 막기에는 역부족이다. 그렇지만 아무도 귀신에게서 달아날 수 없으며 하늘에게서는 더더욱 달아날 수 없다. 숲이든 깊은 계곡이든 후미진 은신처든 하늘의 분노로부터 도망칠 곳은 없다. 하늘은 그 빛으로 모든 것을 주시하기 때문이다.[87] 하늘은 천자를 벌하고 상을 내리는 데 특히 주도면밀하다.

묵자는 사람들의 범죄성향을 제어하고자 귀신들의 징벌능력에 관련된 민중신앙에 호소한 한편, 전제군주들의 악행을 제어하기 위해서는 궁정시인들이 그랬던 것처럼, 왕조의 심판자이자 수호신인 상제에 대한 생각을 상기시키려고 했다. 마찬가지로, 그는 군주의 결정은 오직 하늘의 뜻과 같은 것이기에, 모두 군주의 결정에 순응하라고 촉구했다. "나에게 하늘의 뜻은 대장장이나 목공의 직각자나 그림쇠와 같다. 하늘의 뜻

원문: 固有天命. 不可損益窮達賞罰否幸.)

85) *Mö tseu*, 29. (참조원문: 不明乎鬼神之能賞賢而罰暴也. 則夫天下豈亂哉.)

86) 같은 책, 31. (참조원문: 牛也. 羊起而觸之. 折其脚祧神之〔……〕齊人從者莫不見……)

87) 같은 책, 26. (참조원문: 雖有深溪博林. 幽澗毋人之所. 施行不可以不董. 見有鬼神視之.)

이 옳다 하면 옳은 것이요, 하늘의 뜻이 그르다 하면 그릇된 것이다."[88]

윤리교육을 개인적 성찰을 고취해주는 신중하고도 우정어린 자극으로 인식한 공자와는 달리, 묵자는 교리문답 형식으로 하늘의 뜻에 순종하라는 강령을 주입시킨다. 이를테면, "그렇다면 하늘이 만인을 사랑하고 있음을 어떻게 알 수 있는가? 하늘은 모두를 하나같이 비춰주기 때문이다. 그렇다면 하늘이 모두를 하나같이 비춰줌을 어떻게 알 수 있는가? 하늘은 모두를 하나같이 (제자로) 삼기 때문이다. 그렇다면 하늘이 모두를 하나같이 (제자로) 삼음을 어떻게 알 수 있는가? 모두 하나같이 하늘을 양육하기 때문이다. 그렇다면 모두 하나같이 하늘을 양육함을 어떻게 알 수 있는가? 쌀을 먹는 자들 가운데 소·양·개·돼지를 사육하지 않는 자 없으며, 쌀과 곡주를 준비하여 상제와 귀신들에게 바치지 않는 자 아무도 없기 때문이다."[89] 흔히들 묵자의 설교에 내재된 공리주의적 종교관의 바탕에는 경건한 감정이 흐르고 있다고 단정한다. 과연 이러한 단정이 합당한 것일까? 사실 묵자의 경건심은 사심이 섞인 모든 기도를 금지하는 공자의 '실증주의'와는 엄연한 차이를 보인다.

묵자를 공자의 계승자로 보는 것, 묵자의 사상이 그의 선인들에 비해 훨씬 심오하다고 보는 것, 묵자의 독창성은 '선인들에게 그가 보이는 일말의 경배심'에 있다고 보는 것이 그것이다.[90] 이 모든 견해는 그의 '학설'을 선입견으로 대하는 피상적인 접근에 따른 것이다. 물론 묵자가 인과 의가 지닌 용어의 권위를 충분히 활용하여 이 두 용어를 중요하게 다룬 것은 사실이다. 하지만 그는 이 두 용어에 공자와는 전혀 다른 의미를 부여한다. 공자는 피차(彼此)를 획분하지 않는 생각의 체득을 통해

---

88) 앞의 책, 26. (참조원문: 我有天志譬若輪人之有規匠人之有矩輪匠執其規矩. 以度天下之方員, 曰中者是也. 不中者非也.)

89) 같은 책. (참조원문: 然則何以知天之愛天下之百姓. 以其兼而明之何以知其兼而明之. 以其兼而有之. 何以知其兼而有之以其兼而食焉. 何以知其兼而食焉. 四海之內. 粒食之民. 莫不犓牛羊. 豢犬彘. 潔爲粢盛酒醴. 以祭祀于上帝鬼神.)

90) Pelliot, *Meou tseu ou les Doutes levé*, 479쪽.

각 개인을 완성된 인간으로 만드는 자기수양 노력을 공익의 토대로 삼았다. 이런 묵자에게 주된 관심사는 개인이 아닌 공익 그 자체였다. 그는 선대의 미풍양속과 공익을 구분짓지 않고, 봉건질서를 이상향으로 상정했다. 이는 전제체제 초기만을 경험했던 공자와는 달리, 묵자가 전제체제의 중심에 있었다는 점으로 설명할 수 있을 것이다. 법가가 전제 군주의 자의성에 국익과 존엄한 법을 대립시키려 한 반면, 묵자는 군주의 구속력이 제한받게 되면, 양속(良俗) 자체의 존속이 불가능하므로 모두 기존의 권위에 절대적으로 복종해야 한다고 보았다. 다만 군주도 양속을 따라야 하니, 현자는 군주에게 이를 일깨워주어야 한다는 것이다. 이로부터 설교의 목적과 필요성이 비롯한다. 설교의 목적은, 신의 노여움을 사지 않기 위해 군주 스스로 양속을 지켜 신하들에게 이 양속을 준수하게 하리라는 다짐을 군주에게서 얻어내어 공익을 실천하는 데 있다. 이른바 겸애론(兼愛論)은 이러한 설교 목적을 반영한다. 통상 겸애론은 단지 윤리에 관한 학설로만 한정되어 소개되나, 사실 이 학설을 지배하는 것은 사회질서에 대한 사상, 즉 참상에 대한 증오감이다. 서구에서 'l'amour universel'로 번역하는 이 겸애(兼愛)는 주변에만 한정된 편애, 즉 별애(別愛)와 대립되는 표현으로, **두둔하는 마음에 의해 왜곡되거나 파벌성에 의해 이기주의나 적대적인 경쟁심으로 변질되지 않는 무사공평한 애정**을 가리킨다. 『장자』에서도 지적되는 분명한 사실로서,[91] 묵자는 겸애를 언제나 겸리(兼利)와 연결했으며 별리(別利)를 언제나 자리(自利)와 연결했다. 자리는 모든 이득을 자신이나 그 가족만의 대상으로 취하는 자세를 가리키는 반면, 겸리는 세계의 이익과 부를 공정하게 분배하는 태도를 가리킨다. 묵자는 사익만을 추구하는 마음(自利)과 파벌성(別愛)이 개인을 불행하게 만든다고 보았다.

최적의 개인적 이해는 공공의 이해와 구별되지 않으니, 편협성이 아

---

91) 이 책, 496, 497쪽 인용문을 참조할 것. *Liang Chi-Chao*(앞의 책, 98쪽 이하)는 이 사실을 아주 적절하게 부각시켰다.

닌 공평성(兼利, 兼愛)의 발로로서 이익과 애정의 분배를 권장한다. "남을 사랑하는 자는 자신도 사랑을 받으리라. 남을 이롭게 하는 자는 자신도 이로움을 얻으리라." "오늘의 제후들은 자국만을 사랑할 줄 알고, 타국은 사랑할 줄 모른다. 그래서 거리낌없이 자기 나라를 동원하여 남의 나라를 공격한다. 오늘의 가장들은 자기집안만 사랑할 줄 알 뿐 남의 집안은 사랑할 줄 모른다. 그래서 거리낌없이 자기집안을 동원하여 남의 집안을 찬탈한다." 그리하여 횡령과 탈취와 절도가 횡행한다. 그러나 "모든 사람이 서로 사랑하면 강자가 약자를 먹이로 삼지도, 다수가 소수를 겁탈하지도, 부자가 빈자를 학대하지도, 귀인이 천인을 능멸하지도, 능란한 자가 순진한 자를 속이지도 않을 것이다."[92] 겸애가 개인적인 애정을 저해하는 것은 아니다. 오히려 겸애는 개인적인 애정에 대한 보증이기도 하다. 오직 자신의 영토나 가족만을 사랑하는 군주나 가장은 기실 자기만을 사랑하는 것에 귀착될 것이다. 그러나 아버지를 사랑하는 아들이라면 타인에 대한 애정과 공정심이 가져다주는 이익을 그에게도 나눠주고 싶어 할 것이다.

묵자는 사회질서의 토대를, 공자처럼 수양을 갖춘 사람들의 우의에서 비롯하는 순화된 상호성(恕)에서 찾기보다는 봉건시대 농촌사회에 전통으로 내려오는 **상부상조**에 대한 의무감에서 찾는다. 그는 이에 대한 근거를 『시경』의 여러 시편에 수록된 지혜에서 찾아낸다. "복숭아 하나를 받으면 자두 하나로 갚는다!" "말마다 대구가 이어지고, 선행마다 대가가 뒤따른다!"[93] 묵자는 만일 군주가 예전의 모범을 보일 수만 있다면, 상부상조의 정신만큼이나 실천하기 쉬운 것도 없다고 말한다. 편파

---

92) *Mö tseu*, 14, 15. (참조원문: 夫愛人者. 人必從而愛之. 利人者. 人必從而利之// 諸侯獨知愛其國. 不愛人之國. 是以不憚擧其國. 以攻人之國. 今家主獨知愛其家, 而不愛人之家. 是以不憚擧其家. 以簒人之家//天下之人皆相愛. 强不執弱. 衆不劫寡. 富不侮貧. 貴不敖賤. 詐不欺愚.)

93) 같은 책, 14; *Che king*, C, 381쪽. (참조원문: 投我以桃, 報之以李//無言不讎, 無德不報.)

성이 배제된 공조정신이 충만한 결실을 맺기 위해서는 모두, 특히 그중에서도 군주 자신이 몸소 이 정신을 갖추어야 한다.

그러기에 모두에게 부과된 근면과 검약 두 의무는 먼저 특권층에게 부과된다. 거국적으로 야기될 수 있는 빈곤에 대한 걱정은 법가사상과 더불어 묵가사상을 지배한다. 다만 묵자는 부국을 위한 증산의 제시보다는 축재와 사치의 배격과 조세와 군사력의 증강을 반대하며, 전쟁이 실리가 없는 절도에 불과하다고 천명했다. 전쟁은 징용에 따른 남편의 부재와 그에 따른 전답의 방치를 초래한다. 사회가 영속을 위해 필요한 것은 식량과 아이들이다. 그럼에도 조세는 필수적인 생존수단을 앗아가 노동의욕을 저하시키며, 나아가 부세(賦稅)로 유지되는 전제왕정의 사치는 비생산적인 지출과 나태한 생활을 부추긴다. 그러니 근검이 공동의 규범이 되어야 한다. 낭비는 악행과 조금도 다르지 않으니 몸을 보호하는 데 충분한 옷에 장식까지 한다는 것은 죄악과도 같다.

모든 장인의 작업은 공리성에 의하여 규정되어야 하며, 시간의 어떠한 낭비도 규제해야 한다. 노동을 중단함은 악행과도 같으며, 많은 비용을 들여 상례(喪禮)를 성대히 치르는 것은 지나치게 긴 복상(服喪)기간과 마찬가지로 금지해야 한다. 복상기간은 석 달로도 충분하며, 과부의 재혼을 3년 동안 막아야 할 아무런 이유도 없다. 유락(遊樂) 역시 악행과도 같으며, 의례와 축제 그리고 놀이와 가무는 상부상조의 실천에 필요한 여력을 감소시킬 뿐이다. 각자 자신의 부족함이 없도록 노력해야 함은 물론 그 여력을 공익에 바칠 수 있도록 최선을 다해야 한다. "남는 힘이 있어도 돕지 못하고, 재물이 썩어 남아돌아도 나누지 못하는 자여서는 안 된다."[94]

질박한 표현으로 쓰이는 묵자의 이러한 설교는 대개 이해관계를 따지는 데 그치지만, 그럼에도 이웃 사랑에 대한 단순한 학설과는 달리 신랄하고 강렬한 느낌으로 다가온다. 시대의 불행과 물질적 참상이 이 보수

---

94) *Mö tseu*, 11. (참조원문: 至有餘力. 不能以相勞. 腐朽餘財. 不以相分.)

주의자에게 전통적인 상부상조의 정신으로 두 가지 혁명적인 사상을 이끌어내게 했으나 그의 사상이 성행하지 못했다는 사실은 결국 그 사상의 과격성을 말해준다. 공익문제에 열중한 묵자는 무질서와 파벌성을 동시에 배격했으나 자신의 윤리의 모태이기도 한 사회적 의무에 대한 사상을 보수주의적 이상향, 고행, 휴식 없는 노동, 엄격한 근검정신에 대한 예찬론과 결합함으로써 사상 자체의 훼손을 불러오고 말았다. 인간적 감수성이 결여되고, 개인의 내밀한 감정을 경시하며, 개인의 수양과 문명화된 생활을 지향하는 유가의 이상을 경멸한다는 점에서 중국인들은 묵가를 비난한다. 더욱이 일부 주해가들은 묵자의 설교가 교파의 조직에 입각한 어떤 전제체제의 확립을 지향했음을 제대로 파악했다.[95] 하지만 그들은 대체로 묵자가 가족에 대한 의무를 사회적 의무에 종속시켰다는 것을 비난하는 데 그친다. 묵자사상이 실패한 이유는 개인주의적 이상과 충돌했기 때문이 아니라 무질서의 원천으로 간주된 파벌성을 배척했기 때문이다. 이는 모두 짐작할 만한 사실이지만 어떤 주해가들도 이 사실을 분명하게 언급하지는 않는다.

---

95) Liang Chi-Chao, 앞의 책, 110쪽.

제3장 신선술(神仙術)

어느 날 묵자의 한 영악한 논적이 묵자에게 구차하게 사람들을 쫓아 설교를 해야 하는 까닭이 무엇인지를 물었다. "미인은 들어앉아 나가지 않아도 많은 자들이 다투어 청혼하오. 그런데 만약 그녀가 스스로 쏘다니며 제 자랑을 일삼는다면 아무도 그녀에게 청혼하고 싶지 않을 것이오. 지금 그대는 도처로 사람들을 쫓아 설득을 일삼는데, 도대체 무슨 연유로 그런 수고를 하시오?" 이에 묵자가 "우리는 타락한 시대에 살고 있소. 미녀를 찾는 사람들은 셀 수 없이 많으니, 미녀가 눈길을 끌고자 외출할 까닭이 어디 있겠소. 허나 선인(善人)을 찾는 사람들은 많지 않으니, 사람들을 억지로라도 설득하지 않으면 어느 누가 관심을 기울이겠소?"라고 응수했다.[1] 묵자의 포교활동과 수사학적 변술(辯術)은 도가의 현자들이 견지한 묵묵한 은둔생활과는 상반된다. 도가의 현자들은 유유자적 홀로만의 생활을 즐기거나 황홀경으로 도피하여 사회생활을 흘려보내려 했다. 따라서 그들은 추종자들을 모으는 것과는 전혀 무관했다. 그들은 무언의 가르침에 의거하여 추종자들을 얻을 뿐이며, 자신이 터득한 것으로 타인이나 자신을 이롭게 하려는 의도나 바람에서 완전히 벗어나 오롯이 선(仙)을 추구했다.[2] 그들은 금욕주의자들이면서

---

1) *Mö tseu*, 48. (참조원문: 譬若美女. 處而不出. 人爭求之. 行而自衒. 人莫之取也. 今子徧從人而說之. 何其勞也//墨子曰. 今夫世亂. 求美女者衆. 美女雖不出. 人多求之. 今求善者寡. 不强說人. 人莫之知也.)

2) *Tchouang tseu*, Wieger, *Les Pères du système taoïste*, 423쪽.

도 고행을 거부했으며, 신앙인들이면서도 신과 교리와 윤리와 신념 등을 중시하지 않았으며, 신비주의자들이면서도 기도나 감정의 분출은 극히 냉정했고 비개인적이었다. 나아가 오직 자신들만이 인간의 진정한 친구임을 의심하지 않으면서도 선행의 필요성에 대해서는 경멸을 표하면서 사람들을 인도하는 진정한 방법이 무엇인지를 모색했다. 그들은 사회적 의무에 관련되는 모든 언급을 신랄하게 야유했다. 중국역사에서 도가의 현자들은 강력한 권위의 교주들, 탁월한 정론가들, 변증에 뛰어났던 변론가들, 심오한 사상의 철학가들을 능가하는 최고의 작가들로서 위상을 누린다. 그럼에도 이들은 오로지 겸허와 초연과 은둔 같은 태도에 중요성을 부여하여, 자취를 남기는 자는 어느 누구도 성인이 아님을 암시했다.[3]

우리는 도가의 고대역사나 주요 저자들의 생애를 전혀 모를 뿐만 아니라, 도가의 산물로 간주되는 저술들에 관한 사료도 극히 드물다.

전해지는 고대의 저술로는 단지 『열자』, 『장자』, 『노자』 또는 『도덕경』만 있을 뿐이다. 이전에 이 『도덕경』은 때로는 (신화 속의 오제五帝들 가운데 첫 황제인) 황제의 작품으로, 때로는 노염(老冉, 또는 老子)의 작품으로 간주되었다. 『도덕경』은 널리 알려졌던 저술로서 기원전 4세기 말부터 자주 인용되었다. 이 책의 고대 인용구들이 현존하는 원문들과 정확히 일치하지 않는다는 점에서, 이 책이 수정과정을 거쳤으리라는 추정도 가능하다. 그렇지만 질(Giles)이 제기하는 것과는 달리, 이 책이 기원전 2세기경 누군가에 의해 조작된 위서일 가능성은 극히 희박하다. 그의 이러한 견해는 이 저술의 구성상의 연속성이나 통일성의 결여를 부각한다는 점에서 유익할 뿐이다. 우리로서는 알 수 없는 어떤 이유들로 이 책은 때로는 81편으로, 때로는 72편으로 나뉘어 소개되어왔다. 사실, 각각 구분된 시절(詩節)들만을 보여주는 이 책은 아마 기원전 5세기 말이나 4세기 초부터 집수되어 (거의 오늘날과 같은 순서로 배치된)

---

3) *Lao tseu*, Wieger, 37쪽; *Tchouang tseu*, 같은 책, 233, 487쪽.

시구들이 섞인 일련의 경구들로 구성되었을 것이다. 무엇보다 우리는 지금까지 누차 번역되어온 이 책이 사실은 번역 불가능한 것임을 인정해야 할 것이다.[4] 이 책을 구성하는 금언(金言)식의 간결한 문구들은 아마도 명상에 필요한 제재로 사용된 것으로 보인다. 그렇다면 이 문구들에 본래의 어떤 유일한 의미만을 부여하려 하거나 어떤 규정적인 의미를 부여하려는 모든 시도는 아마도 헛된 수고가 될 것이다. 이 문구들은 그 속에 내포된 다양한 암시 그 자체로서 중요하며——오늘날로서는 인지 불가능한——일의적 또는 다의적인 비의성(秘義性)을 지니고 있다. 이는 이 문구들에 대한 여러 설명을 시도하는 오늘날의 주해들이 극히 빈약하고 피상적인 데 머물고 마는 이유이기도 하다.

『노자』는 입문자를 위한 교본처럼 보인다. 『노자』에 비해 비의성이 덜한 『열자』와 『장자』는 논쟁성이 강한 작품들로, 두 작품 모두 특히 상징적인 소화(小話)와 우화와 논지들로 구성되어 있다.[5]

『장자』는 대단히 독특한 한 작가의 작품이다. 그렇지만 이 작품은 스승의 사상에 젖어 있었을 뿐만 아니라 스승의 문체까지도 흉내 내려던 제자들에 의해 일부 문구들과 심지어는 몇몇 장이 늘어났을 가능성도 결코 배제할 수 없다. 이 작품은 한대(漢代)에는 52편으로, 오늘날에는 33편으로 구성되어 있다. 이러한 차이가 19편의 유실에 따른 것인지, 작품 구성상의 변경에서 오는 것인지는 알 수 없다. 기원전 4세기 말경에 저술되어 아마 기원전 3세기를 거치면서 그 세부내용이 늘어나 후반부, 특히 마지막 편이 더해진 것으로 보이는 『장자』는 그다지 해석상의 난제를 야기하지 않는 확실한 자료에 속한다. 하지만 장자의 비범한 정신을 감안한다면, 그의 저술을 당시 통용되던 학설들에 대한 객관적인 제시로 여길 수는 없다.

---

4) 이 번역들 가운데 쥘리앵(Stanislas Julien)의 번역(1842)은 아주 충실한 번역으로서 원문을 왜곡하지는 않는다는 점에서 소개해도 될 것 같다. 그러나 원문에 대한 이해가 부족하다.

5) *Tchouang tseu*, L, II, 227쪽.

도가와 장자의 사상을 혼동하지 않도록 하는 데 『열자』가 기여한다고 는 확신할 수 없다. 『열자』는 『장자』의 표절본으로 보인다. 이 저술이 동 일한 가르침을 따르던 동도(同徒)들이 한 것인지 아니면 경쟁관계에 있 었던 상이한 가르침을 따르던 제자들이 한 것인지는 단정할 수 없다. 통 일성이 결여된 이 작품은 전부가 재구성된 것은 아니라 할지라도, 기원 초기 무렵까지 거듭된 가필로 그 분량이 늘어났을 가능성이 높다. 『열 자』는 한대(漢代)에 8편으로 구성되어 오늘날까지 전해진다. 현존하는 8편 가운데 한편(오직 양자楊子에게만 할애된 제7편)[6]은 독자성이 강 한 한 사상가의 여러 이론들을 소개한다. 그리고 이 저술에는 도가가 수 용한 사상적·종교적 관행들을 알려주는 귀중한 소화들이 수록되어 있 다. 그러나 불행히도, 내용들이 어느 시대에 속하는 것인지(기원전 3세 기 또는 2세기, 아니면 한초漢初의 것인지)를 규정하는 것은 거의 불가 능하다.

열자는 『장자』의 몇몇 일화에도 등장하는 인물이다. 그러나 이 인물 이 전설 속의 대가인지 아니면 실존인물인지를 단정할 만한 것은 아무 것도 없으며, 노염(老冉)이라는 인물의 실존 여부 또한 의문시된다. 장 자 시대 때부터 널리 회자되어오던 성현에 관한 일화에 따르면, 노자는 그의 연하였던 공자가 방문하자 질책했다고 한다.[7] 노염(또는 老子)은 한때 주왕실의 사관(史官)으로 종사한 이후, 산둥의 남쪽지방에 은거했 다고 한다. 그런가 하면 중국을 떠나 서쪽으로 갔다는 일화가 있다. 이 일화에서[8] 그는 서쪽으로 가는 도중 우리에게는 완전히 미지의 인물인 유명한 대가인 관은자(觀隱子)를 만난다.[9] 고대의 대가나 교조에 해당 하는 많은 인물이 『장자』나 『열자』에 기록되어 있지만, 우리가 그 실존

---

6) 이 책, 548, 549쪽 참조.

7) *Tchouang tseu*, Wieger, 313쪽. 『장자』, 「천도편」의 '(孔子)往見老聃, 而老聃 不許, 於是繙六經以說' 전후를 참조할 것.

8) 같은 책, 107쪽. 『열자』, 「주목왕」의 '昔老聃徂西也' 전후를 참조할 것.

9) 같은 책, 357쪽. 『장자』, 「천하편」의 '關尹老聃聞其風而悅之' 이하를 참조할 것.

적 여부를 알 수 있는 자들은 아무도 없다. 오직 장자만이 실존인물이었던 것 같다.[10] 하지만 그의 이름이 장자라는 것과 기원전 4세기 말경 위(魏)에서 태어나 그곳에 살았다는 것 외에는 그의 생애에 관한 어떤 것도 알려져 있지 않다. 어쨌든 그는 초(楚)나 제(齊)나라에 간 적이 있어 그곳 임치(臨淄)학파의 사상들을 두루 섭렵했던 것 같다. 당대의 중국인 가운데 장자에 비할 만큼 열렬한 호기심과 개방된 정신을 보여주는 자는 그리 많지 않으며, 사유의 자유와 객관성에서 그를 능가할 자는 아무도 없었다. 적어도 이 점에서 장자는 완벽한 도가의 인물이라 할 것이다. 그러나 통찰력과 상상력이 무척이나 돋보이는 책이 한 권 남아 있을 뿐 그 생애의 어떤 자취도 엿볼 수는 없다.

장자는(실존했다는 전제 아래) 노자와 마찬가지로 중국북방에서 생애를 보냈다. 도가는 중국북방에서, 유가는 중국남방에서 태동한 철학인 것처럼 이들을 대립시키려는 속단적이고 무근한 가정은 일고의 가치도 없다. 도가가 '통속적인 미신들의 혼합체'로 되기 전에는 본디 '순수 학설'(老莊學說)이었으며, '극히 높은 경지'에 이른 '철학'이었다는 가정이 오랫동안 통설로 받아들여졌다.[11] 그렇지만 '신도가'(新道家)들은 '구도가'(舊道家)의 저술에 실린 표현들을 그들의 '미신적인 관습들'을 지칭하는 데 사용한다. 그렇다면 이 가정을 유지하기 위해 우리는 원래 단순한 은유로서의 이 표현들이 '후대에 들어 그 본래의 의미로'[12] 받아들여지게 되었다고 보아야만 할까? 아니면, 이른바 신도가라는 것과 구도가의 '아버지들'이 창안한 학설체계 사이에 '미신'과 '철학'을 나누는 간극은 없다는 생각을 버려야만 옳을까? 우리는 이 상반된 두 견해 가

---

10) *SMT*, 63장. 레그에 의한 『장자』와 『노자』 번역은 충실한 번역이기는 하나 피상적이며 형식적이다. 비에제르 신부는 『노자』, 『열자』, 『장자』에 대한 일종의 해설집을 출간했다. 세부적인 면에서 불충실한 이 해설집은 상당히 참신한 시각으로 원문에 접근했으나 객관성이 다소 떨어진다.

11) *SMT*, introduction, 18쪽.

12) Wieger, 앞의 책, 213쪽의 각주 1), 223쪽의 각주 2).

운데 하나를 택해야 된다.

우리는 도가의 초기저술들의 사상을 설명하려면 당시 유행하던 황홀경에 들어서기 위한 관행을 고려하지 않으면 안 된다는 점을 기꺼이 인정한다.[13] 이러한 인정은 도가의 출발점이 순수한 사변에 있지 않고 종교적 관습에 있음을 암묵적으로 수용하는 것과도 같다.[14] 그러나 흔히 생각하듯이 황홀경을 얻기 위한 의식(儀式)만이 도가의 학설에 영향을 미친 유일한 의식이었다는 데는 의심의 여지가 많다. 더욱이 오직 이 의식에만 각별한 종교적 의미와 철학적 위상을 부여하려는 태도는, 이 의례에 비해 다소 불순해 보이거나 통속적으로 보이는 다른 의례들과의 관계 속에서 도가의 학설을 파악하려는 모든 시도를 폄하하게 될 것이다. 초기의 도가사상가들이 그들의 신비주의적 열락을 논하는 가운데 묘사하는 황홀경은, 고대 무속신앙의 계승자들인 중국무당들의 신통력과 생명력을 증진하고 육신을 정화하는 방편이던 신유(神遊)나 신접(神接) 상태와도 같은 것이었다. 신통력과 생명력의 증진 그리고 육신의 정화는 소위 **장생술**(長生術)로 불리는 일체의 풍습이 지향하는 목적이기도 했다. 황홀경을 지향하는 의례는 장생술 가운데 하나다. 그러니 우리가 이 의례를 이러한 일체의 풍습과 분리하여 고찰한다고 해도 의식의 실질적 의의가 좀더 선명히 규명되지는 않을 것이며, 아울러 중국의 신비주의를 기독교나 회교의 신비주의에 접근시키는 데 그치고 만다면 그것이 지향하는 뚜렷한 목표를 찾아낼 가능성마저 접어야 할 것이다. 모든 도가의 '아버지들'은 장생술에 대해 암시적으로 누차에 걸쳐 언급한다. 그렇다고 순자가 예증하듯이,[15] 오직 이들만이 장생술의 본질을 인식한 것은 아니다. 장생술은 전국적으로 파급되어 실행되던 민간요법이었다. 오늘날에도 여전히 평민층에 이르기까지 성행하는 장생술은 중국의 가

---

13) Maspero, *La Chine antique*, 493쪽.

14) 졸저, *La religion des Chinois des Chinois*, 142; *Remarques sur la Taoïsme ancien*, 1925, 146쪽 이하.

15) *Siun tseu*, 2. 『순자』, 「수신편」을 참조할 것.

장 오랜 종교적 전통에서 유래한다. 장수를 기원하는 의례는 동지의 축제와 연관된다.[16] 그러나 이 연관성에 대한 언급은 지금 우리의 관심사가 아니다. 중요한 것은 이 의식과 축제로 정신을 지적하는 것이다. 이 의식과 축제를 통해 드러나는 것은 자연스럽고도 자유로우며 왕성하고도 신명나는 삶을 이상으로 추구하던 금욕주의다.

이렇듯 도가가 장생술을 중시했다는 점은 도가가 공자를 반대하고 묵자를 경멸한 이유를 시사해줄 뿐만 아니라, 도가가 공익에 종사하는 중간 관료계층이 아닌 사회적으로 좀더 하층과 좀더 상층에서 더 많이 흥성한 이유를 설명해준다. 의례규칙을 예찬하는 온건주의나 고행을 옹호하는 과격주의에 대항함과 동시에 예법과 명예심, 희생정신과 사회적 의무에 기조를 두는 모든 윤리에 맞섰던 도가는 왕성한 생명력과 신선의 경지와 구별되지 않는 완전한 자유를 구가하기 위한 신비주의적 논지를 펼친다.

1. 장생술

신도가가 추구하는 선(仙)의 경지는 무엇보다 불멸성을 얻는 데 그 특성이 있다. 기독교시대 개막 무렵부터 중국인은 이 비법을 완벽히 통달하는 자라면 신선이 될 수 있다고 믿었다. 구전에 따르면, 회남왕(淮南王)은 자신의 모든 가솔과 심지어 (선의 경지는 인간에 국한되지 않으니) 가금(家禽)들까지[17] 거느린 채 하늘로 올라갈 수 있었다고 한다. 또

---

16) 졸저, *Civilisation chinoise*, 223쪽 이하.

17) *Louen heng*, Forke, I, 335쪽. 한 왕조의 군주였던 유안(劉雁, 회남왕)은 기원전 122년 자살을 기도하지 않을 수 없었다고 한다. (참조원문: 儒書言: 淮南王學道, 招會天下有道之人. 傾一國之尊, 下道術之士, 是以道術之士, 並會淮南, 奇方異術, 莫不爭出. 王遂得道, 擧家升天. 畜産皆仙, 犬吠於天上, 鷄鳴於雲中. 此言仙藥有餘, 犬鷄食之, 幷隨王而升天也.) 유안의 죽음에 관해서는 『論衡』, 「道虛篇」의 다음 문장을 참조할 것. "案淮南王劉安, 孝武皇帝之時也 ······ 父長以罪遷蜀嚴道, 至雍道死. 安嗣爲王, 恨父徙死, 懷反逆之心, ······道終不成, 效驗不立, 乃

한(漢) 무제(武帝, 기원전 140~87년)는 도가의 지존인 황제처럼, 한 마리 용이 자신을 납치하여 하늘로 데려가려 했다면, 자신의 가족은 물론 제국마저 기꺼이 버렸을 것이라 했다.[18] 신령과 소통을 원했던 무제는 곤륜산(崑崙山)과 동해로 방사(方士)들을 파견하여 천국의 길을 찾게 했다. 기원전 3세기 말엽부터 비밀리에 황궁의 심처에서 은거하기를 자청했던 진시황제도 신령들을 자신에게로 끌어들이고 죽음을 면하게 하는 영약을 찾아내고자 방사들을 파견했다. 진시황제는 '하늘과 땅처럼 영속하기를', 또 '물속에서도 젖지 않고 불 속에서도 타지 않는 육신'을 갖고자 염원했다.[19] 불로초에 관한 여러 신화들은 신선들의 섬과 산에 관한 고사들처럼 아주 먼 상고기에 그 기원을 둔다.[20] 도가의 '아버지들'은 스스로 많은 천국을 알고 있다고 했으며, 자신들 즉 신선들 앞에서는 물도 불도 맹수도 모두 한낱 미물에 불과하다고 역설했다.

장자는, 이러한 신앙을 허구로 취급하여 막고사(藐姑射)라는 산에서 일어나는 경이로운 일들을 믿지 않으려는 자들을 편협한 정신의 소유자로 간주했다. "그곳에는 살결이 얼음이나 백설과 같이 신선하고 뽀얀 신선(神人)들이 산다네. 그들은 자태가 처녀와 같으며, 오곡을 먹지 않고 바람과 이슬을 마시며, 구름을 타고 나는 용을 몰아 사해 밖(공간 너머를)을 노닌다네. 그들의 신통력이 (물이 얼음처럼) 모이면 만물은 병들지 않아 곡식도 풍년을 이룬다네. 〔……〕 이들은 무엇으로도 해칠 수 없다네. 하늘까지 넘쳐나는 홍수라 한들 그를 삼키지는 못하며, 쇠붙이나 돌덩이가 녹아내리고 흙과 돌이 불타오르는 가뭄이라 한들 그를 뜨겁게 하지는 못하니."[21] "신선은 그지없는 힘(神)을 지녔다. 큰 늪이 불에 타

　　與伍被謀爲反事, 事覺自殺. 或言誅死. 誅死自殺……"

18) 졸저, *Civilisation chinoise*, 57, 419쪽 이하.

19) 같은 책, 51, 418쪽.

20) 졸저, *Danses et légendes de la Chine ancienne*, 314, 344, 376쪽.

21) *Tchouang tseu*, L, I, 171쪽. *Lie tseu*, Wieger, 83을 참조할 것. (참조원문:
　　藐姑射之山, 有神人居焉, 肌膚若氷雪, 綽約若處子, 不食五穀, 吸風飮露, 乘雲氣,
　　御飛龍, 而遊乎四海之外. 其神凝, 使物不疵癘而年穀熟 〔……〕 物莫之傷, 大浸稽

도 뜨거워하지 않고 큰 강물이 얼어붙어도 추워하지 않는다. 천둥벼락이 산을 무너뜨리고 광풍이 거친 파도를 일으켜 바다를 뒤흔든다 해도 그는 꿈쩍도 하지 않는다. 하여, 신선은 구름을 타고 해와 달을 몰아 사해 밖을(공간 밖을) 노니니, 생사의 변화에도 달라지지 않는다. 그러니 해로운들 어떠하고 이로운들 어떠하리?"[22] 한편 노자는 "듣기에, 섭생에 능한 자는 길을 갈 때 코뿔소나 호랑이와 마주치는 일이 없으며, 전쟁에 임해서도 갑옷으로 무장할 필요가 없다. 그의 몸 어디에도 코뿔소가 뿔을 들이박거나 호랑이가 발톱을 할퀼 만한 곳은 없으며, 예리한 칼날마저 파고들 틈이 없다고들 한다. 이는 그에게 **죽음이 들어설 틈이 없기 때문이다**" 라고 말한다.[23]

순수하고 자유로운 힘인 신선은 바로 순수한 생명 그 자체다. 신선은 뛰노는 생명이요 즐기는 능력이다. 신선은, 후대의 황제들에게는 단지 추구의 대상에 그쳤으나 예전의 수장과 무인(巫人)들로서는 필수적이던 여러 마력을 갖추고 있었다.

야산에서 홀로 야수들의 위협을 이겨내는 것, 우레와 광풍에도 흔들리지 않는 것, 물과 불의 갖은 시련을 물리치는 것, 이 모든 것은 초기의 무인들이 갖추어야 할 자질이었다. 고대중국인들은 바로 이러한 무인들의 자질을 인정하여 무인들을 자신들의 수장으로 삼았다. 특히 고대중국인들은 무인들에게 이러한 자질 외에도 전염병을 몰아내고 수확을 증대시키는 능력들을 요구했다.[24] 이러한 과업을 완수함으로써 얻게 되는 승천(昇天)은 단지 하나의 지고한 자질에 해당한다. 많은 황제가 승천을 꿈꾸던 시기에 훨씬 앞서, 수장들은 해마다 겸허한 마음으로 승천을 위

天而不溺, 大旱金石流, 土山焦而不熱.)

22) *Tchouang tseu*, L, I, 192쪽. (참조원문: 至人神矣! 大澤焚而不能熱, 河漢冱而不能寒, 疾雷破山而不能傷, 飄風振海而不能驚. 若然者, 乘雲氣, 騎日月, 而遊乎四海之外. 死生無變於己, 而況利害之端乎.)

23) *Lao tseu*, L, 93쪽. (참조원문: 蓋聞善攝生者, 陸行不遇兕虎, 入軍不被甲兵, 兕無所投其角, 虎無所措其爪, 兵無所容其刃, 夫何故, 以其無死地.)

24) 졸저, 앞의 책, 199쪽 이하, 280쪽 이하, 466쪽 이하.

한 자신의 자질을 시험하면서 그 비결을 체득했다.[25] 고대신앙을 상기시키는 장자의 다음과 같은 말은 단순한 은유에 그치지 않는다. '천수를 누린 후', '세상에 지친', "신선들은 선경(仙境)에 올라 흰 구름을 타고 상제가 머무는 곳에 이른다."[26] 목왕(穆王)은 다른 고대 영웅들처럼[27] 하늘이 데려갔다 한다. 『열자』의 한 고사에 따르면, 어떤 신선(化人)이 목왕을 자신의 지팡이에 매달고 함께 노닐다가 신선(化人)들의 궁궐에 데려가, 상제가 금은주옥으로 선경을 펼쳐놓은 '순수함의 도시'(淸都)로 안내했고, 마침내는 그를 태양과 달 너머의 순수한 눈부심의 세계로 들게 했다.[28]

이러한 먼 여행(遠遊)과 정신적 유락(神遊)은 전제군주들과 후대의 황제들이 궁중에서 거느렸던 남녀무당들의 전문영역이기도 했다.[29] 궁정시인들은 도가의 철학적 언어와 거의 유사한 성격의 언어로 무당의 신통력을 노래했다.[30] 진시황과 한 무제는 진인(眞人)이나 대인(大人)으로 자칭하면서, 묘법의 실천과 신선들과의 접촉을 통해 얻은 자신들의 승천 가능성을 시사했다.[31] 도가사상가들도 그 스승이나 자신들을 대인, 지인(至人), 진인, 성인(聖人), 신선(神仙)으로 지칭함으로써, 신행(神行)이나 신유(神遊)를 통해서만 도달할 수 있는 천국의 거주자들과 동등시했다.[32] 이 명칭들은 무인(巫人)집단에서 통용되던 호칭이나

---

25) 이 책, 321, 322쪽 참조.

26) *Tchouang tseu*, L, I, 314. (참조원문: 千歲厭世 去而上僊. 乘彼白雲 至於帝鄕.)

27) 졸저, 앞의 책, 562쪽.

28) *Lie tseu*, Wieger, 107쪽. 『열자』, 「주목왕」의 "日月獻玉衣, 旦旦薦玉食. 化人猶不舍然, 不得已而臨之. 居亡幾何, 謁王同遊. 王執化人之袪, 騰而上看中天迺止. 暨及化人之宮……"이하를 참조할 것.

29) 졸저, *Civilisation chinoise*, 422쪽.

30) 이 책, 83, 92, 554, 555쪽을 참조할 것.

31) 졸저, 같은 책, 418, 420쪽.

32) "협곡도 산도 그들의 발길을 멈추지 못한다. 그 발길은 선행의 발길이다"(山谷不躓其步, 神行而已). "마차도 배도 그곳으로 인도할 수 없다. 그곳의 유흥은 정신들의 유흥이다"(蓋非舟四足力之所及, 神遊而已). *Lie tseu*, Wieger, 82쪽

등급을 나타내준다. 그들은 도(道)를 천(天)으로 지칭했으며, 제자의 입문을 인도하는 스승은 사(師)나 천사(天師)로 일컬었던 반면, 몇몇 스승들을 위해서는 덕인(德人)이라는 칭호를 부여했다.[33] 도가의 '아버지'들이 제시하는 신비주의적 이론들은 무술(巫術)과 점술과 도술 등 (각각 선仙의 경지에 이르는 입문과정의 한 단계에 해당하던) 모든 묘술(妙術)들이 경합했던 사회적 배경에서 발전했다.[34]

(연금술을 포함한) 이 모든 묘술은[35] 그 목적을 권위를 부여하고 선의 경지에 이르게 하는 생명력의 증강에 두었기에 줄곧 도가에 기대어 그 영향을 받아왔다.

이 묘술들은 동일한 목적을 가진다는 점에서 일체를 이루었다. 이들은 모두 '장생'(長生)을 위해 활용될 수 있었다. 그렇지만 그 주된 목적이 생명력의 증강과 권위행사의 영향력을 키우는 데 있었던 요법들은, '죽음이 들어설 여지가 없는' 신선의 몸을 만드는 것이 주목적인 요법들과는 극히 상반된다. 도가가 귀족층에서 성행할 수 있었던 이유가 전자(前者)의 요법으로 설명된다면, 후자의 요법은 귀족신분에 어울리는 목표 지향적 금욕주의보다는 생활요령에 대한 농민적 이해에서 비롯되어 평민층에서 성행할 수 있었다.

이 후자의 요법은 생명을 육성하는(증대하는) 기술로서 예로부터 양생법(養生法)이라는 이름으로 널리 알려진 신성화된 건강요법이다. 이러한 요법에 해당하는 (음식, 성, 호흡, 체조 등) 다방면의 기술들은 다소 비의적인 가르침의 대상으로서 수세기를 거치면서 다소 세련되고 난해

(『列子』, 「黃帝篇」).

33) *Tchouang tseu*, L, I, 168, 299, 303, 324, 332쪽; II, 97쪽.

34) 『장자』(L, I, 262쪽 이하)와 『열자』(Wieger, 95쪽)에 공통적인 한 일화는 이러한 시합들에 대해 알려준다. 패한 자는 그의 권위와 제자들을 상실했으며, 마찬가지로 무술(巫術)시합에서 패한 수장은 자신의 영지에 대한 모든 권리를 상실했다(졸저, *Civilisation chinoise*, 282쪽, 순舜과 그 형제간의 전쟁을 참조할 것).

35) 이 책, 398, 399쪽을 참조할 것.

한 비법을 갖춘 수련체계로 정립되었다. 따라서 이러한 요법들을 단지 근대 이래 정립된 수련체계로 간주하거나 '미신적 행위들'의 구성물로 보는 것은 적합하지 않다. 고대의 의례나 신화에 의거한 도가의 대가들은 이 기술들의 효능성을 인정했으며, 특히 이 기술들이 활력을 유지하고 증진할 수 있으려면 각자가 우주의 삶을 다스리는 율동에 따른 생활양식을 가져야 한다는 점을 대전제로 인식했다(이에 대한 예증은 긴 설명을 필요로 할 뿐만 아니라 이 글의 취지도 아니다).

사실 이 모든 기술은 농촌생활이 계절별 규칙에 따라 체계화됨에 따라 나온 것이다. 농촌의 생활체계는 기본적으로 소모적인 흥겨운 놀이의 시간과 결핍, 억제, 구속의 시간, 이 두 종류 시간간의 교대로 지배된다. 이로부터 단식은 향연의 준비단계로서 의미를 지니게 된다. 결핍은 고행주의의 발로이기보다 육체를 독과 흥조와 죽음의 원인이 될 만한 모든 것에서 정화하기 위한 것이었다. 결핍은 자신을 무기력하게 하는 것이 아니라 생기를 불어넣는 방편이며, 자신의 몸을 초췌하게 하는 것이 아니라 단련을 통해 더욱 건강하게 하는 방편이다. 이 금욕주의는 놀이의 측면에서 수용된 것으로, 자유로운 비약과 황금기나 소년기의 제약 없는 상태를 이상으로 삼았다.[36]

노자에 따르면,[37] '자신의 활력'을 유지(衛生)하기 위해서는 젖먹이를 닮아야 한다. "젖먹이는 뼈가 약하고 근육이 유하지만 악력(握力)이 굳지 아니한가! 젖먹이는 암수 결합을 모르면서도 발기하니 정기가 팽팽하게 차 있기 때문이 아닌가!" "젖먹이는 종일 울어도 목이 쉬지 아니하니 기(氣)가 잘 조화되어 있기 때문이다." 또한 젖먹이는 생명 그 자체이기 때문에, "그를 어떠한 독충(毒蟲)도 쏘지 않고, 어떠한 맹수도 할퀴지 아니하며, 어떠한 맹금도 채가지 아니한다!"[38] 출생은 입문이며

---

36) *Lie tseu*, Wieger, 137쪽.

37) *Lao tseu*, L, 99쪽; *Tchouang tseu*, L, II, 80쪽과 대조해볼 것.

38) 원문의 이 부분은 두 판본으로 소개된다. 우리는 레그가 택한 판본을 따른다.
   (참조원문: 骨弱筋柔而握固, 未知牝牡之合而全作, 精之至也…… 終日號而不嗄,

입문은 출생임에 따라, 영웅과 신생아는 야산 한복판의 위험에 노출되어도 모두 온전함을 유지한다. 자연과 긴밀히 접촉해 형성되는 생명은 그 쇄신 또한 자연과 긴밀히 접촉해 수행된다.

천국에서 신선들은 짐승들과 한데 어울리며 살아간다.[39] 신선들은 (코뿔소와 호랑이 등 동물사회와 어울리기를 거부하는 유가의 현자들과는 달리) 짐승들과 교제를 즐긴다.[40] 신선사상에 따르면, **피와 숨결을 지닌 모든 생물은 감정과 생각에서 크게 다르지 않다**.[41] 짐승들을 인간화하거나 길들이려는 태도와는 달리, 이 사상은 짐승으로부터의 배움을 통해 사회생활이 요구하는 길들이기의 해악을 피할 수 있는 방법을 모색한다. 길들여진 가축은 제 수명을 다하지 못한다.[42] 마찬가지로, 사회규약으로 우주의 삶을 다스리는 율동을 쾌히 따르지 못하는 사람들 역시 제 명을 다하지 못한다. 사회규약에 따른 활동은 줄곧 이해관계 속에서 행해져야 하기에 결국 사람을 쇠진시키고 만다. 그러므로 동면하는 동물들이 그 실례를 보여주듯, 이완된 생활과 자유로운 여흥을 보낼 수 있는 기간으로 교대되어야 한다. 신선에게 은거와 단식의 유일한 목적은 황홀경에 침취되어 '원유'(遠遊)의 길로 들어서는 데 있다. 인간은 자연이 알려주는 **생동한 놀이들**을 통해 초탈을 준비하며, 짐승들이 뛰노는 모습을 모방하면서 천국의 삶으로 나아간다. 따라서 신선이 되기 위해서는 먼저 스스로 짐승처럼 될 줄 알아야 한다. 마찬가지로 인간은 갓난애와 짐승과 초목들이 오직 생명력만을 위해 영위하는 단순하고도 흥미

和之至也, 知和曰常, 知常曰明, 益生曰祥, 心使氣曰强, 物壯則老, 謂之不道, 不道早已//毒蟲不螫, 猛獸不據, 攫鳥不搏.)

39) Lie tseu, Wieger, 101, 137쪽; Tchouang tseu, 같은 책, 275쪽. (참조원문: "黃帝與炎帝戰於阪泉之野, 帥熊, 羆狼, 豹, 貙, 虎爲前驅……)"(『列子』, 「皇帝篇」)(大禹曰: "六合之間, 四海之內, 照之以日月, 經之以星辰, 紀之以四時, 要之以太歲. 神靈所生, 其物異形; 或夭或壽, 唯聖人能通其道.")(『列子』, 「湯問」).

40) 이 책, 484쪽 참조. Lie tseu(같은 책, 93쪽).

41) Lie tseu, Wieger, 101쪽.

42) Tchouang tseu, Wieger, 273쪽. 『莊子』, 「馬, 蹄篇」의 첫 부분을 참조할 것.

로운 생활요법을 배워야 한다.

무당은 춤을 추면서 신접(神接)상태에서 황홀경에 빠진다. 가장 지고한 비법을 터득했기에 '천'(天)이란 칭호를 부여받은 신선인 홍몽(鴻蒙)은 가르침을 전파하면서 "자신의 엉덩이를 마구 두드리며 참새처럼 뛰어오르기를 그치지 아니한다."[43] 자신의 몸을 섭양하고 '도를 터득하기' 위해서는, 700년 이상을 살았던 팽조(彭祖)와 같이 몸의 유연성을 기르는 훈련(導引)을 쌓거나 짐승들처럼 춤추고 뛰노니는 데 전념해야 한다.[44] 장자와 회남자는 이 **자연주의적 금욕주의**에 관한 몇몇 제재들을 언급하면서 새들이 날개를 펼칠 때나 곰들이 하늘로 목을 곧추세워 뒤뚱거리는 걸음을 춤동작처럼 모방하라고 권장한다. 이러한 몸놀림으로 새들은 비상을 준비하며, 곰들은 나무타기의 명수가 된다고 한다. 고개를 치켜들고 뒤를 돌아보는 데 능한 올빼미와 호랑이, 머리를 아래로 향한 채 매달릴 줄 아는 원숭이 또한 인간에게 많은 가르침을 준다.[45] 이 놀이들의 주된 장점은 황홀한 부상을 실행하는 데 필수적인 조건인 가벼움을 가능하게 해주는 데 있다.

또 이 놀이들은 **육신을 정화하는 작용(練精)**을 한다. 그 자체로서 하나의 호흡법이기도 한 이 동작법은 4지에 이르기까지 온몸의 기공을 통하게 한다. 장자에 따르면, 숨결(氣)이 심장에 뭉쳐 있으면 병이 생기고, 하반부에 모이게 되면 기억이 상실되고, 상반부에 머무르게 되면 역정을 내게 된다. 그러기에 통증과 빈혈을 면하려면 목구멍으로만 호흡해서는 안 되며, 발뒤꿈치에서부터 호흡하는 전신호흡법을 터득해야 한다.[46] 이 호흡은 깊고 고요한 호흡으로 육신을 정화하고 양육하므로, 동면기뿐만 아니라 **황홀경**에 빠져 있을 때도 필요하다.[47] 한편 목이 부러

---

43) *Tchouang tseu*, L, 300쪽 이하. (참조원문: 拊脾雀躍不輟.)

44) 같은 책, 245, 265쪽.

45) *Houai-nan tseu*, 7; *SMT*, 105장.

46) *Tchouang tseu*, L, II, 19쪽; I, 238쪽.

47) 같은 책, I, 176쪽.

진 상태나 꼿꼿이 세운 상태에서 호흡하면 기를 응축하여 그 정수만을 얻을 수 있다. 이 호흡법의 궁극적 목적은 마치 한 개인의 몸이 완벽한 방수상태가 되어 물속에 잠겨도 무사한 것과 같이 숨결의 내적 순환을 조성하는 데 있다. 태아가 그러하듯, 폐쇄된 회로 내에서 양생하고 호흡할 수 있는 자는 비투과성과 자생력과 저항력을 얻을 수 있게 된다.[48]

신생아는 이 비법을 몸에 체현하고 있으니 아무리 울어도 지치지 아니하며, 그 뼈와 근육의 부드러움 또한 줄기차게 유지한다. 노자가 말했듯이, 활력을 상실한 적이 없는 어린아이의 정력은 완벽하다.[49] 이 제재와 연결되는 것은, 한대 이전에 벌써 도가의 상이한 대가들의 후원 아래 여러 저술들을 낳게 한 성적(性的) 금욕주의다. 이 저술들 속에서 도가들은 정조관념보다는 이상적인 정력에 기초한 다양한 장생술을 가르친다.[50] 중국의 민속에 따르면, 신선은 많은 처녀로 둘러싸여 있을 때나 그중 한 처녀의 몸 위로 누워 있을 때나 '안색의 변화가 있어서는 안 되는' 일종의 성적인 시험을 치러야 했다.

생기나 정력을 정제하기 위해서는——짐승들이 그러하고 또 화창한 계절에만 수액을 흐르게 하는 초목이 그러하듯이——무엇보다 먼저 우주의 삶을 통솔하며 음양의 교대와 그 보완을 주도하는 율동을 준수해야 한다. 이를테면 호흡체조는 아침에만 유익하며, 유연성을 기르기 위한 훈련은 봄에만 유효할 수 있을 뿐이다. 봄의 새순들은 부드러움을 온전히 유지한다. 봄은 수액의 상승을 부추기고 쇄신을 돕는 농무(農舞)의 계절이니, 봄이 오면 사람들은 하늘의 능산적인 기운 아래 막 솟아난 나뭇가지들이 부드럽게 휘어지는 모습을 모방하게 된다. 이러한 춤과 흥겨운 몸놀림만이 원래의 유연성을 유지해줄 수 있다. 원래의 부드러움이 사라지면 초목들은 그 섬유질이 굳어지는가 하면, 사람들은 몸이 경직되면서 마침내 죽게 된다. 단단한 것은 마모되어 소멸되니, 오직 굽힐

---

48) *Lao tseu*, L, 53, 95, 100쪽을 참조할 것.
49) 같은 책, 53쪽.
50) *Ts'ien Han chou*, 30, 33[ab]쪽; *Tchouang tseu*, Weiger, 357, 360쪽.

줄 아는 것만이 온전한 상태를 유지하며 존속하게 된다.[51)]

이와 유사한 사상에서 지속적인 단식이나 절식마저 지시하지 않는 식이요법들이 나온다. 이 식이요법들은 일상적인 방식인 곡식의 섭취를 금하는 반면,[52)] 액즙(液汁)의 섭취를 권장한다. 특히 이 요법은 능산적인 이슬을 마시라고 권하며, 주류(酒類) 또한 금기의 대상이 아니라 오히려 생명의 자양으로 권장된다. 갓난아이가 그러하듯, 성인은 취중에 낙마(落馬)하는 경우에도 그 취기에 힘입어 활력(神)은 온전히 보전되어(全)[53)] 상해를 입지 않는다. 취기는 춤과 마찬가지로 황홀경을 위한 준비과정이며, 선의 경지로 이끄는 매개다.

오직 황홀경만이 활력을 조금도 잃지 않고 온전하게(神全) 유지시킨다. 선의 경지, 즉 왕성한 생명력은 하늘에 은신하여(藏於天) 황홀한 취기상태나 신화(神化) 상태를 지속적으로 유지할 때 얻어진다.[54)] 예측할 수도, 손상시킬 수도 없는, 완전히 자생적인 생명력 그 자체의 경지에 오른 신선은 어떠한 것에도 저촉됨이 없이 모든 것을 가로질러 자유자재로 노닐게 된다. 신선은 고체의 물질마저 아무런 문제없이 통과할 수 있으니, 그에게 모든 물질은 구멍이 뚫린 것과도 같다. 황홀경 속의 신선은 자신을 비워 그 안에 허(虛)를 만들어내니, 그 허는 우주 전체로 퍼져나가 신선 자신을 유익하게 해준다.[55)]

신비주의의 대가들은 이 경이로운 은총의 상태는——갓 태어난 송아지 상태와도 같은——자연상태임을 확신한다. 존재의 가장 아름다운 위업은 가장 단순한 상태를 달성하는 데 있다.[56)] 그렇지만 열자나 장자가

51) *Lao tseu*, L, 118, 120쪽. (참조원문: 人之生也柔弱, 其死也堅强, 萬物草木之生也柔脆, 其死也枯槁, 故堅强者死之徒, 柔弱者生之徒, 是以兵强則不勝, 木强則兵, 强大處下, 柔弱處上.)

52) *Tchouang tseu*, L, 171쪽.

53) 같은 책, II, 14쪽; *Lie tseu*, Wieger, 87쪽.

54) *Tchouang tseu*, Wieger, 251, 259, 289, 265, 325쪽.

55) 같은 책, 357쪽.

56) 같은 책, 391쪽; *Lie tseu*, 같은 책, 85, 89쪽.

시사하듯, 이 완벽한 단순성은 체계적인 훈련의 산물이다. 몸을 뜨게 하거나 황홀경에 이르게 하는 비법의 대가가 되기 위해서는 지속적으로 여러 입문 과정을 밟아야 하며, 장기간 수련도 필요하다. 열자도 (가장 뛰어난 스승들의 가르침을 받았으나) 황홀경 상태를 보름 이상 유지하지 못했으며, '바람을 타고 돌아다니는'(御風而行) 비법을 터득하기 위해 9년의 수련기간을 보내야 했다. 그러던 그가 마침내 원래의 단순성을 되찾게 되자, "마음(志氣)은 집중되고 몸은 풀리어 골육(骨肉)이 융해되니, 몸이 의지하는 것도, 발이 밟는 것도 의식하지 못한 채, 갈잎이나 **마른 지푸라기**처럼 바람 따라 동서를 떠다니니, 마침내 바람이 나를 타는지, 내가 바람을 타는지 알 수 없게 되었다."[57]

여기서 우리는 중국인들이 바람을 타고 떠도는 소요(逍遙)를 지칭할 때 상용하는 '마른 지푸라기, 빈 짚단'이라는 표현에 주목할 필요가 있다. 중국인들은 황홀경에 빠져든 신선들을 묘사할 경우 자주 그들의 몸은 고목과 같고, 마음은 꺼진 재와 같다[58]는 말을 사용한다. 그러면 장생술을 통해 보지하려던 어린 시절의 유연성은 대저 어떻게 되었을까? 고목은 마비상태의 경직성을 상기시킨다. 이는 시나브로 모든 죽음의 근원이 시체처럼 되어버린 형체(形) 속으로 제거된 반면, 온전히 보지된 유연성은 모든 생명력과 더불어 이른바 혼-숨결(신비주의적 언어로는 분신 즉 우偶-반쪽-동반자라 일컫는 것) 속에 응결되었기 때문이다.[59] 그리하여 존재는, 우주의 생동하는 숨결 속에 썩어 자유롭게 바람을 타고 노니는 하나의 숨결에 불과하다.

따라서 신선의 경지에 이른 금욕주의자들은 어떤 장애에도 걸려서 넘

---

57) *Tchouang tseu*, Wieger, 211쪽; *Lie tseu*, 같은 책, 85쪽. (참조원문: 心凝形 釋骨肉都融; 不覺形之所倚, 足之所履, 隨風東西, 猶木葉干殼. 竟不知風乘我邪? 我乘風乎?)

58) *Tchouang tseu*, Wieger, 380, 391쪽. (참조원문: 形固可使如槁木, 而心固可使 如死灰乎.)

59) 같은 책, 159, 215쪽.

어지는 일이 없으며, 어떠한 충돌에도 상처받거나 활력을 잃지 않고 광활한 허공 속에 빛을 타며 뛰논다. 우주의 숨결은 허(虛)이자 빛임과 동시에, 열기이자 생명이다.[60] 이러한 생각들은, 신비주의자들이 그들에게 죽음은 아무것도 아니라는 주장을 펼칠 때 취하는 다음의 민중적 은유와 결부된다. "예전에는 이 경지를 천제(天帝)의 현해(懸解)라 했는데, 이 말은 상제가 (나뭇단을) 허공에 걸어놓았다 풀자 나뭇단이 불타면서 불길이 끝없이 번져 나갔음을 일컫는다."[61] 생명에 필수적인 유연성과 열기의 근원인 숨결은 황홀경을 통해 정화되고 응집되고, 자유로워져 결코 죽음과 '싸늘한 재'로 전락되지 않은 채 순수한 생명과 빛을 만난다.

그리하여 영적인 실체가 아니기에 결코 서구 언어의 영혼(âme)으로 지칭할 수 없는[62] 생명의 보편적이고 구체적이며 미세한 원천으로서의 열기와 흐름과 찬연한 허공이 사멸에서 분리되어 외부로 표출된다. 장생을 위한 금욕주의는 존재가 우주의 율동에 순응하여 자신을 정화하는 방편인 자유로운 유희와 생동한 놀이에서 출발하여 궁극의 목표인 깨달음 상태를 얻는 것으로 완성된다. 성인은 이 깨달음 상태에서 화인(化人)으로서의 모든 자질과 무한한 생명력을 얻는다.

2. 자율성의 신비주의

동일한 영감에도 불구하고 서로 경합을 벌였던 대가들에 의해 극히 다채롭게 제시되었던 양생법 또는 선방(仙方)은 그 세부 전반에 걸쳐 이른바 '도가의 학설'을 내포한다. 따라서 오늘날 통용되는 이 지칭 자체

---

60) *Tchouang tseu*, Wieger, 223, 258, 287, 289, 305, 325, 331쪽.
61) *Tchouang tseu*, Wieger, L, 201, 202쪽. (참조원문: 古者謂是帝之懸解. 指窮於爲薪, 火傳也, 不知其盡也.)
62) 마스페로는 글자 '기'(氣)를 거침없이 영혼으로 번역했다(*La Chine antique*, 494쪽).

는 그리 적합한 표현이 아니다. 도사상은 결코 도가의 대가들의 고유한 특성만은 아니다. 게다가 이 대가들은 학설을 주장하는 것보다는 오히려 일종의 지혜를 권장하는 데 만족했다. 이 지혜는 신비주의적 성향을 반영한다. 그렇다고 어떠한 인격주의나 영혼설의 토대를 제공하지는 않는다. 만일 우리가 '신'이나 '영혼'이라는 개념을 통해 고대중국의 주된 사상들, 특히 도가의 가르침을 논한다면 심각한 곡해를 불러올 것이다. 노자와 장자의 '도사상'은 그저 자연정적주의(自然靜寂主義)일 따름이다.

"너의 지성을 뱉어서 버려라."[63] 놀랍게도 이것이 이 지혜의 유일한 규칙이다. 모든 교리는 유해할 뿐이며, 행함에도 선행은 없다. 오직 고요와 평정(靜)만이 유익할 뿐이다.

"이리 오시오! 나 그대에게 지극한 도(至道)를 말해 주겠소. 지극한 도는 신비롭고 오묘하며, 희미하고 고요하다오. 그러므로 보려고도 들으려고도 하지 말고, 그대의 활력을 간직한 채 고요히 있으시오(抱神). 그러면 그대의 몸은 스스로 바르게 된다오. 그리고 그대의 몸을 늘 청정히 하고 느긋하게 할 것이며, 또한 그대의 정력을 본능에 소모시키지 마시오. 그러면 틀림없이 장수를 누리게 될 것이오. 눈으로 보지도 귀로 듣지도, 또한 마음으로 알아야 할 아무것도 없기에 그대의 활력은 그대의 몸을 지키게 될 것이니 어찌 장수하지 않겠소. 그대의 마음을 신중히 하여 속된 욕망을 끊으시오. 아는 것이 많으면 도리어 해가 되는 법이오."[64]

이렇듯 도가의 현자들이 지향하는 정적주의는 고래의 이상이었던 장생의 추구와 분명하게 관련된다. 그렇지만 이 현자들도——공자와 마찬가지로, 그러나 다른 영역에서——여러 개혁들을 시도했던 것으로 보인

---

63) *Tchouang tseu*, Wieger, 289쪽. (참조원문: 吐爾聰明.)
64) 같은 책, 287쪽. (참조원문: 來! 吾語汝至道. 至道之精, 窈窈冥冥至道之極, 昏昏默默. 无視无聽, 抱神以靜, 形將自正. 必靜必清, 无勞汝形, 无搖汝精, 乃可以長生. 目无所見, 耳无所聞, 心无所知, 汝神將守形, 形乃長生. 慎汝內, 閉汝外, 多知爲敗.)

다. 유가나 도가는 공히 인간에 대한 이해를 지혜의 바탕으로 삼았다. 그러나 공자가 예법의 교육적 효율성을 예찬하면서 심리학을 고대의 무속적인 앎에서 해방시키려고 한 반면, 도가의 아버지들은 심리학적 지식들을 우주적 사변에서 분리하려 했으며, 사회관습에 지배된 여러 행동지식들과도 구별짓고자 했다. 그들은 사회를 인간생활의 자연적인 환경이 아니라 허위적인 구속체제로 간주했다. 그들에게 인간의 본성은 선인들의 말을 경청하거나 수양된 사람들과 대화하거나 상호통제나 우정이나 준칙을 통해서 이해되는 것이 아니었다. 오직 **고독한 명상**만이 인간의 본성을 알려줄 수 있는 유일한 힘이자 길인 것이다. 더욱이 그들은 '남을 아는 단순한 앎보다는 <u>스스로 아는 통찰</u>'을 추구했다.[65] 문명은 자연을 실추시킬 뿐이며, 모든 준수사항은 관습에 지나지 않는다. 또 모든 변증법들은 단지 부정을 들추어내는 데 의미가 있을 뿐이다. 즉 변증법은 명상을 통하지 않은 모든 앎의 임의성만을 증명할 수 있을 뿐이다. 현자는 명상만으로 충분하다. 현자는 명상을 통해 인위적인 것 너머의 실재와 삶을 동시에 파악한다. 현자는 오직 자신에 대한 침잠만을 요구한다. 그러기에 현자는 관습적 앎에 불과한 일체를 "정적 속에서 잊어가며(坐忘), 사회에 의해 조성된 모든 그릇된 욕망과 유혹을 멀리하면서 자신의 마음을 정화시킨다(心齋). 그리하여 현자는 만물과 우주의 본성인 완벽한 단순성(樸)을 자신의 내부에 복원시키게 된다. 인간과 자연의 완전성을 되찾는 데는 자신으로 돌아와 주어진 생명의 정수를 고요하게 유지하는 것(安其性)"이 필요하다. 그러면 "문을 나서지 않아도 천하를 알게 되며, 창을 열지 않아도 **천도**(天道)가 보이게 된다."[66]

명상은 단순히 앎을 추구하는 데 그치지 않는다. 명상은 자기를 정화하는 구원의 길이기도 하다. 하지만 구원은 무릇 자연으로 회귀하는 것이다. 선(仙)의 입문자가 추구하는 초탈의 대상은 단순한 물질이 아니

---

65) *Lao tseu*, L, 75쪽. (참조원문: 知人者智, 自知者明.)
66) 같은 책, L, 89쪽. (참조원문: 不出戶, 知天下, 不窺牖, 見天道.)

라 이른바 세계, 정확히 말해 진흙탕과도 같은 세속(丗)이다. 인위적으로 습득한 것은 불순하여 죽음을 낳으며, 문명은 한낱 자연을 변질시키고 왜곡시킬 뿐이다. 이른바 문명이 이룬 모든 발명과 완성은 한낱 거추장스러운 혹이나 유해한 종기와도 같다.[67] 그러므로 자연에 인위를 가해서는 안 되며, 자연을 교정한다는 명목으로 인위를 행하는 것도 안 된다. 굽은 것은 굽은 대로 두어야 한다. 황새 다리를 짧게 하거나 오리 다리를 늘리는 등 작위적이어서는 안 된다. 장생의 요법 또한 일말의 인위가 개입되는 순간부터 해로운 것으로 되고 만다. 아무리 개선에 대한 선의에서 나온 것이라도 그것이 정신적 편견의 소산이라면 행하지 말아야 한다. 가장 최악의 태도는 자연 그대로일 때 존속할 수 있는 생물들을 한낱 조직망이나 접착제나 옻칠에 불과한 의례, 법령, 예법, 인의라는 끈으로 한데 옭아매는 경우다. 관습에 얽매이면 "자신의 본성(性)을 잃게 되고", 다른 존재에 얽매이면 "자기를 파괴하게 된다."[68] 그러므로 언제나 '자신'(自)이 '타자'(彼)에 의해 변질되지 않도록 노력해야 한다. "자신의 덕(특수한 본질) 속에 은거한다"[69]는 것은 "하늘로, 즉 자연으로 은거한다"는 말이다.

하늘과 (사회와 문명으로서의) 사람의 대립관계는 노장(老莊)사상의 요체를 형성한다. 이 대립관계는 신과 인간의 대립관계와는 전혀 다르다.[70] 명상이나 황홀경은 초월적인 지혜를 얻는 것을 목적으로 하지 않는다. 문명이 개인의 도와 덕과 천, 즉 변질되지 않은 각자의 순수한 본성(性)을 가로막지 않는다면 본래의 자기, 즉 불변의 자기는 명상과 황홀경을 통해 밝혀지게 된다. 따라서 신선(眞人)은 무리들에게서 자신을 격리하면서 누구도 닮지 않는다. "보통 사람들과 어울리지 않는 자(奇人)는 하늘과 동등하다." 다른 신화적인 문구들에 따르면, 진인은 '참 속에서 노

---

67) *Tchouang tseu*, VIII, 제IX장.
68) *Tchouang tseu*, L, I, 373쪽. (참조원문: 失性於俗者//喪己於物.)
69) 같은 책, I, 274쪽. (참조원문: 藏於其德, 藏於天.)
70) 이와 상반된 견해로는 *La Chine antique*, 495쪽 참조.

널어', '하늘의 문이 그에게로 열리니', 그는 곧 '하늘의 아들이며', '상제와도 같다.'[71] 그렇다고 이 신화상의 문구들이 도가의 명상이 초월적 세계로 귀의하는 것을 목적으로 했음을 시사하지는 않는다. 도가의 명상은 고독한 은자만의 것으로 자율성을 이상으로 삼는다. 아마도 공자의 추종자들은 이를 두고 오직 악인만이 혼자일 수 있다고 비난할 것이다.[72] 아무튼 유가와는 반대로, 도가는 절대적인 자율성을 구원과 삶 자체의 조건으로 삼았다. 신선은 오직 **자신**을 위해 **자기 스스로** 생활을 영위한다.

구원과 선의 경지를 얻으려면, 타인과의 모든 타협에서 벗어나 스스로(自) 생명 그 자체의 상태나 순수한 자연의 상태가 되어야 한다. 소박한 자아로 환원될 때 개인은 우주와 동등하게 된다. 왜냐하면 그가 따르는 유일한 법칙인 자발성이 곧 하늘(道)의 유일한 법칙이기 때문이다. 자율성을 유지할 줄 아는 자는 천도(하늘의 길이자 효능성)를 지니게 된다. 자연, 즉 자발성 그리고 그에 따른 모든 실현은 하늘과 도(道)의 특징이다. 천(天, 문명文明의 의미인 인人에 대립하는 하늘)은 단어 'nature'의 함의를 상기시키며, 또 그리스어 Φνσιζ(phusis)를 nature로 번역하는 것이 타당하다면, Φνσιζ(phusis)는 아마도 도의 도가적 개념을 가장 잘 나타내는 용어가 될 것이다.[73]

흔히 우주의 실현능력을 뜻하는 도는 인간의 차원에서 군주의 조율능력으로 가장 잘 표현된다. 도가의 대가들은 이 통념에서 출발하여 도의 개념에 한결 지적이면서도 추상적인 의미를 부여한다. 도의 개념에는 인간과 자연을 이어주는 긴밀한 우호성과 완전한 연대성에 대한 종교관과 통념이 함축되어 있다. 정치적 · 윤리적 활동을 중시했던 학파들은 자연 질서를 사회 질서에 따라 상정한 까닭에, 자연 질서가 제반 지위와 관습들의 수호자인 군주에게서 나왔다고 보았다. 하지만 도가의 대가들

---

71) *Tchouang tseu*, Wieger, 233, 261, 325, 333쪽과 L, 367쪽의 각주 2).
72) 이 책, 489쪽을 참조할 것.
73) Legge, *Texts of Taoism*, Introduction, 12쪽 이하.

은 그 사상에서 정치보다는 다양한 선술(仙術)에서 직접적인 영향을 받았다. 더욱이 그들은 여타 어떤 현자들보다도 인간이 자연 속에서 어떤 별개의 세계를 형성하지 않는다는 생각을 지녔다. 이러한 생각은 세계의 **일체성**에 대한 대단히 열정적인 생각을 동반하고 있었다. 점술가들이 실질적이거나 상상적인 일체의 변이들(易)을 특징짓는 데 용이함(易)이라는 말로 표현했던 이유는 바로 그들에게 변이(變易)는 어떠한 힘의 소모 없이 이행되는 것으로 보였기 때문이다. 또 환술가들은 아무리 기적처럼 보이는 마술일지라도 무한한 재능에 따른 **자연스러운** 발로로 간주했다. 도가의 기본적인 논지는——공평하고 불변하는 하늘이 사계절을 관장하면서도 언제나 본래 그대로라는 (반半현학적이면서도 반半민중적인) 신앙과 조합된——이러한 사상들에서 파생된 것이다. 즉 (하늘, 즉 자연과 마찬가지로) 도는 보편적 **자발성**의 내재적 원리로 제시된다.

도는 본질적으로 완벽하게 공정하고 무차별적이다. 도는 '비어 있다' (虛). 도에는 아무런 선입견이나 편견도 있지 않아 어떠한 자발적인 행동도 방해받지 않는다. 도는 일체의 특수성도 지닐 수 없는 총체이자 명명할 수 없는 그 무엇이라는 점에서 어떠한 개별화와도 충돌하지 않는다. 독립적이고 비편파적이기에 도(하늘, 자연)는 개입과는 달리 오직 **작용** 밖에 머물면서 작용에 활기를 불어넣을 뿐이다. 도는 무위, 즉 무간섭을 유일한 원칙으로 삼는다. 만약 우리가 도의 활동성과 행동성을 느낄 수 있다면, 이는 도가 연속적인 공허 속에서 무한히 빛을 발산하기 때문이다. 총괄적인 공존의 원리로서 도는 하나의 중립지대를 형성하여 자발적인 상관작용을 가능하게 할 뿐 아니라 그 출몰을 한없이 거듭하는 이 상관작용이 순조롭게 진행되게 한다.

『열자』에서도 확인되듯이, 일부 도가사상가들은 도가 형성하는 상관작용의 공간을 신비한 마법의 세계와 거의 동일시한다. 그들이 우주의 **연속성**(均)을 강조하면서 이를 단순한 **근접성**과 상반되게 설정할 때[74]

----

74) 바이제르 신부(앞의 책, 139쪽)는 글자 '균'(均)을 '연속성'의 의미로 번역할 것

특히 염두에 두는 것은 (흔히 정신에서 정신으로 파급되는 행위로 간주하는) 선술(仙術)과 묘술(妙術)과 환술(幻術) 등이다. 이를테면 어부가 (단 한 가닥의 견사로 된 낚싯줄로) 깊은 물속의 대어를 잡아 올릴 수 있는 이유나 또는 악공이 (현 하나를 퉁기는 것만으로) 초봄에 곡식을 여물게 하거나 한여름에 눈이 내리게 하거나 강물을 얼릴 수 있는 이유는 바로 우주의 연속성과 도(道), 이 둘이 지닌 고유의 효능성 덕분이다. 『열자』는 환술의 비결이나 조화의 법칙을 터득한 자가 이러한 권능을 얻을 수 있다고 한다.[75]

흔히 『열자』를 일찍 쇠퇴해버린 한 도가의 저술로 다루고자 한다. 그러나 우리가 고려해야 할 분명한 문헌학적 사실은 어떠한 접촉이나 힘의 소모 없이 행해지는 행위는 『장자』에서 선호되는 제재들 가운데 하나라는 점이다. 이에 나아가 더 주목해야 할 사실은 장자가 도를 지칭하기 위해 조화(造化)라는 두 글자를 사용한다는 점이다. 어떤 주해가들은 '조화'를 '창조자'로 번역하는 데 주저하지 않는다. 이러한 번역은 도에 의해 왼팔이 수탉으로, 오른팔이 활이 되는 변화를 언급하는 대목에서 적용된다.[76] 도가의 사상가들에게 창조사상이나 인격주의는 너무나 거리가 멀다. 그들은 자발성(自然), 비간섭(無爲), 비개인성, 자율성을 전혀 분리된 개념들로 생각하지 않는다. 그들은 도를 자발적인 모든 이행의 내재적이며 중립적인 원리로 인식했다. 특히 장자는 도를 사물의 자연적인 전개 원리이자 **진정한 설명** 원칙으로 보았다.

흔히 우리는 도가사상가들의 특징을 논할 때 그들이 당대의 중국정신을 지배하던 영혼신앙에서 벗어나기 위해 시도한 여러 노력을 부각시킨다.[77] 여기서는 영혼신앙 대신 선술(仙術)을 거론하는 것이 더욱 적절

을 처음으로 제안했으나 (그는 이따금 '신비적 연속'이라는 표현을 사용한다. 같은 책, 142쪽), 이 개념의 비의성은 지적하지 않는다.

75) *Lie tseu*, Wieger, 109쪽.

76) Maspero, *La Chine antique*, 502쪽.

77) 이는 호적(胡適)이 『회남왕서』(淮南王書)라는 제명의 소책자에서 주장하는 논

할 것이다. 도가의 대가들은 오직 우주질서의 구체적이고 총체적인 원리이자 신비적인 행위들의 효능적 공간으로 인식되어온 이전의 도사상을 지적으로 체계화하는 한편, 비개인성과 비편파성의 개념을 강조함으로써 도를 합리적인 설명원칙으로 재해석하려고 했다. 그렇지만 그들은 사물의 자연적 전개에 관한 그들의 사상을 어떤 실험적인 체계와 결부하지는 않았다. **자연주의적** 성향이 강하게 작용했음에도 그들은 대립관계에 있었던 유가와 마찬가지로 **인문주의적** 성향을 따랐다. 그들은 삶을 성찰하는 방식을 제시하는 데 만족했다. 도(또는 사물의 자연)에 대한 그들의 사상은 선술이나 물리에 관한 그들의 지식으로도 설명되지만, 이에 못지않게 그들이 추구하는 명상과 (특히 장자를 통해 분명히 드러나는) 변증적인 사유의 성향으로도 설명할 수 있다.

『열자』는 연속성의 개념을 시간과 공간은 무한하다는 명제와 결부시킨다.[78] 장자 역시 도를 규명할 때면 이 명제를 부각시킨다. 특히 장자는 이 명제를 예증하기 위해 신화 속의 여러 우화와 일화들을 비롯하여 궤변가들에게 빌려온 풍부한 제재들을 활용한다.[79] 궤변가들과 마찬가지로 장자도 역시 철저한 상대주의를 내세운다. 그러나 그의 상대주의는 추상적인 사실주의와는 아주 다르다.

장자에 따르면, 세계는 각기 구체적이고 일시적인 독특한 여러 외양들의 흐름으로 해소되며, 이 외양들 사이에는 외부적이고 인위적인 기준만 있을 뿐 공동의 척도가 없다. 모든 감각은 다소의 실재성을 가질 수도, 갖지 않을 수도 있다. 그리고 판단은 모두 일종의 가치판단에 지나지 않으며, **평가**는 모두 임의적인 것에 불과하다. 이를테면 꿈속에서 내 존재는 한 마리의 나비였으나 꿈에서 깨어난 나는 장자인 것이다. 그렇다면 나는 누구인가? 한 마리 나비가 된 꿈을 꾸고 있는 장자인가 아니면 자신을 장자라고 생각하는 한 마리 나비인가?[80] 상호 대조적인 이

지다(상하이, 1931년).

78) *Lie tseu*, 제V장.

79) *Tchouang tseu*, I, II, XVII.

두 판단은 실재인지 상상인지 단정할 수 없는 어떤 변화(物化)를 분명히 보여준다. 마찬가지로, 유사한 것들만이 아니라 이것과 저것, 존재와 무, 삶과 죽음, 미와 추, 유용과 무용, 평안과 번뇌 또한 확실하게 구별할 수 없다. 이들은 실질적인 상반관계를 이루지 않고——오직 주관적이며 일시적인——상호대조적인 판단에 달려 있을 뿐이다. 흙탕을 잠자리로 한들, 이는 특정한 개체와 특정한 순간에만 해로울 뿐이다.[81] 습기나 열기는 그것을 느끼는 자에게만 그리고 그러한 느낌을 갖는 순간에만 실재할 따름이다. 우주나 모든 존재는 항구적인 변화의 도상에 있다. 그러기에 조금 전의 나라고 생각할 때 나는 벌써 다른 나다. "천지간의 인생은 구덩이를 뛰어넘어 순간에 사라지는 한 마리의 흰말과 같다."[82] 태어나고 죽는 것은 분명 순간적이고 총체적인 변화(改)이긴 하지만, 순간마다 삶을 형성하는 완전한 변화와 전혀 다르지 않다. 이렇듯 각 개인도 세계만큼이나 다면적이며, 개인도 세계도 같은 상태로 머무르지 않는다.[83] 하지만 우주는 하나이며, 각각의 존재 역시 하나다. 그러므로 완전한 변화는 단지 변이에 불과할 뿐이다.

그러므로 사유상의 오류는 없으며 오류의 가능성조차 사라진다. 따라서 궤변가들의 모든 역설도 옳은 것으로 간주될 수 있다. 나와 남, 이것과 저것은 단지 상황이 다를 뿐이니, 백 살의 노인은 늙은이가 아니라고 말하거나 유산된 아이는 어린애가 아니라고 말하는 것이 모두 옳으며, 벌레와 우주는 그 위상과 역량과 연령이나 규모에서 아무런 차이가 없다고 말하는 것도 옳은 말이다.[84] 반면, 일시적이고 다면적인, 독특하고도 구체적이며 상황적인 진실만 있을 뿐이다. 바꾸어 말해, 추상적이고 총체적이며 무한정한 하나의 진실만이 있을 뿐이다. 도는 일체의 일시적

80) *Tchouang tseu*, Wieger, 225, 227쪽.
81) *Tchouang tseu*, Legge, I, 191쪽.
82) 같은 책, II, 65쪽. (참조원문: 人生天地之間, 若白駒之過郤, 忽然而已.)
83) 같은 책, I, 277쪽; *Lie tseu*, Wieger, 79쪽.
84) *Tchouang tseu*, L, I, 182쪽.

인 진실이나 상호대조적인 외양 그리고 자발적인 변이의——비편파적이고 중립적이며 초연하고도 규정되지 않은, 나아가 지고의 독자성을 지닌——공간으로서, 유일한 진실이다.

장자는 궤변가들에 의해 성행된 변증법을 이용하여 도를 상반된 일체의 종합이 가능한 공간으로 제시할 수 있었다. 천지의 육극(六極)에 싸여(充滿天地, 苞裏六極) 빛과 어둠의 놀이에 현혹되지 않고, 태양의 수레(日之車)에 오르는 자[85]는 이 중립적인 존엄한 전망대에서 이것의 관점도 저것의 관점도 아닌, 이것과 저것이 하나 되는 관점을 지니게 된다. 이는 (외양상의) 극단적 상관관계의 무상함을 드러내는 곳인 고리의 중앙이 갖는 관점이다. 고리의 중앙에서 "서로 짝을 맺지 않는 것이란 없으니"(莫得其偶), 모든 대조는 그것을 통솔하는 총체적인 질서 속으로 흡수된다. 이것이 곧 도의 축이기 때문이다.[86]

만일 우리가 대소(大小)에 대한 택일적인 편파성을 떨쳐버린다면, 또한 독자적인 각 개체들과의 무관한 원칙에서 본다면, 소(小)와 대(大)는 똑같이 무한하여 서로 구별되지 않을 것이다. 변증론자들에 따르면, "지소(至小)한 것은 형체가 없고 지대(至大)한 것은 경계지을 수 없다"(至精无形, 至大不可圍). 우리는 이 경구가 구체적인 감각들과 행동들을 상기시킴에도 그 자체는 추상적 사실주의에 입각하고 있음을 알 수 있다. 장자는 이 경구를 아래의 한 문구로 대체하여 오직 정신행위만이 중요하며, 소(小)도 대(大)도 실재하지 않으니 단지 무한함만 있을 뿐이라는 논지를 펼친다. "형상이 없는 것은 수식으로 분별할 수 없으며, 경계지을 수 없는 것은 수식으로 산정할 수 없다."[87] 장자의 상대주의는 관념주의의 발로다.

중국철학에서 주된 개념으로 다루어지지 않았던 무한의 개념이 이렇

---

85) 앞의 책, II, 96쪽.
86) 같은 책, I, 183쪽. (참조원문: 彼是莫得其偶, 謂之道樞.)(『莊子』, 「齊物論」).
87) 같은 책, I, 378쪽. (참조원문: 无形者, 數之所不能分也, 不可圍者, 數之所不能窮也.)

듯 장자와 더불어 대두되었다. 지대(至大)와 지소(至小)는 물질적으로 양분될 수 없으며, 기술적으로도 경계지을 수 없다. 이는 사유의 출발에서 제기되는 문제로서 언제나 사유상의 문제로도 남아 있다. 우물 안의 개구리나 단지 아침 한나절을 살 수밖에 없는 버섯이 아닌 이상, 어찌 시공간의 무한성을 느끼지 못하겠는가? 아무리 광대한 차원의 시공간의 묘사라 할지라도 일단 초월적인 세계를 상정하게 되면 이내 그 규모의 미급함을 드러내고 만다.[88] 장자는 거대한 새인 붕(鵬)을 이에 대한 예증으로 제시한다. 여섯 달의 비행만으로 구만 리 높이로 솟아오를 수 있는 이 거대한 새에게 과연 그 비행을 멈추게 할 만한 곳이 어디 있겠는가? 무한의 개념을 주지하는 데는 이러한 우화나 이와 유사한 제재들로 충분하다.[89] 무한의 개념은 어떤 정신적 필요에 부응하며, 도는 이러한 필요를 충족시켜주는 개념이다.

도는 온전히 규정되지 않는 완전히 자율적인 것이기에 모든 사물에 내재하게 된다. 그리고 모든 사물은 자발성과 비규정성을 그리고 각 존재의 특성인 무한한 변이가능성을 내포한다. 각 표상에는 변이의 가능성이 간직되어 있다. "도는 어디 있습니까? ── 도가 있지 않은 곳이란 없소! ── 구체적으로 말해주시겠습니까? ── 도는 이 개미 속에 있다오! ── 더 비천한 것을 예로 들어주십시오. ── 도는 이 풀포기 속에도 있다오! ── 그렇다면 더더욱 비천한 것을 예로 주십시오. ── 도는 이 깨진 사기조각 속에도 있다오! ── 그렇다면 더더욱 비천한 것 속에도? ── 도는 이 배설물 속에도 있다오!" 시장에서 돼지의 상태를 점검하고자 발로 힘껏 돼지비계를 눌러보는 식으로 도를 묻는 것은 옳은 방법이 아니다.[90] "구

---

88) 앞의 책, I, 164쪽 이하, 374쪽 이하. 『장자』, 「소요유」(逍遙遊)의 첫 부분인 '北冥有魚, 其名爲鯤. 鯤之大, 不知其幾千里也' 이하를 참조할 것.

89) 같은 책, II, 164쪽.

90) 점차적으로 진행되는 일련의 실질적 분할을 상기하면서 논지를 펼치는 궤변론자들. (참조원문: 東郭子問於莊子曰: 〔所謂道, 惡乎在?〕莊子曰: 〔無所不在.〕東郭子曰: 〔期而後可.〕莊子曰: 〔在螻蟻.〕曰: 〔何其下邪?〕曰: 〔在稊稗.〕曰: 〔何其愈下邪?〕曰: 〔在瓦甓.〕曰: 〔何其愈甚邪?〕曰: 〔在屎溺.〕)

체적인 예를 묻지 마시오. 도가 있지 않은 곳이란 없다." 그러기에 도는 으레 '지고한 것', '보편적인 것', '총체적인 것', 즉 '완전하고 유일한 것'(一)으로 지칭된다.[91] 도는 사물(생물과 무생물의 차원이 아니라 비천하고 고귀한 차원에서의 모든 사물)에 내재하니,[92] 사물 각각의 절대적인 개별성과 완전한 독립성의 근원인 비규정성의 원칙은 바로 도의 이 보편적 내재성을 통해 시사되는 것이다. 그러므로 각 존재는 모든 생각과 마찬가지로 자유롭고 일시적이며 무한정한 것이라고 말하거나 각 존재는 무한한 힘과 자유와도 같다고 말하는 것으로는 충분하지 않다. 왜냐하면 이러한 무한성과 대등한 것은 없으며, 우주로서의 위상을 지니기 위해서는——각 존재로서——존재하고 변천하는 것으로 족하기 때문이다. 즉 모든 가능성을 지닌 채 자기 자신으로 존재하는 것만으로 충분하다.

변증법이나 신화적 상상은 사유가 이러한 내재적 무한성을 필요로 함을 보여준다. 그 순수한 광휘 속에 무한에 대한 감회를 불러일으키는 황홀경은 이 무한함만이 유일한 실재이며 총체적 실재임을 입증한다. "나의 스승 도여! 나의 스승 도여! 만물을 분별 있게 다루어도 의(義)라 생각하지 않고, 혜택이 만세에 미쳐도 인(仁)이라 하지 않으며, 상고(上古)보다 더 일찍이 있어왔어도 수(壽)라 하지 않고, 하늘을 가리고 땅을 실어 일체 만물을 빚어도 교(巧)라 하지 않으니, 이를 천락(天樂)이라 한다." 이것이 황홀경을 가름하는 도가의 도식적인 영탄문이다.[93] 이러한 황홀경은 각자 타인과의 접촉과 사회관습에 의해 자신의 본성에 과중하게 입혀진 일체의 인위적인 모순에서 자신을 정화하는 노력을 통해 도달된다. 먼저 '인간세상'을 떨쳐버린 다음, '모든 외양'과 '존재한다'는 생각 자체를 지워버리면 만년에도 어린아이의 신선함이 유지되며,

---

91) *Tchouang tseu*, L, II, 166쪽.
92) 도가(道家)가 모든 형태의 위계질서를 거부하는 것은 아니다.
93) *Tchouang tseu*, L, II, 256, 352쪽. (참조원문: 吾師乎! 吾師乎! 䪠萬物而不爲戾, 澤及萬世而不爲仁, 長於上古而不爲壽, 覆載天地刻雕衆形而不爲巧, 此之爲天樂.)

휘황하게 퍼져나가는 여명의 빛(照之) 속에서[94] '고고한 독립성'을 누리게 되어 마침내 '과거와 현재는 소멸되고', '삶도 죽음도 아닌 것 속으로 들어서게 된다.'[95] 이렇듯 "몸과 사지와 눈과 귀를 떨쳐 모든 육체적 허울을 벗어나고, 아는 것을 모두 지우게 되면" 사람은 곳곳으로 파고드는 이른바 대통(大通)[96]과 맺어져 자신의 연속성을 우주에 제공하게 된다(天均).[97] 즉 '마음을 정화하고', '자신을 비움'(虛)으로써 사람은 '도와 일치하게' 된다.[98]

'자기 처지도, 개인적 활동도, 심지어 이름도 없는(無名)'[99] 성인은 이렇듯 '단지 하나뿐인 만물'[100]의 '일체성을 자신 속에 견지하니', '일체를 껴안게 된다'(抱一).[101] 규정되지 않은 자유로운 존재인 성인은 ——축이자 용마루(脊)이며 차륜의 회전축인 빈 중앙과도 같은—— 총체적이며 지칭될 수 없는(無名) 원리 그 자체와 일치한다.[102] 이 원리는 활동성이나 존재성은 없으나 실재성과 자유 그리고 진실성의 틀로 작용한다. 왜냐하면 이 원리는 모든 기술과 만능성의 근원인 원초적 효능성으로서, (중국인이 하늘의 빛, 天光 ——자연의 빛이라 부르는) 사방을 밝히는 하나의 빛처럼[103] 모든 것을 비추고 사물마다에 한결같이 그 본

---

94) 글자 '철'(徹)은 '파고드는 것', '도처로 한결같이 퍼져나가는 것'을 의미한다. (참조원문: 而後能朝徹, 朝徹, 而後能見獨……)

95) *Tchouang tseu*, L, I, 245쪽; II, 145쪽. 그리고 *Lie tseu*, Wieger, 121쪽.

96) *Tchouang tseu*, Legge, I, 257쪽. (참조원문: 顔回曰: 〔墮肢體, 黜聰明, 離形去知, 同於大通, 此謂坐忘.〕)(『莊子』,「大宗師編」).

97) 같은 책, II, 83쪽. (참조원문: 萬物皆種也, 以不同形相禪, 始卒若環, 莫得其倫, 是謂天均. 天均者天倪也.)(『莊子』,「寓言編」).

98) 같은 책, I, 209쪽. (참조원문: 仲尼曰: 〔若一志, 无聽之以耳而聽之以心, 无聽之以心而聽之以氣! 耳止於聽, 心止於符. 氣也者, 虛而待物者也. 唯道集虛. 虛者, 心齋也.〕)(『莊子』,「人間世」).

99) 같은 책, I, 169쪽; Wieger, 211쪽.

100) 같은 책, I, 224쪽.

101) 같은 책, I, 229쪽; Wieger, 289쪽.

102) 같은 책, L, II, 129쪽 이하; *Lao tseu*, L, I, 54쪽.

103) *Tchouang tseu*, L, II, 83쪽.

연의 모습을 부여하는 유일한 앎이기 때문이다.[104]

장자와 마찬가지로, 도가의 대가들은 자율성을 이상으로 하는 선술(仙術)을──그들의 **자연정적주의**에 따른 제반 명제에 어울릴 만한──**인식론**[105]과 결합하여 선술에 타당성을 부여하려 했다. 그들의 독창성은 이러한 사실에 기인한다.

이 인식론이 주지주의적인 성향보다 신비주의적인 성향을 더 따르는 것은 아니다. 이 인식론은 (비록 도를 황홀경의 고무된 상태에서 신비스럽고도 형용할 수 없는 것으로 규정함에도) 도를 모든 자유로운 사유의 내재적이며 중립적인 원리로서, 나아가 하나의 합리적인 설명원리로서 받아들인다. 더욱이 (도식적으로 반복되는 신비주의적 표현과 주술의 비개인적인 냉정함 가운데 드러나는) 이 이론의 비규정성과 비편파성은 모든 인격주의적 경향을 배제하며, 우주의 연속성에 대한 사상은 모든 유심론적 경향을 거부한다.

우리가 자연성이나 이성(理性, phusis나 logos)으로 옮길 수 있는 도는 보편적 가지성(可知性)의 원리다. '네 지성을 뱉어서 버려라'는 문구는 정신활동에 대한 경멸보다는 추론에 의한 지식과 변증법적 사유를 비롯한 모든 추상적 사실주의에 대한 경멸을 나타낸다.

도가의 대가들은 당대 중국인들의 사유정립에 사용된 분류체계들을 (좀더 완벽을 기하려는 노력 없이) 거침없이 사용한다. 그들에 따르면, 속인들은 육욕(六欲), 즉 귀해지고(貴), 부해지고(富), 유명해지고(顯), 존경받고(嚴), 명예를 얻고(名), 이익을 얻기 위해(利), 마음을 삿되게

---

104) 앞의 책, I, 243, 311쪽.

105) 이 점은 아마도 호적이 장자를 논리학가처럼 제시하면서 의도한 것 같다(*The development of logical method in ancient China*, 142쪽 이하). ──그런데 마스페로는 이 호적의 논지를 모순된 것으로 일축한다(*La Chine antique*, 492, 각주 4). 마스페로는 '학술'이론에서 도가의 대가들의 독창성을 거의 간과하고 있다. 그는 단지 '신비주의적 생활실천'에서 그들이 발견한 커다란 업적들을 인정할 뿐이다(Maspero, *Le saint et la vie mystique chez Laotseu et Tchouang tseu*, 7, 9쪽).

하는 용모(容)와 동작(動)과 안색(色)과 언어(理)와 기색(氣)과 정의(意)에 지배됨과 동시에, 덕을 어지럽히는 육정(六情), 즉 미움(惡)과 욕망(欲)과 기쁨(喜)과 노여움(怒)과 애달픔(哀)과 즐거움(樂)에도 지배된다. 그뿐만 아니라 속인들은 도를 가로막는 여섯 태도, 즉 가다(去), 물러나다(就), 취하다(取), 주다(與), 알다(知), 능하다(能)에 지배되니, 공정함과 평정함과 명철함을 얻고 마음을 비우기 위해서는 이 스물네 가지 성향을 없애야 한다.[106] 또 '각자의 본성(性)'을 유지하기 위해서는 문명화로 야기되는 다섯 가지 감각의 변태를 피해야 한다.[107] 즉 색과 소리와 향과 음식과 심적 편향으로 시각과 청각, 후각과 미각과 지각이 타락한다.[108] 더욱이 수많은 허울에서 존재 본래의 소박성(樸)을 지키는 데 전념하지 않으면 감각의 자연스러운 사용도 해악이 될 것이다. 시각과 청각과 미각과 후각과 지각은 어떠한 개별적 대상에도 고착되지 않는 한해서만 (모든 것을 통찰하고 모든 것으로 확장되는) 앎으로서 자격을 지닌다.

지각이 사물의 세부에 머무르지 않고 전체를 조망할 때 비로소 그 순수성을 얻는다. 그리고 지각은 특정감각에 의거해서는 안 되고 총괄적이어야 하며, 따라서 존재의 전체에 작용해야만 한다. 또 감각은 우주와 개체의 차원에서 생명력(氣)[109]의 원천과 합일(和)되는 것이어야만 한

---

106) *Tchouang tseu*, L, II, 87, 89쪽. (참조원문: 貴富顯嚴名利六者, 勃志也. 容動色理氣意六者, 謬心也. 惡欲喜怒哀樂六者, 累德也. 去就取如知能六者, 塞道也. 此四六者不盪胸中則正, 正則靜, 靜則明, 明則虛, 虛則无爲而无不爲也.)

107) 다섯 가지 타락은 (두 눈을 어지럽히는) 5색(色), (두 귀를 어지럽히는) 5성(聲), (두 코를 어지럽히는) 5취(臭), (입을 어지럽히는) 5미(味)―총 7개의 구멍과 4개의 감각―및 (마찬가지로 7개의 구멍이 있는) 마음을 어지럽히는 5취사(趣舍)에 기인한다. (참조원문: 且夫失性有五, 一曰五色亂目, 使目不明, 二曰五聲亂耳, 使耳不聰, 三曰五臭薰鼻, 困惾中顙, 四曰五味濁口, 使口厲爽, 五曰趣舍滑心, 使性飛揚. 此五者, 皆生之害也.)

108) *Tchouang tseu*, L, 268, 328쪽, 그리고 *Lao tseu*, L, 55쪽. (참조원문: 且夫失性有五, 一曰五色亂目, 使目不明, 二曰五聲亂耳, 使耳不聰, 三曰五臭薰鼻, 困惾中顙, 四曰五味濁口, 使口厲爽, 五曰趣舍滑心, 使性飛揚. 此五者, 皆生之害也.)

다. 그리하여 진정한 현자는 '눈으로 듣고 귀로 본다.' 이는 현자가 전신으로 보고 듣는 비법을 터득했다는 말이 아니다. 신체의 여러 기관들의 기능을 도치하는 것은 불가능하니 현자는 다만 "몸을 마음과, 마음을 기(氣)와, 기(氣)를 신(神)(활력)과 그리고 모든 것을 무(無)('아무것도 없음'의 뜻이 아닌 **규정되지 않은 총체**의 뜻으로서 무無)와 합치시킨다." 그래서 현자는 "이 세상 너머의 먼 소리이든, 눈앞의 가까운 소리이든 비록 이목구비나 사지로 듣든, 아니면 심장이나 내장으로 듣든, 현자는 그 어떤 것에 상관없이 일체를 자연스럽게 알 수밖에 없다."[110] 이렇듯 자유로운 전신 소통에 따른 자연적이고 총괄적인 지각만이 유용할 뿐이다. 현자는 눈으로 보려고도 또한 귀로 들으려고도 하지 아니하며, 감각을 별도로 사용한 탓에 몸의 구멍들이 차서 막히는 일이 없도록 한다. "현자는 귀로 듣듯 눈으로 보며, 입을 사용하듯 코를 사용함으로써" 자연스럽게 "내외(內外)의 소통을 가능하게 한다."[111]

모든 국부적인 감각작용은 기력을 떨어뜨려 정신마저 왜곡한다. 각 개인은 사물들의 다면성만이 아니라 자신의 다면성에 부대끼다 보면 지치고 망가지게 마련이다. 자신의 활력을 보존하는 것이 주된 관심사인 도가의 추종자로서는 당연히 이러한 충돌을 경계했다. 특히 그들은 이러한 다면성의 끝이 보이지 않는다는 점에 극히 주목한다. 그리하여 도가의 추종자들은 세부적으로 알려고 하지 않았다. "삶에는 끝이 있으나, 앎에는 끝이 없다. 유한으로 무한을 좇는 것은 위험할 뿐이다."[112] 고대중국의 통념에 따르면, 하나의 상(象)은 어떤 접촉들에서 촉발된다. 이 접촉

---

109) 앞의 책, II, 139쪽.

110) *Lie tseu*, Wieger, 117, 119쪽. (참조원문: 其有介然之有, 唯然之音, 雖遠在八荒之外, 逝在眉睫之內, 來干我者, 我必知之. 乃不知是我七孔四支之所覺, 心腹六藏之知, 其自知而已矣.)

111) 같은 책, 121쪽. (참조원문: 眼如耳, 耳如鼻, 鼻如口, 無不同也. 心凝形釋骨肉都融.)

112) *Tchouang tseu*, L, I, 198쪽; *Lao tseu*, L, 90쪽. (참조원문: 吾生也有涯, 而知也无涯. 以有涯隨无涯, 殆已.)

은 깨어서도 또한 꿈결에서도 일어난다.[113] 그래서 성인은 자신의 소진과 감염을 경계하여, 자신이 꿈꾸거나 생각하는 것에 노출되지 아니하며 또한 근육을 피로하게 하지 않는다.[114] 규정되지 않은 총체와의 접촉은 기력을 왕성하게 하는 합일과도 같은 반면, 타자와 자아의 부적합한 접근은 마모와 해로운 충돌과 불순한 오염을 낳을 뿐이다.

유해한 접촉을 피하고 나와 너의 자율성이 서로 침범되지 않도록,[115] 도가의 대가들은 도와 하나로 합치되는 황홀경을 지향했고, 따라서 가장 철저한 신비주관주의를 주창했다. 하지만 이러한 주관주의는 우주의 연속성에 관한 논지의 전개를 통해 상쇄되며, 아울러 추상적인 사실주의도 물러나게 된다.

장자는 궤변가인 혜자(惠子)와 어느 조그만 다리 위를 산책했다. 그러던 중 혜자가 물고기가 아님에도 물고기의 즐거움을 안다고 한 장자를 비난하자, 장자는 "그대는 나에게 어떻게 내가 물고기의 즐거움을 아는가를 묻고 있소. 그렇지만 그대가 내게 이를 묻는 것은 내가 이를 알고 있음을 알아서가 아니오. 내가 이를 아는 것은 내가 이 호수의 다리 위에 있기 때문이오"[116]라고 응수한다. 이 문답은 자타간의 소통 가능성을 분명하게 보여줄 뿐만 아니라, 소통 가능성을 그 자신에게조차 불변의 사실로 받아들이지 못하는 변증론자들의 자기모순을 드러낸다. 왜냐하면 그들이 이 사실을 타인에게 묻고 있다는 자체가 소통 가능성에 대한 하나의 탐문과도 같기 때문이다. 반면 추상적인 틀에 갇힌 변증적 사유의 추론이 갖는 비합리성을 들추어내는 이 항구적인 사실은 우주의 모든 부분이 구체적인 연속성 속에 존재한다는 입증과도 같다.

---

113) *Lie tseu*, Wieger, 109쪽. (참조원문: 列子曰: "神遇爲夢, 形接爲事. 故晝想夜夢, 神形所遇. 故神凝者想夢自消. 信覺不語, 信夢不達, 物化之往來者也. 古之眞人, 其覺自忘, 其寢不夢, 幾虛語哉.")

114) *Tchouang tseu*, L, I, 366쪽.

115) 같은 책, I, 274쪽.

116) 같은 책, I, 369, 392쪽. (참조원문: '汝安知魚樂云者' 旣已知吾知之而問我, 我知之濠上也.)

도가의 대가들에게 사람들 또는 개개인의 실제적인 소통은 개별적인 모든 종류의 소통을 전제로 한다. 이는 영혼에서 영혼으로의 소통도 아니며, 인간의 언어와 같은 인위적 상징장치를 통해 행해지는 사상의 전달도 아니기에, 어떠한 유심론적 견해도 배제된다. 너와 남을 알 수 있는 것은 세계의 일체성에 의거한다. 즉 '자연의 연속성'(天均)에 힘입어 '참(然)과 거짓(不然)'은 저절로 구별되며, 자연적으로 드러난다.[117]

문명에 의해 인간이 변질되고 격리되고 타락하기 이전, 세계는 일체성으로 찬연했고 사물을 아는 것 또한 아주 쉬웠다. "옛사람들은 만물과 한 가족을 이루어 동물과도 우애롭게 살았다." 만물이 형통하니 당시 사람들은 '세부적으로 아는 것'에 연연할 필요가 없었다. 까치들도 둥지 안을 보여줄 정도였다.[118] 그러므로 현자들은 살아 있는 모든 것들 사이에 오성의 차이는 거의 없다고 보았다. 현자들은 '네발짐승, 새, 곤충, 신령, 모든 종류의 귀신'과도 자유롭게 소통했다. 그리고 '인간의 행태'도 다른 부류의 존재행태와 별로 다르지 않았다.[119] 하지만 후세에 이르러 사람들은 대부분 문화와 예법에 따른 인위적인 경계와 분화 탓에 거의 갇힌 상태에 머물게 되었다. 그리하여 마침내 본래의 단순성을 잃어버리게 되었고, 더 이상 이해 가능한 유일한 것, 즉 만물의 본성을 알 수 없게 되었다.

일부 야만인들만 여전히 짐승의 언어를 알아들었으며, 일부 사육자들만이 짐승의 본성을 이해했다. 오직 그들만이 단순한 본성을 유지했다. 그러므로 진정한 앎의 비법은 그들에게 배워야 한다. '언제나 여일한 품성으로 일관하기에' 그들은 결코 자연스러움을 잃지 않는다. 따라서

---

117) 앞의 책, II, 143쪽; Wieger, 449쪽.
118) 같은 책, II, 278쪽. (참조원문: 故至德之世, 其行塡塡, 其視顚顚. 當是時也, 山无蹊隧, 澤无舟梁. 萬物群生, 連屬其鄕, 禽獸成群, 草木遂長. 是故禽獸可係羈而遊, 鳥鵲之巢可攀援而闚.)(『莊子』,「馬蹄篇」).
119) *Lie tseu*, Wieger, 91, 101쪽. (참조원문: 太古神聖之人, 備知萬物情態, 悉解異類音聲. 會而聚之, 訓而受之, 同於人民. 故先會鬼神魑魅, 次達八方人民, 末聚禽獸蟲蛾.)(『列子』,「黃帝篇」).

그들의 곁이라면 "사자들도 산과 숲 속(자연 한가운데)으로 여길 것이다." 너와 나도 이와 유사하게 비편파적이며 자유로운 친화성으로 맺어진다.[120] 진정한 앎은 이러한 진정한 소통을 원칙으로 삼는다. 자신을 좋아하여 아침마다 찾아와 순수한 우의의 인사를 보내는 자에게 갈매기들은 다정하게 자신을 건넨다. 이 둘의 놀이는 사심없이 내면을 소통하는 놀이다. 그러나 행여 누군가 삿된 마음으로 자신들을 붙잡으러 오는 날이면, 갈매기는 먼저 그 의중을 알아차려 달아나버린다.[121] 자신의 본성은 유지하면서도 타자의 자유로운 본성을 존중하지 않는다면, 진정한 앎에 이를 수 없다.

앎은 상호호의적이고 비편파적인 두 자율적 개체의 자발적인 일치에서 나온다. 이러한 점에서 물은 지혜의 상징이 된다. 물은 평정과 환대와 무욕의 표상이다. 비편파적이며, '유연하고 마모되지 않으면서', 행위도 앎도 추구하지 않는 "물은 아무것도 요구하지 않는다." 모든 형태를 수용하며 처소를 개의치 않는 "물은 모두 경멸하는 아래로 흐른다." 그리하여 물은 "모든 것이 모여드는 대합류점이다."[122] 그럼에도 물이 맑음의 표상인 이유는 모든 불순물이 물을 거쳐갈 뿐이기 때문이다(순수함 속에 불순함은 있을 수 없다). 물이 혼탁한 것은 단지 동요될 때에 한해서다. 하지만 동요는 물 자체에서 기인하지 않으니 지속될 리 없다. 물 자체는 아무런 동요가 없어 평화로움으로 모든 것을 반긴다. 그래서 사물은 물 위에 자유로이 진정한 모습을 드리운다. "아무도 흐르는 물속에 자신을 드리울 수 없다. 오직 고정된 것만이 고정성을 지닌 것을 고정시킬 수 있다."[123] "고요한 물은 그 맑음으로(明, 즉 이해하다) 수염과 눈썹도

---

120) 앞의 책.

121) 같은 책, 93쪽.

122) *Lao tseu*, Legge, 54, 104, 120쪽; Wieger, 24, 53, 61쪽. (참조원문: 大國者下流, 天下之交, 天下之牝.)(『道德經』).

123) *Tchouang tseu*, Legge, I, 225; Wieger, 243쪽. (참조원문: 人莫鑑於流水〔……〕唯止能止衆止.)

밝게 비춘다. 물은 거장들이 그 평형(平衡, 平: 평화)을 자신들의 법도로 삼을 만큼 너무나 완벽하다. 정적 속의 물은 모든 것을 밝힌다(明, 즉 이해하다, 비추다)."[124] "지인(至人)은 자신의 마음을 거울로 삼는다. 그는 그 무엇도 차지하려 하거나 예측하려고 하지 않는다. 그는 모든 것에 응할 뿐 아무것도 붙들지 않는다. 그는 모든 것을 능가하나 아무것도 해치지 않는다." 왜냐하면, "지인은 자연(天)에서 받은 바를 다할 뿐, 자신을 그 주인으로 여기지 아니한 채 스스로 비울 따름이다."[125] 관은자(觀隱子)에 따르면, "자신 속에 얽매이지 않는 자에게 사물은 절로 밝혀지게 마련이다. 그의 행위는 물과 같고 그의 평정함은 거울과 같으며 그의 응답은 회음(回音)과도 같다."[126]

오직 평정만이 자연에 대한 진정한 인식을 제공한다. 언제나 사심이 없어 억지로 자신과 외부의 어떤 것을 변질시키지 않는 성인은——투과되어 영속하는 흔적일 수 없기에——무한히 유동적인 우주의 여러 상(象)들을 자신의 불변함과 순수함 속에 투영시킨다. 성인은 자연을 총체적으로 인식하며 세부에 매이지 않고도 구체적으로 인식한다. 그의 지각은 그릇됨이 없으나 단지 순간에만 적용될 따름이다. 그는 어떠한 추상화나 일반화, 나아가 (연역과 귀납은 물론) 어떠한 유사논리도 용납하지 않는다. 어떠한 학문도 불가능하며, 특히 역사는 더욱 불가능하다. 왜냐하면 기왕에 존재했던 것은 흔적 외에 아무것도 남기지 않기 때문이다. 흔적은 오롯이 죽음을 의미한다.[127] 오직 일시적인 투영만이 정확하고 결함 없는 완전한 상이다. 순간과 총체를 떠나서는 어떠한 앎도

---

124) 앞의 책, I, 330쪽; Wieger, 309쪽. (참조원문: 水靜則明燭鬚眉, 平中準, 大匠取法焉. 水靜猶明, 而況精神! 聖人之心靜乎.)

125) 같은 책, I, 266쪽; Wieger 267쪽. (참조원문: 至人之用心若鏡, 不將不迎, 應而不藏, 故能勝物而不傷//盡其所受乎天, 而无見得, 亦虛而已.)

126) 같은 책, II, 226쪽; Lie tseu, Wieger, 129쪽. (참조원문: 在己无居, 形物自著. 其動若水, 其靜若鏡, 其應若響.)

127) 같은 책, I, 361쪽; Wieger, 329, 344쪽. 책은 선왕들의 진부한 자취다. (참조원문: 六經, 先王之陳迹也.)

진정한 것일 수 없다.

마찬가지로 하나의 총체적인 효능성과 개별적인 비법들만 있을 뿐이다. 인위적 기술은 한갓 기만적이고 조야한 것일 뿐이다.[128] 그러나 모든 비법은 전수불가능하며,[129] 그 모든 앎은 적어도 변증법으로는 전달될 수 없다. 자연의 제반 동태들은 오직 평정으로만 지각될 수 있다. 그러므로 가르침의 대상이 될 수 있는 것은 이러한 동태들밖에 없으며, 오직 효능적인 태도인 무사평정을 통해서만 전해질 수 있다.

훌륭한 스승은 전문적인 세부 사항들을 설명하는 데 연연하지 않는다. 그는 자신의 행동을 통해 모든 효능성의 원칙들이 제자들에게 체현되게 한다. 그는 그의 능함에 대한 아무런 이유와 방법을 모른다. 그는 단지 자신이 제대로 일을 수행하고 있음을, 그리고 전심전력을 다하는 것만이 수행의 원칙임을 알 뿐이다. 날아가는 매미를 떨어뜨리려면 우주 가운데에 표적된 매미를 응시하는 것으로 족하다. 설사 그가 병약하거나 곱사등이거나 몸이 휘었다 한들 매미를 놓치는 일이 있을 수 없다.[130] 명궁(名弓)이 되려는 자는 기술상의 여러 규칙을 전혀 염두에 두지 않는다. 먼저 2년 동안 부인의 베틀 위에 누워 방추가 눈을 스쳐도 깜빡거리지 않을 정도의 단련을 거친 후, 3년 동안 한 가닥의 견사 위에 벼룩 한 마리를 기어가게 하고는 빛을 정면으로 하여 그 벼룩을 주시해야 한다. 그러다보면, 벼룩이 마차의 바퀴보다 크게 보이거나, 그 크기가 산을 능가해 태양을 가릴 정도가 되어 마침내 벼룩의 심장이 도드라져 보인다. 이때 활을 들어 과감하게 시위를 당기면 견사를 스치지 않고도 벼룩의 심장을 명중시키게 된다.[131] 훌륭한 대장장이는 자신의 일을

---

128) 앞의 책, Wieger, 273, 279, 301쪽.
129) 같은 책, 317쪽. (참조원문: 悲夫, 世人以形色名聲爲足以得彼之情! 夫形色名聲果不足以得彼之情, 則知者不言, 言者不知, 而世豈識之哉!)(『莊子』, 「天道篇」).
130) 같은 책, 359쪽.
131) *Lie tseu*, Wieger, 145쪽. (참조원문: 甘蠅, 古之善射者〔……〕三年之後, 如車輪焉. 以睹余物, 皆丘山也. 乃以燕角之弧, 朔蓬之簳, 射之, 貫蝨之心, 而懸不絶……)

궁리하지 않기에 쇠를 달구면서 피곤한 줄 모른다. 훌륭한 백정은 자신의 일을 의식하지 않음에도 칼날의 어떠한 마모 없이 고기를 자른다. 말하자면, 훌륭한 대장장이는 자연스럽게 쇠를 달구고, 훌륭한 백정은 자연스럽게 고기를 자른다.[132]

"무언의 가르침을 줄 수 있는 자, 무위로 유익함을 줄 수 있는 자는 그리 많지 않다." 하지만 "지극한 말은 (타인에게) 말하지 않는 것이고, 지극한 행위는 행하지 않는 것이다."[133] "말하지 마라! 무언으로 말하라! 그러면 일생 동안 말을 해도 말하지 않은 것이고, 일생 동안 말하지 않았다 해도 말하지 않은 것이 없을 것이다."[134] "지자(知者)는 말하지 않으며, 말하는 자는 알지 못한다."[135]

무언의 가르침은 지혜와 권능의 유일한 전달수단이다. 오직 무언의 가르침만이 사물의 본성과 존재의 자율성을 존중한다.

성인은 단지 자신을 위해 앎을 터득하고 단지 자신을 위해 살아갈 뿐이다. 그럼에도 그는 모든 것을 가르치며 모든 것을 신성하게 한다. 이러한 가르침과 신성화는 성인 고유의 효능성에 의한 자연스러운 감화로 이루어진다. 완벽하게 내향화된 그는 특별한 말이나 행위를 삼간다. 그는 어떤 일에도 관여하지 않는다(無爲).[136] 도가 그러하듯, 성인도 만물의 자유로운 성장을 돕는 허(虛)의 빛만을 발할 뿐이다. 이 축복의 허는 천국의 후광과도 같다. 도가의 윤리와 정치사상은 황금시대나 지복의 땅에 관한 신화들에 의해 밝혀진다. 북서쪽으로, '수장(首長) 없이도 (모

---

132) *Tchouang tseu*, Wieger, 229, 399쪽. (참조원문: 庖丁釋刀對日: 臣之所好者 道也, 進乎技矣, 始臣之解牛之時, 所見无非全牛者. 三年之後, 未嘗見全牛也. 方 今之時, 臣以神遇而不以目視, 官知之而神欲行……)

133) *Lao tseu*, L, 87쪽; *Lie tseu*, Wieger, 187쪽. (참조원문: 不言之教, 無爲之益, 天下希及之//至言去言, 至爲無爲.)

134) *Tchouang tseu*, L, II, 143쪽. (참조원문: 无言, 言无言, 終身言, 未嘗言, 終身 不言, 未嘗不言.)

135) *Lao tseu*, L, 100쪽. (참조원문: 知者不言, 言者不知.)

136) 같은 책, 90쪽. (참조원문: 道常無爲而無不爲.)

든 것이) 자연스럽게 이루어지는' 머나먼 나라가 있었다. "그곳 사람들은
삶을 애착하거나 죽음을 혐오할 줄 몰랐다. 그리하여 그곳에서 제 명을
다하지 못한 자는 없었다. 그곳 사람들은 자신을 사랑할 줄도, 남을 멀
리할 줄도 몰랐다. 그곳에는 도무지 사랑이나 증오가 없었던 것이다.
〔……〕 구름이나 안개가 눈앞을 가로막지 아니하고, 천둥이나 번개가
혼탁한 소리를 내지도 않았다. 아름다움이나 추함이 마음을 썩어들게
하지 않았으며, 산봉우리나 골짜기가 발길을 방해하지 않았다."[137] 옛
사람들이 자연스럽게 행동할 때나 길과 나룻배가 없었던 시절에는, "백
성들은 집에 있으면서 할 일을 알지 못했고, 길을 나서도 가야 할 데를
몰랐다. 모두 배불리 먹고 즐겁게 배를 두드리며 놀았을 뿐, 그밖에 별
다른 능력도 없었다."[138]

　이 축복의 시대에, 사람들은 순진함을 지키며 살아갈 수 있었다. 그들
은 이웃과 접촉하지 않고도, 또한 인위적인 욕망을 만들지 않아도 살아
갈 수 있었다. 사람들은 자율성을 누리며 "저마다 자신의 생활에 만족하
여 자신의 거처에서 평화로이 지냈고", "개가 짖고 닭이 울어대는 옆집
사람들과 내왕 없이 살다가"[139] 제 명을 다했다. 그 후로도 가장 남쪽에
거주한 일부 사람들은 여전히 독립성과 소박함을 지키면서 살았다. "어

---

137) *Lie tseu*, Wieger, 82쪽. (참조원문: 其國無帥長, 自然而已//不知樂生, 不知惡
　　死, 故無夭殤; 不知親己, 不知疏物, 故無愛憎//云霧不硋其視, 雷霆不亂其聽, 美
　　惡不滑其心, 山谷不躓其步.)

138) *Tchouang tseu*, L, I, 278～280쪽. 의례(儀禮)도 구속도 없었던 옛날의 단순
　　한 기쁨을 찬양하기 위한 이 묘사는 도가가 중국의 여타 현자들과 더불어
　　'백성을 경멸'한다는 비난의 구실이 되기도 했다(Maspero, *La Chine
　　antique*, 557쪽). 노자가 배를 채우고 의지를 약화시킬 것을 권장하는 것은
　　사실이나(Legge, 49쪽), 그는 이 권고를 모두에게 적용한다. 또한 노자는
　　"성인은 (만족시킬 수 있는) 배를 채우려 하지 (만족시킬 수 없는) 눈을 채우
　　려 하지 않는다"(Legge, 55쪽). (참조원문: 民居不知所爲, 行不知所之, 含哺
　　而熙, 鼓腹而遊, 民能以此矣.)

139) *Tchouang tseu*, L, I, 288쪽; *Lao tseu*, L, 122쪽. (참조원문: 鷄鳴狗吠, 是人
　　之所知.)

리석으나 순박하고 사심이나 욕심이 적어 주는 것만 알았을 뿐 보상을 몰랐다."[140] 진정한 윤리의 원칙은 바로 이러한 것들이다. "순진하고 소박한 마음을 품어 지키고, 사심과 욕심을 덜어내어라"라면서 노자는 말한다. "그러므로 현자는 채권을 지니고서 남에게 독촉하지 않는다."[141] 그러기에 존중의 대상이던 권위적 위계질서, 채권의 강제이행, 구속을 토대로 하는 모든 사유와 윤리, 이 모든 것들은 우리를 해롭게 하고 비속하게 만든다.

어떠한 구속도 없는 자율성, 지극히 자발적인 상호이해, 이것이 정치와 윤리의 유일한 원천이며 원칙이다. 묵자와 법가 및 공자의 제자들이 주창하는 의식과 보상, 법과 형벌 그리고 (더욱 나쁘게는) 사회적 의무와 공익에 대한 헌신 등 모든 것들은 희생의 윤리이자 규율과 명예의 윤리일 뿐이다. 이것들은 모두 최악의 무질서와 혼란을 야기하는 가증스러운 것들에 불과하다.[142] 이 허위의 윤리들은 특정한 욕구를 활용하기 위해 세워진 것들로, 모략과 쟁심과 지배욕을 비롯한 모든 욕구를 발동시킨다. 인위적인 욕망을 이용하기 위해 이를 부추기는 데 기를 쓰는 자들, 그리고 이와 반대로 욕망에 제동만 걸려고 하는 자들, 이들은 모두 자신의 목표에서 빗나갈 수밖에 없다. 왜냐하면 이는 좋은 병사들을 얻고자 죽음을 대범하게 여기도록 하는 한편으로, 자신의 명령에 복종하도록 하기 위해 항명하는 병사는 사형을 면치 못한다고 위협하는 것과 같기 때문이다. 이는 자신을 두려워하지 않는 도적들을 스스로 만들어 내는 것과 다르지 않다. 말하자면, 법이 범죄자를 만들며, 규칙이 무질서를 조장한다. 하지만 자연을 따르는 자는 자유로운 상태를 원하며, 그 상태를 얻기 위해 모든 욕망을 회피한다. 사람의 순진성과 비공격성은 이러한 상태에서 유지되는 반면, 인간의 본성을 변질시켜 압제가 시작

---

140) 앞의 책, II, 30쪽. (참조원문: 其民愚而朴, 少私而寡欲. 與而不求其報.)

141) *Lao tseu*, L, 52, 121쪽. (참조원문: 見素抱樸少私寡欲//是以聖人執左契, 而不 責於人.)

142) *Tchouang tseu*, X, 제XI장.

되는 곳에는 오직 참상과 범죄와 무질서만 만연하게 된다.[143]

그럼에도 도가의 대가들은 철저한 개인주의를 표방한 양자(楊子)의 이론에도 반박한다. 묵자에게도 누차 그랬듯이, 장자는 양자에 대해서도 인간을 새장 안의 산비둘기처럼 감금하는 자연의 적이라고 비난했다.[144]

양자에 대한 장자의 이런 비난은 양자의 개인주의가 (묵자의 파벌성향과 마찬가지로) 지극히 편향적이고 염세적이었기 때문이다. 양자[145]는 도가에서 신성시하는 생명을 폄하했다. "백세를 누리는 것으로도 족하리라! 어려서는 품 안에서 또는 늙어서는 노망으로 반백(半百)을 보내고, 남은 반백마저 깨어 있는 것이 절반이요 잠자는 것이 절반이다. 게다가 깨어 있을 때도 그 절반은 병고와 고통과 슬픔과 고뇌와 이별과 상실과 두려움과 불안으로 보낸다. 그나마 남은 10여 년 세월에도 근심이 끊이질 않는다."[146] "백세도 견디기 힘드니, 삶을 연장하려는 억지보다 더한 고통도 없다!"[147] 양자는 도가가 중시했던 장생술을 배격했다.

---

143) 앞의 책, XV, XXIX 그리고 Wieger, 405쪽; *Lao tseu*, L, 117쪽.

144) *Tchouang tseu*, Wieger, 307쪽. 양자는 다시 묵자와 나란히 거명되고 있다. 269, 279쪽. (참조원문: 民之饑, 以其上食稅之多, 是以饑, 民之難治, 以其上之有爲, 是以難治, 民之輕死, 以其上求生之厚, 是以輕死, 夫唯無以生爲者, 是賢於貴生.)

145) 양자는 장자와 맹자 이전의 인물이었고 또 그들에게 공격의 대상이 된 인물이라는 점 외에 그에 대해 알려진 것은 없다. 그가 어떤 저술을 남겼는지도 알 수 없지만 그의 저술에 관한 기록 또한 없다. 그의 일화들은 현존하는 『열자』의 VII장에 실려 있다. 이 장에는 양자의 이론에 대한 열자의 분석이 실려 있다는 주장이나(Liang Chi-Chao, *History of Chinese political Thought*, 87쪽), 이 장은 양자의 '저술들을 발췌한 것'이라는 주장(Maspero, *La Chine antique*, 509쪽)은 근거 없는 가정에 불과하다.

146) *Lie tseu*, Wieger, 165쪽. (참조원문: "百年壽之大齊; 得百年者, 千無一焉. 設有一者, 孩抱以逮昏老, 幾居其半矣. 夜眠之所弭, 晝覺之所遺又同居其半矣. 痛疾哀苦, 亡失憂懼, 又幾居其半矣. 量十數年之中, 逌然而自得, 亡介焉之慮者, 亦亡一時之中爾. 則人之生也奚爲哉?")

147) 같은 책, 173쪽. (참조원문: 百年猶厭其多, 況久生之苦也乎.)

그는 자살을 힐책하는 듯하면서도 다소 유연한 태도를 보이기도 한다. 그는 죽음이 당도했음을 알게 될 때에는 미리 삶을 끝맺을 수 있다고 했다.[148]

양자가 보여주는, 절망조차 끼어들 틈이 없는 이 삶의 권태는 도가의 평정과 뚜렷하게 대립된다. 이러한 양자의 태도는 인간은 아무것도 아니고 아무것도 할 수 없다는 생각에서 비롯할 뿐만 아니라, 모든 존재에게 주어진 몫은 절대고독밖에 없다는 생각에 기인한다. 양자에게 행복이나 명예는 도무지 헛된 것에 불과하니, 어떠한 상벌에도 초연해야 한다. 그렇지 않고서 우리는 결국 칭송이나 야유, 명예나 비난에 마음을 소모한 채 썩은 시체가 될 것이다.[149] 수족이 묶인 채 감옥에서 보내는 편이 더 고통스러울까? 아니면 처벌을 면하려 아예 모든 것을 포기하는 편이 더 고통스러울까?[150] 최선책은 이도저도 아닌 바로 자신의 본능과 상황에 그저 되는 대로 순응하는 것이다. 목동은 자신이 가축을 몰고 간다고 주장할 수 없다. 가축은 마음 내키는 대로 가는 것이니 목동이 가축을 따르는 것일 수도 있으리라. 가장 위대한 현자라 하더라도 단 한 마리 양조차 자신의 뜻대로 다룰 수 없다.[151]

어떤 것도 인간을 교화할 수 없다. 윤리에 타당한 것은 없으며, 정치에 적절한 것은 없다. 영웅으로 자처하며 공익을 위해 자신을 **값지게** 희생한다는 떠버리들은 사기꾼들이다. 묵가의 주된 제재 가운데 하나는, 손톱이 다 닳고 다리에 털 하나 남지 않을 만큼 제국을 위해 자신을 희생한 대우(大禹)의 고사다.[152] 묵가의 어떤 자가 양자에게 세계의 구원

---

148) 앞의 책.

149) 같은 책, 165쪽. (참조원문: 萬物所異者生也, 所同者死也; 生則有賢愚貴賤, 是所異也; 死則有臭腐消滅, 是所同也.)(『列子』, 「楊朱篇」).

150) 같은 책, 175, 177쪽.

151) 같은 책, 177쪽.

152) 우(禹)는 홍수를 다스리기 위해 황하에 자신을 바쳤다. 이러한 봉헌의식은 신에게 자신의 손톱과 머리카락을 던지는 것으로 행해졌다. 자신의 일부를 바치는 것은 곧 자신의 모든 것을 바치는 것이다(졸저, *Danses et légendes*

을 위해서라면 기꺼이 한 가닥의 털을 바치겠느냐 물었다. 이에 양자가 "어찌 털 하나로 세상을 구할 수 있단 말이오"라고 응수하자, 묵가는 "구할 수 있다고 하면 그리 하겠소?" 하고 거듭 물었다. 그러니 양자는 더 응수하지 않았다.[153]

이렇듯 양자는 (중국문학사에서 줄곧) 이기적인 인물의 전형으로 간주되어왔다. 철저한 개인주의자였던 그는 선방(仙方)의 어떤 행위들도, 또한 정치적 신화에서의 어느 누구도 타인에게 이로움을 줄 수 없다고 단정했다.

도가의 대가들이 양자의 절대적 개인주의와 변별될 수 있었던 것은 주관주의를 극복하게 해준 우주의 통일성을 인식했기 때문인 것만은 아니다. 그들은 전혀 염세적이 아니었다. 그들이 인간적인 오만에서 스스로를 지킬 수 있었던 것은 바로 만물의 평등성에 대한 신념에 기인한다. 만물은 어렴풋이나마 그리고 성인은 빛나는 계시를 통해 도의 무한한 효능성을 지니게 된다. 여기서 우리는 도사상이 선방(仙方)의 효력에 의존하고 있음을, 또한 성인은 무당의 계승자임을, 나아가 모든 사회적 권위는 무속적 권위를 소유하느냐 여부에 달려 있음을 상기해야 한다. 도가의 정치사상에서 경건과 공익의 개념은 아무런 역할도 하지 않는다. 장자는 묵자가 제시한 상부상조 개념을 조롱한다. 묵자의 이 개념을 따르면, 도적을 죽이는 것은 사람을 죽이는 것이 아니다.[154] 이러한 부류의 궤변들은 잔혹한 전제주의에 정당성을 부여하며, 구원은 단지 개인적 차원에서만 가능하다는 결론에 이르게 한다. 가뭄에 강물이 말라붙어 웅덩이에 한데 모여들면 살 수 있을 것이라 여기는 물고기들을 과연

---

de la Chine ancienne, 467쪽).

153) *Lie tseu*, Wieger, 173쪽. (참조원문: 楊朱曰: "伯成子高不以一毫利物, 舍國而隱耕. 大禹不以一身自利, 一體偏枯. 古之人, 損一毫利天下, 不與也, 悉天下奉一身, 不取也. 人人有損一毫, 人人不利天下, 天下治矣." 禽子問楊朱曰: "去子體之一毛, 以濟一世, 不汝爲之乎?" 楊子曰: "世因非一毛之所濟." 禽子: "假濟, 爲之乎?" 楊子弗應.)(『列子』, 「楊朱篇」).

154) *Tchouang tseu*, Wieger, 327쪽. (참조원문: 殺盜非殺人.)

찬미해야 할까? "물이 말라버린 우물에서 나와서 서로 입 안을 적셔주기보다는 강호에서 서로 잊고 사는 것이 나을 것이다." '서로 적셔주는 것'은 그럴듯한 미봉책에 불과하다.[155] 분명, 의례와 구례(舊例)에 얽매여 오직 자문을 통해 통치하려는 군주에게 자신의 운명을 맡기는 것이 이러한 미봉책보다 더 현명하다고 할 수 있을까? 이는 모두 마차를 멈춰 세울 수 있다고 우기는 갯가재의 위력을 가질 뿐이다.[156] 어떠한 정치적 미봉책도 성과를 거두지 못할 것이다. 따라서 유일한 선택의 여지는 정치 너머의 커다란 정치에 있을 뿐이다. 즉 스스로 구원하는 자만이 남을 구원할 수 있으니 자신을 구원하는 것만으로 세계를 구원할 수 있다.

"고리의 중앙에 위치한 현자는 모든 존재에 응할 수 있다."[157] 그는 자신의 개입 없이도(無爲) 모든 것을 절로 이룬다. "아무 생각 없이도 그 지혜는 만방으로 퍼져나가며, 아무 행함 없이도 그 역량은 무한대로 퍼져나간다."[158] "그는 제국 전체를 양육한다. 그의 의도 없이도 제국은 모자람이 없다. 아무 개입 없이도 만물은 절로 변화한다. 그는 심연의 물과 같이 평정하니 만인이 평화를 누린다."[159]

선의 경지에 상응하는 효능성은 세속적인 유용성과는 정확하게 반대된다.

둥치가 움푹 파여 목수들의 소용에 닿지 않았기에 온전할 수 있었던 나무들만이 무성하게 자라나 마침내 지신의 지위로 섬겨질 수 있었다. 이 나무가 영예를 얻기 위해 행한 것이나 연연해한 것은 아무것도 없다. 이 나무가 보호된 것은 그 신성함 때문이 아니다. 이 나무가 장수(실질적

---

155) 앞의 책, 253, 327쪽. (참조원문: 泉涸, 魚相與處於陸, 相呴以濕, 相濡以沫, 不如相忘於江湖.)
156) 같은 책, 301쪽.
157) *Tchouang tseu*, Legge, II, 117, 432쪽을 참조할 것. (참조원문: 得其環中, 以應无窮.)
158) 같은 책, I, 324쪽.
159) 같은 책, I, 308쪽.

신성함)할 수 있었던 것은 철저하게 무용했다는 데 있다. 사람들 또한 진인이 되기 위해서는 이와 같이 세속적으로 무용해야 한다.[160) 현자는 사막으로 은신할지라도 그곳까지 제자들이 찾아들게 마련이다. 하여 그 주위로 어느덧 작은 부락이 생겨나고 마을 사람들은 그의 후광으로 번영을 구가하면서 마침내 그를 지신으로 모시게 되니, 제자들은 일제히 환호한다. 그럼에도 현자는 이를 몹시 슬퍼한다. 현자에게는 성공을 얻지 못하는 행위만이 진정한 행위이기 때문이다.[161)

앎이 그러하듯, 권능도 주위의 관심을 불러일으키지 않도록 철저한 무관심 속으로 스며들어야 한다.[162) 재상의 지위로 전락해버린 은자는 물론 황홀경으로 도피할 수도 있다. 그렇지만 자신의 힘이 느껴질 만큼 자신을 방기해버린 그로서는 짐짓 성도(聖道)를 이반했으니,[163) 스스로 죽음을 택하는 것이 나을지도 모른다.[164) 절대적 독립성과 완전한 자율성만이 효능성의 조건이다.[165) 그러니 진정 세계에 이로움이 되려면 세계를 버린 채 평화롭게 살아가는 것으로도 충분하다.

예전의 황제는 "순조로이 풍년이 와 백성이 양육될 수 있도록, 또한 세계의 정수를 다스려 모든 생물이 활력을 되찾을 수 있도록 음양을 순화시키는 비법"을 갈구했다. (어떤 진인이 그에게 말하길) "그대가 세계를 통치하려면, 구름은 채 모이기도 전에 비가 되어 떨어져버릴 것이요, 초목은 채 자라기도 전에 잎들을 잃어버릴 것이오! 그리고 햇빛과 달빛은 이내 사위고 말 것이오!" 이에 황제는 석 달간 칩거한 끝에 단지 '자신의 변함없는 지속을 조절하는' 기술만을 묻기에 이르렀다. 그러자 그의 스승은, "바로 그것이 진정한 물음이로다!"[166)라고 했다.

---

160) 앞의 책, I, 217~220쪽. 『莊子』, 「人間世」의 "散木〔……〕是不材之木也, 無所可用, 故能若是之壽……"의 전후를 참조할 것.

161) 같은 책, II, 74쪽 이하.

162) *Tchouang tseu*, Wieger, 425쪽.

163) 같은 책, 423쪽; *Lie tseu*, Wieger, 97, 125쪽.

164) 같은 책, 463쪽.

165) *Tchouang tseu*, XXVIII.

자율과 은거와 무위는 효능성과 존엄성과 절대적 통치의 원천이다. 고독한 명상을 통해 도와 동등하게 되는 성인은 "조화술을 보유하여 한 겨울에도 천둥이 치게 하고 한여름에도 얼음을 얼게 한다." 하지만 그는 자신의 권능을 발휘하지 않는다.[167] 초연한 도사로서 그는 세계를 그 흐름대로 흐르게 한다. 그 자신은 초연히 머무르면서 세계를 있는 그대로 존속하게 한다. 그는 세계와 자신을 마모시키지 않는다. 그는 모든 것을 위해 어떠한 연민도 오만도 없이 자신 속에 하나의 완전무결한 존엄성을 응축시킨다. 이 존엄성은 일체의 존속에 필수불가결한 것이기에 어떠한 것에도 소모되지 않는다. 그래서 이 존엄성은 순수한 절대권능이나 '총체적 지식(一知)'과도 구별되지 않는다.[168] 우주의 군주이나 그 자신의 주인으로 남아야만 하는 성인은 "언젠가 날을 택하여 신이 될 것이니, 그를 따르지 않는 사람은 아무도 없다! 하지만 그가 어찌 애써 인간사에 관여하려 하겠는가!"[169]

성인은 미지의 절대군주로서 어떠한 것도 의식하지 않은 채 초연히 자신의 일을 완수한다. 그에게는 자신의 선의 경지만으로 충분하며 그 자체로 부족함이 없다. 그가 이처럼 존재하니, 곧 만물마다 고유의 본성을 유지하게 된다. 또 그가 이처럼 지속되니, 곧 자연은 변함없이 존속하게 된다.

도가의 대가들은 이상적인 정치체제로서 소단위의 농촌공동체를 구상한 것 같다. 지신(地神)과도 같이 추앙되는 성인은 외딴 부락에서 가장 약소한 방식으로 그의 무한한 힘을 펼칠 수 있을 것이다. 장자는 향약(鄕約)과 같은 지방전통을 규제하지 않는다면 제국의 모든 일들은 순조로울 것이라고 했다.[170] 그러면서도 도가들은 다음의 주장들, 즉 성인

---

166) *Tchouang tseu*, L, I, 297쪽 이하.
167) *Lie tseu*, Wieger, 109쪽 이하.
168) *Tchouang tseu*, L, I, 226쪽.
169) 같은 책. (참조원문: 彼且擇日而登假, 人則從是也. 彼且何肯以物爲事乎!)
170) *Tchouang tseu*, L, II, 126쪽 이하.

은 우주와 대등하며, 모든 효능성은 그 자체로 총체적인 것이며, 선의 경지나 효능성은 절대적인 자율성을 그 원리로 삼는다고 역설함으로써 중국제국의 창건자가 표방한 절대 권력에 그 사상적인 근거를 제공해주었다. 신하들의 눈에는 보이지 않는 여러 신령들과의 만남을 갈망한 진시황제는 자신의 존엄성만으로도 제국에 활력을 불어넣을 수 있다고 공언했다.[171] 그럼에도 그는 명령과 탄압체제에 의존해야만 했다. 법가는 공평성과 지엄함을 지향하는 법 개념의 이론적인 토대를 제공하기 위해 무위의 개념을 이용할 줄 알았다.[172] 도가는 형벌이나 구속을 비롯한 모든 규제를 혐오했다. 그들은 향약에 따른, **자연발생적**이고 유연한 실천 규칙들의 효용성만을 인정했다.[173] 그렇지만 어떠한 개입에도 강고하게 부정하는 장자마저도 다소 폭력적인 조치들을 구상한 것 같다. 그는 음악가들의 귀를 막아버리고, 화가들의 눈을 파버리고, 장인들의 손가락을 부러뜨려버리고, 특히 그의 적이던 모든 교조주의자의 입을 틀어 막아버리라고 은근히 권고했다.[174] 모든 인위의 조작자들을 제거하는 것은 장자로서는 개입하는 것이 아니었다. 도가의 성인들이 황금시대를 복원하기 위해 자신들의 덕을 기꺼이 발휘하려 했다면, 자연으로 회귀하는 데도 일말의 강압이 배제될 수 없었던 것 같다.

초기의 도가는 그들의 옛 스승인 대가들의 철학적인 고상함 이면에 종교적인 심성과 교파정신을 감추고 있었다. 장자의 한 경구는 이를 상기시킨다. "현자들을 제거하기를! 학자들을 축출하기를! 그러면 제국에 질서가 확립되리니."[175] 도가는 여타 신비주의적 학설들과 마찬가지로 ——선의 경지를 자율성의 의미로 규정함으로써—— 절대 권력을 조장

171) *Civilisation chinoise*, 415쪽 이하.
172) 이 책, 472, 473쪽을 참조할 것.
173) 장자와 순자의 대립은 단지 형식상의 대립에 지나지 않는다. 이 책, 576쪽 이하를 참조할 것.
174) *Tchouang tseu*, L, 286, 287쪽.
175) 같은 책, I, 207쪽.

한 것보다 더욱 강력하게 교파 형성을 부추겼다. 고대의 대가들은 기존의 권력에 어떠한 경의도 표하지 않았다. 군주가 도적과 같음은 그들의 잠언과도 같았다.[176] 고아함과는 무관한 천민이든 불구이든 또는 형을 받아 절단된 몸이든, 모든 개인은——도와 교통하는 순간에 한해——누구나 천자(天子)라는 점이 그들의 신비주의사상의 직접적인 결과이자, 기본적인 진실로 수용되었다.[177] 이 명제가 일단 자리 잡게 되면서, 도가는 더 이상 조직화된 교회처럼 신조를 제공하는 것이 어렵게 되었으며, 사상 자체의 수정 없이는 어떠한 제도적 학설을 유발할 수 없었다. 이는 기존의 모든 권위에 적대적이던 도가가 어떤 조직화된 종교를 파생시키지 않았음에도 수많은 교파들을 형성하는 결과를 불러왔다. 게다가 도가의 지혜는 일종의 정적주의였으나 자연주의에 가까운 정적주의였다. 인문주의적 정신이 지나칠 정도로 도가의 지혜를 지배함에 따라서 자연과학적 성향이 발전하기 어려웠다. 반면 도가의 대가들이 기술적인 측면을 지닌 모든 것에 대해 근사한 경멸을 드러내었음에도 도가의 지혜는 환술에 의거한 모든 앎의 권위를 유지하고 증대할 수밖에 없었다.

* * *

굴원(屈原)의 작품으로 간주되는 시들을 통해 우리는 도가가 이미 기원전 4세기 말경부터 창성했으며, 예술적 영감의 원천으로서 그 가치를 인정받기 시작했음을 알 수 있다.[178] 『원유』(遠遊)는 시인을 '순수함의 도시'(淸都)로 데려가는 한 우인(羽人)과 진인(眞人)이 펼치는 황홀경의

---

176) *Tchouang tseu*, 제X장.
177) *Tchouang tseu*, L, II, 82쪽.
178) 사료들을 통해 볼 때, 고대부터 도가가 조형예술에 영향을 미쳤음은 확실한 것 같다. 이 사료들은 그 수가 많지 않으며 또 대부분 역사적인 판독이 어려운 까닭에 (서지학 중심의 연구방법론에서 겨우 벗어난) 중국고고학은 아직도 문학에, 더 정확히 말하면 문학적 과장에 의존하고 있다(어느 학문보다도 고고학이 이러한 문학에 가장 큰 피해를 입고 있다).

유락에 관한 이야기다. 『원유』에서의 도는 『노자』와 『장자』에서 볼 수 있는 용어들로 기술된다. 한대의 궁정시인 사마상여(司馬相如) 역시 선대의 궁정시인이던 굴원을 모방하여[179] 황홀경의 유흥(遊興)을 노래한다. 도가의 영감을 받은 시들이 전제군주의 주변에서 불려진 것은 반시적(半詩的)이고 반도술(半道術)적인 신격화를 통해 군주의 존엄성을 기리는 의례를 장엄하게 노래함으로써, 군주에게 '천국의 문'(天門)을 활짝 열어주기 위함이었다.

『회남자』는 귀족층에서 도가가 성행했다는 사실을 더욱 잘 보여준다. 혼합적인 구성의 이 작품은 장자 이후 도가의 형이상학들이 그 내용이나 독창성에서 더 이상 장자를 극복하지 못했음을 보여준다. 『회남자』[180]는 일종의 백과사전으로, 지극히 다양한 부류의 지식을 많은 부분에 걸쳐 기술한다. 우리는 『회남자』를 통해, 어떠한 교리에도 개의치 않아 누구나 쉽게 다룰 수 있다는 점에서 처음부터 주목을 끌었던 도가사상이 적어도 중국에서는 여러 정통설을 포괄하는 통합주의로 나아갈 수밖에 없었음을 알 수 있다.

도가가 이렇듯 정통주의와 통합주의 경향을 동시에 띠게 된 것은 아마도 그 신봉자들이 폭넓게 구성되었다는 사실로도 설명할 수 있을 것이다. 진(秦)제국의 성립과 더불어 묵가가 완전히 몰락하면서, 도가는 유가보다 더욱 많은 이득을 보았던 것 같다. 1세기경 도가의 쇄신에 원동력이 되었던 교파정신이 강화된 것은 바로 이러한 맥락에 따른 것이다. 이 개혁에 관해 알려주는 자료는 거의 없다. 그러나 우리는 그것이 어떤 종교성의 발현, 즉 고대 도가의 정신과 대조를 이루는 어떤 고행주

---

179) *Civilisation chinoise*, 45, 143, 421쪽 이하.

180) 이 제명은 한조(漢朝)의 군주로서 기원전 164년부터 123년까지 회남왕(淮南王)으로 군림하던 유안(劉雁)의 후원으로 발간된 한 선문집을 지칭한다. 문예를 사랑하고 후원했던 그는 아주 다양한 부류의 글들을 새로이 편찬했던가 아니면 최소한 그 글들에 자신의 필적을 남겼다. 『회남자』에 실린 이 글들은 한결같이 도가의 영향을 받고 있다.

의의 발현이었음을 알 수 있다.

그렇지만 고대의 도가에도 사상을 설파하려는 욕구가 전혀 없지는 않았다. 다음 문구는 장자마저 의외로 묵자가 표방한 종교적 전통주의와 타협했다는 예증이다. "눈부신 햇살 아래 악을 범하는 자는 언젠가 사람들이 그를 벌할 것이며, 어둠 속에서 악을 범하는 자는 언젠가 귀신들이 그를 벌할 것이다. 사람들이나 귀신들이 모르는 행동은 없으니 홀로 있을 때도 이를 명심하여 처신할지어다!"[181]

이 말은 흡사 묵자의 말처럼 들려온다. 그 누구도 아닌 바로 장자가 이러한 발언을 하는 것은 다른 교파들의 종교성에 미혹될 수 있는 모든 이들을 도가로 끌어들이려는 의도에 기인한 것이다. 이러한 인과응보론은 옛 도가의 지혜와 크게 다르지 않은 것으로 보인다. 이 신앙이 오로지 불가의 영향만으로 도가에 유입된 것은 아니다. 사상적으로 중국의 불가는 도가에 영향을 주기보다는 오히려 도가에서 더욱 큰 영향을 받았다.[182] 하지만 중국에 불가가 유입되면서부터 도가는 더욱 통합주의적 성향을 띠게 되었고, 그에 따라 도가는 꽤나 참신한 많은 신사상을 수용했다.

---

181) *Tchouang tseu*, L, II, 83쪽.
182) 펠리오(Pelliot)는 도가가 중국불교에 미친 영향을 잘 지적했다(*Meou tseu ou les Doutes levés*). 또 다른 참고문헌으로는 Hackmann, *Chinesische Philosophie*, 229쪽을 참조할 것.

제4장 정통유가(正統儒家)

공자가 그의 적들에게 허다한 공격을 받았다는 사실 자체는 공자의 이름이 그의 생존 당시나 아니면 적어도 기원전 4세기 말경부터 중국연방 전역에 두루 알려져 있었다는 반증일 수도 있다. 또 그의 가르침을 완전히 숙지했던 제자들만도 72명이나 되었다는 사실 자체는 그가 많은 제자를 거느렸음을 말해주는 것이기도 하다. 그의 명성은 아마 이 제자들이 있어 널리 떨쳐지게 되었을 것이다. 하지만 우리로서는 이 제자들이 정신적으로 스승의 지혜에 충실했는지는 확신할 수 없다.

그의 제자들 가운데 일부는 중국 동북지역의 노(魯)와 제(齊)와 위(魏)나라 군주들의 휘하로 들어가기도 했다. 그들의 경륜은 거의 알려지지 않았으나 그리 화려했던 것 같지는 않다. 그들은 나름대로 제자들을 거느리며 국정자문을 맡았던 것으로 보인다. 그렇지만 유가전통은 공자의 무덤 주위에 형성되었던 작은 부락에서 지속되었다. 공자를 섬겼던 자들은 기원전 5세기 말에 이르러 자공(子貢), 자유(子由), 자하(子夏), 증자(曾子), 자사(子思)를 선봉으로 하는 여러 학파를 형성한 것으로 보인다.

자사(子思)는 공자의 후손이었다. 도가의 영향이 배어 있다는 『중용』과 『대학』은 그가 편찬했다는 것이 통설이다. 이는 노자의 것으로 간주되는 철학적 이론의 권위가 이미 오래전부터 뿌리내리고 있었다는 점과 통합주의의 성향이 거의 처음부터 유가의 주된 경향이었다는 점을 시사한다.

흔히 초창기의 제자들뿐만 아니라 말년의 공자 역시 『역경』에 관심을 기울였다고 한다.[1] 여러 논고들로 이루어진 현존하는 『역경』을 통해 우리는 거의 윤리적·정치적 관심만을 확인할 수 있을 따름이다. 윤리적·정치적 문제는 유가사상의 주된 관심사였다. 유가가 점술에 관심을 기울이고 자연의 신호나 징표를 해석하는 데 유념했다는 사실은 유가의 개혁을 특징짓는 인문주의 성향이 강화되기보다는 오히려 약화되었음을 입증하기에 충분한 것이다.

한편 가르침에서 지나치게 주해에 의존했다는 사실은, 공자의 권위를 확립시킨 토대였던 가르침의 실용주의 성향이 약화되고 있었음을 시사해준다. 공자는 제자들에게 일상사를 공동으로 성찰하는 습관을 지니도록 하여, 실증적 심리학의 효용성을 인지시키려고 했다. 하지만 그의 계승자들은 『시경』의 시편들과 『춘추』의 문장들과 점술가들이 선호했던 경구들과 제사장들이 원용했던 격언들의 주해만을 가르침의 수단으로 삼았다. 기원전 5세기 말엽부터 이 계승자들은 경전에 관한 지식들에 경도된 나머지 관례적인 허식에만 의미를 부여한다는 비난을 면할 수 없게 되었다.[2]

인문주의 정신의 감퇴와 동시에 고대예법을 추종하는 복고주의 성향이 강화되었다. 공자의 불충한 제자들은 인간의 언행을 관찰하여 인격의 의미를 정제하려 하기보다는 관례적 전통에 관한 연구에 모든 앎을 예속시키는 데 몰두했다. 그러다 훗날 주된 개념으로 정립될 한 개념을 이끌어내는 데 성공하게 된다. 이것이 성(誠)의 개념이다. 군자는 모든 점에서 주의 깊고 세심하게 의례를 따라야 한다. 매순간 가장 중요한 행동이나 사소한 거동 하나에도 '성심(誠心)을 다해'[3] 의례준칙을 따르는 자만이 성실한 자로 평가될 수 있다.

---

1) *SMT*, V, 400쪽. (참조원문: 孔子晚而喜易, 序象·繫·象蒝豕弓文言. 讀易, 韋編三絶. 曰 "假我數年, 若是, 我於易則彬彬矣.")(『史記』, 「孔子世家」).

2) *SMT*, V, 307, 438쪽.

3) *Li ki*, C, II, 319, 320쪽.

이렇듯 마음 됨됨이를 관건으로 삼는 윤리가 보수주의의 저변을 이루었다. 도가에서 '마음'이라는 용어는 전생(前生)을 상기시키는 말이다. 공자를 내세운 예법주의자들이 이 단어를 사용한다는 사실은, 정통유가의 승리에 기여한 통합주의 성향이 한결 진척되었음을 나타낸다. 여기에 맹자는 고결한 마음에 관한 그의 양심론(良心論)[4]을 통해 유가에 새로운 도약을 가져왔다.

1. 맹자: 선정에 따른 통치

맹자(孟子, 기원전 4세기 말)[5]는 재능 있는 저자로서 공자의 학설을 정통학설로 명백히 인정한 최초의 인물인 것 같다.

그도 공자와 마찬가지로 노(魯)나라(또는 그 주변)에서 출생한 인물로 그 왕실(王室)의 후예였던 것으로 보인다. 그는 적빈(赤貧)의 가손이었지만, 아들이 나쁜 영향을 받지 않도록 온갖 정성을 기울인 사려 깊은 어머니에 의해 길러졌다. 자사(子思)의 학파와 인연을 맺기도 했던 맹자는 자신 역시 제자들을 규합할 의도로 마흔이 될 무렵 제나라로 향했다. 그곳에서 한동안 '객경'(客卿)의 자격으로 선왕(宣王, 기원전 342~324년)의 보호를 받았던 것 같다. 하지만 그곳에 머물 만큼 충분한 명성을 얻지 못하자 다시 송(宋)과 등(滕)과 위(魏)나라 여러 전제군주들의 환심을 찾아나섰다. 그러다 마침내 제나라로 돌아와 혼왕(渾王)의 고문이 되었던 것 같다. 그러나 왕의 환심을 잃자 고향으로 돌아와 그곳에서 줄곧 몇몇 제자들과 함께 여생을 보냈다. 그의 제자들 가운데 오직 약정

---

4) *Mencius*, L, 283, 284쪽. 고결한 재능과 지식을 의미하는 양능(良能)과 양지(良知)라는 표현은 양심(良心)과 유사한 표현이다.

5) 레그는 『맹자』를 훌륭하게 번역해주었다(t. II des *Chinese Classics*). 사마천은 맹자의 전기를 간략하게 언급한다(LXXIV). 통설에 따르면, 맹자의 생졸연대는 기원전 372년과 288년이다. 그러나 이는 여전히 논란의 대상이 되고 있을 뿐, 규명이 불가능한 것 같다.

극(樂正克)만이 다소 명성을 누렸다.

　맹자 역시 당대인들에게 별다른 명성을 얻지 못했던 것 같다. 맹자가 명성을 누리게 된 것은 한조(漢朝)가 정통성을 확립할 목적에서 정통유가를 채택한 이후부터의 일이다. 그때부터 비로소 맹자가 개괄적으로 제시한 선정에 따른 통치이론이 정치의 토대로 공인받게 되었다.

　분량이 그리 많지 않은 맹자의 저술은 큰 손상 없이 전수된 것으로 보인다. 그의 저술은 이해하는 데 특별한 어려움을 야기하지 않는다. 맹자는 뛰어난 문장가였으며 사상가이기보다는 논변가였다. 그는 자신을 고관대작들과 토론하는 모습으로 등장시키거나[6] '양자와 묵자의 말이 세계를 뒤덮는 것'[7]을 막고자 공자의 가르침을 선양해야 할 임무를 띤 자로 소개한다. 그는 공자의 지혜를 양자와 묵자의 상반된 두 이상향과는 대조되는 중용의 지혜로 정의하여 이 지혜를 옹호했다. 또 그는 정치이론가로서 수사학적 논변도 펼치고 있다. 그는 공격대상으로 삼은 적을 정면으로 공격하지 않았다. 그의 진정한 적은 법가였으며, 법에 따른 통치에 대응하여 현자에 따른 통치를 주장했다.

　도 신봉자들이나 묵자 추종자들은 지혜의 효용성을 부정하는 이 학설에 호의적일 수 없었다. 그럼에도 맹자는 그들에게 호소하여 그들을 규합하고자 했다. 그는 그들의 성향 가운데 극단적인 측면만을 비난했다. 그는 양자의 절대적 개인주의를 통속적 이기주의로 제시하여 그 일파들에게 이러한 개인주의를 피할 수 있는 계기나, 가족관의 가치를 부정하는 묵자를 비난하여 공익에 대한 파벌적 맹신과 광신을 벗어나는 계기를 마련해주려 했다. 그는 자신의 판단이 타당한지에 대해서는 그다지 개의치 않았다. "양자는 각자의 이기심을 전제로 한다. 그는 제국을 위

---

6) 예를 들면 (기원전 323년경 사망한) 위(魏)의 혜왕(惠王)과 등(滕)의 세자인 경(更)을 들 수 있다.

7) *Mencius*, I, 158쪽. (참조원문: 楊朱 墨翟之言盈天下. 天下之言不歸楊, 則歸墨.// 楊氏爲我, 是無君也, 墨氏兼愛, 是無父也. 無父無君, 是禽獸也. 公明儀曰, '庖有肥肉, 廐有肥馬, 民有飢色, 野有餓莩, 此率獸而食人也.')

해 단 한 올의 털을 뽑아주는 일마저도 하지 않았을 것이다." "묵자를 떠나는 자는 양자를 찾아가고, 양자를 떠나는 자는 묵자를 찾아간다. 그러나 오직 유가만이 그들이 찾아야 할 길일 것이다."[8] 양자나 묵자의 제자들과 더불어 토론하는 것은, 이미 우리 속의 돼지를 뒤쫓으면서 계속 그를 부르는 것과 다를 바 없다."[9] 맹자는 제반 이론들을 검토하고 분석하기보다는 감정에 호소한다. 그는 묵자의 한 제자가 부모의 장례를 치르는 데 소홀했다는 이유로 그를 꾸짖었다. 애정은 부모에게서 시작되지 않는가? 이에 묵자의 제자가 개과천선하게 되었다고 한다.[10]

적들을 규합할 목적에서 맹자는 자주 그들의 생각을 빌렸다. 그의 정통설은 통합주의에 바탕을 둔다.

법가는 인간의 선의에 기대할 만한 것은 아무것도 없으니 오직 구속을 통해서만 모든 것을 꿈꿀 수 있다고 주장한다. 맹자는 도가를 원용하여[11] 법가의 이러한 낙관주의를 공박한다. 그는 "대인은 갓 태어난 아이의 심성을 잃지 않는 자다"[12]라고 역설한다. 다만 이 발언에서 그는 모든 문명에 의해 변질된 선천적 순박함은 염두에 두지 않았다.[13] 그는 오직 대인(몸으로 일하기보다는 심성으로 일하는 자, 고결하게 살아가는 자)[14]만이 '소인'과 다르게 이해관계를 벗어나 타고난 관용과 연민의 정을 자유롭게 발전시킨다는 점을 강조한다. 맹자의 윤리는 (귀족적인) 심성의 윤리다.

---

8) 앞의 책, 340쪽. (참조원문: 楊子取爲我, 拔一毛利而天下, 不爲也//楊子取爲我, 拔一毛利而天下, 不爲也.)

9) 같은 책, 367쪽. (참조원문: 今之與楊 墨辯者, 如追放豚, 旣入其苙, 又從而招之.)

10) 같은 책, 135쪽.

11) 특기할 사항이라면, 맹자는 그가 분명히 알았을 도가의 인물들에 대한 공격을 삼갈 뿐만 아니라 그들의 이름도 거명하지 않는다는 점이다. 더욱이 그가 제(齊)나라에서 장자를 만났을 가능성도 배제할 수 없다.

12) *Mencius*, L, 198쪽. (참조원문: 大人者, 不失其赤子之心者也.)

13) 이와 상반된 해석으로는 Pelliot, *Meou tseu ou les Doutes levés*, 561쪽 참조.

14) *Mencius*, L, 125쪽. (참조원문: 或勞心, 或勞力, 勞心者治人, 勞力者治於人, 治於人者食人, 治人者食於人, 天下之通義也.)

포상이나 찬사를 의중에 두어 우물에 빠진 아이를 구하려 드는 자는 아무도 없다.[15] 모든 사람은 '측은지심'(惻隱之心)을 지닌다. 이것이 인(사람간의 우애)의 '원천'이며, 의(義)와 예(禮)와 지(智)는 각기 수오지심(羞惡之心)과 사양지심(辭讓之心)과 시비지심(是非之心)에 그 원천을 둔다.[16] 인간의 본성이 선하다는 성선설[17]의 토대이자 만인에게 공통된 이 원천들은 각자 각별하고도 고결하게 자신을 배양하고자 노력하는 자들에게 인, 의, 예, 지 네 기본적인 자질을 가지게 한다. 수양되지 않은 자에게 이 원천들은 '부모를 섬기는 일조차 불가능하게 한다.' 이 원천들이 인, 의, 예, 지로 승화되어 발전될 때만이 "전 세계를 모든 악에서 보존하게 된다."[18]

사람은 자신이 배양하는 것이 크고 고결한 것인지 왜소하고 비천한 것인지에 따라 대인이나 소인이 된다.[19] 오직 대인에 한해서만 자질은 훌륭하게 발전한다. 훌륭한 심성은 교육에 달렸으며, 교육의 관건은 어떤 위상의 생활을 하는지에 달렸다. "시대가 좋으면 백성들 대부분이 선량하나, 시대가 열악하면 백성들 대부분이 난폭해진다. 이는 하늘이 백성들에게 각기 다른 본성을 안배해서가 아니라 (후자의 경우) 생활여건만으로도 심성이 타락하기 때문이다.[20] 물론 어떠한 인간의 심성에도 인(仁)

---

15) 앞의 책, 78쪽. 맹자 역시 (형수와 시동생 사이에 지켜야 하는 금기사항에도) 만일 형수가 익사당할 위기에 처해 있는 경우라면 시동생이 형수에게 손을 내밀어도 무방하다고 본다. 즉 마음이 의례의 형식을 우선한다. (참조원문: 今人乍見孺子將入於井, 皆有怵惕惻隱之心. 非所以內交於孺子之父母也, 非所以要譽於鄕黨朋友也, 非惡其聲而然也.)

16) 같은 책, 79쪽. 사람에게 이 원칙들은 수족 못지않게 필수적이다. (참조원문: 惻隱之心, 仁之端也, 羞惡之心, 義之端也, 辭讓之心, 禮之端也, 是非之心, 智之端也.)

17) 같은 책, 110쪽 이하. (참조원문: 孟子道性善, 言必稱堯舜.)

18) 같은 책, 80쪽. (참조원문: 孔子曰, '里仁爲美. 擇不處仁, 焉得智?' 夫仁, 天之尊爵也, 人之安宅也. 莫之禦而不仁, 是不智也.)

19) 같은 책, 292, 293쪽. (참조원문: 體有貴賤, 有大小. 無以小害大, 無以賤害貴. 養其小者爲小人, 養其大者爲大人.)

20) 같은 책, 280쪽. (참조원문: 孟子曰, "富歲, 子弟多賴, 凶歲, 子弟多暴, 非天之降

과 의(義)의 성향이 없는 것은 아니다. "사람이 도끼 아래의 나무와 같은 신세에 처하면 훌륭한 심성을 잃게 마련이다." 하지만 나무가 자라는 데는 밤낮으로 적셔주어야 하는 우로(雨露)가 필요하다. 적절한 양분 없이 자랄 수 있는 것은 아무것도 없다.[21] 훌륭한 심성(良心)은 엄밀히 말해 타고난 것이 아니다. 그것은 옥토와 길년에 힘입어 자라나는 보리처럼 선량함의 씨앗을 기르는 데서 생긴다.[22] 수양된 인물인 군자만이 본성을 꽃피우는 고결한 삶을 영위한다. 그의 모든 행동은 자신의 심성을 고결히 하려는 의도의 발로다.[23]

맹자는 당대 중국인들에게 깊이 뿌리내린 자연낙관주의 성향을 인문주의적 이상으로 선도하는 데 그치지 않는다.[24] 그는 도가의 신봉자들을 공자 쪽으로 끌어들인 후 계속해서 묵자의 제자들을 이끌고자 했다.

묵자의 제자들은 물질적 생활여건을 탐문하는 데 막대한 비중을 두었다. 이 점에서 그들은 유가에게 가장 적대적이던 도가와 유사했으며, 이는 유가를 위협하는 것이기도 했다. 법가와 마찬가지로 맹자 또한 경제문제에 관심을 기울였다. 이는 유가 내에서 맹자가 갖는 주된 독창성이기도 하다. 하지만 맹자는 묵자와 마찬가지로 윤리적 관점에서만 경제문제에 관심을 기울였을 뿐이며, 그 목적 역시 어떤 **보수적 이상향**의 수

才爾殊也, 其所以陷溺其心者然也.")

21) 앞의 책, 283, 284쪽. (참조원문: "牛山之木嘗美矣, 以其郊於大國也, 斧斤伐之, 可以爲美乎?//是其日夜之所息, 雨雲之所潤, 非無萌蘖之生焉, 牛羊又從而牧之, 是以若彼濯濯也. 人見其濯濯也, 以爲未嘗有材焉, 此豈山之性也哉?")

22) 같은 책, 280쪽. (참조원문: 今夫麰麥, 播種而耰之, 其地同, 樹之時又同, 浡然而生, 至於日至之時, 皆熟矣. 雖有不同, 則地有肥磽, 雨露之養 人事之不齊也.)

23) 우리의 해석은 양계초(梁啓超)의 『중국사상사』(*History of chinese political thought*), 54쪽의 해석과 유사하다. 그러나 맹자가 도가처럼 '인간정신의 이중성'을 인정한다고 주장하는 마스페로의 논지와는 대립한다(*La Chine antique*, 552쪽). 맹자는 고결한 수양을 천민의 상스러움과 대립시키고 있을 뿐이다.

24) 다음 문구는 도가의 영향을 분명히 보여준다. "물이 아래로 흐르듯, 사람은 본래 선을 지향한다"(Legge, 271쪽).

호에 있었다. 그는 군주들에게 정전제(井田制)의 부활[25]과 사유제와 조세의 폐지 및 주기적 토지분배를 주장했다. 또 그는 부역이나 십일조만을 부과할 것과 통관세는 폐지할 것을, 또한 물품세보다는 장터 영업세만을 부과할 것을 주장했다.[26]

맹자는 전제군주제를 배격했으며, 법가가 법과 국가의 개념을 중국에 도입하는 계기가 된 개혁들에 적대적이었다. 그로서는 국정고문이 기술인이 아니라 수양된 인간의 자질을 갖추어야 하는 정부 이외의 다른 정부는 생각할 수 없었다.

오로지 대인만이 군주의 그릇된 심성을 바로잡을 수 있다.[27] 그러기에 맹자에게 모든 경제적 조치 이전에, 군주의 소임은 "현자를 공경하고 인재들을 등용하는 데 있음"[28]을, 즉 인과 의에 대한 공자의 가르침을 지침으로 삼는 문사들을 등용하는 데 있음을 내세운다. 이에 덧붙여 그는 토지공유제와 왕의 소유지 내에서의 집단노동제를 권고할 때에도, 군주의 첫 임무가 학교를 세워 가르침을 행하는 데 있다고 했다. 이 가르침의 목적은 인륜의 다섯 형태인 오륜(五倫)을 이해시켜 "어린 백성들이 서로 아껴 국가의 초석을 공고히하는 데"[29] 있었다. 이 가르침은 언제나 파벌이나 도적단에 쉽게 휩쓸릴 소지가 다분한 소인들의 뇌하부동을 원

---

25) *Civilisation chinoise*, 171, 172쪽.

26) *Mencius*, L, 75, 76쪽. (참조원문: 市, 廛而不征, 法而不廛, 則天下之商皆悅, 而願藏於其市矣.//關, 譏而不征, 則天下之旅皆悅, 而願出於其路矣.//耕者, 助而不稅, 則天下之農皆悅, 而願耕於其野矣//廛, 無夫里之布, 則天下之民皆悅, 而願爲之氓矣.)

27) 같은 책, 186쪽. 이러한 충고에 따라 "군주가 인을 실천하니, 인을 실천하지 않는 이가 없다. 군주가 의를 실천하니, 의를 실천하지 않는 이가 없다. 군주가 올바르니, 모든 것이 올바르다. 대인이 군주를 올바르게 하니 나라가 강성해진다."

28) 같은 책, L, 75쪽. (참조원문: 尊賢使能, 俊傑在位, 則天下之士, 皆悅, 而願立於其朝矣.)

29) 같은 책, 118쪽. (참조원문: 設爲庠序學校以敎之. 庠者, 養也, 校者, 敎也, 序者, 射也. 夏曰敎, 殷曰序, 周曰庠, 學則三代共之, 皆所以明人倫也. 人倫明於上, 小民親於下. 有王者起, 必來取法, 是爲王者師也.)

천적으로 막는 역할도 했다. 특히 소인들의 이러한 성향이 가장 참담한 재앙을 야기하지 않도록, 백성들이 (그 선한 본성에도 불구하고) '난폭해지기 쉬운' 흉년이 오지 않도록 해야 한다. "이것이 백성들 스스로 자신을 인도하는 방법이다. 살아갈 확실한 수단이 있으면 마음도 안정되나, 그렇지 아니하면 마음도 불안해진다. 백성들은 마음이 불안해지면 방종한 행동과 망언도 서슴지 않는다. 그리하여 죄악으로 빠져든다. 그렇다고 몰아세워 벌하면, 이는 백성을 그물로 옥죄는 것이다."[30]

이렇듯 맹자는 법가의 형벌지상주의를 비난하며, 유가의 가르침의 유익성을 다음과 같이 확신한다. "확실한 수단이 없음에도 마음의 안정을 유지하니, 이는 **고결한 자들**(文士, 즉 儒와도 같은 의미의 士)만이 가능한 것이다."[31] 군주는 훌륭한 고문을 곁에 두고 인(仁)을 실천하여 그의 법가들이 백성을 구속하도록 방임하지 않아야 할 뿐만 아니라 백성에게 생활수단과 교육을 제공해야 한다. 통치의 원칙은 선정이어야 하며, 그 목적은 소인들의 심성을 고결하게 하는 데 두어야 한다. 이와 더불어 도덕함양은 각자 스스로 고결해지려는 의도를 강화해주는 데 그 기능이 있다.

이러한 방식으로, 맹자는 당대 중국인을 묵자의 선동적 파벌주의에서 탈피시켜 법에 따른 통치를 내세운 법가의 영향을 와해시키는 한편으로, "계몽전제군주들(名君, 名主)"[32]을 진작시켜, 그들이 정통유가의 가르침을 옹호할 수 있도록 했다.

---

30) 앞의 책, 115쪽. 무제(武帝) 휘하의 법가들이 '백성들을 그물에 잡아들여' 묶어두고자 법을 사용했던 방식에 대해서는, *La Civilisation chinoise*, 137쪽 참조. (참조원문: 民之爲道也, 有恒産者有恒心, 無恒産者無恒心. 苟無恒心, 放辟邪侈, 無不爲已.//及陷乎罪, 然後從而刑之, 是罔民也.)

31) 같은 책, 23쪽. (참조원문: 無恒産而有恒心者, 惟士爲能.)

32) 법가에 대한 언급을 회피한 맹자는 군주를 지칭하는 이 표현을 법가에서 차용했다(같은 책, 24쪽). "성군(聖君)은 모든 백성이 자신뿐만 아니라 부모와 아내와 자식을 부양할 수 있도록 백성의 생활 수단을 보장해준다. 그렇지 않고서 어찌 백성에게 의와 예를 갖출 것을 기대할 수 있겠는가?"

맹자사상의 독창성 이면에는 기지가 넘쳐흐른다. 아마도 이러한 기지는 그의 사상에 명시성이 결핍되어 있다는 점(이 점은 주해가들에게는 이점을 제공한다)과 더불어 맹자사상의 명성을 높여주는 데 기여했을 것이다. 사실 맹자에게 영예를 가져다준 것은 그의 논변과 논지가 아니라 그의 태도였다.

그는 정통유가 최초의 대변인이자 민주주의적 색조 아래 귀족정신의 윤리를 제시한 최초의 논변가였다. 나아가 그는 옛 원칙들을 선양하여, 전제군주들의 입을 막아버릴 목적으로 궤변을 사용한 최초의 인물이었다.[33] 그는 몸으로 일하는 자들은 심성으로 일하는 자들을 양육해야 할 의무가 있으며, 그들의 지배를 받아야 한다고 주장했다.[34] 그는 최초의 문사로서, 문사의 전형을 정착시킨 인물이었다.

문사는 용기 있는 비난을 가할 자세를 항상 갖추되 결코 알현을 간청하지 아니하며, 먼저 부탁은 아니하되 언제나 격식에 따라 초빙을 받아야 하며, 또한 직책은 기꺼이 받아들이되 뇌물은 거절해야 한다. 문사는 자긍심 속에서 이해관계에 초연하고 자신의 명예와 독립성을 지켜야 하며, **군주일지언정** 그 누구도 현자보다 우월하지 않다는 생각을 자신의 모든 태도를 통해 모두에게 주입해야 한다.

2. 순자: 예에 따른 통치

맹자와 달리, 순자(荀子)는 대문장가는 아니었다. 반면 그는 독창적이며 심오한 사상가였다. 그 역시 다양한 영향들을 받았지만 이 영향들을

---

33) 앞의 책, 231, 359쪽. 군주는 자신의 권력을 물려줄 수 없다. 군주는 하늘에게, 나아가 백성에게 후계자를 천거한다. 하늘이 받아들이면 백성들이 받아들인다. ─가장 고결한 것은 백성이며, 그다음은 사직(社稷)이며, 마지막으로 군주다.

34) 맹자는 중농주의 경제학자였던 허행(許行)과 벌인 논쟁에서 이 경구를 인용했다(같은 책, 125쪽). (참조원문: 或勞心, 或勞力, 勞心者治人, 勞力者治於人, 治於人者食人, 治人者食於人, 天下之通義也.)

조율하는 교묘함을 보이지는 않았다. 그는 이 영향들에서 완벽한 일관성을 지닌 한 사유체계를 이끌어내어, 유가사상에 담긴 사회의식과 실증적 정신을 옹호하고 확고히 했다.

순황(荀況)(손경孫卿이라는 이름으로 불리기도 했던 순자荀子, 즉 순荀 재상. 그는 제齊나라 궁정에서 명예로운 칭호를 받았다)은 진(秦)의 영주들과 인척관계인 권문의 후손이었다. 그의 생애는 거의 알려져 있지 않다. 사마천이 그에게 할애한 짤막한 전기에 담긴 사료에 따르면,[35] 그는 150여 년을 살았던 것으로 산정된다. 아무튼 그는 기원전 328~325년경 아주 연로한 나이에 죽은 것 같다. 조(趙)나라에서 태어난 그는 진(秦), 제(齊), 주(周) 등 주로 큰 왕실들을 찾아다녔으며, 노경에는 번창했던 한 학파의 지도자가 되어 주로 의례상 제반 법도들을 가르치는 데 전념했다. 그의 현행본은 32편으로 되어 있으며, 그중 27편(또는 일설에 따르면, 단지 4편)만이 진본으로 평가받는다.[36] 그의 저술 가운데 대다수 논지들은 세부적 측면에서만 의의가 있을 뿐이며, 몇몇 논지들은 교육적인 목적으로 과장되었다는 느낌을 지울 수 없게 한다. 그러나 순자는 엄격하고도 간략한 몇몇 구절에서 그 논지의 핵심을 응축시킨다.[37] 순자의 독창성은 지극히 사려 깊고 강직한 노력을 통해 완벽함의 윤리를 주장한 데 있다. 실증적 정신과 자유로운 성향을 반영하는 이 윤리는 오직 인문주의적 합리주의를 따른다.

순자는 법가와 도가의 지대한 영향을 받았으면서도 법가의 권위적인 경험주의와 도가의 신비적 탐미주의를 극복하려 했다. 또 중국의 여러

---

35) *SMT*, 세LXXIV장.

36) Maspero, *La Chine antique*, 565쪽의 각주 4). (Bubs, *The Works of Hsüntze* 참조).

37) 진본으로 믿어지는 두 절, 즉 (정명론正名論에 관한) 22절과 (인간의 악한 천성에 관한) 23절은 각각 듀이벤다크가 프랑스어로 번역했으며(*TP*, 1924), 레그가 영어로 (맹자에 대한 그의 번역본에 대한 서문) 번역했다. 순자의 학설에 대해서는 듀이벤다크의 훌륭한 분석을 싣고 있는 *Études de philosophie chinoise* (*Revue philosophique*, 1930)을 참조할 것.

지적 전통들에서도 많은 영감을 얻었다. 당대인들의 주된 관심사였던 범절과 규범과 가지성에 대한 그의 깊은 조예는 그에게 도약의 발판이 되었다. 그는 이성(理性)을 철학적 관심의 중심에 설정한 최초의 인물이다. 그는 이성을 인간사회활동의 산물로 보았을 뿐만 아니라——이것은 그가 법가보다 유가에서 정신적 영감을 얻었기 때문이다——, 객관성의 원리로 보았다——이것은 그가 장자의 논지는 이용하나 도가와는 달리 이(理)를 도의 본질을 형성하는 보편적 비규정성의 원천으로 인정하지는 않았기 때문이다.

도가와 법가처럼, 순자 역시 자연과 사회의 대립관계를 사유의 출발점으로 삼는다. 하지만 맹자와는 반대로 근본적인 문제에서는 도가의 입장을 전적으로 거부하는 태도를 보이며 선(善)과 자연을 동일시하지 않는다. 순자의 이러한 태도는 염세주의의 소산이 아니라 오히려 인간이 사회를 형성하여 자연에서 획득한 문명의 위상을 지나치게 과대평가함에서 비롯한다.

"원소들(물과 불)은 생명이 없되 숨결(氣)을 지니며, 식물들은 앎이 없되 생명을 지니며, 동물들은 앎이 있되 공정성(義, 공정성에 대한 의식)이 없다. 사람은 숨결과 생명과 앎을 구비하고 있으며 나아가 공정성(나와 남의 것에 대한 의식)까지 갖추었다. 그러하니 사람이야말로 세계의 으뜸이다. 사람은 힘에서는 물소에 미치지 못하고, 빠르기에서는 말을 따르지 못한다. 그런데도 물소와 말은 사람 밑에서 부림을 당하니, 그 이유가 사람은 사회를 형성할 줄 알지만(能羣) 다른 것들은 사회를 형성할 줄 모르기 때문이다. 그렇다면 사람이 사회를 형성할 줄 아는 이유는 무엇인가? 사람은 분배(能分)를 행할 줄 알기 때문이다. 그러면 분배는 어떻게 이루어지는가? 공정성이다! 분배가 공정하면 서로 일치가 있고, 서로 일치하면 통일성이 생기고, 통일성이 생기면 힘이 넘친다. 넘치는 힘에 권능이 생겨나니, 전능하면 (사람은) 모든 것을 통제할 수 있게 된다. 사람에게는 거처가 있어, 계절의 운행에 순응함으로써 만물을 다스리고 전 세계에 공평히 이로움을 행한다(兼利).[38] 이를 모두 사람은 분배의 공정성(分義)을 통해 얻는다. 사람은 사회를 이루지 않고는 살아갈 수 없다. 하지만 분배가 없는 사회에는 논쟁과 무질서와 분란만 있을 뿐 사회는 약해지게 마련이니, 그로써 쇠약해진 사람은 더 이상 사물들을 통제할 수 없게 된다."[39]

사회는 인간에게 지고한 위상을 부여하는 원천이다. 사회적 삶의 조건은 (노동의 분배이기는 하지만 그보다는) 직분(分), 즉 지위와 직무와 부와 권위의 분배에 있다. 사회적 삶의 이러한 기본조건은 사회 목적을 규정한다. 사회 목적은 결코 법가가 시사하는 것처럼 단순히 사물들에 대한 통제력이나 인간집단으로서 권능을 얻는 데 있지 않고, 오로지 윤리적인 활동체계를 형성하는 데 있다. 무질서한 집단이 아닌 진정한 의미의 사회가 있기 위해서는 사람들이 내 것과 남의 것의 구분을 인정할 줄 아는 현명함을 갖춰 공정성을 실천해야 한다. 자신의 본성만을 따른다면 공정성은 실천될 수 없으니, 그 실천은 오직 일체의 관습, 즉 예(禮)의 지배 아래에서만 가능하다.

사회의 힘과 인간의 윤리적 가치는 하나의 동일한 토대에 의거한다. 이 토대는 다름 아닌 자연 그대로가 아니라 자연에 덧붙은 것으로서 사회적 삶의 필요에 따라 인간, 즉 현자들이 일구어낸 문명이다. 선(善)은 자연 속에 있지 않다. 그것을 만들어내는 것은 사회다.

이것이 순자의 그 유명한 "인간의 본성은 악하다. 인간의 본성에서 선한 면은 인위적인 것(爲)이다"라는 명제의 함의다. 우리는 이 명제를 인간의 본성이 근본적으로 악하다는 의미로 이해하기보다는 인간의 본성에

---

38) 이러한 논지를 *Mö tseu*의 논지와 비교해보시오. 이 책, 502쪽 참조.

39) *Siun tseu*, 9; Liang Chi-Chao, *History of Chinese political Thought*, 63쪽. (참조원문: 水火有氣而無生, 草木有生而無知, 禽獸有知而無義, 人有氣有生有知亦且有義, 故最爲天下貴也. 力不若牛, 走不若馬, 而牛馬爲用, 何也. 曰, 人能羣, 彼不能羣. 人何以能羣. 曰, 分. 分何以能行. 曰, 義. 故義以分則和, 和則一, 一則多力, 多力則彊, 彊則勝物, 故宮室可得而居也. 故序四時, 裁萬物, 兼利天下, 無它故焉, 得之分義也. 故人生不能無羣, 羣而無分則爭, 爭則亂, 亂則離, 離則弱, 弱則不能勝物, 故宮室不可得而居也, 不可少頃舍禮義之謂也.)(『荀子』, 「王制篇」).

서 선은 인간에 의한 일종의 성취와 완성의 의미로 받아들여야 한다.[40]

순자가 말하는 악(惡)은 형이상학적 부도덕성을 뜻하는 것도 아니며, 성체화(聖體化)된 선에 반대되는 것을 뜻하지도 않는다. 그에게 악은 단지 이기심, 양보할 줄 모르는 성향, 차지하려는 욕심, 자신을 남과 대립시켜 충족되지 않으면 이내 폭력으로 변질하는 욕망 등을 뜻한다.[41] 또 악은 육체적 악을 뜻하지도 않는다. 만일 사회가 욕망이 충족될 수 있는 가능성을 증대시킬 목적으로 단순히 사물의 통제만을 지향한다면 사회는 악을 제거할 수 없을 것이다. 순자에게 악은 문명이 인위적으로 개선해야 하는 심리적 부도덕성이다. 문명은 욕망을——제거하는 방법보다는 (순자는 묵자처럼 염세적인 교조주의자도 아니며 노자처럼 신비주의자도 아니다)——다스리고 훈육하는 방법을 일러주는 데 그 기능이 있다. 순자는 예술을 적대시하기보다는 그 효능성에 신뢰를 보낸다. 유가전통의 신봉자로서 그는 가무를 단순한 여흥 이상의 상호이해를 위한 수행으로 간주한다. 가무는 (정鄭나라의 노래처럼 와해된 불협화음이 아니라면) 인간의 화합에 기여하며,[42] 의례화된 축제는 유희의 욕구를 순화한다.[43] 하지만 가장 격렬한 욕구들을 통제하기 위해서는 항구적인 장치가 필요하니, 이 장치를 마련해주는 지고한 예술이 바로 예법이다.

---

40) *Siun tseu*, 23(Legge, *Chinese Classics*, II, 82 des Prolégomènes). (참조원문: 人之性惡, 其善者僞也.)(『荀子』, 「性惡篇」).

41) 같은 책. (참조원문: 今人之性, 生而有好利焉, 順是, 故爭奪生而辭讓亡焉, 生而有疾惡焉, 順是, 故殘賊生而忠信亡焉, 生而有耳目之欲, 有好聲色焉, 順是, 故淫亂生而禮義文理亡焉. 然則從人之性, 順人之情, 必出於爭奪, 合於犯分亂理而歸於暴.) (『荀子』, 「性惡篇」).

42) 우리는 군자가 비록 표명하지는 않지만 가무의 축제를 일종의 정화기능을 지닌 것으로 인식했다고 볼 수 있다. 그는 상제나 신이나 영령들이 실재한다고 믿지는 않았으나 이들을 기리는 의례와 하늘과 땅에게 바치는 의식을 인정했다. 왜냐하면 이 의식들은 절차에 따라 진행된다는 이유만으로도 심적 혼란을 초래하는 두려움이나 희망에서 사람들의 마음을 정화해주기 때문이다.

43) *Siun tseu*, 14. (참조원문: 樂者, 聖人之所樂也, 而可以善民心, 其感人深, 其移風易俗易, 故先王導之以禮樂而民和睦.)(『荀子』, 「樂論」).

오직 예만이 공정한 정신(義)의 탄생과 번성을 가져오며, 선행으로 이끌어 선인(善人)이 되게 한다.

여러 육체적 욕구들이 그러하듯, 욕망은 인간에게 보편적이며 모두에게 동일하다. 모든 인간은 악에서 본질적으로(性) 동일하다.[44]

예는 인위이나, 여기에서 선이 비롯한다. 예는 실제로 직무나 자산의 관례적 분배에 대한 합의를 가능하게 한다.

여러 욕구들을 유별짓고 조정하는 이 분배의 주된 의의는, 이 분배가 없으면 욕구를 충족시켜줄 어떠한 방법도 없다는 점에 있다. "예의 기원은 어디에 있는가? 바로 사람이 여러 욕망을 지닌 채 태어난다는 사실에 있다. 사람은 이 욕망을 실현할 수 없으나 (그 실현을) 추구하지 않을 수도 없다. 사람들이 분배와 분할상의 규칙이나 기준 없이 욕망만을 채우려 한다면 분규가 일어나지 않을 수 없다. 분규가 일어나면 혼란이 생기고, 혼란이 생기면 (부가) 탕진된다. 고대선왕들은 이러한 혼란을 꺼려하여 예와 의(공정성)를 설립했으니, 이는 사람들의 욕망을 충족하고 각자 추구하는 바를 얻을 수 있도록 분배를 행하기 위함이었다. 그리하여 고대선왕들은 욕망이 사물에 의해 제약받거나 사물이 욕망에 의해 탕진되지 않게 하여 (오히려) 이 둘이 모두 균형 있게 발전하도록 했다."[45]

의례상의 여러 규칙들에 관한 언급 바로 다음에 이어지는 이 문구는 두 가지 측면에서 주목을 요한다. 그 하나는 순자가 사회질서를 건립하는 활동상의 분배를 일보다는 직책과 명예의 분배에 두었다는 점이다. 여러 욕망들을 유별지우고 욕구를 의례에 따라 조절하는 것은 일차적으로는 사람들에 의해 사물이 탕진되는 것을 가로막아주며, 이차적으로는 사회구성원들을 개별화하고 위계화하여 궁극적으로 인간의 위상에 대한

---

44) Liang Chi-Chao, 앞의 책, 64쪽.

45) 같은 책, 19; *SMT*, II, 212쪽. (참조원문: 禮起於何也? 曰, "人生而有欲, 欲而不得, 則不能無求, 求而無度量分界, 則不能不爭. 爭則亂, 亂則窮, 先王惡其亂也, 故制禮義以分之, 以養人之欲, 給人之求, 使欲必不窮乎物, 物必不屈於欲, 兩者相持而長, 是禮之所起也.")(『荀子』, 「禮論」).

의식을 일깨워 인격 증진에 기여한다.

(이 문구의 요점이기도 한) 다른 하나는, 직무의 분배가 어떤 면에서 주된 의의를 갖는지를 시사한다는 점이다. 만일 직무의 분배가 안녕을 도모하는 충실성의 원천이라면, 발전의 원동력은 분배의 절대적인 관례성에서 비롯한다. 통상 인간에게 공통된 비속한 욕구들로 본디 하나같이 비천함을 나누는 집단에서부터 사회는 각자에게 부여된 직무에 따라 고결화의 정도가 다른 여러 인격들의 위계질서를 이끌어낸다. 그러므로 단순한 사회적 관례만이 인간을 향상하는 유일한 것이다. 이 향상이 각자에게 실현가능한 이유도 예가 각자에게 충실성을 저버리지 않도록 각자의 행동이 직무와 그에 따른 지위와 위상에 어울릴 수 있게 하는 구속력을 지닌다는 사실에 있다.

순자는 자신의 명제를 이와 같이 증명해 보였다. 인간이 지닌 선은 본성에 따른 것이 아니다. 선은 모든 인간에게 공통된 본질(性)에 속한 것이 아니다. 선은 사회가 요구하는 인간의 향상에서 비롯하니 오직 선만이 야만의 인간에서 윤리적 인격을 끌어낼 수 있다.

순자는 각 개인의 향상 가능성에 대한 믿음뿐만 아니라 사회적 삶을 통해 실현가능한 물질적 발전에 대한 믿음을 지니고 있었다. 그렇지만 그가 진정 중시했던 점은 윤리적 향상이었으며, 올바른 행동과 올바른 생각을 위한 개인 수양이었다. 운명과 위상과 재능의 위계질서를 따르는 예와 의를 체득할 때 비로소 선의 수련이 가능하다. 따라서 **통치 원칙은 교육 원칙과 동일시된다. 교육이 예를 통해 이루어지듯 통치도 예를 통해 행해져야 한다.** 각자 사회가 그들에게 부과한 관례적 분배의 이점을 인식한다는 사실만으로도 자신을 향상시킨다. 각자 자신의 향상을 위해 이 기본관습에서 비롯하는 의례상의 모든 규칙에 순응해야 한다. 따라서 윤리적 **전통주의**와 사회적 **전통주의의 수용**이야말로 각자의 수양을 위한 **필수조건**이다.

순자는 공자의 경우 인(仁)이론의 도움으로 탈피할 수 있었던[46] 보수주의적 성향을 유가전통에 도입했다는 이유로 자주 비난의 대상이 된다. 공자에게 인간의 위상은 친구들간에 자유로이 실천되는 윤리적 성찰로 얻어진다. 그런데 순자는 수양에 대해 관용성이 다소 미약한 입장을 취한다. 맹자가 네 기본덕목으로 인, 의, 예, 지를 들었던 반면,[47] 순자는 우애의 성향인 인과 도덕 판단력인 지를 간과한 채 (외견상으로는 어쨌든 그러하다) 예와 의에만 역점을 둔다. 하지만 맹자가 그랬듯이 순자도 자신이 모든 선의 원리로 삼는 예와 의를 내면의 원칙으로 인식한다. 순자는 예와 의를 논할 때, 객관적 규칙(法)만을 사용하는 데 급급했던 법가가 직각자와 그림쇠를 언급할 때 취했던 어조를[48] 그 역시도 취한다는 이유에서 비판되고 있다. 실제로 순자는, "아무도 왜곡할 수 없는 것을 규칙으로 삼아야 한다"[49]는 입장에서 법가가 법에 부여하는 정의를 예에 대한 정의로 채택했다. "줄자 속에서 직선은 완벽하며 직각자와 그림쇠 속에서 정방형과 원은 완벽하다. 완벽한 인간행위는 예로 이루어진다."[50] 이렇듯 순자는 객관적 규칙들의 필요성에 대해 확고한 신념을 고수했다.

그렇지만 순자는 선을 수단으로 하여 단순히 강압적인 구속을 강구하지 않았다. 윤리적 선뿐만 아니라 사회적 선에 대한 그의 사상에서 권위적이거나 기계적이지도 않았으며, 경직된 면모는 또한 조금도 찾아볼 수 없었다. "굽은 나뭇조각이 다시 바르게 되려면 유연성이 필요하다." 마찬가지로 선하지 않은 인간의 본성은 "스승의 행동과 규칙과 본보기(法)를 따라야 한다."[51] "자기수양을 위한 최선책은 스승과 우의를 돈

---

46) Liang Chi-Chao, 앞의 책, 66쪽 이하.

47) 이 책, 564쪽을 볼 것.

48) Liang Chi-Chao, 같은 책, 70쪽. 순자는 진시황의 주요 고문이 되었던 열자와는 친구였으며, 또 한비자의 스승으로 추정된다. 그런데 그의 저술은 어떠한 점에서도 그가 국가권력의 증강을 도모했다든가, 법가의 강압적인 방식에 동조했다는 징후를 보여주지 않는다.

49) *Siun tseu*, 23.

50) 같은 책, 21; *SMT*, III, 227쪽. (참조원문: 繩者, 直之至, 規矩者, 方圓之至, 禮者, 人道之極也.)

51) 같은 책, 23.

독히 하는 것이며, 차선책은 예를 따르는 것이다."[52] 스승은 장인(匠人) 역할을 하며, 예는 직각자나 줄자 역할을 한다. 그렇다면 예는 어디서 오는가? 순자가 항상 염두에 두고 상기시키는 것은[53] 고대선왕들과 현자들은 직무의 관례적 분배를 시행하여 예의를 설립했다는 점이다. 윤리교육(및 통치)에 필요한 규칙들은 인간성을 벗어나지 않는 객관성을 지녀야 한다. 이 규칙들은 구속적이기는 해도 강압적이거나 기계적으로 적용해서는 안 된다. 각 개인의 향상을 위한 필수조건인 문명은──물질이나 정신의 측면에서──집단을 향상시키기 위한 노력에 의거한다. 문명은 객관적 규칙들(禮義)을 제공하여 스승의 도움으로 각자의 선(善)이 진전되게 하며, 개인에게 도덕적인 판단과 이성(理)을 갖추게 한다.

진실은 선(善)과 그 기원을 달리하지 않는다. "천민과 소인은 귀로 듣는 것을 입으로 나오게 하니" 진실이 무엇인 줄 모른다. 오직 성인만이 내면의 고요함 속에서 가르침들을 "마음으로 붙잡아 온몸으로 퍼져나가게 하니(존재 전체에 동화시키니)"[54] 스승과 본보기가 된다.

기본적인 유일한 가르침은 올바른 몸가짐에 대한 가르침이다.[55] "예의 테두리를 벗어나지 않은 자만이 올바르게 생각하고 성찰할 수 있다." 역으로 말하면, "성찰과 굽히지 않는 몸가짐이 가능한 자만이 성인(聖人)이다."[56] 즉 문명의 소산인 윤리적 향상만이 참된 앎을 인도한다.[57] 따라서 조야하고 원시적인 상태에 머무는 자들에게는 앎이 불가능하다. 사람들이 실재를 파악할 수 있게 된 것은 고대선왕들과 현자들이 문명화했기 때문이다.[58] 고대선왕과 현자들이 각 사물(事)에 하나의 명칭

---

52) 같은 책, 1과 23을 비교해볼 것. "인간의 본성은 악한 것이니 스승과 본보기를 필요로 한다." (참조원문: 今人之性惡, 必將待師法然後正, 得禮義然後治.)(『荀子』, 「性惡篇」).

53) 같은 책, 460쪽 참조.

54) 같은 책, 1. (참조원문: 箸乎心, 布乎四體.)

55) 순자는 직접 예를 가르쳤으나, 시(詩)(경經)와 역사 교육에는 다소 소홀히했다.

56) *Siun tseu*, 19. (참조원문: 齊明而不竭, 聖人也.)

57) Duyvendack, *Études de philosophie chinoise*, 387쪽.

(名)을 부여했으며 각 명칭은 정확하게 마련이다(正). 왜냐하면 명칭은 각기 다른 존재에 각기 다른 이름을 분배한 데서 비롯한 것으로 이 분배가 통상적으로 준수된다는 사실만으로도, 명칭이 사회적으로 통용되는 데 어떠한 오류나 이의의 여지가 없기 때문이다.[59]

순자는 전래의 정명론을 원용하면서 그 이론에 내포된 일체의 주술적 사실주의 요소들을 제거하는 데 노력한다. 이름이 원래 실재를 불러내고 유발시키는 효능성을 고유의 속성으로 하는 것은 아니다. 이름은 단지 지칭하는 역할만 할 뿐이다. 하지만 이름 지칭은 효용성을 지닌다. 이름은 오로지 임의적 관습에 의해 부여되는 것이지만 어쨌든 이 관습은 상호이해를 가능하게 하는 사회적 관습이기에 모두 따라야 한다.

따라서 이름은 예와 동일한 의의를 지닌다. 이름은 모든 개인을 비겨가지 않는 객관적 규칙과도 같은 하나의 상징체계를 형성한다. 이렇듯 사람들은 언어기호와 의례적 동작에 의해 형성되는 관습적 상징체계에 어울림으로써 올바른 사리 판단(및 올바른 처신)이 가능하게 되고, 올바르게 생각하고 행동하는 방법을 터득하게 되며, 어리석음(및 획일성, 즉 惡)을 떨치고 향진할 수 있게 된다.

예와 언어는 정확히 실천되는 경우 무엇보다도 논쟁과 무질서, 분규와 혼란을 없애는 데 기여한다. 그리고 그것들이 현명하게 실천되는 경우 (또 '사체四體에까지', 존재의 심부에까지 파고드는 가르침을 베푸는 스승의 인도 아래 실천되는 경우) 정신과 사회 모두에 평온을 불러온다. 참된 앎은 평온에서 비롯한다. 즉 이 평온은 정신이 이성에 완전히 '열려 있음'을 말해주는 표시다.

순자는 도가의 은유를 빌려 이러한 내면의 평온을 정의한다.[60] 그는

---

58) 이 점에서 도가와의 대립은 절대적이다.

59) *Siun tseu*, 22. *TP*, 1924, 234쪽 이하. (참조원문: 故知者爲之分別, 制名以指實, 上以明貴賤, 下以辨同異. 貴賤明, 同異別, 如是, 則志無不喩之患, 事無困廢之禍, 此所爲有名也.)(『荀子』,「正名篇」).

60) 이러한 사실로 마스페로는 극히 일반적인 순자의 학설과는 전혀 부합되지도

인간의 마음을 '연못'에 비유하여, "연못이 고요하니, 혼탁한 흙탕은 밑바닥에 그대로 있으며, 청명한 수면은 눈썹 하나까지도 비추어낸다."[61] 실재를 정확히 인식하기 위해서는, 마음이 '한없이 맑고 순수해야 한다.' 한마디로, 마음이 '비어 있고, 통일되어 평정함을 유지해야' 오류를 제거할 수 있다는 것이다. 이 은유에 앞서 제시되는 논지들을 통해 우리는 순자가 (장자를 분석하는 가운데 어느 정도 장자의 영향을 받으면서도 그와는 전혀 다른 방향에서 그보다 더욱 철저한) 주지주의자였음을 알 수 있다.

순자의 '마음 비움', 즉 허심(虛心)은 황홀경의 공허가 아니라 공정성이 지배하는 어떤 상태를 말한다. 오류는 감정이 '정신(心, 즉 마음)을 흐리게 하거나 가로막을 때' 야기되는 정신상의 불완전한 판단[62]에서 나온다. 이것이 순자가 그 적들의 학설들에 가했던 비판의 근거다. 이를테면 묵자는 유익한 것만 생각하다가 '정신이 흐려져' 수양을 문제 삼지 않았고, 혜자는 표현된 것에만 골똘하다 '정신이 흐려져' 실재를 간과했으며, 장자는 자연적인 것만 생각하다가 '정신이 흐려져' 문명을 간과하고 말았다. 순자는 생각과 느낌, 선과 진실을 구별하는 것을 거부한다. 판단은 대상 전체에 입각해야 하므로 통합적인 관점을 지니려는 정신적 노력의 산물일 때에 한해 의미가 있다. 도가의 대가들과는 반대로 순자는 변화하는 외양들의 흐름에 대한 정신의 수동적 성찰을 요구하지 않는다. 그에게 앎은 순간적인 것에 대한 단순한 지각과는 전혀 다르다.

않는 어떤 신비주의를 순자에게서 찾아냈다(Duyvendack, 앞의 책, 385쪽 이하). 마스페로는 종합을 지향하는 정신의 노력을 정신이 그 자체의 틀 밖으로 이탈하는 황홀경의 상태와 혼동하고 있다(*La Chine antique*, 572쪽). 순자의 어떠한 표현도 (더욱이 신비주의보다는 주지주의적인 장자의 어떤 표현도) 이러한 주해와는 부응하지 않는다.

61) *Siun tseu*, 21(후속되는 인용구들 역시 이 절에서 따온 것들이다). (참조원문: 故人心譬如槃水, 正錯而勿動, 則湛濁在下, 而淸明在上, 則足以見鬚眉而察理矣.)

62) 순자는 욕망으로 인한 감각들의 도착을 강조했다. "밤새 두려움에 절어 있게 되면, 바위덩어리도 금방이라도 덮칠 듯한 호랑이로 착각하게 된다."

그가 마음의 **통일**을 언급할 때 의중에 두는 것은 불완전하고 편파적이지 않기 위해 가장 세심한 주의를 기울이며 행했던 **검토**를 마무리하는 **통합 작업**이다. 파리 한 마리가 웅웅거리는 것만으로도 판단이 흐려질 수 있음을 순자는 지적한다. 순자에게 정신활동은 유랑하는 명상이나 황홀한 비상과는 전혀 무관하다. 주의 깊고 집요하고 신중한 명상만이 정신활동이라 할 수 있으며, 그 목적은 '지고한 이성(大理)의 문을 닫아버리는' 편파적 감정들을 다스려 '막힌 정신을 열어주는 데' 있다.

이것이 순자가 지칭하는 이성(理性)이다. 순자보다 훨씬 이전 시대에 사용된 이(理)라는 단어는 제반 질서의 원칙들을 지칭하기 위한 것으로서, 도와 대립되는 표현이다.[63] 글자 도(道)는 군주의 권력을, 글자 이(理)는 **사법행정**——그리고 부분과 전체의 조율을 고려하여 수행하기에 제대로 완수될 수 있는 작업——을 상기시킨다. 순자는 진실을 순간적이며 전적으로 개인적인 직관과 동일시하기를 거부한다. 그는 판단을 내리는 데 필요한 규칙들을 다룰 수 있는 능력이 교육을 통해 얻어진다는 점을 확신했다. 각 개인이 이 규칙들을 터득하기 위해서는, 풍습뿐만 아니라 생각에서도 질서를 바로세우는 데 기여한 관례적 상징체계(禮와 言語)를 정확히 품격 있게 운용하려는 노력이 있어야 한다.

예를 가르치는 데는 각 개인을 선(善)에 대한 생각과 참된 실천으로 이끄는 훈육과정이 필수적이다. 지고한 판관인 이성(理, 순자는 대리大理라는 경배의 표현으로 기술한다)과 일체를 이루는 현자는 세계를 알고 통치할 수 있는 능력을 갖추게 된다. 이성에게 자신을 '열고' 정신을 모두 빼앗길 수 있는 자는 '그지없는 맑음과 순수함'(大淸明)으로 정신을 흠뻑 채운다. 그럴 때면, "만물 가운데 그의 눈에 드러나지 않는 것이 없으니 그가 올바르게 판단할 수 없는 것은 아무것도 없다.[64] 집 안에

---

63) 순자는 글자 '도'(道)를 자주 이성의 의미로 사용한다. "도는 곧 수양을 갖춘 사람의 행동방식이다. 도는 실천이성이며, 이(理)는 순수이성이자 실천이성이다"(*Siun tseu*, 21).

64) 순자의 논리는 당연히 위계질서의 논리다. (참조원문: 故人心譬如槃水, 正錯而

앉아 있어도 세계가 그 앞에 모습을 드러내니,[65] 현재에 머물면서도 가
장 요원한 과거를 살필 수 있으며, 만물을 꿰뚫어 그 본질을 알게 된다.
또 질서와 무질서를 검토하여 그 원리를 이해하게 된다. 그리하여 우주
의 골간과 고리를 구상하면서 만물 각각에 그 역할을 부여한다." 이것이
이성에 의해 고무된 대인의 권능이다.

현자가 세계를 통치하면, 즉 문명의 표현이자 이성의 표현인 예(禮)와
의(義)가 세계를 통솔하면 진(眞)과 선(善)이 세계를 지배하게 된다.

3. 동중서: 역사(歷史)에 따른 통치

순자의 영향은 지대했다. 그의 영향 아래 예학(禮學)은 부흥기를 맞이
했다. 이로 미루어 우리는 비록 예법은 전한(前漢)시기 반세기 가까이
경시되었지만 기원전 3세기경 꽃피웠던 예(禮)의 문학은 다대한 자취를
남겨놓았음을 쉽게 짐작할 수 있다. 예학(禮學)이 부흥하면서, 두 경전
인 『의례』(儀禮)와 『예기』(禮記)[66]의 구성요소들을 수집하는 일도 용이
하게 되었을 것이다. 이 예서(禮書)들의 독서와 주해는 문사와 관료 형
성을 목적으로 한 교육의 기본이었다. 더욱이 이때부터 중국인은 고대
인물들이 예법을 따랐는지 여부를 판단하기 위해 먼저 여러 선열들을
검토했고, 그에 따라 차츰 역사읽기에도 익숙해졌다.

이와 같이 고고학과 의례주의를 한데 묶는 태도는 순자사상과는 전혀
어울리지 않았다. 전통주의자이기는 했으나 수구적이지 않았고, 실증적
이면서도 비판적 정신의 소유자였던 순자로서는 진정한 주지주의자 입
장에서 이러한 복고적 취향을 경계할 수밖에 없었으며, 심지어 역사마

勿動, 則湛濁在下, 而淸明在上, 則足以見鬚眉而察理矣.)(『荀子』, 「解蔽篇」).

65) 이 책, 526쪽. 노자의 문구와 비교해볼 것. 공자와 정통유가를 분명히 표방하
고 있는 순자는 통합주의를 도모한다.

66) 『의례』는 제사장을 위한 교본이며, 『예기』는 의식에 관한 문제들을 가장 중요
하게 다룬다.

저도 경계의 대상으로 삼았다. 이러한 그의 입장은 현자의 통치는 요순(堯舜)의 통치를 모범으로 삼아야 한다고 주장했던 맹자의 입장과 대립했다. 그는 이 고대영웅들에 관한 전승들 가운데 믿을 만한 것이 과연 무엇인지를 거침없이 반문했다.[67] 하지만 일단 권력을 확립하게 된 한조(漢朝)의 주된 관심사는 선열들을 빌려 왕조의 행정제도에 정당성을 부여하는 것이었다. 그리고 당대 중국인의 기억에 남아 있던 것은, 공자가 예에 대한 가르침이 될 수 있도록 그의 용어마다 하나의 판단을 가늠하면서 『춘추』를 편찬했다는 사실이다. 고대연대기에 대한 주해작업을 과제로 삼았던 두 학파, 공양(公羊)학파와 곡량(穀梁)학파는 열렬한 칭송을 받았다. 그러나 이 두 학파 추종자들의 논쟁은 때로 국정자문에서 분쟁 양상을 띠기도 했다.[68]

정통유가사상에 새 방향을 제시하고자 과거 역사에 입각한 통치론이 대두되었던 것이 이 당시의 일로서, 동중서(董仲舒)는 이 이론의 중심인물들 가운데 하나였다. 동중서는[69] 행정관료로서 입신을 기대했으나 하급관직만을 전전하다 물러나서는 남은 생애를 저술활동으로 보냈다. 그의 저술들 가운데 (일부를 제하고는 진본으로 인정받는) 세 권의 중요한 논집과 한 권의 수상록이 전해진다.[70] 하지만 그의 저술들은 주로 『춘추』에 대한 해석들 가운데 하나인 공양(公羊)의 해석을 증명하기 위

67) *Siun tseu*, 5.

68) *SMT*, introduction, 151쪽.

69) 동중서(기원전 175년경~기원전 105년경). 그는 경제(景帝) 치하에서는 '박사'(博士) 자리에 임명되었고, 무제(武帝) 치하에서는 지방관료로 봉직했으나, 기적에 관한 논의에서―그의 정적들의 말에 따르면―한조(漢朝)의 통치를 비판했다는 이유로 파직당했다. 그는 무제(武帝)의 질의에 대한 답변으로 유명한 세 논고를 작성했다(*Ts'ien Han chou*, 제56장). 다양한 글들로 된 그의 저술들은 오늘날의 『춘추번로』(春秋繁露)를 이루었다. Franke, *Das Confuzianische Dogma und die chinesische Stratsreligion*; Woo Kang, *Les trois théories politiques du Tch'ouen ts'ieou et Hackmann*, Chinesische philosophie, 205쪽 이하 참조.

70) Woo Kang, 같은 책, 51쪽.

한 주해들로 이루어져 있다.

동중서는 사상가이기보다 대변인 역할을 한 인물이다. 법가에 적대적이던 그는 선정 통치론의 지지자로서, 인간의 본성은 향상되어야 한다는 사상을 수용했다. 그리고 음악도 인간본성의 향상에 기여하지만 예는 더욱 크게 기여한다는 주장을 통해 통치의 기본임무가 백성의 교화에 있음을 역설한다.

그는 이 목적을 위해 공자의 학설을 전파할 것과 육예(六藝), 즉 육경(六經)[71][시에 관한 『시경』, 역사에 관한 『서경』, 예에 관한 『예기』(禮記), 오늘날에는 유실되어버린 음악에 관한 『악경』(樂經), 점서(占書)인 『역경』(易經), 연대기인 『춘추』(春秋)]을 두루 가르칠 것을 권장하면서, 이단적인 학설들의 척결과 경전해석을 위한 공식기관[72] 설립을 표방했다.

이로써 우리는 동중서가 철저한 정통론자였음을 알 수 있다. 그는 올바른 생각과 행동교육을 담당할 관리들을 문사들에서 뽑을 것을 교육정책으로 제안했으며 (한조漢朝는 그의 제안을 채택했다) 교육가의 자세로서 공평무사를 요구했다. 교육관료는 출세를 지향해서는 안 되며, 부를 축적하기 위해 '재산을 소인배들처럼 금고에 보관하려는' 태도를 버리고 부가 순환할 수 있도록 해야 한다고 보았다. 부의 순환은 봉건시대에 귀족들의 의무이기도 했다. 동중서는 관료들의 의무가 평상인들의 의무와 같을 수 없다고 보았다. 따라서 그는 한대에 정통유가의 전파가 사회적 삶의 이유이기도 했던 관료계층의 형성에 전력한 인물들 속에 포함될 수 있다. 공자는 물론이거니와, 아마 순자도 지혜가 이처럼 경전교육에 경도되거나 관료계층의 윤리로 전락하는 것을 원치 않았을 것이다.

순자와 공자는 실증주의 정신과 철저한 인문주의 성향을 겸비한 윤리

---

71) 앞의 책, 73쪽.

72) 무제(武帝)는 기원전 136년 '오경박사'(五經博士)라는 직책을 만들었고, 기원전 124년에는 이 박사(博士)들의 학술원에 장차 고위관료로 일할 50명의 제자들을 합류시켰다.

학자들이었다. 반면 동중서는 어떤 정치적 성향의 한 대변자에 불과한 학자로서, 통치상의 과제와 정통유가에 입각한 행정 관료체제의 확립을 용이하게 해주는 **허구적인 사상체계** 형성에 전념했다. 이 허구적인 사상체계는 맹자가 구상한 재래의 사상, 즉 군주는 하늘과 백성의 통제 아래 그의 권력을 행사한다는 명제를 출발점으로 삼는다. 예전의 이 명제는 정치적 지도력이 종교적 권위를 지닌 일체의 **전통적 규칙**에 제한받는다는 의미로 이해되었다. 하지만 법가는 관례적 위상을 유지하는 것이 사회활동들에서 대국이 필요한 실질적 소득을 얻을 수 없게 할 뿐만 아니라, 하늘의 소리인 백성의 소리가 대국에서는 군주의 귀에 쉽게 들려오지 않는다는 점을 지적했다. 정통유가의 추종자들은 국가가 새로운 필요에 대응하기 위해 법을 제정하는 것은 부득이한 것으로 인정하면서도, 옛 전통을 수임받은 새 귀족계층으로서 문사들에 대해서는 고대의 지혜를 군주에게 들려주어 통치 전반을 통제할 수 있는 특권을 부여했다.

이 경우에도 특정 단체의 이권과 결부된 어떤 관습이 한 이론의 기원이 된다. 이 관습은 군주에게 신하로서 신성한 도리처럼 여겨진 일종의 간언(諫言)관습이다.[73] 과거의 역사에 따른 통치를 표방하는 이론은 바로 이 관습에 의거하여 '광박(廣博)한 지식을 갖춘 문사들'에게 검열을 가할 수 있는 막대한 특권을 부여하는 데 목적이 있었다.

군주와 그 조언자들의 정책결정이 타당한지, 아니면 비난받아야 하는지 판단근거가 되는 것은 제반 선례들인 역사적 사실들에 대한 해석이었다. 한 학자가 어떤 **역사적 사실**을 들추어 현상황과 유사한 예전의 한 상황에서 그 사실에 대한 하늘과 백성의 심판이 어떠했는지를 제시하며 해석을 가하는 것은 군주와 그의 조언자들이 제정한 법령이 백성과 하늘의 심판을 받는 것과 같았다. 이 이론은 역사적으로 중대한 결과를 초래했다. 즉 이 이론으로 중국에서는 어떠한 역사의식의 진보도 기대할 수 없게 되었다. 이 이론으로 역사는 **현재를 효율적으로 조직화하기 위한**

---

73) *Civilisation chinois*, 326쪽 이하, 425쪽 이하.

과거의 정비처럼 인식되었다.

동중서의 저술들 가운데 가장 흥미로운 부분들은 한 왕조로 교체하는 것은 고대왕조의 복위(復位)에 해당한다는 이론이 표명되는 부분들이다.[74] 그의 삼통사법론(三統四法論)은 바로 이러한 이론과 결부된다. 사법(四法)은 (세 통치기인 삼통三統, 즉 흑통黑統, 백통白統, 적통赤統이) 사계절처럼 연속되어 형성되는 네 유형의 제도에 해당한다. 즉 흑(黑)의 통치(땅, 하夏)에 뒤이어 백(白)의 통치(하늘, 상商)가 오고, 백(白)의 통치에 뒤이어 적(赤)의 통치(사람, 주周)가 뒤따르며, 또 적(赤)의 통치가 끝나면 다시 흑(黑)의 통치가 태동한다. 동중서는 이 같은 역사 교리가 과거의 아주 정확한 재구성을 가능하게 한다고 보는 것이다. 이와 같이 그는 역사를 소급하여 규정짓는 방식에 의거하여, 왕조의 창건자가 삼통사법론의 어느 통(統)과 법(法)에 해당하는지에 따라 창건자로서는 응당 지닐 수밖에 없는 특정한 면모를 마치 실재인물의 초상처럼 거리낌 없이 제시했다.[75]

동중서는——아마도 역사의 민속적 성격을 상당부분 제거해버리고 훼손시켰을——이 허구적인 역사재구성을 자신의 주해를 바탕으로 하여 하나의 무의미한 사실과 직결시킨다. 즉 그는 『춘추』에 등장하는 한 보조인물이 특정한 작위로 지칭된다는 사실을 지적하면서, (의도적으로 주어졌으리라 추정되는) 이 칭호는 춘추시대에 실제로 적용되었을 예법 원칙들을 알려주는 표식이라고 간주했던 것이다. 역사에 대한 이러한 접근방식은 중국고대사 전반에 대한 정확한 수정작업과 재구성을 가능하게 하는 것으로, 현재에 적용하려는 특정규칙에 정당성을 부여할 수 있다는 데 그 주된 장점이 있다.[76] 더욱이 그는 삼통사법 각각의 통

---

74) Woo Kang, 111쪽 이하.

75) 이 책, 209, 210쪽을 참조할 것.

76) 출발점으로 사용되는 주해(공양전公羊傳, 환공桓公 11년)가 시사해주는 것은 백(伯), 자(子), 남작(南爵) 세 칭호가 구별되지 않고 동일한 계급에 속하는 것은 바로 통치하는 데 하늘의 원칙이 채택되고 있다는 것이다. 하늘에는 세 개

법(統法)들을 규정하여, 역사의 특정시기마다 요구되는 통치구도를 설정하려 했다.

과거의 역사에 입각한 통치론은 역사와 통치가 역술(曆術)에 의거한다는 사상 속에서 함축적으로 제시되기도 한다.

이 사상에 힘입어 정통유가는 파급효과가 지대했던 일군의 통치론과 통치술을 제시하여 사상적으로 풍부해졌으나, 공자나 순자의 인문주의에는 결정적인 타격이 가해졌다.

순자는 과거 역사뿐만 아니라 점술에 대해서도 폄하하는 입장을 보인다. 그는 과거와 귀신, 운명을 부정했으며, 불가지한 것에 대한 모든 사변이나 징조를 찾으려는 태도를 배격했다. 통설에 따르면 공자 역시 초자연적 존재나 경이로운 현상에 관한 언급을 삼갔다. 하지만 사가들의 임무는 경이로운 현상들이나 징조들을 기록하는 것이었다. 이러한 기록들은 (공자가 편찬했다는)『춘추』에도 자주 등장하는데, 동중서를 중심으로 한 공양학파(公羊學派)는 이 사실에 바탕하여 역사를 통해 하늘의 행동규칙을 알 수 있다는 주장을 펼친다.

역사(사가들의 역사)는 하늘의 징조나 여타 징조(일식, 지진, 홍수, 전염병, 기근, 모든 종류의 괴상함⋯⋯)와 인간사의 상관관계를 밝혀내는 데 주된 의의가 있었다. 연대기에 따르면, 동중서는 강도국(江都國)에서 대고문(상相)의 직책을 맡는 동안『춘추』에 입각하여 대재앙, 경이로운 현상, 음양의 역동적인 관계를 설명하는 데 전념했다.[77] 그는 아마도 이러한 성과를 통해 왕정의 통치를 비판하거나 (백성이나 하늘의 소리 대신 학자로서 자신의 소리를 들려주어) 문사로서 업무를 충실히 이행할 수 있었던 것으로 보인다. 그가 권유했던 여러 통치방안들은 당시 큰 호응을 얻지 못했지만, 이로써 그의 명성은 널리 알려지게 되었다. 지난 세기말(1893년) 중국의 한 개혁자는 동중서를 공자의 가장 위

의 빛이 있음에 따라 귀족 계급은 셋으로 분류되었다. 귀족 계급의 수가 오행(五行)인 것은 통치의 원칙이 땅에 토대를 두었기 때문이다.

77) *SMT*, 제CXXXI장, *Ts'ien Han chou*, 27ᵃ, 5쪽 이하.

대한 제자로 평가한 바 있다. 아마 이 평가는 동중서의 학설이 중국을 진보의 길로 들어서게 해주리라는 기대에서 나왔을 것이다.[78]

동중서가 정통유가의 흥성에 지대한 공헌을 했음은 의심의 여지가 없다. 그는 음양오행가들의 추종자들인 자연에 대한 사변에 심취한 모든 기술인들을 정통유가 속으로 결집한 인물이다. 이 학자들은 옛 분류체계 속에 모든 민속적 요소를 투입하여 그로부터 하나의 교조주의를 도출했다. 그러므로 정통유가가 공자의 인문주의와 실증주의 사상을 저버리고 결탁했던 것도 기껏 주술에서 탈피한 교조주의였다.

* * *

정통유가와 교조주의의 결탁은 반고(班固)가 편찬한 『백호통』[79] 같은 저술에 의해 후한에 들어서도 변함없이 유지되었다. 한편 우리는 거의 동일한 시대에 편찬된 왕충(王充)의 저술(『논형』論衡)을 통해 관제교육의 여파를 확인할 수 있다.[80] 적빈한 출생으로 줄곧 가난하게 생활한 왕충은 경력상으로는 지극히 미미한 인물이었으나 진정 명예의 예속에서 해방된 자유로운 문필가였다. 항상 신랄하면서 때로 격렬하기까지 했던 그는 당시의 모든 사상을 검토하려 했으며 신, 영혼, 귀신, 기적을 믿지 않는 무신론자였다. 도가의 성인들은 물론 유가의 영웅들마저 그에게는 그다지 권위 있는 대상이 아니었으며, 과거 역사 역시 조금도 존중의 대상이 아니었다. 그는 전설이나 원전들의 위작설을 서슴없이 내세웠으

---

78) 이 개혁가는 바로 양계초의 스승이었던 강유위(康有爲, 1858~1927)이다 (Woo Kang, *Les trois théories politiques du Tch'ouen*, 164쪽 참조).

79) 『백호통』에는 황제가 파견한 조사단의 작업이 기록되어 있다. 이 저술은 동중서의 영향을 역력하게 보여준다.

80) (서기 27년경에 출생하여 서기 100년경에 사망한) 왕충에 대해서는 포커가 『논형』(論衡)에 대한 그의 번역 서두에서 소개하는 연구를 참조해도 좋을 것 같다(*Selected Essays of the philosopher Wang Ch'ung*). 포커는 왕충을 뤼시앵(Lucien)이나 볼테르(Voltaire)에 비유했으나, 지나친 호의로 보인다.

며, 전적(典籍)들을 불신했다. 그렇지만 그의 이러한 회의주의도 지나치게 전적에 치중하는 측면이 있었다. 그는 얼핏 자유분방함과 뛰어난 상상력을 갖춘 인물로 보이지만 기실 재기발랄한 현학자에 더욱 가깝다. 그는 오직 신랄한 주해만을 가하며, 원전과 주해서의 틀에서 전혀 벗어나지 않았으며, 그의 상상력을 주해에 주해를 덧입히는 데 동원했다.

진(秦)제국 창건과 더불어 정통유가가 득세하면서부터 중국에는 주해가들이 많이 등장했다. 그러나 진정 새로운 또 한 명의 독창적인 사상가가 등장하기까지는 10여 세기 이상 기다려야 했다. 그동안 불교는 중국화 과정을 거치면서 비로소 중국에 정착하게 되었다. 불교에서 파생된 중국정신사조 가운데 가장 큰 영향력을 미친 선종(禪宗)의 신비주의적 학설은, 얼핏 외국에서 유입된 상징체계로 보이지만 사실은 도가의 한 흐름이었다. 하지만 중국에서는 완전히 새로운 성향이던 주희(朱熹, 기원 1130~1200년)의 합리주의를 관류하는 이원론적 성향이 마니교에서 비롯한 것이라면 우리는 마니교가 불교보다 영향을 더 많이 미쳤으리라 짐작할 수도 있다. 철학활동이 새로운 부흥을 맞이하게 된 것은 송대(宋代)에 들어 주희가 나타나면서부터다. 이 철학적 소생은 고대사상에서 그 활력을 얻는 것으로 보인다. 즉 송대의 철학은 통상 우리 생각보다는 훨씬 충실하게 중국사유의 최초의 사변들에 입각한다. 오늘날 중국사유는 자기쇄신을 도모한다. 사실, 서구와의 접촉이 이러한 시도를 더욱 부추긴다. 그렇지만 극히 새로운 개념들을 중국에 정착시키려는 문제에서 가장 현대적인 중국인마저――이 개념들이 서구에서조차 극히 낯선 과학운동의 산물이라는 이유에서――중국 고대현자들의 저술에 대한 적절한 주해를 통해서나 가능할 것이라고 본다.[81]

서구인들로서는 중국인이 이렇듯 옛 선인들을 신봉하는 태도를 견지하는 점이나 철학적 사유가 표면상 수면상태에 빠진 점에 대해 실로 의

---

81) 호적(胡適)의 작품은 이러한 영감에서 나왔으며(*The development of logical method in ancient China* 참조), 양계초의 작품 역시 그 정도는 약하지만 이러한 영감에서 활력을 얻고 있다(*History of Chinese political Thought* 참조).

아해하지 않을 수 없으리라. 중국인에게 명상은 일종의 놀이와도 같다. 이 놀이는 그 제재를 그다지 중시하지 않음에도 세계에서 가장 진지한 놀이에 해당한다. 중국인이 오직 주해를 가하는 데만 전념하는 것처럼 보일 때도 기실 그들의 사유는 명상의 제재에 실려 놀이 속에 침잠해 있다. 『역경』의 경구들은 번역된 상태로 보면 지극히 진부하고 통속적인 말처럼 들릴 수 있겠지만,——일부 서구인들에게 『성경』(聖經)의 「시편」이 그러하듯——이들은 가장 강직하고 자유로운 사유를 위한 자극제로 끊임없이 작용해왔다. 중국에서 사유는 지식이 아니라 수양을 지향한다. 모든 학습대상이 인격을 진작하는 데 도움이 된다고 믿는 중국인은 공부를 자신의 존재 전체가 걸린 놀이로 인식한다. 이렇듯 공부를 통한 자신의 존재 전체의 향상은 그 자체로 충분한 해방감과 자기성장에 대한 느낌을 제공한다. 고대현자들은 이 느낌을 생생히 체험하여 아주 적절하게 표현했는데, 중국인들에게는 오랜 기간 이들의 저술만으로도 충분했다.

정통유가가 승리를 거두고 난 후 오래도록 철학적 저술이 단절되었다 해서 사유가 잠들었던 것은 아니다. 모든 추론적 학문을 경시하며 오로지 수양에만 전념한 중국인으로서는——사유는 해방의 원천임을 스스로 느껴보라고 현자들이 알려주었으니——명상만으로도 충분했다.

결론

　자유로운 명상을 도와주는 제재들, 중국인이 그들의 현자들에게 요구하는 것은 단지 이러한 제재들이었을 뿐, 사상도 아니었으며 교리는 더더욱 아니었다. 중국인이 자신들에게 사유의 놀이를 일깨워준 고대의 대가들을 도가나 유가로 분류하는 문제는 크게 중요하지 않다. 정신해방의 기틀이 되는 제반 교습(敎習)의 목적이 절대독자(絶對獨者)로서 자아추구였건 인간 존엄성의 환기였건 이 또한 중요하지 않다. 왜냐하면 도가와 유가는 수련의 진정한 목적이나 방법론에서 서로 아무런 차이가 없기 때문이다. 언제나 도가와 유가의 관건이 된 것은 존재의 전인격적 훈육이었다. 이 훈육이 지향하는 것이 선(仙)의 경지이건 지혜이건, 또는 선경(仙境)의 열락(悅樂)을 통해 행해지든 인격을 고양하는 예의 실천을 통해 행해지든 간에, 출발점은 언제나 해방을 염원하는 마음이었다. 이러한 염원은 자유로운 정신을 추구하면서 완성되었다. 도가와 유가는 그 자체가 정통교리로 변질된 경우나, 교파나 관료계급의 이해관계로 말미암아 학설상 경직화를 빚게 되었을 경우조차도 늘 상호 수용정신에 입각한 절충주의를 지침으로 삼았다. 도가와 유가는 완벽한 지혜를 공동의 이상으로 내세웠다. 유가가 표방하는 지혜는 스토아학파의 금욕주의적 (하지만 종교성이 거의 결여된) 지혜에 한결 가까우며, 도가의 지혜는 에피쿠로스학파의 쾌락주의적 (하지만 과학에는 거의 유념하지 않은) 지혜에 더 가깝다. 그러나 기실 이 둘은 모두 공통된 하나의 이상인 완전한 자기인식——좀더 구체적으로는 자기통제——을 추구했다. 자기를 알고 나아가 (세계는 하나인 까닭에) 세계를 아는 데 기여하는 자기통제는 욕구와 욕망에서 해방됨으로써 가능했다. 권능한 존재로서 자아인식을 통해 얻게 되는 고양감의 원천은 결국 해방에 있다. 유가의 현자와 도가의 성인은 자신이 체득한 자기통제력이야말로 모든 통제력을 포월(包越)하기에 충분하다는 인식 아래 자신을 우주 전체로 펼쳐나간다. 이 통제력의 원천은 성심성의를 다하여 완수되는 예의 실천이나 자신의 존재 전체를 몰입해야 하는 놀이에 있었다. 사회에서 예의 전범(典範)들을 빌려오든, 자연에서 환락의 제재들을 빌려오든, 이는 모두 부차적인 문제일 뿐이다. 논쟁에서 관습의 우위를 선양하든 자연의 우위를 선양하든, 이 또한 부차적인 문제다.

수련 목적이 마음의 순화든, 인격의 고결화든 중요한 것은 욕구의 예속을 벗어나려는 내면적이고 총체적인 노력이다. 욕구를 인위적인 것으로 간주하든 자연적인 것으로 간주하든, 아니면 자연으로의 회귀를 시도하든 자연으로부터의 초월을 시도하든, 아니면 자연을 신성화하든 문명을 찬양하든, 아니면 도가의 자연주의를 표방하든 유가의 인문주의를 표방하든, 오직 중요한 것은 순수권능을 향한 자유로운 노력이다. 중국인은 매우 진지하면서도 순수한 놀이를 통해 선의 경지나 지혜에 도달하는 지고한 해방을 기대했다. 이 해방은 단순한 교리상의 구속이나 어떤 외적인 구속으로도 얻어질 수 없다.

중국인은 그들의 풍속과 기예, 문자, 지혜를 통해 극동 전역을 정복했다. 오늘날 극동 전역에 걸쳐, 약소국이든 신흥강국이든 중국문명과 단절을 기도할 수 있는 민족은 없을 것이다. 서구문명이 실용과학으로 영광을 누린다 할지언정, 중국문명의 위상은 여전히 높다. 르네상스를 기점으로 중국이 서구에 대한 기술적 우위를 잃었다고 하지만 그렇다고 중국문명의 위상이 손상된 것은 아니다. 예전에 중국이 여타 극동국가들에 대해 막대한 기술적 우위를 점하기는 했어도, 그와 같은 우위나 제국으로서 국력이 중국의 위상을 설명해준 것은 아니다. 중국의 위상을 지속적으로 지켜주는 원천은 다른 데에 기반한다. 극동국가들이 중국문명에서 차용하고 지켜내려던 것은 **삶에 대한 조예**, 즉 지혜였다. 중국이 정신적 권위를 확립한 시기는 하나의 제국으로 통합되어 영향력을 원격화하면서부터다. 중국인이 풍습의 원칙을 채택할 때 복고적인 보수주의에 입각한 것도 이 시기의 일이며, (상호보완적인 두 정통론이 형성되면서 철학적 저술이 중단되니) 오직 선조들의 지혜에만 기대려 한 것도 이 시기였다. 따라서 중국문명은 당시 성숙기에 이르렀던 것 같다. 중국문명을 규명해줄 수 있는 행동이나 사상, 상징체계에 대해 기술(記述)을 통해, 이후 중국문명이 거대한 인간집단을 오랫동안 지배할 수 있었던 조건을 제시하려면, 우리는 이 문명에 깃든 **정신적 권위**의 내적 특성들을 요약할 수 있어야 한다. 그리고 이 설명에 앞서 우리는 중국의 풍습에 깃든 정신을 규명하려는 시도가 얼마나 무모한 일인지 먼저 인식해야 한다. 사상사에 앞서 실증사를, 문학사에 앞서 사상사를 고찰해야 함은 다른 어느 국가에 대한 연구보다 특히 중국연구에서는 더욱 준수해야 할 원칙이다.

만약 중국연구에서 약간의 실증적 정신과 비판적 상상력만 갖춘다면, 우리는 중국이 우리에게 보여주려는 모든 것이 오직 문학으로 귀결됨을 인정할 것이다. 〔……〕 분명 정통주의와 보수주의가 국가와 개인 차원에서 어떤 뿌리깊은 생활방식을 유지하는 데 기여했음은 이론의 여지가 없다. 〔……〕 중국문명의 활력의 원천을 이루는 모든 것들은——삶의 기예들과 민속들은——문학적으로 증폭 윤색되는 가운데 은폐되었다. 〔……〕 고대의 수사적 해설들에 대해 옹호적인 우리의 이 해설은 얼마간 독자들에게 거부감을 불러일으킬 여지가 없지 않으니, 거부감을 갖는 자들은 관제화된 이 주해들이 제조 비밀 외에 아무것도 감추지 않은 광고문구 같다는 식의 악의어린 농담도 서슴지 않을 수 있다. 〔……〕 하지만 모든 문명은 각기 설명할 수 없는 어떤 측면이 있게 마련이니 자제를 요구할 권리도 지닌다. 만일 우리가 중국인의 생활을 침투해 들어가는 식으로 파고들지 않는다면 그들의 실제생활이 어떠했는지를 파악할 수 있는 길은 어디에도 없을 것이다. 〔……〕 맹목적으로 접근하는 자에게 환대받을 어떠한 가능성도 없을 것이며, (더욱 불행하게는) 정확히 인식하고 명철히 투시할 수 있는 기회조차 드물 것이다. 우리의 결론을 위해 중국문명의 가장 대표적인 특징을 기록해야 한다면, 서구 관점에서 무모함을 가장 최소화할 수 있는 부정적 양상을 소개하는 문구를 택하는 것이 적합할 것이다. 이제 우리는 이 부정적 양상에 입각하여 한 문구를 제시하려 한다. 주지되는 문명들 중 가장 거대하고 지속적인 문명을 규정하기보다는 위치 짓는 데 그 목적이 있는 이 문구는 서구인에게도 어느 정도 시사하는 바가 있을 것이다. 우리는 중국인이 어떠한 구속도 인정하려 하지 않아 단지 교리상의 구속일지라도 멀리했다는 사실을 강조하는 다음 문구를 통해 **중국풍습**에 깃든 **정신**을 특징짓는 데 만족하려 한다. 즉 중국인은 신(神)에 의한 구속도 법에 의한 구속도 거부한다.

우리는 흔히 중국인에게는 종교가 없었으며, 신화조차 거의 부재했다고 가르친다. 하지만 중국에서 **종교**는 더 이상 **법**이 아니며, 나아가 사회활동과 **차별화된 어떤 기능**도 아니다. 우리가 다른 문명들에 적용되는 틀에 여러 사실들을 집어넣지 않고 중국문명을 고찰한다면, 종교를 위해 별도 항목을 설정할 필요가 없을 것이다. 신성함에 대한 생각은 중국인의 생활 속에서 지대한 역할을 한다. 하지만 숭배 대상은 (엄밀한 의미에서의) 신들이 아니다. 정치적 함의를 지닌 신화가 빚어낸 현학적 산물인 상제(上帝)는 문학적 존재로서의 면모에 불과하다. 뭇 궁중 시인들이 노래한 왕조의 수호신 상제는, 묵자의 **신정론적**(神政論的) **포교활동**이 실패로 끝났다는 사실이 어느 정도 입증하는 것처럼, '소인들' 사이에서는 결코 널리 신봉되지 못했다. 유가나 도가는 상제에게 어떠한 중요성도 부여하지 않았다. 유가에서는 현자들이, 도가에서는 신선들이 신성시된 유일한 존재였다. 그리고 일반민중이 신성시한 존재는 여러 도사(道師)들과 시조들과 군주들이었다. 중국의 신화들은 **영웅들의 신화**였다. 사가들이 상고시대 전설적 영웅들을 별다른 제약없이 단순한 위인들로 소개할 수 있었던 것은 이 영웅들이 어떤 존엄성에 따른 고립된 존재인 신이 아니었다는 점에 기인한다. 그 단적인 예로, 촌부들에 이르기까지 널리 신봉되어 지신(地神)으로 모셔졌던 한 학파의 시조를 들 수 있다. 이렇듯 중국인이 생각했던 신은 인간과 상이한 본질을 지닌 이질적 존재가 아니었다. 우주는 하나다. 중국인에게서 영혼주의적 성향을 찾는다는 것은 거의 불가능하다. 기껏 우리는 중국인의 민속신앙에서 유동적 정령신앙의 흔적을 찾아볼 수 있을 따름이다. 중국인은 유령, 사자(死者)의 혼령, 복수의 귀신과 각양의 도깨비들이 있다고 굳게 믿었다. 이것들은 어느 순간에는 두려움의 대상이 되기도 했지만, 궁극적으로는 무속의 굿을 통해 쫓아낼 수 있는 것들로서 재미있는 이야깃거리를 제공했다. 모든 현자는 공격적이기보다는 온유함에 바탕을 둔 철저한 무신론자들이었다. 그들은 촌부들의 생활을 엮어내는 순박한 양상의 일화들을 들려준다.[1] 이렇듯 사유는 신들에 의해 점유되지 않았다. 각기 다른 신들을 신봉하던 종교집단마다 신봉자들의 수는 제한되어, 지역적으로 그리고 일시적으로 존속했다. 즉 축제가 끝남과 동시에 신도 사라졌다. 신들을 지탱해주는 것은 없었다. 조직화된 사제단은 존재하지 않았으며,[2] 신들에게도 초월성은 없었다. 신들은 지나치게 구체적이고 특이했기 때문에 지고한 인격체로 군림하지 못했다. 어떠한 현자도 영혼주의적 성향이나 인격주의적 성향을 보이지 않는다. 현학적 사유 속에 잔존하는 신비적 사실주의 요소들은 쉽게 불가지론이나 실증주의로 바뀔 수 있다. 기적이나 경이로운 존재들을 유발하지 않기 위해서라도 그것들에 대한 언급 자체를 기피하는 자라면, 그것들이 발생하리라는 생각마저 이내 그의 머리 속에서 사라지게 되리라. 중국인은 (신성함을 그들의 생각에서

---

1) 이에 대한 예로 우리는 순자(21)에 실려 있는 한 바보의 일화를 들 수 있다. 달빛 아래서 거닐다 자신의 그림자를 보고 겁에 질린 그는 더 이상 자신의 그림자를 보지 않으려고 위만 쳐다보다 자신의 머릿결을 보고 한 거대한 혼령으로 착각하여 "줄행랑을 쳤다. 숨이 넘어갈 듯 헐떡거리며 집에 도착한 그는 애석하게도 숨을 거두고 말았다!"

2) 이와 상반된 견해로는 Schindler, *Das Priestertum im alten China*와 이를 따르고 있는 마스페로의 *La Chine antique*, 187쪽 이하를 참조할 것.

의도적으로 제거하기보다는) 평온하고도 친근한 태도로 신성함을 대했으며, 신성을 내재적인——일시적이고 비영속적이긴 하지만 심층으로 파고드는——것으로 느꼈다. 이렇듯 일시적인 느낌에 의한 신성함의 내재성은——미신적 풍속의 예술적 (또는 정치적) 활용을 용이하게 해줄 뿐만 아니라——신비주의를 조성하는 데도 분명히 기여한다. 공자는 이따금 어떤 친숙한 신령의 방문을 받았다고 하며, 또 도가의 인물들에게는 간혹 도의 내밀함 속으로 들어가는 순간이 찾아왔다고 한다. 하지만 그들은 도를 어떤 초월적인 실재로 생각하지 않았으며, 공자에게 친숙한 신령 또한 역사적 한 인물에 불과했다. 이 인물은 지혜의 비개인적 전통을 대변하며, 도(道)는 모든 선(仙)의 비개인적인 원리다. 유가는 기도문 속에 어떠한 개인적 요소가 스며드는 것을 허용하지 않았으며, 황홀경에 침잠한 도가의 인물들은 판에 박힌 게송(偈頌)만을 되풀이했다. 고대 중국현자들 가운데 신의 상벌에 의하여 풍습의 규칙을 세우려 했던 자는 (만일 우리가 묵자를 자신의 수사에 대한 믿음을 지녔던 포교자로 인정한다면) 묵자를 제외하고는 아무도 없었다. 신은 실재성이 없는 시공으로 축출되어 인간에게서 멀어졌음에도 그로부터 위대함을 얻기는커녕, 신의 영광을 위해 전념하는 사제단의 부재로 권능마저 상실 당한 채——때로는 지나치게 친근하여 대개는 간과해버리는——일시성만을 지닌다. 신들은 중국인에게 신성함에 대한 감동적인 표상으로 다가오지 않았던 까닭에, 그들은 신성함을 윤리와 지혜의 원리로 삼으려 하지 않았다. 중국인의 지혜는 오로지 인간적인, 독립적인 지혜다. 신에 대한 사상이 그들의 지혜에 기여한 것은 아무것도 없다.

중국인이 추상적 상징을 추구하는 경우는 거의 드물다. 그들은 시간과 공간을 오직 기회와 위치로만 파악한다. 우주의 질서를 형성하는 것은 상호의존과 연대성이다. 중국인은 인간이 자연에서 별도 세계를 형성할 수 있다고 여기지 않으며 정신이 물질과 구별된다고도 생각하지 않는다. 누구도 인간적인 것과 자연적인 것을 대립관계로, 나아가 이 둘의 관계를 자연적인 것과 규정된 것의 대립관계로 보지 않았다. 자연으로 회귀를 권장하는 도가사상 속에는 문명이 거짓된 편견에 의해 아직 변질되지 않은 진정한 인간질서와 행복한 사회에 상반되는 것으로서 공격된다. 그렇다고 도가의 개인주의가 자연적인 것과 사회적인 것을 철저히 대립시키는 그러한 개인주의는 아니다. 그리고 우애로운 교분이나 역할분담의 이점을 선양하는 유가사상에서, 사회생활이 자기향상을 도모한다는 생각도 사회적인 것과 자연적인 것의 철저한 대립관계를 설정하는 것으로 귀착되지 않는다. 전술했듯이, 선의 경지를 이상으로 하는 도가와 인격의 고결화를 이상으로 하는 유가의 차이는 표면적일 뿐이다. 놀이와 예의 분리도 이 표면적 차이에 불과하다. 도가나 유가 모두 놀이와 예의 친연성을 부정하지 않았다. 이 둘은 놀이에 예의 효능성을 실어주는 한편으로 예에서도 놀이의 의미를 제거하려 하지 않았다. 예는 성심을 다할 것을 요구하며, 놀이는 규칙과 최소한의 본보기를 요구한다. 도가는 독립성의 효능성을, 유가는 위계질서의 효능성을 강조한다. 하지만 둘 모두 구현하려는 이상 —— 황금시대, 지혜의 군림 —— 은 언제나 화합, 좀더 구체적으로 사람간의 화합, 사람과 자연 간의 화합이었다. 사물뿐만 아니라 인간의 측면에서 이 화합은, 결코 절대적 명시체계인 법에 그 토대를 둘 수 없는 어떤 유연한 상호의존에 입각한 연대체계다. 중국인은 구체적인 것이나 경우적인 것을 매우 중시하여 인간의 질서와 자연의 질서가 너무도 밀접한 연대성을 지닌다고 보았기에 모든 질서의 원리도 의무성 내지 필연성을 지닐 수 없었다.

자연이나 사유에서도 본질적으로 상반된 것보다는 단순한 상황의 차이에서 비롯하는 대립적 양상들만을 찾아낸다. 이렇듯 도가의 자연주의적 금욕주의는 어떠한 단정적 금계(禁戒)나 권계(勸戒)를 내포하지 않으며, 유가의 예법도 절대적 명령이나 엄격한 금기를 내포하지 않는다. 적합성이 모든 것을 좌우하니, 모든 것은 범절(凡節)을 관건으로 한다. 법이나 추상적인 것, 그리고 절대적인 것은 —— 우주는 하나이기에 —— 자연과 사회에서 배제된다. 법가와 변증사상가들에 대한 집요한 반감은 여기에서 나온다. 아울러 획일성을 시사하는 모든 것에 대한 멸시, 연역이나 귀납처럼 구속적인 형태의 추론이나 사변을 정착시키는 모든 것에 대한 경시, 사유와 사물과 인간을 다스리는 데 기계적이거나 양적(量的)인 것만을 주입하려는 모든 경향에 대한 부정의 태도가 여기서 비롯한다. 중국인은 모든 개념, 심지어 수(數)개념과 운명에 대한 개념에조차, 놀이 가능성을 열어두는 어떤 구체적인 것과 미정의 것을 보존하려 한다. 그들은 본보기를 대하듯 규칙을 대한다. 중국의 질서개념은 모든 측면에서 법개념을 배제한다.

서구인들은 중국인의 군집본능을 즐겨 거론하면서 그들의 무질서한 성향을 부각하려 한다. 사실 중국인의 집체의식과 개인주의는 촌부들의 자질이다. 그들의 질서관은 화합에 대한 건실하고도 토속적인 생각의 발로다. 법가는 실패했으나 도가와 유가는 함께 발전했다는 점은 이를 입증한다.──행정적 간섭, 강압적 평등주의, 추상적 규약과 제도에 의해 파손되는[3]──이러한 화합에 대한 생각은 (아마도 개인에 따라 차이는 있겠지만 대체로 거의 대동소이한) 일종의 독립의지, 그리고 이 의지에 못지않게 열정적인 동지애와 우애를 향한 욕구에 의거한다. 국가와 교리와 법은 질서에 아무런 도움도 주지 못한다.

중국인은 질서를, 추상적 명령체계나 추상적 추론체계에 의해 확립될 수 없는 크나큰 평화(太平)의 양상으로 생각한다. 이 평화가 도처에 뿌리내리기 위해서는 실제적인 범절, 자발적인 연대감, 자유로운 위계질서에 대한 첨예한 의식(意識)을 요구하는 상호수용의 추구가 필수적이다. 중국의 논리는 엄격한 종속논리가 아니라 유연한 위계질서의 논리다. 중국인은 질서개념에 이 개념의 출원지인 여러 형상들과 감정들이 구체적으로 포함하는 모든 것들을 보지하려 했다. 중국인이 질서개념에 도를 상징으로 부여하여 도를 모든 독립성과 일체 조화의 원리로 간주하든, 또는 질서개념에 이(理)를 상징으로 부여하여 이를 공평한 모든 위계질서나 분배의 원리로 간주하든지 간에, 질서개념에는 이해와 화합

---

3) 화폐상의 규약처럼 도량형상의 규약.

이야말로 자신의 내면과 주위의 평화를 구현하는 길이라는 생각——물론 아주 치밀하면서도 그 토대인 향촌생활에 밀접하게 닿아 있는 생각——이 담겨 있다. 중국의 모든 지혜는 이 생각에서 비롯한다. 그들의 지혜가 다소 신비주의적 색조를 띠는지 또는 실증주의적 색조를 띠는지, 아니면 다소 자연주의적 영감의 발로인지 또는 인문주의적 영감의 발로인지 하는 것은 그다지 중요하지 않다. 우리는 중국의 모든 학파를 통해 우주화합의 원리가 보편적 가지성의 원리와 동일하다는 사상을,——구체성과 그에 따른 효능성만을 간직한 상징들로 표현된 사상을——찾아볼 수 있다. 모든 앎, 모든 권능은 이(理)나 도(道)에서 비롯한다. 모든 군주는 성인이나 현자여야 한다. 모든 권위의 토대는 이성(理性)이다.

그라네 당대의 중국학 주요 도서목록

정기간행물과 그 약자

Asia Major	As.Maj.
Bulletin de l'École française d'Extrême-Orient	BEFEO
China Review	ChR
Journal Asiatique	JA
Journal of the Peking Oriental Society	JPOS
Journal of the Royal Asiatic Society	JRAS
Mémoires concernant l'Asie orientale	MAO
Mitteilungen des Seminars für orientalische Sprachen	MSOS
New China Review	NChR
Ostasiatische Zeitschrift	OZ
Ostasiatische Studien	OS
Shinagaku	Sh
T'oung pao	TP
Variétés sinologiques	VS

저서와 연구 논문

Anderson(J.G.), *An early Chinese culture*, Pékin, 1923.

────── *Preliminary report on archaeological research in Kansu*, Pékin, 1925.

Ardenne de Tizac(H.D'), *L'art chinois classique*, Paris, 1926.

Arne, *Painted stone age pottery from the Province of Honan, China*, Pékin, 1925.

Ashton(L.), *An introduction to the study of Chinese sculpture*, Londres, 1924.

Aurousseau(L.), *La première conquête chinoise des pays annamites*, *BEFEO*, 1923.

Biot(E.), *Le Tcheou li ou les Rites des Tcheou*, Paris, 1851.

―――― *Recherches sur les mœurs des anciens Chinois d'après le Che king*(*JA*, 1843).

Black, *The human skeleton remains from Sha kuo t'un*, Pékin, 1925.

―――― *A note on physical characters of the prehistoric Kansu race*, Pékin, 1925.

Bœrschan(E.), *Chinesische Architektur*, Berlin, 1926.

Bretschneider, *Botanicon Sinicum*(*J. of the China Branch of the R.A.S.*, XXV).

Bushell(S.W.), *Chinese Art*, Londres, 1914.

Chalfant, *Early chinese writing*, Chicago, 1906.

Chavannes(Ed.), *Les mémoires historiques de Se-ma Ts'ien*, 5 v., Paris, 1895～1905.

―――― *La sculpture sur pierre au temps des deux dynasties Han*, Paris, 1893.

―――― *Le T'ai chan*, Paris, 1910.

―――― *Mission archéologique dans la Chine septentrionale*, Paris, 1913.

―――― *Le jet des Dragons*(*MAO*, III), Paris, 1919.

―――― *Confucius*(*Revue de Paris*, 1903).

―――― *La divination par l'écaille de tortue dans la haute antiquité chinoise d'après un livre de M. Lo Tchen-yu*(*JA*, 1911).

Chavannes(Ed.), *Trois généraux chinois de la dynastie Han*(*TP*, 1906).

―――― *Les documents chinois découverts par Aurel Stein dans les sables du Turkestan*, Oxford, 1913.

―――― *De l'expression des vœux dans l'art populaire chinois*, Paris, 1922.

Conrady, *China*, Berlin, 1902.

Cordier(H.), *Histoire générale de la Chine et de ses relations avec les pays étrangers*, Paris, 1920.

Demiéville(P.), C.R. Tchang Hong-Tchao, Che ya, *Lapidarium sinicum* (*BEFEO*, 1924).

———— *La méthode d'architecture de Li Ming-Tchong des Song*(*BEFEO*, 1925).

———— Hou-Che, *Tch'ang che tsi*(*BEFEO*, 1924).

Dubs(H.H.), *The works of Hsüntze*, Londres, 1927.

Duyvendack(J.I.L.), *The book of Lord Shang*, Londres, 1928.

———— *Études de philosophie chinoise*(*Rev.philos*, 1903).

Dvorak(R.), *China's Religionen*, Munster, 1903.

Edkins, *The evolution of chinese language*(*JPOS*, 1887).

Erkes, *Das Weltbild des Huai-nan-tze*(*OZ*, 1917).

———— *Das älteste Dokument z. chines. u. Kunstgeschichte: T'ien-wen; die 'Himmelsfragen' des K'üh Yuan*, Leipzig, 1928.

Escarra et Germain, *La conception de la loi et les théories des légistes à la veille des Ts'in*, Pékin, 1925.

Études asiatiques, publiées à l'occasion du XXVe anniversaire de l'École française d'Extrême-Orient, Paris, 1925.

Forke(A.), *Lun-Heng. Selected Essays of the philosopher Wang Ch'ung* (*MSOS*, 1911).

Forke(A.), *Mo Ti, des Socialethikers und seiner Schüler philosophische Werke*(*MSOS*, 1923).

———— *The world conception of the Chinese*, Londres, 1925.

———— *Yang Chu, the Epicurian in his relation to Lieh-tse the Pantheist* (*JPOS*, III).

———— *Geschichte der altern chinesischen Philosophie*, Hambourg, 1927.

———— *Der Ursprung der Chinesen*.

Franke(A.), *Das Confuzianische Dogma und die chinesische Staatsreligion*, 1920.

Fujita, *The River Huang in the Reign of Yu*(*Sh.*, 1921).

Gabelentz(von der), *Beitrage z. chines. Grammatik*(*Abhandl. d.*

Sachsischen Gesells. f. Wissens., 1888).

—— *Confucius und seine Lehre*, Leipzig, 1888.

Giesler, *La tablette* Tsong *du* Tcheou li(Rev. Arch., 1915).

Giles(H.A.), *History of chinese literature*, Londres, 1901.

Giles, *Chuang Tsu, mystic moralist and social reformer*, Londres, 1889.

—— *Lao Tzu and the* Tao tê king(*Adversaria sinica*, III).

—— *The remains of Lao Tzu*(*ChR*, 1886~89).

—— *Religion of ancient China*, Londres, 1905.

—— *Confucianism and its rivals*, Londres, 1915.

Granet(M.), *Fétes et chansons anciennes de la Chine,* Paris, 1919.

—— *La Polygynie sororale et le Sororat dans la Chine féodale*, Paris, 1920.

—— *La religion des Chinois*, Paris, 1922.

—— *Danses et légendes de la Chine ancienne*, Paris, 1926.

Granet(M.), *Coutumes matrimoniales de la Chine antique*(*TP*, 1912).

—— *Quelques particularités de la langue et de la penseé chinoises* (*Rev.philos.*, 1920).

—— *La vie et la mort, croyances et doctrines de l'antiquité chinoise* (*Ann. de l'Éc. des Hautes Études*, 1920).

—— *La dépôt de l'enfant sur le sol*(*Rev. arch.*, 1922).

—— *Le langage de la douleur d'après le rituel funéraire de la Chine classique*(*Rev. de Psychologie*, 1922).

Grousset(R.), *Histoire de l'Asie*, Paris, 1922.

Grott(J.-J.-M. De), *The religious system of China*, Leyde, 1892~1921.

—— *The religion of the Chinese*, New York, 1910.

—— *Universismus*, Berlin, 1918.

—— *Sectarianism and religious persecution in China*, Amsterdam, 1903.

—— *Chinesische Urkunden z. Gesch. Asiens*, 1921.

Grube, *Geschichte der chinesischen Literatur*, Leipzig, 1902.

—— *Die Religion der alten Chinesen*, Tübingen, 1908.

———— *Religion und Cultus der Chinesen*, Leipzig, 1908.

Hackmann(H.), *Chinesische philosophie*, Munich, 1927.

Haloun(G.), *Contribution to the history of the clan settlement in ancient China*(*As. Maj.*, 1924).

———— *Seit wann kannten die Chinesen die Tocharer*(*As. Maj.*, 1926).

Hauer, *Die chinesische Dichtung*, Berlin, 1909.

Havret et Chambeau, *Notes concernant la chronologie chinoise*(*VS*, 1920).

Hirth, *The ancient history of China to the end of the Chou Dynasty*, New York, 1909.

Hirth, *Chinese metallic mirrors*, New York, 1906.

Honda, *On the date of compilation of the* Yi King(*Sh.*, 1921).

Hopkins, *Chinese writings in the Chou Dynasty on the light of recent discoveries*(*JRAS*, 1911).

———— *Metamorphic stylisation and the sabotage of signification, a study in ancient and modern chinese writing*(*JRAS*, 1925).

Hu Shih, *The development of logical method in ancient China*, Changhaï, 1922.

Imbault-Huart, *La légende des premiers papes taoïstes*(*JA*, 1884).

Karlgren(B.), *Études sur la phonologie chinoise*, Leyde et Stockholm, 1913.

———— *Sound and symbol in China*, Londres, 1923.

———— *Analytic Dictionary*, Paris, 1923.

———— *On the authenticity and nature of the Tso chuan*, Göteborg, 1926.

———— *Philology and ancient China*, Oslo, 1926.

———— *Le protochinois, langue flexionnelle*(*JA*, 1920).

Laloy(L.), *La musique chinoise*, Paris.

Laufer(B.), *Jade, a study in chinese archaeology and religion*, Chicago, 1912.

———— *Chinese Pottery of the Han Dynasty*, Leyde, 1909.

———— *Ethnographische Sagen der Chinesen*(*in* Festschrif. f. Kuhn).

Liang Chi-Chao, *History of Chinese political thought*(traduction by L.T. Chen), Londres, 1930.

Mailla(le P. De), *Histoire générale de la Chine*, traduite du Tong-kien-kang-mou, Paris, 1777~89.

Martin, *Diplomacy in ancient China*(*JPOS*, 1889).

Maspero(H.), *La Chine antique*, Paris, 1927.

——— *Les origines de la civilisation chinoise*(*Ann. de géographie*, 1926).

——— *Les légendes mythologiques dans le* Chou king(*JA*, 1924).

——— *Notes sur la logique de Mö tseu*(*TP*, 1927).

——— *Le mot ming*(*JA*, 1927).

——— *Le saint et la vie mystique chez Lao-tseu et Tchouang-tseu*(*Bull. de l'Assoc. franç. des amis de l'Orient*, 1922).

——— *Le songe et l'ambassade de l'empereur Ming*(*BEFEO*, 1910).

Masson-Oursel(P.), *La philosophie comparée*, Paris, 1923.

——— *Études de logique comparée*(*Rev. philos.*, 1917).

——— *La démonstration confucéenne*(*Rev. d'hist. des relig.*, 1916).

Masson-Oursel et Kia Kien-Tchou, *Yin Wen-tseu*(*TP*, 1914).

Mayers, *Chinese reader's manual*.

Mémoires concernant les Chinois, par les missionnaires de Pékin, Paris, 1776~1814.

Mestre(E.), *Quelques résultats d'une comparaison entre les caractères chinois modernes et les siao-tchouan*, Paris, 1925.

Naito, *On the compilation of the* Shoo king(*Sh.*, 1923).

Parker, *Kwan-tze*(*NChR*, 1921).

——— *Hwai-nan-tze*(*NChR*, 1919).

Pelliot(P.), Le Chou king *en caractères anciens et le* Chang chou che wen (*MAO*), Paris, 1919.

——— *Jades archaïques de la collection* C.T. Loo. Paris, 1921.

——— *Notes sur les anciens itinéraires chinois dans l'Orient romain*(*JA*, 1921).

——— *Meou tseu ou les Doutes levés*(*TP*, 1918~19).

Plath, *Fremde barbarische Stämme in alten China*, Munich, 1874.

Przyluski, *Le sino-tibétain*(*in* Langues du monde, Paris, 1924).

Richthofen, *China*, Berlin, 1877~1912.

Rosthorn, *Geschichte China*, Stuttgart, 1923.

Saussure(L. De), *Les Origines de l'astronomie chinoise*, Paris, 1930.

Schindler(B.), *On the travel, wayside, and wing offerings in ancient China*(*AS. Maj.*, I).

────── *The development of Chinese conception of Supreme Beings*(*AS. Maj.*, 1923).

────── *Das Priestertum im alten China*, Leipzig, 1919.

Schmitt(E.), *Die Grundlagen der chinesischen Che*, 1927.

Steele(J.), *I Li, or the Book of Etiquette and Ceremonial*, Londres, 1917.

Suzuki, *A brief history of early chinese philosophy*, Londres, 1914.

Tchang Fong, *Recherches sur les os du Ho-nan et quelques caractères de l'écriture ancienne*, Paris, 1925.

Tchang(le P. M.), *Synchronismes chinois*(*VS*, 1905).

Terrien de Lacouperie, *Western Origin of chinese civilization*, Londres, 1894.

────── *Languages of China before the Chinese*, Londres, 1887.

Tscheppe(le P.), *Histoire du royaume de Wou*(*VS*, 1896).

────── *Histoire du royaume de Tch'ou*(*VS*, 1903).

────── *Histoire du royaume de Ts'in*(*VS*, 1909).

────── *Histoire du royaume de Tsin*(*VS*, 1910).

────── *Histoire des trois royaumes de Han, Wei et Tchao*(*VS*, 1910).

Tucci(G.), *Storia della filosofia cinese antica*, Bologne, 1922.

Umehara, *Deux grandes découvertes archéologiques en Corée*(*Rev. des Arts asiatiques*, 1926).

Visser(M.W. De), *The Dragon, in China and Japan*, Amsterdam, 1913.

Voretzch(E.-A), *Altchinesische Bronzen*, Berlin, 1924.

Waley(A.), *The Temple and others Poems*, Londres, 1923.

Wedemayer, *Schauplätze und Vorgänge der alten chinesischen*

Geschichte(*AS. Maj.*, Prel. V).

Werner(E.T.C.), *Myths and legends of China*, Londres, 1924.

Wieger(le P. L.), *Histoire des croyances religienses et des opinions philosophiques en Chine, depuis l'origine jusqu'à nos jours*, Hien-hien, 1917.

———— *Les Pères du système taoïste*, Hien-hien, 1913.

———— *La Chine à travers les âges*, Hien-hien, 1920.

———— *Textes historiques*, Ho-kien-fou, 1902.

———— *Caractères*(*Rudiments*, V, 12), Ho-kien-fou, 1903.

Wilhelm(R.), *Dchuang dsi, das wahre Buch vom südlischen Blütenland*, Iéna, 1920.

———— *Lia dsi, das wahre Buch vom quellenden Urgrund*, Iéna, 1921.

———— *Lu Puch-wei, Frühling und Herbst*, Iéna, 1927.

Woo Kang, *Les trois théories politiques du Tch'ouen ts'ieou*, Paris, 1932.

Wylie, *Notes on Chinese literature*, Changhaï, 1902.

Yuan(Chaucer), *La philosophie politique de Mencius*, Paris, 1927.

Zach(E. von), *Lexicographische Beiträge*, Pékin, 1902.

Zottoli(le P.), *Cursus litteraturae sinicae*, Changhaï, 1879~82.

보충 참고문헌(1947년 이전)

Alexéiev(B.), *La littérature chinoise*, Paris, 1937.

Andersson(J.G.), *Children of the Yellow Earth, Studies in Prehistoric China*, Londres, 1934.

Andersson(J.G.), *Researches into the Prehistory of the Chinese*, Stockholm, 1943.

Balazs(St.), *Beiträge zur Wirtschaftsgeschichte der T'ang-Zeit*(*618~906*) (*MSOS*, 1931~33).

Creel(H.G.), *The Birth of China, a Survey of the Formative Period of Chinese Civilization*, New York, 1936〔trad. fr., *La naissance de la Chine*, Paris, 1937〕.

Dubs(H.H.), *The History of the Former Han Dynasty*, 2 vol., Baltimore,

1938~44.

Duyvendak(J.J.L.), *The Book of Lord Shang, a Classic of the Chinese School of Law*, Londres, 1928.

Escarra(J.), *Le droit chinois*, Pékin-Paris, 1936.

Franke(O.), *Geschichte des chinesischen Reiches*, 3 vol., Berlin-Leipzig, 1930~37.

Fung(Yu-lan), *A History of Chinese Philosophy, The Period of the philosophers*, translated by Derk Bodde, Pékin-Londres, 1937.

Granet(M.), *La droite et la gauche en Chine(Bull. de l'inst. fr. de sociologie*, 1933).

────── *Catégories matrimoniales et relations de proximité dans la Chine ancienne*, Paris, 1939.

Grousset(R.), *La Chine jusqu'à la conquête mongole. L'empire mongol* (dans *Histoire du Monde*[Cavaignac], t. VIII, l^{re} partie, Paris, 1941).

────── *Histoire de la Chine*, Paris, 1942.

Hu(Shih), *The Chinese Renaissance*, Chicago, 1934.

Karlgren(B.), *Yin and Chou in Chinese Bronzes*, Stockholm, 1935.

────── *Legends and Cults in Ancient China*, Stockholm, 1946.

Maspero(H.), *La vie privée en Chine à l'époque des Han(Revue des Arts Asiatiques*, Paris, 1932).

Maspero(H.), *Les régimes fonciers en Chine(Recueil de la Soc. Jean Bodin*, Bruxelles, 1937).

────── *Les procédés de 'nourrir le principe vital' dans la religion taoïste ancienne(JA*, 1937).

────── *Les instruments astronomiques des Chinois au temps des Han* (*Mélanges chinois et bouddhiques*, Bruges, 1939).

Pelliot(P.), *La Haute Asie*, Paris, 1931.

────── *The Royal Tombs of Anyang(Studies in Chinese Art*, Londres, 1936).

Rotours(R. des), *Le Traité des Examens, traduit de la Nouvelle Histoire des T'ang*, Paris, 1932.

———— *Traité des Fonctionnaires et Traité de l'Armée, traduits de la Nouvelle Histoire des T'ang*, 2 vol., Leyde, 1947.

Stein (R.), *Jardins en miniature d'Extrême-Orient, le monde en petit* (*BEFEO*, 1943).

Teilhard de Chardin (P.), *Le néolithique de la Chine*, Pékin, 1944.

Waley (O.), *Three Ways of Thought in Ancient China*, Londres, 1939.

Woo (Kang), *Les trois théories politiques du Tch'ouen ts'ieou interprétées par Tong Tchong-chou*, Paris, 1932.

그라네 사후의 중국학 주요 도서목록

그라네의 『중국문명』(1929)과 『중국사유』(1934)는 고고학, 민속학, 금석학 관련 자료와 연구상태가 극히 미진한 시기에 쓰였다. 그라네가 자신의 가설을 토대로 전개해야 했던 중국학 분야들은 1934년 이후 상당한 성과를 얻게 되었다. 이러한 성과는 아래 보충 참고 목록서들, 고고학적 발견들에 주어진 많은 저작들을 통해 반영되고 있다.

정기간행물과 그 약자

Artibus Asiae	*AA*
Art Bulletin	*AB*
Antiquity	*AQ*
Annales de l'Est(Faculté des Lettres de Nancy)	*AEST*
Bulletin of the Museum of Far Eastern Antiquities(Stockholm)	
	BMFEA
Bulletin of the National Association Watch and Clocks Collectors	
(U.S.A.)	*BNAWCC*
Bulletin de l'Université Aurore(Changhai)	*BUA*
Berichte ü. d. Verhandl. d. Sächs. Akad. Wiss.(Leipzig)	*BUSAW/PH*
China Journal of Science and Arts	*CJ*
China Reconstructs	*CREC*
China Trade and Engineering	*CTE*
Economic History Review	*EHR*
Field Museum of Natural History Publications(Chicago)	
Anthropological Series	*FMNHP/AS*

Gazette des Beaux-Arts	*GBA*
Geschichte in Wisseschaft u. Unterricht	*GWU*
Havard Journal of Asiatic Studies	*HJAS*
Horological Journal	*HOROJ*
Isis	*ISIS*
Journal of the American Oriental Society	*JAOS*
Journal of Economic History	*JEH*
Journal of the History of Medicine and Allied Sciences	*JHMAS*
Journal of the North China Branch of the Royal Asiatic Society	
	JRAS/NCB
Journal of the West China Border Research Society	*JWCBRS*
Monumenta Serica	*MS*
Natur u. Kultur(Munich)	*NUK*
Ostasiatische Zeitschrift	*OAZ*
Transactions of the Oriental Ceramic Society	*Tr. OCS*
Oriental Art	*ORA*
Orient	*ORT*
People's China	*PC*
Saeculum	*SAE*
Studia Serica(West China Union University Literary and Historical Journal)	
	SSE
Transactions of the Newcomen Society	*TNS*
T'oung Pao(Leyde)	*TP*
Zeitschrift d. deutsch. Morgenländischen Gesellschaft	*ZDMG*

참고문헌

Ackerman(P.), *Ritual Bronzes of Ancient China*, New York, 1945.

Ameisenowa(Z.), *Some Neglected Representations of the Harmony of the Universe* (*GBA*, 1958).

Andersson(J.G.), *Prehistoric Sites in Honan* (*BMFEA*, 19, 1947).

—— *Symbolism in the Prehistoric Painted Ceramics of China* (*BMFEA*, 1, 1929).

—— *Researches into the Prehistory of China* (*BMFEA*, 1943).

Arne(T.J.), *Painted Stone-Age Pottery from the Province of Honan, China*, Pekin, 1934. *Geological Survey of China*.

Balazs(E.), *La crise Sociale et la Philosophie Politique à la fin des Han* (*TP*, 1949~50).

Balazs(E.), etc., *Aspects de la Chine*, Paris, 1959.

Bachhofer(L.), *A Short History of Chinese Art*, Londres, 1944.

—— *The Evolution of Shang and Earty Chou Bronzes* (*BA*, Juin 1944, 107-16).

Becker(B.), *Music in the Life of Ancient China*, Chicago, 1957.

Beasley & Pulleyblank, *Historians of China and Japan*, Londres, 1961.

Bielenstein(H.), *The Restoration of the Han Dynasty* (*BMFEA*, XXVI (1954), XXXI(1959)).

Bishop(C.W.), *Chronology of Ancient China* (*JAOS*, 52, 232).

—— *Beginnings of Civilization in Eastern Asia* (*AQ*, 1940).

Blakney(R.B.), *The Way of Life, A New Translation of the Tao te ching*, New York, 1955.

Bodde(D.), *The Chinese Cosmic Magic known as 'Watching for the Ethers'*, Copenhague(*SSE*, 1959).

Bulling(A.), *Descriptive Representations in the Art of the Ch'in and Han Period*, Cambridge, 1949.

———— *Umbrella Motifs in the Decoration of Chou and Han Metal Mirrors*, Cambridge, 1954.

———— *The Meaning of China's most Ancient Art. An Interpretation of Pottery Patterns from Kansu and their Development in the Shang, Chou and Han Periods*, Leyde, 1952.

———— *The Decoration of some Mirrors of the Chou and Han Periods* (*AA*, 1955, 18, 20).

———— *The Decoration of Mirrors of the Han Periods*(*AA*, Ascona, 1960).

———— *A Bronze Cart of Chou or Han*(*ORA*, 1955).

Burford(A.), *Heavy Transport in Classical Antiquity*(*EHR*, 1960).

Cable(M.) et French(F.), *China, her Life and her People*, Londres, 1946.

Chang(C.), *The Development of Neo-Confucian Thought.* Préface de A. W. Hummel, New York, 1957.

Chang Kwang-Chih, *The Archaeology of Ancient China*, Yale, 1953.

Chang Yu-Che, *Chang Hêng, Astronomer*(*PC*, 1956).

Chatley(H.), *The Development of Mechanisms in Ancient China*(*TNS*, 1942, 22, 117).

———— *The Origin and Diffusion of Chinese Culture*, Londres, 1947.

Cheng Te-k'un, *Travels of the Emperor Mu*(*JRAS/NCB*, 64–65).

———— *Archaeology in China*(Cambridge). vol.1: *Prehistoric China*, 1959; vol.2: *Shang China*, 1960; vol.3: *Chou China*, 1963; vol.4: *Han China*, non encore paru.

———— *The Carving of Jade in the Shang Period*(*Tr. OCS*, 1954~55)

Chesneaux(J.) et Needham(J.), *La Science en Chine, in* Histoire Générale des Sciences, publiée sous la direction de R. Taton, Paris, 1958.

Chang Shao-Yuan, *Le Voyage dans la Chine Ancienne, considéré principalement sous son Aspect Magique et Religieux*, Changhai, 1937.

Chiang Yee, *Chinese Calligraphy*, Londres, 1958.

Cohn(W.), *Chinese Painting*, Londres, 1948.

Combridge(J.H.), *The Celestial Balance, A Pratical Reconstruction* (*HORJ*, 1962).

Greel(H.G.), *Confucius, the Man and the Myth*, New York, 1949.

────── *Bronze Inscriptions of the Western Chou Dynasts as Historical Documents*(*JAOS*, 1936).

────── *Studies in Early Chou Culture*, Baltimore, 1937.

Chang Ch'i-Yun, *A Life of Confucius*, Taipei, 1954.

Cohen et Meillet, *Les langues du Monde*. Nouvelle édition, Paris, 1952 (Chapitre concernant le chinois et les langues sinotibétaines rédigé par Henri Maspero).

(Confucius)

────── *Gedanken und Gespräche des Konfuzius: Lun-yu. Aus dem chinesischen Urtext neu übertragen und eingeleitet von Hans O.H. Stange*, Munich, 1953.

Cohen et Meillet, *Kung-fu-tse. Worte der Weisheit. Lun-yu. Die Diskussionsreden Meister Kung's mit seinen Schülern. Uebertragen und erläutert von Haymo Kremsmayer*, Vienne, 1954.

────── *The Sayings of Confucius, A New Translation by James R. Ware*, New York, 1955.

Cressey(G.B.), *Land of the 500 millions*, New York, 1955.

Crossley-Holland(P.C.), *Non-Western Music. In The pelican history of Music*, vol. 1: *Ancient Forms to Polyphony*, Londres, 1960.

Dehergne(J.), *Bibliographie de quelques Industries Chinoises. Techniques Artisanales en Histoire Ancienne*(*BUA*, 1949).

Demiéville(P.), *Anthologie de la Poésie Chinoise Classique*, Paris, 1962.

Debnichi(A.), *The Chu-Shu-Chi-Nien, As A Source of the Social History of Ancient China*, Varsovie, 1956.

Dewall(M. von), *Pferd und Wagen in frühen China. Aufschlüsse zur Kulturgeschichte aus der 'shih Ching'. Dichtung und Boden-funden der Shang-und frühen Chou-Zeit*, Sarrebruck, 1962.

Dore(H.), *Recherches sur les Superstitions de la Chine*, Changhai, 1914~ 29.

Duyvendak(J.J.L.), *Tao Tê Ching, The Book of the Way and It's Virtue*, Londres, 1954.

Eberhard(W.), *The Formation of Chinese Civilisation, According to Socio-Anthropological Analysis*, In *Sociologus*, 1957.

────── *A History of China*, Berkeley, 1950.

────── *Chinese Festivals*, New York, 1952.

Eberhard, *Lokal Kulturen im Alten China*. 2 vol., Leyde et Pékin, 1942.

Eichhorn(W.), *Wang Chia's Shih I Chi*(*ZDMG*, 1952).

Erkes(E.), *Geschichte Chinas, von den Anfängen bis zum Eindringen des ausländischen Kapitals*, Berlin, 1956.

────── *Ursprung und Bedeutung der Sklaverei in China*(*AA*, 1937).

────── *Das Problem der Sklaverei in China*(*BUSAW/PH*, 1954).

────── *Der Hund im Alten China*(*TP*, XXXVII).

Fairbank(W.), *A Structural Key to Han Mural Art*(*HJAS*, 1942).

Fitzgerald(C.P.), *China, A Short Cultural History*, Londres, 1935.

Forke(A.), *Geschichte d. Mittelälterlichen Chinesischen Philosophie*, Hambourg, 1934.

Franke(W.), *Die Han-zeitlichen Felsengräber bei Chiating, West-Szechuan*(*SSE*, 1948).

Fung Yu-Lan, *The Spirit of Chinese Philosophy*, Londres, 1947.

────── *A History of Chinese Philosophy*, Tr. D. Bodde, Princeton, 1952.

Gernet(J.), *La Chine Ancienne*, Paris, 1964.

Gibson(H.E.), *Communications in China during the Shang Period*(*CJ*, 1937).

Giles(L.), *A Gallery of Chinese Immortals*(*Hsien*). *Selected Biographies translated from Chinese Sources*, Londres, 1948.

Goodrich(L.C.), *Short History of the Chinese People*, New York, 1943.

Goodrich(L.C.) et Fenn(H.C.), *A Syllabus of the History of Chinese Civilization and Culture*, New York, 1958.

Gourou(P.), *L'Asie*, Paris, 1953.

Graham(A.C.), *The Book of Lieh Tzu*, Londres, 1960.

Granet(M.), *La Religion des Chinois*, Paris, 2ᵉ édit., 1951.

────── *La Féodalité Chinoise*, Oslo, 1952.

────── *Études Sociologiques sur la Chine*, Paris, 1953.

Gray(B.), *Early Chinese Pottery and Porcelain*, Londres, 1953.

Griffith(S.B.), *Sun Tzu, The Art of War*, Oxford, 1963.

Grousset(R.), *L'Empire des Steppes*, Paris, 1948.

Gulik(R.H. van), *Sexual Life in Ancient China*, Leyde, 1961.

Gyllensvard(B.), *Chinese Gold and Silver-Work in the Carl Kempe Collection*, Washington, 1954.

Hansford(S.H.), *Chinese Jade Carving*, Londres, 1950.

Hawkes(D.), *Ch'u Tz'u, The Songs of the South, An Ancient Chinese Anthology*, Oxford, 1959.

Hentze(C.), *Objets Rituels, Croyances et Dieux de la Chine Antique*, Anvers, 1936.

────── *Frühchinesische Bronzen und Kulturdarstellugen*, 2. vol., Anvers, 1937.

Hervouet(Y.), *Sseu-ma Siang-jou, Un poète de Cour sous les Han*, Paris, 1964.

Hochstadter(W.), *Pottery and Stonewares of Shang, Chou and Han*(*BMFEA*, 1952).

Hsia Nai, *New Archaeological Discoveries*(*CREC*, 1952).

Hucker(C.O.), *Chinese History. A Bibliography Review*, Washington, 1958.

Hsu(C.Y.), *Ancient China in Transition*, Stanford, 1965.

Hughes(E.R.), *Chinese Philosophy in Classical Times*, Londres, 1942.

Hughes(E.R.), *The Art of Letters, Lu Chi's Wen Fu, AD. 302. A*

Translation and Comparative Study, New York, 1951.

—— *Religion in China*, Londres et New York, 1950.

—— *Two Chinese Poets*(Pan Ku and Chang Hêng), *Vignettes of Han Life and Thought*, Princeton, 1960.

(I Ching. I Ging)

Hughes(E.R.), *The I Ching or Book of Changes. The Richard Wilhelm Translation rendered into English by Cary F. Baynes*, New York, 1950.

—— *Das Chinesische Orakelbuch I Ging (von) Bill Behm*, Munich 1955.

Kaltenmark(M.), *Le Lie Sien Tchouan, Biographies Légendaires des Immortels Taoïstes de l'Antiquité*, Paris, 1953.

—— *Lao Tseu et le Taoïsme*, Paris, 1965.

—— *Religion et Politique dans la Chine des Ts'in et des Han*. In *Diogène* n° 34, Paris, 1961.

Karlbeck(O.), *Anyang Marble Sculptures*(*BMFEA*, 1935).

—— *Anyang Moulds*(*BMFEA*, 1935).

—— *Selected Objets from Ancient Shou Chou*(*BMFEA*, 1935).

Karlgren(B.), *Some Fecundity Symbols in Ancient China*(*BMFEA*, 1930).

—— *Legends and Cults in Ancient China*(*BMFEA*, 1946).

—— *The Book of Documents*(*BMFEA*, 1945).

—— *Weapons and Tools of the Yin Dynasty*(*BMFEA*, 1945).

—— *The Book of Odes, Chinese Text, Transcription and Translation*, Stockholm, 1950.

—— *Notes on the Grammar of Early Chinese Bronze Decor*(*BMFEA*, 1951).

—— *The Chinese Language, An Essay on its Nature and History*, New York, 1949.

Kato(Joken), *Religion and Thought in Ancient China*, Cambridge, 1953.

Kenney(E.H.), *A Confucian Notebook*. Préface d'A. Waley, Londres, 1950.

Koo(T.Z.), *Basic Values in Chinese Culture*, Iowa-City, 1950.

Kou Pao-Koh, *Deux Sophistes Chinois: Houei Che et Kong Souen Long*, Paris, 1953.

Kramers(R.P.), *K'ung tzu chia yü. The School Sayings of Confucius*, Leyde, 1949.

Lanchester(G.), *The Yellow Emperor's South-Pointing Chariot*, Londres, 1947.

Latourette(K.S.), *The Chinese, Their History and Culture*, New York, 3e édit., 1946.

Lattimore(O.), *Inner Asian Frontiers of China*, New York, 1951.

Li Chi, *The Beginnings of Chinese Civilization*, Seattle, 1957.

Lin Wen-Ch'ing, *The Li Sao, An Elegy on Encountering Sorrows*, Changhai, 1935.

Lin Yu-Tang, *The Wisdom of Lao Tzu*, New York, 1948.

Liu Wu-Chi, *A Short History of Confucian Philosophy*, Harmondsworth, 1955.

—— *Confucius, his Life and Time*, New York, 1955.

Loehr(M.), *Chinese Bronze Age Weapons*, Ann Arbor, 1956.

Loewe(M.), *The Han Documents from Chu-Yen*, Londres, 1963.

—— *Imperial China*, Londres, 1966.

Luebke(A.), *Altchinesische Uhren(DUZ*, 1931).

—— *Chinesische Zeitmesskunde(NUK*, 1931).

—— *Der Himmel der Chinesen*, Leipzig, 1935.

Maspero(H.), *La Société Chinoise à la Fin des Chang et au début de Tcheou(BEFEO*, 1954).

—— *Mélanges Posthumes sur les Religions et l'Histoire de la Chine*, vol.1: *Les Religions*, vol.2: *Le Taoïsme*, vol.3: *Études Historiques*, Paris, 1950.

Maspero(H.), *Les Documents Chinois de la 3e Expédition de Sir Aurel Stein en Asie Centrale*, Londres, 1953.

Maverick(L.A.), *Economic Dialogues in Ancient China. Selections from the Kuan-tzu*, Londres, 1954.

Mikami(Y.), *The Development of Mathematics in China and Japan*, nouvelle édit, New York, 1961.

Mizumo(S.), *An Outline of World Archaeology*, vol.6: Eastern Asie II, The Yin-Chou Period, Tokyo, 1958.

—— *Bronzes and Jades of Ancient China*, Tokyo, 1959.

Morikimi(D.), *Ancient Chinese Myths*, Kyoto, 1944.

Moule(A.C.) et Yetts(W.P.), *The Rulers of China. Chronological Tables compiled by A. C. Moule, With an Introductory Section on the Earlier Rulers by W.P. Yetts*, Londres, 1957.

Nagasawa(K.), *Geschichte der Chinesischen Literatur, und ihrer gedanklichen Grundlage*. Traduit du japonais par E. Feifel, Pékin, 1945.

Naito(T.), *Ancient History of China*, Tokyo, 1944.

Needham(J.), *Science and Civilization in China*. vol.1 á 4, Cambridge, 1945~65.

—— *Science and Society in Ancient China*, Londres, 1947.

—— *Remarques relatives à l'Histoire de la Sidérugie Chinois*(*AEST*, 1956, Mémoire n° 16).

—— *An Archaeology study Tour in China*, 1958(*AQ*, 1959).

Oldenbourgs, *Abriss der Weltgeschichte*. vol.2, Munich, 1954.

Palmgren(N.), *Kansu Mortuary Urns of the Pan Shan and Ma Chang Groups*, Pékin, 1934. *Geological Survey of China*.

Pei Wen-Chung, *Studies in Chinese Prehistory*, Changhai, 1948.

Perleberg(M.), *The Works of Kung-sun Lung-tzu*, Hong Kong, 1952.

Plenderleith(H.), *Technical Notes on Chinese Bronzes*(*Tr. OCS*, 1938~39).

Picken(L.), *Chinese Music*, in Grove's Dictionary of Music and Musicians, Londres, 1954.

Read(B.), *Chinese Materia Medica*, Pékin, de 1931 à 1941.

Reischauer(E.O.), et Fairbank(J.K.), *East Asia, The Great Tradition*,

Boston, 1960.

Rickett(W.A.), *The Kuan Tzu Book*, Hong Kong, 1966.

Rudolph(R.C.), *A second-Century Chinese Illustration of Salt Mining*(*Isis*, 1952).

Rudolph(R.C.) et Wen Yu, *Han Tomb Art of West China, A Collection of First and Second-Century Reliefs*, Los Angeles, 1957.

Rygaloff(A.), *Confucius*, Paris, 1946.

Salmony(A.), *Archaic Jades from the Sonnenschein Collection*, Chicago, 1952.

Segalen(V.), Voisin, Lartigue, *L'Art funéraire à l'Époque des Hans*, Paris, 1935.

Sickman(L.) & Soper(L.), *The Art and Architecture in China*, Londres, 1956.

Siren(O.), *Chinese Painting, Leading Masters and Principles.* vol.1 : *The Pre-Sung Era*, Londres, 1956.

Smith(C.A.M.), *Chinese Creative Genius*(*CTE*, 1946).

Sowerby(A. de C.), *Nature in Chinese Art.* Avec deux appendices concernant les Shang, par H.B. Gibson, New York, 1940.

―― *The Horse and Other Beasts of Burden in China*(*CJ*, 1937).

Stange(H.O.H.), *Dichtung und Weisheit von Tschuang-tse. Aus dem Chinesischen Text übersetzt*, Wiesbaden, 1954.

Sullivan(M.), *An Introduction to Chinese Art*, Londres, 1961.

Sullivan(M.), *The Birth of Landscape in China*, Berkeley, 1962.

Sun Zen E-Tu et Francis(J.), de *Chinese Social History.* Translations of Selected Studies, Washington, 1956.

Swallow(S.W.), *Ancient Chinese Bronze Mirrors*, Pékin, 1937.

Swann(N.L.), *Food and Money in Ancient China, The Earliest Economic History of China to +25*, Princeton, 1950.

Sylwan(V.) *Silk from Yin Dynasty*(*BMFEA*, 1937).

Tjan Tjoe-Som, *Po Hu T'ung, The Comprehensive Discussions in the White Tiger Hall, A Contribution to the History of Classsical*

Studies in the Han Period, 2 vol., Leyde, 1949~52.

Umehara(S.), *Catalogue Raisonné of Chinese Dated Lacquer Vessels of the Han Dynasty,* Kyoto, 1943.

Vandermeersch(L.), *La Fondation du Légisme,* Paris, 1965.

Vandier-Nicolas(N.), *Le Taoïsme,* Paris, 1965.

Waley(A.), *The Book of Songs,* Londres, 1937.

────── *The Way and Its Power, A Study of the Tao tê ching and its Place in Chinese Thought,* Londres, 1934.

────── *The Analects of Confucius,* Londres, 1934.

────── *The Book of Changes(BMFEA,* 1934).

────── *Life under Han Dynasty,* History Today, 1953.

────── *The Nine Songs. A Study of Shamanism in Ancient China,* Londres, 1955.

Walker(R.L.), *The Multistate System of Ancient China,* Hamden, 1953.

Wallacker(B.E.), *The Huai Nan Tzu Book. Behaviour, Culture and the Cosmos,* New Haven, 1962.

Wang Ling et Needham(J.), *Horner's Method in Chinese Mathematics. Its Origins in the Root-Extraction Procedures of the Han Dynasty* (*TP,* 1955).

Watson(B.), *Records of the Grand Historian of China, translated from the Shih Chi of Ssuma Ch'ien,* 2 vol., New York, 1961.

────── *Ssuma Ch'ien Grand Gistorian of China,* New York, 1958.

Watson(W.), *Archaeology in China,* Londres, 1960.

────── *China before the Han Dynasty,* Londres, 1961.

Welch(H.), *The Parting of the Way. Lao Tzu and the Taoist Movement,* Boston, 1957.

White(W.C.), *Bone Culture of Ancient China,* Toronto, 1945.

────── *Bronze Culture of Ancient China,* Toronto, 1956.

Wilbur(C.M.), *Slavery in China during the former Han Dynasty* (*FMNHP/AS,* 1943).

────── *Industrial Slavery in China during the former Han Dynasty* (*JEH,*

1943).

Willets(W.), *Chinese Art*, Londres, 1958.

Wu(G.D.), *Prehistoric Pottery in China*, Londres, 1938.

Yang(K.P.), *An Outline of the History of Korean Confucianism*, Washington, 1956.

Yang Lieng-Sheng, *Studies in Chinese Institutional History*, Cambridge, 1961.

Yuan Kang, *I Ging, Praxis Chinesischer Weissagung. Uebersetzung besagte Fritz Werle*, Munich, 1951.

Zach(E. von), *Die Chinesische Anthologie. Uebersetzungen aus dem Wên Hsüan*, Cambridge, Mass., 1958.

찾아보기

지은이 마르셀 그라네

마르셀 그라네(Marcel Granet, 1884~1940)는 프랑스 뤽 앙 디와(Luc-en-Diois)에서 태어나
파리 루이 르 그랑 고등학교를 거쳤다. 1904년에 파리 국립고등사범학교에 입학해
고대 중국의 역사와 사회 등을 연구했고 소르본 대학에서 중국 문명사를 강의했다.
'현대사회학의 아버지'로 불리는 뒤르켐(Émile Durkheim)을 스승으로 삼으며
뒤르켐이 주관했던 유명한 사회학 저널인 『사회학연보』에서 활동했고
제2세대 뒤르켐 학파의 핵심 구성원이 된다. 그는 뒤르켐의 후원 아래에 있던
티에르 재단의 연구원으로 초빙되어 일본 봉건주의 연구에 착수했다.
그곳에서 만난 중국학의 대가인 샤반(Édouard Chavannes)의 권유에 따라,
일본을 연구하기 위한 선행단계로 중국학을 연구한다. 1911년부터 1913년까지
프랑스 정부의 중국고문연구원으로 베이징에서 유학 생활을 했고
동방학원에서 교수를 맡으며 중국어와 중국학을 가르쳤다.
1923년부터는 『사회학연보』의 종교사회학과 법사회학 분야를 주관했다.
1925년부터 말년까지는 국립동방언어학원의 지리역사학 교수이자 학자로서
기념비적인 중국학 저작들을 내놓았을 뿐만 아니라 중국한학연구소를
설립하기도 했다. 이 책 『중국사유』는 『중국고대의 자매혼인제』(1920),
『중국인의 종교』(1922), 『중국고대의 춤과 전설』(1926),
『중국문명-공적생활과 사적생활』(1929), 『중국고대의 혼인제도와
종족관계』(1939)와 연장선상에 있다. 나아가 이 책에서는 그가 이전의 저술들에서
풍속과 민족사적·문학사적 입장에서 지속해왔던 중국문명에 관한 연구를
좀더 포괄하는 방식으로 크게 중국의 문자와 언어, 수, 사상의 주개념을 통해
중국사유의 동향과 특징을 담았다.

옮긴이 유병태

유병태(兪炳台)는 고려대학교 중어중문학과를 졸업했다.
대만사범대학 석사과정을 마치고, 프랑스 파리 7대학에서 논문「노신의 글쓰기:
달과 바람의 새로운 운동과 방향을 찾아서」로 박사학위를 받았다.
지금은 인제대학교 중어중문학과 교수로 지내며 20세기중국문학과
현대중국학 및 영화에 관한 강의와 연구를 병행하고 있다.
주요 저서로는 중국학 분야의『중국학개론』『신세기중국학개황』외에도
영화잡감록『등하만필』, 시학 분야의 창작시집인『꽃잎들의 눈물』『당의 시학』이 있다.
옮긴 책으로는 파리 7대학의 마르셀 그라네 연구소장으로 있는
프랑수아 줄리앙의『운행과 창조』, 노신의『화변문학』(花邊文學)을 완역한
『꽃띠문학』이 있다. 주요 논문으로는「노신잡문의 시화성」「노신웃음의 인식론적 탐사」
「노신의 밤의 드라마」「노신의 야초: 추야천석」「암시와 밝힘」등이 있으며,
최근 논문으로는「유색랍(劉素拉)의 ≪가왕을 찾아서≫ : 오리엔탈리즘과
탈오리엔탈리즘의 욕망에 관한 연구」가 있다.

한길그레이트북스 인류의 위대한 지적 유산을 집대성한다

HANGIL GREAT BOOKS 138

종교적 경험

지은이 마르틴 그라베티
옮긴이 하충수
펴낸이 김언호

펴낸곳 (주)도서출판 한길사
등록 1976년 12월 24일 제74호
주소 10881 경기도 파주시 광인사길 37
홈페이지 www.hangilsa.co.kr
전자우편 hangilsa@hangilsa.co.kr
전화 031-955-2000~3 팩스 031-955-2005

부사장 박관순 총괄이사 김서영 관리이사 곽명호
영업이사 이경호 경영이사 김관영
편집 백은숙 노유연 김지연 김대일 김지수 김영길
마케팅 정아린 관리 이주환 문주상 이희문 원선아 이진아 디자인 창포
CTP출력 및 인쇄 예림 제본 경일제책사

제1판 제1쇄 2010년 9월 15일
개정판 제2쇄 2020년 7월 30일

값 35,000원
ISBN 978-89-356-6443-6 94150
ISBN 978-89-356-6427-6 (세트)

● 잘못 만든 책은 구입하신 서점에서 바꿔드립니다.

● 이 도서의 국립중앙도서관 출판예정도서목록(CIP)은 서지정보유통지원시스템 홈페이지(seoji.nl.go.kr)와
국가자료공동목록시스템(www.nl.go.kr/kolisnet)에서 이용하실 수 있습니다.
(CIP제어번호: CIP2015028107)

● 한길그레이트북스는 계속 간행됩니다.